【传世经典 文白对照】

资治通鉴纲目

七

〔宋〕朱 熹 编 撰

孙通海 王景桐 主 编

王秀梅 朱振华 副主编

中华书局

目录

第七册

资治通鉴纲目

资治通鉴纲目卷三十六

起甲辰（584）陈后主至德二年、隋文帝开皇四年，尽丁卯（607）隋炀帝大业三年。凡二十四年。

甲辰（584） 陈至德二年，隋开皇四年。
春正月朔，日食。 梁主入朝于隋。 隋颁《甲子元历》。

张宾、刘晖等所造也。
二月，突厥达头可汗降隋。 夏四月，隋伐吐谷浑，败之。

隋将军贺娄子干发五州兵击吐谷浑，克之。隋主以陇西频被寇掠，而俗不设村坞，命子干勒民为堡，仍营田积谷。子干上书曰："陇西、河右土旷民稀，边境未宁，不可广佃。比见屯田之所，获少费多，虚役人功，卒逢践暴。且陇右之民以畜牧为事，若更屯聚，弥不自安。但使镇戍连接，烽堠相望，民虽散居，必谓无虑。"隋主从之。

五月，陈以江总为仆射。 六月，隋作广通渠。
隋主以渭水多沙，深浅不常，漕者苦之，诏宇文恺凿渠引渭，自大兴城东至潼关三百余里，名广通渠。漕运通利，关内赖之。
秋八月，陈将军夏侯苗叛降于隋，隋主弗纳。
陈将军夏侯苗请降于隋，隋主以通和，不纳。

甲辰（584）　陈至德二年，隋开皇四年。

春正月初一，出现日食。　后梁明帝朝见隋文帝。　隋颁行《甲子元历》。

《甲子元历》为张宾、刘晖等人创制。

二月，突厥达头可汗归降隋朝。　夏四月，隋朝征伐吐谷浑，击败了对方。

隋朝将军贺娄子干调遣五州军队攻打吐谷浑，战胜了对方。隋文帝因为陇西地区频频遭受外寇劫掠，而当地习俗从不设置村落，于是命令贺娄子干强制百姓构筑城堡，同时屯田积粮。贺娄子干上书说："陇西、河右一带，地广人稀，边境不安定，不可以到处耕作。近来看到屯田地区收获很少，花费却多，白白浪费人力，最终还要遭受敌人的践踏毁坏。况且陇右的百姓一向以畜牧为业，如果硬让他们屯聚集居，会更加惶惶不安。只要能使镇守、卫戍堡寨相连，烽火台相望，百姓虽然分散居住，也就不用担心什么了。"隋文帝听从了他的建议。

五月，陈朝任命江总做仆射。　六月，隋朝开凿广通渠。

隋文帝因为渭河多沙，深浅不定，漕运人役深以为苦，诏令宇文恺开渠引渭，自大兴城向东直到潼关，一共三百余里，名叫广通渠。漕运、通商，关内都依赖这条渠。

秋八月，陈朝将军夏侯苗反叛降隋，隋文帝不予接纳。

陈朝将军夏侯苗请求归降隋朝，隋文帝因与陈朝交好，没有接纳他。

九月，隋诏公私文翰并宜实录。

隋主不喜辞华，故有是诏。时泗州刺史司马幼之文表华艳，诏付所司治罪。治书侍御史李谔亦上书，曰："魏之三祖，崇尚文词，遂成风俗。江左齐、梁，其弊弥甚，竞一韵之奇，争一字之巧。连篇累牍，不出月露之形；积案盈箱，唯是风云之状。世俗以之相高，朝廷以之擢士，以儒素为古拙，以词赋为君子。故其文日繁，其政日乱。良由弃大圣之轨模，构无用以为用也。今朝廷虽有是诏，而州县仍踵弊风，躬仁孝之行者不加收齿，工轻薄之艺者举送天朝。请加采察，送台推劾。"又言："士大夫矜伐干进，无复廉耻，乞明加罪黜，以惩风轨。"诏以其奏颁示四方。

隋与突厥和亲。

突厥沙钵略可汗数为隋所败，乃请和亲。千金公主自请改姓杨氏，为隋主女。隋更封以为大义公主。沙钵略遣使致书，自称"从天生大突厥天下贤圣天子沙钵略可汗"。隋主复书曰："大隋天子贻书大突厥沙钵略可汗：得书，知大有善意。既为沙钵略妇翁，今日视沙钵略与儿子不异。时遣大臣往彼省女，复省沙钵略也。"于是遣仆射虞庆则往使。沙钵略陈兵坐见庆则，称疾不能起。长孙晟曰："突厥与隋俱大国天子，但可汗是大隋女婿，奈何不敬妇翁！"沙钵略笑，乃起拜顿颡，跪受玺书，以戴于首。既而大惭，与

九月，隋下诏令：公私文函都应按照实际情况撰写。

隋文帝不喜欢用词华丽，所以颁布了这条诏令。当时，泗州刺史司马幼之的文章奏表浮华艳丽，隋文帝诏令交付有关部门治罪。治书侍御史李谔也上书说："曹魏最早的三位帝王，崇尚词藻，于是成为一时习尚。江东的齐朝、梁朝，这种弊病更加厉害，竞相追求一韵的新奇，一字的巧妙。文章连篇累牍，描写不过是月露之形；作品满桌满箱，刻划也只是风云之状。世俗以词藻华丽互相推崇，朝廷也据此标准选拔人才，研习儒业被视作古板迂拙，擅长词赋才算是翩翩君子。所以浮华的文章日益繁盛，政治却一天比一天纷乱。这确实是由于抛弃了上古圣贤制定的规则法度，造出无用的文体来应用于世的结果。当今朝廷虽有禁绝浮艳文词的诏令，而州县官吏仍然承袭追逐这种衰弊文风，那些身体力行仁孝之道的人不予录用，擅长玩弄浮薄词藻的人却被举荐入朝。臣请圣上详加访察，将违令官吏送御史台推劾治罪。"他还上书说："士大夫们依靠炫耀显示自己来谋进求官，不知道什么是廉耻，臣请明示其罪，将他们黜退，以矫正社会风气。"隋文帝诏令将李谔奏章颁告天下。

隋与突厥和亲。

突厥沙钵略可汗数次被隋朝打败，于是请求跟隋朝和亲。千金公主宇文氏自己请求改姓杨氏，做隋文帝的女儿。隋文帝改封她为大义公主。沙钵略派遣使者致书隋文帝，自称"从天降生大突厥天下贤圣天子沙钵略可汗"。隋文帝复书说："大隋天子致书大突厥沙钵略可汗：收到来书，知道你极有和好的善意。朕既然是沙钵略的岳父，今天自然要将沙钵略当作儿子一样看待。朕会按时派遣大臣到突厥去看望女儿，同时也要看望沙钵略。"于是派遣仆射虞庆则出使突厥。沙钵略陈列了军队，坐着接见虞庆则，声称有病不能站起来。长孙晟对他说："突厥可汗与隋朝皇帝都是大国天子，但可汗是大隋的女婿，哪有女婿不尊敬岳父的？"沙钵略笑了，于是起身跪拜叩头，跪着接受了隋文帝的玺书，并把玺书顶在头上。接着他又感到十分羞愧，与

群下聚哭。庆则要以称臣,沙钵略谓左右曰:"何谓臣?"左右曰:"隋言臣,犹此云奴耳。"沙钵略曰:"得为大隋天子奴,虞仆射之力也。"赠马千匹,以从妹妻之。

冬十一月,隋遣使如陈。

隋主遣薛道衡等如陈,戒之曰:"当识朕意,勿以言辞相折。"

陈起临春、结绮、望仙阁。

陈主起三阁各高数十丈,连延数十间,皆以沉、檀为之,金玉珠翠为饰,珠帘宝帐,服玩瑰丽,近古未有。其下积石为山,引水为池,杂植花卉。

上自居临春,张贵妃居结绮,龚、孔二贵嫔居望仙,复道往来。以宫人袁大舍等为女学士。江总虽为宰辅,不亲政务,日与尚书孔范、散骑王瑳等文士十余人侍宴后庭,谓之"狎客"。使诸妃嫔及女学士与狎客共赋诗,采其尤艳丽者被以新声。其曲有《玉树后庭花》《临春乐》等,大略皆美诸妃嫔之容色。君臣酣歌,自夕达旦。

张贵妃名丽华,本兵家女,性敏慧,有神彩,善候人主颜色。又有厌魅之术,置淫祀宫中,聚女巫鼓舞。百司启奏并因宦者以进,陈主置妃膝上,共决之。由是宦官近习内外连结,宗戚纵横,货赂公行。大臣有不从者因而谮之,于是,大臣皆从风谄附。

属下们相聚大哭。虞庆则要他对隋称臣，沙钵略问周围侍从说："什么叫作臣？"侍从回答说："隋朝所说的臣，就如同我们这里说的奴一样。"沙钵略说："能够做大隋天子的奴仆，全仗着虞仆射的大力成全。"于是赠送给虞庆则一千匹马，并把自己的堂妹嫁给了他。

冬十一月，隋朝派人出使陈朝。

隋文帝派遣薛道衡等人出使赴陈，行前告诫他们说："你等应当明白朕的用意，不要在言词上冲撞对方。"

陈朝兴建临春阁、结绮阁、望仙阁。

陈后主筑起的三座楼阁各高数十丈，连延几十间，主要是以沉、檀香木构制，并用黄金、美玉、珍珠、翡翠加以装饰，屋内屋外挂着珠宝制作的帘幕帷帐，供人穿戴赏玩的东西更是瑰丽珍奇，近古以来绝无仅有。楼阁下面叠石造山，引水成池，种植了各种各样的奇花异草。

陈后主自己居住在临春阁，张贵妃住在结绮阁，龚、孔两位贵嫔居住在望仙阁，楼阁之间有悬空的复道连通。命宫女袁大舍等人为女学士。江总虽然是宰相，却不亲自处理政务，每天都和尚书孔范、散骑常侍王瑳等文士十来人在宫后庭院陪侍后主宴饮游乐，被称作"狎客"。陈后主让诸位妃嫔、女学士与狎客一起赋诗，挑选其中特别艳丽的诗作，谱上新曲，有《玉树后庭花》《临春乐》等，内容大都是赞美妃嫔们的姣美容貌。君臣们畅饮欢歌，从晚上直到天亮。

张贵妃名叫丽华，出生在行伍之家，机敏聪慧，光彩照人，尤其善于体察揣摩后主的心意。她又会驱神唤鬼的巫术，常在宫中举行不合礼制规定的祭祀，聚集女巫们合着鼓乐的节奏跳舞。文武百官的奏章都靠宦官呈进，陈后主让妃子坐在他的膝上，和她一块儿审批奏表。因而宦官与后主身边的亲信内勾外联，加上宗室亲戚，形成网络，横行不法，公然行贿受贿。大臣中有不顺从他们旨意的，就阴谋构陷中伤，于是大臣们全都望风而从，谄媚投靠。

孔范与孔贵嫔结为兄妹。陈主恶闻过失,每有恶事,范必曲为文饰,称扬赞美。由是宠遇优渥,言听计从。群臣有谏者,辄以罪斥之。

中书舍人施文庆颇涉书史,曾事陈主于东宫,聪敏强记,明闲吏职,大被亲幸。又荐所善沈客卿、阳惠朗、徐哲、暨慧景等有吏能,陈主皆擢用之。客卿有口辩,颇知典故。惠朗、慧景家本小吏,考校簿领,毫厘不差,督责苛碎,聚敛无厌,士民嗟怨。关市之税岁入数十倍,陈主大悦,益以文庆为知人,转相汲引,珥貂蝉者五十人。

孔范自谓文武才能举朝莫及,白陈主曰:"诸将起自行伍,匹夫敌耳。"自是将帅微有过失,即夺其兵,分配文吏。由是文武解体,以至覆灭。

乙巳(585) 陈至德三年,隋开皇五年。
春正月朔,日食。 隋颁五礼。
礼部尚书牛弘所修也。
夏五月,隋初置义仓,貌阅户口,作输籍法。

度支尚书长孙平奏:"令民间每秋家出粟麦一石已下,贫富为差,储之当社,委社司检校,以备凶年,名曰义仓。"隋主从之。时民间多妄称老、小,以免赋役。隋主命州县

孔范与孔贵嫔结拜为兄妹。陈后主厌恶听见别人说自己有什么过失,所以每当他做了错事,孔范一定要为他曲意掩饰,对其称颂赞扬。因此陈后主对孔范的宠幸礼遇十分优厚,对他言听计从。群臣中有直言敢谏者,孔范就设法罗织罪状将他逐出朝廷。

中书舍人施文庆读过很多书籍,曾经在东宫侍奉过当时还是太子的陈后主,为人聪明机智,记忆力好,通晓为官之道,大受陈后主的亲近宠幸。施文庆又向陈后主举荐跟他要好的沈客卿、阳惠朗、徐哲、暨慧景等人,说他们有担任官吏的才干,陈后主对这些人全都予以提拔任用。沈客卿富有辩才,熟知各种典章制度。阳惠朗、暨慧景二人家里原本都是小吏,考核校验文书簿册,不差毫厘,但是督责过于苛繁,聚敛从不满足,士民为之怨声不绝。关市税收每年超过几十倍,陈后主非常高兴,更认为施文庆有知人之明。施文庆一伙转相提携荐引,帽子上插有貂蝉等饰物的达官贵人多达五十人。

孔范自认为文武全才,朝中无人可比,他对后主说:"带兵的将领都是行伍出身,只有匹夫之勇而已。"从此,只要将帅们稍有过失,陈后主就立即削夺他们的兵权,将其属下的士兵分配给文职官吏统领。因此文臣武将们离心离德,终至覆灭。

乙巳(585)　陈至德三年,隋开皇五年。

春正月初一,出现日食。　隋朝颁行五礼。

五礼是礼部尚书牛弘修订的。

夏五月,隋朝开始设置义仓,并逐人核对户口,按外貌查检年龄,制订输籍法。

度支尚书长孙平上奏道:"请下令民间,每年秋天每一家都拿出粟麦一石以下,根据家庭贫富状况订出等级标准,将这些粮食都储存在当社里,责令社中官吏检查核对,以防备灾荒年景,可取名叫义仓。"隋文帝采纳了他的建议。当时百姓大多谎报自己年老或年幼,借以逃避赋税徭役。隋文帝命令全国各地州县

大索貌阅户口,不实者里正、党长远配。大功以下皆令析籍以防容隐。于是计帐得新附一百六十四万余口。高颎又言:"民间课输无定簿,难以推校,请为输籍法。"隋主从之。自是,奸无所容矣。

梁主岿殂,太子琮立。

岿孝慈俭约,境内安之。

秋八月,突厥可汗遣子入朝于隋。

突厥阿波可汗寖强,诸胡皆附,号西突厥。沙钵略既为达头所困,又畏契丹,遣使告急于隋,请将部落度漠南。隋主命晋王广以兵援之,给以衣食,赐之车服鼓吹。沙钵略因击西突厥,破之。而阿拔国乘虚掠其妻子。官军为击阿拔,败之。沙钵略大喜,乃立约以碛为界,因上表曰:"天无二日,土无二王。大隋皇帝真皇帝也,岂敢阻兵恃险偷窃名号!今屈膝稽颡,永为藩附。"遣其子库合真入朝。自是,岁时贡献不绝。

陈主杀其中书通事舍人傅绰。

绰负才使气,人多怨之。施文庆、沈客卿共谮绰受高丽使金。陈主收绰下狱。绰于狱中上书曰:"夫君人者,恭事上帝,子爱下民,省嗜欲,远谄佞,未明求衣,日旰忘食。是以泽被区宇,庆流子孙。陛下顷来酒色过度,不虔郊庙大神,专媚淫昏之鬼。小人在侧,宦竖弄权。恶忠直若仇

大规模核查户口,按相貌验明年龄。户口年龄谎报不实的,其里正、党长远配边疆。党兄弟以下仍然同居的家族,命令他们全都分家另住,各立户籍,以防隐瞒人口。这次核查登记,户籍簿上新增加了一百六十四万多人口。高颎又请求说:"向百姓征收税赋一直没有固定的账簿,执行中没有依据,难以计算核查。请求造册登记,实行按簿收取赋税的输籍法。"隋文帝听取了他的建议。从此以后,再也没有欺诈作伪来逃避赋税的了。

后梁明帝萧岿去世,太子萧琮继位。

明帝萧岿孝顺慈爱,俭朴节用,境内得以太平安定。

秋八月,突厥可汗派遣其子朝见隋文帝。

突厥阿波可汗渐渐强大,许多胡人部落都归附了他,号称西突厥。沙钵略可汗既被达头可汗所困,又畏惧契丹的势力,于是派遣使者到隋朝告急,请求允许他率领部落穿越大漠,迁徙到它的南面。隋文帝命晋王杨广领兵接应支援,供给沙钵略部衣物粮食,并赏赐他车驾服饰和鼓吹乐器。沙钵略趁势攻打西突厥,并击败了对方。而阿拔国却趁沙钵略后方空虚,偷袭掳走了他的妻儿。隋军替沙钵略打败了阿拔。沙钵略非常高兴,于是与隋朝订立盟约以沙漠为国界,为此上表说:"天无二日,地无二君。大隋皇帝是真正的皇帝,我怎么敢凭靠险要阻兵抗命,窃取天子名号!今日屈膝叩首,愿做藩属,永远臣服归附。"并派遣自己的儿子库合真来隋朝见。从此每年按时向隋朝进贡,不再中断。

陈后主杀掉了他的中书通事舍人傅縡。

傅縡恃才自负、颐指气使,周围的人大都怨恨他。施文庆与沈客卿串通起来诬陷他收受了高丽国使者的贿金。陈后主将傅縡逮捕入狱。傅縡在狱中上书说:"身为帝王的,要恭奉上天,爱民如子,节制嗜好欲望,疏远谄媚小人,天不亮就找来衣服穿好起床,天晚了还在处理政事以至于忘记了吃饭。这样才能恩泽普施天下,福庆流传给子孙后代。而陛下近来酒色过度,不去虔诚奉祀郊庙大神,而是一味献媚于淫昏鬼魅。亲近信任身边的奸佞小人,听任宦官擅权干政。厌恶忠良之臣,将他们视作仇

雠,视生民如草芥。后宫曳绮绣,厩马余菽粟,百姓流离,僵尸蔽野。货贿公行,帑藏损耗。神怒民怨,众叛亲离,臣恐东南王气自斯尽矣。"书奏,陈主大怒。顷之,意稍解,遣使谓曰:"我欲赦卿,卿能改过不?"对曰:"臣心如面,面可改则心可改矣。"陈主益怒,遂赐死。陈主每当郊祀常称疾不行,故缛言及之。

隋复置江陵总管。

梁大将军戚昕以舟师袭公安,不克而还。隋主征梁主叔父吴王岑入朝,拜大将军,因留不遣。复置江陵总管以监之。

隋筑长城。

隋主发丁三万,于朔方、灵武筑长城,东距河,西至绥州,绵历七百里。四年,又发民十五万,缘边筑数十城,以遏胡寇。

丙午(586) 陈至德四年,隋开皇六年。梁后主琮广运元年。

春正月,党项羌请降于隋。 隋颁历于突厥。 二月,隋制刺史上佐每岁入朝考课。 秋闰八月,隋杀其上柱国梁士彦、宇文忻、刘昉。

初,士彦讨尉迟迥,破之,代为相州刺史。忻与隋主少相厚,善用兵,有威名。隋主皆忌之,以遣去官。昉亦被疏远。俱怀怨望。忻欲使士彦于蒲州起兵,己为内应。士彦之甥裴通预其谋而告之。隋主隐其事,以士彦为晋州

敌,把百姓的生命看作是草芥一般一钱不值。后宫中人人穿的是绫罗绸缎,马厩中豆子粟米这些精美饲料多得吃不了,可百姓们却流离失所,僵尸遍野。收受贿赂,公行无忌,国库空虚,损耗日增。神怒人怨,众叛亲离,我恐怕东南的王者之气从此要完了!"奏书呈上后,后主大怒。过了一会儿,后主怒气稍稍平息了些,就派人去对傅縡说:"我打算赦免你,你是不是能够改正以前的过错?"傅縡回答说:"我的心就如同我的相貌,相貌如果可以换一个,那么我的心也就可以改换。"陈后主更加震怒,于是将他赐死。陈后主每当在郊外举行祭祀天地的典礼时,常常称病不去,所以傅縡在上书中提及了此事。

隋朝重新设立江陵总管。

后梁大将军戚昕率水军袭击陈朝公安城,没能攻克就退兵了。隋文帝征召后梁国主萧琮的叔父吴王萧岑入朝,任命他为大将军,借此把他留下,不让他回国。又重新设置江陵总管来监视后梁。

隋朝修筑长城。

隋文帝征发三万壮丁,在朔方、灵武一带修筑长城,东起黄河,西至绥州,绵延七百里。四年,又征发壮丁十五万人,沿着边境构筑几十座城堡,以遏制胡人入侵。

丙午(586) 陈至德四年,隋开皇六年。后梁后主琮广运元年。

**春正月,党项羌人请求归降隋朝。   隋朝向突厥颁行新历。
二月,隋朝规定刺史僚属,每年入朝进行考核。   秋闰八月,隋朝处死上柱国梁士彦、宇文忻、刘昉。**

起初,梁士彦讨伐尉迟迥,打败了尉迟迥,代他做了相州刺史。宇文忻与隋文帝从小交情深厚,善于用兵,有威名。隋文帝对二人都很猜忌,二人也因受到谴责被罢去官职。刘昉也被文帝疏远。因此他们都心怀怨恨。宇文忻想让梁士彦在蒲州起兵,自己在长安做内应。士彦的外甥裴通参预了他们的密谋,但又告发了他们。隋文帝先把这件事掩盖下来,任命士彦做晋州

刺史,欲观其意。士彦欣然,谓昉等曰:"天也!"隋主因其
朝谒,执而诘之,遂皆伏诛。隋主素服临射殿,命百官射三
家资物以为戒。

冬十月,隋以杨尚希为礼部尚书。

隋主每旦临朝,日昃不倦。尚希谏曰:"周文王以忧勤
损寿,武王以安乐延年。愿陛下举大纲,责成宰辅,繁碎之
务非人主所宜亲也。"隋主善之,而不能从。

**隋以秦王俊为山南行台尚书令。　陈以江总为尚书
令。　吐谷浑太子诃请降于隋,隋主弗纳。**

吐谷浑可汗夸吕在位百年,屡因喜怒废杀太子。后太
子惧,谋执夸吕而降,请兵于隋。边吏请以兵应之,隋主不
许。太子谋泄被杀,复立其少子嵬王诃。复惧诛,谋帅部
落万五千户降隋,遣使请兵。隋主曰:"浑贼风俗,特异人
伦,父既不慈,子复不孝。朕以德训人,何有成其恶逆乎!"
乃谓使者曰:"父有过失,子当谏诤,岂可潜谋非法,受不
孝之名! 溥天之下皆朕臣妾,各为善事,即称朕心。嵬王
既欲归朕,朕惟教嵬王为臣子之法,不可远遣兵马助为恶
事。"嵬王诃乃止。

丁未(587)　陈祯明元年,隋开皇七年。是岁,梁亡。凡二国。
**春正月,隋制诸州岁贡士三人。　二月,隋开扬州山
阳渎。　突厥沙钵略可汗死,弟莫何可汗处罗侯立。**

刺史,打算观察他的动静。士彦非常高兴,对刘昉等人说:"这是天意让我们成功!"隋文帝后来趁他们三人上朝谒见时,将他们拿下审问,于是三人都伏法被杀。隋文帝身穿素装亲临射殿,命令群臣百官箭射三家财物用品,以让他们引以为鉴。

冬十月,隋朝任命杨尚希做礼部尚书。

隋文帝每天天一亮就登殿听政,直至天黑仍不知疲倦。杨尚希进谏说:"周文王因忧劳勤政而减损了寿命,周武王以安乐治国而益寿延年。希望陛下制定国家的大政方针,责成宰相负责具体执行,至于其他繁碎事务,不是皇帝应该亲自过问处理的。"隋文帝认为他说得对,但并不能照着他的意见去办。

隋朝任命秦王杨俊做山南道行台尚书令。　陈朝任命江总为尚书令。　吐谷浑太子诃请求归降隋朝,隋文帝没有同意。

吐谷浑可汗夸吕在位已有百年,屡次因为喜怒无常而废黜或杀掉太子。后来太子恐惧,谋划挟持夸吕投降隋朝,请隋朝出兵策应。隋朝边防官吏请求朝廷同意出兵接应,隋文帝不答应。吐谷浑太子密谋泄露被夸吕可汗杀掉,夸吕又立小儿子觔王诃做了太子。太子诃也因害怕被杀,密谋率领所属部落一万五千户降附隋朝,派使者到隋请求援兵。隋文帝说:"吐谷浑的风俗,大大背离人伦纲常,父亲既不慈爱,儿子也不孝顺。朕以仁德教化人民,怎么能够助成儿子的罪恶逆行呢?"于是对太子诃的使者说:"父亲有了过失,儿子应当极力劝告,怎么可以密谋采取违背礼法的行动,落下不孝的罪名!普天之下都是朕的臣妾,各自行善积德,就合乎朕的心意。觔王诃既想归降朕,朕只有教导他如何履行忠臣孝子的义务,绝不可能远派军队助他叛逆。"觔王诃只好罢手。

丁未(587)　陈祯明元年,隋开皇七年。这年后梁亡。共二国。

春正月,隋朝规定各州每年向朝廷举荐三位士人。　二月,隋朝在扬州开凿山阳渎。　突厥沙钵略可汗死,其弟莫何可汗处罗侯继位。

初，沙钵略以其子雍虞闾懦弱，遗令立其弟叶护处罗侯。沙钵略死，雍虞闾遣使迎之。处罗侯曰："自木杆以来，多以弟代兄，以庶夺嫡，失先祖之法，不相敬畏。汝当嗣位，我不惮拜汝。"雍虞闾曰："叔与我父共根连体，岂可反屈于卑幼乎？且亡父之命，何可废也！愿叔勿疑。"遣使相让者五六，处罗侯竟立，是为莫何可汗。以雍虞闾为叶护。莫何勇而有谋，以隋所赐旗鼓西击阿波。阿波之众以为隋兵助之，多望风降附。遂生擒阿波，上书请其死生之命。隋主以问长孙晟，晟对曰："若突厥背诞，须齐之以刑。今其昆弟自相夷灭，阿波之恶非负国家。因其困穷，取而为戮，恐非招远之道，不如两存之。"高颎亦曰："骨肉相残，教之蠹也。宜存养以示宽大。"隋主从之。

夏五月朔，日食。 秋九月，隋灭梁，以其主萧琮为莒公。

隋征梁主入朝，梁主帅其群臣二百余人发江陵。隋主遣武乡公崔弘度将兵戍江陵。梁主叔父安平王岩、弟瓛等恐弘度袭之，遣使请降于陈。九月，陈荆州刺史陈慧纪引兵至江陵，岩等驱文武男女十万口奔陈。隋主闻之，废梁国，遣高颎安集遗民，拜梁主琮柱国，赐爵莒公。

冬十一月，隋主如冯翊，祠故社。

是行也，李德林以疾不从，敕书追之，与议伐陈之计。及还，隋主马上举鞭南指曰："待平陈之日，以七宝装严公，

当初，沙钵略因为自己儿子雍虞闾懦弱，留下遗命让立弟弟叶护处罗侯为可汗。沙钵略死后，雍虞闾派遣使者迎立处罗侯。处罗侯说："自木杆可汗以来，我们突厥可汗之位大多是以弟代兄，以旁支代嫡传，违背了祖宗之法，彼此并不敬畏。你理当继位，我不在乎跪拜你。"雍虞闾说："叔叔您和我父本是同根一体，长辈怎么能够屈尊在晚辈之下呢？况且这是先父的遗命，怎能违背不从？希望叔父别再疑虑。"彼此互派使者推让了五六次，处罗侯才终于继位，这就是莫何可汗。莫何可汗接着任命雍虞闾为叶护。莫何有勇有谋，打着隋朝赏赐的旗帜、战鼓，向西攻打阿波可汗。阿波众部落以为莫何有隋军助战，大多望风降附。莫何于是生擒了阿波，上书请示隋文帝对阿波是杀是赦。隋文帝询问长孙晟的意见，长孙晟回答说："如果西突厥违命放诞，自然要按刑处斩。如今是突厥兄弟部落自相残杀，阿波的罪恶并非有负国家。如果趁他困顿无路危难之际，将他处死，恐怕不是招抚、绥靖边邦异族的应行办法，不如同时保存他们两国。"高颎也说："骨肉相残，是危害教化的蠹虫。应该留下阿波可汗性命，以显示朝廷宽大为怀。"隋文帝听从了他们的建议。

夏五月初一，出现日食。　秋九月，隋朝灭掉后梁，封后梁国主萧琮为莒公。

隋文帝征召后梁国主萧琮入朝，萧琮率领群臣二百余人从江陵出发。隋文帝派武乡公崔弘度统兵戍守江陵。萧琮叔父安平王萧岩、弟弟萧瓛等害怕崔弘度偷袭江陵，派使者赴陈朝请求降附。九月，陈朝荆州刺史陈慧纪率军抵达江陵，萧岩等人驱赶后梁文武官吏、平民百姓十万人投奔陈朝。隋文帝听到此事，下令废掉后梁，派高颎前去安定招集没有降陈的百姓，封梁主萧琮为柱国，赐莒公爵位。

冬十一月，隋文帝巡幸冯翊，祭祀他出生地的社神。

这次出巡，李德林因生病没有随行，隋文帝下敕书召他赶来，跟他商议征伐陈朝的计划。回长安时，隋文帝在马上举鞭指着南方说："等到平定南陈之日，我要让您拥有各种各样的珍宝，

使自山以东无及公者。"

陈临平湖开。

初，隋主与陈邻好甚笃，每获陈谍，皆给衣马礼遣之，而陈侵掠如故，故隋伐之。会高宗殂，隋主即命班师，遣使赴吊，书称姓名顿首。陈主答书末云："想彼统内如宜，此宇宙清泰。"隋主不悦，以示朝臣。上柱国杨素以为主辱臣死，再拜请罪。

隋主问取陈之策于高颎，对曰："江北田收差晚，江南水田早熟。量彼收获之际，微征士马，声言掩袭，彼必屯兵守御，废其农时。彼既聚兵，我便解甲。再三如此，彼以为常，后更集兵，彼必不信。犹豫之顷，我乃济师，登陆而战，兵气益倍。江南土薄，舍多茅竹，储积皆非地窖。当密遣人因风纵火，待彼修立，复更烧之。不出数年，财力俱尽矣。"隋主用其策，陈人始困。

于是信州总管杨素、吴州总管贺若弼及光州刺史高劢等，争献平江南之策。虢州刺史崔仲方上书曰："今唯须武昌以下更帖精兵，密营度计。益、信、襄、荆、基、郢等州速造舟楫，多张形势。若贼以精兵赴援上流，则下流诸将即可择便横度；如其拥众自卫，则上江水军鼓行以前。彼虽恃九江、五湖之险，非德无以为固；徒有三吴、百越之兵，无恩不能自立矣。"隋主以仲方为基州刺史。

使崤山以东没有人能像您这样显赫。"

陈朝临平湖水面重开。

当初，隋文帝与陈朝关系极好，每次抓到陈朝派来的间谍，都给予衣物、马匹，以礼遣送，然而陈朝对隋的侵扰劫掠依然照旧，因此隋朝开始进攻陈朝。恰逢陈宣帝去世，隋文帝就下令撤兵，又派使者前往吊唁，在致陈后主的信中直接书写自己的姓名，并有顿首这样的谦敬之词。陈后主回信的末尾说："想来你统治的地方内一切还好，我这里天下安定太平。"隋文帝看了回信很不高兴，并把它传示给朝臣。上柱国杨素认为君主受辱，臣下该死，再拜请罪。

隋文帝向高颎询问灭取陈朝的策略，高颎回答说："长江北面田地里，收获相对晚一些，长江以南水田里的收获却比较早。我们估量他们还在收获的时候，稍稍调集少量军队，声言要偷袭他们，他们必定屯兵防御，结果就会耽误了农时。等他们聚集完军队，我们便解散已调集的部队。这样反复再三，他们就会习以为常，等到我们再调集大军，他们一定不再相信。趁着他们犹豫之时，我们大军渡江，背水登陆作战，士气肯定大增。江南土层较薄，房屋多用茅草竹子盖成，物资储备都不用地窖。我们应当暗地派人趁风纵火，等他们重修以后，再去焚烧。不出几年，他们的财力就会全部耗尽了。"隋文帝采用了高颎的计策，陈朝开始感到国力困乏，人民疲惫。

于是信州总管杨素、吴州总管贺若弼以及光州刺史高劢等人都争献平定江南之策。虢州刺史崔仲方上书说："如今必须在武昌以下地区增加精兵，秘密谋划部署。而在益、信、襄、荆、基、郢等州要快速制造舟船，大张声势。如果陈寇用精锐部队赶赴上游增援，那么下游我军将帅可趁便横渡过江；如果他们聚集重兵坚守自卫，那么上游我朝水军可顺流而下击鼓进逼。陈朝虽然凭靠九江、五湖的险要，但因失德而无法固守；徒有三吴、百越善战之兵，却因无恩而不能自立。"于是隋文帝任用崔仲方做基州刺史。

及陈受萧岩等降，隋主益忿，谓高颎曰："我为民父母，岂可限一衣带水不拯之乎！"命大作战船。人请密之，隋主曰："吾将显行天诛，何密之有！"使投其柿于江，曰："若彼惧而能改，吾复何求！"

杨素在永安造五牙大舰，起楼五层，高百余尺，置六拍竿，高五十尺，容战士八百人。其次黄龙、平乘、舴艋，大小有差。

晋州刺史皇甫绩言："陈有三可灭：大吞小，一也；以有道伐无道，二也；纳叛臣萧岩，于我有词，三也。陛下若命将出师，臣愿展丝发之效！"隋主劳而遣之。

时江南妖异特众，临平湖草久塞，忽然自开。陈主恶之，乃自卖于佛寺为奴以厌之。

陈主杀其太市令章华。

吴兴章华好学能文，以无阀阅除太市令。郁郁不得志，上书极谏，略曰："陛下不思先帝之艰难，不知天命之可畏。溺于嬖宠，惑于酒色，祠七庙而不出，拜三妃而临轩。老臣宿将弃之草莽，谄佞谗邪升之朝廷。今疆场日蹙，隋军压境，陛下如不改弦易张，臣见麋鹿复游于姑苏矣！"陈主大怒，斩之。

戊申（588）　陈祯明二年，隋开皇八年。

春三月，隋下诏伐陈。

诏曰："陈叔宝据手掌之地，恣溪壑之欲，劫夺闾阎，驱迫内外。穷奢极侈，俾昼作夜。斩直言之客，灭无罪之家。

等到陈朝接受后梁萧岩等人归降，隋文帝更加愤怒，对高颎说："我作为普天之下黎民的父母，怎么能因一条衣带般的江水阻隔就不去拯救他们呢？"于是下令大规模建造战船。有人请求秘密造船备战，隋文帝说："我将显示替天征杀，没有秘密要保！"让人将造船砍削下来的碎木片投进江里，说："如果陈朝看到后能害怕改过，我还有什么要求呢！"

杨素在永安建造名叫五牙的大舰，上造船楼共有五层，高达一百余尺，竖置六根拍竿，每根高五十尺，全舰能载纳战士八百人。其次还有黄龙、平乘、舴艋等舰船，大小不等。

晋州刺史皇甫绩说："消灭陈朝有三条理由：我们以大国兼并小国，这是第一条；以有道讨伐无道，这是第二条；陈朝接纳叛臣萧岩，我们师出有名，这是第三条。陛下如果下令将帅出师，我愿意效绵薄之力！"隋文帝慰劳他后，派他赴任。

当时江南妖异怪事极多，临平湖上水草长期淤塞，这时突然自行散开。陈后主厌恶此事，于是自卖到佛寺为奴以压镇。

陈后主杀死太市令章华。

吴兴人章华好学，擅写文章，因为缺乏功劳资历只任太市令。他郁郁不得志，上书给后主极力劝谏，大略内容是说："陛下不思先帝创业的艰难，不知触怒天命的可怕。溺恋宠妃爱嫔，沉湎酒色宴乐，祭祀七庙时托故不出宫室，册封三名妃子却亲临殿堂。文武元老重臣弃置乡野而不用，谄媚奸邪的小人都被提拔上了朝廷。如今领土日益缩小，隋朝大兵压境，陛下如果不改革自新，我怕伍子胥所说的'麋鹿奔走于姑苏城内'，都城变为废墟的景象一定要重现了！"陈后主大怒，杀掉了章华。

戊申（588）　陈祯明二年，隋开皇八年。

春三月，隋文帝下诏书命令讨伐陈朝。

诏书说："陈叔宝盘踞着巴掌大的地盘，却有溪壑难填的贪欲，掠夺人民，驱使他们耕作不休，徭役不息。生活穷奢极侈，不分昼夜地寻欢作乐。诛杀刚正敢言之士，族灭无罪清白之家。

欺天造恶,祭鬼求恩。君子潜逃,小人得志。天灾地孽,物怪人妖。背德违言,摇荡疆埸。可出师授律,应机诛殄。在斯一举,永清吴越!"又送玺书,暴陈主二十恶。写诏三十万纸,遍谕江外。

夏五月,陈主废其太子胤,立子深为太子。

胤性聪明,好文学,然颇有过失。詹事袁宪切谏,不听。时沈后无宠,陈主疑其母子怨望,恶之。张、孔二妃日夜构成其短,孔范之徒又于外助之。陈主欲立张贵妃子始安王深为嗣,尚书蔡徵顺旨称赞,袁宪厉色折之。陈主卒废胤为吴兴王,而立深为太子。深亦聪惠,有志操,容止俨然,虽左右近侍未曾见其喜愠。陈主闻袁宪曾谏胤,即日用宪为仆射。陈主遇沈后素薄,张贵妃专后宫之政,后澹然,未尝有所忌怨,身居俭约,衣服无锦绣之饰,唯寻阅图史及释典为事,数上书谏争。陈主欲废之而立张贵妃,会国亡,不果。

冬十月,隋以晋王广为淮南行省尚书令、行军元帅,帅师伐陈。

隋置淮南行省于寿春,以晋王广为尚书令。陈主遣王琬、许善心聘于隋,隋人留之。遂有事于太庙,命晋王广、秦王俊、清河公杨素皆为行军元帅。广出六合,俊出襄阳,素出永安,庐州总管韩擒虎出庐州,吴州总管贺若弼出广陵,凡总管九十,兵五十一万八千,皆受晋王节度。旌旗舟楫横亘数千里。以高颎为元帅长史,王韶为司马,军事皆取决焉。

欺瞒上天,作恶多端;祭祀鬼魅,祈望保佑。君子避祸远走他乡,小人得志擅权干政。天地愤怒,降灾惩戒;物怪人妖,层出不穷。背离道义,违反誓约,不断侵扰我国边疆。因此要出师讨伐,以天理国法整顿纪纲,乘机诛灭陈朝暴君。在此一战,要永远扫平吴越!"又送达加有印玺的国书到陈朝,公开揭露陈后主的二十条罪行。另写三十万张诏书,在江南广为散发传播。

夏五月,陈后主废掉太子胤,立皇子深为太子。

陈胤生性聪慧,喜好文学,但是多有过失。詹事袁宪恳切劝谏,陈胤不听。这时沈皇后失宠,后主怀疑他们母子心存怨恨,因此厌恶他们。张妃、孔妃日夜在陈后主耳边说他母子的坏话,孔范一帮人又在宫外添油加醋、推波助澜。陈后主打算立张贵妃儿子始安王陈深为太子,尚书蔡徵顺承旨意极为称赞,袁宪却正颜厉色批驳了蔡徵。后主最终还是废太子陈胤为吴兴王,而立陈深为太子。陈深也很聪慧,有志向操守,仪表举止庄重严肃,即使是身边的随从,也不曾见过他喜怒溢于言表。陈后主听说袁宪曾经力谏过陈胤,当即任命他做仆射。陈后主对待沈后一向冷淡,张贵妃在后宫专权,沈皇后坦然处之,从未有过忌恨不满。她生活俭朴,衣服普通无华不加装饰,只是找来图籍史册以及佛经每日阅读,还多次上书向陈后主进谏。陈后主原想废掉沈后改立张贵妃,正赶上陈朝灭亡,没能去做。

冬十月,隋朝任命晋王杨广为淮南行省尚书令、行军元帅,率兵讨伐陈朝。

隋朝在寿春设立淮南行省,任命晋王杨广为行省尚书令。陈后主派遣王琬、许善心出使隋朝,隋朝将二人扣留了下来。隋文帝在太庙祭祀祖先,任命晋王杨广、秦王杨俊、清河公杨素同为行军元帅。杨广率军从六合出发,杨俊率军从襄阳出发,杨素率军从永安出发,庐州总管韩擒虎率军从庐州出发,吴州总管贺若弼率军从广陵出发,共有行军总管九十位,出动兵力五十一万八千人,全部受晋王杨广节度指挥。战旗、舟船,连绵数千里。又命高颎为元帅长史,王韶为司马,军中事务全由他俩裁决处理。

颍谓郎中薛道衡曰:"江东可克乎?"道衡曰:"克之。郭璞言'江东分王三百年,复与中国合'。今此数将周,一也。主上恭俭勤劳,叔宝荒淫骄侈,二也。国之安危在所寄任,彼以江总为相,唯事诗酒,拔小人施文庆,委以政事。萧摩诃、任蛮奴为大将,皆一夫之用耳,三也。我有道而大,彼无德而小,量其甲士不过十万,西自巫峡,东至沧海,分之则势悬而力弱,聚之则守此而失彼,四也。席卷之势,事在不疑。"

秦王俊督诸军屯汉口,为上流节度。陈以周罗睺督诸军拒之。

杨素引舟师下三峡,军至流头滩。陈将军戚昕以青龙百余艘,兵数千人,守狼尾滩,地势险峭,隋人患之。素曰:"胜负大计,在此一举。若昼日下船,彼见我虚实,滩流迅激,制不由人,则吾失其便,不如以夜掩之。"乃夜帅黄龙数千艘,衔枚而下。遣将军刘仁恩帅甲骑击昕。败之,悉俘其众,劳而遣之,秋毫不犯。遂帅水军东下,舟舻被江,旌甲曜日。

陈之镇戍相继以闻,施文庆、沈客卿并抑而不言。陈江中无一斗船,上流兵皆阻杨素军,不得至。

湘州刺史晋熙王叔文在职既久,大得人和。陈主忌之,自度素与群臣少恩,恐不为用,乃以施文庆代叔文,配以精兵二千,欲令西上。文庆深以为喜,然惧出外之后,

高颎问郎中薛道衡说："江东可以攻下吗？"薛道衡说："可以攻克。郭璞曾预言说'江东分王自立三百年后，当复与中原统一'。如今三百年之数正好循环一周，时间已到。这是其一。皇上恭敬节俭，勤于政事，而陈叔宝却荒淫骄横，奢侈靡费。这是其二。国家的安危在于用人寄任，陈后主任用江总为宰相，而江总每天只是赋诗饮酒，提拔小人施文庆委以政事。任命萧摩诃、任蛮奴为大将，都只有匹夫之勇。这是其三。我朝有道，而且是大国；陈朝无德，又是小国，估计他们的军队不过十万，江防西自巫峡，东至大海，分兵作战则势力孤零弱小，集中兵力则顾此失彼。这是其四。此次征伐，必成席卷残敌之势，事情成败，在于毫不犹豫迟疑。"

秦王杨俊督率各军进驻汉口，节度指挥上游部队。陈朝派周罗睺督率诸军布防抵抗。

杨素统率水师顺流而下，越过三峡，到了流头滩。陈朝将军戚昕凭借一百余艘青龙战船，几千名士兵防守狼尾滩，这里地势险峻，隋军十分担忧。杨素说："胜败大事，在此一举。如果我军白天下船进攻，陈军会知道我们的虚实，加上滩流湍急，舟船难以控制，我们就会丧失顺流而下的有利条件，不如趁着夜幕偷袭敌军。"于是利用夜晚亲率黄龙战船几千艘，令士兵口衔筷子一样的竹棍儿以防出声，顺流进攻。又派将军刘仁恩率铁甲骑兵由岸上攻击戚昕。水陆夹击打败了戚昕，俘获了戚昕全部将士，慰劳后予以遣返，秋毫无犯。接着统帅水军东下，大小战船布满江面，旌旗盔甲耀日生辉。

陈朝各个镇戍据点军情急报飞速奏闻朝廷，施文庆、沈客卿把奏章全部压下，没有告诉后主。陈朝江面上没有一只战船，上游军队被杨素军拦阻，不能救援京师。

陈朝湘州刺史、晋熙王陈叔文任职时间长，深得民心。陈后主疑忌他，自知平日对群臣很少施以恩惠，担心他们不肯替自己卖力，于是就用施文庆顶替陈叔文，调配给他精兵两千，打算让他西上担任湘州刺史。施文庆大喜过望，但又害怕自己出京后，

执事者持己短长，因进沈客卿自代。

未发间，二人共掌机密。护军将军樊毅言于袁宪曰："京口、采石俱是要地，各须锐兵五千，并出金翅二百，缘江上下，以为防备。"宪及骠骑将军萧摩诃皆以为然。施文庆恐无兵从己，而客卿又利文庆之任，己得专权，白陈主曰："此是常事，边城将帅足以当之。若出人船，必恐惊扰。"

及隋军临江，间谍骤至，宪等奏请再三。文庆曰："元会将逼，南郊复迩，今若出兵，事便废阙。"复以货动江总使抑宪等，由是议久不决。

陈主从容谓侍臣曰："王气在此。齐兵三来，周师再来，无不摧败。彼何为者邪！"孔范曰："长江天堑，限隔南北，今日虏军岂能飞度邪！边将欲作功劳，妄言事急。臣每患官卑，虏若度江，定作太尉公矣！"陈主以为然，故不为深备，奏伎纵酒，赋诗不辍。

突厥莫何可汗死，兄子颉伽施多那都蓝可汗立。　吐谷浑裨王木弥降隋。

吐谷浑裨王拓跋木弥请以千余家降于隋。隋主曰："浑贼惛狂，妻子怀怖。然叛夫背父，不可收纳。又其本意正自避死，今若违拒，又复不仁。但宜慰抚，任其自拔，不须出兵应接。"

接任的执政者对待自己当权时的内幕说长道短,于是进荐沈客卿继任。

在施文庆出发赴任前,他与沈客卿二人共同执掌国家机要大事。护军将军樊毅对袁宪说:"京口、采石都是战略要地,各须精兵五千据守,还要出动金翅船两百艘沿江往来巡察,作为防御。"袁宪及骠骑将军萧摩诃都认为樊毅说得很对。施文庆惟恐手下无兵,而沈客卿又认为施文庆出外任职有利于自己,自己可以一人专权,于是二人对陈后主说:"隋朝侵扰,这是常事,边镇将帅足以抵御。如果从京师调动军队舟船迎敌,恐怕一定会引起惊扰。"

等到隋军进至江畔,大批间谍突然出现,袁宪等人再三奏请实施樊毅计划。施文庆说:"元旦朝会即将来临,南郊祭祀又近,现在如果调军出京,南郊大祀就因缺少部队而无法进行。"施文庆又用财物贿赂江总,让江总压制袁宪等人的意见,因此这个问题久议不决。

陈后主毫不在乎地对侍臣们说:"帝王气象就在此地。齐朝军队进犯过三次,周朝军队也两次前来,无一不被我朝击败。隋朝军队又能怎么样呢?"孔范也说:"长江这道天堑,就是为了阻隔南北,如今敌军难道可以飞渡不成?边将们想要建立功勋,谎报边事吃紧。我常常觉得自己官职卑下,敌虏如果渡江进犯,正是我立功的机会,我一定能够荣升太尉了!"陈后主认为孔范说得很对,所以并不太加防备,每天奏乐观舞,纵酒宴饮,诗词吟唱不止。

突厥莫何可汗战死,其兄之子颉伽施多那都蓝可汗继位。吐谷浑褌王木弥降附隋朝。

吐谷浑褌王拓跋木弥请求率领自己部落一千余家降附隋朝。隋文帝说:"吐谷浑贼昏聩狂暴,连他的妻子儿女都心怀恐惧。但对于背叛丈夫和父亲的人,不能收纳。又因为他们的本意正是为了逃避死亡,如果拒绝他们,又好像是我们不仁不义。我们只应该加以慰勉安抚,听任他们自己举家拔寨自行前来,不要出兵接应。"

己酉（589） 隋高祖文皇帝开皇九年

春正月，总管贺若弼、韩擒虎进军灭陈，获其主叔宝。

正月朔，陈主朝会，大雾四塞，陈主昏睡，至晡时乃寤。

是日，贺若弼自广陵引兵济江。先是，弼以老马多买陈船而匿之，买弊船五六十艘，置于渎内。陈人觇之，以为中国无船。又令缘江防人交代之际，必集广陵，大列旗帜，营幕被野。陈人以为隋兵大至，急发兵为备，既而知之，不复设备。又缘江时猎，人马喧噪。及是济江，陈人遂不之觉。韩擒虎将五百人自横江宵济采石，守者皆醉，遂克之。

戍主驰启告变。陈主以萧摩诃、樊毅、鲁广达并为都督，司马消难、施文庆并为大监军，遣樊猛帅舟师出白下。

既而贺若弼拔京口，军令严肃，秋毫不犯，有军士于民间酤酒者，弼立斩之。所俘获六千余人，弼皆释之，给粮劳遣，付以敕书，令分道宣谕。于是所至风靡。

韩擒虎进攻姑孰，半日，拔之。父老来谒者昼夜不绝。

于是，弼自北道，擒虎自南道并进，缘江诸戍望风尽走。弼进据钟山，晋王广遣总管杜彦与韩擒虎合军屯于新林。陈人大骇，降者相继。

隋文帝

己酉（589）　隋文帝开皇九年

春正月，总管贺若弼、韩擒虎进军灭陈，俘获陈后主叔宝。

正月初一那天，陈后主朝会文武百官时，大雾到处弥漫，陈后主昏睡过去，一直到下午晡时左右才醒了过来。

这一天，贺若弼从广陵率隋军渡过长江。这之前，贺若弼用军中老马换买了很多陈朝百姓的船只，然后将船藏匿起来，再买破旧船只五六十艘，停泊在小河内。陈朝派人暗中窥探，认为中原没有什么船。贺若弼又下令沿江防守的部队轮换交接的时候，一定要聚集在广陵，大举旗帜，将营帐建得遍地都是。陈朝以为隋朝大军已到，急忙调拨部队加强戒备，随后得知不过是隋朝士兵交接换防，就不再防备了。贺若弼又常叫人沿江行猎，每次打猎时有意人喧马叫。所以到他渡江时，陈朝守军就没有发觉。韩擒虎率五百隋军自横江浦夜渡采石矶，陈朝守军全都喝醉了酒，隋军于是攻下了采石矶。

采石矶镇守主将携带告急文书赶赴京师报告。陈后主任命萧摩诃、樊毅、鲁广达三人同为都督，司马消难、施文庆同为大监军，派遣樊猛统帅水军出守白下城。

不久隋将贺若弼攻占京口，纪律严明，秋毫无犯，凡是有军兵在民间买酒的，贺若弼立刻下令将他斩首。所俘获的六千多陈朝官兵，贺若弼全部释放，发给资粮，慰劳后遣返回家，并把隋文帝发布的敕书给他们带上，让他们返乡时分道散发宣传。因此，隋军所到之处，陈军望风降伏。

隋朝韩擒虎部进攻姑孰，只用了半天，就占领了姑孰。陈朝父老百姓来军营拜访求见的昼夜不断。

于是，贺若弼从北道，韩擒虎自南道，两军齐头并进，陈朝沿江据点要塞的守军望风而逃。贺若弼率军进据钟山，晋王杨广派遣总管杜彦和韩擒虎合兵共同驻扎在新林。陈朝人大为惊骇，投降的人接连不断。

　　时建康甲士尚十余万人，陈主唯昼夜啼泣，台内处分一以委施文庆。文庆既知诸将疾己，恐其有功，乃奏曰："此等怏怏，那可专信？"由是诸将凡有启请，率皆不行。

　　贺若弼之攻京口也，萧摩诃请逆战，不许。及弼至钟山，摩诃又曰："弼悬军深入，垒堑未坚，出兵掩袭，可以必克。"又不许。任忠言于陈主曰："兵法：客贵速战，主贵持重。今国家足食足兵，宜固守台城，缘淮立栅，北军虽来，勿与交战，分兵断江路，无令彼信得通。给臣精兵一万，金翘三百艘，下江径掩六合。彼大军必谓其渡江将士已被俘获，自然挫气。淮南士人与臣旧相知悉，今闻臣往，必皆景从。臣复扬声欲往徐州，断彼归路，则诸军不击自去。待春水既涨，上江周罗睺等水军必沿流赴援。此良策也。"陈主不能从。明日欻然曰："兵久不决，令人腹烦，可呼萧郎一出击之。"任忠叩头苦请勿战。孔范又奏："请作一决，当为官勒石燕然。"陈主从之，多出金帛充赏。使鲁广达陈于白土冈，任忠、樊毅、孔范、萧摩诃军以次而北。亘二十里，首尾进退不相知。

　　贺若弼登山望之，驰下，以所部甲士八千勒阵待之。陈主通于萧摩诃之妻，故摩诃无战意。唯鲁广达以其徒力

这时京师建康尚有十多万军队，但是陈后主只知道日夜哭泣，台阁内所有军政大事的处理，全部委任给了施文庆。施文庆已经知道将帅们都痛恨自己，唯恐他们建立战功，于是上奏说："这些将帅们一直心怀怨恨不满，怎么可以完全信任他们呢？"因此这些将帅凡是有什么启奏请求，绝大部分都未获批准。

隋将贺若弼进攻京口时，陈朝萧摩诃请求率军迎战，陈后主不同意。等到贺若弼兵至钟山，萧摩诃又进奏说："贺若弼孤军深入，壁垒工事都还没有建好加固，我们趁他立足未稳而突然偷袭他，一定能打败他并夺回失地。"陈后主还是不同意。任忠对陈后主说："兵法上说：进攻的军队贵在速战速决，防守的部队利在稳固坚守。如今国家粮足兵众，应当固守台城，沿着淮河树立栅栏，北方隋军虽来进犯，不要匆忙与他交战，可分兵截断长江水路，不要让隋军得通消息。请给臣一万精兵，金翅战船三百艘，顺江而下，直接奔袭六合镇。隋朝的大部队一定以为他们渡江作战的将士已被我们俘获，进攻的锐气自然会受挫。淮南士人和我以前就很熟悉，如今听说是我率军前往，定会如影随形群起响应。我再扬言要进攻徐州，截断隋军后退之路，隋军各部自然会不击自退。等到春季江水上涨后，长江上游我朝周罗睺等水军必定会顺流而下前来增援。这是一个很好的军事计划。"陈后主根本不听任忠的建议。到了第二天，陈后主忽然说："这样长久的对峙，不进行决战，叫我心烦，可叫萧摩诃出兵攻打隋军。"任忠跪地叩头，苦苦请求陈后主不要出战。孔范又上奏说："请与隋军进行决战，我军必胜，我将为陛下您在燕然山刻石立碑纪念胜利。"陈后主听从了孔范的话，拿出很多金钱财物作为对部队的赏赐。又派鲁广达在白土冈摆开阵势，任忠、樊毅、孔范、萧摩诃依次向北。战线绵亘不断长达二十里，首尾进退互相不通消息。

隋将贺若弼登上钟山瞭望陈军阵式，然后催马下山，以所部八千战士列开队形准备迎战。陈后主与萧摩诃的妻子私通，所以萧摩诃并不想为陈后主打仗。只有鲁广达率其部下拼死力

战,与弼相当。隋师退走数四,弼纵烟以自隐。陈兵斩首,皆走献求赏。弼知其骄惰,更引兵趣孔范。范兵暂交即走,诸军乱溃,不可复止。擒萧摩诃,释而礼之。

　　任忠驰见陈主,言败状,曰:"官好住,臣无所用力矣。"陈主与金两滕,使募人出战。忠曰:"陛下当就上流众军,臣以死奉卫。"陈主信之,敕出部分。会韩擒虎自新林进军,忠遂帅数骑迎降于石子冈,引擒虎军直入朱雀门。陈人欲战,忠挥之曰:"老夫尚降,诸君何事!"众皆散走。唯袁宪在殿中,陈主谓曰:"我从来遇卿不胜余人,今但追愧耳。"

　　陈主遑遽,将避匿,宪正色曰:"大事如此,去欲安之!不若正衣冠,御正殿,依梁武帝见侯景故事。"陈主不从,曰:"吾自有计。"乃从宫人十余出景阳殿,将自投于井,宪苦谏不从。后阁舍人夏侯公韵以身蔽井,陈主与争,久之,乃得入。既而军人窥井,呼之不应,欲下石,乃闻叫声。以绳引之,惊其太重,及出,乃与张贵妃、孔贵嫔同束而上。沈后居处如常。太子深年十五,闭阁而坐,舍人孔伯鱼侍侧。军士叩阁而入,深安坐,劳之,军士咸致敬焉。

战,与贺若弼的部队基本上是旗鼓相当。交战中隋军曾数次败退,贺若弼依靠烟幕作为掩护。陈军士兵割下隋军的人头,纷纷跑回去献头求赏。贺若弼知道陈兵骄傲懈怠不愿苦战,于是再次率军冲击孔范的防区。孔范的士兵与隋军稍一交手便掉头逃跑,其他各军也都溃乱,不可阻止。隋军擒获了萧摩诃,为他松绑后以礼相待。

任忠驱马跑回,参见陈后主,述说了失败的情况,最后说:"我主好自为之,臣是无能为力了!"陈后主给了他两袋金子,让他招募陈人出战。任忠说:"陛下应当去找上游众军,我要豁出性命护送您。"陈后主相信了任忠,敕令他出去布置安排。这时隋将韩擒虎正从新林率军进逼,任忠于是亲率几名部下骑马赶到石子冈接洽投降,并带领着韩擒虎的军队径直开入朱雀门。陈朝军队想要抵抗,任忠挥臂号召他们说:"连我都投降了,你们还顽抗什么!"于是陈军全都逃散。此时只有袁宪仍然留在殿内,陈后主对他说:"我从来待你不如对待其他的人好,如今只是感到追悔惭愧啊!"

后主因为害怕惊慌,想要藏起来,袁宪严肃地说:"大事已经如此,藏还能藏到哪里去?陛下不如将衣服冠冕穿戴齐整,端坐于正殿上,依照当年梁武帝见侯景的做法。"陈后主不听袁宪的话,说:"我自有办法。"于是在十余名宫人的跟从伴随下逃出景阳殿,想跳入井中躲藏,袁宪苦苦劝谏,陈后主根本不听。后阁舍人夏侯公韵用自己身子硬挡在井口,陈后主与他相争,争了很长时间,才得以进入井里。过了不久,前来的隋军士兵向井里窥视,并大声喊叫,井下无人回答,于是扬言要向井里扔石头,这才听到井下有了声音。于是扔下绳索往上拽人,吃惊的是十分沉重,直到把人拉了上来,才发现是陈后主与张贵妃、孔贵嫔三人共拽一绳而上。沈皇后仍像平常一样,毫不惊慌。太子陈深只有十五岁,闭着阁门静坐在那里,舍人孔伯鱼侍立在一旁。隋军推门而入,陈深端坐不动,对隋军士兵好言慰劳了一番,隋兵们全都向他致敬。

贺若弼乘胜至乐游苑，鲁广达犹督余兵苦战不息，所杀获数百人。会日暮，乃解甲，面台再拜恸哭，谓众曰："不能救国，负罪深矣！"士卒皆涕泣歔欷，遂就擒。弼烧门入，闻擒虎已得叔宝，呼视之。叔宝惶惧，流汗股栗，向弼再拜。既而，弼耻功在擒虎后，与之相询，挺刃而出，欲令叔宝作降笺归己，不果。

晋王广入建康，诛陈都督施文庆等五人。

高颎先入建康，晋王广使人驰告之，令留张丽华。颎曰："昔太公蒙面以斩妲己，此岂可留也？"斩之。广闻之变色，曰："昔人云'无德不报'，我必有以报高公矣！"由是恨颎。

寻入建康，以施文庆谄佞，沈客卿聚敛，与阳慧朗、徐析、暨慧景皆为民害，斩之，以谢三吴。使高颎与记室裴矩收图籍，封府库，一无所取，闻者贤之。

以贺若弼违令先期，收以属吏。帝驿召之，且诏广曰："平定江表，弼与擒虎之力也。"赐物万段，别诏褒美。

开府王颁，僧辩之子也，夜发陈高祖陵，焚骨收灰，投水而饮之。既而自缚，归罪于广，广以闻，而赦之。

以许善心为散骑常侍。

隋将贺若弼部乘胜进至乐游苑，陈朝鲁广达仍督帅残余部队苦战不止，杀死、俘虏隋军几百人。直到太阳落山，才卸下盔甲，面对台城拜了两拜，不禁失声痛哭，对部下们说："我不能拯救国家，罪责深重！"士兵们也都痛哭流涕，接着鲁广达就被隋军俘虏了。贺若弼焚烧宫门进入皇宫，得知韩擒虎已经抓获了后主陈叔宝，就叫陈叔宝出来亲自察看。陈叔宝非常害怕，汗流浃背，浑身战栗，向贺若弼拜了两拜。过后，贺若弼耻于自己功劳不如韩擒虎，与韩发生争吵，于是拔刀出来，打算叫后主陈叔宝写降书归降自己，但是没有实现。

隋朝的晋王杨广进入建康，斩杀了陈朝的都督施文庆等五个人。

隋朝高颎首先进入建康，晋王杨广派人驰马来见高颎，传令留下陈后主宠妃张丽华。高颎说："古时候太公蒙面斩了纣王宠姬妲己，张丽华现在岂能留下！"于是杀了张丽华。杨广知道后脸色大变说："古人说'无德不报'，我将来一定会回报高公的！"由此开始忌恨高颎。

不久杨广进入建康，认为施文庆是谄媚奸邪的小人，沈客卿对百姓重赋搜刮，与阳慧朗、徐析、暨慧景都是残害百姓的罪魁祸首，于是杀了他们，以告谢三吴的老百姓。又让高颎与记室参军裴炬一起收缴陈朝的图籍档案，封存国家府库，所有财物一无所取，听到的人都称颂杨广贤明。

杨广因为贺若弼违反军令与陈军先期决战，将贺拘收交送给执法官吏。隋文帝命驿使传令召贺若弼入朝，并且下诏书给杨广说："这次平定江南，全仗贺若弼和韩擒虎之力。"同时赐布帛等物一万段，还另下诏书予以褒扬称赞。

开府仪同三司王颁，是王僧辩的儿子，他在夜里挖了陈高祖的陵墓，焚烧了高祖陈霸先的尸骨，并将骨灰投在水中然后喝了下去。随后他捆绑起自己向杨广投案请罪，杨广把此事报告了隋文帝，隋文帝赦免了王颁。

隋朝任命许善心做散骑常侍。

帝使以陈亡告许善心,善心衰服号哭于西阶之下,藉草东向坐三日。敕书唁焉。明日,就馆,拜散骑常侍。善心哭尽哀,改服垂泣,再拜受诏。明日乃朝,伏泣殿下,悲不能兴。上顾左右曰:"我平陈国,唯获此人。既能怀其旧君,即我之诚臣也。"

陈水军都督周罗睺降。

初,罗睺守江夏,秦王俊不得进,逾月。陈南康内史吕忠肃据巫峡,凿岩缀铁锁,横截上流以遏隋船,竭其私财以充军用。杨素击之,四十余战,忠肃守险力争,隋兵死者五千余人。既而,隋师屡捷,忠肃弃栅而遁,复据荆门之延洲。素遣五牙四艘以拍竿碎其舰,遂大破之,于是巴陵以东无复城守者。及建康平,诸城皆解甲,罗睺乃与诸将大临三日,放兵散,然后诣俊降,上江皆平。王世积在蕲口,移书告谕江南,诸郡皆降。

遣使巡抚陈地州郡。　二月,置乡正、里长。

苏威奏请五百家置乡正,使治民间辞讼。李德林以为:"本废乡官判事,为其里闾亲识,剖断不平,今令乡正治民,为害最甚。"上竟用威议,乃以百家为里,置里长一人。

将军宇文述拔吴东扬州,执其刺史萧岩、萧璟以归,杀之。

隋文帝派人将陈朝灭亡的消息告诉了被扣留在隋的原陈朝使臣许善心，许善心穿上丧服在客馆西边台阶下放声痛哭，并在干草上面朝东坐了三天。隋文帝下敕书向他表示慰问。第二天，隋文帝派人到客馆下达诏书，拜许善心为散骑常侍。许善心又大哭一场尽表哀思，然后换下丧服改穿朝服，啜泣流泪，拜了两拜后接受了诏命。次日才上朝，伏在殿下哭泣，悲痛得站不起来。隋文帝环顾身边左右的人说："我平定陈朝，只得到这一个人。他既然能够不忘旧日的国君，也就会是我的忠臣啊。"

陈朝水军都督周罗睺降隋。

当初，周罗睺驻守江夏，隋朝秦王杨俊不能向前推进，相持超过了一个月。陈南康内史吕忠肃据守巫峡，在江岸岩石上凿孔后跨江拴系铁索，横截上流江面以阻挡隋军船只，并拿出自己的全部私人财产充当军费。隋朝杨素攻打吕忠肃前后四十余战，吕忠肃守据险要拼死抵抗，隋兵战死了五千多人。随后，隋军屡屡告捷，吕忠肃放弃营寨率军逃走，又退守荆门的延洲。杨素派遣五牙舰共四艘，用拍竿击碎陈舰，于是大败吕忠肃的部队。从此，自巴陵以东，再没有据城抵抗的陈朝军队了。等到建康被平定后，陈朝各城守军全都放下了武器，周罗睺只得同众将非常悲痛地哭吊了三天，将手下部队解散，然后向杨俊投降，至此陈朝长江上游地区全部平定。隋朝王世积率军驻扎蕲口，将这个消息用文书告谕陈朝江南各郡，各郡全部向隋投降。

隋文帝派遣使臣巡视安抚陈朝各个州郡。　二月，设置乡正和里长。

苏威上奏请每五百户人家设置乡正一人，让他负责处理地方百姓的诉讼纠纷。李德林认为："本来已经废除乡一级官吏审理案子的权力，是因为他们与当事人不是乡邻就是亲友，判案难以公平，如今让里正专治民事，危害恐怕更大。"隋文帝最后采用了苏威的建议，划一百家作一里，设立里长一人。

隋朝将军宇文述，攻占吴地东扬州，抓住陈朝刺史萧岩、萧瓛，送回长安，二人被处死。

陈吴州刺史萧瓛能得物情,陈亡,吴人推瓛为主。右卫大将军宇文述等讨之,破其栅,执瓛。东扬州刺史萧岩以会稽降,与瓛皆送长安,斩之。

陈湘州刺史陈叔慎起兵长沙,败死。

杨素之下荆门也,遣庞晖将兵略地,南至湘州。城中将士,刻日请降。刺史岳阳王叔慎,年十八,置酒会僚吏。酒酣,叹曰:"君臣之义,尽于此乎!"长史谢基伏而流涕。助防遂兴侯正理起曰:"主辱臣死。诸君独非陈国之臣乎! 今天下有难,实致命之秋也。纵其无成,犹见臣节。青门之外,有死不能! 今日之机,不可犹豫,后应者斩!"众咸许诺。乃刑牲结盟,遣人诈奉降书于庞晖。晖入,叔慎伏甲执之以徇,并其众皆斩之。叔慎坐于射堂,招合士众,数日之中得五千人。衡阳太守樊通、武州刺史邬居业皆举兵助之。隋刺史薛胄将兵适至,击之。叔慎遣陈正理、樊通拒战,兵败。胄乘胜入城,擒叔慎、居业,送秦王俊,斩之。

陈冯魂以岭南降,陈地悉平。

岭南未有所附,数郡共奉高凉郡太夫人洗氏为主。诏遣柱国韦洸等安抚岭外。陈豫章太守徐璒据南康拒之,洸等不得进。晋王广遣陈叔宝遗夫人书,谕以国亡,使之归隋。夫人集首领数千人尽日恸哭,遣其孙冯魂帅众迎洸。洸击斩徐璒,岭南皆定。表魂为仪同三司,册洗氏为宋康

陈朝吴州刺史萧瓛很得民心,陈朝灭亡后,吴地人民推举萧瓛为主。隋朝右卫大将军宇文述等讨伐萧瓛,攻破他的营栅,抓住了萧瓛。陈朝东扬州刺史萧岩献出会稽后降隋,与萧瓛一起被送往长安斩首。

陈朝湘州刺史陈叔慎于长沙起兵抵抗,战败而死。

隋朝杨素攻占荆门后,派遣庞晖率兵继续占领陈朝土地,南进到达湘州。湘州城内将士,限定日期请求投降。湘州刺史岳阳王陈叔慎年仅十八岁,设置酒宴会见部属。当大家酒意正浓时,陈叔慎叹息说:"咱们之间的君臣关系,到此就要结束了吗?"湘州长史谢基伏地而哭。湘州助防遂兴侯陈正理从座位上站起身来说:"君主受辱,臣子该以死相报。在座诸位哪个不是陈国的臣子!如今国家有难,正是我们献身以报的时候。纵使不能成功,也可以显示我们作为人臣的气节。像汉初秦朝遗臣召平种瓜于长安青门之外那样,我是死也不做的!现在已经到了危急关头,我们不能再犹豫了,有不立即响应的马上斩首!"所有的人全都响应支持。于是杀牲盟誓,派人假装送降书给庞晖。趁庞晖入城受降,陈叔慎埋伏军兵将他抓住后斩首示众,并把他带来的人全都杀了。陈叔慎坐在射堂上,招集人马,几天内得了五千人。衡阳太守樊通、武州刺史邬居业全都率兵来助。隋朝刺史薛胄恰好领兵来到湘州,开始攻打湘州。陈叔慎派陈正理、樊通拒敌迎战,结果失败。薛胄乘胜攻入城内,生擒了陈叔慎、邬居业,把他们押送到秦王杨俊那里,全部处死。

陈朝冯魂献出岭南降隋,陈地全部平定。

岭南在陈亡后失去归属,几个郡共同推举高凉郡太夫人洗氏为首领。隋文帝诏令柱国韦洸等人安抚岭南。原陈朝豫章太守徐璒据守南康郡抵抗韦洸,韦洸等人无法前进。晋王杨广遣使把陈叔宝写给洗夫人的信送给夫人,告诉她陈朝已经灭亡,让她归附隋朝。洗夫人召集各部头领数千人哭了整整一天,然后派她的孙子冯魂率众迎接韦洸。韦洸击败杀死了徐璒,岭南全部平定。韦洸上表请授冯魂为仪同三司,册封洗夫人为宋康

郡夫人。衡州司马任瓌劝都督王勇据岭南，求陈氏子孙，立以为帝。勇不能用，以所部来降，瓌弃官去。

于是陈国皆平，得州三十，郡一百，县四百。诏夷建康城邑宫室，更于石头城置蒋州。

夏四月，晋王广班师，俘陈叔宝至京师，献于太庙。论功行赏有差。

帝坐广阳门观，引陈叔宝于前，使纳言宣诏劳之。内史令宣诏，责以群臣不能相辅，乃至灭亡。叔宝及其群臣并愧惧伏地，屏息不能对。既而宥之。

鲁广达追伤本朝沦覆，得疾不疗，愤慨而卒。

帝给赐叔宝甚厚，叔宝愿得一官号，帝曰："叔宝全无心肝。"既而以陈氏子弟多，恐其在京城为非，乃分置边州，给田业使为生，岁时赐衣服以安全之。

进杨素爵为越公，贺若弼宋公。弼与韩擒虎争功于帝前，弼曰："臣在蒋山死战，破其锐卒，擒其骁将，震扬威武，遂平陈国。"擒虎曰："臣以轻骑五百，直取金陵，执陈叔宝。弼夕方至，臣启关纳之，安得与臣比！"帝曰："二将俱为上勋。"于是进擒虎上柱国。

高颍爵齐公。从容命颍与弼论平陈事，颍曰："弼先献十策，后苦战破贼。臣文吏耳，焉敢与之论功？"帝大笑，嘉其有让。

郡夫人。原陈朝衡州司马任瓖劝说都督王勇占据岭南，然后访求陈氏宗室子孙，立为皇帝。王勇没有采用任瓖的建议，率领自己的人马归降了隋朝，任瓖于是弃官而走。

于是陈国全部平定，隋朝共得三十个州，一百个郡，四百个县。隋文帝又下令夷平建康城的城池宫殿房屋，又在石头城设置了蒋州。

夏四月，晋王杨广班师还朝，押送陈叔宝到长安，在太庙举行献俘仪式。出征将士论功行赏，各有等级不同。

隋文帝坐在广阳门观阙上，传令带上陈叔宝，让纳言宣读诏书对他先予安抚慰劳。再让内史令宣读诏书，责备陈朝群臣不能辅佐君主，致使国家灭亡。陈叔宝及他的大臣们全部惶愧恐惧地伏在地上，屏住呼吸，不敢答话。随后隋文帝赦免了他们。

原陈朝将军鲁广达痛感本朝沦陷覆灭，得了病也不医治，悲愤而死。

隋文帝赏赐给陈叔宝的东西很多，陈叔宝希望能够赐给他一个官位，文帝说："陈叔宝一点心肝都没有！"过了不久，隋文帝因为陈氏宗室子弟太多，恐怕他们留在京城惹是生非，于是把他们分散安置到边远州郡，给他们田地产业让他们赖以为生，每年还赐给他们衣物以使他们安定生活。

进封杨素爵位为越公、贺若弼为宋公。贺若弼与韩擒虎在隋文帝面前争功，贺若弼说："臣在蒋山拼死力战，打垮了陈朝的精锐部队，俘获了他们的骁勇战将，打出了国威军威，才平定了陈国。"韩擒虎说："臣率轻装骑兵五百人直取金陵，抓获了陈叔宝。贺若弼直到傍晚才进至城下，是臣打开城门让他进入城内，他怎么能跟我相比！"文帝说："两位将军都立了上等功勋。"于是进封韩擒虎为上柱国。

高颎封爵为齐公。隋文帝随意地让高颎同贺若弼论说一下各自在平定陈朝过程中的功绩，高颎说："贺若弼先是献上平陈的十条良策，后又苦战打败贼兵。我不过是一个文职官吏罢了，怎么敢与他争论功劳大小？"隋文帝听后大笑，称赞高颎有谦让之风。

初，上尝使颖问方略于李德林，至是赏其功，授柱国，封郡公。已宣敕，或说颖曰："今归功德林，诸将必当愤惋，而公亦为虚行矣。"颖入言之，乃止。

贺若弼撰其所画策上之，谓之《御授平陈七策》。帝弗省，曰："我不求名，公宜自载家传。"后突厥来朝，帝谓之曰："汝闻江南有陈国乎？"因命左右引突厥诣韩擒虎前，曰："此是执得陈国天子者。"擒虎厉色顾之，突厥惶恐不敢仰视。

庞晃等短高颖，帝怒，皆黜之，亲礼逾密。因谓颖曰："公犹镜也，每被磨莹，皎然益明。"

复故陈境十年，余州一年。　投陈孔范等于边裔。

晋王广之戮陈五佞也，未知孔范、王瑳、王仪、沈瓘之罪，故得免。至是始暴其恶，投之边裔，以谢吴越之人。瑳忌刻贪鄙，仪倾巧侧媚，瓘险酷邪谄，故同罪焉。

以陈江总、袁宪等为开府仪同三司。

以江总、袁宪、萧摩诃、任忠为开府仪同三司。帝嘉袁宪雅操，下诏以为江表称首。又以陈散骑常侍袁元友数直言，擢拜主爵侍郎。谓群臣曰："平陈之初，我悔不杀任蛮奴。受人荣禄，兼当重寄，不能横尸殉国，乃云无所用力，与弘演纳肝何其远也！"见周罗睺慰谕之，许以富贵。罗睺

当初,隋文帝曾派高颎向李德林询问用兵的方略,现在奖赏他的功劳,授柱国,封为郡公。读过敕令之后,有人对高颎说:"如今功劳归于李德林,诸将必会愤怒,而您也是白去了一趟前线而已。"高颎入宫向文帝说了,文帝就停止了封赏。

贺若弼撰写了他为平定陈朝提出的策略呈奏,名为《御授平陈七策》。隋文帝看也不看,说:"我不想求名,你应该记到自己家史中去。"后来突厥使者来朝,隋文帝对来人说:"你听说过江南有一个陈国吗?"于是传令左右侍从带领突厥使者走到韩擒虎面前,对他说:"这位就是抓获陈国天子的人。"韩擒虎威严地看着突厥使者,突厥人惊惶害怕,不敢抬头看韩擒虎。

庞晃等人诋毁高颎,隋文帝十分生气,将庞晃等全都罢官,对高颎更加亲近礼遇。并就此对高颎说:"您就像是一面镜子,每经过一次打磨,就更加皎洁明亮。"

免除原陈朝境内地区徭役赋税十年,其余地区的州郡,免除徭役赋税一年。　将陈朝孔范等人流放到边疆。

晋王杨广处决陈朝五个奸臣时,还不知道孔范、王瑳、王仪、沈瓘的罪行,所以他们得免一死。到了这时才揭露出他们的恶行,于是把他们流放到边疆,以向吴越的百姓谢罪。王瑳为人忌妒刻薄,贪婪卑鄙;王仪狡诈阴险,阿谀奉迎;沈瓘心毒手辣,邪恶诌媚,所以被一同治罪。

授原陈朝大臣江总、袁宪等为开府仪同三司。

隋文帝任江总、袁宪、萧摩诃、任忠为开府仪同三司。文帝赞许袁宪有高尚的品德操守,下诏书宣告他是江南地区第一。又因为原陈朝散骑常侍袁元友多次直言谏诤,提升他做了主爵侍郎。文帝对大臣们说:"我后悔平定陈朝之初没有处死任忠。他受人荣华富贵,享人俸禄,同时肩负着重大的托付,不能横尸疆场,以死报效祖国,竟然对主上说自己已经无能为力了。这同春秋时卫懿公被杀,他的肝脏被狄人弃在荒野,卫国大臣弘演剖开己腹,将懿公肝脏保护在自己腹中而殉主的壮烈行为,相差是多么远啊!"文帝召见周罗睺,安慰并答应要给他富贵。周罗睺

泣对曰:"臣荷陈氏厚遇,本朝沦亡,无节可纪,得免于死,陛下之赐也,何富贵之敢望?"贺若弼谓罗睺曰:"闻公郧、汉捉兵,即知扬州可得。"罗睺曰:"若得与公周旋,胜负未可知也。"伐陈之役,以陈降将羊翔为乡导,位至上开府仪同三司,班在罗睺上。韩擒虎戏之曰:"不知机变,乃立羊翔之下。"罗睺曰:"昔尝谓公天下节士,今日之言非所望也。"擒虎有愧色。

初陈散骑常侍韦鼎骋于周,遇帝而异之,谓曰:"公当大贵,贵则天下一家,岁一周天,老夫当委质于公矣。"及归,尽卖田宅。或问其故,鼎曰:"江东王气尽于此矣。"至是,召为上仪同三司。

诏除毁兵仗。

诏曰:"今率土大同,含生遂性。禁卫之余,镇守之外,戎旅军器皆宜停罢。武力之子俱可学经。民间甲仗悉皆除毁。"

杀乐安公元谐。

谐性豪侠,有气调,好排诋,不能取媚左右。与王谊善,谊诛,或告谐谋反,案验伏诛。

闰月,以苏威为仆射,杨素为纳言。　秋七月,群臣请封禅,不许。　八月,以王雄为司空。

流着眼泪回答说："我受过陈朝大恩厚德,现在陈已灭亡,我自己没有什么节操可表,得免一死,已经是陛下对我的恩惠了,哪里还敢奢望什么富贵呢?"贺若弼对周罗睺说："我当初听说您在鄢、汉一带指挥部队,就知道扬州可以轻易到手了。"周罗睺说:"如果我当时能够领兵跟您对阵,那么双方谁胜谁负还很难说呢。"当初在伐陈战役中,隋军曾以陈朝降将羊翔为向导,因此现在羊翔官位升到上开府仪同三司,上朝站班的位置排在周罗睺的前面。韩擒虎跟周罗睺开玩笑说:"你不懂得随机应变,所以站班在羊翔之后。"周罗睺回答说:"我曾经认为您是一位天下有气节的名士,可您今天说的话却让我大失所望。"说得韩擒虎面有愧色。

当年陈朝散骑常侍韦鼎出使北周时见到了隋文帝,认为文帝超凡卓异非同一般,于是对文帝说:"您以后必定会大尊大贵,到时就会天下一统,岁星运行一周天也就是十二年后,老夫必将向您下拜称臣了。"等他出使回来后,即把自己的田地宅业全部卖掉了。有人问他这么做的缘故,韦鼎回答说:"江南王气已经到此而尽了。"到了陈朝灭亡后,韦鼎受到隋文帝召见,封官上仪同三司。

隋文帝诏令禁毁军械兵器。

诏令说:"如今天下大同,一切有生命的都可尽情随性。除了禁卫京师和镇守边地的军队之外,其他军队、军器全应停止征召使用。行伍人家的子弟,均可学习经业儒学。民间的兵刃器械,要全数销毁。"

处死乐安公元谐。

元谐生性豪爽侠义,有气概风度,好排挤诋毁别人,不能讨好隋文帝左右近臣。与王谊友善相好,王谊被杀后,有人告他谋反,调查审理属实,于是被处死。

闰月,任命苏威为仆射,杨素为纳言。 秋七月,群臣请求隋文帝举行祭祀天地的封禅大典,文帝不同意 八月,任命王雄为司空。

左卫大将军王雄,贵宠特盛,宽容下士,朝野倾属。帝阴忌之,以雄为司空,实夺之权。雄乃杜门不通宾客。

冬十二月,诏定雅乐。

帝践祚之初,柱国郑译请修正雅乐,诏太常卿牛弘、国子祭酒辛彦之、博士何妥等议之,积年不决。译言:"古乐十二律,旋相为宫,各用七声,世莫能通。"译因龟兹人苏祗婆善琵琶,始得其法,推演为十二均、八十四调,以校太乐所奏,例皆乖越。又于七音之外,更立一声,谓之应声。与邳公世子苏夔议累黍定律。

时人以音律久无通者,非译、夔一朝可定。帝素不悦学,而牛弘不精音律。何妥自耻不逮,常欲沮坏其事,乃立议非之。或欲令各造乐,而择其善者。妥又恐乐成善恶易见,乃请张乐试之,先白帝云:"黄钟象人君之德。"及奏黄钟之调,帝曰:"滔滔和雅,与我心会。"妥因奏止用黄钟一宫,不假余律。上悦,从之。

时又有乐工万宝常,妙达钟律。上召问之,宝常曰:"此亡国之音也。"上不悦。宝常请以水尺为律,上从之。

左卫大将军王雄为当朝显贵，深得宠信，他宽容下属和士人，朝廷、民间对他都倾慕支持。隋文帝内心对他十分猜忌，任命王雄为司空，实际上是剥夺了他的军权。王雄于是就闭门闲居，不见宾客，以保全自身。

冬十二月，隋文帝诏令修订雅乐。

文帝即位初期，柱国郑译请求修订郊庙朝会上使用的雅乐，于是文帝下诏令太常卿牛弘、国子祭酒辛彦之、博士何妥等人一起研究商讨，好多年也没解决这个问题。郑译说："古乐有十二律，更相为宫，每律用宫、商、角、徵、羽、变宫、变徵七个音级，今世之人没人通晓。"郑译因为龟兹人苏祗婆擅长弹奏琵琶，于是听她演奏，才弄明白了古乐演奏的方法，推演出十二均、八十四调，用来校正太常寺太乐署乐师演奏的音乐，发现全都背离不符。于是郑译又在七个音级之外增加一个音级，称作应声。郑译还和邳公苏威的世子苏夔商议以排列黍粒之法测量并确定律管长度，以重定律调。

当时的人都认为古乐音律长久以来已经无人通晓，不是郑译、苏夔一时就能确定下来的。文帝平时就不喜好学习，而牛弘并不精通音律。何妥自认为在古乐方面的造诣不如郑译、苏夔是种耻辱，所以常常想要阻挠破坏他们修正古乐之事，于是他也提出一种意见来非难郑译等人。有人提议让他们各自制定出一种乐调，而选择其中好的来使用。何妥又怕乐调制成后哪种好哪种不好将显而易见，就奏请隋文帝立即举行演奏会比试各种演奏方法，并且预先对文帝说："黄钟调奏出的音乐象征着君主的德行。"等到用黄钟调演奏之后，文帝认为："这乐音似滔滔洪流，和协典雅，与我的心灵融会交合。"何妥趁机奏请今后只用黄钟一种律调，不得再用其他律调。隋文帝非常高兴，听从了他的建议。

当时又有乐工万宝常，精通黄钟律调。隋文帝召见万宝常询问对新乐调的看法，万宝常说："这是亡国之音。"文帝听了很不高兴。万宝常请求使用水尺来测定调整律调，文帝同意了。

宝常造诸乐器,其声率下译调二律,其声雅淡,不为时人所好。苏夔尤忌之,夔父威方用事,凡言乐者皆附之,宝常乐竟寝不行。

及平陈,获宋、齐乐器工人,上廷奏之,叹曰:"此华夏正声也。"乃调五音为五夏、二舞、登歌、房内等十四调,宾祭用之。太常置清商署以掌之。至是牛弘又奏:"中国旧音多在江左,今得梁、陈旧乐,请加修缉以备雅乐。其后魏、后周之乐,杂有边裔之声,请悉停之。"乃诏弘与许善心、姚察及虞世基参定。

以辛公义为岷州刺史。

岷俗畏疫,一人病,阖家避之,病者多死。公义命皆舆置厅事,暑月厅廊皆满,公义设榻昼夜处其间,以秩禄具医药,身自省问。病者既愈,乃召其亲戚谕之曰:"死生有命,岂能相染?若能相染,吾死久矣。"皆惭谢而去。其后人有病者,争就使君,其家亲戚固留养之,始相慈爱,风俗遂变。后迁并州刺史,下车,先至狱中,露坐验问,十余日间,决遣咸尽,还领新讼。事皆立决,有须禁者,公义即宿厅事,终不还阁。或谏曰:"公事有程,何自苦!"公义曰:"刺史无

万宝常制造出了各种乐器,它们的律调大抵比郑译等人制定的律调低两度,其声雅细柔和,不为当时人们喜爱。苏夔尤其忌恨万宝常,因为他的父亲苏威正在执政掌权,所以凡是谈论音乐的人全都附和苏夔而攻击万宝常,万宝常制定的乐调最终被废弃而不能行世。

等到平定陈朝,得到了宋、齐两国的乐器和乐工,让他们在宫廷上演奏,隋文帝听后感叹说:"这才是真正的华夏正音啊。"于是下令调五音为五夏、二舞、登歌、房内等十四种律调,在接待宾客、举行祭祀时使用。又令在太常寺设置清商署,掌管乐器、乐工及演奏事宜。这时牛弘又上奏说:"中国旧有的传统音乐多保存在江南地区,如今已经得到了梁、陈两国的旧有音乐,请让人加以修订作为郊庙祭祀朝会典礼的雅乐。其他像北魏、北周使用的音乐,都混杂有边鄙夷狄声调,请全部停止使用。"于是文帝诏令牛弘与许善心、姚察、虞世基共同参预修订。

任命辛公义为岷州刺史。

岷地风俗人民惧怕疾疫,一人患病,全家都要避开他,病人因此大多死去。辛公义下令把病人全都抬到官署的厅堂内,正是酷暑月份,厅堂走廊里挤满了病人,辛公义设置床铺昼夜守候在病人中间,并用自己的薪俸请医买药,亲自省视慰问他们。病人痊愈后,辛公义就召见他的亲戚家属教谕他们说:"人的生死自有命运的安排,疾病怎么能够互相传染呢?如果能够互相传染的话,我早就死了。"病人亲属听了都非常惭愧,拜谢而去。这之后岷州人有得病的,都争着要到辛公义的身边治疗,病人的亲属则一定要他留下来养病,人们彼此开始相慈相爱,旧的陋习终于改变一新。后来辛公义调任并州刺史,刚一到任,就先到监狱中,露天坐在那里亲自审问囚犯,十几天里就把囚犯们判决定罪并遣送发落完毕,然后才回到州衙中受理新的诉讼案件。案件全都在当天立即审理判决,有需要囚禁起来继续审理的,辛公义就住在公堂里,始终不回后面内室歇息。有人劝他说:"处理公事有一定的程序,你何必如此劳苦!"辛公义说:"我身为刺史没有

德,不能使民无讼,岂可禁人在狱而安寝于家乎?"罪人闻之,咸自款服。后有讼者,乡闾父老遽晓之曰:"此小事,何忍勤劳使君?"讼者多两让而止。

庚戌(590) 十年

春二月,以李德林为湖州刺史。

德林恃才好胜,同列疾之,由是以佐命元功,十年不徙级。数与苏威异议,高颎常助威,帝多从之。尝赐德林庄店,使自择之,德林请高阿那肱店。店人诉称高氏强夺民田所为,威因奏德林诬罔自入,帝益恶之。虞庆则等奉使关东,还,奏:"乡正专理辞讼,党与爱憎,公行货贿。"帝令废之。德林曰:"兹事臣本以为不可,然始置即停,朝成暮毁,非帝王设法之义。自今群臣于律令辄欲改张,愿陛下即以军法从事,不然纷纭未已。"帝怒,大诟曰:"尔欲以我为王莽邪!"先是德林称父为太尉咨议以取赠官,黄门侍郎陈茂言"德林父实终于校书",帝甚衔之。至是,面数其罪,出为湖州刺史,迁怀州,卒。

以柳庄为饶州刺史。

德行,不能使我管辖下的老百姓不犯法不打官司,又怎么能把人拘禁在牢狱中而自己心安理得地在家里睡大觉呢?"那些有罪的人听说了这件事,全都真心地认了罪、服了法。后来再有准备去打官司的人,他们的乡里父老赶忙劝解他们说:"这不过是一件小事,你们怎么忍心去烦劳刺史大人呢?"于是要去打官司的人大多互相忍让而作罢。

庚戌(590)　**隋文帝开皇十年**

春二月,任命李德林为湖州刺史。

李德林倚仗自己的才学,争强好胜,同朝的官员大多痛恨他,因此虽说有辅弼开国的大功,却十年没有晋级升迁。李德林多次跟苏威意见不合,而高颎常常帮助苏威说话,因此隋文帝大多听从苏威他们的意见。隋文帝要赏赐李德林一座庄店,让他自己挑选,李德林请求赐他高阿那肱庄店。那个庄店的人上诉说该店是高氏强夺民田而修建的,于是苏威借此上奏说李德林有欺君之罪,他妄称自己要住进庄店,实际上是想租佃渔利。隋文帝因此更加厌恶李德林。虞庆则等人奉命出使潼关以东地区,回来后上奏说:"乡正全权处理地方上的诉讼纷争,按照自己的爱憎偏袒同伙,公然收受贿赂。"于是文帝诏令废除乡正。李德林对文帝说:"此事我本来就认为不可行,然而刚开始设置乡正不久,马上又要废除,政令朝行夕改,失去了帝王制定法律的意义。从今以后,群臣认为已确定的律令制度动不动就可随意改变,希望陛下立即对他们以军法从事,不然的话,类似情况会纷纷出现,难以终止。"文帝听后非常生气,大声责骂李德林说:"你是要把我当作王莽吗?"以前李德林报称他的父亲曾任过太尉咨议,以此来取得赠官,黄门侍郎陈茂奏言"李德林的父亲实际上死时只是官任校书郎",文帝为此十分痛恨李德林。这次关于乡正的事件发生后,文帝当面一一列举李德林的罪行,将他贬出朝廷去任湖州刺史。李德林后又迁任怀州刺史,最后死在了那里。

任命柳庄为饶州刺史。

给事黄门侍郎柳庄有识度,博学,善辞令,明习典故,雅达政事,帝及高颎、苏威皆重之。与陈茂同僚,不能降意,茂谮而出之。

杀楚州参军李君才于殿内。

帝性猜忌,不悦学,既任智以获大位,因以文法自矜,明察临下,恒令左右觇视内外,有过失则加以重罪。又患令史赃污,私使人以钱帛遗之,得犯立斩。每于殿廷捶人,捶楚不甚,即命斩之。高颎、柳彧等谏曰:"朝堂非杀人之所,殿廷非决罚之地。"不纳。颎等乃尽诣朝堂请罪。帝不怿,乃令殿内去杖。后李君才言:"帝宠高颎过甚。"帝怒,命杖之,而殿内无杖,遂以马鞭捶杀之,因复置杖。未几,怒甚,又于殿廷杀人。兵部侍郎冯基固谏,不从。寻悔,宣慰基,而怒群臣之不谏者。

夏五月,诏军人悉属州县。

诏曰:"魏末丧乱,军人权置坊、府,南征北伐,居处无定。今可悉属州县,其垦田、籍账一与民同。军府统领,宜依旧式。仍罢缘边新置军府。"

六月,制民年五十免役收庸。 秋七月,以杨素为内史令。 冬十一月,江南乱,以杨素为行军总管,讨平之。

江表自东晋已来,刑法疏缓,世族陵驾寒门。平陈之

给事黄门侍郎柳庄有见识,有风度,博学,善辞令,熟习历史典故,通达朝廷政事,文帝以及高颎、苏威都很器重他。柳庄与陈茂是同僚,因不能曲意附和陈茂的意见,被陈茂暗中诋毁中伤,离开京师外放为官。

隋文帝在大殿内杀死楚州参军李君才。

隋文帝生性猜忌多疑,不喜好学习,他靠着玩弄智谋获取君主之位后,就以熟悉法令制度而自居,以明察秋毫而驾驭臣下,经常命令身边近臣窥探监视朝廷内外百官群臣,一旦发现他们的过失就治以重罪。又担心令史贪污受贿,就暗地里指使人拿着钱财布帛假意贿赂他们,发现谁收下财物就立即处斩。文帝经常在朝殿上杖打官员,认为行刑的人挥动杖具不够厉害,下手不重的,就立刻命令将其处死。高颎、柳彧等人规劝隋文帝说:"朝堂不是杀人的处所,殿廷不是行刑的地方。"文帝根本不听。于是高颎等百官大臣全都来到朝堂请罪。文帝很不高兴,但也只好下令撤去殿内的杖具。后来李君才上言说:"皇上过于宠信高颎了。"文帝大怒,下令杖罚他,但殿内已不设刑杖了,于是就用马鞭将李君才活活打死。为此又恢复了在殿内放置杖具。不久,隋文帝因为怒不可遏,又在殿廷上杀人。兵部侍郎冯基一再苦谏,文帝就是不听。事后不久,文帝觉得后悔,宣诏安慰了冯基一番,而怨恼群臣中没有进谏的。

夏五月,诏令军人全都隶属各地州县。

隋文帝诏令说:"自北魏末年丧乱以来,军队建制上临时设置坊、府,南征北伐,居住没有固定处所。今后可叫军人全部隶属各地州县,他们在开垦田地、户籍赋税上一律与普通百姓相同。军府统领,还应依照原来的编制形式。同时废除沿边新近建置的军府。"

六月,规定百姓年满五十岁后,可用收取赋税来代替徭役。

秋七月,任命杨素为内史令。 冬十一月,江南动乱,派遣杨素为行军总管,讨伐平定了动乱。

江南自东晋以来,刑法宽松,世族凌驾寒门之上。平定陈朝之

后,尽反其政。苏威复作《五教》,使民诵之,士民嗟怨。民间复讹言隋欲徙之入关,远近惊骇。于是越州高智慧、苏州沈玄侩皆举兵反,自称天子,攻陷州县。陈之故境,大抵皆反,大者有众数万,小者数千,执县令杀之,曰:"更能使侬诵《五教》邪!"诏遣杨素讨之。

素将济江,使麦铁杖戴束蒿,夜浮渡江觇贼,还而复往,为贼所擒,遣兵三十人防之。铁杖取贼刀乱斩防者,尽杀之而归。素大奇之,奏授仪同三司。

素帅舟师自杨子津入击贼。玄侩败走,追擒之。智慧据浙江东岸为营,周亘百余里,船舰被江。素击之,子总管来护儿曰:"吴人轻锐,利在舟楫,必死之贼,难与争锋。公宜严阵以待之,勿与接刃。请假奇兵数千潜度,掩破其壁,使退无所归,进不得战,此韩信破赵之策也。"素从之。护儿以轻舸数百,直登江岸,袭破其营,因纵火,烟焰张天。素纵兵奋击,大破之。智慧逃入海。

素遣总管史万岁帅众二千逾岭越海,攻破溪洞,不可胜数,前后千百余战,转斗千余里,寂无声问者十旬,远近皆谓已没。万岁置书竹筒中,浮之于水,得者以告。素上其事,上嗟叹,厚赐其家。

素追智慧,克温州,智慧走保闽、越。上以素久于外,令驰传入朝。素以余贼未殄,复请行,泛海奄至泉州。贼

后,隋朝一反陈朝政令。苏威又撰写了《五教》,让江南百姓记诵熟读,士人百姓抱怨不止。江南民间又传出了隋朝要把当地百姓全都迁徙到关内去的流言,远近各地都感到惊恐害怕。于是越州高智慧、苏州沈玄恺全都起兵造反,自称天子,攻取州县。陈朝原来统治的境内,大多发生了反叛,势力大的有数万之众,势力小的有几千人,他们抓住隋朝县令后就杀死,说:"看你还能再叫我们念《五教》不能!"隋文帝下诏派遣杨素前去讨伐,平定叛乱。

杨素将要渡江时,先让麦铁杖头戴一束菰草,趁黑夜游过长江刺探敌情,回来后再去,被叛贼擒获,叛贼派了三十个兵丁看守他。麦铁杖夺取了贼兵大刀挥刀乱砍,将看守他的兵丁全部杀死后返回。杨素大为惊异,奏请朝廷授予他仪同三司之职。

杨素统帅水军自杨子津进入江南攻击叛贼。沈玄恺兵败而逃,被杨素追上抓获。高智慧占据浙江东岸构筑营垒,连绵一百多里,船舰布满江面。杨素率军攻击,子总管来护儿说:"吴地人轻捷勇锐,善于使用舟船作战,而且决心死战,很难跟他们针锋相对。您应该率军严阵以待,不要和他们马上交锋。请交给我奇兵几千人,悄悄地渡过浙江,偷袭攻占贼兵的壁垒,使他们退无归路,进不得战,这就是韩信当年击破赵军所用的战术。"杨素听从了他的建议。来护儿率轻便战船几百只,直接登上江岸,攻破了高智慧的营盘,就势放起火来,顿时浓烟大火冲天。杨素指挥军队奋勇进击,大破贼军。高智慧逃入海中。

杨素派遣总管史万岁率兵两千越岭渡海,攻破的溪洞多得不可计算,前后经过千百次战斗,转战一千多里,有一百来天失去了他的音讯,前方后方的人都认为史万岁已经完了。史万岁将书信封装在竹筒内,放入水中,拣到的人报告了杨素。杨素上奏了此事,隋文帝很是感叹,重赏了史万岁家。

杨素追击高智慧败军,攻克温州,高智慧撤退驻守闽、越。文帝因杨素长期在外作战,下令他乘驿站传车回朝休养。杨素认为叛贼残部尚未肃清,再次请求出征,渡海突然兵至泉州。贼

帅王国庆自以海路艰阻,不设备,弃州走,余党皆散。素分兵追捕,密令人说国庆使斩送智慧以自赎。余党悉降,江南大定。

素用兵多权略,驭众严整,每将临敌,辄求人过失而斩之,多至百余人,流血盈前,言笑自若。及其对阵,先令一二百人赴敌,或不能陷阵而还者,悉斩之。更令二三百人复进,还亦如之。将士股栗,有必死之心,由是战无不胜,称为名将。素时贵幸,言无不从。从素行者,微功必录,至他将,虽有大功,多为文吏所谴却,故素虽残忍,士亦以此愿从焉。

番禺夷反,遣给事郎裴矩讨平之。以冯盎为高州刺史,洗氏为谯国夫人。

番禺夷王仲宣反,岭南首领多应之,引兵围广州。韦洸中流矢卒,诏以其副慕容三藏检校军事,又诏裴矩巡抚岭南。矩至南康,得兵数千人,击斩仲宣遣别将,至南海。

高凉洗夫人遣其孙冯暄将兵救广州,逗留不进。夫人大怒,遣使执暄系狱,更遣孙盎会三藏等合击仲宣,仲宣众溃。洗氏亲被甲,乘介马,张锦伞,引彀骑卫从裴矩巡抚二十余州。苍梧首领陈坦等皆来谒见。矩承制署为刺史、县令,使还统其部落,岭表遂定。

帅王国庆自以为海路艰难险阻,所以未加防备,这时只好弃州逃走,余党也全都溃散了。杨素分兵追捕,同时秘密派人说服王国庆,让他把高智慧斩杀送过来以立功赎罪。高智慧死后余党全部投降,江南大多平定了。

杨素用兵善于随机应变,很有谋略,治军严整,每当要临敌作战时,一定要设法找一些士兵的过失,然后将他们处斩,最多时可达一百多人,眼前血流满地,杨素却谈笑自若。到了双方对阵时,杨素先命令一二百人前去攻击敌人,有不能攻陷敌阵而退回来的,全部杀掉。再命令二三百人又去冲锋陷阵,有后退回来的还像前面那样处置。因此将士们无不战栗胆寒,个个怀有死战的决心,所以杨素能够战无不胜,人称名将。杨素当时地位高贵,很受宠信,文帝对他言听计从。跟随杨素的将士,即使立了小功也一定会记录在册,至于其他将士,虽然有大功,却常被文官压制排挤,所以杨素尽管残忍,将士们也因为这个原因而愿意跟从他。

番禺夷人反叛,派遣给事郎裴矩讨伐平定夷人。任命冯盎为高州刺史,冼氏为谯国夫人。

番禺夷人王仲宣起兵造反,岭南各地首领大多响应他,王仲宣率兵包围了广州。总管韦洸中流箭而死,隋文帝诏令韦洸的副手慕容三藏检校广州军事,又下诏命裴矩巡抚岭南。裴矩进至南康,得到军队数千人,击溃并杀死了王仲宣派出的别将,然后进兵南海。

高凉冼夫人派她的孙子冯暄领兵救援广州,冯暄逗留不进。冼夫人大怒,派遣部下将冯暄逮捕关押进监狱。又另外派孙子冯盎与慕容三藏等合兵一处攻打王仲宣,王仲宣的部队溃败。冼夫人亲自披戴盔甲,乘坐披甲的战马,打着用锦缎做的伞盖,率领手持弓弩的骑兵护卫,和裴矩一起巡抚岭南二十多个州。苍梧首领陈坦等都来拜见裴矩。裴矩根据朝廷的旨意分别任命他们为刺史、县令,让他们回去统领各自的部落,岭南地区终于平定。

上以矩为民部侍郎。拜盎高州刺史,赠冯宝谯国公,册冼氏为谯国夫人,开幕府,置官属,给印章,听便宜行事。赦暄逗留之罪。

番州总管赵讷贪虐,俚、獠亡叛。夫人上封事论之,上遣推讷,竟致于法,敕夫人招慰亡叛。夫人亲载诏书,称使者,历十余州,所至皆降。上嘉之,赐临振县为汤沐邑。

辛亥(591) 十一年
春二月,吐谷浑可汗夸吕死,子世伏立。
夸吕闻陈亡,大惧,遁逃保险,遣使入贡,寻卒。

以刘旷为莒州刺史。
平乡令刘旷有异政,以义理晓谕,讼者皆引咎而去,狱中草满,庭可张罗。高颎荐之,故有是命。

是月晦,日食。 秋八月,杀滕王瓒。
初,帝微时,与瓒不协。帝为周相,瓒恐为家祸,阴欲图帝。其妃,周高祖妹顺阳公主也,亦与独孤后不平,帝命出之,瓒不可。至是从幸栗园,遇鸩暴卒。

壬子(592) 十二年
秋七月,苏威以开府就第。尚书卢恺除名。

隋文帝任命裴矩为民部侍郎。任命冯盎为高州刺史，追赠冯宝为谯国公，册封冼氏为谯国夫人，设立谯国夫人幕府，配备下级官吏，授给谯国夫人印章，允许她调动本部军队应付紧急情况。赦免了冯暄逗留不进之罪。

番州总管赵讷贪婪残暴，俚人、獠人因此多有逃亡反叛。冼夫人上密封奏疏论述此事，隋文帝派人到番州审查赵讷，最终将赵讷绳之以法，并敕令冼夫人招抚安慰逃亡反叛的俚人、獠人。冼夫人亲自带着诏书，自称是朝廷使者，历经十来个州，所到之处叛民都纷纷归降。隋文帝嘉许冼夫人的功劳，赏赐临振县作为冼夫人的汤沐邑。

辛亥（591） 隋文帝开皇十一年

春二月，吐谷浑可汗夸吕死，他的儿子世伏继立。

夸吕听到陈朝灭亡，非常恐惧，于是逃跑到远方以求自保，同时遣派使节向隋进贡，不久后去世。

任命刘旷为莒州刺史。

平乡县令刘旷有优异的政绩，他对前来告状的人都先用理义进行教谕，结果诉讼的人都深深自责后离去，以致监狱中因为没有了犯人而荒草丛生，判案的厅堂上也因无人诉讼而可以张网捕雀。高颎向朝廷举荐了刘旷，所以才有了莒州刺史的任命。

这月的最后一天，出现日食。　秋八月，杀死滕王杨瓒。

当年隋文帝地位低微时，与杨瓒不和睦。后来隋文帝担任北周丞相，杨瓒担心招致家祸，暗中谋划除掉隋文帝。杨瓒的妃子是北周高祖的妹妹顺阳公主，她也同文帝皇后独孤后不和，隋文帝命令杨瓒休掉其妃，杨瓒不同意。到了这年秋八月，杨瓒跟随文帝御驾前往栗园，被毒暴死。

壬子（592） 隋文帝开皇十二年

秋七月，苏威以开府仪同三司的官号赋闲回家。尚书卢恺被免官除名。

何妥与苏威争议事,积不相能。威子夔与妥议乐,复不同,议者以威故,同夔者十八九。妥恚曰:"吾席间函丈四十余年,反为昨暮儿所屈邪?"遂奏威与卢恺、薛道衡、王弘、李同和等共为朋党。帝大怒,威免官爵,以开府就第,卢恺除名,知名之士得罪者百余人。

自周以来,选无清浊,及恺摄吏部,与薛道衡等甄别士流,故涉朋党之谤,以至得罪。未几,上曰:"苏威,德行者,但为人所误耳。"命复通籍。威好立条章,每岁责民间五品不逊,答者或云:"管内无五品之家。"其不相应领,类如此。又为余粮簿,欲使有无相赡,民部侍郎郎茂以为烦迂不急,皆奏罢之。茂尝为卫国令,有民张元预兄弟不睦,丞、尉请加严刑。茂曰:"元预兄弟本相憎疾,又坐得罪,弥益其忿,非化民之意也。"乃徐谕之以义。元预等各感悔,顿首请罪,遂相亲睦。

是月晦,日食。 八月,制诸州死刑悉移大理奏裁。

帝以天下用律者多踳驳,罪同论异,故有是命。

冬十月,新义公韩擒虎卒。 十二月,以杨素为仆射,与高颎专掌朝政。领军大将军贺若弼除名。

何妥跟苏威争论政事，素来是意见不合互不相让。苏威之子苏夔同何妥讨论修订音乐，又是意见不同各有主张，其他议及音乐的人因为苏威官高位显的缘故，附和赞同苏夔意见的十有八九。何妥愤愤不平说："我当太学博士已经四十多年了，现在反倒要屈居在一个黄口小儿之下吗？"于是向文帝上奏说苏威跟卢恺、薛道衡、王弘、李同和结党营私。文帝勃然大怒，苏威被免除官爵，以开府仪同三司的名号回家闲居，卢恺被免官除名，其他知名人士被牵连获罪者多达百余人。

自北周建国以来，选拔官吏不问品德优劣，直到卢恺代理吏部尚书，同薛道衡一起考核区别官吏品德好坏，因此遭受结交朋党的诽谤，以至于获罪免官。不久，隋文帝说："苏威是个有道德品行的人，只是被他人所害罢了。"于是下令苏威可以恢复将姓名记于宫门竹板上的通籍资格，可以出入禁中。苏威热衷于订立各种规章制度，每年都责备民间对仁、义、礼、智、信的五品教化不予重视，有的地方官竟然回答说："在我管理的地方上没有五品官员以上的人家。"这种互不相让的情况，类多如此。苏威又编制了余粮账簿，想要让百姓之间有无互相调剂，民部侍郎郎茂认为此法烦琐迂阔，并非当今急待解决的问题，全都奏请废止了。郎茂曾任卫国县令，有平民张元预兄弟两人不和睦，县丞、县尉请求对他俩严刑惩治。郎茂说："张元预兄弟二人本来就互相憎恶痛恨，如果又因此治罪，就会更加助长他们间的怨恨，这不是我们教化百姓的本意。"于是郎茂耐心地慢慢用仁义之理开导教育他们。张元预兄弟各自感动而后悔不已，磕头请罪，终于彼此相亲相睦。

这月最后一天，出现日食。　八月，文帝下制书规定各州死刑案件全部移送大理寺上奏裁决。

隋文帝因为全国各地执法官吏在应用法律上大多舛谬杂乱执法不一，罪状相同而判决各异，因此下达了这个命令。

冬十月，新义公韩擒虎去世。　十二月，任命杨素为仆射，与高颎一起同掌朝廷政事。领军大将军贺若弼被免官除名。

杨素性疏辩,高下在心,唯颇推高颍,敬牛弘,厚接薛道衡,视苏威以下蔑如也。其才艺风调优于颍,至于推诚体国,处物平当,有宰相识度,则不如远矣。

贺若弼自谓功名出朝臣之右,当为宰相,及素为仆射,不平,形于言色,由是免官,怨望愈甚。久之,上下弼狱,谓之曰:"我以高颍、杨素为宰相,汝每昌言毁之,何也?"弼曰:"颍是臣之故人,素,臣之舅子,臣知其为人,诚有此语。"公卿奏弼罪当死,上曰:"臣下守法不移,公可自求活理。"弼曰:"臣将八千兵擒陈叔宝,窃以此望活。"上曰:"此已格外重赏。"弼曰:"臣今还格外望活。"上低回者数日,特令除名。岁余,复其爵位。

诏免河北、河东功、调,减田租。

有司言:"府藏皆满,无所容,积于廊庑。"于是更辟左藏院以受之。上乃诏曰:"宁积于人,无藏府库。河北、河东今年田租三分减一,兵减半,功、调全免。"

遣使均田。

时天下户口岁增,京辅及三河地少而人众,衣食不给。帝乃发使四出,均天下之田,其狭乡每丁才至二十亩,老少又少焉。

癸丑(593) **十三年**
春二月,作仁寿宫。

杨素生性不好言辩，别人高低优劣全记在心中，只是非常推崇高颎，尊敬牛弘，厚待深交薛道衡，而蔑视苏威及苏威以下的人。杨素才艺风度优于高颎，至于坦诚待人、为国着想，处事公平妥当，具有宰相的见识器量等方面，他就远远比不上高颎了。

贺若弼自认为功劳名望在朝廷群臣之上，应当做宰相，及至杨素被任命为尚书仆射，就非常不平，还常常在言谈、脸色上流露出来，因此被免除了官职，从此更加怨恨不满。过了很长一段时间，隋文帝将贺若弼抓进监狱，对他说："我让高颎、杨素做宰相，你却经常公开诋毁他俩，这是为什么？"贺若弼回答说："高颎是我的老朋友，杨素是我舅舅之子，我知道他们的为人，所以敢说这些话。"公卿大臣上奏说贺若弼当判死罪，隋文帝对贺若弼说："大臣们严格执法，你可以自己寻找活命的理由。"贺若弼说："我带领八千士兵擒获了陈叔宝，希望以此功劳请求不死。"文帝说："这件功劳已经格外重赏过你了。"贺若弼说："我今天还想请求格外施恩保全性命。"文帝考虑了几天稍稍回心转意，特令将贺若弼除名。一年多后，又恢复了他的爵位。

隋文帝诏令免除河北、河东军人的力役税和户税，减征田租。

有关官吏说："国家府库贮藏已满，财物没有地方存放，只能堆积在厢房廊屋里。"于是文帝下令另外开辟左藏院以存放物资。文帝为此下诏说："粮食布帛等财物宁可积贮在百姓家中，也不要储藏在国家府库里。河北、河东今年田租可减征三分之一，军人所应缴纳的田赋可减去一半，力役税和户税全部免征。"

派遣使节按人口分配田地。

当时全国民户人口逐年都在增添，京城附近和河北、河南、河东地区地少人多，百姓们衣食不足。隋文帝于是派遣使节出发到全国各地，重新按人口分配全国的田地，地少人多的狭乡每个成年丁口只能分到二十亩，老人和孩子更少。

癸丑（593）　隋文帝开皇十三年

春二月，营造仁寿宫。

诏杨素营仁寿宫于岐州之北,素奏宇文恺、封德彝为土木监。于是夷山堙谷以立宫殿,崇台累榭,宛转相属。役使严急,丁夫多死,覆以土石,因而筑之。死者以万数。

禁藏谶纬。　　秋七月晦,日食。　　诏议明堂制度。

帝命礼部尚书牛弘等议明堂制度。宇文恺献木样。帝命有司度地立之,而诸儒议久不决,乃罢之。

突厥突利可汗请婚,许之。

帝之灭陈也,以陈叔宝屏风赐突厥大义公主。公主以其宗国之覆,心常不平,书屏风为诗,叙陈亡以自寄。帝闻而恶之,礼赐渐薄。公主遂扇惑都蓝可汗,颇为边患。帝遣将军长孙晟使突厥,因发公主私事,废之。内史侍郎裴矩请说都蓝使杀公主。时处罗侯之子染干,号突利可汗,居北方,遣使求婚。帝使矩谓之曰:"能杀大义公主乃许婚。"突利遂谮公主于都蓝,都蓝因发怒,杀公主。更表请婚,朝议将许之。长孙晟曰:"雍虞闾反复无信,直以与玷厥有隙,故欲依倚国家,虽与为婚,终当叛去。今若尚主,承藉威灵,玷厥、染干必受其征发,强而更反,后恐难图。且染干者,处罗侯之子,素有诚款,前尝乞婚,不如许之,

隋文帝诏令杨素于岐州的北面营建仁寿宫,杨素奏请委派宇文恺、封德彝任土木监。于是平山填谷建筑宫殿,高台重榭,蜿蜒相连。监督工程的严苛催逼,服役的丁壮民夫大多死去,尸体填在坑中再用土石覆盖,上面仍然造屋筑室。为此死去的人数以万计。

朝廷禁止收藏占卜谶纬一类的书籍。 **秋七月最后一天,出现日食。** **隋文帝诏令讨论建筑明堂的制度。**

隋文帝命令礼部尚书牛弘等人讨论古代天子宣明政教的明堂的建筑制度。宇文恺呈献了明堂的木制模型。文帝下令有关部门官员规划土地建立明堂,但是朝廷中的众多儒生们商讨研究的意见不统一,不能拿出方案,所以只好作罢。

突厥的突利可汗遣使求婚,隋朝同意了。

隋文帝灭掉陈朝后,将陈叔宝的屏风赏赐给了突厥的大义公主。大义公主因为她原来的宗主国北周前已覆亡,心里一直不平,于是在屏风上写诗,叙述陈朝灭亡,以寄托自己的亡国之怨。文帝听说此事后开始厌恶大义公主,礼赐日益减少。公主于是煽动蛊惑都蓝可汗,常常在隋的边境制造麻烦。文帝派遣将军长孙晟出使突厥,趁机揭发了大义公主的隐私,大义公主的名位被废除。内史侍郎裴矩请求出使突厥说服都蓝可汗杀掉大义公主。当时处罗侯的儿子染干,号称突利可汗,居住在突厥北部,派遣使者向隋朝求婚。隋文帝让裴矩告诉他说:"只有杀掉大义公主,才能同意你的求婚。"突利可汗于是向都蓝可汗说了大义公主许多坏话,都蓝因而大怒,杀了大义公主。突利可汗重新上表向隋请婚,朝廷讨论准备答应。长孙晟说:"都蓝可汗雍虞闾反复无常不讲信用,只是因为与达头可汗玷厥结怨,所以才想依靠我大隋,即使与他们缔结了婚姻关系,他们终究也会背叛离去。如今他们如果娶了我们隋朝的公主,就会凭藉我们大隋的威望发号施令,玷厥和染干一定要受他们的征召调度,他们的势力扩大后再起事反叛,以后恐怕就很难制服了。况且染干是处罗侯的儿子,素来诚心归服,以前曾经求过婚,不如答应他,

招令南徙,兵少力弱,易以抚驯,使敌雍虞间以为边捍。"上曰:"善!"复遣晟慰谕染干,许尚公主。

甲寅(594) 十四年
夏四月,行新乐。

协律郎祖孝孙从陈阳山太守毛爽受京房律法。牛弘使孝孙参定雅乐,布管飞灰,顺月皆验。又每律生五音,十二律为六十音,因而六之,为三百六十音,分直一岁之日以配七音,而旋相为宫之法由是著明。弘等乃奏请复用旋宫法,帝犹记何妥之言,不听。于是弘等复附帝意,销毁前代金石,以息异议,又作武舞以象功德。至是乐成,诏行之,乃禁民间所造繁声。万宝常闻新乐,泫然泣曰:"淫厉而哀,天下不久尽矣。"宝常竟饿死。且死,悉取其书烧之,曰:"用此何为!"

六月,始给公卿以下职田。

先是,台、省、府、寺及诸州皆置公廨钱,收息取给。工部尚书苏孝慈以为:"官司出举兴生,烦扰百姓,败损风俗,请皆禁止,给地以营农。"于是始诏:"公卿以下皆给职田,毋得治生,与民争利。"

秋七月,以苏威为纳言。 诏直太史刘孝孙等定历,已而罢之。

招抚后让他率领部落南迁,他兵少力弱,容易驯服,利用他抵御都蓝可汗雍虞闾以捍卫边境。"文帝听了称赞说:"这个主意好!"又派遣长孙晟去抚慰告谕染干,同意他娶隋朝公主。

甲寅(594) 隋文帝开皇十四年

夏四月,颁行新乐。

协律郎祖孝孙曾经师从陈阳山太守毛爽学习京房的律吕之法。牛弘请祖孝孙参与修订雅乐,律管中葭灰飞动,按序用十二个月份验证,全都符合。又每种律调有五个音级,十二种律调共有六十个音级,把这六十个音级重复六次,就构成三百六十个音级,分别和一年的三百六十天对应起来,再同宫、商、角、徵、羽、变宫、变徵七个音级配合起来,从而古代旋相为宫的演奏方法从此又被人们所认识。牛弘等人奏请重新使用旋宫法,隋文帝还记着何妥说过的话,不同意牛弘的建议。于是牛弘等又转而附和文帝的旨意,奏请销毁前代的所有金石乐器,以平息人们在音乐方面的不同意见,又创作了武舞,以表现隋朝的文治武功。至此,新乐的修订完成,文帝下达诏令颁行新乐,同时禁止民间创造的繁杂声律。著名乐师万宝常听了新乐后,伤心落泪说:"这乐声淫厉而又哀惋,天下不久就要完了!"最后万宝常因贫穷饥饿而死。将死之前,把全部音乐书籍取来烧掉,说:"看这些书又有什么用!"

六月,开始配给公卿大臣之下各级官吏职分田。

先前,中央各台、省、府、寺以及地方各州都设置了公廨钱,每年放贷收息以供需用。工部尚书苏孝慈认为:"官府衙门放贷生息取利,麻烦侵扰百姓,败坏风气,请全部禁止,由国家分配拨给他们田地,靠经营农业来解决费用。"于是文帝开始下诏说:"公卿大臣以下各级官吏都分配给职分田,不要再放贷生息,与老百姓争利。"

秋七月,任命苏威为纳言。 文帝诏令直太史刘孝孙等制定新历,不久又停止了这项工作。

初，张宾历既行，刘孝孙及刘焯并言其失。宾方有宠，刘晖附之，斥罢孝孙等。后宾卒，孝孙复上其事，诏直太史，累年不调，乃抱其书，使弟子舆榇诣阙下伏哭。执法拘而奏之。帝以问何妥，妥言其善。使与张胄玄校宾历，久之不定。上令参问日食事，杨素等奏："太史奏日食二十有五，皆无验。而胄玄所刻，妙中。孝孙验亦过半。"于是上引孝孙、胄玄等亲劳之。孝孙请先斩刘晖，乃可定历，帝不怿，又罢之。孝孙寻卒。

关中旱饥。八月，帝如洛阳。

上遣左右视民食，得豆屑杂糠以献。上流涕以示群臣，深自咎责，为之不御酒肉者期年。至是帅民就食于洛阳，敕斥候不得驱逼。男女参厕于仗卫之间，遇扶老携幼者，辄引马避之，至艰险处见负担者，令左右扶助之。

冬闰十月，诏高仁英、萧琮、陈叔宝修其宗祀，官给器物。

诏以齐、梁、陈宗祀废绝，命高仁英、萧琮、陈叔宝以时修祭，所须器物有司给之。叔宝侍宴出，帝目之曰："此败岂不由酒！以作诗之功，何如思安时事！当贺若弼度京

当初,张宾的历法颁行后,刘孝孙与刘焯都指出它有失误。那时张宾正在得宠,又有刘晖附和支持,文帝斥责驳回了刘孝孙等人的意见。后来张宾去世,刘孝孙再次上书阐述自己的看法,文帝下诏令他担任直太史,但多年没有调动他的职务,于是刘孝孙抱着自己的著作,让学生弟子们抬着棺木来到宫阙前,伏地大哭。执法官吏拘捕了他,上奏报告了文帝。文帝询问何妥的意见,何妥说刘孝孙的意见很好。文帝让刘孝孙与张胄玄将他们的历法同张宾的历法比较,辨别得失优劣,过了很久也没有定论。文帝命人验证三人历法所定的日食情况,杨素等人回奏说:"太史依据张宾历法预奏的日食共二十五次,全与事实不符。而张胄玄所推定的日食日期,准确无误。刘孝孙推定预报日食得到应验的超过了一半。"于是文帝召见刘孝孙、张胄玄等,亲自慰勉了他们一番。刘孝孙奏请要先处死刘晖,然后他才能制定新历,文帝很不高兴,又下令停止了这项工作。刘孝孙不久便去世了。

关中地区大旱饥荒。八月,文帝赴洛阳。

隋文帝派遣身边的人察看百姓吃的食物,他们带回了百姓日常所吃的豆屑杂糠呈献给文帝。文帝流着泪将这些东西拿给大臣们看,深深地责怪自己,并为此不食酒肉整整一年。在八月时,文帝率领饥民前往洛阳地区度荒,下令警卫士兵不得驱赶逼迫百姓。百姓们男男女女混杂行进在禁卫、仪仗队伍中间,文帝如果遇到扶老携幼的逃荒者,就赶快牵马让路,在艰险难行的地方遇有挑担负重的,就命令左右随从上前扶助。

冬闰十月,诏令高仁英、萧琮、陈叔宝修治祭祀各自的宗庙,由隋朝主管官府供给所需器物。

隋文帝下令说,因为齐、梁、陈三国宗庙祭祀已经废绝,所以命高仁英、萧琮、陈叔宝三人按时修治祭祀,所需一应器物,由隋朝主管部门供给。陈叔宝陪侍隋文帝酒宴后离开,文帝看着他的背影说:"他的败亡难道不是由于贪酒吗!与其在作诗方面下功夫,不如用来考虑安定时局的事!当初贺若弼渡江攻占京

口,彼人密启告急,叔宝饮酒,遂不之省。高颎至日,见启在床下,犹未开封,诚可笑也。”

齐州刺史卢贲有罪除名。

贲坐民饥闭粜,除名。皇太子为言:“贲有佐命功,不可弃。”帝曰:“微刘昉、郑译、卢贲、柳裘、皇甫绩等,则我不至此。然此等皆反覆子也,当周宣帝时,以无赖得幸。及帝大渐,此辈行诈,顾命于我,我将为政,又欲乱之。自为难信,非我弃之。众人见此,谓我薄于功臣,斯不然矣。”贲遂废,卒于家。

散骑侍郎王劭上《皇隋灵感志》。

帝好礼祥小数。劭前后上表,言上受命符瑞甚众。又采歌谣谶纬,捃摭佛书,曲加诬饰,撰《皇隋灵感志》三十卷,奏之。上令宣示天下。劭集诸州朝集使,盥手焚香,闭目而读之,曲折其声,有如歌咏,涉旬而罢。帝益喜,赏赐优洽。

乙卯(595) 十五年
春正月,帝东巡,祀天于泰山。
以岁旱谢愆咎也,礼如南郊。

二月,收天下兵器。 三月,还宫。 仁寿宫成,以封德彝为内史舍人。
仁寿宫成,幸之。时天暑,役夫死者相次于道,杨素悉

口时，就有人送密信向陈朝朝廷告急，陈叔宝沉溺于酒，根本没看。一直到高颎攻进陈都，发现那封告急密信仍在后主床下，还没有启封，真是太可笑了。"

齐州刺史卢贲因罪被除名。

卢贲因犯在百姓饥荒时闭仓不粜粮食的罪责，被朝廷除名罢官。皇太子杨勇替他讲情说："卢贲有过佐命之功，不可弃之不用。"文帝说："如果不是刘昉、郑译、卢贲、柳裘、皇甫绩等人辅佐我，那么我也不会有今天的皇位。然而他们全都是些反复无常的家伙，在北周宣帝时，他们以不正当的手段得到宠幸。等到宣帝病重，这批家伙利用欺诈的办法让我辅政，我将要当政时，他们又想作乱。他们的所作所为难以取信天下，并非是我要抛弃他们。众人见我罢他们的官，认为我亏待了功臣，实际上并不是这样。"卢贲于是被废黜，后死在家里。

散骑侍郎王劭呈进《皇隋灵感志》。

隋文帝喜好占卜吉凶之类的小技艺。王劭前后几次上书，述说文帝受命登基时出现的许多吉祥的征兆。又采集了歌谣、谶纬一类词句，摘录了佛经语录，歪曲附会后撰成《皇隋灵感志》三十卷，奏呈给文帝。文帝诏令将此书颁示全国。王劭召集了全国各州的朝集使，然后洗手焚香，闭目诵读这本书，故意读得抑扬顿挫，好像歌咏似的，读了十来天才读完。文帝更加高兴，赏赐王劭特别优厚。

乙卯（595）　隋文帝开皇十五年
春正月，隋文帝东巡，在泰山祭祀上天。

因为一年来的旱灾，文帝自陈过失向天请罪，祭祀的典礼仪式规格同南郊大祀相等。

二月，收缴全国兵器。　三月，回到长安宫中。　仁寿宫修建竣工，任命封德彝为内史舍人。

仁寿宫建成后，隋文帝御驾来宫。当时天气炎热，修建宫殿的役夫死去的一个连着一个横尸于大道上，杨素让人把死尸全部

焚除之,帝不悦。及至,见制度壮丽,大怒曰:"杨素为吾结怨天下!"素闻之,虑获谴。封德彝曰:"公勿忧,俟皇后至,必有恩诏。"明日,帝果召素入对,后劳之曰:"公知吾夫妇老,无以自娱,盛饰此宫,岂非忠孝!"赐赉厚甚。素负贵恃才,多所凌侮,唯赏重德彝,引与论议,屡荐于帝,擢为内史舍人。

夏六月,凿砥柱。　焚相州所贡绫文布于朝堂。　秋七月,纳言苏威免,寻复其位。

威坐从祠不敬,免,俄而复位。帝谓群臣曰:"世人言苏威诈清,家累金玉,此妄言也。然其性狠戾,不切世要,求名太甚,从己则悦,违之必怒,此其大病耳。"

冬十月,以韦世康为荆州总管。
世康和静谦恕,为吏部尚书十余年,时称廉平。常有止足之志,谓子弟曰:"禄岂须多,防满则退;年不待暮,有疾便辞。"因恳乞骸骨,不许,使镇荆州。时天下唯有四总管,并、扬、益、荆,以晋、秦、蜀三王及世康为之。

十二月,敕:"盗边粮升以上,皆斩。"　诏文武官以四考受代。　赐汴州刺史令狐熙帛三百匹。

熙考绩为天下之最,赐帛,颁告天下。

焚烧清除,隋文帝对此很不高兴。等来到了仁寿宫,文帝一见构筑得这么雄伟壮丽,勃然大怒说:"杨素这样做是为我结怨于天下百姓!"杨素听说后,担心要受到谴责。封德彝对杨素说:"您不必担忧,等皇后到来以后,必有降恩的诏书给您。"第二天,隋文帝果然召见杨素入宫谈话,皇后慰劳杨素说:"你知道我们夫妇年纪已老,没有娱乐的好地方,所以如此华丽地建造装饰仁寿宫,这难道不正是说明了你的忠孝吗?"于是赏赐杨素十分丰厚。杨素仗恃自己地位高贵又有才华,常有凌侮公卿大臣之事,唯独赏识器重封德彝,常邀他一起议论事情,屡次向文帝举荐他,于是封德彝被提升为内史舍人。

夏六月,开凿黄河中的砥柱山。 在朝堂上焚毁相州向朝廷进贡的绫文布。 秋七月,纳言苏威被免除官职,不久又恢复了他的官位。

苏威犯了随从文帝祭祀时不敬之罪,被免除官职,很快又恢复了官位。文帝对群臣说:"世人都说苏威假装清廉,实际家中堆满了金玉财宝,这全是胡说。但是苏威生性狠毒暴戾,不合时宜,求名欲望太强,顺从了自己就高兴,违背了自己就发怒,这才是他最大的毛病。"

冬十月,任命韦世康为荆州总管。

韦世康温和谦虚仁恕,任吏部尚书十多年,时人一致称赞他清廉公正。他一直有适可而止之志,对子弟们说:"俸禄岂须求多,为防止过多生祸则应及早退身;年龄何必等老,一旦身体有病则应辞官离去。"因此恳求文帝准予退休归家,文帝不答应,派他镇守荆州。当时全国只有四位总管,分别设在并州、扬州、益州、荆州,由晋王、秦王、蜀王及韦世康担任。

十二月,隋文帝下敕书说:"凡盗取边地军粮一升以上的,一律斩首。" 诏令文武官吏要连续考绩四年来决定调免升降。赏赐汴州刺史令狐熙绢帛三百匹。

令狐熙政绩考核列全国第一,文帝赏赐他绢帛,并颁布宣告全国各地。

丙辰（596）　十六年

夏六月，初制工商不得仕进。　　秋八月，诏：“死罪三奏然后行刑。”　以光化公主妻吐谷浑。

丁巳（597）　十七年

春二月，遣太平公史万岁讨南宁羌，平之。

初，梁睿之克王谦也，夷、獠皆附，唯南宁州酋帅爨震不服。睿上疏乞因平蜀之众略定之，帝未之许。至是乃以史万岁为行军总管，帅众击之。入自蜻蛉川，过诸葛亮纪功碑，度西洱河，入渠滥川，行千余里，破其三十余部，虏获男女二万余口。诸夷大惧，遣使请降，献明珠径寸，于是勒石颂隋德。万岁请将其酋长爨玩入朝，玩赂万岁，万岁舍之。

桂州乱，遣军讨平之，以令狐熙为总管。

桂州俚帅李光仕作乱，遣周法尚讨斩之。上以夷、越数反，以令狐熙为桂州总管，许以便宜从事，承制补授。熙至部，大弘恩信，其溪洞渠帅更相谓曰：“前时总管皆以兵威相胁，今者乃以手教相谕，我辈其可违乎？”于是相帅归附。先是州县生梗，长吏多寄治于总管府。熙悉遣之，为建城邑开学校，华、夷感化焉。

三月，诏：“诸司论属官罪，听律外决杖。”

丙辰（596）　隋文帝开皇十六年

夏六月，隋首次下达制令规定工商业者不能做官。　秋八月，诏令：“判处死刑的罪犯，必须呈奏三次，然后才能行刑。”隋文帝将光化公主嫁给吐谷浑可汗。

丁巳（597）　隋文帝开皇十七年

春二月，派遣太平公史万岁前去讨伐南宁州的羌人，平定了他们。

当初，北周梁睿平定王谦的时候，西南夷、獠等部族也全都归附降服，只有南宁州的酋帅爨震不肯臣服。梁睿于是上书请允许率领平定巴蜀的大军攻打平定爨震，当时担任北周丞相的隋文帝没有同意。现在文帝任命史万岁为行军总管，率军攻打他们。史万岁由蜻蛉川进入，经过诸葛亮纪功碑，渡过西洱河，兵入渠滥川，转战千余里，攻破三十多个部落，俘获男男女女两万余人。所有的夷人部族都非常害怕，纷纷派遣使者请求归降，同时献上了直径有一寸的明珠，于是刻碑颂扬隋朝的功德。史万岁请求带他们现在的酋长爨玩入朝，爨玩贿赂了史万岁，史万岁于是把他放了。

桂州动乱，隋派兵征讨平定，以令狐熙为总管。

桂州俚人主帅李光仕反叛作乱，隋文帝派周法尚前往讨伐斩杀他。隋文帝因为夷、越几次反叛，于是任命令狐熙为桂州总管，允许他相机行事，可以朝廷名义任免补授所辖官吏。令狐熙到任后，大力推行恩德信义，那些盘踞在溪洞中的酋帅互相说道：“以前的总管全都是以武力威胁我们，今天的总管却用亲笔写的教令来开导说服我们，我们怎么可以违抗他呢？”于是相继率众归附。先前当地的州县从中作梗制造困难，朝廷派来的官吏只得借居在总管府而不能到任。现在令狐熙把这些官吏全部派遣赴职，为各州县营建城镇，开设学校，汉人、夷人全被感化。

三月，文帝下诏：“各级部门论定所属官吏罪行，允许在律令规定之外处以杖刑。”

帝以所在属官不敬惮其上，事难克举，故有是诏。于是上下相驱，迭行捶楚，以残暴为干能，守法为懦弱。

又以盗贼繁多，命盗一钱以上皆弃市，或三人共盗一瓜，事发即死。于是行旅皆晏起早宿，天下懔懔。有数人劫执事而谓之曰："吾岂求财者邪，但为枉人来耳！而为我奏至尊，自古立法未有盗一钱而死也。而不以闻，吾更来，而属无类矣！"帝闻，乃为停之。

又尝乘怒欲以六月杖杀人，大理少卿赵绰固争。帝曰："六月虽曰生长，此时必有雷霆，我则天而行，有何不可！"遂杀之。

掌固来旷告绰滥免徒囚，推验无实，帝怒，命斩之。绰又固争，帝拂衣入阁。绰托奏他事复入，再拜曰："臣有死罪三：不能制驭掌固，使触天刑，一也。囚不合死，不能死争，二也。本无他事，妄言求入，三也。"帝意解。会独孤后在坐，命赐绰酒及二金杯。旷因免死。

萧摩诃子世略在江南作乱，摩诃当从坐。绰固谏，上命绰退，绰曰："臣奏狱未决，不敢退。"帝乃释之。

刑部侍郎辛亶尝衣绯裤，帝以为厌盅，斩之。绰曰："法不当死，臣不敢奉诏。"帝怒甚，命引绰斩之。绰曰："宁

隋文帝因为各级部门属官不尊敬惧怕上司，办事难以提高效率，所以下了这道诏令。于是各级官吏上下驱使，乱行捶杖，把残暴当作办事有能力，把守法看作懦弱无能。

隋文帝又鉴于当时盗贼繁多，下令凡是盗窃一文钱以上的都要处死后暴尸街头，或三个人共同偷一个瓜，事情暴露后即被处死。这样一来，往来出行的人全都晚起早睡，天下百姓人心惶惶危惧不安。有几个人劫持了执行此法的官吏，对他说：“我们岂是为了钱财而这样做，只是为了冤死者而来罢了！你替我们告诉皇帝，自古以来制定的法令，没有偷盗一文钱就判死罪的。你如果不把我们的话奏闻皇帝，我们再来的话，你们这些人就都甭想活命了！”文帝听说后，就命令停止实施这条律令。

文帝又曾因为一时的怒气要在六月用杖刑杀人，大理寺少卿赵绰一再据法力争。文帝说：“六月虽说是万物生长的季节不能杀生，但此时必会有疾雷，我效法上天行事，有什么不可以！”于是杀了那人。

大理寺掌固来旷状告赵绰滥用职权赦免囚徒，经调查并非事实，文帝发怒，下令处决来旷。赵绰又力争劝止，文帝不理，挥拂衣袖走进阁内。赵绰又假托上奏别的事再次进入，拜了两拜说：“我犯了三条死罪：不能管制约束掌固来旷这个人，使他触犯了朝廷刑律，这是第一。囚犯罪不该死，我不能以死相争，这是第二。本来没有别的事要上奏，却说谎欺骗陛下必求接见，这是第三。”文帝听后，怒气稍稍缓解了一点儿。正赶上独孤皇后也在座，下令赏赐赵绰酒和两只金杯。来旷这才免去死罪。

萧摩诃之子世略在江南兴兵作乱，萧摩诃按律当连坐治罪。文帝想赦免萧摩诃，赵绰苦谏阻止，文帝命令赵绰退下，赵绰说：“我呈奏的案件没有判决结果，不敢退下。”文帝最后还是释放了萧摩诃。

刑部侍郎辛亶曾穿着红裤子以求官运亨通，文帝认为这是妖术蛊惑行为，要把辛亶斩了。赵绰说：“按照律令不应当处死，我不敢奉诏。”文帝震怒，下令将赵绰拉出去斩了。赵绰说：“宁

杀臣,不可杀亶。"至朝堂,解衣就刑。上复使人问之,对曰:"执法一心,不敢惜死。"帝乃释之。

帝以绰诚直,前后赏赐万计。与大理卿薛胄俱名平恕,然胄原情,而绰守法。

帝晚节用法益峻,元会衣剑有不齐者,御史不劾,杀之。谏议大夫毛思祖谏,又杀之。

帝既喜怒不恒,不复依准科律。信任杨素,素复任情不平,与鸿胪少卿陈延有隙,尝经蕃客馆,庭中有马屎,又众仆于毯上樗蒲,以白帝。帝大怒,主客令及樗蒲者皆杖杀之,捶延几死。

帝遣亲卫大都督屈突通往陇西检复群牧,得隐匿马二万余匹,帝大怒,将斩太仆卿以下千五百人。通谏曰:"人命至重,陛下奈何以畜产之故杀千余人!臣敢以死请。"帝嗔目叱之,通又顿首曰:"臣一身分死,就陛下丐千余人命。"帝感悟,皆减死论,擢通为右武候将军。

上柱国刘昶子居士有罪,伏诛。

昶与帝有旧,帝甚亲之。其子居士任侠,不遵法度,数有罪,帝每原之。居士转骄恣,取公卿子弟雄健者,以车轮括其颈而棒之,能不屈者称为壮士,释而与交。党与三百人,多所侵夺。或告居士谋为不轨,帝怒,斩之。

可让陛下杀死我,也不可以杀死辛亶。"到了朝堂后,赵绰自己脱去衣服准备接受死刑。文帝又派人去问他有何想法,赵绰回答说:"我执法一心一意,不敢吝惜自己的性命。"文帝于是释放了赵绰。

文帝认为赵绰忠诚正直,前后赏赐给他的财物多达上万。赵绰与大理寺卿薛胄都享有公正宽恕的美名,但是薛胄断案多凭情理,而赵绰却严格遵照律令条文。

文帝晚年用法更加严苛,元旦朝会时有官员衣冠佩剑不整齐,御史没有提出弹劾,文帝便下令杀死御史。谏议大夫毛思祖劝谏,文帝又杀死了毛思祖。

隋文帝已经变得喜怒无常,不再依照律令条文量刑定罪。文帝信任杨素,杨素又感情用事,不能公平待人处事。杨素与鸿胪寺少卿陈延有矛盾,曾经路过接待蕃邦客人的馆舍,看到庭院里有马粪,又发现很多仆人在毡毯上赌博,就禀告了文帝。文帝听说后大怒,下令将鸿胪寺主客令和参加赌博的人全都用杖刑打死,也把陈延打了个半死。

隋文帝派遣亲卫大都督屈突通赴陇西检查复核各个牧场,查出隐匿未报的马匹二万多匹,文帝大怒,将处死太仆寺卿以下的一千五百名大小官吏。屈突通进谏劝阻说:"人命最为重要,陛下怎么可以因为畜牲的缘故杀死一千多条人命!我冒死请陛下宽赦他们。"文帝瞪起眼睛大声呵斥他,屈突通又叩头说:"我一个人死是分内之事,愿向陛下换取一千多人的性命。"文帝终于感悟,将一千余人免去死罪,提拔屈突通为右武候将军。

上柱国刘昶之子刘居士犯罪,伏法被杀。

刘昶与文帝有旧交,文帝非常亲信他。刘昶之子刘居士讲究侠义,不遵守国家法令,曾多次犯罪,文帝每次都宽赦了他。刘居士反倒更加骄横放纵,找来公卿大臣子弟中高大健壮的,把车轮套到他们的脖子上,然后用棍棒乱打,能不屈膝求饶的就算是壮士,解下来与他相交为友。这样纠结党羽有三百人,到处伤害抢夺。有人上告说刘居士图谋不轨,文帝发了怒,将他处死。

夏四月，颁新历。

杨素、牛弘等复荐张胄玄历术。帝令素与术数人立议六十一事，皆旧法久难通者，令刘晖与胄玄辩析之。晖一无所答。胄玄通者五十四，拜太史令，令参定新术。至是历成，颁之。晖等除名。

秋七月，桂州乱，遣将军虞庆则讨平之。

桂州人李世贤反，上议讨之。诸将数人请行，帝顾庆则曰："位居宰相，爵乃上公，国家有贼，遂无行意，何也？"庆则恐惧，请行，卒讨平之。

并州总管秦王俊有罪，免。

俊幼仁恕，喜佛教。及为并州总管，奢侈好内。其妃进毒，得疾，征还免官。废妃，赐死。杨素谏曰："秦王之过不至此，愿陛下详之。"帝曰："若如公意，何不别制天子儿律？周公尚诛管、蔡，况我不及周公，安敢亏法乎！"卒不许。

以安义公主妻突厥突利可汗。

突厥突利可汗来逆女，帝舍之太常，教习六礼，妻以宗女安义公主。帝欲离间都蓝，故特厚其礼。令长孙晟说之，使帅众南徙，居度斤旧镇，锡赉优厚。都蓝怒曰："我，大可汗也，反不如染干乎！"于是朝贡遂绝，亟掠边鄙。突利伺知动静，辄遣奏闻，由是边鄙每先有备。

夏四月，颁行新历。

杨素、牛弘等再次向文帝推荐张胄玄的历法。文帝命令杨素与掌管天文律历的官员讨论拟议了六十一个问题，全都是旧有历法长期以来难以解释明白的，让刘晖与张胄玄辨析解释。刘晖一个问题都回答不上来。张胄玄解释出来了五十四个问题，被任命为太史令，让他参与修订新的历法。到了此时，历法修订完成，颁令实行。刘晖等人被除名。

秋七月，桂州叛乱，隋文帝派将军虞庆则讨伐平定。

桂州人李世贤造反作乱，文帝商议讨伐他。将帅中有数人请命出征，文帝转身看着虞庆则说："你位居宰相，爵封上公，现在国家出现了反贼，你却没有领兵讨逆的意思，这是为什么？"虞庆则很是恐惧，马上请求出征，最后率军平定了叛乱。

并州总管秦王杨俊有罪，被罢免。

杨俊小时仁爱宽恕，喜好佛教。等到担任了并州总管以后，变得奢侈而且喜爱女色。杨俊的妃子进献有毒的食物，使他中毒得病，杨俊因而被文帝召还京师，免去官职。妃子被废黜赐死。杨素进谏说："秦王的过错不至于处罚得这样重，请陛下慎重考虑。"文帝说："如果按照你的意思，为什么不特别制定用于天子之子的律令？周公尚且杀掉了管叔、蔡叔，何况我并不如周公，怎么敢徇私枉法呢？"最终也没答应杨素的请求。

隋文帝将安义公主嫁给突厥突利可汗。

突厥突利可汗来迎娶，隋文帝安置他住在太常寺，教他学习纳采、问名、纳吉、纳征、请期、亲迎这六项婚嫁礼仪，将宗女安义公主嫁他为妻。文帝想要离间突利与都蓝的关系，所以故意隆重地举行这次婚礼。又让长孙晟劝说他率领部落向南迁移，居住到度斤山旧镇，隋朝还给了他优厚的赏赐。都蓝可汗听说后恼羞成怒，说："我是大可汗，反而不如突利可汗染干吗？"于是都蓝断绝了给隋朝的进贡，屡次侵掠边境。突利可汗每当知道了都蓝的动静，就马上遣使奏报给隋朝，因此边境地区每次都能先有防备。

冬，钦州刺史宁长真来朝。

初，散骑侍郎何稠使岭南，及还，钦州刺史宁猛力请随入朝，稠以其疾笃，遣还而卒。帝不怿，稠曰："猛力与臣约，假令身死，当遣子入侍矣。"猛力临终，果诫其子长真葬毕登路。至是，长真嗣为刺史，如言入朝，帝大悦，曰："何稠著信蛮夷，乃至于此！"

十二月，杀鲁公虞庆则。

庆则之讨桂州也，以妇弟赵什住为长史。什住通于庆则爱妾，恐事泄，乃宣言庆则不欲行。帝闻之，礼赐甚薄。庆则还至临桂岭，曰："此诚险固，加以足粮，若守得其人，攻不可拔。"什住入奏事，因告庆则谋反，按验坐死。拜什住为柱国。

高丽王汤卒。

汤闻陈亡，大惧，治兵积谷，为拒守之策。是岁，帝赐汤玺书责之。会病卒，子元嗣，帝使使拜元为辽东王。

吐谷浑弑其可汗世伏。

吐谷浑大乱，国人杀世伏，立其弟伏允为主，遣使陈谢，且请依俗尚主，从之。自是朝贡岁至。

戊午（598）　十八年
春二月，高丽寇辽西，遣汉王谅将兵讨之。
高丽王元帅靺鞨万余人寇辽西，营州总管韦冲击走

冬季,钦州刺史宁长真入京朝见。

当初,散骑侍郎何稠出使岭南,等到他要返回京师时,钦州刺史宁猛力请求跟随何稠入京朝见文帝,何稠因为他病得厉害,就让他先回去,后来宁猛力病死。文帝有点儿不高兴,何稠说:"宁猛力与我有约定,假如他死了,就派遣他的儿子入朝侍奉。"宁猛力临终前,果然告诫他的儿子宁长真办完丧事后立即上路。到了这时,宁长真接替其父继任钦州刺史,遵照父亲遗言来京朝见,文帝非常高兴,说:"何稠取信蛮夷,竟然到了这种程度!"

十二月,诛杀鲁公虞庆则。

虞庆则讨伐桂州时,任用妻弟赵什住为长史。赵什住私通虞庆则的爱妾,恐怕事情泄露,于是到处宣扬说虞庆则不想出征。文帝听说后,对虞庆则的礼遇赏赐很少。虞庆则征讨结束返朝路过临桂岭,说:"此处确实险峻难攻,如果备有充足的粮草,又有得力干将扼守,是不可以攻下的。"赵什住入朝呈奏公事,趁机告发说虞庆则谋反,经过查证虞庆则被处死罪。朝廷授赵什住为柱国。

高丽王高汤死。

高汤听说陈朝灭亡,十分恐惧,于是加紧训练军队,聚积粮草,制订抵抗防守的策略。这一年,隋文帝下达盖有印章的诏书斥责高汤。恰巧高汤病死,他的儿子高元继位,文帝派遣使者出使高丽,封高元为辽东王。

吐谷浑人杀死他们的可汗世伏。

吐谷浑国大乱,吐谷浑人杀死了可汗世伏,拥立他的弟弟伏允为君主,并派遣使者向隋朝陈述事情经过,请求宽恕他们擅自废立之罪,而且请依惯有习俗娶公主为妻,隋文帝答应了。从此之后,吐谷浑向隋朝进贡每年不断。

戊午(598)　隋文帝开皇十八年
春二月,高丽侵犯辽西,隋文帝派遣汉王杨谅率兵征讨。
高丽王高元率靺鞨族万余人侵犯辽西,营州总管韦冲击退

之。帝大怒，以汉王谅、王世积将水陆三十万伐高丽，以高颎为谅长史。

夏五月，禁畜猫鬼、蛊毒、厌魅野道者。

独孤后之弟延州刺史陀有婢事猫鬼，能使之杀人。会后与杨素妻郑氏俱有疾，医皆曰："猫鬼疾也。"上意陀所为，令高颎等杂治之，具得其实，诏夫妇皆赐死。后为之请曰："陀若蛊政害民者，妾不敢言，今为妾身，敢请其命。"陀弟整亦诣阙求哀，于是免陀死。诏："自今有犯者，投四裔。"

秋九月，罢汉王谅兵。

谅军出临渝关，值水潦，馈运不继，军中饥疫。总管周罗睺自东莱泛海趣平壤城，亦遭风，船多飘没。九月，师还，死者十八九。高丽王元亦遣使谢罪，于是罢兵。

冬十二月，置行宫十二所。
自京师至仁寿宫之道也。
南宁夷爨玩反。太平公史万岁以罪除名。

爨玩复反。蜀王秀奏："史万岁受赂纵贼，致生边患。"帝怒，命斩之。高颎及元旻等固请曰："万岁雄略过人，将士乐为致力，虽古名将，未能过也。"上意少解，于是除名。

了高元。隋文帝知道高丽入侵后大怒,命令汉王杨谅和王世积率水、陆大军共三十万讨伐高丽,任命高颎担任杨谅的元帅府长史。

夏五月,禁止畜养猫鬼、毒虫及从事妖术、邪道的人。

独孤皇后的弟弟延州刺史独孤陀有个女婢供奉猫的鬼魂,能驱使猫鬼杀人。恰逢独孤后与杨素之妻郑氏都生了病,医生们都说:"是猫鬼作祟引起的疾病。"文帝怀疑是独孤陀干的,下令高颎等人共同调查审理,全部查清了事实真相,诏命将独孤陀夫妇二人都赐死。独孤后替弟弟求情说:"独孤陀如果是因为害政害民而犯罪,臣妾不敢为他说情,他现在是为我的病而获罪,我斗胆请陛下饶他一命。"独孤陀的弟弟独孤整也到宫中求文帝哀怜宽恕其兄,于是文帝赦免了独孤陀的死罪。为此下诏令说:"从今以后再有犯此罪者,流放四方边地。"

秋九月,下令汉王杨谅罢兵。

杨谅的军队从临渝关出关,正赶上大雨不停,遍地积水,后方粮草运不上来,军中饥饿疾疫严重。总管周罗睺率军从东莱渡海奔赴平壤城,在海上也遭到大风,船只大多飘走沉没。九月,被迫收兵,士兵死了十之八九。高丽王高元也派遣使者向隋认罪,于是隋朝停止了对高丽的军事行动。

冬十二月,建立行宫十二所。

行宫建立在京师至仁寿宫之间的道路上。

南宁的夷人首领爨玩反叛。太平公史万岁因受牵连获罪而被除名。

爨玩再次反叛。蜀王杨秀上奏说:"史万岁收受爨玩贿赂而释放了他,致使现在又生边患。"文帝发怒,命令杀死史万岁。高颎和元旻等人都坚持请求说:"史万岁雄才大略超过他人,将士们乐意为他效力,即使是古代名将也没有能超过他的。"文帝听后有些回心转意,于是将史万岁除名。

己未（599） 十九年

春二月，遣杨素等分道伐突厥都蓝可汗。未至，都蓝击突利可汗，败之。夏四月，突利来奔。诸军遂破都蓝及达头部。

突厥突利可汗奏都蓝可汗欲攻大同城。诏以汉王谅为元帅，高颎出朔州道，杨素出灵州道，燕荣出幽州道，以击都蓝，皆取谅节度，然谅竟不行。

都蓝闻之，与达头可汗结盟，合兵掩袭突利，大败之，遂入蔚州。突利部落散亡，夜与长孙晟以五骑南走，比旦，收得数百骑。与其下谋奔玷厥，晟知之，密遣使者入伏远镇，令速举烽。突利见四烽俱发，以问晟。晟绐之曰："隋法，贼少举二烽，来多举三烽，大逼举四烽。彼见贼多而近耳。"突利大惧，投城。晟留其达官执室领其众，自将突利驰驿入朝。四月，至长安。帝大喜，厚待之。以晟为左勋卫骠骑将军，持节护突厥。

高颎使柱国赵仲卿将兵三千为前锋，与突厥战，大破之。突厥复大举而至，仲卿为方阵，四面拒战五日。会高颎大兵至，合击之，突厥败走，追奔七百余里而还。杨素军与达头遇。先是诸将与突厥战，虑其骑兵奔突，皆以戎车、步、骑相参，设鹿角为方阵，骑在其内。素曰："此自固之道，未足以取胜也。"于是更为骑阵。达头喜曰："天赐我

己未（599） 隋文帝开皇十九年

春二月，派杨素等人分道讨伐突厥都蓝可汗。隋军还没抵达，都蓝可汗已先行攻打突利可汗，打败了他。夏四月，突利可汗前来投奔隋朝。隋朝诸路大军于是攻破都蓝与达头可汗部。

突厥突利可汗上奏隋朝说都蓝可汗打算进攻大同城。隋文帝诏令以汉王杨谅为元帅，令高颎从朔州道出击，杨素从灵州道出击，燕荣从幽州道出击，共击都蓝可汗，各军都统一受杨谅指挥调度，然而杨谅竟然没有亲临前线。

都蓝可汗闻讯后，与达头可汗缔结同盟，联合兵力袭击突利可汗，大败突利可汗，然后攻入蔚州。突利可汗的部落败逃，突利在夜里跟长孙晟带着五名骑兵向南逃跑，等到天亮时，又收罗了几百骑兵。突利可汗和他的部下商议着投奔达头可汗玷厥，长孙晟得知后，偷偷派遣使者进入伏远镇，下令火速点起烽火。突利可汗发现四处烽火同时燃起，就向长孙晟询问原因。长孙晟骗他说："我们隋朝的规定，贼兵少时点燃两处烽火，贼兵多时燃起三处烽火，大兵逼境时燃起四处烽火。现在点燃四处烽火，是他们发现贼兵众多而且已经逼近的缘故。"突利一听大为恐惧，于是投奔伏远城躲避追兵。长孙晟留下突利部落中的达官显贵叫执室的统领众人，自己带着突利可汗乘坐驿车飞驰入朝。四月，来到了京师长安。隋文帝非常高兴，厚礼款待突利可汗。任命长孙晟为左勋卫骠骑将军，持天子颁授的旌节监护突厥。

高颎派柱国赵仲卿率兵三千人为前锋，与突厥作战，大破突厥军。突厥大军又大举前来，赵仲卿摆开方阵，从四面抗击，打了五天。正好高颎大军赶到，与赵仲卿合击突厥，突厥兵败而逃，隋军追击了七百多里才收兵而回。杨素率军与达头可汗遭遇。在此之前，隋朝众将与突厥作战，担心突厥的骑兵往来冲击突袭，都是采用战车、步兵、骑兵互相配合混合编队的方式，设置形似鹿角的防御障碍物围成方阵，将骑兵布置在方阵里面。杨素说："这是一种自我固守的方式，难以出击取胜。"于是改成骑兵阵势。达头可汗知道后大喜过望，说："这真是上天赐予我

也!"下马仰天而拜,帅骑兵十万直前。周罗睺曰:"贼阵未整,请击之。"先帅精骑逆战,素以大兵继之,突厥大败,杀伤不可胜计。

六月,杀宜阳公王世积。

世积为凉州总管,其亲信皇甫孝谐有罪,吏捕之,亡抵世积,世积不纳。孝谐因上变,告世积尝令道人相其貌,有恶言。世积坐诛,以孝谐为上大将军。

秋八月,除左仆射高颎名。

独孤后性妒忌,后宫莫敢进御。尉迟迥女孙,没宫中,得幸,后阴杀之。帝大怒,单骑入山谷间二十余里。高颎、杨素等追及,扣马苦谏,帝告之故。颎曰:"陛下岂以一妇人而轻天下?"帝意解,还宫。后流涕拜谢,颎、素等和解之,因置酒极欢。先是后以颎父客,甚亲礼之,至是闻颎谓己为一妇人,遂衔之。

时太子勇失爱,帝潜有废立之志,从容谓颎曰:"有神告晋王妃,言王必有天下,若之何?"颎曰:"长幼有序,其可废乎!"后知颎不可夺,阴欲去之。

会帝令选东宫卫士入上台,颎奏曰:"若尽取强者,恐宫卫太劣。"帝作色曰:"太子左右何须壮士!我熟见前代,公不须仍蹈旧风。"颎子表仁娶太子女,故帝以此言防之。

的大好机会啊!"于是翻身下马,对天而拜,然后统帅骑兵十万直捣隋阵。周罗睺说:"贼兵阵形还没稳固,请允许我攻击他们。"于是先行率领精锐骑兵迎战,杨素指挥大军随后进攻,突厥大败,隋军杀伤敌人多得无法计算。

六月,处死宜阳公王世积。

王世积担任凉州总管,他的亲信皇甫孝谐犯了罪,执法官吏搜捕皇甫孝谐,皇甫孝谐逃跑到王世积这里,王世积不予收留。皇甫孝谐因此上书告发王世积企图叛变,说王世积曾让道士相面,有恶毒犯上的言论。王世积获罪被杀,任命皇甫孝谐为上大将军。

秋八月,罢免左仆射高颎官职。

独孤皇后生性妒忌,后宫妃嫔没有谁敢陪文帝过夜。尉迟迥的孙女被削籍纳入宫中,得到了文帝的宠幸,独孤后暗中派人杀了她。文帝怒不可遏,单人独骑深入荒山野谷中二十多里。高颎、杨素等人追上了文帝,拉住马苦苦劝谏,文帝告诉了他们事情的缘由。高颎说:"陛下怎么能因为一个妇人而看轻了天下社稷?"文帝怒气稍有缓减,回到宫中。独孤皇后流着泪拜见请罪,高颎、杨素等人又好言相劝使文帝和皇后终于和解,于是摆下酒宴,极尽欢乐。先前,皇后因为高颎是父亲独孤信的门客,对他十分亲切优礼,这件事情发生后,听说高颎称自己不过是一个妇人,于是开始怨恨他。

这时太子杨勇失去隋文帝的宠爱,文帝暗中有废立的打算,曾经不经意地对高颎说起:"有神灵告诉晋王杨广的妃子,说晋王必定享有天下,对此应当怎么办?"高颎回答说:"长幼有序,怎么可以废长立幼?"独孤后知道高颎在废立问题上的立场不会改变,暗地里想要除去他。

恰好隋文帝下令挑选东宫卫士到皇宫上台值班宿卫,高颎上奏说:"如果尽是选拔强壮的卫士去皇宫上台,恐怕太子东宫的宿卫就会太差。"文帝脸色顿变说:"太子身边何必要壮士宿卫!我熟知前代情况,您不必非要沿袭传统做法。"高颎之子表仁娶的是太子杨勇的女儿,所以文帝用这些话提醒他。

颍夫人卒,后请为之娶,帝告之,颍流涕谢曰:"臣今已老,退朝唯斋居读佛经而已,纳室非所愿也。"帝乃止。既而爱妾生男,帝闻之喜,后不悦,曰:"陛下尚复信高颍邪? 始,陛下欲为颍娶,而颍面欺,今其诈已见矣。"帝由是疏颍。

伐辽之役,颍固谏,不从。及师无功,后言于帝曰:"颍初不欲行,陛下强遣之,妾固知其无功矣。"又,帝以汉王谅年少,专委军事于颍,谅所言多不用,甚衔之。及还,泣言于后曰:"儿幸免为高颍所杀。"帝闻之,弥不平。

及击突厥,进图入碛,遣使请兵,近臣缘此言颍欲反。帝未之答,颍已破突厥而还矣。及王世积诛,推核之际,有宫禁中事,云于颍得之,大惊。有司又奏:"颍与世积交通。"贺若弼、宇文弼、薛胄、斛律孝卿、柳述等明颍无罪,上愈怒,皆以属吏,自是朝臣莫敢言。颍遂坐免,以齐公就第。

帝谓侍臣曰:"我于高颍胜于儿子,自其解落,瞑然忘之。人臣不可以身要君也。"

顷之,颍国令言颍子表仁谓颍曰:"司马仲达托疾不朝,遂有天下。公今遇此,焉知非福?"于是帝大怒,囚颍鞫之。有司请斩之,帝曰:"去年杀虞庆则,今兹斩王世积,如更诛颍,天下其谓我何?"于是除名为民。

高颎夫人去世，独孤皇后要为他续弦再娶，文帝将这个意思告诉了高颎，高颎泪流满面推辞说："臣如今已老，退朝之后只是待在家里诵读佛经而已，再娶妻室并非是我的意愿。"文帝只好作罢。不久高颎的爱妾生了一个儿子，文帝听说后很高兴，独孤皇后却十分不悦，她对文帝说："陛下还能再相信高颎吗？开始时，陛下打算为高颎续娶妻室，而高颎当面欺骗陛下，如今他的欺诈已经显而易见了。"隋文帝从此疏远了高颎。

隋文帝发动讨伐高丽的战役时，高颎一再劝谏阻止，隋文帝不听。及出师无功，独孤皇后对文帝说："高颎当初不想出征，陛下强行派遣他前往，我就知道他一定不会成功。"另外，文帝因为汉王杨谅年少，军事上的事情全都委托给了高颎，对杨谅的话大多不采用，杨谅非常忌恨高颎。等回到京师后，杨谅痛哭流涕地对皇后说："我幸亏没被高颎杀死。"文帝知道后，更加愤愤不平。

及至高颎率军攻打突厥，进兵时谋划深入到大漠之中，于是派人请求朝廷增兵，文帝近臣据此说是高颎图谋造反。文帝还没有答复，高颎已打败突厥率军归来。到王世积被朝廷处死，在审问时，涉及宫内的一些事情，王世积说是从高颎处得知的，文帝大惊。有关部门官吏又上奏说："高颎与王世积接交往来。"贺若弼、宇文弻、薛胄、斛律孝卿、柳述等奏明高颎无罪，文帝愈发震怒，把他们全交付执法官吏问罪，自此朝廷群臣没有人再敢为高颎说话。高颎于是获罪免官，仅以齐公身份回家闲居。

文帝对身边的侍臣们说："我对待高颎胜过对待自己的儿子，自从他解官离职之后，我就全然把他遗忘了。做人臣的决不可以要挟君上啊。"

过了不久，高颎的国令告发高颎之子高表仁对高颎说过："司马懿推说有病不入朝面君，后来终于夺取了天下。您今天遇到这种情况，又怎么知道不是好事呢？"于是文帝大怒，囚禁了高颎进行审问。执法部门请求处死高颎，文帝说："去年杀了虞庆则，今年斩了王世积，如果再杀掉高颎，天下的人会怎么说我呢？"于是将高颎除名为民。

颎初为仆射,其母戒之曰:"汝富贵已极,但有一斫头耳,尔其慎之!"颎由是常恐祸变。至是,欢然无恨色。先是国子祭酒元善言于帝曰:"杨素粗疏,苏威怯弱,可付社稷唯高颎耳。"帝初然之。及颎得罪,帝深责之,善忧惧而卒。

九月,以牛弘为吏部尚书。

弘选举先德行而后文才,务在审慎,虽致停缓,而所进用多称职。侍郎高孝基鉴赏机晤,清慎绝伦,然爽俊有余,迹似轻薄,时宰多以此疑之,弘独推心任委,得人为多。

冬十月,以突厥突利为启民可汗,妻以义成公主,处之朔州。

突厥归启民者男女万余,帝命长孙晟于朔州筑大利城以处之。时安义公主已卒,复以宗女义成公主妻之。晟奏请徙五原,以河为固,于夏、胜之间,东西至河,南北四百里,掘为横堑,令处其内,使得畜牧。帝从之。又令赵仲卿屯兵二万,为启民防达头。

十二月,突厥弑其都蓝可汗雍虞间。

帝遣杨素、韩僧寿、史万岁、姚辩分道击都蓝。未出塞,都蓝为部下所杀,达头自立为步迦可汗,其国大乱。长孙晟曰:"今官军临境,虏主被弑,乘此招抚,可以尽降。请遣染干部下分道招慰。"帝从之,降者甚众。

高颎刚刚担任仆射时,他的母亲告诫他说:"你现在富贵已极,但还有一个掉脑袋的危险,你可千万要谨慎啊!"高颎因此常常担心发生灾祸变故。现在能保全性命,高颎感到十分高兴而没有什么怨恨。早先,国子祭酒元善曾对隋文帝说:"杨素这人粗疏,苏威胆怯懦弱,可以托付江山社稷的只有高颎。"文帝起初认为元善说得很对。及至高颎获罪,文帝狠狠地责备了元善,元善担忧害怕而死。

九月,任命牛弘为吏部尚书。

牛弘选拔官吏,首要的是看那人的德行,然后才是文才,力求严格谨慎,虽然这样导致了任免官吏的停滞缓慢,但所进用的官吏大多能够称职。侍郎高孝基有知人之明,头脑清醒机敏,清廉谨慎无人可比,然而过于豪爽俊逸,看样子反而让人觉得好像很轻薄,当朝宰相大多因此对高孝基心存疑虑,唯有牛弘对他诚心任用,因此获得人才最多。

冬十月,隋朝封突厥突利可汗为启民可汗,把义成公主嫁给他为妻,安置突厥人在朔州居住。

突厥族人归附启民可汗的,男女已有一万余人,隋文帝命令长孙晟在朔州建筑大利城来安置这些人。当时安义公主已去世,隋文帝又将宗女义成公主嫁与启民可汗为妻。长孙晟上奏请求把启民可汗部落迁移到五原地区,以黄河作为坚固的天然屏障,在夏、胜两州之间,东面和西面都到黄河,南北有四百里,挖掘横向壕堑,让突厥人居住在内,使他们得以畜牧。文帝听从了这一建议。又命赵仲卿屯兵二万,替启民可汗防御达头可汗。

十二月,突厥人杀死都蓝可汗雍虞闾。

隋文帝派遣杨素、韩僧寿、史万岁、姚辩分路出兵攻击都蓝可汗。隋军还没有出塞,都蓝已被自己的部下杀死,达头可汗自立为步迦可汗,突厥国内大乱。长孙晟对文帝说:"如今官军逼近突厥边境,敌首被杀,如果趁机招抚,突厥各部可以全部降附。请派遣染干的部下分路招抚慰问。"文帝听从了长孙晟的建议,突厥部族降隋的很多。

庚申（600） 二十年

春二月，贺若弼坐事下狱，赦出之。

弼复坐事下狱，帝数之曰："公有三太猛：嫉妒心太猛，自是、非人心太猛，无上心太猛。"既而释之。他日，帝谓侍臣曰："弼将伐陈，谓高颎曰：'不作高鸟尽，良弓藏邪？'后又语颎曰：'皇太子于己，无所不尽。公终久何必不得弼力，何脉脉邪？'意图镇广陵，又图荆州，皆作乱之地也。"

夏四月，突厥达头可汗犯塞，诏晋王广等击却之。

突厥达头可汗犯塞，诏晋王广及杨素、汉王谅及史万岁分道击之。长孙晟毒水上流，突厥人畜多死，大惊夜遁。晟追之，斩首千余级。万岁出塞与虏遇，达头遣使问："隋将谁？"候骑报："史万岁也。"达头惧而引去。万岁驰追百余里，纵击，大破之，逐北入碛数百里而还。

六月，秦王俊卒，国除。

俊久疾未能起，遣使奏表陈谢。帝谓其使者曰："我戮力创业，作训垂范，汝为吾子而欲败之，不知何以责汝！"俊惭怖，疾遂笃。六月，卒。上哭之数声而已。俊所为侈丽之物，悉命焚之。僚佐请立碑，上曰："欲求名，一卷史书足矣，何用碑为？若子孙不能保家，徒与人作镇石耳。"俊子浩，崔妃所生，庶子曰湛。群臣希旨，奏二子母皆有罪，不

庚申（600） 隋文帝开皇二十年

春二月，贺若弼获罪被囚入狱，后被赦免释放。

贺若弼又因获罪被囚入狱，隋文帝数落他说："你有三个太强：嫉妒心太强，自以为是、贬斥别人之心太强，目无尊上之心太强。"过了不久又释放了他。一天，文帝对侍臣说："贺若弼在即将讨伐陈国时，对高颎说：'难道不会有飞鸟灭绝，良弓收藏的事发生吗？'后来又对高颎说：'皇太子对我无所不言。您最终必得依靠我的力量，为什么不吐露出您内心的真实想法呢？'贺若弼想要谋取广陵，又想谋取荆州，这都是适于作乱的地方。"

夏四月，突厥达头可汗侵犯隋朝边塞，文帝诏令晋王杨广等击退了他们。

突厥达头可汗侵犯边塞，文帝诏令晋王杨广以及杨素、汉王杨谅及史万岁分头迎击。长孙晟在河水上游投放毒药，突厥人和牲畜大多死亡，他们大惊失色连夜逃走。长孙晟率军追杀，斩敌首级一千余。史万岁大军出塞后与突厥贼寇遭遇，达头可汗派人上前询问："隋将是谁？"隋军前导负责侦察的骑兵报道："是史万岁。"达头可汗畏惧史万岁的威名率军退走。史万岁驰马追赶了一百多里，纵马攻击，大破突厥军，并追杀败逃的突厥兵一直进入沙漠几百里后才回师。

六月，秦王杨俊病死，封国被废除。

杨俊久病不起，派使者上表谢罪。文帝对他的使者说："我竭尽全力创业，制定典章制度作为人们遵守的规范准则，你是我的儿子反而要败坏它，我不知道该怎样责罚你！"杨俊又惭愧又恐惧，病势于是加重。六月，杨俊病死。隋文帝哭了几声就作罢了。杨俊制作的奢侈华丽的物品，文帝全都命令焚毁。杨俊的幕僚们请求为他立碑，文帝说："想要求名，写上一卷史书就足够了，何必要立碑呢？如果后代子孙不能守业保家，石碑不过是白白地给别人家作镇宅的大石罢了。"杨俊的儿子杨浩，是崔妃所生，还有妾所生的一个儿子名叫杨湛。朝廷群臣为了迎合隋文帝的旨意，上奏说杨俊的两个儿子，他俩的生母都有罪，不

合承嗣。帝从之,以秦国官为丧主。

冬十月,废太子勇为庶人。

初,帝使太子勇参决政事,时有损益,帝皆纳之。勇性宽厚,率意任情,无矫饰之行。帝性节俭,勇尝饰蜀铠,帝见而不悦,戒之曰:"自古帝王未有好奢侈而能久长者,汝当以俭约为先,乃能奉承宗庙。吾昔日衣服各留一物,时复观之以自警戒。今赐汝以我旧所带刀一枚,并菹酱一合,汝昔作上士时常所食也。若存记前事,应知我心。"

后遇冬至,百官皆诣勇,勇张乐受贺。帝不悦,下诏停之。自是恩宠始衰,渐生猜阻。

勇多内宠,昭训云氏尤幸。其妃元氏无宠,遇疾而死。独孤后意其有他,深以责勇。然昭训自是遂专内政,生长宁王俨及平原王裕、安成王筠。诸姬子又数人。后弥不平,遣人伺求勇过。

晋王广知之,弥自矫饰,后庭有子皆不育。后由是数称广贤。大臣用事者,广皆倾心与交。帝及后每遣左右至广所,广必与萧妃厚礼之,往来者无不称其仁孝。帝与后尝幸其第,广悉屏匿美姬于别室,惟留老丑者,衣以缦彩,

应继承杨俊的名位封号。文帝听从了大臣们的意见，以秦王封国中的官员作为丧主来主持丧事。

冬十月，废黜太子杨勇为平民百姓。

当初，隋文帝让太子杨勇参与决策国家政事，太子不时地有批评建议提出来，文帝全都采纳了。杨勇性情宽厚，直率任性，没有矫揉造作虚伪欺骗的行为。文帝本性节俭，杨勇曾经装饰蜀地制造的铠甲，文帝看到后十分不高兴，告诫杨勇说："自古以来的帝王没有喜好奢侈而能长久在位的，你应当以节俭朴素作为首要的品德，这样才能继承宗庙社稷。我将过去的衣服都各样留下一件，不时地再拿出来看一看以提醒告诫自己。现在我赐你一把我以前的佩刀，还有一盒腌菜酱，腌菜酱是你当年做上士时常吃的东西。你如果还记得以前的事，应该明白我的苦心。"

后来到了冬至，百官大臣全都去拜见杨勇，杨勇陈设乐队接受拜贺。文帝知道后很不高兴，颁布诏令停止了拜贺太子的礼仪。这件事情以后，文帝对太子的恩宠开始衰减，渐渐产生了猜疑戒备。

杨勇有很多姬妾宫女，其中昭训云氏尤得他的宠幸。杨勇的王妃元氏不得宠爱，生病而死。独孤皇后认为其中一定别有缘故，很严厉地斥责了杨勇。然而昭训云氏从此之后便总揽了太子东宫里的一切事务，还生下了长宁王杨俨、平原王杨裕以及安成王杨筠。其他姬妾又生了几个孩子。皇后更加愤愤不平，派人窥伺察看杨勇的过错。

晋王杨广知道这个情况以后，更加装模作样地伪装自己，对后宫姬妾生的儿子全都不去抚养。独孤皇后通过这件事，几次称赞杨广贤德。大臣中执掌朝政的，杨广都尽心竭力地与他们结交。文帝和皇后每次派遣身边的人去杨广的住处，杨广和萧妃都奉上丰厚的礼物，来来往往的人没有谁不称颂杨广的仁爱和孝顺。文帝与皇后曾经驾临杨广的府第，杨广把漂亮的姬妾全都藏匿在别的屋子里，只留下又老又丑的，穿着没有彩饰的衣服，

给事左右。屏帐改用缣素,故绝乐器之弦,不令拂去尘埃。帝见之喜,由是爱之特异诸子。

尝密令来和遍视诸子,对曰:"晋王贵不可言。"

广美姿仪,敏慧严重,好学能文,敬接朝士,由是声名籍甚。自扬州入朝,将还镇,入宫辞后,伏地流涕曰:"臣性识愚下,不知何罪失爱东宫,恒蓄盛怒,欲加鸩毒。"后忿然曰:"睍地伐渐不可耐,我为之娶元氏女,竟不以夫妇礼待之,专宠阿云,使有如许豚犬。前新妇遇毒而夭,我亦不能穷治,何故复于汝发如此意!我在尚尔,我死后,当鱼肉汝乎!每思东宫竟无正嫡,至尊千秋万岁之后,遣汝等兄弟向阿云儿前再拜问讯,此是几许苦痛邪!"广又拜,呜咽不能止。后亦悲不自胜。自是后决意欲废勇立广矣。

司马张衡为广画夺宗之策。广问计于安州总管宇文述,述曰:"皇太子失爱已久,令德不闻。大王仁孝著称,才能盖世,数经将领,频有大功,主上、内宫咸所钟爱。四海之望,实归大王。然废立大事,未易谋也。能移主上意者,唯杨素耳。素所与谋者唯其弟约。述雅知约,请朝京师,与约图之。"广大悦,多赍金宝,资述入关。

约时为大理少卿,述请约与饮博,阳不胜,以所赍金宝尽输之,因说之曰:"此晋王之赐,令述与公为欢乐耳。"约

在身边伺候。屋内的屏帐都改用无色素绢，弄断乐器的丝弦，不让掸去上面的灰尘。文帝看到后很高兴，从此喜爱杨广超过其他所有儿子。

文帝曾暗中命令来和把他的儿子们都察看了一遍，来和回答说："晋王杨广贵不可言。"

杨广容貌俊美仪表堂堂，机敏聪慧深沉稳重，好学并擅写文章，谦敬地接交朝中之士，因此声名显盛。他从扬州任所入朝朝见文帝之后，将要返回扬州，进宫向独孤皇后辞行，跪在地上流着泪说："我性情愚笨见识低下，不知做了什么错事得罪了太子，太子常满怀盛怒，想要毒死我。"皇后气忿地说："睍地伐越来越让人无法忍受了，我给他娶了元氏的女儿，他居然不按夫妇之礼对待她，一味地宠爱云氏，让云氏生下了这么些个猪狗一般的儿子。先前，他的新媳妇元氏被毒死，我也不能一追到底查问清楚，为什么又对你生出了下毒这个念头。现在我活着他尚且如此，我死以后，他当然要残害鱼肉你了！每当我想起太子竟然没有嫡子，皇上千秋万岁驾崩之后，让你们几个兄弟去云氏儿子面前行礼问候，这是多么痛苦的事啊！"杨广又跪在地上叩拜皇后，呜咽不能停止。皇后也是悲伤不禁。从此之后，独孤皇后下决心要废掉杨勇改立杨广为太子了。

司马张衡替杨广谋划夺取太子之位的计策。杨广向安州总管宇文述问计，宇文述说："皇太子失宠已经很久了，德行也不被人们了解。大王您以仁爱孝敬著称，才能盖世，多次担任将领，屡立大功，皇帝、皇后全都钟爱您。四海之望，实归大王。然而太子的废立是大事，不是容易谋划的。能改变皇上主意的，只有杨素一个人。杨素谋划什么事，只跟他的弟弟杨约商量。我相当了解杨约这个人，请让我去京师，跟杨约一起筹划这事。"杨广大喜，送给宇文述许多金银财宝，资助他入关赴京。

杨约当时是大理少卿，宇文述邀请杨约饮酒赌博，假装不能取胜，把杨广给他的金银宝物全部都输给了杨约，并趁机告诉他说："这些都是晋王杨广赏赐的，让我拿来跟您一起玩乐。"杨约

惊问故,述因道广意,且说之曰:"公兄弟功名盖世,当涂用事有年矣,朝臣为足下家所屈辱者,可胜数哉?又储后以所欲不行,每切齿于执政,主上一旦弃群臣,公亦何以取庇哉!今太子失爱于皇后,主上素有废黜之心,请立晋王在贤兄之口耳。诚能因此时建大功,王必永铭骨髓,斯则去累卵之危,成泰山之安矣。"约然之,以白素,素闻之大喜。

后数日入侍宴,微称晋王孝悌恭俭,有类至尊。后泣曰:"公言是也。阿㦆大孝爱,睨地伐常欲潜杀之。"素因盛言太子不才,后遂遗素金,使赞帝废立。

勇颇知之,忧惧,计无所出,使人造诸厌胜。帝又使素观勇所为,素至东宫,还言:"勇怨望,恐有他变。"帝益疑之。后又遣人伺觇东宫,纤芥事皆闻奏,因加诬饰以成其罪。

帝遂疏忌勇,东宫宿卫,名籍悉令属诸卫府,有勇健者咸屏去之。

广又令段达私赂东宫幸臣姬威,令伺太子动静,密告杨素。于是内外喧谤,过失日闻。段达因胁威告之。

九月,诏执左庶子唐令则等数人,付所司讯鞫,命杨素陈东宫事状以告近臣。帝曰:"此儿不堪承嗣久矣,皇后恒

吃惊地问是什么原因,宇文述就说明了杨广的意思,并劝说杨约:"您兄弟二人功名盖世,执掌国家大权多年了,朝臣之中被您家屈害侮辱的人可以数得清吗?再有,太子因为自己想做的事做不成,常常咬牙切齿地痛恨执政大臣,皇上一旦撒手丢开群臣而逝,您又凭靠什么来得到庇护呢?如今太子失宠于皇后,皇上素来存有废黜太子的意思,请立晋王杨广为太子,就在您哥哥杨素一句话了。如果真能在这时建立废立太子的大功业,晋王必定刻骨铭心地记着这件事,这样的话,那您就可以免除累卵之危,而像泰山一般安稳了。"杨约同意宇文述的话,把这话告诉了杨素,杨素听了特别高兴。

这之后过了几天,杨素进宫陪侍文帝宴饮,婉转地提到晋王孝敬顺从谦恭俭朴,很像文帝。独孤皇后有感落泪说:"您的话说得很对。晋王阿㜷非常孝敬爱戴我们,太子睍地伐常常想要暗中加害他。"杨素顺着话茬儿大谈太子的不成器,独孤皇后于是给杨素财物,让他辅佐文帝废立太子。

太子杨勇非常清楚这件事,十分忧虑恐惧,但是想不出什么办法来,派人制作了许多巫咒之物以求避祸。文帝又派遣杨素察看杨勇的行动,杨素去过东宫后回来,说:"杨勇十分怨恨,恐怕会有变故发生。"文帝更加猜疑杨勇。独孤后又派人暗中探察东宫,细微琐事全都奏告文帝,并加上诬陷不实的材料,以便构成太子的罪状。

文帝于是疏远猜忌杨勇,太子宫中的值班护卫,名册全都命令隶属各个卫府机构掌管,其中勇猛健壮的全都撤换不用。

杨广又命段达私下里贿赂东宫中受到宠幸的臣子姬威,让姬威偷偷观察太子的动静,密报给杨素。于是朝廷内外到处沸沸扬扬议论诽谤太子,天天都可听到关于他的过失。段达趁机要挟姬威告发太子。

九月,文帝颁下诏令拘捕了太子左庶子唐令则等几个人,把他们交付有关部门审讯,又命令杨素把东宫的情况陈述给近臣听。文帝说:"我这个儿子不适宜继承皇位已经很久了,皇后老是

劝我废之,我以布衣时所生,地复居长,望其渐改,隐忍至今。其妇初亡,我疑其遇毒,尝责之,勇愗曰:'会杀元孝矩。'此欲害我而迁怒耳。长宁初生,朕与皇后共抱养之,自怀彼此,连遣来索。且云定兴女,在外私合而生,想此何必是其体胤?傥其非类,便乱宗祐,我终不以万姓付不肖子!我恒畏其加害,如防大敌,今欲废之以安天下!"

左卫大将军元旻谏曰:"废立大事,诏旨若行,后悔无及。谗言罔极,惟陛下察之。"

帝不应,命姬威悉陈太子罪恶。威对曰:"尝令师姥卜吉凶,语臣云:'至尊忌在十八年,此期促矣。'"帝泫然曰:"谁非父母生,乃至于此!"于是禁勇及诸子、党与。杨素锻炼以成其狱。

居数日,有司奏元旻尝曲事勇。在仁寿宫,勇以书与之,题云"勿令人见"。帝乃执旻。

威又言:"至尊在仁寿宫,太子常饲马千匹,云:'径往守城门,自然饿死。'"素以威言诘勇,勇不伏,曰:"窃闻公家马数万匹,勇忝备太子,马千匹,乃是反乎!"素又发东宫服玩,似加雕饰者,悉陈之于庭,以示文武,为太子之罪。帝及后迭遣使责问勇,勇不服。

劝我废掉他，我因为他是在我还是平民百姓时生的，又是长子，希望他能渐渐改正错误，克制忍耐到了今天。他的妻子刚刚死时，我怀疑她是被毒死的，曾经责问过他，他就怨恨地说：'应当杀掉元孝矩。'这是想要害我而迁怒他妻子的父亲罢了。长宁王刚生下时，我和皇后一起抱来抚养他，杨勇自己心中怀有彼此界限，就连连派人前来索要他的这个儿子。况且云定兴的女儿云昭训，是云定兴在外面与人苟合的私生女，想想这个又怎么能说云氏所生必定是杨勇的子女呢？假如她生的孩子并非是我家的血统，就会乱了宗祠，我终归不能把天下百姓托付给不肖之子！我一直在担心杨勇他会加害于我，如同防备大敌一样，现今我想废黜他，以求安定天下！"

左卫大将军元旻劝谏说："废立太子是件大事，诏书如果一旦颁布出来，后悔就来不及了。谗言是没有准的，希望陛下仔细考察此事。"

文帝并没有理会元旻的话，而是命令姬威把太子的罪恶全都讲出来。姬威回答说："太子曾经命令女巫占卜吉凶，他对我说：'皇上的忌日在开皇十八年，这个期限已经很近了。'"文帝流着泪说："谁不是父母所生，他居然这样对我！"于是拘禁了杨勇以及他的所有儿子和党羽。杨素罗织罪名构成太子杨勇下狱之罪。

过了几天，有关部门奏报说元旻曾经曲意逢迎杨勇。在仁寿宫，杨勇曾送信给元旻，上面写明"不要让别人看见"。文帝于是逮捕了元旻。

姬威又说："皇上在仁寿宫，太子曾饲养了一千匹马，说：'径直去守住城门，自然会饿死里面的人。'"杨素拿姬威的话去责问杨勇，杨勇不服，说："我听说你家饲养的马有几万匹，我身为太子，有一千匹马，就是要造反吗？"杨素又拿出东宫中的服饰器皿，凡是有点雕画装饰的都陈列在宫中庭堂上，展示给文武百官，作为太子的罪证。文帝与皇后不断派遣使者去责问杨勇，杨勇都不服气。

十月，使人召勇，勇惊曰："得无杀我邪？"帝戎服陈兵，御武德殿，集百官诸亲，引勇及诸子列于殿庭，宣诏废勇，及其男女并为庶人。勇再拜泣下，舞蹈而去。左右莫不闵默。长宁王俨上表乞宿卫，辞情哀切，帝览之闵然。杨素进曰："伏愿圣心同于螫手，不宜复留意。"

遂诏元旻、唐令则、邹文腾等诛戮有差。移勇于内史省。赏杨素物三千段。

文林郎杨孝政上书谏曰："皇太子为小人所误，宜加训诲，不宜废黜。"帝怒，挞其胸。

初，云昭训父定兴，出入东宫无节，数进其奇服异器以求悦媚。左庶子裴政屡谏，勇不听。政谓定兴曰："公所为不合法度。又，元妃暴卒，道路籍籍，此于太子，非令名也。公宜自引退，不然，将及祸。"定兴以告勇，勇疏政，出之。唐令则为勇所昵狎，每令以弦歌教内人。右庶子刘行本责之曰："庶子当辅太子以正道，何有取媚于房帷之间哉？"令则甚惭而不能改。刘臻、明克让、陆爽并以文学为勇所亲，行本怒其不能调护，每谓三人曰："卿等正解读书耳！"夏侯福尝于阁内与勇戏，大笑声闻于外，行本付执法者治之。数日，勇为之请，乃释之。勇尝得良马，欲令行本乘而观之，行本正色曰："至尊令臣辅导殿下，非弄臣也。"勇惭而

十月，文帝派人去召见杨勇，杨勇吃惊地说："莫不是要杀我吧？"文帝穿着作战的衣服，摆开军队，登临武德殿，召集文武百官、皇族宗戚，带上来杨勇和他的几个儿子站列在武德殿的庭院中，宣读诏书废黜杨勇，及其子女一并贬为平民。杨勇拜了两拜流下眼泪，按照臣见君的礼仪行礼退下了大殿。大殿左右站着的人没有不怜悯缄默的。杨勇之子长宁王杨俨上表请求文帝留下他做宫廷宿卫，文词哀婉悲切，文帝看了心里很难过。杨素进言对文帝说："我希望圣上之心应该同蝮蛇螫手、壮士断腕一样决绝，不应再存怜悯之情。"

于是文帝诏令将元旻、唐令则、邹文腾等分别处死。移送杨勇到内史省。赏赐杨素财物三千段。

文林郎杨孝政上书劝谏文帝说："皇太子是被小人连累带坏了，应加以训诫教诲，不应废黜。"文帝看后生了气，用鞭子抽打杨孝政的前胸。

当初，云昭训的父亲云定兴随便出入东宫，多次给太子进献奇异的服饰器物来取悦讨好。左庶子裴政屡次劝谏阻止，杨勇就是不听。裴政对云定兴说："您的所作所为不合法度。还有，元妃突然暴死，外面的人议论纷纷，这对太子不是好的名声。您应当自我引退，不然的话，您将要遇到灾祸。"云定兴把这些话告诉了杨勇，杨勇于是疏远了裴政，并把他调出了东宫。唐令则得到杨勇的亲近喜爱，杨勇常让唐令则教习宫人弹唱歌舞。右庶子刘行本责备唐令则说："作为庶子，应当辅佐太子走正道，怎么能用声色歌舞来取媚太子呢？"唐令则听了很惭愧但是不能改正。刘臻、明克让、陆爽都是以文章辞藻得到杨勇的钟爱亲近，刘行本痛恨三人不能调教爱护太子，常常对三个人说："你们只知道读书本而已！"夏侯福曾经在房内跟杨勇嬉戏，大笑之声连外面都听到了，刘行本把夏侯福交由执法人员治罪。过了几天，杨勇替夏侯福说情，才将他释放。杨勇曾得到一匹良马，想叫刘行本骑上自己看一看如何，刘行本严肃地说："皇上命我辅佐教导太子，不是叫我当讨您喜欢的弄臣。"杨勇十分惭愧，只好作

止。及勇败，二人已卒。帝叹曰："商使裴政、刘行本在，勇不至此。"

勇尝宴宫臣，唐令则自弹琵琶，歌《妩媚娘》。洗马李纲起白勇曰："令则身为宫卿，职当调护，乃于广座自比倡优，进淫声，秽视听。事若上闻，岂不为殿下之累邪？臣请速治其罪。"勇曰："我欲为乐耳，君勿多事。"纲遂趣出。至是，帝召东宫官属切责之，皆惶惧无敢对者。纲独曰："废立大事，今文武大臣皆知其不可，而莫肯发言。臣何敢畏死，不一为陛下别白言之乎？太子性本中人，可与为善，可与为恶。向使陛下择正人辅之，足以嗣守鸿基。今乃以唐令则为左庶子，邹文腾为家令，二人唯知以弦歌鹰犬娱悦太子，安得不至于是邪！此乃陛下之过，非太子之罪也。"因伏地流涕呜咽。帝惨然良久曰："李纲责我，非为无理，然我择汝为宫臣，而勇不亲任，虽更得正人，何益哉？"对曰："臣之所以不被亲任者，良由奸臣在侧故也。陛下但斩令则、文腾，更选贤才以辅太子，安知臣之终见疏弃也？自古国家废立冢嫡，鲜不倾危，愿陛下深留圣思，无贻后悔。"帝不悦，罢朝，左右皆为之股栗。会尚书右丞缺，有司请人，帝指纲曰："此佳右丞也。"即用之。

杀太平公史万岁。

万岁伐突厥还。杨素忌之，奏寝其功。会废太子，万岁方与将士在朝堂称冤，帝问万岁何在，素曰："谒东宫

罢。等到杨勇被废时，裴政、刘行本都已去世。文帝感叹说："假使裴政、刘行本还在的话，杨勇也不至于到这个地步。"

杨勇曾经宴请宫臣，唐令则亲自弹奏琵琶，唱《妩媚娘》。洗马李纲起身对杨勇说："唐令则身为宫卿，职责应是调教爱护太子，他却在大庭广众之下自比歌妓戏子，进献靡靡之音，污秽耳目视听。此事假如被皇上知道，岂不是要连累殿下您吗？臣请您赶快将他治罪。"杨勇说："我想高兴高兴，您不要多管闲事。"李纲于是很快离席出宫。到杨勇被废时，文帝召集东宫的臣僚来严厉斥责他们，东宫臣吏全都惊惶恐惧无人敢于答话。独有李纲说道："废立太子这件大事，如今文武大臣全都知道不对，但没有人肯说话。我怎能因为怕死，就不一一地向陛下说明我的不同意见呢？太子生性不过是中常之人，可以让他变好，也可以叫他学坏。假如以前陛下挑选正直有道的人辅佐他，完全可以让他继承宏大帝业。如今却让唐令则做左庶子，邹文腾任家令，这两人只知道用声色犬马娱乐取悦太子，怎么能不落到今天这个地步！这是陛下您的过失，而不是太子本身的罪过。"于是跪在地上流泪呜咽。隋文帝神色惨然，半天才说："李纲责备我，并非没有道理。但是我选你做太子宫臣，杨勇却不亲近信任你，即使更换正直有道的人辅佐他，对他又有什么用处呢？"李纲回答说："我所以不被亲近信任，实在是因为有奸臣包围在太子身边的缘故。陛下只要杀掉唐令则、邹文腾，更换挑选贤德人才来辅佐太子，又怎么知道我最后会被疏远抛弃呢？自古以来国家废黜嫡出长子，很少有不倾覆灭亡的，希望陛下深思熟虑，不要留下遗憾后悔。"隋文帝听了很不高兴，下令退朝，文帝身边的人都为李纲提心吊胆。正好尚书右丞空缺，有司请求任命，文帝指着李纲说："此人是最佳的尚书右丞。"李纲立即被任命该职。

杀太平公史万岁。

史万岁征伐突厥归来。杨素忌妒史万岁，奏告文帝停止奖赏表彰史万岁。正好赶上废立太子，史万岁正与手下将士们在朝堂诉称冤屈，隋文帝问史万岁在什么地方，杨素说："拜谒东宫

矣。"帝以为然，召之。既见帝，言将士有功，为朝廷所抑，词气愤厉。帝大怒，令左右揙杀之。既而追之，不及。天下共冤惜之。

十一月，立晋王广为皇太子，是日天下地震。

广请降章服，宫官不称臣，许之。以宇文述为左卫率，郭衍为左监门率，亦预夺宗之谋也。

帝囚故太子勇于东宫，付广掌之。勇频请见上申冤，而广遏之不得闻。

初，帝之克陈也，天下皆以为将太平。监察御史房彦谦私谓所亲曰："主上忌刻而苛酷，太子卑弱，诸王擅权，天下虽安，方忧危乱。"其子玄龄亦密言于彦谦曰："主上本无功德，以诈取天下，诸子皆骄奢不仁，必自相诛夷。今虽承平，其亡可翘足待。"彦谦，法寿之玄孙也。

高孝基名知人，见玄龄，叹曰："仆阅人多矣，未见如此郎者，异日必为伟器，恨不见其大成耳。"见杜杲之兄孙如晦谓曰："君有应变之才，必任栋梁之重。"俱以子孙托之。

禁毁佛、天尊及神像。
帝晚年深信佛、道、鬼神，故有是诏。
征同州刺史蔡王智积入朝。
智积，帝之弟子也，性修谨，门无私谒，自奉简素，帝甚怜之。智积有五男，只教读《论语》《孝经》，不令交通宾客。

去了。"文帝听信了杨素的话,下令让把史万岁召来。史万岁参见隋文帝以后,述说将士们有功,但被朝廷压制,言词语气愤慨严厉。文帝勃然大怒,命令身边的人将史万岁打死。随即后悔要追回前道命令,但已来不及了。天下的人都为史万岁感到冤枉可惜。

十一月,立晋王杨广为皇太子,当天国内发生地震。

杨广请求不穿代表太子身份的礼服,东宫官吏不对太子称臣,隋文帝同意了杨广的请求。杨广任宇文述为左卫率,郭衍为左监门率,郭衍也曾参与了夺取继承权的阴谋。

隋文帝将原太子杨勇囚禁在东宫内,交由太子杨广看管。杨勇不断请求参见文帝申明冤屈,但都被杨广阻拦,不让文帝知道。

当初,文帝平定陈朝,天下的人都认为马上要太平了。监察御史房彦谦私下里对他亲近的人说:"皇上猜忌之心严重,而且苛刻残忍,太子卑谦软弱,诸王专揽大权,天下虽说已经平定,却又要忧虑危亡动乱的发生。"他的儿子房玄龄也暗中对他说:"皇上原本没有功劳德行,用奸诈手段夺取了天下,他的儿子们都骄横奢侈不行仁义,必定会自相残杀。如今虽说太平无事,但是隋朝的败亡马上就可看到。"房彦谦是房法寿的玄孙。

高孝基有知人的名声,见到房玄龄后,叹息说:"我见过的人多了,还没见过像这样的年轻人,日后他必定能成大器,可惜我看不到他成就大功的那一天了。"他见到杜杲哥哥之孙杜如晦,对杜如晦说:"您有随机应变的才能,一定会担起栋梁重任。"就把所有子孙都托付给了房玄龄和杜如晦。

文帝禁止毁坏佛像、天尊以及神像。

隋文帝晚年笃信佛、道、鬼神,所以有这道诏令。

征召同州刺史蔡王杨智积入朝。

杨智积是文帝弟弟的儿子,生性和善谨慎,门下没有私自拜谒请见的人,自己奉行俭朴的生活,文帝对他很是怜爱。杨智积有五个男孩,他只让他们读《论语》《孝经》,不让他们结交宾客。

或问其故,智积曰:"卿非知我者。"其意恐诸子有才能以致祸也。

以王伽为雍令。

齐州行参军王伽送流囚李参等七十余人诣京师,行至荥阳,谓曰:"卿辈自犯国刑,身婴缧绁,固其职也,重劳援卒,岂不愧心?"参等辞谢。伽乃悉脱其枷锁,停援卒,与约曰:"某日当至京师,如致前却,吾当为汝受死。"遂舍之而去。流人感悦,如期而至,一无离叛。帝闻而惊异,召见与语,称善久之。于是悉召流人,宴而赦之。因下诏曰:"使官尽王伽,民皆李参,刑厝其何远哉!"乃擢伽为雍令。

辛酉(601) 仁寿元年

春正月,改元。

初,太史令袁充表曰:"《京房》有言:'太平日行上道,升平行次道,霸代行下道。'盖日去极近则景短而日长;去极远则景长而日短。今自隋兴,昼日渐长,开皇元年冬至之景长一丈二尺七寸二分。自尔渐短,至十七年,短于旧三寸七分矣。"上临朝谓百官曰:"日长之庆天之祐也。今当改元,宜取此意以为号。"仍命百工作役并加程课,丁匠苦之。

以苏威为仆射。 **二月朔,日食。** **夏五月,突厥九万口来降。** **六月,遣十六使巡省风俗。** **废太学及州、县学,改国子为太学。**

有人问他原因，杨智积说："你不了解我。"杨智积的用意是怕他的儿子们有了才能会因此招来灾祸。

任命王伽为雍县令。

齐州行参军王伽押送判处流放的囚犯李参等七十余人到京师，走到荥阳，他对犯人们说："你们自己犯了国法，身披枷锁，固然是你们应受的惩处，但又要使押送你们的兵士连带受累，难道你们心里不惭愧吗？"李参等人都称自己有罪。王伽于是把所有犯人的枷锁都解了下来，不再使用押送士兵，与大家约定好说："某某日应当到达京师，如果到期不来，我只好代你们去死。"随后放下犯人们就走了。这些流放犯人又感动又高兴，都按时到了京师，没有一个违背约定逃走的。隋文帝听说后感到惊异，召见王伽跟他谈话，称赞了他很长时间。于是全部囚犯都被召来，设宴款待后予以赦免。并为此事颁布诏书说："假若官吏全都能像王伽这样，百姓都能像李参这样，刑法停止不用的日子就不远了！"于是提升王伽为雍县令。

辛酉（601） 隋文帝仁寿元年

春正月，更改年号。

当初，太史令袁充上表说："《京房》一书说：'太平之日，太阳运行在近北极的轨道上。升平之日，则离北极稍远。乱世之时，则距离更远些。'因太阳距离北极近的话，则日影短而白昼长；太阳距离北极远的话，则日影长而白昼短。现自从隋朝兴起，白昼逐渐变长，开皇元年冬至那天的日影，长到一丈二尺七寸二分。从那以后渐渐变短，到开皇十七年，比过去短了三寸七分了。"文帝上朝对百官群臣说："日长的福庆是上天的佑助。现今应当更改年号，最好是取日长之意作为年号。"就下令各个行当的工匠同时增加服役劳作的工作量，壮丁工匠都为此叫苦受累。

任命苏威为仆射。 **二月初一，出现日食。** **夏五月，突厥九万人前来归降。** **六月，派遣十六名使者到各地去巡视民间风俗。** **废除太学及州、县学校，将国子学改为太学。**

诏以学校生徒多而不精，唯简留国子学生七十人，太学、四门及州县学并废。刘炫上表切谏，不听。寻改国子为太学。

冬十一月，祀南郊。

初，帝受周禅，恐民心未服，故多称符瑞以耀之。其伪造而献者，不可胜计。至是郊祀，板文备述以报谢云。

以卫文升为遂州总管。

山獠作乱，资州刺史卫文升初到官，单骑造其营，说以利害。渠帅感悦，解兵而去，前后归附者十余万口。帝大悦，故有是命。

以冯盎为汉阳太守。

潮、成等五州獠反，高州酋长冯盎驰诣京师，请讨之。帝敕杨素与盎论贼形势，素叹曰："不意蛮夷中有如是人。"即遣盎发江、岭兵击之。事平，除盎汉阳太守。

壬戌（602） 二年

春三月，突厥入寇，杨素击破走之。

突厥思力俟斤等南渡河，大掠启民人畜而去。行军元帅杨素帅诸军追击，转战六十余里，大破之，悉得人畜以归启民。自是突厥远遁，碛南无复寇抄。

秋七月，以韦云起为通事舍人。

兵部尚书柳述尚兰陵公主，怙宠使气，自杨素之属皆下之。帝问符玺直长韦云起以外间不便事。述时侍侧，云

文帝颁布诏令，认为学校里学生多而不精，只选留国子监学生七十人，太学、四门以及州县学校一律停办。刘炫上表章恳切劝谏，隋文帝不听。不久，改国子学为太学。

冬十一月，在南郊祭祀。

当初，隋文帝接受北周静帝的禅让取得帝位，害怕民心不服，因此常常托称上天降下的祥瑞征兆以显耀自己是顺应天命而登基的。于是伪造符命祥瑞进献的人，多得数不清。到这次南郊祭天，呈献天帝的板文详细叙述了这些祥瑞天兆以报谢上天。

任命卫文升为遂州总管。

山獠人反叛作乱，资州刺史卫文升刚刚到任，一个人骑马来到獠人营地，向獠人陈说利害关系。獠人的主帅被这番话所感化，心悦诚服，撤兵离去，前后归附朝廷的人有十余万口。隋文帝非常高兴，所以有遂州总管的任命。

任命冯盎为汉阳太守。

潮州、成州等五个州的獠人造反，高州酋长冯盎快速赶到京师，请朝廷出兵讨伐。文帝命令杨素和冯盎讨论叛贼情况，杨素事后感叹说："想不到蛮夷之中竟有像冯盎这样的人。"随即派遣冯盎统率江南、岭南的军队攻打獠人。叛乱平定后，任命冯盎为汉阳太守。

壬戌（602）　隋文帝仁寿二年

春三月，突厥入侵，杨素将其击溃，突厥人逃走。

突厥思力俟斤可汗等南渡黄河，大肆掠夺启民可汗的人马牲畜后离开。行军元帅杨素率领各路军队追击，转战六十余里，大破思力俟斤之军，将得到的人马牲畜归还了启民可汗。从此之后，突厥人远远逃走，沙漠之南不再有侵犯劫掠的事件发生。

秋七月，任命韦云起为通事舍人。

兵部尚书柳述娶了兰陵公主，依仗隋文帝的宠信，恣逞意气，自杨素之辈都对他低声下气。隋文帝询问符玺直长韦云起宫廷外有什么不利于朝廷的事。柳述当时正侍立在文帝身边，韦云

起曰："柳述骄豪，未尝经事，兵机要重，非其所堪。臣恐物议以为陛下'官不择贤，专私所爱'，斯亦不便之大者。"帝甚然之，顾谓述曰："云起之言，汝药石也，可师友之。"会诏内外官各举所知，述举云起，除通事舍人。

征蜀王秀还京师。

益州总管蜀王秀容貌瑰伟，有胆气，好武艺。帝每谓独孤后曰："秀必以恶终。我在当无虑，至兄弟，必反矣。"大将军刘哙之讨西爨也，帝令杨武通将兵继进，秀以嬖人万智光为武通行军司马。帝谴责之，因谓群臣曰："坏我法者，子孙也。譬如猛虎，物不能害，反为毛间虫所损食耳。"自长史元岩卒，秀渐奢僭，车马被服，拟于乘舆。及晋王广为太子，秀意甚不平。太子恐其为患，阴令杨素求其罪而潛之。帝遂征秀，秀犹豫，欲谢病不行。司马源师谏，秀作色曰："此自我家事，何预卿也！"师垂涕对曰："师忝参府幕，敢不尽心！敕追已淹时月，王乃迁延未去。圣上发雷霆之诏，降一介之使，王何以自明？愿熟计之！"朝廷恐秀生变，以独孤楷为益州总管，驰传代之。楷至，讽谕久之，乃就路。楷察秀有悔色，因勒兵为备。秀行四十余里，将还袭楷，觇知有备，乃止。

八月，皇后独孤氏崩。

起说：“柳述骄横、逞强，不曾经历过什么大事，军事、机要都是要害重任，不是他所能够担当执掌的。我恐怕人们议论陛下说‘授官不选贤才，专用自己偏爱的人’，这也是不利朝廷的大事。”文帝十分赞同韦云起的话，回头对身边的柳述说：“韦云起的话是你治病的良药啊，你可以把他当作老师和朋友。”正好诏令朝廷内外的官吏各自举荐自己了解的人，柳述举荐了韦云起，被任命为通事舍人。

征召蜀王杨秀回京师。

益州总管蜀王杨秀，容貌奇伟，有胆量气魄，喜好武艺。文帝常对独孤皇后说：“杨秀一定没有好下场。我活着不会出什么问题，到他兄弟继位，他一定会造反。”大将军刘哙讨伐西爨的时候，隋文帝命令杨武通率兵随后出发，杨秀派他宠信的万智光做杨武通的行军司马。文帝谴责了杨秀，并对群臣说：“败坏我法度的是我的子孙。这就如同猛虎，别的动物不能伤害它，反而被自身毛中的小虫损害蚕食一样。”自从长史元岩死后，杨秀渐渐奢侈僭越，他的车马被服都比照皇帝的标准制作。等到晋王杨广被立为太子，杨秀表现得怏怏不平。太子杨广恐怕他日后为患，暗地里密令杨素搜罗他的罪状来诬告他。文帝于是征召杨秀回京，杨秀犹豫，想推辞说有病不来。司马源师劝谏杨秀，杨秀变了脸色说：“这是我们的家事，跟您有什么相干！”源师流着泪说：“我有幸被任命为您府中幕僚，怎敢不尽心竭力！皇上催召您的命令已经发布很长时间了，大王您却拖延不行。假如圣上颁下了雷霆般震怒的诏书，派下一名专使前来，大王您又如何自我辩明呢？希望您好好考虑一下这件事！”朝廷怕杨秀出乱子，任命独孤楷为益州总管，乘驿马赶到益州来替代杨秀。独孤楷来到后，劝说开导了杨秀很久，杨秀才上路。独孤楷觉察出杨秀有反悔的意思，于是布置兵力做好了防备。杨秀动身走了四十余里，打算回头袭击独孤楷，但探知对方已有防备，只好作罢。

八月，皇后独孤氏去世。

后崩,太子对帝及宫人哀恸绝气,若不胜丧者,其处私室,饮食言笑如平常。又,每朝令进二溢米,而私取肥肉脯鲊置竹筒中,以蜡闭口,衣襆裹而纳之。

冬十月,以杨达为纳言。 闰月,诏修定五礼。
诏杨素、苏威与牛弘等修之。
葬献皇后。
帝令上仪同三司萧吉为皇后择葬地,得吉处,云:"卜年二千,卜世二百。"帝曰:"吉凶由人,不在于地。"然竟从吉言。吉退,告人曰:"皇太子遣宇文左率深谢余云:'公前称我当为太子,竟有其验。今卜山陵,令我早立,当以富贵相报。'吾语之曰:'后四载,太子御天下。'然太子得政,隋必亡矣!吾前给云'二千'者,三十也;'二百者',二传也。汝其识之。"

十二月,废蜀王秀为庶人。除治书侍御史柳彧名,配怀远镇。
蜀王秀至长安,帝不与语,使使切让之。秀谢罪,太子诸王流涕庭谢。帝曰:"顷者秦王縻费财物,我以父道训之。今秀蠹害生民,当以君道绳之。"于是付执法者。开府庆整谏曰:"庶人勇既废,秦王已卒,陛下见子无多,何至如是!蜀王性甚耿介,今被重责,恐不自全。"帝大怒,欲断其舌。因谓群臣曰:"当斩秀于市以谢百姓。"乃令杨素等推治之。

皇后驾崩，太子杨广当着文帝以及宫人表现得哀痛欲绝，好像是经受不住丧母的悲哀似的，可是他待在自己内室中时，饮食谈笑就跟平常没事时一样。另外，杨广每天早上命令将大米二溢运入东宫，而私下里却搞来肥肉、干肉、腌鱼装在竹筒中，用蜡封住筒口，用包袱裹着偷运入东宫。

冬十月，任命杨达为纳言。　闰月，诏令修定五礼。

文帝诏令杨素、苏威和牛弘等人修定五礼。

埋葬献皇后。

文帝命上仪同三司萧吉为独孤皇后选择葬地，得到一块吉地，萧吉说："占卜此地可以延续杨家基业二千年，占卜此地可以延续皇统二百世。"文帝说："吉凶在于人，而不在于地。"但最终还是听从了萧吉的建议。萧吉退朝后对人说："皇太子杨广派左卫率宇文述深深地向我表示谢意说：'您以前说我会当太子，现在终于得到了验证。如今您占卜陵地，让我早些继承皇位，我一定以富贵报答您。'我对他说：'往后过四年，太子要统治天下。'然而如果太子执政，隋朝必定要灭亡了！我先前谎称'二千年'，实际上是三十年的意思；说'二百世'，实际上是只传二代的意思。你可要记住这些话。"

十二月，文帝废黜蜀王杨秀为平民。将治书侍御史柳彧除名，发配到怀远镇。

蜀王杨秀来到长安后，文帝没有同他谈话，而是派使者严厉责备了他。杨秀谢了罪，太子杨广及其他的王都流泪上庭认罪。隋文帝说："以前秦王杨俊浪费财物，我曾用父道来训斥他。现在杨秀残害百姓，我应当用为君之道来制裁他。"于是将杨秀交给执法官吏处治。开府庆整劝谏隋文帝说："庶人杨勇已经被废黜了，秦王已经死去，陛下的儿子现今已经不多了，何必要这样对待他们！蜀王性格耿直，今被重重处罚，恐怕难以保全自身。"隋文帝大为生气，想割断庆整的舌头。接着对群臣说："应当把杨秀在闹市斩首来向老百姓谢罪。"于是命令杨素等人追究惩治杨秀。

太子阴作偶人，缚手钉心，枷锁杻械，书帝及汉王姓名，密埋之华山下。杨素发之，又云秀妄述图谶，并作檄文置秀集中以闻。帝曰："天下宁有是邪！"乃废秀为庶人，幽之内侍省。

素尝以少谴敕送南台，命治书侍御史柳彧治之。彧据案坐，立素于庭，辩诘事状。素由是衔之。秀尝从彧求李文博所撰《治道集》，彧与之，秀遗彧奴婢十口。及秀得罪，素奏彧以内臣交通诸侯，除名为民，配戍怀远镇。

久之，贝州长史裴肃遣使上书曰："高颎以天挺良才，元勋佐命，为众所疾，以至废弃。愿陛下录其大功，忘其小过。又二庶人得罪已久，宁无革心？愿陛下弘君父之慈，顾天性之义，各封小国，观其所为。若能迁善，渐更增益，如或不悛，贬削非晚。"书奏，帝谓杨素曰："裴肃忧我家事，此亦至诚也。"于是征肃入朝。太子闻之，谓左庶子张衡曰："使勇自新欲何为也？"衡曰："观肃之意，欲令如吴太伯、汉东海王耳。"肃至，帝面谕而罢之。

诏杨素三五日一入省论大事。
素兄弟、诸父并为尚书、列卿，诸子位至柱国、刺史，广营资产，家僮数千，妓妾亦千数，第宅华侈，制拟宫禁。既

太子杨广暗中制作了偶人，捆住偶人手脚，用针钉在偶人的心上，并给偶人上枷戴镣，把文帝及汉王杨谅的姓名写在偶人身上，秘密地将偶人埋在华山下。杨素挖掘出了偶人，又诬告杨秀说他妄自记述图谶，并伪造了杨秀叛上的檄文夹在杨秀的文集中奏报隋文帝。文帝说："天底下怎么会有这种人！"于是废黜杨秀为平民，幽禁在内侍省。

杨素曾经因为犯了一点儿过失被敕令送交御史台，文帝命令治书侍御史柳彧惩治他。柳彧靠着桌案而坐，让杨素立在庭堂上，审问杨素的过失。杨素从此怀恨柳彧。杨秀曾经跟柳彧索求过李文博撰写的《治道集》，柳彧给了杨秀，杨秀也送了柳彧十个奴婢。到杨秀获罪，杨素上奏说柳彧作为内臣却结交诸侯王，将柳彧除去官职贬为平民，发配到怀远镇去戍边。

过了很久，贝州长史裴肃派遣使者上书给文帝说："高颎因为有天生的优异才能，又是开国元勋辅命大臣，遭到众人的忌恨，以至于被废黜不用。希望陛下记着高颎的大功，忘掉他的小过失。另外，杨勇、杨秀两个被贬为平民的人获罪已经很久了，难道他们没有改过之心吗？希望陛下弘扬君父的仁慈，顾念人伦天性的大义，各封他们一个小国，观察他们的所作所为。如果他们能变好，可渐渐改变他们的地位，增加他们的封地，如果不知改悔，再贬斥削除他们的名位也不算晚。"裴肃上书奏呈给文帝后，文帝对杨素说："裴肃忧虑我的家事，这也是他一片至诚之心啊！"于是征召裴肃来京师。太子杨广听说了此事，对左庶子张衡说："让杨勇悔过自新是想要干什么呢？"张衡说："我看裴肃的意思，是想让杨勇像吴国的太伯、汉代的东海王一样。"裴肃来到了京师，隋文帝当面向他说明了杨勇的事情而没有听从他的建议。

隋文帝诏令杨素只需三五天去一次尚书省议论大事。

杨素兄弟、叔父们同为尚书、列卿，他们的儿子也都位居柱国、刺史，杨家到处营求资产，家中奴仆有几千人，歌伎姬妾也多到以千计，宅第豪华奢侈，规模样式模仿皇宫禁城。杨素废黜了

败太子及蜀王，威权愈盛，违忤者诛夷，附会者进擢，朝廷靡然，莫不畏附。敢与抗者独柳彧及尚书右丞李纲、大理卿梁毗而已。

始，毗为西宁州刺史十一年，蛮夷酋长皆以金多者为豪隽，递相攻夺，略无宁岁，毗患之。后因诸酋长相帅以金遗毗，毗置金坐侧，对之恸哭，而谓之曰："此物饥不可食，寒不可衣，汝等以此相灭不可胜数，今将此来欲杀我邪？"一无所纳。于是蛮夷感悟，遂不相攻击。帝闻而善之，征为大理卿，处法平允。

毗见素专权，恐为国患，乃上封事曰："臣闻臣无有作威作福，其害于而家，凶于而国。今杨素幸遇愈重，权势日隆，所私皆非忠谠，所进咸是亲戚，子弟布列，兼州连县。天下无事，容息异图；四海有虞，必为祸始。陛下若以素为阿衡，臣恐其心未必伊尹也。伏愿揆鉴古今，量为处置，俾鸿基永固，率土幸甚。"书奏，帝大怒，收毗系狱，亲诘之。毗极言素擅宠弄权，杀戮无道。又太子及蜀王罪废之日，百僚无不震悚，惟素扬眉奋肘，喜见容色，利国家有事以为身幸。帝乃释之。

其后帝亦寖疏忌素，乃下敕曰："仆射，国之宰辅，不可躬亲细务，三五日一向省评论大事。"外示优崇，实夺之权也。素由是不复通判省事。出杨约为伊州刺史。

太子杨勇和蜀王杨秀后,权势愈加显赫,有违抗忤逆他的就会被处死,甚至于诛杀全家,投靠附和他的则被提拔升迁,朝廷上下没有谁敢不敬畏不依附他。敢于跟杨素对抗的,只有柳彧及尚书右丞李纲、大理卿梁毗而已。

最初,梁毗任西宁州刺史十一年,当地蛮夷酋长都把拥有很多金子的人看作豪俊,互相攻夺,没有什么宁静的年头,梁毗感到忧虑。后来趁着各个酋长相继赠送金子给他时,梁毗把金子放在座位旁,对着金子痛哭,转而对酋长们说:"这东西饿了不能吃,冷了不能穿,你们为了它互相残杀的事多得数不过来,现在送这东西给我,是想要杀我吗?"一毫也没有收受送来的金子。于是蛮夷们感动觉悟,终于不再相互攻打了。隋文帝听说后非常赞许梁毗,征召他入朝担任大理卿。梁毗执法公平无私。

梁毗见杨素专权,害怕成为国家的祸患,就上了密封奏章说:"我听说臣子没有作威作福危害其家,祸害其国的。如今杨素得到的宠幸知遇愈来愈深,权势一天比一天重,他所偏爱的都不是忠心报国的人,推举提拔的都是他的亲戚,杨家子弟分布朝廷上下,势力连结各州县。天下无事,他的异心别图还容易消失;天下动荡,必定成为罪魁祸端。陛下如果任用杨素做商朝阿衡那种执掌国政的重臣,我怕杨素之心未必能像商朝的阿衡伊尹一样。希望陛下能考虑借鉴古今之事,酌情处置,使鸿基大业能永远巩固,这是天下人的幸运。"表章奏呈后,文帝大怒,拘捕梁毗送入监牢,亲自审问他。梁毗竭力陈说杨素恃宠擅权,杀人无道。又谈到太子杨勇、蜀王杨秀因罪被废的日子,百官臣僚无不震惊害怕,惟独杨素眉飞色舞手舞足蹈,喜形于色,庆幸国家有难是自己的好运。文帝于是释放了梁毗。

此后,隋文帝也渐渐疏远猜忌杨素,于是发布敕令说:"仆射是国家的宰辅大臣,不必亲自过问繁琐细务,每隔三五天去一次尚书省讨论一下大事即可。"表面上是表示对杨素的优待尊崇,实际上是削夺了他的权力。杨素从此不再处理尚书省的事务。文帝把杨约调出去担任伊州刺史。

于是吏部尚书柳述益用事,参掌机密,素深恶之。

太子尝问于贺若弼曰:"杨素、韩擒虎、史万岁皆称良将,其优劣何如?"弼曰:"杨素猛将,非谋将;韩擒虎斗将,非领将;史万岁骑将,非大将。"太子曰:"然则大将谁也?"弼拜曰:"唯殿下所择。"弼意自许也。

交州俚帅作乱,遣总管刘方讨降之。

交州俚帅李佛子作乱,杨素荐瓜州刺史刘方有将帅之略,诏以为交州道行军总管,统二十七营而进。方军令严肃,有犯必斩。然仁爱士卒,有疾病者亲临抚养,士卒亦以此怀之。逾岭遇贼,击破之。进军临营,谕以祸福,佛子惧,请降。

癸亥(603)　**三年**
秋八月,幽州总管燕荣有罪诛。

荣性严酷,鞭挞左右,动至千数。元弘嗣当为幽州长史,惧,固辞。帝乃敕荣曰:"弘嗣杖十已上,皆须奏闻。"荣怒,遣弘嗣监纳仓粟,扬得一糠一秕辄罚之。每笞虽不满十,然一日之中或至三数。久之,遂收付狱,绝其粮。其妻诣阙称冤,帝遣使案验,征还赐死。以弘嗣代荣,酷又甚之。

九月,置常平官。　龙门王通献策,不报。

通诣阙献《太平十二策》,帝不能用,罢归。通遂教授于河、汾之间,弟子自远至者甚众。累征不起。杨素甚重

于是吏部尚书柳述权力更大，参与掌握机密大事，杨素对他深恶痛绝。

太子杨广曾经问贺若弼说："杨素、韩擒虎、史万岁都被称作良将，他们之间优劣如何？"贺若弼说："杨素是猛将，不是善于谋略的将领；韩擒虎是斗将，不是统帅众军的将领；史万岁是骑将，不是一员大将。"杨广说："既然这样，那么大将是谁呢？"贺若弼下拜说："只看殿下您的选择决定了。"贺若弼的意思是自认为本身是大将。

交州俚人首领叛乱，朝廷派总管刘方征讨降服俚人。

交州俚人首领李佛子叛乱，杨素举荐说瓜州刺史刘方有将帅的谋略，文帝诏令刘方任交州道行军总管，统率二十七营军队进兵。刘方军令严明，有违犯的一定处斩。但他心地仁慈爱护士兵，有人生病了，刘方就亲自看望，抚慰调护，士兵也因此感激他。刘方军越过山岭与叛贼遭遇，击败了叛贼。军队进逼到俚人大营，向他们陈述了祸福利害，李佛子害怕，请求投降。

癸亥(603)　隋文帝仁寿三年
秋八月，幽州总管燕荣有罪被处死。

燕荣生性严酷，鞭打身边的人，动不动就是上千下。元弘嗣应当调任幽州长史，因恐惧，坚决推辞。文帝于是命令燕荣说："对元弘嗣杖刑超过十下以上的，都须奏报给我。"燕荣很生气，派元弘嗣监管收储粮食入仓，簸出一糠一秕，就要责罚他。每次鞭打虽然不满十下，但是一天里面有时要打两三次。过了许久，就把元弘嗣收押关入监狱，不给他供应饭食。元弘嗣之妻到皇宫门外申诉冤枉，文帝派使者查证后，召还燕荣赐他自尽。任命元弘嗣代替燕荣管辖幽州，他的残酷比燕荣还要厉害。

九月，设置常平官。　龙门人王通献策，文帝没有答复。

王通到皇宫门口献上《太平十二策》，文帝不予采用，王通只好作罢回去了。王通于是在河、汾之间教授学生，弟子们从远方而来的有很多。朝廷多次征召他，他都不肯来。杨素特别器重

之,劝之仕,通曰:"通有先人之弊庐,足以庇风雨,薄田足以供饘粥,读书谈道足以自乐。愿明公正身以治天下,使时和年丰,通也受赐多矣,不愿仕也。"或谮通于素曰:"彼实慢公,公何敬焉?"素以问通,通曰:"使公可慢则仆得矣,不可慢则仆失矣。得失在仆,公何预焉?"素待之如初。

弟子贾琼问息谤,通曰:"无辩。"问止怨,曰:"不争。"通尝称:"无赦之国,其刑必平;重敛之国,其财必削。"又曰:"闻谤而怒者,谗之囮也;见誉而喜者,佞之媒也;绝囮去媒,谗佞远矣。"大业末,卒于家,门人谥曰文中子。

突厥启民可汗归国。
突厥步迦可汗所部大乱,铁勒、仆骨等十余部皆叛,降于启民。步迦西奔吐谷浑,长孙晟送启民置碛口,启民于是尽有步迦之众。

甲子(604) **四年**
春正月,帝如仁寿宫。 秋七月,太子广弑帝于大宝殿而自立。遂杀故太子勇,流尚书柳述、侍郎元岩于岭南。

四月,帝不豫。七月,疾甚,卧与百僚辞诀,握手歔欷,越四日,崩于大宝殿。
高祖性严重,令行禁止,勤于政事。虽吝于财,至于赏赐有功,即无所爱。爱养百姓,劝课农桑,轻徭薄赋。自奉

他,劝他出仕做官,王通说:"我有祖先留下的破草屋足以遮蔽风雨,贫瘠的田地足以供我喝上稠粥,读书论道足以自得其乐。希望明公您端正自身来治理天下,使得四时和谐,年年丰熟,我也就算享受很多恩惠了,我不愿意去做官。"有人对杨素说王通的坏话:"他实在是有意怠慢您,您为什么要尊敬他呢?"杨素用这话去问王通,王通答复说:"假使您可以被怠慢,那我的目的就达到了;您不可以被怠慢,那我的目的就未达到。得也好,失也好,都在我自己,您又何必参预其中呢?"杨素对待王通还像当初一样。

王通的弟子贾琼问王通怎样可以平息诽谤,王通回答说:"不去争辩。"又问怎样可以制止怨恨,王通回答说:"不去争夺。"王通曾经声称说:"不施行赦免的国家,那里刑法必定公正;横征暴敛的国家,那里财力必定削弱。"又说:"听到诽谤就发怒的人容易中谗言的圈套,见到称赞就高兴的人容易被阿谀奉承的小人所利用。去掉这样的弱点,谗言奸佞就会远远离去了。"大业末年,王通死在家中,他的学生弟子们为他定谥号为文中子。

突厥启民可汗回到自己国中。

突厥步迦可汗统辖的部落大乱,铁勒、仆骨等十余个部落全都离叛,归降了启民可汗。步迦西逃到吐谷浑,长孙晟将启民可汗送回安置到碛口,启民可汗于是统有了步迦原有的部众。

甲子(604) 隋文帝仁寿四年

春正月,隋文帝到仁寿宫。 秋七月,太子杨广在大宝殿杀死文帝后自立为帝。杨广接着杀死原太子杨勇,将尚书柳述、侍郎元岩流放到岭南。

四月,隋文帝身体不舒服。七月,病情加重,躺着与百官臣僚诀别,握着大臣们的手叹息哽咽,过了四天,驾崩于大宝殿。

隋文帝性格谨严持重,办事能做到令行禁止,处理政事勤勤恳恳。虽然吝惜钱财,但是对于赏赐有功之臣,却毫不吝啬。爱护养育老百姓,劝助农桑,减轻徭役赋税。他自己在生活上奉行

俭素,乘舆御物故弊者随令补用,非享宴不过一肉,后宫皆服浣濯之衣。天下化之,丈夫率衣绢布,装带不过铜铁骨角,无绫绮金玉之饰焉。受禅之初,民户不满四百万,末年逾八百九十万。然猜忌苛察,信受谗口,功臣故旧无始终保全者,乃至子弟皆如仇敌。

初,文献皇后既崩,帝以陈高宗女为宣华夫人,有宠。及寝疾,仆射杨素、兵部尚书柳述、黄门侍郎元岩皆入阁侍疾。诏太子入居殿中。太子虑帝有不讳,须预防拟,手自为书封出问素。素条录事状以报,宫人误送帝所,帝览而大恚。陈夫人且出更衣,为太子所逼,拒之得免。上怪其神色有异,问故,夫人泫然曰:"太子无礼。"上恚抵床曰:"畜生,何足付大事! 独孤误我!"乃呼柳述、元岩曰:"召我儿!"述等将呼太子,上曰:"勇也。"述、岩出阁为敕书。素闻以白太子,矫诏执述、岩系狱。追东宫兵士帖上台宿卫,门禁出入,并取宇文述、郭衍节度。令右庶子张衡入殿侍疾,尽遣后宫出就别室。俄而,上崩。故中外颇有异论。陈夫人闻变,战栗失色。晡后,太子封小金合遣使者赐夫人。夫人以为鸩毒,惧甚,发之,乃同心结也。夫人恚而却坐,不肯致谢,诸宫人共逼之,乃拜使者。其夜,太子蒸焉。

节俭朴素,自己乘的车驾,用的东西,旧了坏了都随时让人修补使用,除了正式宴会,吃饭也不过是一个肉菜,后宫的人全都穿着洗旧了的衣服。天下的人都被文帝所感化,男子全穿布衣,衣带装饰不过是铜铁骨角制品,没有穿绫绮丝绸佩金玉饰物的。接受禅让登基之初,全国民户不满四百万,到隋文帝仁寿末年,民户已超过了八百九十万。但是隋文帝生性猜忌,要求苛刻,轻信谗言,他的功臣故旧没有能始终保全平安无事的,甚至于对待自己的子弟,也全都像仇敌一样。

当初,文献皇后独孤氏去世后,文帝立陈高宗女儿为宣华夫人,对她很宠幸。到文帝患病卧床,仆射杨素、兵部尚书柳述、黄门侍郎元岩全都进宫侍候。文帝诏令太子杨广入宫居住在大宝殿内。太子考虑文帝可能去世,必须预先做好防备,于是亲手写了一封书信封好,送出来询问杨素怎么办。杨素一条一条把情况写下来回答太子,宫人误把杨素回信送到了文帝寝宫,文帝看后特别愤怒。陈夫人早晨从文帝寝宫出来换衣服,被太子杨广逼迫,要对夫人动手动脚,陈夫人抗拒太子,得以脱身。文帝奇怪陈夫人神色不对,问她什么原因,陈夫人流着泪说:"太子对我无礼。"文帝愤怒地捶打着卧床说:"这畜生,怎么能把国家大事交付给他!独孤误了我!"于是呼喊柳述、元岩说:"召我的儿子来!"柳述等准备叫太子杨广,文帝说:"是杨勇。"柳述、元岩出了寝宫去起草敕书。杨素听说此事后告诉了太子杨广,杨广假传文帝诏令逮捕柳述、元岩入狱。迅速调动东宫卫士、副将前来宿卫仁寿宫,宫门警戒出入,均由宇文述、郭衍调度指挥。下令右庶子张衡进入文帝寝宫侍候文帝,把后宫里的人全部赶到别的房子里去了。不一会儿,文帝驾崩。因此朝廷内外很有一些不同的议论说法。陈夫人听说发生了变故,浑身颤抖,面容失色。晡时后,太子手封小金盒派使者赐给陈夫人。陈夫人以为这是毒药,害怕极了,打开一看,原来是同心结。陈夫人震怒得倒退坐下,不肯致谢,宫人们一起逼迫她,她才拜谢了太子的使者。当夜,太子杨广乱伦将陈夫人奸淫。

明日,发丧即位。会杨约来朝,太子遣约入长安,矫称高祖之诏,赐故太子勇死,缢杀之。然后陈兵集众发凶问,追封勇为房陵王,不为置嗣。除述、岩名,徙之岭南。令兰陵公主与述离绝,欲改嫁之。公主以死自誓,表请与述同徙。帝大怒,公主忧愤而卒。

贬许善心为给事郎。

袁充奏:"皇帝即位,与尧受命年合。"讽百官表贺。礼部侍郎许善心议,以为国哀甫尔,不宜称贺。宇文述素恶善心,讽御史劾之,左迁降品二等。

并州总管汉王谅起兵晋阳。遣杨素击虏以归,杀之。

谅有宠于高祖,为并州总管,自山以东至海,南距河,五十二州皆隶焉,特许以便宜从事。谅自以所居天下精兵处,见太子勇、蜀王秀得罪,常不自安,阴蓄异图。言于高祖,以突厥方强,宜修武备。于是缮治器械,招集私人,殆将数万。突厥尝寇边,谅御之不克,将帅多坐除解,谅以其宿旧奏请留之。高祖怒曰:"尔为藩王,惟当敬依朝命,何得私论宿旧,废国家宪法邪!"

咨议参军王颎者,僧辩之子,倜傥好奇略,与萧摩诃俱不得志,每郁郁思乱。皆为谅所亲善,赞其阴谋。

会荧惑守东井,谅以仪曹傅奕晓星历,问之,对曰:"东井黄道所经,荧惑过之乃常理耳。"谅不悦。

第二天，太子为隋文帝发丧，并登上皇位。正赶上杨约来朝见，杨广派杨约进入长安，假称文帝的诏命，赐死前太子杨勇，勒死了他。然后排列军队召集百官，发布文帝去世的凶信，追封杨勇为房陵王，不为杨勇设立继承人。将柳述、元岩除名，流放到岭南。命令兰陵公主跟柳述断绝关系，打算将兰陵公主改嫁。兰陵公主以死发誓，上表请求与柳述一起流放。炀帝大怒，兰陵公主忧愤而死。

许善心被贬官为给事郎。

袁充上奏说："皇帝继位，与尧受天命执政的时间吻合。"示意百官上表庆贺。礼部侍郎许善心提议，认为国丧刚完，不宜庆贺。宇文述一向讨厌许善心，示意叫御史弹劾许善心，许善心被降职两级。

并州总管汉王杨谅在晋阳起兵。隋炀帝派遣杨素进攻并俘获了杨谅归来，杀死了他。

杨谅受到文帝的宠爱，任并州总管，自崤山以东到海边，南到黄河，五十二州都归杨谅管辖，特许杨谅可以根据发生的情况自主行事。杨谅自认为所处的地方是天下精兵集中的地域，他见太子杨勇、蜀王杨秀先后获罪，常不自安，暗中怀有其他打算。他对隋文帝说，突厥正在强盛时期，应该整修军备。于是修造武器军械，招集效命自己的私人武装，差不多有数万人。突厥曾经侵犯边境，杨谅抵御不住打了败仗，部下将帅多因此获罪被除名解职，杨谅因为这些人都是他的老部下而奏请文帝留下他们。文帝发怒说："你身为藩屏封王，只应恭恭敬敬地遵从朝廷命令，怎么能私论什么故属旧部而废弃国家的法令？"

咨议参军王颁是王僧辩的儿子，风流倜傥，善于谋略，与萧摩诃都不得志，常常郁闷不乐，想要作乱。二人均得到杨谅的亲信善待，都赞同杨谅的谋反阴谋。

当时正好火星处在井宿的位置，杨谅因为仪曹傅弈通晓天文星历，就问他这个天象如何，傅弈回答说："井宿在黄道上，火星运经井宿是正常的天象。"杨谅听了不太高兴。

及高祖崩，炀帝以高祖玺书征之。先是高祖与谅密约："若玺书召汝，敕字傍别加一点，又与玉麟符合，则就征。"及发书无验，谅知有变，遂发兵反。

司马皇甫诞流涕谏曰："窃料大王兵资非京师之敌，加以君臣位定，逆顺势殊，士马虽精，难以取胜。一旦陷身叛逆，欲为布衣不可得也。"谅怒，因之。

岚州刺史乔钟葵将赴谅，其司马陶模拒之曰："汉王所图不轨，公荷国厚恩，当竭诚效命，岂得身为厉阶乎？"钟葵临之以兵，辞气不挠，义而释之。于是从谅反者凡十九州。

王𬇙说谅曰："王将吏家属尽在关西，若用此等，则宜长驱深入直据京都，所谓疾雷不及掩耳。若但欲割据旧齐之地，宜任东人。"谅不能决，乃兼用二策，唱言杨素反，将诛之。

兵曹裴文安说谅曰："分遣羸兵屯守要害，仍令随方略地。帅其精锐，直入蒲津，顿于霸上，则京师震扰，兵不暇集，旬日之间事可定矣。"谅大悦，于是遣诸将分道四出，署文安为柱国，与纥单贵、王聃等直指京师。

谅简精锐数百骑戴幂离，诈称宫人还长安，径入蒲州。城中豪杰亦有应之者，文安等未至蒲津百余里，谅忽改图，令纥单贵断河桥守蒲州，而召文安还。代州总管李景发兵拒谅，谅遣乔钟葵帅兵三万攻之。景战士不过数千，加以

等到隋文帝去世，隋炀帝用盖有文帝印章的诏书召杨谅进京。先前文帝与杨谅有过秘密约定："如果是盖有皇帝印章的诏书召见你，在敕字旁边要另外加上一个点，还要跟玉麟符相契合，才可以应召入朝。"等到杨谅打开来诏，看到与先前的约定不能验合，知道发生了变故，于是发兵造反。

司马皇甫诞流泪劝谏杨谅说："我估计大王的兵力不是京师军队的对手，加上君臣名位已经确定，反对的和支持的双方势力相差悬殊，我们军队虽然精良，也难以取胜。一旦身处叛逆的地位，即使想做个平民百姓也不可能了。"杨谅听了很生气，把皇甫诞囚禁了起来。

岚州刺史乔钟葵将要投奔杨谅，他的司马陶模反对说："汉王图谋不轨，您身受国家厚恩，理应竭尽忠诚为国效命，怎么能陷入祸端呢？"乔钟葵用兵刃威吓陶模，陶模言语气概还是不屈不挠，乔钟葵佩服陶模的义气就释放了他。在这时期，跟从杨谅造反的总共有十九个州。

王颎建议杨谅说："大王部下将吏家属全都在关西，要是用这些人作战，就应该长驱深入直捣京师，就是兵法所说的迅雷不及掩耳。如果仅想割据以前北齐的地盘，就应任用关东的人。"杨谅不能决断，就兼用两个计策，并公开宣布说杨素谋反，自己起兵将要诛杀他。

兵曹裴文安建议杨谅说："分派弱兵屯守要害之地，仍命依据情势攻城占地。统率精锐部队直入蒲津关口，驻兵霸上，那么京师就会震动混乱，没有时间调集军队，十天之内大事可以完成。"杨谅非常高兴，于是派遣众将分道出兵，任命裴文安为柱国，与纥单贵、王聃等率军直捣京师。

杨谅挑选了精锐骑兵几百名，戴着面罩，假称是宫人回长安，直入蒲州城内。城里的豪杰也有响应杨谅的，裴文安等离蒲津关还有百余里地时，杨谅忽然改变了计划，让纥单贵截断河桥守蒲州，而将裴文安召回。代州总管李景发兵抵抗杨谅，杨谅派乔钟葵率兵三万攻打他。李景能战斗的士兵不过几千，加上

城池不固，攻辄崩毁，景且战且筑，士皆死战，钟葵屡败。景司马冯孝慈、司法吕玉并骁勇善战，仪同三司侯莫陈又多谋画，善拒守。景推诚任之，己无所预，唯在阁持重，时出抚循而已。

杨素将轻骑五千袭蒲州，夜至河际，收商贾船得数百艘，置草其中，践之无声，遂衔枚而济，迟明击之。单贵败走，聍以城降。诏以素为并州道行军总管，帅众数万以讨谅。

谅之初起兵也，妃兄豆卢毓为府主簿，苦谏不从，私谓其弟懿曰：“吾匹马归朝，自得免祸，此乃身计，非为国也。不若且伪从之，徐伺其便。”毓兄贤言于帝曰：“臣弟毓素怀志节，必不从乱。臣请从军与毓为表里，谅不足图也。”帝许之。贤密遣家人以敕书谕毓。

谅将往介州，令毓与总管属朱涛留守。毓与涛谋出兵拒之，涛不可，毓追斩之。出皇甫诞与谋，部分未定，谅闻之，还击毓、诞，皆死。

谅将綦良攻慈、相，不克，遂攻黎州，塞白马津。余公理自太行下河内，帝以史祥为行军总管，军河阴。祥曰：“公理轻而无谋，恃众而骄，不足破也。”乃于下流潜济，公理闻之，引兵逆战，未及成列，祥击败之。遂趣黎阳，綦良军溃。

帝将发幽州兵，疑总管窦抗有二心，以李子雄为上大

城池不牢固,一攻打就崩塌毁坏,李景一边作战一边修筑城墙,士兵们都拼死作战,乔钟葵屡屡战败。李景手下司马冯孝慈、司法吕玉都骁勇善战,仪同三司侯莫陈又有计谋,擅长防守。李景对他们推诚以待十分信任,自己并不干预他们的具体行动,只是在官衙内坐镇,不时前往抚慰巡视而已。

杨素率领轻骑五千袭击蒲州,夜里来到河边,收集商船有几百艘,把草铺放在船里,踩上去没有一点声音,于是让士兵们口含小木棍以防出声,悄悄渡河,天快亮时发起攻击。纥单贵战败逃走,王聊献城投降。隋炀帝下诏任命杨素为并州道行军总管,率兵几万去讨伐杨谅。

杨谅当初起兵时,他妃子的兄长豆卢毓是汉王府主簿,豆卢毓苦苦劝谏杨谅不要造反,杨谅不听。豆卢毓私下对他弟弟豆卢懿说:"我单独一人回到朝廷,自然可以免祸,这是为我自身考虑,不是为国家打算。不如暂且装作跟随杨谅起兵,慢慢地伺机行事。"豆卢毓的哥哥豆卢贤对隋炀帝说:"我弟弟豆卢毓素有志气节操,一定不会跟从作乱。我请求跟从大军出发,与豆卢毓里应外合,击败杨谅不在话下。"炀帝同意了。豆卢贤秘密派遣家人把炀帝的敕书送交豆卢毓知晓。

杨谅将去介州,命令豆卢毓与总管属朱涛留守。豆卢毓和朱涛谋议说要出兵抗击杨谅,朱涛不答应,豆卢毓追过去杀死了朱涛。豆卢毓放出了皇甫诞和他谋划,安排部署还没有完成,杨谅就听说了这事,引兵回来袭击豆卢毓和皇甫诞,两人全被杨谅杀死。

杨谅部将綦良进攻慈州、相州,没有攻下,于是去攻打黎州,并堵塞住白马津渡口。余公理军队从太行山行至河内,隋炀帝任史祥为行军总管,驻军在河阴。史祥说:"余公理轻率而无计谋,仗着人多势众而十分骄横,不足为敌。"于是在下游悄悄渡河,余公理闻讯后率兵迎战,还没布好阵列,就被史祥击败。史祥于是进逼黎阳,綦良军队溃败。

炀帝要发幽州兵,疑总管窦抗有二心,就命李子雄为上大

将军，又以长孙晟为相州刺史，发山东兵与子雄共经略之。晟辞以男在谅所，帝曰："公体国之深，终不以儿害义。"子雄驰至幽州，止传舍，召募得千余人。抗来谒，子雄伏甲擒之。遂发其兵，步、骑三万，自井陉西击谅。李景被围月余，诏朔州刺史杨义臣救之。义臣帅马、步二万夜出西陉，乔钟葵悉众拒之。义臣自以兵少，悉取军中牛、驴，得数千头，令兵数百人，人持一鼓，潜驱之，匿于涧谷间。晡后复战，兵合，命驱牛、驴者鸣鼓疾进，尘埃张天，钟葵军溃，纵击破之。谅遣其将赵子开拥众十万，栅绝径路，屯据高壁，布阵五十里。素令诸将以兵临之，自引奇兵潜入霍山，缘崖谷而进。营于谷口，使军司简留三百人守营，军士惮北军之强，多愿守营。素闻之，即召所留三百人悉斩之，更令简留，无愿留者。素乃引军驰出北军之北，直指其营，鸣鼓纵火。北军不知所为，自相蹂践，杀伤数万。

谅闻之，大惧，自将兵十万拒素。会大雨，欲引还，王颓谏曰："杨素悬军深入，士马疲弊，王以锐卒自将击之，其势必克。今乃望敌而退，是沮战士之心，而益西军之气也，愿王勿还。"谅不从。

颓谓其子曰："气候不佳，兵必败矣。"杨素进击谅，大破之，擒萧摩诃，谅退保晋阳。素进兵围之，谅穷蹙请降。颓自杀。

将军,又用长孙晟为相州刺史,征召山东军队跟李子雄一起共同筹划处理此事。长孙晟推辞,说因为儿子在杨谅那边,炀帝说:"您非常体谅国家的处境,终归不会因为儿子的缘故而损害国家大义。"李子雄驰马抵达幽州,停在驿站里,招募了一千来人。窦抗来见李子雄,李子雄埋伏的士兵擒获了窦抗。于是调发幽州军队,步兵和骑兵共三万人,自井陉向西进攻杨谅。李景被杨谅围困了一个多月,炀帝诏令朔州刺史杨义臣救援解围。杨义臣率骑兵、步兵共两万人,夜间出了西陉关,乔钟葵集中全部兵力抵抗杨义臣。杨义臣考虑到自己兵少,就集中了军中所有的牛、驴共几千头,命令几百名士兵每人手持一面战鼓,暗地里驱赶牛、驴隐蔽在山涧峡谷里。晡时后,双方再次交战,刚一交手,杨义臣就命令驱赶牛、驴的士兵敲鼓迅速前进,顿时尘土漫天,乔钟葵军队溃散,杨义臣追击打败了乔钟葵。杨谅派遣自己的部将赵子开率领十万之众,用栅栏堵绝了山径小路,屯兵据守在高壁岭上,军队摆开阵势有五十里。杨素命令众将率兵与他们对峙,自己亲率奇兵悄悄潜入霍山,沿着山崖低谷前进。然后在山谷口扎营,派军司挑选出三百人守营,士兵们害怕北方杨谅军队的强大,所以大多数愿意守营。杨素知道后,立即召出留下守营的三百人,把他们全都斩杀了。他再次命令挑拣士兵留守军营,没有人愿意留下了。杨素于是率领军队快速行进到杨谅军队的背后,直捣杨谅大营,一边打鼓一边放火。杨谅军队不知所措,自相践踏,死伤了几万人。

杨谅听说后十分恐惧,亲自率兵十万抵抗杨素。正巧赶上天下大雨,杨谅打算退兵,王颓劝他说:"杨素孤军深入,人马疲惫,大王率领精锐士兵亲自攻打杨素,那形势必将取胜。如今望敌退却,是挫伤我军士气,增长敌军斗志,希望大王不要退兵。"杨谅不听。

王颓对他的儿子说:"情况不好,我军必败。"杨素进攻杨谅,大胜杨谅军,抓获了萧摩诃,杨谅退兵保卫晋阳。杨素进军围攻晋阳,杨谅山穷水尽无力抵抗,请求投降。王颓自杀。

群臣奏谅当死,帝不许,除名为民,竟以幽死。所部吏民坐死徙者二十余万家。初,高祖与独孤后甚相爱重,誓无异生之子,尝谓群臣曰:"前世天子溺于嬖幸,嫡庶分争,或至亡国。朕旁无姬侍,五子同母,可谓真兄弟也,岂有此忧邪?"又惩周室诸王微弱,故使诸子分据大镇。及其晚节,迭相猜忌,五子皆不以寿终。

冬十月,葬泰陵。 除妇人及奴婢、部曲之课,令男子二十二成丁。 **十一月,帝如洛阳。**

章仇太翼言于帝曰:"陛下木命,雍州为破木之冲,不可久居。又谶云:'修治洛阳还晋家。'"帝以为然,遂幸洛阳,留晋王昭守长安。

堑龙门达上洛,以置关防。

发丁男数十万掘堑,自龙门东接长平、汲郡,抵临清关,度河至浚仪、襄城,达于上洛,以置关防。

陈叔宝卒。

赠长城县公,谥曰炀。

以洛阳为东京。

乙丑(605) **隋炀帝大业元年**

春正月,立皇后萧氏。 废诸州总管府。 **立晋王昭为皇太子。** 遣刘方击林邑。

群臣有言林邑多奇宝者,时天下无事,刘方新平交州,乃授方骧州道行军总管,经略林邑。

群臣奏议杨谅该当死罪,隋炀帝不同意,将杨谅除去名籍,削为平民,最后幽禁而死。他部下的官吏臣民受到牵连获罪处死、流放的,共有二十余万家。当初,隋文帝和独孤皇后非常相爱敬重,发誓不要其他姬妾生的儿子,曾经对群臣说:"前代皇帝溺爱宠幸的姬妾,所以嫡生和庶出的儿子纷争不停,甚至于为此而亡国。朕没有别的姬妾侍候,五个儿子同出一母,可以说是真正的兄弟,难道会有这种担忧吗?"文帝又鉴于北周皇室诸王势力微弱,就让几个儿子分别据守重镇。到了文帝晚年,父子兄弟纷纷互相猜疑提防,五个儿子都没能寿终正寝。

　　冬十月,葬隋文帝于泰陵。 炀帝诏令免除妇女及奴婢、部曲的赋税,规定男子二十二岁成丁。 **十一月,隋炀帝赴洛阳。**

　　章仇太翼对炀帝说:"陛下属木命,雍州是破木克命的要冲之地,不可久居。谶语也说:'修治洛阳还晋家。'"炀帝认为这话很对,于是驾临洛阳,留下晋王杨昭守卫长安。

　　挖掘自龙门到上洛之间的壕沟,用来设置关防。

　　隋炀帝征发成年男丁几十万人挖掘壕堑,自龙门开始向东连接长平、汲郡,到达临清关,越过黄河到浚仪、襄城,最终到达上洛,用这条长壕来设置关防。

　　陈叔宝去世。

　　赠陈叔宝为长城县公,谥号称为炀。

　　将洛阳定为隋朝的东京。

隋炀帝

　　乙丑(605)　隋炀帝大业元年

　　春正月,隋炀帝册立皇后萧氏。 废除各州总管府。 **立晋王杨昭为皇太子。** 派遣刘方进军林邑。

　　群臣中有人说林邑多有奇珍异宝,此时天下太平无事,刘方刚刚平定了交州叛乱,于是被任命为驩州道行军总管,去管理林邑事务。

二月，以杨素为尚书令。

敕有司大陈金宝、器物、锦彩、车马，引杨素及诸将讨并州有功者立于前，使奇章公牛弘宣诏，赐赉有差。以素为尚书令。

诏天下公除。

惟帝服浅色黄衫、铁装带。

三月，命杨素营东京宫室。

诏杨素营东京，役丁二百万人，徙洛州郭内居民及诸州富商大贾数万户以实之。敕将作大匠宇文恺与内史舍人封德彝等，营显仁宫，发江岭之间奇材异石，输之洛阳，又求海内嘉木异草、珍禽奇兽以实苑囿。

开通济渠，引汴水，开邗沟，置离宫，造龙舟。

诏曰："古者听采舆颂，谋及庶民，故能审刑政之得失。今将巡历淮海，观省风俗。"遂命尚书右丞皇甫议发丁百万开通济渠，自西苑引谷、洛水达于河，复自板渚引河入汴，引汴入泗，以达于淮。又发民十万开邗沟入江。渠广四十步，旁筑御道，树以柳。自长安至江都，置离宫四十余所。遣黄门侍郎王弘等往江南造龙舟及杂船数万艘。官吏督役严急，役丁死者十四五。

夏四月，刘方大破林邑，还，卒于师。

林邑王梵志遣兵守险，刘方击走之。师度阇黎江，林邑兵乘巨象，四面而至。方战不利，乃多掘小坑，草覆其上，与战，伪北。林邑逐之，象多颠踬，以弩射之，象却走，蹂其阵。因以锐师继之，林邑大败。引兵追之，过马援铜柱南。八日，至其国都。四月，梵志走入海。方入城获其

二月，炀帝任命杨素为尚书令。

炀帝敕令有关部门大规模陈列金宝、器物、锦彩、车马，让人引导杨素和讨伐并州汉王杨谅有功的所有将领站在前面，让奇章公牛弘宣读诏书，分别对他们进行赏赐。任命杨素为尚书令。

诏令天下百官因治理公务，一律除去为文帝所穿丧服。

只有炀帝穿浅色黄衫，束铁饰衣带。

三月，命令杨素营建东京洛阳宫室。

炀帝诏令杨素营建东京，动用役丁二百万人，迁来洛州城内居民及各州富商大贾几万户来充实东京。敕令将作大匠宇文恺与内史舍人封德彝等营造显仁宫，发掘江岭间奇材异石，送来洛阳，又搜求海内的佳树异草、珍禽怪兽以充实皇家苑囿。

开掘通济渠，引汴水，挖邗沟，建离宫，造龙舟。

炀帝颁布诏书说："古代听取采集百姓的意见，向平民咨询治国之法，所以能够审查为政的得失。现在我将巡视淮海地区，考察民情风俗。"于是命令尚书右丞皇甫议征发丁壮一百万人开挖通济渠，从西苑引谷水、洛水到黄河，再由板渚引黄河入汴水，引汴水入泗水，再引到淮河。又征发百姓十万人开凿邗沟引水入长江。通济渠宽四十步，渠旁修筑御道，道旁栽种柳树。从长安到江都，路上设置了四十多所离宫。派遣黄门侍郎王弘等前往江南建造龙舟及各种用途的船只几万艘。官吏督建各项工程严酷急迫，服役的壮丁死亡的有十分之四五。

夏四月，刘方大破林邑，率军返回时死在路上。

林邑国王梵志派兵扼守险要，刘方打跑了梵志的守军。隋军渡过阇黎江，林邑的士兵骑着巨象，从四面八方进攻隋军。刘方与敌兵交战不利，就挖了不少小坑，用草盖在上面，再与敌兵交战，假装战败。林邑士兵追赶隋军，大象多数陷入小坑内摔倒，隋军用弓弩射击大象，大象掉头逃走，践踏扰乱了林邑的军阵。刘方趁机指挥精锐部队跟在大象之后进攻，林邑兵大败。刘方率军追赶，追过了汉代马援所立铜柱之南。八天后，隋军追击到了林邑国都。四月，林邑国王梵志逃到海上。刘方进入城中缴获林邑

庙主十八,皆铸金为之。刻石纪功而还。士卒肿足死者十四五,方亦得疾,卒于道。

初,尚书右丞李纲数以异议忤杨素、苏威,素荐纲为方行军司马,方承素意屈辱之,几死。军还,威复遣纲诣南海应接林邑,久而不召。纲自归奏事,威劾奏之,下吏免官,屏居于鄂。

五月,筑西苑。

苑周二百里,其内为海,周十余里。为方丈、蓬莱、瀛洲诸山,高百余尺,台观宫殿罗络山上。海北有渠,萦纡注海内。缘渠作十六院,门皆临渠,每院以四品夫人主之,穷极华丽。宫树凋落则剪彩为花叶缀之,沼内亦剪彩为荷芰菱芡,色渝则易以新者。十六院竞以肴羞精丽相高,求市恩宠。上好以月夜从宫女数千骑游西苑,作《清夜游曲》,于马上奏之。

秋七月,废滕王纶、卫王集,徙之边郡。

帝待诸王恩薄,多所猜忌。纶、集忧惧,呼术者问吉凶及章醮求福。或告其怨望咒诅,除名徙边。

八月,帝如江都。

上幸江都,龙舟四重,高四十五尺,长二百尺,上重有正殿、内殿、朝堂,中二重有百二十房,皆饰以金玉,下重内侍处之。皇后乘翔螭舟,制度差小。别有浮景九艘,三重皆水殿也。余数千艘,后宫、诸王、公主、百官、僧尼、道士、

国宗庙庙主牌位十八个,全是金子铸造的。刘方立碑刻石记录了这次征讨功绩后回师。部下士兵患脚肿病死去的有十分之四五,刘方也得了病,死在途中。

当初,尚书右丞李纲多次表示不同意见,违逆了杨素和苏威,所以杨素推举李纲任刘方的行军司马,刘方顺承杨素之意屈辱李纲,几乎置他于死地。部队回来后,苏威又派遣李纲去南海处理林邑的事务,过了很久也不召他回朝。李纲自行回京奏报情况,苏威弹劾李纲,将他交付司法官吏审问罢官,李纲于是隐退住在鄠县。

五月,营筑西苑。

西苑方圆有二百里,苑内挖海,方圆十多里。叠造方丈、蓬莱、瀛洲等山,山高百余尺,台观宫殿星罗棋布在山上。海的北面有一条渠,渠水曲折蜿蜒地流入海内。沿渠造了十六个庭院,院门一律临渠,每座庭院由四品夫人主持,极端华丽。西苑宫内的树木凋落后,就剪彩绸制成花叶缀在枝条上,池沼内也剪彩绸制成荷芰菱芡,颜色旧了就换上新的。十六座庭院中争相用山珍海味精美食物互比高低,以求博得炀帝的恩宠。炀帝喜好在月夜带领宫女几千人跟随他骑马游西苑,制作了《清夜游曲》在马上演奏。

秋七月,炀帝废黜了滕王杨纶、卫王杨集,并将他们流放到了边郡。

炀帝对待诸王很少恩宠,常常猜疑防范。杨纶、杨集为此忧虑恐惧,叫来术士卜伺吉凶,并设道场祈福免灾。有人告发他们怨恨诅咒皇帝,被除去名籍流放边郡。

八月,炀帝驾临江都。

炀帝驾临江都,所乘龙舟有四层,高四十五尺,舟首尾长达二百尺,上层有正殿、内殿、朝堂,中间两层有一百二十个房间,全用金、玉装饰,下层是宫中内侍待的房间。皇后乘坐翔螭舟,规模比龙舟稍小一些。另外有浮景船九艘,船上三层全是水上宫殿。其余还有几千艘,供后宫、诸王、公主、百官、僧尼、道士、

蕃客乘之。共用挽士八万余人，皆以锦彩为袍。卫兵所乘又数千艘，舳舻相接二百余里。骑兵翊两岸而行。所过州县五百里内皆令献食，多者一州至百舆，极水陆珍奇。后宫厌饫，将发之际，多弃埋之。

契丹寇营州，遣谒者韦云起以突厥兵讨平之。

契丹寇营州，诏通事谒者韦云起护突厥兵讨之。启民可汗发骑二万受其处分，云起分为二十营，四道俱引，营相去一里，不得交杂，闻鼓声而行，闻角声而止，自非公使勿得走马，三令五申，击鼓而发。有纥干犯约，斩以徇。于是突厥将帅入谒，皆膝行股栗，莫敢仰视。契丹本事突厥，不相猜忌。云起既入其境，使突厥诈云向柳城与高丽交易，敢漏泄事实者斩。契丹不为备，去其营五十里，驰进袭之，虏获甚众。以女子及畜产之半赐突厥，余皆收之以归。帝大喜，擢为治书侍御史。

铁勒叛西突厥，自立为莫何可汗。

初，西突厥阿波可汗为叶护可汗所虏，国人立鞅素特勒之子，是为泥利可汗。泥利卒，子达漫立，号处罗可汗。其母向氏本中国人，更嫁泥利之弟婆实特勒。开皇末，俱入朝，留长安。处罗多居乌孙故地，抚御失道，国人多叛，复为铁勒所困。铁勒者，匈奴遗种，族类最多，有朴骨、同罗、契苾、薛延陀等部，其酋长皆号俟斤，大抵与突厥同俗，以寇抄为生，无大君长，分属东、西两突厥。是岁，处罗引

外邦客人乘坐。船队共用挽身纤夫八万多人,都穿着锦彩制成的袍服。禁卫士兵所乘的船又有几千艘,船头与船尾相连长达二百多里。骑兵们护卫在两岸跟随行进。经过的州县,五百里内都命令进献食物,多的一州要献到一百车,极尽水陆珍奇。后宫吃腻了这些山珍海味,将要出发时,大多抛弃埋掉。

契丹侵犯营州,炀帝派遣通事谒者韦云起使用突厥兵讨平契丹。

契丹侵犯营州,隋炀帝诏令通事谒者韦云起监护使用突厥兵讨伐契丹。突厥启民可汗派发骑兵两万接受韦云起指挥,韦云起将他们分成二十营,分四路引兵前进,各营之间相隔一里,不能混杂,听到鼓声就前进,听到号角声就停止,不是公事差遣不许驰马飞奔,三令五申,然后击鼓进发。突厥军中的一个纥干违犯了规定,被韦云起斩首示众。于是突厥的将帅入见韦云起,全都跪着前行,战栗不停,没有一个人敢仰视他。契丹原本依附于突厥,对突厥人并不猜疑防范。韦云起率领军队进入契丹境内,让突厥人假装说是去柳城与高丽人做买卖,并严令有胆敢泄漏实情的予以斩首。契丹没有防备,韦云起的军队在距契丹营地五十里处,突然驱马前进袭击契丹军,俘虏缴获非常多。韦云起把俘获的女人以及财产牲畜的一半赏赐给了突厥,其余的全都收起来带了回去。隋炀帝特别高兴,提拔韦云起担任治书侍御史。

铁勒反叛西突厥,自立为莫何可汗。

当初,西突厥阿波可汗被叶护可汗俘虏,突厥国人立鞅素特勒之子为泥利可汗。泥利死后,他的儿子达漫继位,号处罗可汗。处罗的母亲向氏本是中国人,改嫁泥利的弟弟婆实特勒。开皇末年,婆实特勒跟向氏全都入朝,留在了长安。处罗一部大多居住于乌孙国的旧地,他统治无道,国人多叛,又被铁勒人所困扰。铁勒是匈奴的后裔,部族最多,有朴骨、同罗、契苾、薛延陀等部,这些部族的首长全都号称俟斤,大致跟突厥同俗,以侵略掠夺为生,没有大的君长,分属于东、西两突厥。这年,处罗可汗率

兵击铁勒诸部,厚税其物,又忌薛延陀,集其酋长数百人,尽杀之。于是铁勒皆叛,立俟利发俟斤契苾歌楞为莫何可汗,又立薛延陀俟斤字也咥为小可汗,与处罗战,屡败之。莫何勇毅绝伦,甚得众心,为邻国所惮,伊吾、高昌、焉耆皆附之。

丙寅(606) **二年**
春正月,并省州、县。 **二月,新作舆服仪卫。**

诏牛弘等议定舆服仪卫制度。以何稠为太府少卿,使之营造送江都。稠参会古今,多所损益。衮冕画日月星辰,皮弁以漆纱为之。大抵务为华盛以称上意。课州、县送羽毛,民求捕之,殆无遗类。乌程有高树逾百尺,上有鹤巢,民欲取之,不可,乃伐其根。鹤恐杀其子,自拔氅毛投于地,时人或称以为瑞。役工十万人,费以巨亿计。

夏四月,还东京。
二月,上发江都。四月,自伊阙陈法驾,备千乘万骑入东京。御端门,大赦。制五品以上文官乘车,在朝弁服佩玉。武官马加珂,戴帻,服袴褶。文物之盛,近世莫及也。

六月,以杨素为司徒。 **秋七月,制百官不得计考增级。**

制百官不得计考增级,必有德行、功能灼然显著者进擢之。帝颇惜名位,群臣当进职者,多令兼假而已。时牛弘为吏部尚书,不得专行其职,苏威、宇文述、张瑾、虞世

兵攻打铁勒各部，对铁勒人的财物征收重税，又猜忌薛延陀部，集中起薛延陀部的首长几百人，全部杀掉。于是铁勒各部族全都反叛，拥立俟利发俟斤契苾歌楞为莫何可汗，又立薛延陀俟斤字也咥为小可汗，与处罗可汗交战，多次打败处罗。莫何可汗勇敢刚毅无比，很得部众的民心，邻国都怕他，伊吾、高昌、焉耆全都归附了他。

丙寅（606）　隋炀帝大业二年

春正月，合并精简州、县。　**二月**，重新规定车驾服饰仪仗禁卫制度。

隋炀帝诏令牛弘等人议定皇帝车驾服饰、仪仗禁卫制度。任命何稠作太府少卿，让他负责营造一应物品后送往江都。何稠参考古今制度，做了很多增减。天子衣服上画有日月星辰，皮帽用漆纱制成。大致都务必华丽壮观以使炀帝称心满意。规定各地州、县供应羽毛，老百姓到处捕杀鸟类，鸟类几乎绝种。乌程这地方有棵很高的大树超过了百尺，树上有鹤巢，百姓想捉住这些鹤，树高上不去，就砍伐树根。鹤怕杀死它的后代，自己拔下羽毛扔到地上，当时有人称此为祥瑞的征兆。这次制作共使用工匠十万人，花费金钱多达数亿。

夏四月，炀帝回到东京洛阳。

二月，隋炀帝从江都出发。四月，自伊阙排列天子的车驾，准备千车万马进入东京。炀帝驾临端门，大赦天下。规定五品以上文官乘车，上朝身穿礼服、佩玉饰。武官骑的马用美石装饰，戴头巾，穿骑射方便的裤袄。礼乐典章之盛，近世无法相比。

六月，任命杨素为司徒。　**秋七月**，规定百官不得按照常例考核升级。

隋炀帝规定百官不能按照一般的考核常规升级，必须要在德行、功勋、能力方面卓越显著，才能举拔。炀帝吝惜名位，群臣中应当提升职务的，大多让他们兼职代理而已。当时牛弘为吏部尚书，不能专行自己的职务，而由苏威、宇文述、张瑾、虞世

基、裴蕴、裴矩参掌选事。而与夺之笔,世基独专之,受纳贿赂,黜陟任意。

太子昭卒。

元德太子昭自长安来朝,数月将还,欲乞少留,不许。拜请无数,昭体素肥,因致疾卒。帝哭之数声而止,寻奏声伎,无异平日。

始建进士科。　杨素卒。

越公杨素虽有大功,特为帝所猜忌,外示殊礼,内情甚薄。太史言隋分野有大丧,乃徙素为楚公,意楚与隋同分,欲以厌之。素寝疾,不肯饵药,谓弟约曰:"我岂须更活邪!"

八月,封孙倓为燕王,侗为越王,侑为代王。
皆昭之子也。
冬十月,置洛口、回洛仓。
置洛口仓于巩东南原上,城周二十余里,穿三千窖。置回洛仓于洛阳北七里,城周十里,穿三百窖,窖皆容八千石。

征天下散乐。

初,齐高纬之世有鱼龙、山车等戏,谓之散乐。周宣帝时,郑译奏征之。及高祖受禅,牛弘定乐,悉放遣之。帝以启民可汗将入朝,欲以富乐夸之,太常少卿裴蕴希旨,奏括天下前世乐家子弟皆为乐户,六品以下至庶人有善音乐者皆直太常。帝从之。于是四方散乐大集东京,课京兆、河南制其衣,锦彩为空。帝多制艳篇,令乐正白明达造新

基、裴蕴、裴矩共同参与负责选择官吏之事。但是最终决定官吏升迁罢免的大笔，却由虞世基一人独掌，虞世基收受贿赂，罢官升官由他任意而为。

太子杨昭去世。

元德太子杨昭从长安来东京洛阳朝见隋炀帝，几个月后将要返回，打算请求再少留一段时间，炀帝不允许。杨昭跪拜请求了无数次，他身体本来肥胖，因此得病去世。炀帝哭了几声就停了，接着寻欢奏乐，和平日一样。

隋炀帝开始设置进士科。　　杨素死。

越公杨素虽然有大功，但特别被炀帝猜疑防范，表面上炀帝对他优礼有加，内心里对他没什么感情。太史令说根据星象分野隋地将要有大丧之事，炀帝于是改封杨素为楚公，意思是楚地与隋地同处一个分野内，打算用此方法来避凶邪。杨素卧病，不肯吃药，对弟弟杨约说："我哪里用得着再活下去！"

八月，炀帝封孙子杨倓为燕王，杨侗为越王，杨侑为代王。

这三人都是杨昭的儿子。

冬十月，设置洛口仓、回洛仓。

设置洛口仓在巩县东南原上，仓城周围二十余里，开凿有三千个粮窖。设置回洛仓在洛阳北面七里，仓城周围共十里，凿有三百个粮窖，每窖可装储粮食八千石。

征召全国散乐乐工。

当初，北齐后主高纬时代，世上有鱼龙、山车等戏，称作散乐。北周宣帝时，郑译奏请征召这些乐人。到了隋文帝接受禅让登基，牛弘制定礼乐后，散乐乐工全部被遣送不用。炀帝因启民可汗将入朝朝见，打算向他夸耀显示隋朝的富裕安乐，太常少卿裴蕴迎合炀帝意旨，奏请收编天下前代所有乐家的子弟都为乐户，六品官以下一直到平民百姓中擅长音乐的都到太常寺当差。炀帝同意了。于是四面八方的散乐乐工大规模集聚到了东京洛阳，命令京兆、河南两地为乐人们制作彩衣，以致锦缎彩绸为之一空。炀帝自制了许多艳丽歌词，命令乐正白明达谱制新

声播之,音极哀怨。

丁卯(607) 三年
春正月,突厥启民可汗来朝。

启民请袭冠带,帝大悦。

三月,杀故长宁王俨及其弟七人。

初,云定兴坐媚事太子勇,与妻子皆没官为奴婢。上即位,多所营造,闻其有巧思,召之,使典其事。时宇文述用事,定兴以明珠络帐赂述。述大喜,兄事之,荐使监造兵器,因谓之曰:"兄所作器仗并合上心,而不得官者,为长宁兄弟未死耳!"定兴曰:"此无用物,何不劝上杀之?"述因奏请处分。帝然之,乃鸩杀长宁王俨及其七弟。襄城王恪之妃柳氏自杀。

夏四月,诏颁新律。

帝以高祖末年法令峻刻,诏牛弘等造《大业律》十八篇颁行之。民久厌严刻,喜于宽政。其后征役繁兴,民不堪命,有司临时迫胁,以求济事,不复用律令矣。旅骑尉刘炫预修律令,弘尝从容问炫曰:"《周礼》士多而府史少,今令史百倍于前,减则不济,其故何也?"炫曰:"古人委任责成,岁终考其殿最,案不重校,文不繁悉,府史之任掌要目而已。今之文簿恒虑覆治,若锻炼不密,则万里追证百年旧案。故谚云'老吏抱案死'。事繁政弊,职此之由。"弘曰:

的曲调演奏,乐声极其哀怨。

丁卯(607)　**隋炀帝大业三年**
春正月,突厥启民可汗来朝。
启民可汗请求袭用隋朝帽子衣带,隋炀帝非常高兴。
三月,炀帝杀掉前长宁王杨俨和他的弟弟七人。
当初,云定兴犯取媚太子杨勇之罪,与妻子儿女全都被罚为官奴。隋炀帝即位,进行很多的营建工作,听说云定兴在营造上有奇巧的设计构思,于是召他来负责此项事务。那时宇文述当权,云定兴用缀着明珠的帐幕贿赂宇文述。宇文述大喜,拿云定兴当作兄长一样对待,举荐他去监造兵器,趁机告诉他说:"兄长你所造的器械都合乎皇上的心意,但不能得到官职的原因,是长宁王兄弟们还没有死罢了!"云定兴说:"这些没用的东西,为什么不劝皇上杀了他们?"宇文述于是奏请处置长宁王。炀帝认为宇文述所奏很对,就毒死了长宁王杨俨和他的七个弟弟。襄城王杨恪的妃子柳氏自杀。
夏四月,炀帝诏令颁布新的律法。
隋炀帝认为文帝末年法令严酷苛刻,诏令牛弘等人制定了《大业律》十八篇,颁布施行。百姓久已厌恶严酷苛刻的律法,喜欢宽疏的政令。这以后,隋炀帝征发劳役频繁,百姓不堪忍受征调,有关部门官吏常常临时胁迫百姓服役以应付差事,不再按律法行事。旅骑尉刘炫参预修定律令,牛弘曾随意地问刘炫说:"《周礼》记载说当时士多而府吏官员少,现今守令、刺史一类官员比从前多了一百倍,削减了就无法办好事情,这是为什么呢?"刘炫说:"古人委任官吏就一定要责成他办好事情,到年终考核其业绩大小多少,案卷不用重新审查,公文从不繁琐细碎,各级官吏的责任只是掌握工作的要点而已。如今的官吏总是担心公文表册要复核审查,假若文辞使用得不周密,就要不远万里去追查验证百年前的旧案。所以谚语说'老吏抱着文案而死'。事务繁冗是为政的弊端,这是官吏多而效率低下的原因。"牛弘说:

"魏、齐之时,令史从容而已,今则不遑宁处,何也?"炫曰:"往者州唯置纲纪,郡置守、丞,县置令而已,其余具僚则长官自辟。今大小之官悉由吏部,纤介之迹皆属考功。省官不如省事,官事不省而望从容,其可得乎?"弘善其言,而不能用。

改州为郡。　更定官制。

改上柱国以下官为大夫。置殿内省,与尚书、门下、内史、秘书为五省。增谒者、司隶台,与御史为三台。分太府寺置少府监,与长秋、国子、将作、都水为五监。又增改左、右翊卫等为十六府。废伯、子、男爵。

六月,诏为高祖建别庙。

初,高祖受禅,唯立四亲庙,同殿异室而已。帝即位,命有司议七庙之制。礼部侍郎许善心等奏请为太祖、高祖各立一殿,准周文、武二祧,与始祖而三,余并分室而祭,从迭毁之法。帝谓柳䛒曰:"今始祖及二祧已具,后世子孙处朕何所?"乃诏为高祖建庙。既而方事巡幸,竟不果立。

帝北巡,次榆林郡,启民可汗及义成公主来朝。吐谷浑、高昌皆入贡。

车驾北巡,发河北十余郡丁男,凿太行山达于并州,以通驰道。过雁门,太守丘和献食甚精。至马邑,太守杨廓独无所献,帝不悦。以和为博陵太守,使廓至博陵观之。由是所至献食,竞为丰侈。至榆林,遂欲出塞耀兵,径突厥

"北魏、北齐之时,官吏办事从容不迫,如今却不得安宁,这是为什么?"刘炫说:"过去州一级只设长史、司马,郡一级只设郡守及丞,县一级只设县令而已,其余应当配备的僚属则由主要长官自己招选任用。如今大大小小的官吏全都由吏部任命掌握,零零碎碎的事情都属于业绩考核的范围。减少官吏不如精简事务,官吏们事务不减少,却希望他们能从容治理,那怎么可能呢?"牛弘认为刘炫说得很对,但却不能实际去做。

隋朝改州作郡。　更改重定官制。

改上柱国以下官为大夫。设置殿内省,与尚书、门下、内史、秘书四省共作五省。增设谒者、司隶二台,与御史共为三台。将太府寺职能分出一部分设置少府监,与长秋、国子、将作、都水共作五监。又增改左、右翊卫等为十六府。废除伯、子、男三个爵位。

六月,炀帝诏令为隋文帝另建宗庙。

当初文帝接受禅让登基,只立了四亲庙,也只是同殿不同室罢了。炀帝即位,命令有关部门讨论建立七庙的礼制。礼部侍郎许善心等奏请替太祖、文帝各建一座殿堂,依照周文王、周武王两座宗庙的制度,与始祖一共建立三座殿堂,其余的都分室进行祭祀,遵照亲缘尽则庙祭止的轮换礼制祭祀。隋炀帝对柳誓说:"如今始祖及太祖、高祖的宗庙都已具备,后世子孙将把我放到什么位置上呢?"于是下令为文帝另建一处宗庙。接着炀帝忙着准备巡幸之事,最终没有建立这座宗庙。

炀帝向北巡游停留在榆林郡,突厥启民可汗及义成公主前来朝见。吐谷浑、高昌全都前来进贡。

隋炀帝向北巡游,征发河北十几个郡的男丁,开凿太行山直达并州,以打通车马驰行的大道。经过雁门,雁门太守丘和进献的食物特别精美。巡行到了马邑,太守杨廓偏偏没有什么进献,炀帝很不高兴。炀帝任命丘和为博陵太守,让杨廓到博陵观看这次任命。从此炀帝所到之处进献上来的食物,竞相争比丰盛奢侈。巡行到榆林,炀帝打算出塞去炫耀兵力,径直进入突厥

中,恐启民惊惧,先遣长孙晟谕旨。启民奉诏,因召所部酋长咸集。晟欲令启民亲除草示诸部,以明威重,乃指帐前草曰:"此根大香。"启民遽嗅之,曰:"殊不香也。"晟曰:"天子行幸,所在诸侯躬自扫除,以表至敬之心。今牙内芜秽,谓是留香草耳。"启民乃悟,曰:"奴之罪也。"遂拔所佩刀自芟庭草,其贵人及诸部争效之。于是发榆林北境,东达于蓟,开为御道,长三千里,广百步。

启民及义成公主来朝行宫。吐谷浑、高昌并遣使入贡。

太府卿元寿言于帝曰:"御营之外请分为二十四军,日发一军,相去三十里,使旗帜钲鼓千里不绝。"定襄太守周法尚曰:"不然。兵亘千里,动间山川,猝有不虞,难以相救,乃取败之道也。"帝不怿,曰:"卿意如何?"法尚曰:"结为方阵,四面外拒,六宫及百官家属并在其内。若有变起,所当之面即令抗拒,内引奇兵出外奋击,车为壁垒,重设钩陈。若战而捷,抽骑追奔,万一不捷,屯营自守。此万全策也。"帝曰:"善。"因拜法尚武卫将军。

令宇文恺为大帐,其下可坐数千人,以宴启民及其部落,作散乐,诸胡骇悦。帝赐启民路车乘马,鼓吹幡旗,赞拜不名,位在诸侯王上。

秋七月,筑长城。

诏发丁男百余万筑长城,西距榆林,东至紫河。苏威

境内,他怕启民可汗惊恐,先派长孙晟去宣谕他的旨意。启民可汗接到炀帝诏令,就把所属各部族的首长全都召集起来。长孙晟想叫启民可汗亲自除草示范给各部族,以表明对炀帝的敬畏尊重,就指着营帐前的草说:"这草的根非常香。"启民急忙拔下来闻着说:"一点都不香。"长孙晟说:"天子巡幸,所到之地的诸侯都要亲自洒扫,以表示对天子的至诚崇敬之心。现在牙帐内荒芜污秽,我的意思不过是叫你留下香草除去杂草罢了。"启民可汗这才恍然大悟说:"这是我的罪过。"于是拔出身上的佩刀亲自除掉庭上的杂草,他属下的高官显贵以及所有部族的人都争相仿效他去除草。于是从榆林北境起,向东直到蓟地,开辟了一条御道,长有三千里,宽有一百步。

启民可汗及义成公主来到炀帝行宫朝见炀帝。吐谷浑和高昌也都派来使臣向隋炀帝进贡。

太府卿元寿对炀帝说:"您御营之外的军队请分成二十四军,每天派出一军上路,前后之间相距三十里,让旗帜相望,军乐相闻,绵延千里不断。"定襄太守周法尚说:"这样做不妥。军队连绵千里,动不动就有山川阻隔,突然发生预料不到的情况,很难相互救援,这是自取失败之道。"炀帝听了不太高兴地说:"你的意思如何?"周法尚说:"让军队连结成方阵,四面防御,六宫及文武百官家属都在方阵里面。假使发生变故,就命令受敌的方面进行抵抗,再从阵内派出奇兵从外面奋力攻击,将车子作为壁垒,重新设置钩形战阵。如果交战得胜,就抽调骑兵追击奔袭,万一失利,可以屯兵扎营进行固守。这才是万全之策。"炀帝说:"好。"于是任命周法尚为武卫将军。

炀帝命宇文恺制作大帐篷,下面可以坐上几千人,用来宴请启民可汗和他的部族,宴中演奏散乐,各部胡人全都惊异喜悦。炀帝赏赐启民可汗王侯专用的车马,还有乐队和幡旗,特许他朝见时不必唱赞报名,地位在诸侯王之上。

秋七月,修筑长城。

诏令征发男丁百余万筑长城,西起榆林,东至紫河。苏威

谏,不听。

杀太常卿高颎、尚书宇文弼、光禄大夫贺若弼。

帝之征散乐也,太常卿高颎谏,不听。退谓丞李懿曰:"周天元以好乐而亡,殷鉴不远,安可复尔!"又以帝遇启民过厚,谓何稠曰:"此虏颇知中国虚实、山川险易,恐为后患。"宇文弼私谓颎曰:"天元之侈,以今方之,不亦甚乎?"贺若弼亦私议宴可汗太侈。并为人所奏,帝以为诽谤朝政,皆杀之。颎有文武大略,明达世务,以天下为己任,苏威、杨素、贺若弼、韩擒虎皆颎所荐,及死,天下莫不伤之。

免内史令萧琮、仆射苏威官。

琮以皇后故,甚见亲重。与贺若弼善,弼既诛,又有童谣曰"萧萧亦复起",帝由是忌之,遂废于家,未几而卒。苏威以谏筑长城,故威亦坐免。

八月,帝至金河,幸启民可汗帐。

车驾发榆林,甲士五十余万,旌旗辎重,千里不绝。令宇文恺等造观风行殿,容数百人,离合为之,下施轮轴。又作行城,周二千步,以布衣板,楼橹悉备。胡人惊以为神。帝幸启民庐帐,启民捧觞上寿,王侯以下袒割帐前,莫敢仰视。帝大悦,赋诗曰:"呼韩顿颡至,屠耆接踵来。何如汉天子,空上单于台!"皇后亦幸义成公主帐。赐与甚厚。

还至太原,营晋阳宫。　　宴御史大夫张衡宅。

帝上太行,开直道九十里,至济源,幸衡宅,留宴三日。

谏阻,炀帝不听。

诛杀太常卿高颎、尚书宇文弢、光禄大夫贺若弼。

炀帝下令征召散乐时,太常卿高颎劝阻,炀帝不听。高颎退朝后对太常丞李懿说:"北周天元帝因为好乐而亡国,亡国之鉴并不算远,怎么可以再这样做呢!"高颎还认为炀帝对启民的待遇过厚,对何稠说:"这个胡虏很清楚中国的虚实和山川地形的险易,恐怕日后将要成为祸患。"宇文弢私下对高颎说:"周天元帝的奢侈,与当今情况比较,我们不是比他更厉害吗?"贺若弼也私下议论宴请启民可汗过分奢侈。他们的话都被人奏报给了炀帝,炀帝认为这是诽谤朝政,把三人全都处死。高颎富有文韬武略,对世务晓明通达,以天下为己任,苏威、杨素、贺若弼、韩擒虎都是经他举荐的,到他被杀,天下没有人不为之伤感。

免除内史令萧琮、仆射苏威官职。

萧琮因为萧皇后的缘故,很得炀帝亲近倚重。萧琮与贺若弼关系很好,贺若弼被杀后,又有童谣说"萧萧又复起",炀帝因此对萧琮开始猜疑提防,最终罢官回家,不久就死了。苏威因为谏阻炀帝修筑长城,也获罪被免官。

八月,炀帝到金河,驾临启民可汗营帐。

炀帝从榆林出发,随从甲士五十多万,旌旗辎重,千里不断。炀帝命令宇文恺等制造观风行殿,可以容纳几百人,行殿可以离合,下安轮轴。又制作行城,周长两千步,用布蒙着城板,城上高台望楼全都齐备不缺。胡人看了十分惊叹,以为是神仙所造。炀帝驾临启民可汗的营帐,启民亲捧酒杯为炀帝祝福,突厥王侯以下的人在帐前袒解上衣亲自切割牲畜,没有人敢抬头仰视。炀帝非常高兴,赋诗道:"呼韩叩头至,屠者接踵来。何如汉天子,空上单于台!"皇后也临幸义成公主宿帐。炀帝赐与突厥上下的物品十分丰厚。

炀帝返至太原,建晋阳宫。　在御史大夫张衡宅邸宴饮。

炀帝上太行山,开辟直达的御道九十里,到达济源,驾临张衡宅邸,留下来宴乐三天。

遂还东都。 以杨文思为纳言。 冬,以裴矩为黄门侍郎,经略西域。

西域诸胡多至张掖交市,帝使吏部侍郎裴矩掌之。矩知帝好远略,访诸商胡以其国山川风俗,撰《西域图记》三卷,入朝奏之。仍别造地图,穷其要害,从西倾以去,纵横所亘,将三万里。发自敦煌,至于西海,凡为三道:北道从伊吾,中道从高昌,南道从鄯善。且云:"以国家威德,将士骁雄,泛濛汜而越昆仑,易如反掌。况今羌、胡之国,并因商人密送诚款,引领翘首,愿为臣妾。若服而抚之,务存安辑,混壹戎、夏,其在兹乎!"帝大悦。矩因盛言:"胡中多诸珍宝。"帝于是慨然将通西域,以矩为黄门侍郎,复使至张掖引致诸胡,啖之以利,劝令入朝。自是西域诸胡往来相继,所经郡县糜费以万万计,卒令中国疲弊以至于亡,矩唱之也。

炀帝返回东都。 **任命杨文思为纳言。** **冬,任命裴矩为黄门侍郎,负责掌管西域。**

西域各国胡人大都到张掖做买卖,炀帝让吏部侍郎裴矩掌管此事。裴矩知道炀帝喜欢远游,就访询各国前来做买卖的胡商,了解该国山川风俗,撰成《西域图记》三卷,入朝奏呈给炀帝。又另外制作了地图,详尽标注了西域所有的重要地点,从西倾山开始,纵横贯穿,将近三万里。自敦煌开始,直到西海,总计有三条通道:北道从伊吾进入,中道从高昌进入,南道从鄯善进入。并且对炀帝说:"凭着大隋国的威德,将士们的骁勇,飞渡蒙汜之水,跨越昆仑之山,简直易如反掌。何况现今羌、胡各国,都通过商人暗表对我们的忠诚之心,一个个伸长脖子仰着头,急切地盼望成为大隋的臣民。假如能够招抚他们,力求安定和睦,那么统一戎狄、华夏,就在此时了!"炀帝听了非常高兴。裴矩接着大谈"胡人国中多有珍宝"。炀帝于是激动感慨,决定与西域各国通好往来,任命裴矩为黄门侍郎,再次派遣裴矩到张掖引招各国胡人,以利益诱惑他们,劝他们来朝见。从这开始,西域各国胡人来往不断,他们经过的郡县,为此耗费多以万万计,最终导致中原疲弊以至于隋亡国,全是裴矩倡导的结果。

资治通鉴纲目卷三十七

起戊辰(608)隋炀帝大业四年,尽丁丑(617)隋恭帝义宁元年。凡十年。

戊辰(608)　大业四年

春正月,开永济渠。

发河北诸军百余万众穿永济渠,引沁水南达于河,北通涿郡。丁男不供,始役妇人。

以元寿为内史令。　二月,西突厥入贡。

裴矩闻西突厥处罗可汗思其母,请遣使招怀之。帝遣谒者崔君肃赍诏谕之。处罗甚踞,受诏不肯起。君肃谓之曰:"突厥中分为二,每岁交兵积数十岁,莫能相灭。今启民举其部落,卑躬折节入臣天子,欲借兵大国共灭可汗。天子许之,师出有日矣。顾可汗母向夫人惧西国之灭,且夕守阙,哭泣哀祈,匍匐谢罪,请发使召可汗令入内属。天子怜之,故复遣使至此。今可汗乃踞慢如是,则夫人为诳天子,必伏尸都市,传首虏庭。发大隋之兵资东国之众,左提右挈以击可汗,亡无日矣。奈何爱两拜之礼绝慈母之命,惜一语称臣使社稷为墟乎!"处罗矍然而起,流涕再拜,跪受诏书。因遣使者随君肃贡汗血马。

三月,倭国入贡。

倭王遗帝书曰:"日出处天子致书日没处天子无恙。"

戊辰（608） **隋炀帝大业四年**

春正月,开凿永济渠。

炀帝下诏征发黄河以北各军一百多万人开凿永济渠,引沁水向南到黄河,向北通涿郡。成年男子不足,开始役使妇女。

任命元寿为内史令。 **二月,西突厥入贡。**

裴矩听说西突厥处罗可汗想念他的母亲,便请炀帝派遣使者去招抚他。炀帝派谒者崔君肃带诏书去招谕。处罗十分傲慢,受诏时仍坐着不肯站起来。崔君肃对他说:"突厥分裂为两部,几十年来每年都在相互打仗,谁也不能灭了谁。现在启民可汗率领其部落卑躬屈膝地向隋朝天子称臣,目的就是要借大国的兵力把可汗您消灭。如果天子答应,很快就会出师了。现在只因可汗的母亲向夫人害怕西突厥被消灭,每天早晚在宫门前哭泣哀求,匍匐在地上谢罪,请皇帝派使者来召可汗归附隋朝。天子怜悯向夫人,所以才又派遣使者到这里。现在可汗您却如此傲慢无礼,那么向夫人就有欺骗天子之罪,一定会在闹市被处以死刑,并将首级向西域各国传示。天子又会出动大隋的兵马,帮助东突厥左右夹击可汗,您的末日很快就会到来。您为什么还要爱惜行两拜之礼,而不要慈母的生命;吝惜说一句称臣的话,而使国土变成废墟呢?"处罗听后,马上站了起来,流泪拜了两拜,跪着接受了诏书。又派遣使者随崔君肃入朝贡献汗血马。

三月,倭国入贡。

倭王给炀帝写信说:"日出处天子致书日没处天子,您好!"

帝览之不悦,诏鸿胪"蛮夷书无礼者,勿奏"。

帝如五原,遂巡长城。

行宫设六合板城,载以枪车。每顿舍则外其辕以为外围,内布铁菱,次施弩床,以绳连机,人来触绳则弩机旋转,向所触而发。

夏四月,营汾阳宫。

帝无日不治宫室。两京及江都苑囿虽多,久而益厌,乃备责天下山川之图以求胜地,因营是宫。

齐王长史柳謇之有罪,除名。

初,元德太子卒,齐王暕次当为嗣。元德吏兵二万余人,悉隶于暕。帝为之妙选僚属,以柳謇之为长史,且戒之曰:"齐王德业修备,富贵自钟卿门;若有不善,罪亦相及。"暕宠遇日隆,骄恣不法,昵近小人。乐平公主尝言柳氏女美,帝久未答。主以进暕。帝复问,知之,不悦。暕从幸汾阳宫大猎,大获麋鹿以献,而帝未有得也,乃怒。从官皆言为暕左右所遏,帝于是发怒求暕罪。时制"县令无故不得出境",暕幸伊阙令皇甫诩,携之至宫。御史韦德裕希旨劾之。帝令甲士大索暕第,因穷治其事。暕妃韦氏早卒,暕与妃姊元氏妇通,召相工遍视后庭,相工指妃姊言当为皇后。暕以元德太子有三子,恐不得立,阴挟左道为厌胜。

炀帝看了很不高兴,对鸿胪卿说:"今后凡蛮夷人没有礼貌的书信,不要给我看。"

炀帝出巡到了五原,便在这里视察长城。

炀帝的行宫设置有木制的六合城,用枪车装运。每当停下来驻宿时,便把车辕朝外作为外围,内布有铁蒺藜,再安设弩床,用绳系在扳机上。如有人来触动绳子,弩机就旋转向着触动的方向发射。

夏四月,营建汾阳宫。

炀帝无日不在营建宫室。两京及江都供游览玩乐的苑囿虽然很多,但玩久了便觉得厌倦,便又遍求天下山川图册,寻找名胜之地营建宫室,因此便建造了此宫。

齐王的长史柳謇之有罪,被除名。

当初元德太子逝世,齐王杨暕按顺序应当立为嗣子。元德太子属下的官吏、士兵二万余人全都归属杨暕。炀帝为他精心地挑选僚属,任命柳謇之为长史,并告诫他说:"齐王德行、业绩都修习得很好,你日后自然也会随着富贵起来;但如果他变坏了,罪行也有你一份。"杨暕后来日益受到宠爱和信任,骄恣放任,做违法的事情,亲昵小人。乐平公主曾向炀帝说柳家的女儿很美,炀帝很久没有答复。乐平公主便把柳家女儿给了杨暕。炀帝又问起这件事,知道后很不高兴。杨暕又跟随炀帝到汾阳宫狩猎,猎到了许多麋鹿,并将它献给炀帝,而炀帝什么也没有猎到,因而恼怒。随从的官员都说这是杨暕身边的人拦截了野兽,致使皇帝未能猎到,炀帝于是发怒,要搜集杨暕的罪名。当时有"县令无故不得出县境"的规定,伊阙县令皇甫诩受杨暕宠信,因而被他带出县境到了汾阳宫。御史韦德裕顺承炀帝的旨意弹劾杨暕。炀帝下令让武装兵士对杨暕的府第进行大搜查,要彻底追查此事。杨暕有一妃子韦氏早死,杨暕曾与妃子的姐姐元氏妇私通。杨暕召来看相的人让他看遍府内的姬妾,看相的人指着妃姐说她将来可做皇后。杨暕又认为元德太子有三个儿子,自己恐怕不能被立为太子,因而暗中用妖术诅咒他们。

至是皆发。帝大怒,斩暕左右数人,赐妃姊死,暕府僚皆斥边远。謩之亦坐,除名。时赵王杲尚幼,帝谓侍臣曰:"朕惟有暕一子,不然者当肆诸市朝以明国宪。"暕自是恩宠日衰,不复预政。帝恒令虎贲郎将一人监其府事,所给左右皆以老弱备员而已。

　　　置城造屋于万寿戍,以处突厥启民可汗。　秋七月,复筑长城。

　　发丁男二十余万筑之,自榆谷而东。

　　裴矩以铁勒击吐谷浑,大破之。

　　裴矩说铁勒使击吐谷浑,大破之。吐谷浑可汗伏允遣使求救,帝遣安德王雄、许公宇文述迎之。吐谷浑畏隋兵盛,不敢降,帅众西遁。述追之,拔曼头、赤水二城,获其王公以下二百人。伏允南奔雪山。其地东西四千里、南北二千里,皆置郡、县、镇、戍,天下轻罪徙居之。

　　　九月,征天下鹰师。

　　至者万余人。

　　冬十月,赤土入贡。

　　赤土,南海中远国也。帝遣使赍诏赐之,泛海百余日,入境月余,乃至其都。其王居处器用穷极珍丽,遣子入贡。

　　遣将军薛世雄击伊吾,降之。

　　　己巳（609）　五年

春正月,改东京为东都。　诏均天下田。　禁民间兵器。

这些事情也一一被揭发出来了。炀帝大怒,将杨暕左右的亲信数人斩首,妃姐被赐死,王府的僚属都被流放到边远地区。柳謇之亦因受牵连而被除名。当时赵王杨果还年幼,炀帝对侍臣说:"我只有杨暕一个儿子,否则的话就要将他处死并陈尸于闹市,以昭明国法。"从此以后,对杨暕的宠爱就日渐衰减,杨暕也不再参予政事。炀帝常令一位虎贲郎将监视齐王府的事情,派到杨暕身边工作的人都是老者和弱者,仅凑数而已。

在万寿戌建立城池和修造房屋,用以安置突厥启民可汗。秋七月,又修筑长城。

炀帝征发壮丁二十余万,从榆谷往东筑长城。

裴矩让铁勒攻击吐谷浑,大败吐谷浑。

裴矩游说铁勒,让铁勒攻击吐谷浑,大败吐谷浑。吐谷浑可汗伏允向隋朝遣使求救,炀帝派安德王杨雄、许公宇文述迎接伏允可汗。吐谷浑害怕隋兵强大,不敢向隋投降,又率领部众向西逃遁。宇文述引兵追赶,攻克曼头、赤水二城,俘获吐谷浑王公以下二百人。伏允向南奔往雪山。他原来统辖的地方东西有四千里,南北有二千里,隋朝在此地都设置了郡、县、镇、戌,将犯有轻罪的人迁到这里居住。

九月,征召天下的驯鹰师。

应征而至的有万余人。

冬十月,赤土国入贡。

赤土是南海的边远国家。炀帝曾派遣使者带诏书去赏赐该国,使者在海上航行了一百多天,入境后又经过了一个多月,才到达赤土国都城。赤土国王居住的宫殿和器物用品都极其珍贵华丽。赤土国王派他的儿子入贡中国。

炀帝派遣将军薛世雄进攻伊吾国,伊吾请降。

己巳(609)　隋炀帝大业五年

春正月,炀帝改东京名东都。　下诏令全国实行均田制。禁止老百姓收藏和使用兵器。

铁叉、搭钩、㩲刃之类,皆禁之。

三月,帝巡河右。夏四月,遣兵击吐谷浑,不克。西域诸国来朝献地,置西海等郡。

三月,西巡河右。四月,出临津关,陈兵讲武,将击吐谷浑。五月,至浩亹川。

吐谷浑可汗伏允帅众保覆袁川,帝分命内史元寿等围之。伏允遁去,遣其名王诈称伏允,保车我真山。诏大将军张定和、光禄大夫梁默等追讨,皆为所杀。独卫尉卿刘权出伊吾,至青海,虏获千余口,追奔至伏俟城而还。

初,帝尝谓给事郎蔡徵曰:"自古天子有巡狩之礼,而江东诸帝多傅脂粉,坐深宫,不与百姓相见。此何理也?"及将西巡,命裴矩说高昌王麹伯雅及伊吾吐屯设等,啖以厚利,召使入朝。至是至燕支山,伯雅、吐屯设等及西域二十七国谒于道左。帝复令武威、张掖士女盛饰纵观,以示中国之盛。车服不鲜者,郡县督课之。吐屯设献地数千里,帝大悦,置西海、河源、鄯善、且末等郡,谪天下罪人为戍卒以守之。命刘权镇河源郡积石镇,大开屯田,捍御吐谷浑,以通西域之路。进裴矩银青光禄大夫。

是时,天下凡有郡一百九十、县一千二百五十五、户八百九十万有奇。东西九千三百里,南北万四千八百一十五里。隋氏之盛极于此矣。

自西京及西北诸郡,皆转输塞外,岁巨亿计。或遇寇钞,死亡不达,郡县皆征破其家。由是百姓失业,西方先困矣。

初,伏允使其子顺来朝,帝留不遣。至是伏允败走,帝立顺为可汗遣之,不果入而还。

铁叉、搭钩、矛刃之类，都在禁止之列。

三月，炀帝出巡河右。夏四月，派兵出击吐谷浑，但未能占领其城。西域各国来向隋献地，炀帝在这些地方设立西海等郡。

三月，炀帝向西巡视河右。四月，出临津关，布置军队，讲习武事，准备进攻吐谷浑。五月，到浩亹川。

吐谷浑可汗伏允率领部众据守覆袁川，炀帝分别命令内史元寿等包围吐谷浑人。伏允逃走，派他的一位名王诈称伏允，据守车我真山。炀帝下诏令大将军张定和、光禄大夫梁默等追击，都被吐谷浑人杀死。只有卫尉卿刘权从伊吾出击吐谷浑，直抵青海，俘获吐谷浑千余人，一直追击到伏俟城才回来。

当初炀帝曾对给事郎蔡徵说："自古以来天子都有巡狩之礼，可是江东的一些帝王却大多涂脂抹粉，坐在深宫里，不和百姓见面。这是什么道理呢？"在炀帝将要西巡的时候，便命裴矩去劝说高昌王麹伯雅和伊吾的吐屯设等，用厚礼去诱他们来朝。炀帝出巡到达燕支山，伯雅、吐屯设和西域二十七国的首领等都在道路旁边谒见。炀帝又下令要武威、张掖地方的士女都穿戴漂亮的服饰尽情来参观，以显示中国的富强。车马和服饰不够鲜明漂亮的，由郡县官员督促更换。吐屯设向隋献地数千里，炀帝非常高兴，就在这里设置西海、河源、鄯善、且末等郡，把被判刑的犯人从全国各地调来，充当戍卒以守卫这些地方。命令刘权坐镇河源郡积石镇，广开屯田，防御吐谷浑的入侵，使通往西域的道路得以畅通。裴矩被提升为银青光禄大夫。

这时，全国共有一百九十郡，一千二百五十五县，八百九十余万户。东西九千三百里，南北一万四千八百一十五里。这是隋朝最兴盛的时候了。

从西京到西北各郡，都要辗转运输财物到塞外，每年数以亿计。路上如遇上强盗劫掠，还未到目的地便中途死去，各郡县还要重新征调。因此老百姓都破产失业，西部地区便先贫困起来。

当初伏允派其子顺入朝，炀帝留下不放回去。这时伏允败走，炀帝立顺为可汗送他回去，但他没到目的地就又回来了。

冬十一月,还东都。

车驾东还,行经大斗拔谷,山路隘险,风雪晦冥,文武饥馁沾湿,士卒冻死者大半。后宫妃、主或狼狈相失,与军士杂宿山间。

以裴蕴为御史大夫。

民部侍郎裴蕴以民间版籍多脱漏户口,诈注老小,奏令貌阅,若一人不实,则官司解职。又许民纠得一丁者,令被纠之家代输赋役。是岁进丁二十四万,口六十四万。帝谓百官曰:"前代无贤才,致此罔冒。今户口皆实,全由裴蕴。"擢授御史大夫,与裴矩、虞世基参掌机密。蕴善候伺人主微意,所欲罪者,则锻成其罪;所欲宥者,则附从轻典。是后大小之狱皆以付蕴,轻重皆由其口,人不能诘。

突厥启民可汗死,立其子咄吉为始毕可汗。

始毕表请尚公主,诏从其俗。

杀司隶大夫薛道衡。

道衡以才学有盛名。自番州刺史召还,上《高祖颂》,帝不悦,曰:"此《鱼藻》之意也。"拜司隶大夫,将罪之。司隶刺史房彦谦劝以杜绝宾客,卑辞下气,道衡不能用。会议新令,久不决,道衡谓人曰:"向使高颍不死,令决当久。"有人奏之。帝怒,付执法者推之。裴蕴奏:"道衡负才悖逆,有无君之心。"缢杀之,妻子徙且末。天下冤之。

冬十一月,炀帝回到东都。

炀帝东归,途经大斗拔谷,山路狭窄险要,又有风雪,天色昏暗,文武官员都很饥饿,衣服被打湿,兵士冻死大半。后宫的妃嫔、公主有的都走散了,与军士混杂在一起住宿于山中。

炀帝任命裴蕴为御史大夫。

民部侍郎裴蕴认为民间的户籍册有很多脱漏的户口和虚报老小的情况,便奏请皇帝令进行当面查验,如果有一人不符合实际情况,有关的官员便要被解职。又许诺百姓,谁能检举出一个男丁,就令被检举的那家替他缴纳赋役。这一年共增加了男丁二十四万,人口六十四万。炀帝对百官说:"过去因为没有任用贤才,才出现户口不实、欺骗冒充的情况。现在户口都准确了,全是由于有了裴蕴。"便提升他为御史大夫,和裴矩、虞世基一起参与机密大事。裴蕴善于观察和迎合皇帝的旨意,炀帝想要加罪的人,他就编造罪名以定罪;炀帝想要赦免的人,他就附和说要从轻发落。从此以后,无论大小案件,炀帝都交给裴蕴办理,犯人的罪过是轻是重,都凭裴蕴一张嘴说,别人不能过问。

突厥启民可汗死,炀帝立他的儿子咄吉为始毕可汗。

始毕可汗上表请娶公主为妻,炀帝下诏遵从突厥的风俗。

司隶大夫薛道衡被杀死。

薛道衡以有才学而著名于时。他从番州刺史任上被召回后,就向炀帝献上《高祖颂》,炀帝不高兴,说:"这是《诗经·鱼藻》的用意。"炀帝任命薛道衡为司隶大夫,准备要治他的罪。司隶刺史房彦谦劝薛道衡杜绝会见宾客,说话要卑辞下气,薛道衡不听。正好这时要议订新的法令,讨论了很久没有做出决定,薛道衡对人说:"假如当初高颎不死,新的法令早就议决了。"有人将此话报告给炀帝。炀帝大怒,把薛道衡交付执法官追究治罪。裴蕴上奏说:"薛道衡自负有才能而敢于悖逆,有目无君上之心。"炀帝命令将薛道衡勒死,将其妻儿流放到且末。天下的人都认为他很冤枉。

庚午（610） 六年

春正月,盗入建国门。

有盗数十人,素冠练衣,焚香持华,自称弥勒佛,入建国门,夺卫士仗,将为乱,齐王暕遇而斩之。于是都下大索,连坐者千余家。

诸蕃来朝,陈百戏于端门以示之。

帝以诸蕃酋长毕集洛阳,陈百戏于端门街,执丝竹者万八千人,自昏达旦,终月而罢,所费巨万。自是岁以为常。

诸蕃请入丰都市交易,许之。先命整饰店肆,盛设帷帐,珍货充积,人物华盛。胡客过酒食店,悉令邀入,醉饱而散,不取其直,给之曰:"中国丰饶,酒食例不取直。"胡客皆惊叹。其黠者颇觉之,见以缯帛缠树,曰:"中国亦有贫者,衣不盖形,何如以此物与之,缠树何为?"市人惭不能答。

帝称裴矩之能,谓群臣曰:"裴矩大识朕意,凡所陈奏,皆朕之成算而未发者,自非奉国尽心,孰能若是。"是时矩及大将军宇文述、内史侍郎虞世基、御史大夫裴蕴、光禄大夫郭衍,皆以谄谀有宠。述容止便辟,侍卫者咸取则焉。衍尝劝帝五日一视朝,曰:"无效高祖,空自勤苦为也。"

帝临朝凝重,发言可观,而内存声色。日于苑中林亭盛陈酒馔,敕燕王倓与梁公萧钜、千牛左右宇文皛及高祖嫔御为一席,僧、尼、道士、女官为一席,帝与诸宠姬为一席,略相连接,酒酣淆乱,靡所不至。杨氏妇女之美者往往进御。

庚午(610) **隋炀帝大业六年**

春正月,有盗贼进入建国门内。

有几十个盗贼,头戴白帽,身穿白衣,焚香持花,自称是弥勒佛,从建国门进入,夺过卫士的武器,即将作乱,被齐王杨暕遇见,将他们杀死了。于是京都进行大搜捕,受牵连而获罪的有一千余家。

各蕃部来朝,炀帝令在端门举行各种文艺表演给他们看。

炀帝因为各蕃部的酋长都到了洛阳,便在端门街上表演各种文艺节目,参加演奏乐器的有一万八千人之多,从早到晚,整整一个月才结束,花费了巨万的钱财。此后每年习以为常。

各蕃部请求到丰都市场进行贸易,得到炀帝允许。下令先将店铺修整一新,到处挂设帷帐,摆满名贵的货物,以显得人物华盛。各族客人经过酒食店,都要邀请他们入店吃喝,醉饱才走,不要他们付钱,又骗他们说:"中国富饶,酒食照例不付钱。"各族客人都感到惊奇而叹息。他们之中聪明的人有点怀疑,见到用丝绸缠绕树干,便说:"中国也有贫穷的人,衣不蔽体,为什么不把这些给他们做衣服穿,却用来缠树呢?"市上的人惭愧得无言以对。

炀帝称赞裴矩的才能,对群臣说:"裴矩很能体会我的意图,凡是他陈述上奏的,都是我想说而未说出来的话,要不是为国尽心地去做,哪里能够这样呢?"这时裴矩和大将军宇文述、内史侍郎虞世基、御史大夫裴蕴、光禄大夫郭衍,都因能阿谀奉承而得到炀帝宠信。宇文述会溜须拍马,侍卫炀帝的人都以他为榜样。郭衍曾劝炀帝五日上一次朝,说:"不必仿效高祖,白白地让自己遭受勤苦之累。"

炀帝上朝时神态庄重,说话得体,但内心却喜好歌舞女色。每日在宫苑内的树林和亭台中大摆筵席,令燕王杨倓与梁公萧钜、千牛左右宇文晶以及高祖的嫔妃为一席,僧、尼、道士、女官为一席,炀帝和诸宠妃为一席,各席互相连接,喝到有点醉意时,就相互混乱起来,丑态百出。杨家妇女貌美的往往被进献给炀帝。

晶出入不限门禁,妃嫔、公主皆有丑声,帝亦不之罪也。

遣兵攻流求,杀其王,虏其众以归。

帝遣使招抚流求,不从。遣虎贲郎将陈稜发兵泛海击之,斩其王渴剌兜,虏其民而还。

诏自今非有功者不赐爵。

诏以"近世茅土妄假,名实相乖,自今惟有功勋乃得赐封,仍令子孙承袭"。于是旧赐五等爵,非有功者皆除之。

以散乐配太常。

以所征散乐悉配太常,皆置博士弟子以相传授,乐工至三万余人。

三月,帝如江都。　除榆林太守张衡名,以王世充领江都宫监。

初,帝营汾阳宫,令张衡具图奏之。衡进谏曰:"比年劳役繁多,百姓疲弊,愿稍加抑损。"帝意不平,谓侍臣曰:"张衡自谓由其计划令我有天下也。"乃录前幸涿郡父老谒见,衣冠不整,衡为宪司不能举正之罪,出为榆林太守。久之,敕督役江都宫。礼部尚书杨玄感,素之子也,使至江都,衡谓之曰:"薛道衡真为枉死。"玄感奏之。江都郡丞王世充又奏衡频减顿具。帝怒,将斩之。久乃得释,除名为民。以世充领江都宫监。

世充本西域胡人,姓支氏,父收,幼从母嫁王氏,因冒其姓。世充性谲诈,有口辩,颇涉书传,好兵法,习律令。帝数幸江都,世充能伺候颜色,雕饰池台,奏献珍物,由是有宠。

冬十二月,文安侯牛弘卒。

宇文晶出入内宫门禁不受限制,妃嫔、公主都有丑闻,炀帝也没有对她们问罪。

炀帝派兵攻打流求,杀了流求王,将俘获的人带回来。

炀帝遣使者去招抚流求,流求不听从。炀帝便派虎贲郎将陈稜率兵渡海攻流求,杀其王渴剌兜,将俘获的人带回。

炀帝下诏说,从今以后没有功的人不得赐给爵位。

诏书说:"近年来封侯赐爵有虚报的,名不符实,从今后只有建立功勋的人才能赐爵,其子孙仍可承袭。"于是过去赐的五等爵,没有功勋的都被除名。

把散乐艺人安排在太常寺内。

把征召到的散乐艺人都划归太常寺领导,设置博士弟子以便相互传授技艺,乐工达到三万多人。

三月,炀帝驾临江都。 革除榆林太守张衡的官职,以王世充统领江都宫监。

当初炀帝营建汾阳宫,命张衡设计绘图上奏。张衡谏道:"这几年劳役繁多,百姓疲弊,希望您对此能稍加减省。"炀帝心里不高兴,对侍臣说:"张衡自以为是由他策划使我得到天下的。"于是便列举从前驾幸涿郡,该地父老衣冠不整齐便来拜谒,张衡作为御史大夫而不能纠正,以此为罪名,把张衡外调出任榆林太守。后来又命他监督营建江都宫。礼部尚书杨玄感是杨素的儿子,出使到江都时,张衡对他说:"薛道衡真是枉死。"杨玄感把这句话上奏给炀帝。江都郡丞王世充又奏报说张衡频频减扣宫中摆设的器具。炀帝大怒,准备要杀他。后来又释放他,开除官职作为平民。由王世充统领江都宫监。

王世充原本是西域的少数民族,姓支,父名收,年幼时因母亲带他改嫁王氏,因此冒用了王姓。王世充性情狡诈,有口才,好看经史书,喜读兵法,熟习律令。炀帝几次巡幸江都,王世充都能察言观色伺候得好。他雕镂装饰江都宫的水池楼台,进献珍奇的物品,由此得到炀帝的宠信。

冬十二月,文安侯牛弘去世。

弘宽厚恭俭，学术精博，隋室旧臣，始终信任、悔吝不及者一人而已。弟弼酗酒，射杀弘驾车牛。弘自外还，其妻迎，谓之曰："叔射杀牛。"弘无所问，直云："作脯。"坐定，其妻又言，弘曰："已知之矣。"颜色自若，读书不辍。

穿江南河。

自京口至余杭八百余里，广十余丈，欲东巡会稽也。

诏百官戎服从驾。

帝以百官从驾皆服裤褶，于军旅间不便，诏皆戎衣。五品以上通着紫袍，六品以下兼用绯绿，胥吏以青，庶人以白，屠商以皂，士卒以黄。

征高丽王元入朝，不至。

帝之幸启民帐也，高丽使者在启民所，启民不敢隐，与之见帝。裴矩说帝曰："高丽，汉、晋皆为郡县，今乃不臣。先帝欲征之久矣。今其使者亲见启民举国从化，可因其恐惧胁使入朝。"帝从之。敕牛弘宣旨，令使者还语高丽王入朝。至是不至，乃谋讨之。课天下富人买马，匹至十万钱。简阅器仗，或有滥恶，使者立斩。

辛未（611）　七年

春二月，帝自将击高丽。夏四月，至临朔宫，征天下兵会涿郡。

帝御龙舟，渡河入永济渠，仍敕选部、门下、内史、御史于船前选补。其受选者三千余人，或徒步随船三千余里，冻馁疲顿，死者什一二。

牛弘为人宽厚恭俭，学术精而博。隋王室的旧臣始终受到信任而未受处分的只有牛弘一人而已。牛弘的弟弟牛弼有一次酗酒，把牛弘驾车的牛射死了。牛弘从外面回家，他的妻子迎接时告诉他说："叔叔把牛射死了。"牛弘并没有追问，就说："做成肉脯。"牛弘坐定后，他的妻子又一次说及，牛弘道："我已知道了。"他神色很自然地拿起书来读，没有中断。

开凿江南河。

运河从京口到余杭八百余里，宽十余丈，这是炀帝意欲东巡会稽而准备的。

诏令百官凡跟随皇帝车驾的都要穿戎服。

炀帝认为穿着裤褶跟随车驾行军不方便，诏令都改穿戎衣。五品以上的官都穿紫袍，六品以下可兼用绯绿色袍，胥吏穿青衣，普通百姓穿白衣，屠户、商人穿黑衣，士卒穿黄衣。

下诏令高丽王元入朝。高丽王元不来。

炀帝到启民可汗营帐的时候，高丽的使者也在启民可汗处，启民不敢隐匿，便带高丽使者去见炀帝。裴矩劝炀帝说："高丽在汉代和晋代都是我国的郡县，如今却不称臣。先帝早就想征讨高丽了。现在高丽使者亲眼见到启民可汗举国归化中国，可以乘他恐惧的时候，胁迫高丽入朝。"炀帝采纳了这意见。他派牛弘向高丽使者宣读诏旨，令他回国告诉高丽王入朝中国。但高丽王一直没有来，炀帝便谋划征讨高丽。下令全国的富人购买军马，每匹价达十万钱。又命挑选、查阅兵器、仪仗，如发现粗制滥造的，则监造的使者要立即斩首。

辛未（611） 隋炀帝大业七年

春二月，炀帝亲自率军征讨高丽。夏四月，炀帝到达涿郡临朔宫，征调全国的兵马到涿郡集中。

炀帝乘龙舟渡黄河入永济渠，照例下敕令选部、门下、内史、御史的官员在船前接受选拔。接受选拔的有三千多人，有徒步随船行走三千余里的，路上冻饿疲劳，死去的有十分之一二。

遂下诏讨高丽。敕幽州总管元弘嗣往东莱海口造船三百艘。官吏督役昼夜立水中不敢息，自腰以下皆生蛆，死者什三四。又敕河南、淮南、江南造戎车五万乘，送高阳供载衣甲幔幕，令兵士自挽之。发河南、北民夫以供军须。江、淮以南民夫及船运黎阳及洛口诸仓米，舳舻千里，往还常数十万人，昼夜不绝，死者相枕，天下骚动。

山东、河南大水。

漂没三十余郡。

冬十月，底柱崩。

偃河逆流数十里。

西突厥酋长射匮逐处罗可汗。处罗来朝。

初，帝西巡，遣使召西突厥处罗可汗，令与车驾会大斗拔谷，不至。帝大怒，会其酋长射匮遣使求婚，裴矩因奏曰："处罗不朝，恃强大耳。臣请以计弱之，分裂其国，即易制也。射匮者，达头之孙，世为可汗，今以失职附属处罗。若厚其礼，拜以为大可汗，则突厥势分矣。"帝然之。因召其使者谕之，令诛处罗，然后为婚。射匮大喜，兴兵袭处罗。处罗大败，将数千骑东走高昌。帝遣裴矩与向氏驰至玉门关，谕处罗入朝。十二月，至临朔宫，帝大悦，接以殊礼，处罗终有怏怏之色。

王薄、张金称、高士达、窦建德等兵起。

帝自去岁谋讨高丽，诏山东置府，令养马以供军役。又发民夫运米塞下，车牛往者皆不返，士卒死亡过半。耕稼失时，谷价踊贵，东北边尤甚，斗米直数百钱。所运米或粗恶，令民籴以偿之。又发鹿车夫六十余万，二人共推米

于是炀帝便下诏征讨高丽。命幽州总管元弘嗣到东莱海口造船三百艘。造船的工匠、役丁因有官吏的监督，昼夜站在水中不得休息，自腰以下都生了蛆，死去的有十分之三四。又命河南、淮南、江南造军车五万辆，送往高阳供运载衣甲帐幕，令军士自己拉车。又征发河南、河北民夫供军役运输。征发长江、淮河以南的民夫和船只运送黎阳和洛口等仓的大米，运粮的船首尾相连达千里，往返经常有几十万人，昼夜不绝于途，到处堆积着尸体，天下开始骚动。

山东、河南发大水。

洪水淹没了三十余郡。

冬十月，黄河上的砥柱崩塌。

黄河河道被阻，河水逆流数十里。

西突厥酋长射匮驱逐处罗可汗。处罗来朝。

当初炀帝西巡时，派使者去召西突厥处罗可汗，令他到大斗拔谷与炀帝相会，处罗不来。炀帝大怒，适逢西突厥的首长射匮派使者来隋求婚，裴矩便上奏说："处罗可汗不来朝，不过是自恃强大。臣请用计削弱他，分裂他的国家，这就容易制服他了。射匮是达头可汗的孙子，世代都是可汗，现在因失职附属于处罗可汗。如果很好地对待他，拜他为大可汗，那么突厥就会分裂了。"炀帝赞同这一意见。便召见告知射匮的使者，要射匮杀死处罗，然后才答允他的求婚。射匮知悉后非常高兴，便出兵袭击处罗。处罗大败，带领数千骑兵往东奔到高昌。炀帝派裴矩和向氏赶到玉门关，谕令处罗入朝。十二月，处罗可汗来到临朔宫，炀帝非常高兴，对他特别优待，但处罗始终快快不乐。

王薄、张金称、高士达、窦建德等起兵。

炀帝自去年起便计划着要征讨高丽，下诏在山东置府，令养军马以供军役。又征发民夫运米到塞下，拉运粮食的牛车都没有返回，士卒死亡了一半多。致使耕种失时，谷价腾贵，东北边地尤甚，一斗米值数百钱。运来的米有的很粗劣，便让百姓买这些粗劣的米以补偿损失。又征发小车夫六十余万，二人共推米

三石，道路险远，不足充粮粮。至镇，无可输，皆惧罪亡命。重以官吏侵渔，百姓穷困，于是始相聚为群盗。

邹平民王薄拥众据长白山，剽掠齐、济之郊，自称"知世郎"，言事可知矣。又作《无向辽东浪死歌》以相感劝，避征役者多往归之。

平原东有豆子䴚，负海带河，地形深阻，群盗多匿其中。有刘霸道者家于其旁，喜侠，食客常数百人，远近多往依之，有众十余万，号阿舅贼。

漳南人窦建德少尚气侠，胆力过人。会募人征高丽，建德以选为二百人长。同县孙安祖亦以骁勇选为征士，安祖辞以家为水漂，妻子馁死。县令怒，笞之。安祖杀令，亡抵建德。建德谓曰："文皇帝时，天下殷盛，发百万之众以伐高丽，尚为所败。今水潦为灾，百姓困穷，加之往岁西征，行者不归，疮痍未复，主上不恤，乃更发兵亲击高丽，天下必大乱。丈夫不死，当立大功，岂可但为亡虏邪！"乃集无赖少年，得数百人，使安祖将之，入高鸡泊中为群盗。时鄃人张金称聚众河曲，蓚人高士达聚众于清河。郡县疑建德与贼通，悉收其家属杀之。建德帅麾下二百人亡归士达。士达自称东海公，以建德为司兵。顷之，安祖为金称所杀，其众尽归建德，建德兵至万余人。建德能倾身接物，与士卒均劳逸，由是人争附之，为之致死。

自是所在群盗蜂起，不可胜数，徒众多者至万余人，攻陷城邑。敕都尉、鹰扬与郡县追捕，然莫能禁。

三石,道路险远,运的粮还不够供车夫在路上吃。到达目的地,连运的粮食也没有了,车夫畏罪逃亡。再加上官吏鱼肉百姓,百姓穷困不堪,于是开始聚众为盗。

邹平的平民王薄拥有部众占据了长白山,在齐郡、济北郡一带劫掠,自称"知世郎",说可以预知事势。又作《无向辽东浪死歌》来鼓动百姓,逃避征役的人很多都投奔王薄。

平原郡东有豆子䴚,靠海带河,地形深远险阻,成群的盗贼大都藏匿在这里。有一个称刘霸道的人家住豆子䴚旁,喜侠义,家中养的食客常有数百人,远近的人都依附他,有十余万部众,号称阿舅贼。

漳南人窦建德少年时就崇尚豪侠义气,胆识和气力都超越常人。这时朝廷要招募人去征讨高丽,窦建德被挑选为二百人长。同县的孙安祖也因骁勇被挑选为征士,孙安祖以家中被水淹没、妻儿饿死为理由不愿去。县令发怒,鞭打孙安祖。孙安祖杀死了县令,逃到窦建德处。建德对他说:"文帝时,天下富足,国家强盛,征发了百万军队攻伐高丽,尚且被高丽打败。现在水涝成灾,百姓穷困,加上以前西征,去的人都没有回来,国家的疮痍还未平复,皇上却不知体恤民苦,又要发兵亲征高丽,天下肯定要大乱了。大丈夫在此时如不死的话,应当建立大功,岂可只做一名逃亡者!"于是便招集无赖少年数百人,让孙安祖率领,进入高鸡泊中做盗贼。这时鄃县人张金称在河曲纠集徒众,蓨郡人高士达在清河纠集徒众。郡县的官员怀疑窦建德和盗贼有勾结,便将他的家属抓起来杀掉。窦建德率领他部下二百人逃奔高士达。高士达自称为东海公,任命窦建德为司兵。不久,孙安祖为张金称所杀,安祖的徒众都归附了窦建德,窦建德兵力增至万余人。窦建德待人接物能尽心尽意,和士卒同甘共苦,因此人们都争着归附他,为他效命。

从此到处都是群盗蜂起,不可胜数,徒众多的可达万余人,攻城陷邑。炀帝下诏令都尉、鹰扬郎将与郡县配合追捕盗贼,却无法禁止。

壬申（612） 八年

春正月，分西突厥为三部。

帝分西突厥为三，使处罗之弟阙达度设将羸弱万余口居会宁，特勒大奈别将余众居楼烦，处罗将五百骑常从巡幸，赐号曷娑那可汗。

道士潘诞伏诛。

诞自言三百岁，为帝合炼金丹。帝为之作嵩阳观，所费巨万。诞云："金丹应用石胆、石髓。"发工凿石深百尺者数十处，不得。乃言："若得童男女胆髓各三斛六斗，可以代之。"帝怒，锁诣涿郡，斩之。

遣诸军分道击高丽。

四方兵皆集涿郡。帝征合水令庾质，问曰："高丽之众不能当我一郡，今朕以此众伐之，卿以为克不？"对曰："伐之可克。然陛下亲行，战或未克，惧损威灵。若车驾留此，命猛将劲卒，指授方略，倍道兼行，出其不意，克之必矣。事机在速，缓则无功。"帝不悦。尚方监耿询上书切谏，帝大怒，命左右斩之。何稠苦救，得免。

诏左十二军出镂方、乐浪等道，右十二军出黏蝉、襄平等道，络驿引途，总集平壤，凡一百一十三万人，其馈运者倍之。帝亲授节度：每军大将、亚将各一人；骑兵四十队，队百人，十队为团；步卒八十队，分为四团，团各有偏将一人。其铠胄、缨拂、旗幡，每团异色。受降使者一人，承诏慰抚，不受大将节制。其辎重散兵等亦为四团，使步卒挟之而行。日遣一军，相去四十里，连营渐进。御营六军后

壬申(612)　隋炀帝大业八年

春正月,分西突厥为三部。

炀帝将西突厥分为三部:处罗可汗的弟弟阙达度设带领羸弱的部众一万余人居于会宁;特勒大奈带领余众居于楼烦;处罗可汗则带领五百骑兵常跟随炀帝的车驾巡游,并赐号为曷娑那可汗。

道士潘诞被诛杀。

潘诞自称三百岁,为炀帝炼金丹。炀帝为他建造嵩阳观,花费了巨万钱财。潘诞说:"炼金丹要用石胆、石髓。"于是便征发民工开凿山中的石头深达百尺,有数十处之多,没有找到。潘诞便说:"如果能得到童男女胆、髓各三斛六斗,就可替代石胆、石髓。"炀帝大怒,将潘诞枷锁起来送往涿郡斩首。

派遣各路军分道进攻高丽。

全国各地的军队都集中到了涿郡。炀帝召合水令庚质问道:"高丽的人数还比不上我国的一郡,现在我国这么多的军队征讨高丽,你以为能否取胜?"庚质回答道:"征讨是可以取胜的。但如果陛下亲征的话,战事万一不能取胜,恐怕会有损陛下的威严。如果您留在这里,指派能征善战的将官带领勇敢的兵士,授予作战方略,急速行军,出其不意地出击敌军,这就一定能取胜。兵贵神速,迟了就会无功而返。"炀帝很不高兴。尚方监耿询上书炀帝恳切劝谏不要出征,炀帝大怒,命左右将耿询斩首。何稠竭力劝救,耿询才得免死。

炀帝诏令左十二军从镂方、乐浪等道出征,右十二军从黏蝉、襄平等道出征,人马相继,不绝于途,在平壤汇集,总计一百一十三万人,运送军需品的人加一倍。炀帝亲自指挥:每军设大将、亚将各一人;骑兵四十队,每队百人,十队为一团;步兵八十队,分为四团,每团各设偏将一人。铠胄、缨拂、旗幡,每团颜色都不同。设受降使者一人,负责奉受诏书,招抚慰问,不受大将的节制。其他辎重、散兵等也分为四团,由步兵护送而行。每天遣发一军,每军相距四十里,连营渐进。炀帝的御营六军最后

发。首尾亘千余里，近古出师之盛，未之有也。

内史令元寿卒。　三月，左候卫大将军段文振卒于师。

文振尝上表曰："陛下宠待突厥太厚，处之塞内，资以兵食，戎狄之性，无亲而贪，异日必为国患，宜以时谕遣，令出塞外，然后明设烽候，缘边镇防，务令严重，此万岁之长策也。"兵曹郎斛斯政以器干有宠，帝使专掌兵事。文振屡言政险薄，不可委以机要，不从。及征高丽为左候卫大将军，出南苏道，道病，上表曰："陛下以辽东未服，亲降六师，夷狄多诈，深须防拟，口陈降款，毋宜遽受。水潦方降，不可淹迟。唯愿严勒诸军，星驰速发，水陆俱前，出其不意，则平壤孤城势必可拔。如不时定，脱遇秋霖，兵粮必竭，强敌在前，靺鞨出后，迟疑不决，非上策也。"及卒，帝甚惜之。

诸军度辽水，击败高丽兵，遂围辽东。

师进至辽水，高丽兵阻水拒守，隋军不得济。将军麦铁杖谓人曰："丈夫性命自有所在，岂能卧死儿女手中乎？"乃自请为前锋。帝命造浮桥于西岸。既成，趣东岸，桥短不及岸丈余。高丽兵大至，铁杖跃而登岸，与钱士雄、孟叉等皆战死。何稠接桥，二日而成，诸军继进，大战，高丽兵败。诸军乘胜进围辽东城，即汉之襄平城也。车驾度辽，引曷萨那可汗及高昌王伯雅观战处，以慑惮之。命尚书卫文升抚其民，给复十年，建置郡县。

夏五月，纳言杨达卒。　六月，帝至辽东，攻城不克。

出发。全军首尾共千余里，如此盛大的出师，近古以来未有。

内史令元寿去世。　三月，左候卫大将军段文振在军中去世。

段文振曾上表炀帝说："陛下对待突厥太宠爱了，将他们安置到塞内，又供给他们武器、粮食。戎狄的本性是不讲亲情而且贪婪，以后必会成为国家的祸患，应在适当的时候告谕他们，令他们迁到塞外去，然后公开设置烽火瞭望台，缘着边境设置镇防，务必下令重视这一措施，这才是万年长远的策略。"兵曹郎斛斯政以精明能干为炀帝宠信，炀帝叫他专管军事。段文振屡次向炀帝进言说斛斯政为人险诈薄情，不可委以机要重任，炀帝不听。到征高丽时，段文振为左候卫大将军，率军出南苏道，在途中患病，上表说："陛下因辽东未能归服，亲自率领大军征讨，但夷狄多诈，必须严密防备。如他们口头提出投降条款，不宜仓促接受。现在大水刚刚下退，不可迟缓耽误。但愿陛下严厉约束各军，像流星飞驰一样急速出发，水陆并进，出其不意，则平壤孤城一定能攻下。如果没有抓住这一时机做出决定，倘若遇到秋雨连绵，兵粮就会供应不上，强敌在前，鞑鞨又在背后，迟疑不决，不是上策。"这时段文振去世，炀帝觉得非常惋惜。

各军渡过辽水，击败高丽兵，便把辽东包围起来。

军队进抵辽水，高丽兵依仗辽水据守，隋军不得渡过。将军麦铁杖对人说："大丈夫的生命自有归宿，怎么能不死在战场上而躺着死在儿女手中呢？"便自请担任前锋。炀帝命令在西岸造浮桥。浮桥造好后引向东岸，因桥短差一丈多未能抵岸。这时高丽兵大批赶到，麦铁杖一跃而起，跳上东岸，和钱士雄、孟叉等都战死。何稠负责接长了浮桥，两天就完成了，各军继续前进，经过激烈的战斗，高丽兵败。各军乘胜进围辽东城，即汉代的襄平城。炀帝渡过辽水，带引着曷萨那可汗和高昌王麹伯雅参观了战场，以威慑高丽。炀帝命尚书卫文升抚慰当地居民，免去他们十年的赋役，设立郡县进行统治。

夏五月，纳言杨达去世。　六月，隋炀帝到达辽东，攻城没有攻下。

　　诸将之东下也,帝亲戒之曰:"今者吊民伐罪,非为功名。诸将或欲轻兵掩袭,孤军独斗,立一身之名,以邀勋赏,非大军行法。公等进军当分为三道,有所攻击必三道相知。凡军事进止,皆须奏闻待报。"至是,辽东婴城固守,帝命诸军攻之。又敕诸将,高丽若降,即宜抚纳,不得纵兵。城将陷,城中辄请降,诸将不敢赴,先令驰奏,比报至,城中守御亦备,随出拒战。如此再三,帝终不悟。既而城久不下。帝幸辽东城南,召诸将责之曰:"公今畏死,莫肯尽力,谓我不能杀公邪!"因留止城西。高丽诸城各坚守不下。

将军来护儿以水军攻平壤,败绩。

　　护儿帅江、淮水军,舳舻数百里,浮海先进,入自浿水。去平壤六十里,与高丽相遇,进击大破之。护儿欲乘胜趣其城,副总管周法尚止之,请俟诸军俱进。护儿不听,直造城下。高丽伏兵郭内,出兵与战而伪败。护儿逐之入城,纵兵俘掠,无复部伍。伏发,大败而还。高丽追至船所,周法尚整陈待之,高丽乃退。

秋七月,将军宇文述等九军大败于萨水而还。

　　将军宇文述、于仲文、辛世雄、卫文升等九人分出诸道,会于鸭绿水西。兵自泸河、怀远二镇,人马皆给百日粮。又给衣资、戎具、火幕,人别三石已上,重莫能胜。述令军中遗弃米粟者斩,士卒皆于幕下掘坑埋之。才及中路,粮已将尽。

各位将领向东进军时,炀帝亲自告诫他们道:"今天我们是抚慰百姓惩罚有罪,不是为了功名。各位将领如果想轻兵袭击,孤军独自战斗,建立个人功名,邀赏请封的话,这不符合大军作战的方法。你们进军应当分为三路,遇到攻战的时候必须三路相互配合。凡是军队的前进和停留,都必须奏报,等待复命,不许擅自行事。"这时,辽东方面据城固守,炀帝便下令攻城。又下令诸将说,高丽如果投降,便安抚接纳,不得放纵兵士杀掠。城将要攻陷的时候,城中就说要投降,诸将不敢去纳降,便派人飞马奏报炀帝,待答报下来,城中的守御已重新调整巩固好,接着坚守拒战。就这样反复了几次,炀帝仍不省悟。因此城池久攻不下。炀帝来到辽东城南,召集诸将责备说:"你们都怕死,不肯尽力攻城,以为我不敢杀你们吗?"炀帝因而留在城西。高丽各城都在坚守,未能攻下。

将军来护兒用水军从海上攻平壤,结果失败。

来护兒率领长江、淮河的水军,乘战船在海上航行数百里,首先从浿水进入高丽。在距离平壤六十里的地方与高丽兵相遇。隋军进击,大败高丽兵。来护兒想乘胜进取平壤,副总管周法尚阻止他,要他等候诸军一起进军平壤。来护兒不听,率兵直抵城下。高丽预先在城郭内布置伏兵,然后出城与隋军作战,假装打败。来护兒追逐他们入城,放纵兵士去抢掠,这时已经不成队伍了。这时埋伏在城郭内的高丽兵突然发起攻击,隋军大败而退。高丽兵追至泊船的地方,周法尚在这里严阵以待,高丽兵才退去。

秋七月,将军宇文述等九军在萨水大败而还。

将军宇文述、于仲文、辛世雄、卫文升等九人分道出兵,在鸭绿水西面会齐。宇文述率兵从泸河、怀远二镇出发,人马都备足一百天的粮食。又给衣物、武器、火幕等,每人的负重有三石以上,使人无法负担。宇文述下令军中说,凡是遗弃米粟的,都要斩首。士卒便都在帐幕底下掘坑埋粮食。只走到半途,粮食便快吃完了。

高丽遣大臣乙支文德诣其营诈降，实欲观虚实。于仲文先奉密旨："若高元及文德来者，必擒之。"至是仲文将执文德，慰抚使刘士龙固止之，遂听其还。既而悔之，遣人召之，不至。述以粮尽欲还，仲文议以精锐追文德，述固止之。仲文怒曰："古之良将能成功者，军中之事决在一人。今人各有心，何以胜敌！"时帝以仲文有计划，令诸军谘禀节度。由是述等不得已而从之，与诸将度水追文德。文德见述军士有饥色，故欲疲之，每战辄走。述一日之中，七战皆捷，遂济萨水，去平壤城三十里，因山为营。文德复遣使诈降于述，曰："若旋师者，当奉高元朝行在所。"述见士卒疲弊，不可复战，又平壤险固，度难猝拔，遂还。至萨水，军半济，高丽自后击之，辛世雄战死，诸军俱溃，将士奔还，一日夜至鸭绿水，行四百五十里。王仁恭为殿，击高丽，却之。来护儿亦引兵还。唯卫文升一军独全。

初，九军度辽，凡三十万五千人，及还至辽东，唯二千七百人，资械荡尽。帝大怒，锁系述等而还。是行也，惟于辽水西拔高丽武厉逻，置辽东郡及通定镇而已。

九月，帝还东都。慰抚使刘士龙伏诛，诸将皆除名。

宇文述素有宠，其子士及尚帝女南阳公主，故帝不忍诛，与于仲文等皆除名为民。斩刘士龙以谢天下。诸将皆委罪于仲文，帝独系之。仲文忧恚，病卒。

山东大旱。　杀张衡。

高丽派遣大臣乙支文德到隋军营中诈称投降,实际上是想观看军中的虚实情况。于仲文预先得到炀帝密令:"如果高元和文德来,一定要将他擒拿。"这时于仲文准备要擒乙支文德,慰抚使刘士龙坚决阻止他这样做,于仲文便让乙支文德回去了。后来于仲文后悔,又派人去召乙支文德,结果没有回来。宇文述因为军中粮食将尽想退兵,于仲文商议以精兵去追乙支文德,宇文述一再制止他。于仲文发怒说:"古代的良将之所以能成功,原因就在军中之事由一人决定。现在各人有各人的主意,这样怎么能取胜!"当时炀帝认为于仲文有计谋,所以令诸军听从他指挥调度。宇文述因此不得已听从于仲文,和诸将渡鸭绿水追乙支文德。乙支文德见宇文述的军士有饥饿的样子,便故意使他们疲劳,每次战斗,打了就走。宇文述一日之中,连续打了七次胜仗,渡过萨水,在距离平壤城三十里处倚山扎营。乙支文德又派使者来诈降说:"如果隋师能退,就一定让高元到皇帝驻地朝见皇帝。"宇文述见自己的士卒已很疲劳,不能再作战了,平壤又险固,一时难以攻下,便退兵了。到萨水时,军队刚渡过一半,高丽兵从后面袭击,辛世雄战死,诸军都溃散,将士逃奔回去,一日一夜到达鸭绿水,行程四百五十里。王仁恭殿后,打退了高丽的追兵。来护儿也引兵退还。只有卫文升一军保存完整。

当初九军渡辽水的时候,共有三十万五千人,现在回到辽东的仅二千七百人,物资也丧失殆尽。炀帝大怒,把宇文述等锁押带了回来。这次征讨行动,仅于辽水西攻克了高丽的武厉逻,设置了辽东郡和通定镇而已。

九月,隋炀帝回到东都。慰抚使刘士龙被诛杀,诸将被罢免官职,降为平民。

宇文述一向受宠,他的儿子士及娶了炀帝的女儿南阳公主,所以炀帝不忍杀他,将他和于仲文等都除职,降为平民。杀了刘士龙以向天下谢罪。诸将领都将战败的罪过推到于仲文身上,炀帝只把他一人关押起来。于仲文又忧又气,病死了。

山东大旱。 杀张衡。

衡既放废,帝每令亲人觇之。及还自辽东,衡妾告衡怨望谤讪,诏赐自尽。衡临死大言曰:"我为人作何等事,而望久活!"监刑者塞耳,促令杀之。

癸酉(613)　九年
春正月,征天下兵集涿郡。始募民为骁果。　灵武白瑜娑兵起。

贼帅白瑜娑劫牧马,连突厥,陇右多被其患,谓之奴贼。

命代王侑留守西京。

以刑部尚书卫文升辅之。

二月,复宇文述官爵。

诏曰:"兵粮不继,乃军吏失于支料,非述罪也,宜复其官爵。"寻加开府仪同三司。

三月,济阴孟海公起兵,据周桥。

海公众至数万,见人称引书史,辄杀之。

帝复自将击高丽,命越王侗留守东都。

帝议复伐高丽,光禄大夫郭荣谏曰:"千钧之弩,不为鼷鼠发机,奈何亲辱万乘以敌小寇乎?"不听而行。命民部尚书樊子盖辅侗守东都。

齐郡丞张须陀击王薄等,破之。

时所在盗起,齐郡王薄、孟让,北海郭方预,清河张金称,平原郝孝德,河间格谦,勃海孙宣雅,各聚众攻剽,多者十余万,少者数万人,山东苦之。天下承平日久,人不习兵,郡县吏每与贼战,望风沮败。唯齐郡丞张须陀得士众心,勇决善战,将郡兵击王薄,大破之。薄北连孙宣雅、郝孝德等十余万攻章丘,须陀帅步、骑二万击之,贼众大败。

张衡既被除职,发放回家后,炀帝还命他的亲人监视他的行动。到了炀帝从辽东回来后,张衡的妾告发他对朝廷怨恨和讥谤,炀帝下诏要张衡自尽。张衡临死前喊道:"我为人做了什么事,还想能活得长久?"监刑的人堵起耳朵,催促杀死了他。

癸酉(613) 隋炀帝大业九年

春正月,征调全国兵员集中到涿郡。开始招募平民为侍卫皇帝的骁果兵。 灵武的白瑜娑起兵。

贼首白瑜娑劫掠牧马,勾结突厥,陇右地区多受他的侵扰,人们称他为奴贼。

命令代王杨侑留守西京。

炀帝委派刑部尚书卫文升辅佐杨侑留守西京。

二月,恢复宇文述的官爵。

炀帝下诏说:"兵粮接济不上,是军吏供应上的过错,不是宇文述的罪过,应该恢复他的官爵。"不久,又加赐他为开府仪同三司。

三月,济阴人孟海公起兵,占据了周桥。

孟海公的部众有数万人,他看见凡是引用图书和历史的人就杀掉。

炀帝又要亲征高丽,命令越王杨侗留守东都。

炀帝商讨再伐高丽,光禄大夫郭荣谏道:"能发射千钧重的弩不会对着小老鼠发机,陛下何必亲自去征讨这小寇呢?"炀帝不听,出发东征。炀帝命令民部尚书樊子盖辅佐杨侗守东都。

齐郡丞张须陀进击王薄等,大败王薄。

这时很多地方都有盗贼,齐郡王薄、孟让,北海郭方预,清河张金称,平原郝孝德,河间格谦,勃海孙宣雅,各自聚众攻掠,多的有十余万,少的有数万,山东地区深受其害。天下太平的日子一长,人们都不习惯打仗了,各郡县的官吏每次和盗贼作战,都望风溃败。只有齐郡丞张须陀得士众之心,勇敢果断,善于战斗,带领郡兵进击王薄,大败王薄。王薄北边连结孙宣雅、郝孝德等十余万人攻章丘,张须陀带领二万步、骑兵进击,贼众大败。

贼帅裴长才等众二万掩至城下，须陀未暇集兵，帅五骑与战，贼竞赴之，围百余重，身中数剑，勇气弥厉。会城中兵至，贼稍却，须陀督众击之，败走。郭方预等合军攻陷北海，大掠而去。须陀谓官属曰："贼恃其强，谓我不能救。吾今速行，破之必矣。"乃简精兵倍道进击，大破之。

历城罗士信年十四，从须陀击贼于潍水上。贼始布陈，士信驰至陈前刺杀数人，斩一人首掷空中以稍承之，揭以略陈，贼徒愕眙，莫敢近。须陀因引兵奋击，贼众大溃。须陀叹赏，引置左右。每战，须陀先登，士信为副。

夏四月，帝度辽水，遣诸将击高丽。

车驾度辽，遣宇文述与杨义臣趣平壤。王仁恭出扶余道，进至新城，高丽兵数万拒战，仁恭帅劲骑一千击破之。高丽婴城固守。帝命诸将攻辽东，听以便宜从事。飞楼、橦、云梯、地道，四面俱进，昼夜不息，而高丽应变拒之，二十余日不拔，主客死者甚众。

六月，楚公杨玄感起兵黎阳，围东都。

玄感骁勇，便骑射，好读书，喜宾客，海内知名之士多与之游。蒲山公李密，弼之曾孙也，少有才略，志气雄远，轻财好士，为左亲侍。帝见之，谓宇文述曰："左仗下黑色小儿，瞻视异常，勿令宿卫！"述乃讽密使称病自免，密遂屏人事，专务读书。尝乘黄牛读《汉书》，杨素遇而异之，与语大悦，谓玄感等曰："汝等不及也。"由是玄感与为深交。时

盗贼首领裴长才等率众二万突然杀至城下，张须陀没有来得及召集士兵，只带五个骑兵与之战斗，贼众争相围困张须陀，包围有百余重。张须陀身中数剑，作战勇气更加高涨。这时城中的兵士杀至，贼众稍为退却，张须陀便指挥兵士进击，贼众才败走。郭方预等又汇合贼众攻陷北海，大掠而去。张须陀对他的下属说："贼众恃其势强，以为我不敢去救助。现在我们急速进军，就一定能破贼。"于是便挑选精兵兼程进击，大破贼军。

历城人罗士信年龄十四岁，跟随张须陀在潍水追击贼众。贼众刚布开阵势，罗士信就冲到阵前刺杀了数人，他砍下一个盗贼的首级，将它抛向空中，以长矛接起，举着示众。贼众惊得目瞪口呆，不敢靠近他。张须陀因而指挥兵士奋力出击，贼众大溃。张须陀叹赏罗士信勇敢，把他安置在自己的左右。每次战斗，张须陀先上，罗士信次之。

夏四月，炀帝渡辽水，调遣诸将合击高丽。

炀帝渡过辽水，调遣宇文述和杨义臣进军平壤。王仁恭率军自扶余道出军，进军至新城，高丽兵数万阻击，王仁恭带劲骑一千名击破高丽兵。高丽据城固守。这次炀帝命诸将攻辽东，允许他们在前线可以根据具体情况，相机行事。隋军用飞楼、橦木、云梯、地道，从城的四面一齐进攻，昼夜不停，但高丽随机应变抗拒隋军，经过二十余天，城还未能攻下，主客双方死的人都很多。

六月，楚公杨玄感在黎阳起兵，包围东都。

杨玄感作战勇猛，骑马射箭娴熟，喜欢读书和交结宾客，海内知名人士多与他交结。蒲山公李密是李弼的曾孙，少时便有才识，志气远大，轻财好士，曾为左亲侍。炀帝看见他，对宇文述说："左边仪仗下的那个黑色小子，看起来有点不同寻常，不要叫他担任宿卫。"宇文述便暗示李密称病请免去其职。于是李密屏却各种人事来往，专心读书。他曾乘着黄牛车读《汉书》，杨素遇见觉得他与众不同，和他谈话后，非常喜欢他，对玄感等人说："你们都比不上李密。"从此杨玄感便与李密结为深交。有时

或侮之，密曰："若决机两陈之间，喑呜咄嗟，使敌人震慑，密不如公；驱策天下贤俊，各申其用，公不如密：岂可以阶级稍崇而轻天下士大夫邪！"玄感笑而服之。

素恃功骄倨，或失臣礼，帝心衔而不言。及素卒，谓近臣曰："使素不死，终当族灭。"玄感知之，内不自安，且以朝政日紊，乃与诸弟潜谋作乱。帝方事征伐，玄感自言："世荷国恩，愿为将领。"帝喜，宠遇日隆，颇预朝政。

至是命玄感于黎阳督运，遂与虎贲郎将王仲伯、汲郡赞治赵怀义等谋，故为逗留，欲令诸军乏食。弟郎将玄纵、万石，并从幸辽东，玄感潜召之，皆亡还。万石至高阳，为人所执，斩于涿郡。

时来护儿以舟师自东莱将入海趣平壤，玄感遣家奴伪为使者从东方来，诈称护儿反。六月，玄感入黎阳，大索男夫，移书旁郡，以讨护儿为名，各令发兵会于仓所。以怀义为卫州刺史，元务本为黎州刺史，河内主簿唐祎为怀州刺史。

御史游元督运在黎阳，玄感谓曰："独夫肆虐，陷身绝域，此天亡之时也。我今亲帅义兵，以诛无道，卿意如何？"元正色曰："尊公荷国宠灵，近古无比。公之弟兄，青紫交映，当谓竭诚尽节，上答鸿恩。岂意坟土未干，亲图反噬！仆有死而已，不敢闻命。"玄感怒而囚之，屡胁以兵，不能屈，乃杀之。元，明根之孙也。

玄感选运夫少壮者，得五千余人，篙梢三千余人，

杨玄感或要轻侮李密,李密道:"如果论在两军对阵时采取适宜决策,愤怒呵叱,使敌人震惊慑服,我不如您;论指挥天下贤士俊杰各施展才学,您不如我:怎么可以因您的地位稍高而轻慢天下的士大夫呢!"杨玄感笑了起来,很佩服李密。

杨素恃着功劳大,骄横倨傲,在朝廷上有时有失臣子的礼节,炀帝记在心上但没有说话。等到杨素死后,炀帝便对近臣道:"假如杨素不死的话,终会遭受灭族之祸的。"杨玄感听到这句话,内心很不安宁,而且他见朝廷政事日趋紊乱,便和诸弟暗中策划作乱。炀帝这时正在征讨高丽,杨玄感上言道:"我世代蒙受国家恩惠,希望能充当出征的将领。"炀帝很高兴,对杨玄感的宠信逐渐加深,也让他参预朝政。

这时候炀帝便命令杨玄感到黎阳督运军事物资。杨玄感与虎贲郎将王仲伯、汲郡赞治赵怀义等人商议,要故意逗留,拖延军粮供应,使诸军缺粮。杨玄感的弟弟郎将杨玄纵、杨万石跟随炀帝到辽东,杨玄感暗中召他们回来,二人都逃了回来。杨万石到高阳时,被人抓起来,在涿郡斩首。

这时来护儿将要率领舟师从东莱入海去平壤,杨玄感派家奴冒充从东方来的使者,诈称来护儿谋反。六月,杨玄感进入黎阳,大肆征索男丁,并向附近各郡发送文书,以讨伐来护儿为名,令各郡发兵到黎阳仓所集结。杨玄感任命赵怀义为卫州刺史,元务本为黎州刺史,河内主簿唐祎为怀州刺史。

御史游元在黎阳督运军粮,杨玄感对他说:"独夫肆行暴虐,使他自己陷入绝境,这正是上天要灭亡他的时候。我现在亲自带领义兵诛灭无道之人,你认为怎样?"游元严正地对他说:"您的父亲受国家恩宠福泽,近世无人能比得上。您的兄弟都位居高官显爵,本应竭诚尽忠,上答厚恩。岂料您父亲坟土未干,您就亲自策划造反!我只有一死而已,不敢听命。"杨玄感发怒,将他囚禁起来。又屡次威胁要杀害他,他也没有屈服,最终把他杀掉了。游元是游明根的孙子。

杨玄感从民夫中挑选出少壮有力者五千人,船夫三千余人,

刑三牲誓众，且谕之曰："主上无道，不以百姓为念，天下骚扰，死辽东者以万计。今与君等起兵，以救兆民之弊，何如？"众皆踊跃称万岁。乃勒兵部分。唐祎逃归河内。

先是玄感阴遣召李密及弟玄挺。密至，玄感大喜，问计，密曰："天子出征，远在辽外，去幽州犹隔千里。公拥兵出其不意，长驱入蓟，扼其咽喉。高丽闻之，必蹑其后，不过旬日，资粮皆尽，其众不降则溃，可不战而擒，此上计也。"玄感曰："更言其次。"密曰："关中四塞，天府之国，虽有卫文升，不足为意。今帅众鼓行而西，经城勿攻，直取长安，收其豪杰，抚其士民，据险而守之。天子虽还，失其根本，可徐图也。"玄感曰："更言其次。"密曰："简兵倍道，袭取东都，以号令四方。但恐唐祎告之，先已固守。若引兵攻之，百日不克，天下之兵四面而至，非仆所知也。"玄感曰："不然。今百官家口并在东都，若先取之，足以动其心。且经城不拔，何以示威！公之下计，乃上策也。"遂引兵向洛阳，遣玄挺将千人为前锋，先取河内。唐祎据城拒守，又使人告东都越王侗等勒兵为备。

玄感度河，从者如市。使弟积善将兵三千，缘洛水西入，玄挺逾邙山南入，玄感将三千余人随其后。其兵皆执单刀柳楯，无弓矢甲胄。东都遣河南令达奚善意将精兵五千人拒积善，将作监裴弘策将八千人拒玄挺。善意兵溃，铠仗皆为积善所取。弘策战，败走，玄挺不追。弘策退，

杀猪牛羊三牲誓师起事。他对这些人说:"皇上无道,不以百姓为念,所以天下骚扰,死于辽东之役的以万计。现在我要与你们起兵救百姓于水火之中,你们认为怎样?"大家都踊跃高呼万岁。杨玄感于是开始整军布置。唐祎从杨玄感军中逃回河内。

不久前杨玄感曾暗中派人召李密和弟杨玄挺。李密来到,杨玄感非常高兴,向他问计,李密道:"天子出征,远在辽水以外,与幽州犹隔千里。您率兵出其不意,长驱入蓟,扼住这咽喉地方。高丽听到这消息,一定会追踪隋军的后路,不过十天,隋军资粮耗尽,其军不降则溃,就可以不用战斗便获得胜利,这是上策。"杨玄感说:"请谈其次。"李密说:"关中四面都是要塞,这是天府之国,虽然有卫文升在那里,但不必介意。现在您统帅部众击鼓向西进军,经过的城池不要攻打,直取长安,收编当地豪杰,招抚士民百姓,据守险要之地。天子虽然回来,已失去了根本之地,这样您就可以慢慢策划进取了。"杨玄感道:"请再谈其次。"李密道:"挑选精锐士卒,以急行军袭取东都,可在此号令四方。但恐怕唐祎走漏消息,使东都已做好固守准备。如果攻东都一百天还攻不下,天下的兵马便会从四面调来救助,那时结果如何,就不是我能知道的了。"杨玄感道:"不对。现在官员们的家属都在东都,如果先取东都,就会动摇他们的军心。而且您说经过的城池不要攻打,这怎么能显示我的军威呢?您的下策,其实是上策。"于是杨玄感便引兵指向洛阳,派遣杨玄挺带领一千人为前锋,先取河内。唐祎在河内据城抵抗,又差人去东都告诉越王杨侗等整顿兵马,做好防守准备。

杨玄感渡过黄河,跟随他的人就像市场上的人一样多。杨玄感派其弟杨积善领兵三千沿着洛水向西进军,杨玄挺越过邙山从南面进军,杨玄感带领三千人跟在后面。杨玄感的士兵都手执单刀、柳楯,没有弓箭甲胄。东都方面派河南令达奚善意带领精兵五千人抵抗杨积善,将作监裴弘策带领八千人抵抗杨玄挺。达奚善意的士兵被击溃,铠甲刀仗等都被杨积善军取得。裴弘策在战斗中不敌败走,杨玄挺没有追赶。裴弘策退下来,

收散兵，复结陈以待之。玄挺徐至，坐息良久，忽起击之，弘策又败。如是五战，直抵太阳门。弘策将十余骑驰入宫城，余皆归于玄感。

玄感每誓众曰："我身为上柱国，家累巨万金，至于富贵，无所求也。今不顾灭族者，但为天下解倒悬之急耳。"众皆悦。父老争献牛酒，子弟诣军门请自效者日以千数。

内史舍人韦福嗣为玄感所获，使掌文翰。为书遗樊子盖，数帝罪恶，云欲废昏立明。子盖新自外藩入为京官，东都旧官多慢之，至于部分军事，未甚承禀。裴弘策失利，更使出战，不肯行，子盖斩以徇。于是将吏震肃，无敢仰视，令行禁止。玄感尽锐攻城，子盖随方拒守，玄感不能克。然达官子弟应募从军者，闻弘策死，皆不敢入城。韩擒虎子世咢等四十余人，皆降于玄感，玄感悉以清要重任委之。收兵得五万余人，遣世咢围荥阳，顾觉取虎牢，以为郑州刺史。

代王侑使卫文升帅兵救东都，至华阴，掘杨素冢，焚其骸骨，示士卒以必死，直趋东都城北。玄感屡破之。玄感身先士卒，所向摧陷，又善抚悦其下，皆乐为之死，由是每战多捷，众至十万。文升众寡不敌，死伤且尽，乃更进屯邙山之阳，与玄感决战。会杨玄挺中流矢死，玄感军乃稍却。

帝引军还，遣宇文述、来护儿等击杨玄感。

辽东城久不拔，帝遣造布囊百万，贮土，欲积为大道，高与城齐，使战士登而攻之。又作八轮楼车，高出于城，欲俯射城内。会杨玄感反书至，帝大惧，引苏威入帐中，谓

收集散兵,再布阵以待。杨玄挺慢慢来到,坐着歇了许久,突然发动攻击,弘策又被打败。像这样战斗了五次,一直打到太阳门。弘策带着十几个骑兵驰入宫城,其余的人都归附了杨玄感。

杨玄感每次誓师时都说:"我身为上柱国,家中有万金,对于富贵我是无所求的了。现在我不顾被灭族的危险,不过是为了解救天下百姓罢了。"大家听了都非常高兴。父老们争着献上牛和酒,子弟们自动到军门请求效力的每天有上千人。

内史舍人韦福嗣被杨玄感俘获,杨玄感要他负责起草公文信札。他替杨玄感写信给樊子盖,历数炀帝的罪恶,说要废黜昏君拥立明君。樊子盖是新从外藩调入为京官的,东都的旧官很多都对他轻慢,至于军事部署,也很少向他请示。裴弘策失败后,樊子盖命他出城作战,弘策不肯行,樊子盖便将他斩首示众。于是将吏们震惊肃敬,不敢仰视,樊子盖的命令这才得到彻底执行。杨玄感将精锐全部投入攻城,樊子盖根据军情应变拒守,杨玄感无法攻取城池。但是达官子弟应募从军的人听到裴弘策被处死,都不敢入城。韩擒虎的儿子韩世咢等四十余人投降了杨玄感,杨玄感都将他们委以重任要职。杨玄感招兵得五万余人,派韩世咢包围荥阳,派顾觉攻取虎牢,任命他为郑州刺史。

代王杨侑派卫文升率兵救东都,卫文升到华阴时,挖掘了杨素的坟墓,烧了他的尸骨,向士卒表示死战的决心后,便直奔东都城北。杨玄感几次击破卫文升。玄感身先士卒,所到之处皆被他摧败,他又善于安抚部下,部下都愿为他战死,因此每次战斗多能取胜,部众达十万人。卫文升寡不敌众,死伤得差不多了,便进入邙山的南面,要与杨玄感决战。这时正好杨玄挺被流矢射中死去,杨玄感军便稍为退却。

炀帝引军还,派遣宇文述、来护儿等攻击杨玄感。

辽东城久攻不下,炀帝派人缝制了一百万只布袋,都装满土,准备堆积成大道,待堆到跟城一样高时,使战士登上去攻城。又制造了八轮楼车,高出于城,欲俯射城内。恰好这时报告杨玄感造反的文书到了,炀帝非常害怕,带引苏威进入军帐中,对他

曰："此儿聪明,得无为患。"威曰："玄感粗疏,必无所虑。
但恐因此寖成乱阶耳。"帝又闻达官子弟皆在玄感所,益忧
之。兵部侍郎斛斯政素与玄感通谋,内不自安,亡奔高丽。
帝夜召诸将使引军还,资械委弃,众心恟惧,无复部分。高
丽觉之,然疑其诈,经二日乃出兵追蹑,而不敢逼。

帝遣虎贲郎将陈稜攻元务本于黎阳,又遣宇文述、屈
突通乘传发兵以讨玄感。来护儿至东莱,闻玄感围东都,
召诸将议旋军救之。诸将咸以无敕,不宜擅还,护儿厉声
曰："洛阳被围,心腹之疾;高丽逆命,犹疥癣耳。公家之
事,知无不为。专擅在吾,不关诸人,有沮议者军法从事。"
即日回军,令子弘、整驰驿奏闻。帝时还至涿郡,已敕护儿
救东都,见弘、整甚悦。

先是,将军李子雄坐事除名,从军自效。帝疑之,诏锁
子雄送行在所。子雄杀使者,逃奔玄感。

秋七月,余杭刘元进兵起。

元进手长尺余,臂垂过膝,自以相表非常,阴有异志。
会帝再发三吴兵征高丽,三吴兵皆相谓曰："往岁天下全
盛,吾辈父兄征高丽者犹太半不返,今已罢弊,复为此行,
吾属无遗类矣。"由是多亡命。郡县捕之急,闻元进举兵,
亡命者云集,旬月间众至数万。

杨玄感引兵趣潼关。八月,宇文述等追之,玄感败死。

杨玄感得韦福嗣,委以心膂,不复专任李密。福嗣每

说:"此儿聪明,恐怕要成为祸患了。"苏威说:"杨玄感为人粗疏,不必因他忧虑。但怕的是从此引发为天下大乱。"炀帝又听说贵官的子弟都在杨玄感处,更加忧虑。兵部侍郎斛斯政过去一直和杨玄感通谋,心存恐惧,投奔了高丽。炀帝连夜召集诸将引军回师,军资器械都抛弃了,众人心中恐惧,无法再部署军队了。高丽方面也觉察到这一情况,但怀疑有诈,过了两天后才出兵追蹑隋军,不敢逼近。

炀帝派遣虎贲郎将陈稜去黎阳进攻元务本,又派遣宇文述、屈突通乘驿站的传车出兵讨伐杨玄感。来护儿到了东莱后,听说杨玄感围困东都,便召集诸将商议回军救东都。诸将以为没有接到炀帝的敕令,不宜擅自还师,来护儿厉声说:"洛阳被围困,这是心腹之害;高丽反抗命令,这不过是疥癣之疾。朝廷的事情既然已经知道了,就不能不去做。我可以承担专擅的罪责,与你们无关。如果再有反对意见,就要军法从事了。"当天来护儿便回师,并命令他的儿子来弘、来整乘驿马向炀帝奏报。炀帝这时还至涿郡,已经下敕令命来护儿来救东都了,看见来弘、来整来到,非常高兴。

此前,将军李子雄有罪被革职,在军中效力自赎。炀帝这时对他又起疑心,下诏令将李子雄锁起押赴炀帝车驾驻地。李子雄把使者杀掉,逃奔到杨玄感处。

秋七月,余杭人刘元进起兵。

刘元进手长尺余,臂垂过膝,自以为相貌非同寻常,暗中立下不轨之心。这时炀帝再次征发三吴之兵征高丽,三吴兵都互相说:"往年国家全盛时,我们的父兄出征高丽,尚且大半没有回来,现在国家疲弊,再去打仗,我们这一辈就要灭绝了。"因此有很多人逃亡。郡县官吏到处搜捕逃亡者,逃亡者听说刘元进起兵,都云集到他那里,一个月间便有数万人。

杨玄感带着他的队伍指向潼关。八月,宇文述等追击杨玄感,玄感败死。

杨玄感得到韦福嗣后,便视为心腹,不再专任李密。韦福嗣每

画策,皆持两端。密揣知其意,谓玄感曰:"福嗣元非同盟,实怀观望,明公听之,必为所误,请斩之。"玄感不听。密退,谓所亲曰:"楚公好反而不欲胜,吾属今为虏矣。"

李子雄劝玄感速称尊号,玄感以问密,密曰:"兵起以来,虽复频捷,至于郡县,未有从者。东都守御尚强,天下救兵益至,公当挺身力战,早定关中,乃亟欲自尊,何示人不广也!"玄感笑而止。

屈突通引军屯河阳,宇文述继之。子雄曰:"通晓习兵事,若一得度河,则胜负难决,不如分兵拒之。通不能济,则樊、卫失援。"玄感然之,将拒通。樊子盖知其谋,数击其营,玄感不得往。通济河,军于破陵。玄感分为两军,西抗文升,东拒通。子盖复出兵大战,玄感军屡败。子雄曰:"援军益至,不可久留,不如直入关中,开永丰仓以赈贫乏,三辅可指麾而定,据有府库,东面而争天下,亦霸王之业也。"

会华阴诸杨请为乡导,玄感引兵西趣潼关。宇文述等诸军蹑之。至弘农宫,太守蔡王智积曰:"玄感闻大军将至,欲西图关中,若成其计,则难克也。当以计縻之,使不得进,不出一旬可以成擒。"及玄感军至城下,智积登陴詈之。玄感怒,留攻之。李密谏曰:"公今诈众西入,军事贵速,况乃追兵将至,安可稽留!若前不得据关,退无所守,

次筹划定计,都模棱两可,不作肯定。李密猜出他的用意,对杨玄感道:"韦福嗣原本不是我们的同盟,实际上他还怀有观望之心,您如果听从他的话,必为所误,请杀掉他。"杨玄感不听。李密退下来后对他的亲信说:"楚公要谋反,但又不想取胜。我们从此就要成为俘虏了。"

李子雄劝杨玄感速称帝号,杨玄感征求李密的意见,李密道:"自起兵以来,虽不断取得胜利,但地方郡县却从未归附我们。东都防御尚强,天下救兵来的也渐多,您应当挺身奋力作战,早日平定关中才是。现在您却急于想称帝,为什么要让人看出您这么狭隘呢?"玄感笑了起来,也就不提此事。

屈突通率军驻扎在河阳,宇文述也接着来了。李子雄对杨玄感道:"屈突通是个懂军事的人,一旦他们渡过黄河,谁胜谁负就很难分了,我们不如分兵出击。屈突通渡不了黄河,则樊子盖、卫文升就失去应援了。"玄感觉得这个意见对,就要去出击屈突通军。樊子盖知其计,便数次攻打杨玄感的兵营,使玄感无法出击屈突通。屈突通军渡过黄河,屯军于破陵。杨玄感把军队分成两军,西面抵抗卫文升,东面阻击屈突通。樊子盖又率兵来与杨玄感大战,玄感军屡次失败。李子雄道:"援军来的越来越多,我们不可久留此地,不如直入关中,打开永丰仓来赈济贫民,三辅之地就可以挥手而平定。我们据有府库的钱财物资,向东争夺天下,也可以建立霸王之业。"

正巧这时华阴杨家的人来请求充当向导,杨玄感便率兵向西直指潼关。宇文述等诸军跟踪在后面。到弘农宫时,太守蔡王杨智积说道:"杨玄感听说朝廷大军将到,便想向西谋取关中。要是他的这个计划得逞,就很难把他打败了。我们应当用计把他牵制住,使他不能西进,不出十天就可以把他抓住了。"当杨玄感率军抵达城下时,杨智积登上城楼的女墙上大骂杨玄感。杨玄感发怒,便留下来攻城。李密劝谏说:"您如今使诈的目的是为了西入关中。兵贵神速,更何况后面的追兵就要来了,怎么能在这里停留!如果向前未能占领潼关,后退又没有地方可守,

大众一散,何以自全!"玄感不从,遂攻之。三日不拔,乃引而西。至阌乡,宇文述、卫文升、来护儿、屈突通等军追及之。玄感布陈亘五十里,且战且行,一日三败。乃独与十余骑奔上洛,自度不免,谓积善曰:"我不能受人戮辱,汝可杀我!"积善抽刀斫杀之,因自刺不死,追兵执之。

以唐公李渊为弘化留守。

帝以弘化留守元弘嗣,斛斯政之亲也,遣卫尉少卿李渊驰往执之,因代为留守。渊御众宽简,人多附之。帝以渊相表奇异,又名应图谶,忌之。未几,征诣行在所,渊遇疾未谒,其甥王氏在后宫,帝问曰:"汝舅来何迟?"王氏以疾对,帝曰:"可得死否?"渊闻之惧,因纵酒纳赂以自晦。

吴郡朱燮、晋陵管崇兵起。

燮涉猎经史,颇知兵法,为昆山县博士,与数十学生起兵,民苦役者赴之如归。崇志气倜傥,隐居常熟,群盗相与奉之。时帝在涿郡,命虎牙郎将赵六儿将兵万人屯杨子,以备南贼。崇遣将陆颛袭破其营,收其器械军资,众至十万。

杀杨玄感党与三万余人。

帝使大理卿郑善果、御史大夫裴蕴、刑部侍郎骨仪,与留守樊子盖推玄感党与,谓曰:"玄感一呼而从者十万,益知天下人不欲多,多即相聚为盗耳。不尽加诛,无以惩后。"由是所杀三万余人,枉死者大半。玄感之围东都也,开仓赈给百姓,凡受米者,皆坑之于都城之南。玄感所善文士王胄,坐徙边亡命,捕得诛之。

大众一旦散去,您凭什么来自保呢?"杨玄感不听,便下令攻城。打了三日没能攻下,才引兵向西。进到阌乡,宇文述、卫文升、来护儿、屈突通等军都已追到。杨玄感将军队铺开连绵五十里,边战边走,一天中连打了三次败仗。杨玄感最后仅率十余骑逃奔上洛,自知不能幸免,便对杨积善说:"我不能受人凌辱杀戮,你杀了我吧!"杨积善便抽刀杀了杨玄感,然后又自杀,由于没有死,被追兵捉拿起来。

任命唐公李渊为弘化留守。

炀帝因为弘化留守元弘嗣是斛斯政的亲戚,便派卫尉少卿李渊急驰到弘化去捉拿他,李渊因而代为留守。李渊对待部下宽厚容忍,很多人都归附了他。炀帝因为李渊长相奇异,又名字与图谶相应,对他有所猜忌。不久,炀帝征召李渊到行在所,李渊因有病未去谒见。李渊的外甥女王氏在后宫中,炀帝便问王氏:"你舅舅为什么迟到?"王氏回答说李渊生病了,炀帝说:"会死吗?"李渊知道此事后感到惧怕,因而便以酗酒受贿来自隐才能,不使声名彰著。

吴郡人朱燮、晋陵人管崇率兵起事。

朱燮曾阅读经史方面的书,颇懂兵法,任昆山县博士,和数十名学生起兵,苦于劳役的人都归附他。管崇志向气概不同凡响,在常熟隐居,群盗对他都很尊敬。这时炀帝在涿郡,命虎牙郎将赵六儿领兵万人驻屯杨子以防南贼。管崇派他的将领陆颐去击破赵六儿的营垒,缴获了他的军资器械,部众增到十万人。

杀死杨玄感的党羽三万余人。

炀帝派大理卿郑善果、御史大夫裴蕴、刑部侍郎骨仪和留守樊子盖推究杨玄感的党羽,并对他们说:"杨玄感一呼而从之者十万,这使我明白天下的人不能多,多便会相聚为盗。不把他们都杀了,无以惩戒后人。"因此杀了三万多人,其中大半是枉死的。杨玄感围东都时曾开仓赈济百姓,凡受米的人都被坑死于都城的南面。与杨玄感关系好的文人王胄,受牵连被发配到边地,逃亡后又被捉回杀死。

帝善属文,不欲人出其右。薛道衡死,帝曰:"更能作
'空梁落燕泥'否?"胄死,帝诵其佳句曰:"'庭草无人随意
绿',复能作此语邪?"帝自负才学,每骄天下之士。尝谓侍
臣曰:"天下皆谓朕承藉绪余而有四海,设令朕与士大夫高
选,亦当为天子。"谓秘书郎虞世南曰:"我性不喜人谏,若
位望通显而谏以求名者,弥所不耐。至于卑贱之士,虽少
宽假,然卒不置之地上。汝其知之!"世南,世基之弟也。

冬十月,遣将军吐万绪击刘元进。

刘元进将度江,会杨玄感败,朱燮、管崇共迎元进,推
以为主,据吴郡称天子,署置百官。毗陵、东阳、会稽、建安
豪杰多执长吏以应之。帝遣左屯卫大将军吐万绪、光禄大
夫鱼俱罗,将兵讨之。

**十一月,将军冯孝慈击张金称,败死。　十二月,内史
舍人韦福嗣等伏诛。**

杨玄感之西也,韦福嗣亡诣东都归首。樊子盖得其书
草,封以呈帝,帝命执送行在。李密亡命,为人所获,送东
都。子盖锁送福嗣、密及杨积善、王仲伯等十余人诣高阳。
密与仲伯等窃谋亡去,悉使出其所赍金,以示使者曰:"吾
等死日,此金并留付公,幸用相瘗,其余即可报德。"使者许
诺,防禁渐弛。密请通市酒食,每宴饮喧哗竟夕,使者不以
为意,行至魏郡石梁驿,饮防守者皆醉,穿墙而逸。密呼福
嗣,福嗣曰:"我无罪,天子不过一面责我耳。"至高阳,帝以
书草示福嗣,收付大理。宇文述请为重法,以肃将来。十
二月,就野外缚诸应刑者于格上,使九品以上持兵斫射,支

炀帝擅长文辞,不愿意别人超过他。薛道衡被杀死,炀帝说:"还能写'空梁落燕泥'这样的句子吗?"王胄死后,炀帝吟诵他的佳句道:"'庭草无人随意绿',还能写出这样的句子吗?"炀帝自负有才学,往往看不起天下的文士。他曾对侍臣说:"天下的人都说我是继承先帝遗业才拥有天下的,但如果使我和士大夫们比高低,我也是该当天子的。"炀帝对秘书郎虞世南说:"我生性不喜欢人进谏,如果是显贵的人想以进谏求取名声,我更不能容忍。至于卑贱士人,我虽可以稍加宽容,但也决不会让他有出头之日。你们记住!"虞世南是虞世基的弟弟。

冬十月,派遣将军吐万绪进击刘元进。

刘元进将渡长江,恰逢杨玄感兵败,朱燮、管崇共同迎接刘元进,推他为主。刘元进占据吴郡自称天子,任命百官。毗陵、东阳、会稽、建安的豪杰都把地方官吏抓起来响应刘元进。炀帝派遣左屯卫大将军吐万绪、光禄大夫鱼俱罗领兵讨伐刘元进。

十一月,将军冯孝慈讨伐张金称,冯孝慈兵败身死。 十二月,内史舍人韦福嗣等被处死。

杨玄感西进的时候,韦福嗣逃归东都自首。樊子盖得到韦福嗣起草的信件,就封好呈送给炀帝,炀帝命将韦福嗣押起来送到行在所。李密逃亡后,被人抓获,送至东都。樊子盖一并将韦福嗣、李密和杨积善、王仲伯等十余人扣押锁起来送往高阳。李密和王仲伯等暗中策划要逃跑,将所带的金子全部拿给使者看说:"我们死的时候,这些金子都留给你,希望你能用来埋葬我们,所余的全都归你,作为我们对你的报答。"使者答应,对他们的防禁渐渐松弛。李密请人买来酒食,每次宴饮都喧闹到天亮,使者不以为意,走到魏郡石梁驿,李密等把防守的人都灌醉,便穿墙逃跑。李密叫韦福嗣一起走,福嗣道:"我没有罪,天子不过要当面斥责我罢了。"韦福嗣于是到了高阳,炀帝拿出韦福嗣起草的杨玄感致樊子盖的信给韦福嗣看,并将他交付大理寺审理。宇文述请求用重刑治罪,以儆后人。十二月,就在野外将这些判刑的人绑在木格上,使九品以上的官员都手持兵器砍射,受刑者肢

体糜碎。积善、福嗣仍加车裂。

唐县、扶风妖人作乱,讨平之。 吐万绪击刘元进,破之,管崇败死。诏征绪还,遣王世充代将。元进、朱燮皆败死。

刘元进攻丹阳,吐万绪济江击破之。元进结栅拒绪,相持百余日。元进兵溃,夜遁保垒,与朱燮、管崇等连营百余里。绪乘胜进击,复破之,斩崇。然百姓从乱者如归市,贼败而复聚,其势益盛。

绪以士卒疲弊请息甲待来春,帝不悦。鱼俱罗亦以贼非岁月可平,潜迎诸子于洛,帝怒。有司希旨奏绪怯懦,俱罗败衄。俱罗坐斩。征绪诣行在,绪忧愤,道卒。

帝更遣江都丞王世充发淮南兵数万人讨元进。世充度江,频战皆捷,元进、燮败死,余众降散。世充召降者于通玄寺瑞像前,焚香为誓,约降者不杀。散者闻之,归首略尽,世充悉坑之,死者三万余人。由是余党复相聚为盗,官军不能讨,以至隋亡。帝以世充有将帅才,益加宠任。

又诏:凡为盗者,藉没其家。时群盗所在皆满,郡县官因之各专威福,生杀任情矣。

杜伏威起兵掠江、淮。
章丘杜伏威与临济辅公祏为刎颈交,俱亡命为群盗。伏威年十六,每出则居前,入则殿后,由是其徒推以为帅。下邳苗海潮亦聚众为盗,伏威使公祏谓之曰:“我与君同苦

体破碎。对杨积善、韦福嗣还要加以车裂的刑罚。

唐县、扶风有妖人作乱,炀帝都派兵讨平了。 **吐万绪进击刘元进,大败元进,管崇败死。下诏令吐万绪回来,另派王世充代领其军。刘元进、朱燮都战败身亡。**

刘元进攻丹阳,吐万绪渡过长江击破刘元进。元进筑木栅抗拒吐万绪,相持百余日。元进兵溃退,晚上逃入营垒据守,和朱燮、管崇等营垒连在一起共有一百余里。吐万绪乘胜进击,又破元进军,斩管崇。但是百姓响应造反的就像市场上的人一样多,盗贼被打败后又聚集起来,势力更盛。

吐万绪因士卒疲劳,请求让士卒休息,等明年春天再战,炀帝不高兴。鱼俱罗也认为盗贼不是一年半载可以平定的,暗中派人把在洛阳的几个儿子接回来,炀帝发怒。有关部门的官员揣摩炀帝的心意奏吐万绪胆怯怕死,鱼俱罗吃了败仗。鱼俱罗因此获罪被斩首。炀帝又征召吐万绪到行在,吐万绪忧惧郁愤,死于路上。

炀帝改派江都丞王世充征发淮南兵数万人讨伐刘元进。王世充渡过长江,几次与刘元进交战都取胜了。刘元进、朱燮兵败身亡,余众不是投降就是逃散。王世充召集投降的人在通玄寺菩萨像前焚香为誓,约定投降者不杀。逃散的人听到了差不多都归来投降了,王世充把投降的人全部都坑埋了,死者有三万余人。因此余党又聚在一起为盗,官军不能讨伐,直至隋亡。炀帝以为王世充有将帅才干,更加宠信任用。

炀帝又下诏:凡是做盗贼的,其家属及财产都要没收入官府。当时到处都是盗贼,郡县官因而得以对百姓作威作福,任意生杀予夺。

杜伏威起兵,抢掠长江、淮河一带。

章丘人杜伏威和临济人辅公祏为生死交的朋友,两人都逃亡为盗。杜伏威十六岁,盗贼每次出来行动,杜伏威都走在前面,回归时走在最后,因此徒众都推举他为首领。下邳人苗海潮也聚众为盗,杜伏威派辅公祏对他说:"我与你都受隋朝统治

隋政,各举大义,力分势弱,常恐被擒,若合而为一则足以敌隋矣。君能为主,吾当敬从;自揆不堪,宜来听命。不则一战以决雌雄。"海潮惧,即帅其众降之。伏威转掠淮南,江都留守遣校尉宋颢讨之。伏威与战,阳败,引颢众入葭苇中,因从上风纵火,颢众皆烧死。

甲戌(614) 十年
春二月,征天下兵伐高丽。三月,帝如涿郡。秋七月,次怀远镇。高丽遣使请降。

诏百僚议伐高丽,数日无敢言者。遂复征天下兵,百道俱进。

三月,帝发高阳,士卒在道亡者相继。至临渝宫祃祭,斩叛军者以衅鼓,亦不能止。

时天下已乱,所征兵多不至,高丽亦困弊。来护儿至卑奢城,高丽举兵逆战,护儿击破之,将趣平壤,高丽王元惧,遣使乞降,囚送斛斯政。帝大悦,遣使持节召护儿还。护儿集众曰:"大军三出未能平贼,劳而无功,吾窃耻之。今高丽实困,以此众击之,不日可克,吾欲进兵径围平壤,取高元献捷而归,不亦善乎!"答表请行。长史崔君肃固争,护儿不可,曰:"吾在阃外,事当专决,宁得高元还而获谴,舍此成功所不能也。"君肃告众曰:"若违诏书,必当获罪。"诸将惧,俱请还,护儿乃奉诏。

八月,帝班师。邯郸贼帅杨公卿帅其党八千人抄驾后第八队,得飞黄上厩马四十二匹而去。
冬十月,还西京。

的痛苦，各自举义兵反隋。由于力量分散单薄，常怕被擒。如果我们汇在一起，便可以与隋军为敌了。如您能做主，我一定敬从；如您自度不能，便来听从我的命令。否则的话我们就打一仗以决定胜负。"苗海潮害怕，便带领他的部众归降杜伏威。杜伏威转掠淮南，江都留守派校尉宋颢讨伐他。杜伏威佯作战败，引诱宋颢部众入芦苇丛中，于是从上风纵火，宋颢及其部众皆被烧死。

甲戌（614） 隋炀帝大业十年

春二月，征天下兵伐高丽。三月，炀帝驾至涿郡。秋七月，至怀远镇。高丽派遣使臣来请降。

炀帝下诏百官讨论伐高丽，几天没有人敢说话。炀帝便又征天下兵，分成许多路向高丽进军。

三月，炀帝从高阳出发，兵士不断在路上逃亡。到临渝宫祭祀黄帝的时候，用斩杀逃亡兵士的血来涂在鼓上，也没能阻止逃亡。

这时天下已乱，征召的兵很多都没有来到，高丽也贫困疲惫。来护儿到卑奢城，高丽兵来迎战，来护儿击破高丽兵，将要向平壤进军。高丽王高元恐惧，派遣使者来求降，并把斛斯政也押送来。炀帝非常高兴，派使者带着符节召来护儿回师。来护儿召集部众说："大军三次出师未能荡平贼寇，劳而无功，我认为是个耻辱。现在高丽已疲惫不堪，这次进击，不日就可攻克。我想就此进兵径围平壤，取高元，献捷归国，这不是很好吗？"于是回复炀帝请求出师。长史崔君肃力争遵旨班师，来护儿不答应，说："我在朝廷之外，遇事可以自己决定，我宁可得到高元归国而被责罚，不能放弃这次成功的机会。"崔君肃告诉众人："如果违背诏令，我们都要获罪。"诸将害怕，都请还师，来护儿才接受诏令班师。

八月，炀帝班师。邯郸贼首杨公卿率领其党羽八千人抢劫车驾后面的第八队，获得了飞黄上厩马四十二匹而去。

冬十月，还抵西京。

以高丽使者及斛斯政告太庙,仍征高丽王元入朝,元竟不至。敕将帅严装更图后举,竟不果行。

初,开皇之末,国家殷盛,朝野皆以高丽为意,刘炫独以为不可,作《抚夷论》以刺之,至是其言始验。杀斛斯政,烹其肉,使百官啖之,佞者或啖之至饱。

十一月,祀南郊,大风。

有事于南郊,帝不斋于次,诘朝备法驾,至即行礼。是日大风,一献礼毕,御马疾驱而归。

离石胡刘苗王兵起。

众至数万。

汲郡王德仁起兵,据林虑山。

拥众数万。

十二月,帝如东都,杀太史令庾质。

帝将如东都,太史令庾质谏曰:"比岁伐辽,民实劳弊,陛下宜镇抚关内,使百姓尽力农桑,三五年间,四海稍丰实,然后巡省,于事为宜。"帝不悦。质辞疾不从,帝怒,下质狱,杀之。

齐郡孟让兵掠盱眙,王世充击破之。

孟让自长白山寇掠诸郡,至盱眙,众十余万,据都梁宫,阻淮为固。江都丞王世充将兵拒之,栅塞险要,赢形示弱。民间亦皆结堡自固,野无所掠,贼众渐馁,乃留兵围栅,分人于南方抄掠。世充伺其懈,纵兵出击,大破之,让遁去。

以张须陀为河南讨捕大使。

炀帝以高丽使者和斛斯政祭告太庙,仍要征召高丽王高元入朝,高元最终没来。下令诸将帅时刻准备着再次出征。结果并未实行。

当初开皇末年时,国家殷盛,朝野众人都认为要征伐高丽,唯独刘炫认为不可。他写了《抚夷论》批评了征高丽的论调,到现在他的话才应验了。炀帝杀了斛斯政,把他的肉烹煮熟了让百官吃,那些佞臣有的都吃到饱。

十一月,在南郊举行祭祀,大风。

炀帝在京城南郊举行祭祀活动。他不在斋宫斋戒,而是早晨摆设法驾启行,到达后即行礼。这天大风,炀帝一献礼完毕,车驾便疾驰而归。

离石郡的胡人刘苗王起兵造反。

刘苗王的部众有数万人。

汲郡人王德仁起兵据林虑山造反。

王德仁拥有部众数万人。

十二月,炀帝驾临东都,杀死太史令庾质。

炀帝将要去东都,太史令庾质谏道:"这几年征伐辽东,百姓实在劳苦疲惫,陛下应该坐镇关内安抚百姓,使他们尽力于农桑,在三五年内,待国家逐渐充实富裕,然后再到各地巡视,这样才比较好。"炀帝不高兴。庾质借口有病不能跟随炀帝出巡,炀帝怒,将庾质投入监狱,并杀死了他。

齐郡人孟让起兵劫掠盱眙,王世充率兵打败了他。

孟让自长白山开始劫掠各郡,到了盱眙,部众达十余万人,占据都梁宫,以淮河作为坚固的阵地。江都郡丞王世充率领兵士抗击孟让。他在险要的地方建立栅栏,用羸弱的人防守显示虚弱。老百姓也都修建堡垒自卫,空荡的田野没有可抄掠的东西,贼众渐渐没有东西吃了,便留下一部分兵包围栅栏,分一部分兵到南面进行抄掠。王世充等到对方松懈时,纵兵出击,大破孟让兵,孟让逃跑。

任命张须陀为河南讨捕大使。

齐郡贼帅左孝友众十万,屯蹲狗山,张须陀列营逼之,孝友窘迫出降。须陀威振东夏,以功迁通守,领河南道十二郡黜陟讨捕大使。涿郡贼帅卢明月众十余万军祝阿,须陀将万人邀之。相持十余日,粮尽将退,谓将士曰:"贼见吾退,必悉众来追,若以千人袭据其营,可有大利,此诚危事,谁能往者?"众莫对,唯罗士信及秦叔宝请行。于是须陀委栅而遁,使二人分将千兵伏葭苇中,明月悉众追之。士信、叔宝驰至其栅,栅门闭,二人超升其楼,各杀数人,营中大乱。二人斩关以纳外兵,因纵火焚其三十余栅,烟焰涨天。明月奔还,须陀回军奋击,大破之,明月以数百骑遁去,所俘斩无算。

乙亥(615) 十一年

春正月,增秘书省官百二十员。

帝好读书著述,自为扬州总管,置王府学士至百人,常令修撰,自经术、文章、兵、农、地理、医、卜、释、道,乃至蒲博、鹰、狗,皆为新书,无不精洽,共成万七千余卷。初,西京嘉则殿有书三十七万卷,帝命秘书监柳顾言等诠次,除其复重猥杂,得三万七千余卷,纳于东都修文殿。又写五十副本,分置西京、东都宫省官府。

二月,诏村坞皆筑城。　上谷王须拔、魏刀兒兵起。

上谷贼帅王须拔自称漫天王,魏刀兒自称历山飞,众各十余万,北连突厥,南寇燕赵。

杀郇公李浑,夷其族。

初,高祖梦洪水没都城,意恶之,故迁都大兴。申公李

齐郡贼首左孝友拥众十万人，屯驻蹲狗山，张须陀排列阵营进逼，左孝友无路可走，只得投降。张须陀威振东夏，因有功升为齐郡通守，兼河南道十二郡黜陟讨捕大使。涿郡贼首卢明月率众十余万驻扎在祝阿，张须陀带领万人出击卢明月。两军相持十余日，张须陀粮尽将要退兵，他对将士说："贼兵看见我要退，一定会以全部兵力来追，如果我以一千人袭击他的营地，就会得大利。但这是件危险的事，有谁可担任此事？"大家都不说话，只有罗士信和秦叔宝请行。于是张须陀放弃寨栅退走，派罗、秦二人分别带领一千兵埋伏在芦苇丛中，卢明月带领全体贼众追赶。罗士信、秦叔宝急驰到寨栅，栅门已闭，二人攀登上寨栅的城楼，各杀了数人，营中大乱。二人斩了守关的人并打开关门接纳外面的士兵，又纵火焚烧了其他三十多座寨栅，烟焰满天。卢明月奔还，张须陀回军奋击，大破之。卢明月带着数百骑逃去，张须陀俘斩无数。

乙亥（615）　隋炀帝大业十一年

春正月，增加秘书省官员一百二十人。

炀帝喜欢读书写作，他为扬州总管时便设置王府学士一百人，经常要他们撰述，从经术、文章、兵、农、地理、医、卜、释、道，乃至赌博、鹰、狗等都编撰新书，无不精深博洽，共有一万七千余卷。当初，西京嘉则殿有藏书三十七万卷，炀帝命秘书监柳顾言等进行编选，除去其中重复猥杂之书，共得三万七千余卷，藏于东都修文殿。又另抄写五十套副本，分别藏于西京和东都的宫、省、官府中。

二月，下诏令各村坞都修筑城堡。　上谷人王须拔、魏刀儿起兵。

上谷贼首王须拔自称漫天王，魏刀儿自称历山飞，各有十余万众，北连突厥，南掠燕赵。

杀郕公李浑，夷灭了他的家族。

当初文帝梦见洪水淹没都城，很厌恶，便迁都大兴。申公李

穆薨,孙筠袭爵。叔父浑忿其夸啬,使兄子善衡杀之,而谓妻兄宇文述曰:"若得绍封,当岁奉国赋之半。"述为之言,得为嗣。二岁后,遂不复以国赋与述,述大恨之。至是累官大将军,改封郕公。帝以其门族强盛忌之。会有方士言"李氏当为天子",劝帝尽诛李姓。浑从子将作监敏,小名洪儿,帝疑其名应谶,尝面告之,冀其引决。敏大惧,数与浑及善衡屏人私语。述谮之于帝,遣郎将裴仁基表告浑反。帝收浑等,遣裴蕴等杂治之。数日不得反状。帝更遣述,述诱教敏妻为表,诬告浑谋因度辽,与子弟袭御营,立敏为天子。持入奏之,杀浑、敏、善衡及宗族三十二人,敏妻亦鸩死。

孔雀集朝堂,百官称贺。

有二孔雀自西苑飞集朝堂,亲卫校尉高德儒等十余人见之,奏以为鸾,时孔雀已去,无可得验,于是百官称贺。拜德儒朝散大夫,赐物百段。

夏四月,帝如汾阳宫。 以李渊为山西、河东抚慰大使。

以渊承制黜陟,讨捕群盗。渊行至龙门,击贼帅毋端儿,破之。

秋八月,帝巡北边。突厥始毕可汗入寇。帝入雁门,始毕围之。九月乃解。

初,裴矩以突厥始毕可汗部众渐盛,献策分其势,欲以宗女嫁其弟叱吉设,拜为南面可汗。叱吉不敢受,始毕闻而渐怨。突厥之臣史蜀胡悉多谋略,矩诈与为互市,诱杀

穆去世,他的孙子李筠袭位。他的叔父李浑对李筠的吝啬很是气忿,就派他兄长的儿子李善衡杀了他,又对妻兄宇文述说:"如果我能得到申公的爵位,我将每年国赋的一半奉献给您。"宇文述便为李浑说好话,由此李浑得嗣为申公。两年以后,李浑不再把国赋分给宇文述,宇文述大恨李浑。李浑屡次晋升,官至大将军,改封郕公。炀帝觉得李浑的家族过于强盛,对他猜忌起来。正好有方士说,"李氏当为天子",劝炀帝尽诛姓李的人。李浑的侄子将作监李敏小名洪兒,炀帝怀疑他的名字正好与谶语符验,当面告诉李敏,希望他自杀。李敏大为恐惧,几次与李浑和李善衡避开他人私下交谈。宇文述对炀帝诬告李浑,又让郎将裴仁基上表告李浑谋反。炀帝派人捉拿李浑等,令裴蕴等一同审问李浑。审问了数日,没有查出造反的证据。炀帝就改令宇文述来审治。宇文述诱教李敏妻子上表诬告李浑在东征渡辽水的时候,策划与其子弟袭取皇帝御营,另立李敏为天子。宇文述持表入奏炀帝。炀帝把李浑、李敏、李善衡及其宗族三十二人都杀死,李敏的妻子亦用鸩毒死。

孔雀飞集朝堂,百官庆贺。

有两只孔雀从西苑飞到朝堂上,亲卫校尉高德儒等十余人看见了,把它作为鸾鸟上奏炀帝。这时孔雀已飞走,无从得验,于是百官庆贺。高德儒被提升为朝散大夫,赐给他衣物百段。

夏四月,炀帝驾临汾阳宫。　任命李渊为山西、河东抚慰大使。

李渊奉命负责郡县官吏的升迁退贬和讨捕群盗。李渊率军行至龙门,击破贼首毋端兒。

秋八月,炀帝视察北方边防。突厥始毕可汗入寇。炀帝入雁门,始毕可汗包围雁门。九月围解。

当初裴矩以突厥始毕可汗部众渐盛,便献策分散他们的势力,想以宗室女嫁给始毕可汗的弟弟叱吉设,任命他为南面可汗。叱吉设不敢接受,始毕可汗听说此事后逐渐产生怨恨。突厥的大臣史蜀胡悉善于谋略,裴矩诈称要与他互相援引,将他诱

之。遣使诏始毕曰："史蜀胡悉叛可汗来降,我已相为斩之。"始毕由是不朝。

八月,帝巡北边,始毕帅骑数十万谋袭乘舆,义成公主先遣使者告变。车驾驰入雁门,齐王暕以后军保崞县。突厥围雁门,城中兵民十五万口,食仅可支二旬。雁门四十一城,突厥尽克之,唯雁门、崞不下。突厥急攻雁门,矢及御前。帝大惧,抱赵王杲而泣,目尽肿。

宇文述劝帝简精锐溃围而出,苏威曰:"城守则我有余力,轻骑乃彼之所长,陛下万乘之主,岂宜轻动!"尚书樊子盖曰:"陛下乘危徼幸,一朝狼狈,悔之何及!不若据坚城以挫其锐,坐征四方兵使入援。陛下亲抚循士卒,谕以不复征辽,厚为勋格,必人人自奋,何忧不济!"内史侍郎萧瑀以为:"突厥之俗,可贺敦预知军谋,且义成公主以帝女嫁外夷,必恃大国之援。若使一介告之,借使无益,庸又何损。又发明诏谕将士,以赦高丽专讨突厥,则众心皆安,人自为战矣。"瑀,皇后之弟也。虞世基亦以是劝帝。帝从之。

帝亲巡将士,谓之曰:"努力击贼,苟能保全,凡在行陈勿忧富贵,必不使有司弄刀笔,破汝勋劳。"乃下令:"守城有功者无官直除六品,有官以次增益。"于是众皆踊跃,昼夜拒战。

又诏天下募兵,守令竞来赴难。李渊之子世民年十六,应募隶屯卫将军云定兴,说之曰:"始毕敢举兵围天子,必谓我仓猝不能赴援故也。宜昼则引旌旗,令数十里不绝,夜则钲鼓相应,虏必谓救兵大至,望风遁去。"定兴从之。

杀。又派人对始毕可汗说："史蜀胡悉背叛可汗来投降，我已帮助把他杀了。"始毕可汗因此不入朝。

八月，炀帝视察北方边防，始毕可汗率数十万骑企图袭击炀帝，义成公主事先派使者来告知有变。炀帝车驾急驰进入雁门城，齐王杨暕率后军进保崞县。突厥包围雁门，城中兵民共十五万人，粮食仅可维持二十天。雁门郡所属四十一城都被突厥攻下，只有雁门城、崞县城没有攻下。突厥急攻雁门城，箭矢都射到皇帝的前面了。炀帝非常害怕，抱着赵王杲哭泣，眼睛都哭肿了。

宇文述劝炀帝挑选精锐兵士突围而出，苏威道："我们尚有余力守城，而骑兵乃是对方的长处，陛下是万乘之主，怎么可以轻易出动！"尚书樊子盖说："陛下在危险中已侥幸得到保全，如一旦又处于狼狈的境地，后悔也来不及了。不若坚决据守城池，挫伤敌兵锐气，坐镇此地以征召各地兵马入援。陛下亲自抚慰士卒，宣布不再征伐辽东，加重功勋的品级，必定人人奋发，何愁不能成功！"内史侍郎萧瑀提出："按突厥的习俗，可汗的妻子可参预军机，况且义成公主是以皇帝女儿的身份下嫁给外夷的，她一定会倚仗大国为后援。如果派一使者去通知公主，即使收不到效果，也没有什么损害。再发布明诏晓谕将士，赦免高丽的罪行而专讨突厥，这样人心就会安定下来，人人都努力战斗了。"萧瑀是皇后的弟弟。虞世基也同样劝炀帝。炀帝听从了他们的意见。

炀帝便亲自巡视诸将士，对他们说："你们努力击贼，如这次能生存的话，凡是参加战斗的人都不愁没有富贵可享，一定不准有关官吏耍弄刀笔埋没你们的功劳。"于是下令："守城有功的人没有官职的可直升至六品官职，有官的人依此增加品级。"于是众人都踊跃，昼夜不停地抗击突厥人。

又下诏令天下募兵，郡守、县令争先来赴难。李渊的儿子李世民十六岁，应募参军，隶属于屯卫将军云定兴，劝云定兴说："始毕敢举兵包围天子，必定以为我们仓促无法救援。应在白天展开旌旗，令数十里连绵不断，晚上则鸣金击鼓相互呼应，敌人一定以为我们的救兵大量来到，就会望风而逃。"云定兴听从了。

帝遣间使求救于义成公主,公主遣使告始毕云:"北边有急。"诸郡援兵亦至。九月,始毕解围去。帝遣骑追蹑,得老弱二千余人而还。

冬十月,帝还东都。

车驾还至太原,苏威曰:"今盗贼不息,士马疲弊,愿陛下亟还西京,深根固本,为社稷计。"帝初然之。宇文述曰:"从官妻子多在东都,宜向洛阳自潼关入。"帝从之。

既至东都,顾眄街衢,谓侍臣曰:"犹大有人在。"意谓平杨玄感,杀人尚少故也。苏威追论勋格太重,宜加斟酌。樊子盖固请,以为不宜失信。帝曰:"公欲收物情邪!"子盖惧不敢对。帝性吝官赏,初平杨玄感,应授勋者多,乃更置戎秩建节、奋武、宣惠、绥德、怀仁、秉义、奉诚、立信等尉。将士守雁门者万七千人,至是得勋者才千五百人,一战得第一勋者进一阶,先无戎秩者止得立信尉,无勋者四战进一阶。又议伐高丽,由是将士愤怨。

初,萧瑀以外戚有才行,得掌机务。瑀性刚鲠,数言事忤旨,帝渐疏之。及雁门围解,帝谓群臣曰:"突厥狂悖,势何能为!萧瑀遽相恐动,情不可恕!"候卫将军杨子崇从至汾阳,知突厥必为寇,屡请早还。不纳。至是怒之曰:"子崇怯懦,惊动众心,不可居爪牙官。"皆出为郡守。

诏江都更造龙舟。

杨玄感之乱,龙舟皆焚,诏江都更造数千艘,制度仍大于旧者。

炀帝派遣谍使到义成公主处请求救助，公主便派人对始毕可汗说："北部边境告急。"这时诸郡的援兵也到了。九月，始毕可汗解围离去。炀帝派遣骑兵追踪，得到老弱兵二千余人就返回了。

冬十月，炀帝还东都。

炀帝车驾还抵太原，苏威道："现在盗贼不止，士马疲惫，希望陛下赶快回西京，巩固根本，为国家长久之计。"炀帝开始时认为这意见很对。宇文述说："跟随车驾的官员的妻子多在东都，应该到洛阳去，从潼关入西京。"炀帝便采纳了这一意见。

到了东都，炀帝斜着眼睛看街市，对侍臣说："还大有人在。"意思是说平杨玄感时杀人尚少。苏威又提出功勋的品级太重，认为还需再加斟酌。樊子盖坚持请求执行先前的允诺，认为不应失信。炀帝道："你打算收买人心吗？"樊子盖害怕，不敢再说。炀帝生性吝惜官赏，当初平定杨玄感时，该论功授勋的人多，他就更改军队的职位级别为：建节、奋武、宣惠、绥德、怀仁、秉义、奉诚、立信等尉。将士守雁门的有一万七千人，到这时得勋的才一千五百人。打一仗得第一功的升一级，尚未有军职的只得立信尉，没有勋级的打四仗才能升一级。炀帝又下诏讨论伐高丽，于是将士都愤怒怨恨。

当初，萧瑀因为是外戚，又有才干德行，得以掌执机要大事。萧瑀个性刚直，几次谈论问题都违背了炀帝的旨意，炀帝渐渐疏远了他。到雁门解围后，炀帝对群臣说："突厥狂妄悖逆，他们的势力并没有什么了不起！然而萧瑀却以此恐慌动摇我，实在不能宽恕！"候卫将军杨子崇跟随炀帝到汾阳宫，他知道突厥人迟早必来为寇，多次请炀帝早日还京。炀帝不接纳。这时炀帝发怒说："杨子崇怯懦，惊动众心，不能让他做侍卫武官。"把萧瑀和杨子崇都调出为郡守。

下诏江都令再造龙舟。

杨玄感之乱，龙舟都被烧毁，炀帝下诏江都再造龙舟数千艘，规格比旧龙舟更大。

东海李子通据海陵。

子通有勇力,先依长白山贼帅左才相,群盗皆残忍,而子通独宽仁,由是人多归之,未半岁,有众万人。才相忌之,子通引去,度淮与杜伏威合。伏威选军中壮士养为假子,凡三十余人,济阴王雄诞、临济阚稜为之冠。既而子通谋杀伏威,遣兵袭之。伏威被创,雄诞负之以逃,收散兵复振。将军来整又击子通,破之,子通帅其余众奔海陵,复收兵得二万人。

城父朱粲兵起。

粲始为县佐史,从军亡命,聚众为盗,谓之“可达寒贼”,自称迦楼罗王,众至十余万,引兵转掠荆、沔及山南郡县,所过噍类无遗。

十二月,李渊击敬盘陀等,降之。

诏樊子盖发关中兵数万击绛贼敬盘陀等。自汾北村坞尽焚之,贼有降者皆坑之。百姓怨愤,益相聚为盗。诏以李渊代之。有降者,渊引置左右,由是贼众多降。

丙子(616) **十二年** 楚帝林士弘太平元年。
春正月,分遣使者发兵击诸起兵者。

朝集使不至者二十余郡,始议分遣使者十二道发兵讨捕盗贼。

作毗陵宫。

诏毗陵通守集十郡兵数万人,于郡东南起宫苑,周围十二里,内为十六离宫,大抵仿东都西苑之制,而奇丽过之。

三月,宴群臣于西苑。

上巳,帝与群臣饮于西苑水上,命学士采古水事七十

东海人李子通占据了海陵。

李子通有勇力,先依附长白山贼帅左才相,群盗都很残忍,只有李子通宽厚仁慈,因此有很多人归附他,未及半年,就有部众一万人。左才相猜忌李子通,李子通便离开他,渡过淮水和杜伏威汇合。杜伏威挑选军中的壮士收为养子,共三十余人,济阴人王雄诞、临济人阚稜是其中最有名的。不久,李子通策划杀杜伏威,派兵攻打他。杜伏威受伤,王雄诞背负着他逃出来,收集散兵重建队伍。将军来整率领官军又进攻李子通,子通败走,率领余众奔往海陵,又招得士卒二万人。

城父人朱粲起兵。

朱粲开始时为县佐史,后来从军,逃亡后又聚众为盗,人们称之为"可达寒贼",自称为迦楼罗王,有部众十余万人。朱粲率兵转战抢掠荆州、沔阳及南山以南一带郡县,所过之处都烧杀一空,没有人留下来。

十二月,李渊进攻敬盘陀等,将他们收降。

炀帝诏令樊子盖率领关中兵数万进击绛郡贼敬盘陀等人。自汾水以北村坞都被烧毁,贼来投降的都被坑杀。百姓怨愤,更相聚为盗。炀帝又下诏令以李渊代樊子盖。贼有来投降的,李渊将他安置在自己的左右,从此贼众大多都来投降。

丙子(616) **隋炀帝大业十二年**楚帝林士弘太平元年。

春正月,分别派遣使者发兵进击各处起兵的人。

元旦日大朝会,各地朝集使没有来到的有二十余郡,朝廷开始商议分别派遣使者十二道发兵讨捕盗贼。

建造毗陵宫。

炀帝下诏毗陵通守汇集十郡兵数万人,在毗陵郡城东南营造宫苑,周围十二里,苑内有十六所离宫,大都模仿东都西苑的设计,但在新奇华丽方面则超过西苑。

三月,在西苑设宴招待群臣。

上巳节,炀帝与群臣在西苑水上宴饮,命学士收集古代七十

二,以木为之,间以妓航、酒船,人物自动,能成音曲。

张金称击破平恩等郡。

金称比诸贼尤残暴,所过民无孑遗。

夏四月,大业殿火。

大业殿西院火,帝以为盗起,惊走匿草间,火定乃还。帝自八年以后,每夜眠中恒惊悸,云"有贼",令数妇人摇抚,乃得眠。

魏刀儿将甄翟儿攻太原,将军潘长文战死。 五月朔,日食,既。 除纳言苏威名。

帝问侍臣盗贼,诩卫大将军宇文述曰:"渐少。"纳言苏威引身隐柱,帝呼问之,对曰:"臣非所司,不委多少,但患渐近。"帝曰:"何谓也?"威曰:"他日贼据长白山,今近在汜水。且往日租赋丁役今皆何在!岂非其人皆化为盗乎!比见奏贼皆不实,遂使失于支计不时剪除。又昔在雁门许罢征辽,今复征发,贼何由息!"帝不悦。属五月五日,百僚多馈珍玩,威独献《尚书》。或谮之曰:"《尚书》有《五子之歌》,威意甚不逊。"帝益怒。顷之,帝问威以伐高丽事,威欲帝知天下多盗,对曰:"今兹之役,愿不发兵,但赦群盗,自可得数十万,遣之东征,高丽可灭。"帝不怿。威出,裴蕴奏曰:"此大不逊,天下何处有多许贼!"帝曰:"老革多奸,以贼胁我,欲批其口,且复隐忍。"蕴知帝意,遣河南白衣张行本奏威昔典选,滥授人官。案验狱成,诏除名为民。

二个关于水的故事,用木刻制出来,其中还有妓船、酒船,木制的人物自己能活动,能奏出乐曲。

张金称击破平恩等郡。

张金称比各股盗贼更为残暴,他经过的地方人被杀害到一个不剩。

夏四月,大业殿起火。

大业殿西院起火,炀帝以为盗贼来了,吓得逃出来藏匿在杂草中间,火熄灭后才回来。炀帝自八年以后,每晚睡梦中常惊悸喊"有贼",要几个妇人摇抚他才能睡觉。

魏刀儿部将甄翟儿攻太原,将军潘长文战死。　五月初一,出现日食,是全食。　纳言苏威革职除名为民。

炀帝问侍臣关于盗贼的情况,翊卫大将军宇文述道:"逐渐减少。"纳言苏威把身体躲在柱子后面,炀帝叫喊问他,他答道:"这不是我主管的事,我不清楚究竟有多少,但只知盗贼距京越来越近了。"炀帝道:"这是怎么说呢?"苏威道:"往日贼在长白山,今天贼已近在氾水。况且往日的租赋丁役现在都在哪里呢?难道这些人都变成盗贼了吗?最近看见上奏的贼情都不符合实际,这就使得措施失当,不能及时剪除。又从前在雁门许诺停止征伐辽东,现在又征发士兵伐辽,这样盗贼怎么会平息呢?"炀帝不高兴。到了五月五日,百官中很多人都贡上珍玩之物,只有苏威献上《尚书》。有人就向炀帝造谣诋毁苏威说:"《尚书》中有《五子之歌》,苏威的用意很不恭敬。"炀帝听了愈加恼怒。不久,炀帝问苏威关于伐高丽的事,苏威想让炀帝了解天下有很多盗贼的情况,便说道:"现在征辽之役,希望不要发兵,只要赦免群盗,就可得兵数十万,若派遣他们去东征的话,高丽就可灭亡。"炀帝不高兴。苏威退出后,裴蕴奏道:"这太不恭敬了,天下哪里有这么多盗贼!"炀帝道:"这老家伙多奸计,用盗贼来吓唬我,我真想打他的嘴巴,只好暂时忍耐。"裴蕴知炀帝的用意,就叫河南平民张行本上奏,说苏威在选拔官员的时候,滥授官职。炀帝令人审查,验证确实有罪,便下诏将苏威除职为平民。

后月余,复有奏威与突厥阴图不轨者,蕴处威死。威无以自明,但摧谢而已。帝悯而释之,遂并其子孙皆除名。

秋七月,帝如江都,命越王侗留守。杀谏者任宗、崔民象、王爱仁。

江都龙舟成,送东都。宇文述劝幸江都,帝从之。将军赵才谏曰:"今百姓疲劳,府藏空竭,盗贼蜂起,禁令不行,愿陛下还京师安兆庶。"帝大怒,以属吏,旬日出之。朝臣皆不欲行,无敢谏者。建节尉任宗上书极谏,即日于朝堂杖杀之。遂幸江都,命越王侗与光禄大夫段达、太府卿元文都、民部尚书韦津、右武卫将军皇甫无逸、右司郎卢楚等,总留后事。帝以诗留别宫人曰:"我梦江都好,征辽亦偶然。"奉信郎崔民象以盗贼充斥,于建国门上表谏。帝大怒,先解其颐,然后斩之。

虞世基以盗贼充斥,请发兵屯洛口仓,帝曰:"卿是书生,定犹怔怯。"敕移箕山、公路二府于仓内,仍令筑城以备不虞。至汜水,奉信郎王爱仁复上表请还西京,斩之。至梁郡,郡人邀驾上书曰:"陛下若遂幸江都,天下非陛下之有。"又斩之。

遣光禄大夫陈稜击李子通等,败之。

时李子通据海陵,左才相掠淮北,杜伏威屯六合,众各数万。帝遣稜将宿卫精兵八千讨之,往往克捷。

冬十月,许公宇文述卒。

初,述子化及、智及皆无赖。化及事帝于东宫,帝宠昵之。从幸榆林,化及、智及冒禁与突厥交市,帝怒,将斩之,

一个多月以后，又有人上奏苏威与突厥暗中勾结图谋不轨。裴蕴负责处理此案，苏威被判死罪。苏威无法为自己申辩，只是非常伤心地谢罪而已。炀帝怜悯苏威，释放了他，将他和他的儿子、孙子一并除职为民。

秋七月，炀帝驾临江都，命令越王杨侗留守东都。杀死进谏者任宗、崔民象、王爱仁。

江都的龙舟完工，送到东都。宇文述劝炀帝巡幸江都，炀帝同意。将军赵才谏止道："现在百姓疲劳，府藏空竭，盗贼蜂起，禁令不行，愿陛下回到京师以安定民心。"炀帝大怒，下令把赵才交有关官吏审处，过了十天，又把他放了出来。朝中大臣都不想让炀帝出行，但又不敢谏阻。建节尉任宗上书极力劝谏，当天便在朝堂上用木杖把他打死。炀帝遂巡幸江都，命越王杨侗与光禄大夫段达、太府卿元文都、民部尚书韦津、右武卫将军皇甫无逸、右司郎卢楚等负责留守。炀帝写诗留别宫人道："我梦江都好，征辽亦偶然。"奉信郎崔民象以盗贼充斥，在建国门上表进谏。炀帝大怒，先摘掉崔民象的下巴，然后将他杀了。

虞世基以盗贼充斥，请炀帝发兵在洛口仓屯驻，炀帝道："你是书生，一定是畏怯了。"炀帝下敕令将箕山、公路二府移到洛口仓内，并命令筑城池以备不测。炀帝到达汜水，奉信郎王爱仁又上表请炀帝还西京，炀帝杀死了王爱仁。行至梁郡，有郡人拦着车驾上书道："陛下若是巡游江都，天下就将不是陛下的了。"又把这个郡人斩了。

派遣光禄大夫陈稜进击李子通等，打败了他们。

这时李子通占据海陵，左才相劫掠淮北，杜伏威屯驻六合，各有部众数万人。炀帝派遣陈稜带领宿卫精兵八千去讨伐他们，大都取得了胜利。

冬十月，许公宇文述去世。

当初，宇文述的儿子宇文化及、宇文智及都是无赖之徒。宇文化及在东宫侍奉炀帝，受到炀帝宠信。炀帝巡视榆林时，化及、智及违反禁令与突厥人做生意，炀帝发怒，要把他们斩首，

既而释之,赐述为奴。述卒,帝复以化及为右屯卫将军,智及为将作少监。

翟让、李密起兵,攻荥阳,张须陀击之,败死。

李密之亡也,往依郝孝德,孝德不礼之。又入王薄,薄亦不之奇也。密困乏,变姓名,聚徒教授。郡县疑而捕之,密亡去,抵其妹夫雍丘令丘君明。君明转寄于游侠王秀才家,为君明从侄怀义所告,帝令怀义与梁郡通守杨汪捕之。汪遣兵围秀才宅,值密出外获免。

韦城翟让为东都法曹,坐事当斩。狱吏黄君汉奇其骁勇,夜谓让曰:"天时人事,抑亦可知,岂能守死狱中乎!"让惊喜叩头,君汉即破械出之。让再拜曰:"让蒙再生之恩则幸矣,奈曹主何!"因泣下。君汉怒曰:"本以公为大丈夫,可救生民之命,故不顾其死以奉脱,奈何反效儿女子涕泣相谢乎!君但努力自免,勿忧吾也。"让遂亡命于瓦岗为群盗。同郡单雄信骁健,善马槊,聚少年往从之。离狐徐世勣年十七,有勇略,说让曰:"东郡于公与勣皆为乡里,人多相识,不宜侵掠。荥阳、梁郡,汴水所经,剽行舟商旅,足以自资。"让然之,引众入二郡界,掠公私船,资用丰给,附者益众,至万余人。

时又有外黄王当仁、济阳王伯当、韦城周文举、雍丘李公逸等,皆拥众为盗。李密自雍丘亡命,往来诸帅间,说以取天下之策,始皆不信。久之,稍以为然,相谓曰:"今人皆云杨氏将灭,李氏将兴。吾闻王者不死,斯人再三获济,岂非其人!"由是渐敬密。

但很快又把他们释放了，将他们赐给宇文述为奴仆。宇文述逝世，炀帝又以宇文化及为右屯卫将军，宇文智及为将作少监。

翟让、李密起兵，攻荥阳，张须陀进击他们，兵败战死。

李密逃亡，去投奔郝孝德，郝孝德没有以礼相待。李密又去投奔王薄，王薄也没有把他特别看待。李密没有出路，便改变姓名，收徒教书。郡县的官吏对他起了疑心，把他逮捕起来，李密逃走，跑到他的妹夫雍丘令丘君明处。丘君明将李密转到游侠王秀才家寄住，被丘君明的堂侄丘怀义告发。炀帝令丘怀义与梁郡通守杨汪逮捕李密。杨汪派兵包围王秀才家，正值李密外出，因此逃脱。

韦城人翟让是东都的法曹，因犯罪当被处死。狱吏黄君汉认为翟让骁勇非同寻常，夜里对他说："天时人事，也许是可知的，你怎么能在狱中等死呢！"翟让惊喜，对黄君汉叩头，君汉即给翟让打开枷锁，放他出来。翟让拜了两拜说："我蒙受您的再生之恩，但曹主您怎么办呢？"便哭泣起来。黄君汉发怒道："我本以为您是个大丈夫，可救生民性命，所以冒死将您释放，怎么您反仿效儿女子弟一样以涕泪来感谢我呢！您就自己努力去逃离此地吧，不要为我担忧了。"翟让便逃亡到瓦岗为盗。同郡人单雄信骁勇矫健，善于骑马使矛，招集年轻人去投奔翟让。离狐人徐世勣年龄十七岁，勇敢有谋略，他劝说翟让道："东郡对于您和我都是家乡，那里的人我们大都相识，不宜侵犯抢掠他们。荥阳、梁郡是汴水流经的地方，我们去劫掠那地方的舟船客商就足以自给。"翟让认为他说得对，便带领部众进入二郡，劫掠公私船只，由此供应充裕，来归附的人日益增多，达到一万多人。

这时还有外黄人王当仁、济阳人王伯当、韦城人周文举、雍丘人李公逸等都拥有部众为盗。李密自雍丘逃亡后，往来于这些首领之间，向他们劝说取天下的谋略，诸首领开始时都不相信他的话。时间长了，就稍为相信了，互相说道："现在人们都说杨氏将灭，李氏将兴。我听说能成王业的人不会死，此人再三获得救助没有死，难道就是他吗？"从此渐渐敬重李密。

密察诸帅,唯翟让最强,乃因王伯当以见让,为让画策,往说诸小盗,皆下之。让悦,密因说让曰:"刘、项皆起布衣为帝王。今主昏于上,民怨于下,锐兵尽于辽东,和亲绝于突厥,方且巡游扬、越,委弃东都,此亦刘、项奋起之会也。以足下雄才大略,士马精锐,席卷二京,诛灭暴虐,隋氏不足亡也。"让谢曰:"吾侪群盗,偷生草间,君言非所及也。"

有李玄英者,自东都逃来,经历诸贼,求访李密,云:"斯人当代隋家。"人问其故,玄英言:"比来民间谣歌曰:'桃李子,皇后绕扬州,宛转花园里。勿浪语,谁道许!''桃李子',谓逃亡者李氏之子也,'勿浪语,谁道许'者,密也。"既与密遇,遂委身事之。前宋城尉房彦藻,自负其才,恨不为时用,预于杨玄感之谋,变姓名亡命,遇密,遂与俱游汉、沔,遍入诸贼,说其豪杰。还日,从者数百人,仍为游客,处于让营。让见密为豪杰所归,欲从其计,犹豫未决。

有贾雄者晓阴阳占候,言无不用,密深结之。使托术数以说让,让果以密言问之,对曰:"吉不可言。然公自立恐未必成,若立斯人,事无不济。"让然之。

密因说让曰:"今四海糜沸,不得耕耘,公士众虽多,食无仓廪,唯资野掠,常苦不给。若旷日持久,加以大敌临之,必涣然离散。未若先取荥阳,休兵馆谷;待士马肥充,然后与人争利。"让从之。于是攻荥阳诸县,多下之。

李密观察各部首领，只有翟让最强，于是由王伯当介绍去会见翟让，为他出谋划策，并劝说其他的小股盗贼都服从翟让的领导。翟让很高兴，李密从而劝说翟让道："刘邦、项羽都是从平民出身而成为帝王的。现在上面是皇帝昏暴，下面是人民怨恨，精锐的兵力都丧失于辽东，与突厥也断绝了和亲，皇帝却巡游扬、越一带，放弃东都不管，这也是刘邦、项羽奋起的机会来了。以您的雄才大略，士马精良，席卷东、西二京，诛灭暴虐，隋氏完全可以被消灭。"翟让推辞说："我辈不过是群盗，在草莽中偷生，您所说的事不是我们能做到的。"

有一个叫李玄英的人从东都逃出来，到诸贼处寻访李密，说："此人当代替隋家。"人们问他是什么缘故，李玄英道："近来民间有一首歌谣说：'桃李子，皇后绕扬州，宛转花园里。勿浪语，谁道许！''桃李子'是说逃亡的人是李氏之子，'勿浪语，谁道许'，即密的意思。"不久他遇到李密，便投靠了他。原宋城县尉房彦藻自负有才学，恨不能够被当权者赏识任用，曾参与杨玄感的谋乱，后来改换姓名逃亡。他遇上了李密，便与他游历汉、沔一带，遍访各部贼帅，游说其中的豪杰之士。回来时跟随他们的有数百人，仍作为游说的客人，留在翟让营寨内。翟让见豪杰们都归向李密，便想听从他的建议，但仍犹豫不决。

有一个叫贾雄的人，通晓阴阳占卜，他的话翟让都能接受，李密便与贾雄结为深交。李密使贾雄假借占卜术数去劝说翟让，翟让果然拿李密的建议去问贾雄，贾雄回答道："吉不可言。但您自立为王恐怕未必成功，如果拥立此人，事情就可办成。"翟让认为贾雄说得对。

李密就劝说翟让道："现在四海都已沸腾，百姓不能耕种，您的部众虽然很多，但却没有仓廪贮存粮食，只靠到处抢掠，经常苦于供给不足。如果这样下去，旷日持久，大敌又来临，部众就必然会离散。不若先取荥阳，取得仓廪粮食让兵马休歇，待兵强马壮，然后再和别人争夺。"翟让听从了他的意见。于是便攻打荥阳等县城，大多数都攻下了。

帝徙张须陀为荣阳通守以讨之。让向数为须陀所败，闻其来，大惧，将避之。密曰："须陀勇而无谋，兵又骤胜，既骄且狠，可一战擒也。"分兵千余人伏林间。须陀方陈而前，让与战不利，须陀乘之，逐北十余里。密发伏掩之，须陀兵败。密与让及徐世勣、王伯当合军围之，须陀战死。部兵号泣，数日不止，河南郡县为之丧气。诏以裴仁基代领其众，徙镇虎牢。

让乃令密建牙，别统所部，号蒲山公营。密部分严整，躬服俭素，所得金宝悉颁赐麾下，由是人为之用。然麾下多为让士卒所陵辱，亦不敢报也。让谓密曰："今资粮粗足，意欲还向瓦岗，公若不往，唯公所适，让从此别矣。"乃帅辎重东引。密亦西行至康城，说下数城，大获资储。让寻悔之，复引兵从密。

十二月，鄱阳林士弘称楚帝，据江南。

鄱阳贼帅操师乞自称元兴王，攻陷豫章郡，以其乡人林士弘为大将军。诏治书侍御史刘子翊将兵讨杀之。士弘代统其众，与子翊战，杀子翊，兵遂大振，至十余万人。自称皇帝，国号楚，建元太平。豪杰争杀隋守令，以郡县应之。北自九江，南及番禺，皆为所有。

以李渊为太原留守，击甄翟儿，破之。

诏以李渊为太原留守，以郎将王威、高君雅为之副，将兵讨甄翟儿，遇于雀鼠谷。渊众才数千，贼围数匝。李世民将精兵救之，拔渊于万众之中，会步兵至，合击，大破之。

蔡王智积卒。

炀帝调张须陀为荥阳通守以征讨翟让。翟让前几次都被张须陀打败，这次他听说张须陀来，非常惧怕，想避开他。李密说："张须陀勇而无谋，他的军队又屡次取胜，既骄傲又凶狠，可以一仗就将他擒捉。"便分出千余兵埋伏在树林中。张须陀把军队列成方阵前进，翟让与他交战不利，张须陀乘机追击十余里。李密发动伏兵突然袭击，张须陀兵败。李密与翟让及徐世勣、王伯当合军包围张须陀，须陀战死。他的士兵号哭，数日不止，河南郡县为之丧气。炀帝下诏由裴仁基代张须陀统领他的部众，迁到虎牢镇守。

翟让于是令李密建立自己的营帐，单独统帅部众，号称蒲山公营。李密管理部众纪律严明，衣着俭朴，所得的黄金珍宝都分赐给部下，因此人们都愿意为他效力。但他的部下多被翟让士卒凌辱，都不敢报复。翟让对李密说："现在物资粮食基本够用，我想返回瓦岗去。如您不愿去，就随您的便，我和您从此分手了。"翟让便带着辎重向东而去。李密亦西行到康城，劝降了几座城池，获得了大量物资贮备。翟让不久就后悔，又带兵回来跟随李密。

十二月，鄱阳人林士弘自称楚帝，据有江南。

鄱阳贼首操师乞自称元兴王，攻陷豫章郡，以他的同乡林士弘为大将军。炀帝下诏令治书侍御史刘子翊率军征讨操师乞，并杀了他。林士弘代替操师乞统领其部众，和刘子翊交战，杀了刘子翊，兵遂大振，发展到十余万人。林士弘自称皇帝，国号楚，建元太平。豪杰之士都争杀隋朝郡守和县令，以郡县响应他。北自九江，南至番禺，都归林士弘所有。

以李渊为太原留守，李渊击破甄翟兒。

炀帝诏令以李渊为太原留守，以郎将王威、高君雅为他的副将，领兵讨伐甄翟兒，两军相遇于崔鼠谷。李渊部众才数千人，贼兵把李渊围了有数层。李世民领精兵来救，将李渊从一万多的敌军中救出来。这时步兵也来汇合击贼，大败贼兵。

蔡王杨智积去世。

帝疏薄骨肉,智积每不自安,及病,不呼医,临终谓所亲曰:"吾今日始知得保首领没于地矣。"

太仆杨义臣击张金称、高士达,斩之。窦建德收其众,取饶阳。诏罢义臣兵。

群盗寇掠河北,屠陷郡县,隋将帅败亡相继,唯虎贲中郎将王辩、清河郡丞杨善会,数有功,善会前后七百余战,未尝负败。至是,太仆杨义臣讨张金称。义臣引兵据永济渠为营,去金称营四十里,深沟高垒,不与战。金称日引兵至,义臣勒兵擐甲,约与之战,既而不出。如是月余,金称以为怯,屡逼其营詈辱之。义臣乃谓曰:"汝明旦来,我当必战。"金称易之,不复设备,义臣简精骑二千,夜自馆陶济河,伺金称离营,即入击其累重。金称引还,义臣从后击之,金称大败,与左右逃于清河之东。月余,杨善会擒杀之。诏以善会为清河通守。

时涿郡通守郭绚将兵讨高士达。士达自以才略不及窦建德,乃进建德为军司马,悉以兵授之。建德请士达守辎重,自简精兵拒绚,诈为与士达有隙而叛,遣人请降于绚,愿为前驱自效。绚引兵随之,至长河,建德袭之,杀数千人,斩绚首,张金称余众皆归建德。杨义臣乘胜欲讨之。建德谓士达曰:"历观隋将善用兵者无如义臣,今灭张金称而来,其锋不可当。请引兵避之,使其欲战不得,坐费岁月,将士疲倦,然后乘间击之,乃可破也。不然,恐非公之敌。"士达不从,留建德守营,自帅精兵逆击义臣,战小胜,因纵酒高宴。建德闻之,曰:"东海公未能破敌,遽自矜大,

炀帝对待骨肉亲人疏远刻薄,杨智积经常感到不安。杨智积患病,不要医生来医治,临终对亲人说:"我今天才知道我可以保全我的脑袋而死了。"

太仆杨义臣进击张金称、高士达,杀了他们。窦建德收编了他们的部众,攻取饶阳。炀帝下诏罢免杨义臣的兵权。

群盗寇掠河北,杀掠攻陷郡县,隋朝的将帅相继败死,只有虎贲中郎将王辩、清河郡丞杨善会几次建功,杨善会前后作战七百余次,未曾失败。这时,太仆杨义臣征讨张金称。杨义臣带兵占据永济渠安营,距离张金称营四十里,高垒深沟,不与他战斗。张金称每天带兵来,杨义臣穿戴铠甲严阵以待,双方约定交战,但杨义臣没有出营。就这样过了一个多月,张金称以为杨义臣胆怯,屡次逼近他的营地辱骂他。杨义臣对他说:"你明天早晨来,我一定与你交战。"张金称轻敌,不再设防备,这天晚上,杨义臣选精骑二千从馆陶渡河,等待张金称率兵离开营地时,便进入营地攻击他的辎重部队。张金称引兵回来,杨义臣在他的后面追击,张金称大败,和他的亲信逃到清河的东面。一个多月后,杨善会抓获了张金称,把他杀死。炀帝下诏任命杨善会为清河通守。

这时涿郡通守郭绚率兵讨伐高士达。士达自认才略不及窦建德,便升建德为军司马,把兵权都交给他。窦建德请高士达守辎重,自己挑选精兵抵御郭绚,诈称他与高士达不和而背叛他,派人到郭绚处请降,愿为前锋以报效。郭绚率兵跟随其后,到了长河,建德袭击郭绚,杀郭绚兵数千人,斩郭绚首级,张金称的余众都归了窦建德。杨义臣想乘胜讨伐窦建德。窦建德对高士达道:"我观察了很多隋朝的将领,都不如杨义臣善于用兵,现在他灭了张金称,乘胜而来,锐不可当。请带兵避开他,使他欲战不得,耗费时间。待他的将士疲惫,然后乘机攻击他,才能取胜。不然,恐怕您不是他的敌手。"高士达不从,留窦建德守营,自己率精兵迎击杨义臣,战斗取得小胜,便举行宴会放纵吃喝。窦建德听到这消息道:"东海公还未能打败敌人,便骄傲自大,

祸至不久矣。"后五日,义臣大破士达,斩之,其兵皆溃。建德与百余骑亡去,至饶阳,乘其无备,攻陷之,收兵得三千余人。义臣以为建德不足忧,引去。建德还平原,收散兵,葬死者,为士达发丧,军复大振,自称将军。先是,群盗得隋官及士族子弟皆杀之,独建德善遇之。由是隋官稍以城降之,声势日盛,胜兵至十余万人。

内史郎虞世基以帝恶闻盗贼,诸将有告败求救者,皆不以闻,或杖其使者以为妄言,由是盗贼遍海内,帝皆弗之知。杨义臣破降河北贼数十万,列状上闻,帝叹曰:"我初不闻贼顿如此,义臣降贼何多也!"世基对曰:"小窃虽多,未足为虑,义臣克之,拥兵不少,久在阃外,此最非宜。"帝曰:"卿言是也。"遽追义臣放散其兵,贼由是复盛。

治书侍御史韦云起劾奏:"世基及御史大史裴蕴职典枢要,四方告变,不为奏闻,贼多言少,致发兵不多,往皆不克,故使官军失利,贼党日滋。请付有司结正其罪。"大理卿郑善果奏"云起言不实",左迁大理司直。

帝至江都。

帝至江都,江、淮郡官谒见者,专问礼饷丰薄,丰则超迁,薄则停解。江都郡丞王世充献铜镜屏风,迁通守。历阳郡丞赵元楷献异味,迁江都郡丞。由是,郡县竞务刻剥以充贡献。民外为盗贼所掠,内为郡县所赋,生计无遗,加之饥馑,民始采树皮叶,或捣藁煮土而食之,诸物皆尽,乃自相食。而官仓犹充牣,吏皆畏法,莫敢赈救。王世充密为帝简阅江、淮民间美女献之,由是益有宠。

灾祸不久就会来到。"五天后,杨义臣大破高士达军,高士达被杀,他的兵都溃逃了。窦建德与一百余骑兵逃亡至饶阳,乘其没有防备,攻陷了饶阳城,收集得兵卒三千余人。杨义臣以为窦建德不足为虑,便率兵离开了。窦建德回到平原,收集散兵,埋葬死者,为高士达发丧,所领的军队又声威大振,他自称为将军。过去群盗获得隋朝官员及士族子弟都将他们杀死,只有窦建德友好对待他们。从此也有一些隋朝官吏举城投降他,窦建德声势日盛,拥有精兵十余万人。

内史郎虞世基因为炀帝厌恶听到盗贼的情况,便把诸将失败求救的奏报不让炀帝知道,或杖打上报的使者,说他是妄言。因此盗贼遍布全国,炀帝都不知道。杨义臣打败和招降河北贼数十万,他把这些情况奏报给炀帝,炀帝叹道:"我原来没听说盗贼如此之多,杨义臣招降的贼怎么这么多呢?"虞世基答道:"小窃虽多,未足为虑。杨义臣把他们打败了,拥有不少兵。他长期在朝廷之外,这是最不适宜的。"炀帝道:"你的话说得对。"于是派人追回杨义臣,遣散他的士兵,盗贼因此又多起来。

治书侍御史韦云起参劾上奏说:"虞世基及御史大夫裴蕴职掌中枢机要,四方告急,不向皇上奏报,有很多盗贼却说成很少,以致出兵不多,讨伐不能取胜,使官军失利,贼党日益增多。请将他们交付有关部门,追究他们的罪过。"大理卿郑善果奏道:"韦云起的话不符实际。"炀帝便将韦云起降职为大理司直。

炀帝到江都。

炀帝到江都,江、淮的郡官来谒见,炀帝专问进献礼物和交纳钱粮的多少,多的官员就越级升迁,少的则免职追究。江都郡丞王世充献铜镜屏风,升了通守。历阳郡丞赵元楷献珍异美味,升做江都郡丞。因此郡县竞相盘剥老百姓来充当贡献。百姓外被盗贼掠夺,内被郡县征赋,生计无着,加上饥荒,开始采剥树皮树叶或捣稻草煮土吃,能吃的东西都吃完了,便互相吃。可是官府仓库中的粮食仍满满的,主管的官吏畏罪,不敢开仓赈救。王世充暗中挑选江、淮民间美女进献炀帝,由此更受宠信。

遣江都通守王世充击河间格谦，斩之。谦党高开道收其众，掠燕地。

谦拥众十余万，据豆子航，自称燕王。帝命王世充将兵讨斩之。谦将高开道收余众，寇掠燕地，军势复振。

虎贲郎将罗艺起兵涿郡。

初，帝谋伐高丽，器械资储皆积于涿郡。又临朔宫多珍宝，诸贼竞来侵掠，留守官不能拒，唯虎贲郎将罗艺独出战，前后破贼甚众。将作乱，先宣言以激其众，曰："吾辈讨贼数有功，城中仓库山积，制在留守之官，而莫肯散施以济贫乏，将何以劝将士！"众皆愤怨。军还，郡丞出城候艺，艺因执之，陈兵而入。发库物以赐战士，开仓廪以赈贫乏，境内咸悦。杀勃海太守唐祎等数人，柳城、怀远并归之。艺自称幽州总管，改柳城郡为营州，以邓暠为总管。

诏李渊击突厥。

突厥数寇北边，诏李渊与马邑太守王仁恭击之。时突厥方强，两军不满五千。渊选善骑射者二千人，使之饮食舍止一如突厥，或与突厥遇，则伺便击之，前后屡捷。

丁丑（617） **十三年**隋恭帝侑义宁元年。长乐王窦建德丁丑元，魏公李密元，定杨可汗刘武周天兴元，梁王梁师都永隆元，秦主薛举秦兴元，梁王萧铣鸣凤元。是岁，并楚凡八国。

春正月，陈稜讨杜伏威，败绩。伏威遂据历阳。

稜讨杜伏威，伏威帅众拒之。稜闭壁不战，伏威遗以妇人之服，谓之"陈姥"。稜怒，出战，伏威奋击，大破之，乘

炀帝派遣江都通守王世充讨伐河间贼格谦并将他杀死。格谦的同党高开道收集余众，侵掠燕地。

格谦拥众十余万人，占据了豆子䴚，自称燕王。炀帝命王世充领兵讨伐格谦并将他杀死。格谦部将高开道收集余众，寇掠燕地，军势复振。

虎贲郎将罗艺在涿郡起兵。

当初炀帝谋伐高丽，军资器械等贮备都积存在涿郡。又临朔宫里有很多珍宝，诸贼都争着来侵掠，留守的官吏不能抵抗，只有虎贲郎将罗艺单独出战，前后破敌很多。罗艺将要起兵作乱，他首先向部众鼓动说："我们多次讨贼有功，城中的仓库堆积如山，但都掌握在留守官员手中，不肯施舍救济穷人，这靠什么来激励将士呢！"众人都很愤恨怨怒。罗艺率军还，郡丞出城等候罗艺，罗艺因而将他抓起来，并把队伍开入城内。他将库藏中的物品都赐给战士，打开仓廪以赈济贫民，境内的人民都很高兴。罗艺杀勃海太守唐祎等数人，柳城、怀远都归并于他管辖。罗艺自称幽州总管，改柳城郡为营州，任命邓暠为总管。

下诏命李渊出击突厥。

突厥几次寇掠北边，炀帝诏李渊和马邑太守王仁恭出击突厥。这时突厥强盛，两处的隋军不到五千。李渊挑选善骑马射箭的两千兵士，要他们起居饮食一律模仿突厥人，如遇到突厥人，便看准机会出击，这样屡次获胜。

隋恭帝

丁丑（617） **十三年**隋恭帝侑义宁元年。长乐王窦建德丁丑元年，魏公李密元年，定杨可汗刘武周天兴元年，梁王梁师都永隆元年，秦主薛举秦兴元年，梁王萧铣鸣凤元年。这年，加楚国共八国。

春正月，陈稜征讨杜伏威，被打败。杜伏威便占据历阳。

陈稜征讨杜伏威，杜伏威率领部众抗拒。陈稜紧闭营垒不出来交战，杜伏威派人给陈稜送去妇人穿的衣服，称他是"陈姥"。陈稜发怒，便出营迎战，杜伏威奋起进击，大破陈稜军，并乘

胜破高邮,引兵据历阳,自称总管,以辅公祏为长史,分遣诸将徇属县,所至辄下,江、淮间小盗争附之。伏威常选敢死之士五千人,谓之"上募",宠遇甚厚。有攻战令先击之,战罢阅视,有伤在背者即杀之。所获资财皆以赏军士,有战死者以妻妾殉葬,故人自为战,所向无敌。

窦建德称长乐王。　鲁郡徐圆朗兵起。

圆朗攻陷东平,分兵略地,自琅邪以西,北至东平尽有之,胜兵二万余人。

卢明月掠河南,遣王世充击斩之。

明月转掠河南,至于淮北,众号四十万。帝命王世充讨之。战于南阳,大破之,斩明月,余众皆散。

二月,马邑校尉刘武周、朔方郎将梁师都,各据郡起兵。

马邑太守王仁恭多受货赂,不能赈施。郡人刘武周骁勇喜任侠,为鹰扬府校尉,仁恭甚亲厚之,令帅亲兵屯阁下。武周与仁恭侍儿私通,恐事泄,谋乱,先宣言曰:"今百姓饥馑,僵尸满道,王府君闭仓不赈恤,岂为民父母之意乎!"众皆愤怒。武周称疾卧家,豪杰来候问,武周椎牛纵酒,因大言曰:"壮士岂能坐待沟壑! 今仓粟烂积,谁能与我共取之?"豪杰皆许诺。武周入谒仁恭,其党随入,斩仁恭,持其首出徇,郡中无敢动者。于是开仓以赈饥民,驰檄境内,收兵得万余人。遣使附于突厥。师都亦杀郡丞,据郡附突厥。

翟让、李密据兴洛仓,击败东都兵。让推密称魏公,略取河南诸郡。

胜攻克高邮,带兵占据历阳,自称总管,任命辅公祏为长史,分派诸将攻取江都郡所属各县,所到之处,都被攻下,江、淮间的小盗争相前来归附。杜伏威经常选拔敢死之士,共五千人,称为"上募",对他们非常宠信,待遇丰厚。如有攻战,杜伏威就命他们做先锋打头阵,战罢检查他们的伤亡情况,有在背上负伤的人就马上杀掉。杜伏威将战斗获得的资财都赏给军士,有战死的就让死者妻妾殉葬,所以人人都奋力战斗,所向无敌。

窦建德称长乐王。 鲁郡徐圆朗起兵。

徐圆朗攻陷东平,又分兵攻占土地,自琅邪以西,北至东平,都归他所有,精兵有二万余人。

卢明月攻掠河南,炀帝命王世充击斩卢明月。

卢明月转掠河南,到了淮北,拥有部众号称四十万人。炀帝命王世充征讨卢明月。在南阳展开战斗,王世充大破卢明月,杀了他,余众都逃散了。

二月,马邑校尉刘武周、朔方郎将梁师都各占据郡邑起兵。

马邑太守王仁恭收受很多财物贿赂,却不能赈施百姓。郡人刘武周骁勇,喜好侠义之举。他是鹰扬府校尉,王仁恭对他非常优待信任,令他带领亲兵驻防在官署内。刘武周与王仁恭的侍女私通,怕事情泄露,便图谋作乱,首先对人扬言道:"现在百姓饥馑,尸体遍地,王府君却关闭粮仓不肯赈济,这难道是为民父母应做的吗?"众人都愤怒。刘武周称病躺在家中,豪杰之士都来问候。武周宰牛置酒招待,夸口说:"壮士岂能坐以待毙!现在粮仓里堆积的粮食都烂掉了,谁能和我一起去取出来?"众豪杰都答愿共往。刘武周便去见王仁恭,他的党羽也跟随进入,便斩了王仁恭,将他的首级示众,郡中的人都不敢动。于是刘武周便打开粮仓赈济饥民,又迅速通知郡属各地令其归附,共得兵万余人。刘武周派遣使者到突厥处,表示愿意归附突厥。梁师都也杀了朔方郡丞,占据了郡邑归附突厥。

翟让、李密据有兴洛仓,击败东都兵马。翟让推举李密为魏公。李密攻取河南诸郡。

李密说翟让曰："今东都空虚，越王冲幼，政令不一，士民离心。段达、元文都暗而无谋，以仆料之，彼非将军之敌。若将军能用仆计，天下可指麾而定也。"乃遣其党觇东都虚实。留守官司觉之，始为守备，驰告江都。密曰："事势如此，不可不发。今百姓饥馑，洛口仓多积粟，将军若亲行掩袭，彼未能救，取之如拾遗耳。发粟以赈穷乏，远近孰不归附！百万之众一朝可集，枕威养锐，以逸待劳，纵彼能来，吾有备矣。然后檄召四方，引贤豪而资计策，选骁悍而授兵柄，除亡隋之社稷，布将军之政令，岂不盛哉！"让曰："此英雄之略，非仆所堪，惟君之命，尽力从事。"于是，密、让将精兵七千人出阳城，袭兴洛仓，开仓恣民所取，老弱襁负相属。

时德叡以尉氏应密，祖君彦往归之。君彦，珽之子也，博学强记，文辞赡敏，薛道衡尝荐之于高祖。高祖曰："是歌杀斛律明月人儿邪？朕不须此辈！"帝即位，尤疾其名，调宿城令。君彦恒郁郁思乱，密得之喜，引为上客。

越王侗遣郎将刘长恭帅步、骑二万五千讨密，而使河南讨捕使裴仁基等自氾水西入以掩其后。时东都人皆以密为饥贼盗米，乌合易破，争来应募，衣服鲜华，旗鼓甚盛，陈于石子河西。密、让选骁雄分为十队，令四队伏岭下以待仁基，以六队陈于石子河东。长恭等见密兵少，轻之。让先接战不利，密帅麾下横冲之，隋兵大败，死者什五六，密、让威声大振。

让于是推密为主，号魏公，称元年。其文书行下称行

李密劝说翟让道:"现在东都空虚,越王年幼,政令不一致,士民离心。段达、元文都愚昧而无谋,以我看来,他不是将军您的对手。要是将军能用我的计谋,天下可以挥手而定。"于是派遣他的党羽去东都探听虚实。留守东都的官员对此也有所觉察,开始做防卫的准备,派人驰马奏报江都。李密道:"事情已经到了这个地步,不得不发了。现在百姓饥馑,洛口仓屯积许多粮食,将军如果亲自率兵去袭击,他们不能救援,攻取洛口仓就像在路上拾东西一样方便。开仓发放粮食赈济穷人,远近的人谁不来归附?百万之众一朝就可以汇集,养精蓄锐,以逸待劳,纵使东都方面派兵来,我们也有准备了。然后我们就传檄四方,引举豪杰贤士,听取他们的谋略,挑选骁勇强悍的人授以兵权,推翻隋朝,颁布将军您的政令,这岂不是美事吗?"翟让道:"这是英雄的韬略,不是我能够承担得起的,我只是听从您的吩咐,尽力办事。"于是,李密、翟让率领精兵七千人出阳城,袭取兴洛仓,打开仓库听任百姓取粮,路上取粮的老弱妇孺连接不断。

时德叡以尉氏县响应李密,祖君彦前来归附李密。君彦是祖珽的儿子,博学强记,文章优美,才思敏捷,薛道衡曾将他推荐给文帝。文帝说:"是用歌杀了斛律明月那个人的儿子吗?朕不需要这种人。"炀帝即位,尤其厌恶他的名字,将他调为宿城令。祖君彦常郁郁不乐想作乱。李密得知祖君彦来,非常高兴,将他视为上宾。

越王杨侗派遣郎将刘长恭率领步、骑兵二万五千人讨伐李密,而使河南讨捕使裴仁基等从汜水西入以掩杀李密后军。这时东都人都以为李密为盗米饥贼,不过是乌合之众,容易击破,因而争相来应募,穿上新的服装,军容甚盛,列阵于石子河西边。李密、翟让选拔骁勇强壮之士分成十队,令四个队埋伏在岭下等待裴仁基,六个队列阵于石子河东面。刘长恭等见李密兵少,便轻视他。翟让先接战失利,李密随后统率所部横冲过来,隋兵大败,死者十有五六,李密、翟让声威大振。

翟让于是推举李密为主,号魏公,称元年。颁发的公文称行

军元帅府。拜让司徒,单雄信、徐世勣为大将军,各领所部。房彦藻、邴元真为长史,祖君彦为记室。于是,赵、魏以南,江、淮以北,群盗莫不响应,悉拜官爵,使各领其众,置百营簿以领之,众至数十万。乃广筑洛口城,周四十里而居之。遣彦藻将兵东略地,取安陆、汝南、淮安、济阳,河南郡县多陷于密。

三月,突厥立刘武周为定杨可汗,取楼烦、定襄、雁门诸郡。

武周袭破楼烦郡,进取汾阳宫,获隋宫人以赂突厥始毕可汗。始毕以马报之,兵势益振,又攻陷定襄。突厥立武周为定杨可汗,遗以狼头纛。武周即皇帝位,改元。以卫士杨伏念为左仆射,妹婿苑君璋为内史令。引兵围雁门,郡丞陈孝意悉力拒守,乘间出击武周,屡破之。既而外无救援,遣间使诣江都,皆不报。孝意誓以必死,旦暮向诏敕库俯伏流涕,悲动左右。百余日食尽,校尉张伦杀孝意以降。

梁师都取雕阴、弘化、延安等郡,自称梁帝。引突厥寇边。

师都略定雕阴、弘化、延安等郡,遂即皇帝位,国号梁。始毕遗以狼头纛,号为大度毗伽可汗。师都乃引突厥居河南之地,攻破盐川郡。

流人郭子和起兵榆林,突厥以为屋利设。

翊卫郭子和坐事徙榆林,会郡中大饥,子和潜结敢死士十八人,执郡丞,数以不恤百姓,斩之,开仓赈施,自称永乐王。有二千余骑,南连梁师都,北附突厥。始毕以刘武周为定杨天子,梁师都为解事天子,子和为平杨天子。子和辞不敢当,乃更以为屋利设。

军元帅府。授予翟让为司徒，单雄信、徐世勣为大将军，各自统领自己的部队。房彦藻、邴元真被任为长史，祖君彦为记室。于是赵、魏以南，江、淮以北的群盗莫不响应，都给予官爵，使各带领其部众，设置百营簿以统辖，部众达数十万人。于是便修建洛口城，周围四十里，李密就住在这里。李密派遣房彦藻领兵向东征讨，攻取了安陆、汝南、淮安、济阳，河南的郡县大多落入李密手中。

三月，突厥立刘武周为定杨可汗，刘武周袭取楼烦、定襄、雁门诸郡。

刘武周袭破楼烦郡，进取汾阳宫，将俘获的隋宫宫女献给突厥始毕可汗。始毕可汗以马还报刘武周，刘武周兵势益大，又攻陷定襄。突厥立刘武周为定杨可汗，送给他狼头纛。刘武周即皇帝位，改元。以卫士杨伏念为左仆射，妹婿苑君璋为内史令。刘武周率兵攻雁门，雁门郡丞陈孝意全力拒守，还乘机出击刘武周，屡次打败他。不久由于没有外援，曾遣使到江都，都没有下文。陈孝意誓在坚守，每天早晚都向着诏敕库俯伏流涕，悲痛感动了身边的人。坚守了百余天，粮食吃完了，校尉张伦杀了陈孝意投降了刘武周。

梁师都攻取雕阴、弘化、延安等郡，自称梁帝。招引突厥侵犯边地。

梁师都攻取了雕阴、弘化、延安等郡，便即皇帝位，国号梁。始毕可汗送给他狼头纛，称他为大度毗伽可汗。梁师都便招引突厥入居河南地方，攻破盐川郡。

流民郭子和起兵于榆林，突厥命他为屋利设。

翊卫郭子和因犯罪被判流放榆林，适逢郡中大饥荒，郭子和暗中勾结死士十八人，把郡丞逮捕起来，公开指控他不体恤百姓的罪状，并将他杀了，开仓赈济，自称永乐王。郭子和拥有二千余骑兵，南连梁师都，北附突厥。始毕可汗以刘武周为定杨天子，梁师都为解事天子，郭子和为平杨天子。郭子和坚辞不敢当，突厥便更改他为屋利设。

夏四月,金城校尉薛举起兵陇西,自称西秦霸王。

举骁勇绝伦,家赀巨万,交结豪杰,雄于西边,为金城府校尉。时陇右盗起,金城令郝瑗募兵得数千人,使举将而讨之。方授甲,置酒飨士,举与其子仁果及同党十三人,于座劫瑗发兵,开仓赈施,自称西秦霸王,招集群盗,掠官牧马。贼帅宗罗睺帅众归之。选精锐克枹罕。岷山羌酋钟利俗拥众二万归之,举兵大振。以仁果为齐王,领东道行军元帅;少子仁越为晋王,兼河州刺史;罗睺为兴王,以副仁果。未几,尽得陇西之地,众至十三万。

河南讨捕使裴仁基以虎牢降李密。密攻东都,入其郭。

李密以孟让为总管,使夜帅步、骑入东都外郭烧掠。于是东都居民悉迁入宫城。巩县长柴孝和、监察御史郑颋,以城降密。密以孝和为护军,颋为长史。

裴仁基每破贼,得军资,悉以赏士卒,监军御史萧怀静不许,屡求仁基长短劾奏之。仓城之战,仁基失期不至,恐获罪。李密使人说之。贾闰甫劝仁基降密,仁基曰:"如萧御史何?"闰甫曰:"萧君如栖上鸡,若不知机变,在明公一刀耳。"仁基从之,遣闰甫诣密请降。密大喜,以闰甫为参军,使之复命。仁基还屯虎牢。萧怀静密表其事,仁基知之,遂杀怀静,帅其众以虎牢降密。密以仁基为上柱国。仁基子行俨,骁勇善战,密亦以为上柱国。

密得秦叔宝及程咬金,皆以为骠骑。咬金后更名知节。罗士信、赵仁基皆帅众归密,密署为总管,使各统所部。遣裴仁基、孟让帅二万余人袭回洛东仓,破之。遂烧天津桥,纵兵大掠。东都出兵击之,仁基等败走,密自帅众

夏四月,金城校尉薛举起兵于陇西,自称西秦霸王。

薛举骁勇,举世无双,家财巨万,交结豪杰之士,称雄于西边,为金城府校尉。这时陇右盗贼蜂起,金城令郝瑗招募兵丁得数千人,派薛举率领他们去讨伐盗贼。正在授给兵士盔甲武器,摆设酒宴慰劳的时候,薛举和他的儿子薛仁果及同党十三人,在座位上扣押了郝瑗,然后发兵开仓赈济贫民,自称西秦霸王,招集群盗,劫掠官府的牧马。贼首宗罗睺率部众来归附薛举。薛举选拔精锐士兵攻克枹罕。岷山羌人酋长钟利俗率领部众二万归附薛举,薛举兵大振。他任命薛仁果为齐王,兼东道行军元帅,少子薛仁越为晋王,兼河州刺史;宗罗睺为兴王,仁果的副元帅。不久,薛举尽得陇西,拥部众十三万。

河南讨捕使裴仁基以虎牢降李密。李密攻东都,入外城。

李密以孟让为总管,令他夜里率领步、骑兵入东都外城烧掠。于是东都居民全部都迁入宫城。巩县长柴孝和、监察御史郑颋举城投降李密。李密任命柴孝和为护军,郑颋为长史。

裴仁基每次破贼,都将所获得的军资赏给士卒,监军御史萧怀静不允许,屡次找仁基的缺点要指控他。仓城之战时,裴仁基误期未到,害怕因此获罪。李密便派人劝说他投降。贾闰甫劝裴仁基向李密投降,仁基说:"萧御史怎么办呢?"贾闰甫道:"萧君就像栖身树枝的鸡,如果他不知随机应变,就在于您的一刀了。"裴仁基听从了贾闰甫的建议,就派他到李密处请降。李密大喜,任命贾闰甫为参军,要他回去复命。裴仁基回来仍屯驻虎牢。萧怀静秘密上表奏报此事,裴仁基知道了,便把萧怀静杀死,率领部众以虎牢一起投降了李密。李密封裴仁基为上柱国。裴仁基的儿子裴行俨骁勇善战,李密也封他为上柱国。

李密得到秦叔宝和程咬金,都任命为骠骑。程咬金后来改名知节。罗士信、赵仁基都率众归附李密,李密任命他们为总管,使他们各自统领自己的本部人马。李密派遣裴仁基、孟让率领二万余人袭取回洛东仓。烧毁了天津桥,放纵兵士大肆劫掠。东都出兵击裴仁基、孟让,裴仁基等人败走,李密亲自率领军队屯

屯回洛仓。攻偃师、金墉,皆不克,还洛口。

东都城内乏粮,而布帛山积,至然布以爨。越王侗使人运回洛仓米入城,遣兵屯丰都市、上春门、北邙山,为九营,以备密。

汝阴、淮阳降密。密复据回洛仓,段达等出兵拒之,败走。密遂移檄郡县,数帝十罪,且曰:"罄南山之竹,书罪无穷;决东海之波,流恶难尽。"祖君彦之辞也。

越王侗遣太常丞元善达,间行诣江都,奏曰:"李密围逼东都,城内无食。若陛下速还,乌合必散,不然者东都决没。"因歔欷呜咽,帝为之改容。虞世基进曰:"越王年少,此辈诳之。若如所言,善达何缘来至?"帝乃怒曰:"善达小人,敢廷辱我!"因使向东阳催运,善达遂为群盗所杀。是后人莫敢以贼闻。

世基容貌沉审,言多合意,特为帝所亲爱,鬻官卖狱,其门如市,朝野共疾怨之。舍人封德彝托附世基,以世基不闲吏务,密为指画,诡顺帝意,表疏忤旨者皆屏而不奏。鞫狱多峻文深诋,行赏则抑削就薄。故世基之宠日隆,而隋政益坏,皆德彝所为也。

五月,李渊起兵太原,杀副留守王威、高君雅。

初,渊娶于神武肃公窦毅,生四男:建成、世民、玄霸、元吉;一女,适太子千牛备身临汾柴绍。

世民聪明勇决,识量过人,见隋室方乱,阴有安天下之志,倾身下士,散财结客,咸得其欢心。娶长孙晟女。晟族弟右勋卫顺德与右勋侍刘弘基,皆避辽东之役,亡命晋阳,

驻回洛仓。攻偃师、金墉,皆攻不下,便返回洛口。

东都城内缺乏粮食,而布帛却堆积像山一样,以致焚烧布来做饭。越王杨侗使人运回洛仓米入城,派遣兵士驻屯丰都市、上春门、北邙山,为九营,以防备李密。

汝阴、淮阳都归降李密。李密又攻占回洛仓,段达等出兵抗击李密,被李密打败退走。李密便向各郡县发布檄文,数炀帝十罪,并说:"把南山的竹都写完了,也记不完他的罪过;决开东海的波涛,也洗刷不了他的恶行。"这是祖君彦写的辞句。

越王杨侗派遣太常丞元善达穿越贼军辖地来到江都向炀帝奏道:"李密围逼东都,城内已没有粮食吃。如果陛下迅速返回东都,则乌合的贼众必然失败。否则,东都就一定会陷落。"说着就呜咽哭泣起来,炀帝也为之感动改容。虞世基进言道:"越王年轻,这些人诳骗他。如果真是像他所说的那样,元善达怎么能够到这里来呢?"炀帝便发怒道:"元善达小人,怎敢在朝廷上欺辱我!"于是派元善达到东阳去催运粮食,善达遂为群盗所杀。此后人们便不敢再向炀帝汇报贼情了。

虞世基相貌深沉稳重,说的话大都迎合炀帝心意,特别受到炀帝亲近喜爱。他卖官受贿并枉法断案,出入他门户的人就像闹市一样多,朝野都极为怨恨。舍人封德彝阿附于虞世基,由于虞世基不熟悉当官为政的业务,封德彝便暗中为他点拨,教他如何谄顺炀帝的心意,凡表疏违背炀帝旨意的都摒弃不奏报。审办案狱判刑严厉,刻意诋毁,行赏则抑压贬削,从低就薄。虞世基因而更得炀帝的宠信,而隋朝政治日益腐败,都是封德彝促成的。

五月,李渊于太原起兵,杀副留守王威、高君雅。

当初李渊娶了神武肃公窦毅的女儿,生四男:建成、世民、玄霸、元吉;一女,嫁给太子千牛备身临汾柴绍。

李世民聪明勇敢,识见与肚量过人。他目睹隋朝正处于混乱之中,就暗中立下平定天下的志向,礼贤下士,散财结客,赢得了大家的爱戴。李世民娶了长孙晟的女儿。长孙晟的族弟右勋卫长孙顺德与右勋侍刘弘基,都逃避辽东之役,逃亡来到晋阳,

与世民善。左亲卫窦琮亦亡命太原，素与世民有隙，世民加意待之，琮意乃安。

晋阳宫监裴寂、晋阳令刘文静，相与同宿，见城上烽火，寂叹曰："贫贱如此，复逢乱离，何以自存？"文静笑曰："时事可知，吾二人相得，何忧贫贱！"文静见李世民而异之，深自结纳。谓寂曰："此人虽少，命世才也。"寂初未然之。

文静坐与李密连昏系狱，世民就省之。文静曰："天下大乱，非高、光之才不能定也。"世民曰："安知其无，但人不识耳。我来相省非儿女之情，欲与君议大事也。计将安出？"文静曰："今主上南巡江、淮，李密围逼东都，群盗殆以万数。当此之际，有真主驱驾而用之，取天下如反掌耳。太原百姓皆避盗入城，文静为令数年，知其豪杰，一旦收集，可得十万人。尊公所将之兵复且数万，一言出口，谁敢不从！以此乘虚入关，号令天下，不过半年，帝业成矣。"世民笑曰："君言正合我意。"乃阴部署宾客，渊不之知也。世民恐渊不从，久不敢言。

渊与裴寂有旧，每相与宴语，或连日夜。文静欲因寂关说，乃引寂与世民交。世民出私钱数百万与寂博，稍以输之，寂大喜，由是款狎。世民乃以其谋告之，寂许诺。

会突厥寇马邑，渊遣高君雅将兵与王仁恭拒之，不利，恐并获罪，甚忧之。世民乘间屏人说渊曰："今主上无道，百姓困穷，晋阳城外皆为战场。大人若守小节，下有寇盗，

与李世民友好。左亲卫窦琮亦逃亡到太原，常和李世民不和，李世民特别注意对他优待，窦琮才安下心来。

晋阳宫监裴寂和晋阳令刘文静同住在一起，看见城上有烽火，裴寂叹道："我贫贱已到了这个地步，又遭离乱之苦，靠什么才能生存呢？"刘文静笑道："形势发展是可以预知的，我两人知己相交，何必担心贫贱！"刘文静见了李世民，很惊异他的才干，和他结为知交。刘文静对裴寂道："此人虽然年轻，是个能治世的大才！"裴寂开始并不在意。

刘文静因与李密有姻亲受牵连，被关在狱中，李世民去探视他。刘文静道："天下大乱，没有汉高祖、汉光武帝的才干是不能安定天下的。"李世民道："怎么知道没有呢？只不过人们看不出来罢了。我来探视您就不是为了儿女之情，而是想与您共商大事的。您有什么谋划吗？"刘文静道："现在皇上南巡江、淮，李密围逼东都，群盗大概已在一万数以上。当此之时，如有真天子出现驾驭这些人，取天下就像反掌一样容易。太原的百姓为逃避盗贼都搬入城内，我做了几年县令，了解其中的豪杰之士，一旦把他们收集起来，可得十万人。令尊带领的军队又有数万人，只要一言出口，谁敢不从！以此兵力乘关中空虚，进入关内，号令天下，不过半年时间，皇帝的基业就成功了。"李世民笑道："您说的正合我意。"便暗中部署宾客，李渊不知道这事。李世民怕李渊不同意，因此很久都没敢和他说。

李渊和裴寂是旧交，二人常在一起宴饮交谈，有时昼夜相连。刘文静想让裴寂向李渊游说，便介绍裴寂与李世民交好。李世民拿出自己的私钱数百万与裴寂赌博玩，逐渐都输给了裴寂，裴寂非常高兴，由此经常与李世民交游来往。李世民便把自己的谋划告诉裴寂，裴寂答应劝说李渊。

正好这时突厥人侵犯马邑，李渊派遣高君雅带领兵马与王仁恭合力抗击突厥，打了败仗。李渊怕由此获罪，心中非常忧虑。李世民乘机屏退左右，劝谏李渊说："如今主上无道，百姓穷困，晋阳城外都成为了战场。大人如果仍守小节的话，下有寇盗，

上有严刑,危亡无日。不若顺民心兴义兵,转祸为福,此天授之时也。"渊大惊曰:"汝安得为此言!吾今执汝以告县官!"世民徐曰:"世民睹天时人事如此,故敢发言。必欲执告,不敢辞死。"渊曰:"吾岂忍告汝,汝慎勿出口。"明日,世民复说渊曰:"人皆传李氏当应图谶,故李金才无罪,一朝族灭。大人设能尽贼,则功高不赏,身益危矣。惟昨日之言可以救祸,此万全之策也,愿大人勿疑。"渊乃叹曰:"吾一夕思汝言,亦大有理。今日破家亡躯亦由汝,化家为国亦由汝矣。"

先是,裴寂私以晋阳宫人侍渊,至是渊从寂饮,酒酣,寂从容言曰:"二郎阴养士马,欲举大事,正为寂以宫人侍公,恐事觉并诛耳。众情已协,公意如何?"渊曰:"事已如此,当复奈何,正须从之耳。"

帝以渊与王仁恭不能御寇,遣使者执诣江都。渊大惧,世民与寂等复说渊曰:"事已迫矣,宜早定计。且晋阳士马精强,宫监蓄积巨万,代王幼冲,关中豪杰并起,公若鼓行而西,抚而有之,如探囊中之物耳。奈何受单使之囚,坐取夷灭乎?"渊然之,密部勒,将发。会帝遣使驰驿赦渊及仁恭,渊谋亦缓。

大理司直夏侯端谓渊曰:"今帝座不安,参墟得岁,必有真人起于其分,非公而谁乎?"司马许世绪、司铠武士彟、前勋卫唐宪、宪弟俭,皆劝渊举兵。时建成、元吉尚在河东,故渊迁延未发。

上有严刑，危亡就会很快来临。不如顺应民心，举起义兵，转祸为福，这是上天授给我们的机会。"李渊大惊道："你怎么说得出这种话！我现在就把你抓起来向朝廷告发。"李世民慢慢说道："我只是看到天时人事是这个样子，所以才敢这样说。您一定要把我抓起来告发，我也不会怕死。"李渊道："我岂会忍心告发你，只是要你谨慎，不要再说了。"明日，李世民又劝李渊说："人们都在传说李氏当应图谶，所以李金才本来无罪却一朝全家被诛灭。大人如果能将盗贼消灭尽，那么功劳再高也不会受奖赏，自身却更加危险了。只有昨天我对您说的话才可以避免祸害，这是万全的计策，愿大人不要再疑虑了。"李渊叹道："我一夜都在考虑你的话，你说的也很有道理。今日家破人亡也由你，化家为国也由你了！"

先前，裴寂曾暗中让晋阳宫的宫女侍奉李渊，现在李渊和裴寂一起饮酒，到了酒意正浓的时候，裴寂才慢慢说道："二郎暗中招兵买马，要举兵做大事，真正原因就在于我曾让宫女侍奉您，怕事情被发觉您受诛害。现在众人的意向都已取得一致，您的意见是怎样的？"李渊道："事已至此，还能怎么样，只好听从罢了。"

炀帝以李渊和王仁恭不能抵御贼寇，便要派使者把他们解押到江都来。李渊非常惧怕，李世民与裴寂等又劝说李渊道："事情已经紧迫了，要及早做出决定。而且晋阳的人马精强，宫中钱财蓄积巨万，代王年纪幼小，关中豪杰纷纷起兵，您如果起兵向西进军，招抚这些豪杰归附于您，就像探囊取物一样容易。为什么还要受一个使者的拘囚，坐待被夷灭呢？"李渊认为说得对，便秘密部署，准备起兵。在即将开始的时候，适逢炀帝又派遣使者驰驿马赶来赦免李渊和王仁恭，李渊的谋划亦暂时推迟。

大理司直夏侯端对李渊道："现在皇帝的星座不安，岁星居参宿的位置，一定有真人在晋地兴起，这不是您又是谁呢？"司马许世绪、司铠武士彟、前勋卫唐宪、唐宪的弟弟唐俭，都劝李渊举兵。这时李建成、李元吉尚在河东，所以李渊迁延未能决定。

刘文静谓裴寂曰："先发制人，后发制于人。且公为宫监，而以宫人侍客，公死可尔，何误唐公也！"寂甚惧，屡趣渊起兵。渊乃使文静诈为敕书，发太原、西河、雁门、马邑，民年二十已上为兵，击高丽。由是人情恟恟，思乱者众。

及刘武周据汾阳宫，世民言于渊曰："大人为留守，而盗贼窃据离宫，不早建大计，祸今至矣！"渊乃集将佐谓之曰："武周据汾阳宫，吾辈罪当族灭，若之何？"王威等皆惧，请计。渊曰："朝廷用兵皆禀节度，今贼在数百里内，江都在三千里外，加以道路险要，复有他贼据之，以婴城胶柱之兵，当巨猾豕突之势，必不全矣。进退维谷，何为而可？"威等皆曰："公地兼亲贤，同国休戚，要在乎贼，专之可也。"渊阳若不得已而从之者，曰："然则先当集兵。"乃命世民与刘文静、长孙顺德、刘弘基等各募兵，远近赴集，旬日间近万人，仍密遣使召建成、元吉于河东，柴绍于长安。

王威、高君雅见兵大集，疑渊有异志，谓武士彟曰："顺德、弘基皆背征三侍，安得将兵？"欲收按之。士彟曰："二人皆唐公客，若尔，必大致纷纭。"威等乃止。

威、君雅欲因晋祠祈雨讨渊。五月，渊使世民伏兵于晋阳宫城之外。旦，与威、君雅共坐视事，使刘文静引开阳府司马刘政会入，告"威、君雅潜引突厥入寇"。君雅攘袂大诟，世民已布兵塞路，文静因与弘基、顺德等共执威、君雅系狱。会突厥数万众寇晋阳，渊命裴寂等勒兵为备，而悉开诸城门。突厥不敢进。众以为威、君雅实召之也，于是

刘文静对裴寂说："先发者制人，后发者受制于人。而且您身为宫监，却以宫女侍奉宾客，您死也就罢了，为什么却误了唐公呢？"裴寂害怕，也屡次催促李渊起兵。李渊便叫刘文静伪作敕书，发往太原、西河、雁门、马邑，声称要年龄二十以上者当兵击高丽。由此人心恐慌，思乱的人越来越多。

在刘武周占据了汾阳宫的时候，李世民对李渊说道："大人身为留守，而盗贼窃据离宫，您要不早定大计，灾祸今天就要来到了。"李渊便召集将佐，对他们说："刘武周占据汾阳宫，我们这些人都罪当灭族，怎么办呢？"王威等都害怕，请求定计。李渊道："朝廷用兵要向上禀报受节度，现在贼在数百里以内，而江都却在三千里以外，加上道路险阻，又有其他盗贼占据，依靠守城和拘泥于常法的兵力，来抵御强大狡猾而像狂奔的野兽一样的敌人，一定无法保全。这样进退两难，怎么办才好？"王威等道："您既是皇亲又是贤士，和国家休戚相关，现在重在平定盗贼，专权也是可以的。"李渊装作不得已而听从的样子道："那就先召集兵众来。"于是命李世民与刘文静、长孙顺德、刘弘基等分头募兵，远近各地来奔集应募的，十天之内就有近万人。李渊又秘密派人到河东去召回李建成、李元吉，到长安去召回柴绍。

王威、高君雅见李渊大肆招兵，怀疑他有异谋，对武士彟说："长孙顺德、刘弘基都是逃避征役亡命的三侍官员，怎么能统兵？"便要收审他们。武士彟道："这二人都是唐公的宾客，如果这样做，就会招致很多纠纷。"王威等就作罢了。

王威、高君雅想到晋祠去祈雨，并在这里号召讨伐李渊。五月，李渊预先叫李世民设伏兵于晋阳宫城之外。一天早晨，李渊与王威、高君雅共坐处理公事，使刘文静引着开阳府司马刘政会进来，状告"王威、高君雅暗中招引突厥入寇"。高君雅揭起衣袖大骂，李世民早已布置兵士拥塞道路，刘文静便和刘弘基、长孙顺德等一起将王威、高君雅抓起来投入牢狱。这时适逢突厥数万众入侵晋阳，李渊下令裴寂等率兵防备，把各城门都打开。突厥不敢进入。大家都以为这是王威、高君雅召突厥来的，于是便

斩威、君雅以徇。突厥大掠而去。

东都遣兵击李密，大破之。密退屯洛口。

帝命将军庞玉、郎将霍世举，将关内兵援东都。柴孝和说李密曰："秦地山川之固，秦、汉所凭以成王业者也。今不若使翟司徒守洛口，裴柱国守回洛，明公自简精锐西袭长安，然后东向以平河、洛，传檄而天下定矣。不早为之，必有先我者，悔之无及。"密曰："此诚上策，但昏主尚存，从兵犹众，我兵皆山东人，谁肯从我西入？诸将出于群盗，留之各竞雌雄，如此，则大业隳矣。"孝和曰："然则仆请间行观衅。"密许之。孝和与数十骑至陕县，山贼归之者万余人。会密为流矢所中，卧营中，越王侗使段达与庞玉等夜出兵与战，大破之。密乃弃回洛，奔洛口。孝和众散，轻骑归密。密以郑颋、郑乾象为左、右司马。

六月，李渊遣使如突厥。

李建成、李元吉弃其弟智云于河东而去，吏执送长安，杀之。六月，建成、元吉与柴绍偕至晋阳。

刘文静劝李渊与突厥相结，资其士马以益兵势。渊从之，自为手启，卑辞厚礼，遗始毕可汗，云："欲举义兵迎主上，复与突厥和亲。若能与我俱南，愿勿侵暴百姓。若但和亲，坐受宝货，亦唯可汗所择。"始毕得启，谓其大臣曰："隋主为人，我所知也，若迎以来，必害唐公，而击我无疑矣。苟唐公自为天子，我当以兵马助之。"即命以此意为复书。使者七日而返，将佐皆喜，请从突厥之言。渊不可，

将二人斩首示众。突厥大掠后才回去。

东都派兵进击李密,大破李密兵。李密退兵屯于洛口。

炀帝命将军庞玉、郎将霍世举带领关内兵救援东都。柴孝和劝说李密:"秦地山川险固,是秦朝和汉朝借以建立帝王之业的地方。现在我们不如派翟司徒守洛口,裴柱国守回洛,您亲自挑选精锐部众西袭长安,然后东向平定河、洛地区,向全国发布檄文,天下就可以平定了。如您不及早这样做,就肯定有其他人先做,那就后悔莫及了。"李密道:"这当然是上策,但昏主尚在,跟随他的军队还多,我的兵都是山东人,谁肯跟我向西进军?各位将领都是群盗出身,留在这里就会相互争斗决个雌雄,这样,我的大事业就会失败。"柴孝和道:"那我就请求去探听情况,看看是否有隙可乘吧。"李密同意。柴孝和与数十骑到了陕县,山贼来归附的有一万余人。这时李密被流矢射中,躺在营中,越王杨侗命段达与庞玉等晚上出兵攻击李密军,大破李密军。李密便放弃回洛,奔往洛口。柴孝和率领的部众溃散,柴孝和带领少数骑兵回到李密军中。李密任命郑颋、郑乾象为左、右司马。

六月,李渊派遣使者访问突厥。

李建成、李元吉将他们的弟弟李智云抛弃在河东离去,当地的官吏便把李智云抓起来送到长安杀死。六月,李建成、李元吉和柴绍一起到了晋阳。

刘文静劝李渊和突厥结盟,请他们资助士兵以壮大自己的兵力。李渊听从了这意见,自己亲自写信给突厥始毕可汗,言辞谦卑,礼节甚厚,信中写道:"我想举义兵迎接隋主,再和突厥和亲。如果您能和我一起南下,希望您不要侵暴百姓。如果您只想和亲,就接受我送给您的财宝,请您选择哪一条可行吧。"始毕可汗接到信后,对他的大臣说:"隋主为人我是知道的,如果把他迎来,一定会加害于唐公,接着就向我进攻,这是没有疑问的。如果唐公自称天子,我应当用兵马去帮助他。"始毕可汗便令人根据这一意见复信给李渊。使者七天后回来复命,李渊的将佐听了都很高兴,便请李渊听从突厥可汗的话。李渊认为不可,

曰:"诸君宜更思其次。"寂等乃请尊天子为太上皇,立代王为帝,以安隋室。移檄郡县,改易旗帜,杂用绛白,以示突厥。渊曰:"此可谓掩耳盗钟,然逼于时事,不得不尔。"乃许之,遣使以此告突厥。

李渊遣世子建成及世民击西河郡,拔之,斩郡丞高德儒。

西河郡不从渊命,渊使建成、世民将兵击之。时军士新集,咸未阅习,建成、世民与之同甘苦,遇敌则以身先之。近道菜果非货不食,军士有窃之者辄求其主偿之,亦不诘窃者,兵民皆悦。至西河城下,郡丞高德儒闭城拒守,攻拔之。执德儒至军门,世民数之曰:"汝指野鸟为鸾,以欺人主取高官,吾兴义兵正为诛佞人耳。"遂斩之。自余不戮一人,秋毫无犯,各慰抚使复业,远近闻之大悦。建成等引兵还晋阳,往返凡九日。渊喜曰:"以此行兵,虽横行天下可也。"遂定入关之计。

李渊自称大将军,开府置官属。

渊开仓以赈贫民,应募者日益多。渊命为三军,分左右,通谓之义士。裴寂等上渊号为大将军。渊以寂为长史,刘文静为司马,唐俭、温大雅为记室,大雅仍与弟大有共掌机密,武士彟为铠曹,刘政会及崔善为、张道源为户曹,姜謩为司功参军,殷开山为府掾,长孙顺德、刘弘基、窦琮及王长谐、姜宝谊、阳屯为左右统军,自余文武,随才授任。以世子建成为陇西公、左领军大都督,左三统军隶焉;世民为敦煌公、右领军大都督,右三统军隶焉,各置官属。以柴绍为右领军府长史谘议。

说："诸位最好还是想想其他的办法。"裴寂等便建议请尊炀帝为太上皇,立代王杨侑为皇帝,使隋王室能安定下来。并传布檄文到各郡县,改换旗帜,用红白相间的颜色,以此向突厥示意我们与隋室不同。李渊道："这可说是掩耳盗铃,但形势所逼,就不得不这样了。"便同意了这意见,派使者到突厥去告知此事。

李渊派他的世子李建成和李世民攻击西河郡,攻克后将郡丞高德儒杀死。

西河郡不服从李渊的命令,李渊命李建成、李世民领兵攻击西河郡。这时军士刚调集来,都没有操练过,李建成、李世民与兵士同甘苦,遇敌身先士卒。道路旁边的蔬菜瓜果,如果不是买的便不准吃,军士如有偷吃的便找到物主赔偿价钱,也不去追问偷窃者,这样兵士和民众都高兴。李建成、李世民来到了西河城下,郡丞高德儒闭城拒守,便下令攻城。城被攻破,兵士抓住高德儒并将他解押到军部,李世民历数他的罪行道："你指野鸟为鸾,以欺骗君主而博取高官,我高举义兵就是要诛杀你这种奸佞之人。"便将他杀了。此外不杀一人,秋毫无犯,分别慰抚百姓,使他们恢复原来工作,远近百姓听说此事后都非常高兴。李建成等率兵还晋阳,往返共九日。李渊高兴道："像这样用兵,完全可以横行天下了。"于是便拟定入关的计划。

李渊自称大将军,设置大将军府,任命府属官吏。

李渊开仓赈济贫民,应募当兵的人日益增多。李渊下令将应募之兵分为三军,各军又分左右,通称为义士。裴寂等人给李渊上尊号大将军。李渊以裴寂为长史,刘文静为司马,唐俭、温大雅为记室,温大雅仍和弟弟温大有共同掌管机密,武士彟为铠曹,刘政会和崔善为、张道源为户曹,姜謩为司功参军,殷开山为府掾,长孙顺德、刘弘基、窦琮和王长谐、姜宝谊、阳屯为左右统军,其余文武官职都按照各人才能授给。封世子李建成为陇西公、左领军大都督,左三统军由他统辖;李世民为敦煌公、右领军大都督,右三统军由他统辖,二人各设僚属。任命柴绍为右领军府长史谐议。

李密复取回洛仓。

李密复帅众向东都,大战于平乐园。密左骑、右步,中列强弩,鸣千鼓以冲之,东都兵大败。密复取回洛仓。

突厥遣使至太原,李渊遣刘文静报之。

突厥遣其柱国康鞘利等送马千匹,诣李渊为互市,许发兵送渊入关。渊拜受书,择其马之善者,止市其半。义士请以私钱市其余,渊曰:"虏饶马而贪利,其来将不已,恐汝不能市也。吾所以少取者,示贫且不以为急故尔,当为汝货之,不足为汝费也。"

渊命刘文静使于突厥以请兵,私谓文静曰:"胡骑入中国,生民之大蠹也。吾所以欲得之者,恐刘武周引之共为边患。又胡马行牧不费刍粟,聊欲藉之以为声势耳。数百人之外无所用之。"

秋七月,李渊引兵至霍邑,代王侑遣郎将宋老生、将军屈突通将兵拒之。

李渊以子元吉为太原太守,留守晋阳宫,帅甲士三万发晋阳,誓众移檄,谕以尊立代王之意。西突厥阿史那大奈亦帅其众以从。渊至西河,慰劳吏民,赈赡贫乏。民年七十以上皆除散官,其余豪杰随才授任,一日除千余人。至贾胡堡,去霍邑五十余里。代王侑遣郎将宋老生帅精兵二万屯霍邑,大将军屈突通将骁果数万屯河东以拒渊。会积雨,渊不得进。

刘文静至突厥,见始毕可汗请兵,且与之约曰:"若入长安,民众土地入唐公,金玉缯帛归突厥。"始毕大喜。

李密又攻取回洛仓。

李密又统率部众向东都进军,与隋军大战于平乐园。李密左边部署骑兵,右边部署步兵,中间摆列强弩手,敲打千面战鼓,冲进敌军,东都兵大败。李密又攻下回洛仓。

突厥派遣使者到太原,李渊派遣刘文静回访。

突厥派遣柱国康鞘利等送马千匹到李渊处进行交易,答允出兵送李渊入关。李渊拜受了突厥的书信,挑选了马匹中的良马,只买了一半。义士请允许用自己的钱来买其余的马,李渊道:"胡人马多但是贪利,他们会不断地来卖马,恐怕你们就买不起了。我之所以取得不多,就是要向他们表示我们没钱而且也不是急着要用马,我当为你们出钱买马,不要你们破费。"

李渊命刘文静出使突厥请突厥出兵,又暗中对刘文静道:"胡人骑兵进入中国,这是老百姓的一大祸患。我之所以请他们出兵的用意,是怕刘武周引他们进来一起变成我们的边患。又胡马沿途可放牧,不费我们的草料,我只不过是想借他们的兵马壮大自己的声势罢了。几百人就够了,多了也没有用处。"

秋七月,李渊率领兵马到霍邑,代王杨侑派郎将宋老生、将军屈突通领兵抵抗。

李渊命儿子李元吉为太原太守,留守晋阳宫,自己率领甲士三万人从晋阳出发,在军前誓师并向各地方发布檄文,宣布为尊立代王而出兵的本意。西突厥阿史那大奈也带领其部众跟随出师。李渊到西河,慰劳当地官吏人民,赈济贫民。凡年龄在七十以上的人都授给散官,其他的豪杰之士都根据才能授予官职,一天就任命官员一千人。到了贾胡堡,距离霍邑五十余里。代王杨侑派遣郎将宋老生带领精兵二万屯驻霍邑,大将军屈突通带领骁果军数万人屯驻在河东,以抗拒李渊。适逢连续下雨,李渊不得前进。

刘文静到了突厥,会见了始毕可汗,请他出兵,并和他约定:"如能攻克长安,民众土地归唐公,金玉缯帛归突厥。"始毕可汗非常高兴。

渊以书招李密，密自恃兵强，欲为盟主，复书曰："所望左提右挈，戮力同心，执子婴于咸阳，殪商辛于牧野。"渊得书笑曰："密妄自矜大，非折简可致。吾方有事关中，若遽绝之，乃是更生一敌，不如卑辞推奖以骄其志，使为我塞成皋之道，缀东都之兵，我得专意西征。俟关中平定，据险养威，徐观蚌鹬之势，以收渔人之功，未为晚也。"乃复书曰："天生烝民必有司牧，当今为牧非子而谁！老夫年逾知命，愿不及此。欣戴大弟，攀鳞附翼，唯弟早膺图箓以宁兆民！宗盟之长，属籍见容，复封于唐，斯荣足矣。"密得书甚喜，以示将佐曰："唐公见推，天下不足定矣！"自是信使往来不绝。

雨久不止，渊军中粮乏。刘文静未返，或传突厥与刘武周乘虚袭晋阳，渊欲北还。裴寂等亦以为隋兵尚强，未易猝下，李密奸谋难测，武周惟利是视，不如还救根本，更图后举。李世民曰："今禾菽被野，何忧乏粮！老生轻躁，一战可擒。李密顾恋仓粟，未遑远略。武周与突厥外虽相附，内实相猜。武周虽远利太原，岂可近忘马邑。本兴大义，奋不顾身以救苍生，当先入咸阳号令天下。今遇小敌遽已班师，恐从义之徒一朝解体，还守太原一城之地为贼耳，何以自全！"建成亦以为然。渊不听，促令引发。世民将复入谏，会渊已寝，不得入，号哭于外，声闻帐中。渊召问之，世民曰："今兵以义动，进战则克，退还则散。众散于

李渊写信招李密来归附，李密自恃兵强，想做盟主，便给李渊回信道："我希望能得到您的支持，勠力同心，在咸阳抓住孺子婴，在牧野杀死商辛。"李渊接到复信笑道："李密妄自尊大，不是写信就能招来的人。我现在关中正有战事，如马上和他断绝来往，就是多树一个敌人，不如谦卑地奉承推许他，让他骄傲自满，使他替我拦住成皋之路，牵制住东都方面的兵力，我才能专心一意的西征。待到关中平定，我就可以依据险要之地，养精蓄锐，慢慢地看鹬蚌相争，以收渔人之利，这也并不晚啊。"于是便复信给李密道："天生众民，必须有管理他们的人，现在，管理他们的人不是您又有谁呢？老夫我已过知命之年，已没有这个愿望了。我高兴地拥戴老弟您，攀鳞附翼地跟随您，希望老弟您能及早应验图谶以定万民！您是宗盟之长，我的宗属之籍还望您收容，并封我在唐地，这对我已经非常荣幸了。"李密读了复信，非常高兴，并将信给将佐看，说道："唐公推许我，我平定天下就没有问题了！"从此双方书信往来不绝。

雨下了很久没有停止，李渊军中缺乏粮食。刘文静还未回来，有传言说突厥和刘武周乘虚袭击晋阳，李渊便想要北还。裴寂等人也以为隋兵尚强，不易短期内攻下，而李密奸谋难测，刘武周唯利是图，不如回去救援根本之地，以后再筹划举兵。李世民道："现在庄稼遍地，为什么还愁缺粮！宋老生是轻率浮躁之人，打一仗就可以擒捉他。李密只顾留恋仓内粮食，还顾不上向外发展。刘武周与突厥虽然外貌看来相互依附，其实是相互猜忌。刘武周虽然想得到远处的太原，但也忘不了近处的马邑。我们举兵本来是兴大义，奋不顾身地拯救百姓，应当先入咸阳以号召天下。现在只遇到小股敌人便马上班师，恐怕跟随我们起义的人会从此解体，回去只能守住太原一城之地做盗贼，这样就自身难保了。"李建成也认为说得对。李渊不听，催促出发回去。李世民准备再次入谏，但李渊已经就寝，不得进入，就在帐外大哭，哭声传到帐中。李渊便召李世民问哭什么，世民道："我们举的是义兵，向前战斗则可取胜，向后退还则必败散。兵众溃散于

前,敌乘于后,死亡无日,何得不悲!"渊乃悟曰:"军已发,奈何?"世民曰:"右军严而未发,左军去亦未远,请自追之。"渊笑曰:"吾之成败皆在尔,惟尔所为。"世民乃与建成分道,夜追左军复还。既而太原运粮亦至。

武威司马李轨起兵河西,自称凉王。

轨家富任侠。薛举起兵金城,轨与同郡曹珍、关谨、梁硕、李赟、安修仁等谋曰:"薛举必来侵暴,郡官庸怯,势不能御,吾辈岂可束手并妻孥为人所虏邪!不若相与并力拒之,保据河右以待天下之变。"众皆以为然,欲推一人为主,各相让,莫肯当。曹珍曰:"久闻图谶李氏当王,今轨在谋中,乃天命也。"遂相与拜轨,奉以为主。轨乃令修仁集诸胡,自结民间豪杰共起兵,称河西大凉王,置官属。关谨等欲尽杀隋官,分其家赀,轨曰:"今兴义兵以救生民,乃杀人取货,此群盗耳,将何以济!"乃止。

薛举遣其将常仲兴济河击轨,与轨将李赟战于昌松,仲兴举兵败没,轨欲纵遣之,赟曰:"力战获俘,复纵以资敌,将焉用之?不如尽坑之。"轨曰:"天若祚我,当擒其主,此属终为我有。若其无成,留此何益!"乃纵之。未几,攻张掖、敦煌、西平、枹罕,皆克之,尽有河西五郡之地。

薛举自称秦帝,徙据天水。

薛举称帝,立仁果为太子。遣仁果将兵取天水,徙都之。仁果多力,善骑射,军中号万人敌,然性贪而好杀。其克天水,悉召富人倒悬之,以醋灌鼻,责其金宝。举每戒之

前,敌人追击于后,我们的末日就到了,怎么能不悲哀!"李渊便省悟道:"军队已经出发了,怎么办?"世民道:"右军正在整理行装而未发,左军虽发而走亦不远,请让我去把他们追回来。"李渊笑道:"我的成败都在你,你就干吧!"李世民便与李建成分道连夜追赶左军回来。这时太原的粮食也运到了。

武威司马李轨起兵于河西,自称为凉王。

李轨家中富有,喜好侠义之举。薛举在金城起兵时,李轨和同郡的曹珍、关谨、梁硕、李赟、安修仁等商议:"薛举必来侵犯,郡官平庸胆怯,一定不能抵御,我们怎么能毫不抵抗就和妻子儿女一起被人家俘虏呢? 不如我们组织起来合力抗拒,据有河右地方以等待形势的变化。"大家都认为说得对,便要推举一人为首领,但又相互推让,不肯担当。曹珍道:"我们很早就听说图谶上显示李氏将做帝王,现在李轨就在我们这些人中间,这也是天命如此。"于是大家便向李轨下拜,奉他为首领。李轨便命令安修仁把各部落的胡人召集起来,又交结民间的豪杰之士一起起兵,自称河西大凉王,设立官府僚属。关谨等想杀尽隋朝官吏,瓜分他们的财物,李轨道:"现在我们兴义兵以救百姓,如杀人越货,就是盗贼了,这怎么行呢?"于是便停止杀掠隋官。

薛举派部将常仲兴渡黄河攻打李轨,和李轨的部将李赟战于昌松,常仲兴全军覆没,李轨想把俘虏都遣返,李赟道:"我们奋力打仗俘获战俘,现在却将他们遣返资助敌人,将来怎么用兵呢? 不如全部将他们活埋。"李轨道:"上天如果赐福于我,应当擒他们的首领,而这些人最后还是属于我的。如果我的事业不能成功,那么留下这些人又有什么益处呢?"便把俘虏都放回去。不久,李轨攻下了张掖、敦煌、西平、枹罕,把河西五郡都占领了。

薛举自称秦帝,占领了天水,并移居此地。

薛举称皇帝,立薛仁果为太子。派仁果领兵攻取天水,并把都城迁到这里。薛仁果有勇力,善于骑马射箭,在军中号称万人敌,但他个性贪婪而喜欢杀人。他在攻取天水时,把有钱的人都倒挂起来,鼻中灌醋,责令他们交出金银财宝。薛举经常告诫他

曰:"汝之才略足以办事,然苛虐无恩,终当覆我国家。"

涿郡留守薛世雄击李密,窦建德袭破之,遂围河间。

诏涿郡留守薛世雄将燕地精兵三万讨李密,命王世充等诸将皆受节度,所过盗贼随便诛剪。世雄行至河间,军于七里井。窦建德士众惶惧,悉拔诸城南遁,声言还入豆子䴚。世雄以为畏己,不复设备。建德谋还袭之。其处去世雄营百四十里,建德帅敢死士二百八十人先行,令余众续发,约曰:"夜至,则击其营;已明,则降之。"未至二里所,天欲明,建德惶惑议降。会天大雾,咫尺不辨,建德喜曰:"天赞我也!"遂突入其营击之,士卒大乱,世雄遁归涿郡,恐恚发病卒。建德遂围河间。

八月,李渊与宋老生战,斩之,遂取霍邑。

八月,雨霁,李渊趣霍邑。渊恐宋老生不出,建成、世民曰:"老生勇而无谋,以轻骑挑之,理无不出。脱其固守,则诬以贰于我。彼恐为左右所奏,安敢不出!"渊然之,乃与数百骑先至霍邑城东数里,以待步兵,使建成、世民将数十骑至城下,举鞭指麾,若将围城之状,且诟之。老生怒,引兵三万分道而出,渊使殷开山趣召后军。后军至,渊欲使军士先食而战,世民曰:"时不可失。"渊乃与建成陈于城东,世民陈于城南。渊、建成战小却,世民与军头段志玄自南原引兵驰下,冲老生陈出其背。老生兵败投堑,刘弘基就斩之。僵尸数里。日已暮,渊即命登城,时无攻具,将士肉薄而登,遂克之。

说:"你的才能办事是足够了,但对人暴虐不施恩惠,最终是会把我的国家灭亡掉的。"

涿郡留守薛世雄攻击李密,窦建德袭击并打败了薛世雄,于是把河间包围起来。

炀帝诏令涿郡留守薛世雄带领燕地精兵三万人讨伐李密,命王世充等众将都受他指挥,路上遇见盗贼可以随时诛灭。薛世雄行军到河间,在七里井安营。窦建德的士兵感到害怕,全部弃掉诸城南逃,声称要回豆子䜣。薛世雄以为他们害怕自己,便不再设备防范。窦建德策划回兵袭击薛世雄。他的营地距离薛世雄营地有一百四十里,窦建德带领敢死士二百八十人先出发,令余众续发,约定:"如果到达时仍在夜里,便向营地进攻;如果天色已明,便投降。"走到离目的地不足二里时,天将亮,窦建德惶惑不安,讨论要投降。适逢天大雾,咫尺之间也看不清,窦建德高兴道:"这是老天助我了。"便突入薛世雄营中袭击,营内大乱,薛世雄逃回涿郡,又怕又怒,发病死去。窦建德便包围了河间。

八月,李渊和宋老生作战,杀了宋老生,攻下了霍邑。

八月,雨停了,李渊率军直抵霍邑城下。李渊害怕宋老生不出战,李建成、李世民道:"宋老生勇而无谋,用轻装骑兵向他挑战,按道理是会出来应战的。如果他固守不出,我们便诬告他跟我们有勾结,有贰心。他怕他左右的人向炀帝奏报,怎敢不出战!"李渊认为说得对,便带领数百骑兵先到霍邑城东数里处等待步兵,又令建成、世民带领数十骑兵到城下,举起马鞭指挥,像要围城一样,并且辱骂宋老生。宋老生大怒,领兵三万人分道出来应战,李渊命殷开山赶快去召来后军。后军来到,李渊想要兵士先进食再作战,李世民道:"时机不可错过。"李渊便和李建成列阵于城东,李世民列阵于城南。李渊、建成作战后稍稍退却,世民和军头段志玄从南原率兵急速赶来,从背后冲击宋老生军阵。老生兵败溃,宋老生退到濠沟里,被刘弘基杀了。隋军尸首遍布几里。天已黄昏,李渊即下令攻城,当时没有登城工具,将士们徒手爬上城墙,攻下了霍邑。

及行赏，军吏疑奴应募者不得与良人同，渊曰："矢石之间不辨贵贱，论勋之际何有等差，宜并从本勋授。"引见霍邑吏民，劳赏如西河，选其壮丁使从军。关中军士欲归者，并授五品散官，遣归。或谏以官太滥，渊曰："隋氏吝惜勋赏，此所以失人心也，奈何效之！且收众以官，不胜于用兵乎！"

李渊克临汾、绛郡。刘文静以突厥兵至，遂下韩城。

李渊入临汾，绛郡通守陈叔达拒守，进攻，克之。叔达，陈高宗之子，有才学，渊礼而用之。

至龙门，刘文静、康鞘利以突厥兵五百人、马二千匹来至。渊喜其来援，谓文静曰："吾西行及河，突厥始至，兵少马多，皆君将命之功也。"

汾阳薛大鼎说渊："请勿攻河东，自龙门直济河，据永丰仓，传檄远近，关中可坐取也。"渊将从之，诸将请先攻河东。

河东县户曹任瓖说渊曰："关中豪杰皆企踵以待义兵。瓖在冯翊积年，知其豪杰，请往谕之，必从风而靡。义师自梁山济河，指韩城逼郃阳。萧造文吏，必望尘请服；孙华之徒皆当远迎，然后鼓行而进，直据永丰，虽未得长安，关中固已定矣。"渊悦。

时关内群盗孙华最强。渊至汾阴，以书招之。华来见渊，渊慰奖之。以任瓖为招慰大使，瓖说韩城，下之。渊谓王长谐等曰："屈突通精兵不少，相去五十余里，不敢来战，足明其众不为之用，然通畏罪，不敢不出。若自济河击卿等，则我进攻河东，必不能守。若全军守城，则卿等绝其河

到了论功行赏的时候,李渊的军吏中奴隶出身的应募者怀疑不能和良民一样享受赏赐,李渊道:"战斗中武器是不分贵贱的,论功行赏的时候为什么要做区别,应根据所立功勋授奖。"便接见了霍邑的吏民,慰劳赏赐,如同西河郡的一样,并选出其中壮丁加入军中。关中的军士想要回归故乡的,都授给五品散官,让他们回去。有人劝李渊官职不要授得太滥,李渊道:"隋氏吝惜勋位赏赐,所以失去人心,为什么还要仿效呢?况且用官职来收取民心,不比用兵强吗?"

李渊攻克临汾、绛郡。刘文静率领突厥兵来到,攻下了韩城。

李渊进入临汾,绛郡通守陈叔达固守抵抗,李渊攻陷了绛郡。陈叔达是陈高宗的儿子,有才学,李渊待之以礼并任用他。

李渊到龙门,刘文静、康鞘利带领突厥兵五百人、马二千匹来到。李渊对他们的支援很高兴,对刘文静说:"我向西到了黄河,突厥兵才到达,而且来的兵少马多,这都是你的功劳啊!"

汾阳人薛大鼎劝说李渊:"请不要攻打河东,您可以从龙门直接渡过黄河,占据永丰仓,向各地发布檄文,关中便可望坐取。"李渊正要采纳这意见,诸将又请先攻取河东。

河东县户曹任瓌对李渊说:"关中的豪杰之士都企盼着您的义兵。我在冯翊多年,了解当地豪杰的情况,请您派我去招谕他们,一定闻风而归。义师可以从梁山渡河,直指韩城,逼迫郃阳。萧造这样的文官一定会望见征尘便投降,孙华之流也会远远就出来迎接,然后就可以张开旗鼓行进,直接占据永丰仓,虽然未能得到长安,但关中已基本上属于您了。"李渊很高兴。

这时关内的群盗以孙华最强。李渊到了汾阴,便写信招抚他。孙华来拜见李渊,李渊慰劳奖励他。李渊又任命任瓌为招慰大使,任瓌劝说韩城投降,韩城也归降了。李渊对王长楷等说:"屈突通精兵不少,距离我们五十余里,却不敢来作战,足以证明他的部众不听他的话,但屈突通畏罪,又不敢不出战。如果他亲自率军渡过河来向你们进攻,则我就向河东进攻,河东一定守不住。如果屈突通全军固守城池,那你们就拆毁河上的桥

梁。前扼其喉,后捌其背,彼不走必为擒矣。”

九月,以江都妇女配将士。

骁果在江都者多逃亡,帝患之,以问裴矩,对曰:“人情非有匹偶难以久处,请听军士于此纳室。”帝从之,悉召江都境内寡妇、处女集宫下,恣将士所取。

武阳郡降李密。

武阳郡丞元宝藏以郡降李密,密以为上柱国。宝藏使其客钜鹿魏徵为启谢密,且请改武阳为魏州,又请帅所部西取魏郡,南会诸将取黎阳仓。密喜,即以宝藏为魏州总管,召徵掌记室。徵少孤贫,好读书,有大志,落拓不事生业。始为道士,宝藏召典书记。密爱其文辞,故召之。

初,贵乡长魏德深为政清静,不严而治。辽东之役征税百端,民不堪命,唯贵乡闾里不扰,有无相通,不竭其力,所求皆给。元宝藏受诏捕贼,数调器械,动以军法从事。其邻城营造,皆聚于听事,官吏督责犹不能济。德深听随便修营,惟戒吏以不须过胜余县,使百姓劳苦。然民各竭心,常为诸县之最。县民爱之如父母。宝藏害其能,遣将千兵赴东都。所领兵闻宝藏降密,思其亲戚,辄出都门东向恸哭而返。或劝之降密,皆泣曰:“我与魏明府同来,何忍弃去!”

李密遣徐世勣取黎阳仓。

梁。这样前面扼住他的咽喉,后面攻击他的后背,他如不逃走就一定被捉了。"

九月,炀帝将江都的妇女配给将士。

骁果军在江都的很多都逃亡了,炀帝很忧虑,问裴矩应付的办法,裴矩说:"从人情上来讲,没有配偶是很难留在这里的,请让军士在这里娶妻吧。"炀帝采纳了这建议,将江都的寡妇、处女都集中到宫前,任由将士们娶走。

武阳郡降李密。

武阳郡丞元宝藏以全郡投降李密,李密封他为上柱国。元宝藏派他的门客钜鹿人魏徵写信向李密致谢,并请求改武阳为魏州,又请求率领部众向西攻取魏郡,向南与诸将相会攻取黎阳仓。李密欣喜,便任命元宝藏为魏州总管,征调魏徵来掌管记室。魏徵年少时便成了孤儿,家境贫苦,喜欢读书,有大志,性情放任,不经营谋生之业。开始时做过道士,元宝藏任用他负责起草文书。李密喜欢他的文辞,所以召他来。

当初,贵乡长魏德深为政清简,不严苛而能治理得很好。在辽东战役时,各种苛捐杂税繁多,百姓不堪忍受,只有贵乡县的民众没有受到这种侵扰,邻里能互通有无,没有耗尽百姓的财力,所需要的东西也能供给。元宝藏受诏命讨捕盗贼时,几次征调军资器械,动辄以军法从事。贵乡县的邻城营造器械,都聚集在厅堂上,官吏催促督责,还是不能完成。魏德深却把任务交下去,听任自便修造,只提醒办事的官吏不要超过其他县的征调数字,以免使百姓劳苦。然而百姓还是全心竭力地去做,因此征调得来的数目也常比诸县要多。县民爱戴魏德深就像爱戴父母一样。元宝藏嫉忌魏德深的才能,派他率领一千兵士到东都去。他所率领的兵士听闻元宝藏投降了李密,思念自己的亲戚,都走出都城门外,向东痛哭后返回城内。有人劝他们投降李密,他们都流着泪说:"我们和魏明府一同来,怎么会忍心抛下他离开呢?"

李密派遣徐世勣攻取黎阳仓。

河南、山东大水,饿莩满野,诏开黎阳仓赈之,吏不时给,死者日数万人。徐世勣言于李密曰:"天下大乱,本为饥馑。今更得黎阳仓,大事济矣。"密遣世勣帅麾下五千人济河,会元宝藏、郝孝德共袭破黎阳仓,据之,开仓恣民就食,浃旬间得胜兵三十余万。窦建德、朱粲之徒亦遣使附密。泰山道士徐洪客献书于密,以为"大众久聚,恐米尽人散,师老厌战,难可成功",劝密"乘进取之机,因士马之锐,沿流东指,直向江都,执取独夫号令天下"。密壮其言,以书招之,洪客竟不出,莫知所之。

冯翊太守萧造降于李渊。渊留兵围河东,自引军西。

时河东未下,三辅豪杰至者日以千数。渊欲引兵西趣长安,犹豫未决,裴寂曰:"屈突通拥大众,凭坚城,吾舍之而去,若进攻长安不克,退为河东所蹑,腹背受敌,此危道也。不若先克河东,然后西上。"李世民曰:"不然。兵贵神速,吾席累胜之威,抚归附之众,鼓行而西,长安之人望风震骇,智不及谋,勇不及断,取之若振槁叶耳。若淹留自弊于坚城之下,彼得成谋修备以待我,坐费日月,众心离沮,则大事去矣。且关中蜂起之将未有所属,不可不早招怀也。屈突通自守虏耳,不足为虑。"渊两从之,留诸将围河东,自引军而西。

朝邑法曹靳孝谟以蒲津、中潬二城降,华阴令李孝常以永丰仓降,京兆诸县亦多遣使请降。
王世充救东都,合击李密于洛口。

河南、山东大水，饥饿而死的尸体遍布田野，炀帝下诏令开黎阳仓赈济贫民。官吏赈济却不及时，每天都有数万人死去。徐世勣对李密说道："天下大乱，本来是因为饥荒。如果能得到黎阳仓，我们的大事就能成功了。"李密派遣徐世勣指挥五千人渡过黄河，与元宝藏、郝孝德共同袭取黎阳仓，占领了黎阳仓，打开仓库让民众取粮就食，十天之内就收得精兵三十余万人。窦建德、朱粲之流也派人来联系归附李密。泰山道士徐洪客给李密上书说"群众长久聚在一起，恐怕米食完后人便走散，军队出师时间长了也会厌战，这样就很难取得成功了"，劝李密要"乘进攻的机会，借士马的锐气，沿着运河指向东部，直到江都，擒捉独夫以号令天下"。李密很欣赏他的话，写信招他来，徐洪客最终没有出来，不知道去哪里了。

冯翊太守萧造向李渊投降。李渊留下兵力包围河东郡，自己领兵西进。

这时河东郡尚未攻下，三辅之地的豪杰来投奔李渊的每天都有上千人。李渊便想领兵西进长安，正在犹豫未决的时候，裴寂道："屈突通拥重兵，据坚城，我们一旦抛开他西进，如果不能攻克长安退回来就一定会被河东郡袭击，腹背受敌，这就危险了。不如先取河东，然后西进。"李世民道："不对。兵贵神速，我们乘着不断得胜的威风，招抚来归附的大众，张开旗鼓西进，长安的人一定望风震惊，智慧的人还来不及谋划，勇敢的人还来不及下决心，我们已像摇动枯叶一样轻取长安了。如果滞留在坚城之下，他们却有时间做充分的准备等待我们来到，我们在这里白费时间，大众也离心丧气，这样大事便全完了。况且关中蜂起之将还没有归属，不可不早点招怀他们。屈突通是一个保守的人，不用担心他。"李渊认为两方面的意见都对，便留诸将包围河东，自己率领军队西进。

朝邑县法曹靳孝谟献蒲津、中潬两城归降李渊，华阴县令李孝常献永丰仓投降，京兆等县也大多派遣使者向李渊投降。

王世充救援东都，合击李密于洛口。

王世充等帅所领救东都,越王侗使刘长恭、庞玉等帅兵,与世充等合击李密于洛口,诏诸军皆受世充节度。

江都郡丞冯慈明向东都,为密所获,密素闻其名,延坐劳问,礼意甚厚,因谓曰:"隋祚已尽,公能与孤共立大功乎?"慈明曰:"公家历事先朝,荣禄兼备,不能善守门阀,乃与玄感举兵,偶脱网罗,得有今日,唯图反噬,未谕高旨。莽、卓、敦、玄非不强盛,一朝夷灭,罪及祖宗。仆死而后已,不敢闻命!"密怒,囚之。慈明说防人席务本,使亡走。奉表江都,及致书东都,论贼形势。至雍丘,为密将李公逸所获,密又义而释之。出至营门,翟让杀之。

密之克洛口也,箕山府郎将张季珣固守不下,骂密极口,密怒,攻之不能克。时密众数十万,季珣所领不过数百人,而执志弥固,誓以必死。久之,粮尽水竭,士卒羸病,季珣抚循之,一无离叛,自三月至于是月,城遂陷。季珣见密不肯拜,曰:"天子爪牙,何容拜贼!"密杀之。

李渊济河,遣建成守潼关,世民徇渭北。

李渊帅诸军济河,关中士民归之者如市。渊遣世子建成、刘文静帅王长谐等诸军屯永丰仓,守潼关,以备东方兵,慰抚使窦轨等受其节度。世民帅刘弘基等诸军徇渭北,慰抚使殷开山等受其节度。

冠氏长于志宁、安养尉颜师古及世民妇兄长孙无忌,谒见渊于长春宫。志宁、师古皆以文学知名,无忌仍有才略,渊皆礼而用之。

屈突通署郎将尧君素领河东通守,使守蒲坂,自引兵数万趣长安,为刘文静所遏。渊遣其将吕绍宗等攻河东,不能克。

王世充等率领部众救东都,越王杨侗使刘长恭、庞玉等领兵和王世充合击李密于洛口,炀帝下诏各军都受王世充调遣。

江都郡丞冯慈明去东都,被李密俘获,李密一向知道他的名声,延请他就座并慰问,很有礼貌地对待他,并对他说:"隋朝命运已到头了,您能与我共立大功吗?"冯慈明道:"您家数代都侍奉先朝,荣誉和禄位都有了,您不能好好地保守世家门第,却和杨玄感一起举兵,侥幸逃脱法网,才有今日,只想着造反,我真不理解您的高见。王莽、董卓、王敦、桓玄不是不够强大,但最后都一旦被诛灭,祸害殃及祖宗。我只有一死而已,不敢从命!"李密生气,将冯慈明关了起来。冯慈明说通了看守人席务本,让他逃出来。他向江都上奏,又给东都写信谈论盗贼起兵的形势。行到雍丘,又被李密部将李公逸抓获,李密又出于义气释放了他。冯慈明走到营门,被翟让杀死。

李密攻取洛口,箕山府郎将张季珣固守不降,痛骂李密,李密大怒,但攻城又攻不下。这时李密有数十万人,张季珣只有数百人,而守城的决心却愈来愈坚定,发誓要死守。最后,粮尽水竭,士卒病弱,张季珣亲自抚慰,无一离叛,从三月到九月,城池才被攻陷。张季珣见了李密不肯下拜,说:"天子的武臣怎么可以向贼下拜呢!"李密就把他杀了。

李渊渡过黄河,派遣李建成守潼关,李世民进攻渭北一带。

李渊率诸军渡过黄河,关中的士人、百姓来归附的很多。李渊派世子李建成和刘文静率王长谐等军屯永丰仓,守潼关,以防备东方来的敌兵,慰抚使窦轨等受他的调遣。又派李世民率刘弘基等军进攻渭北一带,慰抚使殷开山等受他调遣。

冠氏县长于志宁、安养县尉颜师古和李世民的妻兄长孙无忌谒见李渊于长春宫。于志宁、颜师古都以文学知名,长孙无忌有才略,李渊都以礼相待并加以任用。

屈突通任命郎将尧君素代理河东通守,使他防守蒲坂,自己带兵数万赶赴长安,路上被刘文静拦阻。李渊派遣部将吕绍宗等攻河东,未能攻取。

柴绍妻李氏及李神通、段纶各起兵以应李渊。关中群盗悉降于渊。

柴绍之赴太原也，谓其妻李氏曰："尊公举兵，今偕行则不可，留此则及祸，奈何？"李氏曰："君弟速行，我一妇人，易以潜匿，当自为计。"绍遂行。李氏归鄠县别墅，散家赀，聚徒众。渊从弟神通亦在长安，亡入鄠县山中，与长安大侠史万宝等起兵以应渊。西域商胡何潘仁入司竹园为盗，有众数万，劫李纲为长史。李氏使其奴马三宝说潘仁与之就神通，合势攻鄠县，下之。神通众逾一万，以令狐德棻为记室。李氏又使马三宝说群盗李仲文、向善志、丘师利等，皆帅众从之。徇鄠盩厔、武功、始平皆下之，众至七万。左亲卫段纶娶渊女，亦聚徒于蓝田，得万余人。各遣使迎渊。渊使柴绍将数百骑并南山迎李氏。关中群盗皆请降，渊以书慰劳，使受世民节度。

冬十月，李渊合诸军围长安。

京兆内史卫文升年老，闻渊军至，忧惧成疾，独将军阴世师、郡丞骨仪，奉代王侑乘城拒守。渊如永丰仓劳军，赈饥民，进屯冯翊。世民所至，吏民及群盗归之如流，世民收其豪俊以备僚属，营于泾阳，胜兵九万。李氏将精兵万余会世民于渭北，与柴绍各置幕府，号娘子军。

鄠城尉房玄龄谒世民于军门，世民一见如旧识，署记室参军，引为谋主。玄龄罄竭心力，知无不为。

渊命刘弘基、殷开山分兵西略扶风，有众六万，南渡渭水，屯长安故城。城中出战，弘基逆击，破之。世民引兵趣司竹，军令严整，秋毫不犯。遣使白渊，请期日赴长安。渊

柴绍的妻子李氏和李神通、段纶各起兵响应李渊。关中群盗都向李渊投降。

柴绍要到太原的时候,对他的妻子李氏说:"你父亲举兵反隋,如今我们不能一起回去,留在这里就会遭受祸害,怎么办?"李氏道:"你只管尽快动身去,我一个妇人家容易躲藏起来,我会自己想办法的。"柴绍便走了。李氏回到鄠县的别墅,散掉了家财,招集部众。李渊的堂弟李神通也从长安逃到鄠县山中,和长安大侠史万宝等起兵响应李渊。西域的胡族商人何潘仁进入司竹园为盗贼,有众数万人,劫持了李纲为长史。李氏派她的奴仆马三宝劝说潘仁和他一起去投奔李神通,合兵攻下了鄠县。李神通有一万多兵马,任令狐德棻为记室。李氏又派马三宝劝说群盗李仲文、向善志、丘师利等都帅众归附李氏。他们攻下了盩厔、武功、始平,部众达七万人。左亲卫段纶娶李渊的女儿,也聚众在蓝田起兵,得万余人。这些人都派人迎接李渊。李渊派柴绍带领数百骑兵到南山迎接李氏。关中群盗都请降,李渊写信给他们以示慰问,并使他们受李世民的指挥。

冬十月,李渊汇合各路军围攻长安。

京兆内史卫文升年老,听说李渊兵来到,忧惧成病,只有将军阴世师、郡丞骨仪尊奉代王杨侑据城坚守。李渊到永丰仓劳军,赈济饥民,进驻冯翊。李世民所到之处,地方官吏、百姓和群盗像流水一样来归附于他,李世民收集其中豪杰之士准备作为自己的僚属,屯兵于泾阳,有精兵九万人。李氏带领她的万余精兵在渭北与李世民会师,她和柴绍各置幕府,她的军队号称娘子军。

鄠城县尉房玄龄在军门谒见李世民,李世民一见到房玄龄就像老相识一样,任命他为记室参军,作为他的主要谋士。房玄龄对李世民竭心尽力,把智慧全部都贡献出来。

李渊命令刘弘基、殷开山分别带兵向西攻占扶风,他们有六万兵众,向南渡过渭水,进驻长安故城。长安城中的隋兵出战,刘弘基迎战,击破隋兵。李世民领兵向司竹前进,军令严整,秋毫不犯。李世民派人告诉李渊,请他约定日期前往长安。李渊

命建成选仓上精兵趣长乐宫。世民帅新附诸军北屯长安故城。延安、上郡、雕阴皆请降。渊引军西行，所过离宫园苑皆罢之，出宫女，还其亲属。十月，至长安，诸军皆集，合二十余万。渊命各依垒壁，毋得入村落侵暴。遣使至城下谕卫文升等，不报。命诸军进围城。

萧铣起兵巴陵，自称梁王。

巴陵校尉董景珍、雷世猛，旅帅郑文秀、徐德基、张绣等，谋据郡叛隋，推景珍为主，景珍曰："吾素寒贱，不为众所服。罗川令萧铣，梁室之后，宽仁大度，请奉之以从众望。"乃遣使报铣。铣喜，从之，声言讨贼，召募得数千人。铣，岩之孙也。

会颍川贼帅沈柳生寇罗川，铣与战不利，因谓其众曰："今天下皆叛，隋政不行，巴陵豪杰起兵，欲奉吾为主。若从其请，以号令江南，可以中兴梁祚。以此召柳生，亦当从我矣。"从皆悦听命，乃自称梁公，改隋服色、旗帜皆如梁旧。柳生即帅众归之，铣以为车骑将军。起兵五日，远近归附者至数万人，遂向巴陵。景珍遣徐德基帅郡中豪杰数百人出迎，柳生与其党谋曰："我先奉梁公，勋居第一。今巴陵诸将皆位高兵多，我若入城，返出其下。不如杀德基，质其首领，独挟梁公，进取郡城，则无出我右者矣。"遂杀德基，入白铣，铣大惊曰："今欲拨乱返正，忽自相杀，吾不能为若主矣。"因步出军门。柳生大惧，伏地请罪，铣责而赦之，陈兵入城。景珍言于铣曰："徐德基建义功臣，而柳生

命李建成挑选永丰仓的精兵前往长乐宫。李世民率领新归附的各军向北屯驻长安故城。延安、上郡、雕阴等地都请求归降李渊。李渊率领军队西进,所经过的炀帝离宫、园苑都全部关闭,让宫女出宫,归还给她们的亲属。十月,李渊抵达长安城下,诸军全部汇集,共二十余万。李渊命各军都驻扎在营垒内,不得进入村落骚扰百姓。李渊又遣使到城下向卫文升等宣谕,没有得到回答。李渊便下令诸军进兵围攻。

萧铣在巴陵起兵,自称梁王。

巴陵校尉董景珍、雷世猛,旅帅郑文秀、徐德基、张绣等合谋占据巴陵郡背叛隋朝,共推董景珍为主,董景珍说:"我向来贫寒微贱,不为大众信服。罗川令萧铣是梁朝王室的后代,为人宽仁大度,请推举他为主,以孚众望。"于是便派人通知萧铣。萧铣高兴地同意了,于是便声称要讨贼,招募得数千人。萧铣是萧岩的孙子。

正好颍川的贼帅沈柳生进犯罗川,萧铣和他交战不利,便对部众说:"现在天下都背叛隋朝,隋朝的政令已经不能实行了,巴陵的豪杰起兵推我为主。如果听从他们的请求,以号令江南,就能恢复梁朝。以此来招引沈柳生,相信他也会归附我的。"大家都高兴地听从萧铣的意见,于是萧铣便自称梁公,改隋朝的旗帜和服色为梁朝旧有的。沈柳生即率领部众前来归附,萧铣任命沈柳生为车骑将军。萧铣起兵不到五天,远近来归附的达数万人,他便向巴陵前进。董景珍派遣徐德基率郡中豪杰之士数百人出来迎接,沈柳生和他的党羽谋划说:"我先开始推举梁公,功勋居第一位。现在巴陵诸将都是位高兵多,如果我进入城中,便会反而位居他们之下。不如杀掉徐德基,扣押他们的首领,单独挟持梁公进入郡城,这样就没有地位比我更高的人了。"沈柳生便把徐德基杀死,然后告诉萧铣,萧铣大惊道:"现在正要拨乱反正,忽然自相残杀,我不能做你们的主子了。"便步行走出军门。沈柳生非常害怕,伏在地上请罪,萧铣责备并赦免了他,便率军列队进城。董景珍对萧铣说:"徐德基是起义的功臣,可是沈柳生

无故擅杀之,此而不诛,何以为政!且柳生为盗日久,今虽从义,凶悖不移,共处一城,势必为变。失今不取,后悔无及!"铣又从之。景珍收柳生,斩之,其徒皆溃。铣乃筑坛燔燎,自称梁王。

王世充及李密战于洛北,败绩。

王世充营于黑石,分兵守营,自将精兵陈于洛北。李密引兵度洛逆战,大败。密帅精骑渡洛南,余众东走月城,世充追围之。密策马直趣黑石,营中惧,连举六烽。世充释月城之围,狼狈自救。密还与战,大破之,斩首三千余级。

十一月,李渊克长安,杀留守官阴世师等十余人。

李渊命诸军攻城,约"毋得犯七庙及代王宗室,违者夷三族"。十一月,克长安,代王左右奔散,唯侍读姚思廉侍侧。军士将登殿,思廉厉声诃之曰:"唐公举义兵,匡帝室,卿等毋得无礼!"众皆愕然,布立庭下。渊迎王于东宫,迁居大兴殿后,听思廉扶王至阁下,泣拜而去。渊还,舍于长乐宫,与民约法十二条,悉除隋苛禁。

渊之起兵也,留守官发其坟墓,毁其五庙。至是卫文升已卒,执阴世师、骨仪等十余人斩之,余无所问。

马邑郡丞三原李靖素与渊有隙,渊将斩之,靖大呼曰:"公兴义兵欲平暴乱,乃以私怨杀壮士乎?"世民为之固请,乃舍之。世民因召置幕府。靖少负志气,有文武才略,其舅韩擒虎每抚之曰:"可与言将帅之略者,独此子耳!"

却无故杀害他,如不把沈柳生杀掉,怎么能治理国家呢？况且沈柳生长期为盗贼,现在虽然跟随起义,但凶悖不改,我们和他共处一城之中,一定会发生变乱。如果现在不收拾他,将来就会后悔不及了。"萧铣又听了这意见。董景珍逮捕了沈柳生,将他杀了,沈柳生的部下都逃亡了。萧铣便筑起祭坛,焚香拜天,自称梁王。

王世充和李密在洛北交战,王世充失败。

王世充在黑石扎营,留一部分兵力守营,自己带领精兵在洛北布阵。李密领兵渡过洛水迎战,大败。李密带领精锐骑兵渡过洛水向南走,其余众兵东逃月城,王世充追击包围李密军。李密策马直奔黑石,王世充营中守军惊恐,连续燃举了六次烽火报警。王世充撤了月城的包围圈,狼狈地回兵救援。李密回击,大破王世充军,杀敌三千余人。

十一月,李渊攻克长安,杀了留守官阴世师等十余人。

李渊命诸军攻城,约束部队"不得侵犯七庙和代王的宗室,违令者诛灭三族"。十一月,长安被攻克,代王杨侑身边的人逃散,只有侍读姚思廉在旁侍候。李渊的军士将要登上殿堂,姚思廉厉声斥责军士:"唐公兴举义兵扶助帝室,你们不得无礼!"众兵皆惊愕,排立在庭院中。李渊到东宫迎接代王迁居大兴殿,由姚思廉扶着代王到阁下,流着泪礼拜后便离开。李渊返回住在长乐宫,与百姓约法十二条,将隋朝的苛政法令全部废除。

李渊起兵后,东都的留守官挖了他家祖先的坟墓,毁掉了他家的五庙。这时卫文升已死,李渊便将阴世师、骨仪等十余人杀掉,其余的人不予追究。

马邑郡丞三原人李靖,平素与李渊有矛盾,李渊要杀掉李靖,李靖大喊道:"您兴义兵是为了平定暴乱,怎么能因私怨而杀壮士呢?"李世民也再三请求释放他,李渊便放了李靖。李世民将他安置在自己的幕府中。李靖从小就有抱负,有文武才略,他的舅父韩擒虎常常抚摸着他说:"可以和我谈论将帅谋略的人,只有这个孩子。"

王世充与李密战于石子河，败绩。

王世充坚壁不出，越王侗遣使劳之，世充惭惧请战，与密夹石子河而陈。密布陈十余里。翟让先战不利，世充逐之，王伯当、裴仁基从旁横断其后，密勒中军击之，世充大败。

李密诱翟让杀之。

翟让司马王儒信劝让自为大冢宰，总统众务以夺密权，让不从。让兄弘曰："天子汝当自为，奈何与人？汝不为者，我当为之！"让但大笑，不以为意，密闻而恶之。让谓房彦藻曰："君前破汝南，大得宝货，独与魏公，全不与我。魏公，我之所立，事未可知！"彦藻惧，与郑颋共说密，曰："让贪愎不仁，宜早图之。"密乃置酒召让，弘与裴仁基、郝孝德共坐，单雄信等皆立侍，房彦藻、郑颋往来捡校。密曰："今日不须多人。"密左右皆引去，让左右犹在。彦藻白密曰："今方为乐，天时甚寒，司徒左右请给酒食。"让许之，乃引让左右尽出，独密下壮士蔡德建持刀立侍。食未进，密出良弓与让习射，让方引满，建德自后斫之，并弘、儒信皆杀之。徐世勣走出，门者斫之，伤颈，王伯当遥诃止之。单雄信叩头请命，密释之。左右惊扰，莫知所为，密大言曰："与君等同起义兵，本除暴乱。司徒专行贪虐，陵辱群僚。今所诛止其一家，诸君无预也。"命扶徐世勣置幕下，亲为傅创。让麾下欲散，密使单雄信前往宣慰，密寻独骑入其营，历加抚谕，令世勣、雄信、伯当分领其众，中外遂定。

王世充和李密在石子河作战，王世充失败。

王世充坚守营垒不出战，越王杨侗派遣使者来慰问他，王世充又惭愧又害怕，便要和李密交战，双方在石子河两边布阵。李密布阵十余里。翟让先和王世充作战，没能取胜，王世充追去，王伯当、裴仁基从旁横着截断隋军的后路，李密统率中军进去，王世充大败。

李密诱使翟让中计，然后杀了翟让。

翟让的司马王儒信劝翟让自任为大冢宰，总管政务以夺取李密的权力，翟让不听。翟让的哥哥翟弘道："你应该自己做天子，为什么让给别人？如果你不想做，让我来做。"翟让只是大笑，并不放在心上，李密听说此事，便对翟让产生厌恶之心。翟让对房彦藻道："您从前攻破汝南得到很多财宝，只给与魏公，一点也不给我。魏公是我拥立的，前途怎么样，还很难估计呢！"房彦藻听了害怕，和郑颋一起劝说李密道："翟让贪婪而自以为是，不行仁义，要早日想办法除掉他。"李密便设酒宴招待翟让，翟弘与裴仁基、郝孝德也在座，单雄信等都站着侍候，房彦藻、郑颋往来巡察照顾。李密道："今日不要这么多人。"李密左右的人都离开，翟让左右的人仍在。房彦藻对李密说："今天饮宴作乐，天气寒冷，请给司徒身边的人以酒食。"翟让同意了，于是把翟让身边的人都领出去喝酒，只留下李密手下的壮士蔡德建持刀站立侍候。还未吃饭，李密将一把良弓给翟让看要他试射，翟让刚拉上满弓，蔡建德从后面用刀砍翟让，将他和翟弘、王儒信一并杀掉。徐世勣走出来，守门的人又用刀向他砍去，伤了颈，王伯当在远处呵斥制止杀他。单雄信叩头请饶命，李密释放了他。左右两旁的人都惊惧，不知怎么才好，李密大声说道："我和大家同起义兵，本是为了铲除暴虐。但司徒却专行贪虐，凌辱僚属。现在只诛杀他一家，与诸位无关。"李密令人扶起徐世勣，安置在帐幕下，亲自为他敷药。翟让部下的人想离散，李密使单雄信前往安抚慰问，接着李密又单独骑马走入营中，对他们一一抚慰，令徐世勣、单雄信、王伯当分领其众，这样军内外的形势才稳定下来。

让残忍，儒信贪纵，故死之日所部无哀之者。然密之将佐始有自疑之心矣。

李渊立代王侑为皇帝，尊帝为太上皇。

侑时年十三。

渊自为大丞相，封唐王，以建成为唐王世子，世民为秦公，元吉为齐公。

以武德殿为丞相府，改教称令。置丞相府官属，以裴寂为长史，刘文静为司马。何潘仁使李纲入见，渊留之，以为丞相府司录，专掌选事。又以窦威为司录参军，使定礼仪。渊倾府库以赐勋人，国用不足，光禄大夫刘世龙献策，以为"今义师数万，并在京师，樵苏贵而布帛贱，请伐苑中及六街树为樵，以易布帛，可得十数万匹"，渊从之。

荥阳郡降李密。

河南诸郡尽附李密，唯荥阳太守郇王庆、梁郡太守杨汪尚为隋守。密以书招庆，为陈利害，且曰："王之先世家住山东，本姓郭氏，初非杨族。"初，庆祖父元孙随母郭氏养于舅族，及武元帝从周文帝起兵关中，元孙在邺，恐为高氏所诛，冒姓郭氏，故密云然。庆即以郡降密，复姓郭氏。

十二月，唐王渊追谥其大父为景王，考为元王，夫人窦氏为穆妃。　薛举侵扶风，唐王渊遣秦公世民击败之。

薛举遣其子仁果寇扶风，唐弼拒之。举遣使招弼，弼乃请降，仁果乘其无备袭破之，悉并其众，势益张，众号三十万，谋取长安。唐王渊使世民将兵击之，大破之，追奔至陇坻而还。薛举大惧，问其群臣曰："自古天子有降事乎？"黄门侍郎褚亮曰："赵佗归汉，刘禅仕晋，转祸为福，自古

翟让残忍，王儒信贪婪放纵，所以他们死后其部下都不感悲戚。但从此李密的将佐却开始生疑心了。

李渊拥立代王杨侑为皇帝，尊炀帝为太上皇。

这时杨侑十三岁。

李渊自称大丞相，封为唐王，以李建成为唐王世子，李世民为秦公，李元吉为齐公。

将武德殿作为丞相府，把颁发的公文由教改称为令。设立丞相府的官属，任命裴寂为长史，刘文静为司马。何潘仁派李纲入见李渊，李渊将他留下，任命他为丞相府司录，专门掌管官员的选用。又用窦威为司录参军，让他制定礼仪。李渊将国库的钱财都赏赐给有功勋的人，由于国用不足，光禄大夫刘世龙献计，提出"现在京师有义师数万人，但柴草很贵而布帛却很贱，可以叫这些人砍伐宫苑中和六街上的树木为樵薪，用它来交换布帛，这样就可以得十数万匹布帛"，李渊同意了。

荥阳郡向李渊投降。

河南各郡都归附了李密，只有荥阳太守郇王杨庆、梁郡太守杨汪还效忠隋朝。李密写信招降杨庆，向他陈说利害，并说："您的先世家住山东，本姓郭，不是杨家的一族。"当初杨庆的祖父元孙随母亲郭氏在舅舅家中长大，到隋武元帝杨忠跟随周文帝在关中起兵，元孙在邺城，怕被北齐高氏杀害，便冒姓郭，所以李密这样说。杨庆便以荥阳郡投降了李密，恢复郭姓。

十二月，唐王李渊追谥他的祖父为景王，父亲为元王，夫人窦氏为穆妃。　薛举侵犯扶风，唐王李渊派秦公李世民进攻薛举，将他打败。

薛举派他的儿子薛仁果侵犯扶风，遭到唐弼抵抗。薛举派人向唐弼招降，唐弼正准备投降，薛仁果乘唐弼没有设防便突袭击破唐弼军，合并了他的部众，势力更盛，号称三十万人，策划进攻长安。唐王李渊派李世民率兵进击薛仁果，大败薛军，追至陇坻而回。薛举非常害怕，问他的群臣道："自古天子有投降的吗？"黄门侍郎褚亮道："赵佗归汉，刘禅仕晋，转祸为福，自古

有之。"卫尉卿郝瑗趋进曰:"陛下失问。褚亮之言又何悖也!昔汉高祖屡经奔败,蜀先主亟亡妻子,卒成大业。陛下奈何以一战不利,遽为亡国之计乎!"举亦悔之曰:"聊以此试君等耳。"乃厚赏瑗,引为谋主。

河池太守萧瑀以郡降唐。

唐以瑀为礼部尚书,封宋国公。时榆林、灵武、平凉、安定、汉阳诸郡,相继皆降于唐。

唐王渊遣李孝恭、张道源招慰山南、山东诸州,下之。

孝恭,渊之从父兄子也,击破朱粲,诸将请尽杀其俘,孝恭曰:"不可。自是以往谁复肯降矣。"皆释之。于是降附者三十余州。

屈突通降唐。唐遣通招河东通守尧君素,不下。

屈突通与刘文静相持月余,复使桑显和夜袭文静营,文静悉力苦战,显和败走。通势益蹙。或说通降,通泣曰:"吾历事两主,恩顾甚厚。食人之禄而违其难,吾不为也!"每自摩其颈曰:"要当为国家受一刀!"劳勉将士,未尝不流涕,人亦以此怀之。及闻长安不守,家属皆为渊所虏,乃留显和镇潼关,引兵东出,将趣洛阳。显和即以城降。文静遣窦琮等与显和追之,及于稠桑。通结阵自固,窦琮遣通子寿往谕之,通骂曰:"此贼何来!昔与汝为父子,今与汝为仇雠。"命左右射之。显和谓其众曰:"今京城已陷,汝辈皆关中人,去欲何之?"众皆释仗而降。通知不免,下马东南再拜号哭曰:"臣力屈至此,非敢负国!"军人执送长安,

就有了。"卫尉卿郝瑗赶快上前说:"陛下不应该问这种事。褚亮的话又是多么荒谬! 从前汉高祖屡经奔走失败,蜀汉刘备不断抛妻弃子,但最后都成就大业。陛下为什么仅因一次战斗失败,便做亡国的打算呢?"薛举也后悔道:"我不过是用它试一下诸君罢了。"便重赏郝瑗,任用他为主要的谋士。

河池太守萧瑀率全郡投降唐王李渊。

李渊任命萧瑀为礼部尚书,封为宋国公。这时榆林、灵武、平凉、安定、汉阳等郡也相继投降了唐王。

唐王李渊派遣李孝恭、张道源招抚慰问山南、山东各州,使之归附。

李孝恭是李渊的堂侄,曾击败朱粲,他的诸将要将俘虏全部杀死,李孝恭道:"不行。这样以后谁还愿意向我们投降呢?"于是将战俘都释放了。从此归降的有三十余州。

屈突通向唐王投降。唐王派屈突通招降河东通守尧君素,没有成功。

屈突通与刘文静两军相持一个多月,屈突通又派桑显和夜袭刘文静营垒,文静奋力苦战,桑显和败走。屈突通势力更孤单。有人劝说屈突通投降,屈突通哭泣着说:"我曾尊奉过两位皇帝,他们给我的恩惠都很多。我享受了禄位而又在人家危难时背叛他,我做不到!"他常常抚摸颈脖说:"我应当为了国家而受一刀!"屈突通又流着泪慰劳将士,人们对此非常感动。后来他听说长安失守,他的家属都被李渊掳获,他便留桑显和守潼关,自己带兵东出,将要去洛阳。桑显和以潼关投降了李渊。刘文静派窦琮等与桑显和追赶屈突通,到了稠桑。屈突通列阵固守,窦琮派屈突通的儿子屈突寿去招降屈突通,屈突通骂道:"这个贼人来干什么? 从前我和你是父子,现在我和你是仇敌。"屈突通命左右用箭射他。桑显和对屈突通的部众说:"现在京城已陷落,你们都是关中人,还想到哪里去?"众人都放下武器投降。屈突通知道已无路可走,便下马向东南方哭着拜了两拜道:"我力屈以至于此,并不敢背叛隋朝啊!"唐军将他解送到长安,

渊以为兵部尚书,赐爵蒋公,兼秦公长史。遣至河东城下,招谕尧君素。君素歔欷不自胜,通亦泣下沾衿,因谓君素曰:"事势如此,卿当早降。"君素曰:"公为国大臣,主上委公以关中,代王付公以社稷,奈何负国生降,更为人作说客邪!且公所乘马,代王所赐也,公何面目乘之哉!"通曰:"我力屈耳!"君素曰:"我力犹未屈,何用多言!"通惭而退。

王世充袭李密,败绩。

东都米斗三千,人饿死者什二三。

王世充军士有亡降李密者,密问:"世充军中何为?"军士曰:"比见益募兵,再飨将士,不知其故。"密谓裴仁基曰:"吾儿落奴度中。吾久不出兵,世充刍粮将竭,求战不得,故募兵飨士,欲乘月晦以袭仓城耳,宜速备之。"乃命郝孝德、王伯当、孟让勒兵分屯城侧以待之。其夕世充兵果至,伯当遇之不利,总管鲁儒拒却之,伯当收兵击之,斩其骁将,士卒战溺死者千余人。世充屡战不胜,越王侗遣使劳之,世充诉以兵少,侗以兵七万益之。

唐刘文静取弘农。　唐王渊遣使徇巴、蜀,下之。萧铣取豫章,林士弘退保余干。

李渊任命他为兵部尚书,赐爵为蒋公,兼任秦公的长史。又派遣他到河东城下招降尧君素。尧君素欷歔不能自持,屈突通也泪下沾衿,对尧君素道:"事势已发展到如此地步,你应当早点投降。"尧君素道:"您为国家大臣,皇上把关中交给您,代王把国家交给您,为什么您要背弃国家投降?而且还为人做说客呢?况且您现在乘的马,也是代王赐给的,您还有什么面目乘坐它呢?"屈突通道:"我力量已用尽了。"尧君素道:"我力量还未用尽,您不要再说了!"屈突通惭愧退回。

王世充袭击李密,吃了败仗。

东都米价一斗值三千钱,饿死的人占十分之二三。

王世充的军士有逃出来向李密投降的,李密问他:"王世充在军中做些什么?"军士道:"近来见他招募兵士,又犒劳将士,不知为什么。"李密对裴仁基说:"我几乎中了王世充这个奴才的计。我很长时间不出兵,世充粮草将尽,求战又不得,所以才募兵犒将士,就是想乘在没有月亮的晚上来袭击仓城,应该迅速做好准备。"李密便命令郝孝德、王伯当、孟让率兵分别布置在仓城的两侧以等待。这天晚上王世充果然率兵来袭,王伯当初战失利,总管鲁儒又率军来抵御,王伯当也收兵来战,杀死了王世充的骁将,其士卒战死溺死的有千余人。王世充屡战不胜,越王杨侗遣使者来慰劳,王世充诉说兵力不够,杨侗又派七万兵给他指挥。

唐刘文静攻取了弘农郡。 **唐王李渊派人招抚巴、蜀二郡,**都归附了。 **萧铣攻取豫章郡,**林士弘退守余干县。

资治通鉴纲目卷三十八

起戊寅(618)隋恭帝侗皇泰元年、唐高祖武德元年,尽甲申(624)唐高祖武德七年。凡七年。

戊寅(618) 隋恭帝侑义宁二年,恭帝侗皇泰元年,唐高祖神尧皇帝李渊武德元年,夏王窦建德五凤元,凉王李轨安乐元,楚王朱粲昌达元年。是年,隋炀帝广、恭帝侑、秦、魏亡,并楚士弘、魏、定杨、梁师都、梁铣,凡十二国。

春正月,唐王渊自加殊礼。

剑履上殿,赞拜不名。王既克长安,以书谕降郡县。于是东自商洛,南尽巴、蜀,郡县长吏、盗贼、氐、羌,争遣子弟入见请降,有司复书,日以百数。

魏公密败隋王世充于洛北。

王世充既得东都兵,进击李密于洛北,败之,遂屯巩北。命诸将各造浮桥度洛,桥成者先进,前后不一。密帅敢死士乘之,溺死数万人。世充仅免,诸军皆溃。世充复收合亡散,得万余人屯含嘉城。密乘胜进据金墉城,拥兵三十万陈于北邙,南逼上春门。越王侗使段达、韦津拒之。达望见密兵盛,惧而反走,密纵兵乘之,军溃,津死。城中乏食,于是偃师、柏谷、河阳、河内皆降于密。窦建德等并

唐高祖

戊寅（618） 隋恭帝杨侑义宁二年，隋恭帝杨侗皇泰元年，唐高祖神尧皇帝李渊武德元年，夏王窦建德五凤元年，凉王李轨安乐元年，楚王朱粲昌达元年。这一年，隋炀帝杨广、隋恭帝杨侑、秦、魏灭亡，加上楚林士弘、魏、定杨、梁师都、梁铣，共十二国。

春正月，唐王李渊加给自己特殊的礼遇。

李渊可以带剑穿履上朝，向皇上行礼时不用通报姓名。唐王既已攻克长安，就用书信招谕各郡县来投降。于是东起商洛，南至巴蜀，各地的郡县长官、盗贼和氐、羌族的首领，都争着派遣其子弟入见唐王请降，有关官员每天写这种往来文书的就有近百件。

魏公李密在洛北打败隋朝王世充的军队。

王世充得到东都兵增援后，便在洛北进击李密，击败他，并驻屯于巩北。王世充命诸将各自修造浮桥准备渡过洛水，桥先修好的先进发，因而前后不一致。李密率领敢死队乘机进击，王世充军溺死的有数万人。王世充仅免于一死，诸军都被击溃散。王世充又收集逃兵，得万余人，驻屯于含嘉城。李密乘胜进据金墉城，拥有兵力三十万人，列阵于北邙，向南逼近东都上春门。越王杨侗命段达、韦津抗拒李密军。段达看见李密士兵众多，心中害怕想要逃走，李密乘势驱兵进击，隋兵被打败，韦津战死。城中缺粮，于是偃师、柏谷、河阳、河内都投降于李密。窦建德等并

遣使奉表劝进,密曰:"东都未平,未可议此。"

唐遣世子建成、秦公世民救东都,以齐公元吉为太原道行军元帅。　三月,隋宇文化及弑其君广于江都,立秦王浩。

炀帝至江都,荒淫益甚,酒卮不离口。然见天下危乱,亦不自安。退朝则幅巾短衣,遍历台馆,汲汲顾景,唯恐不足。常仰视天文,谓萧后曰:"外间大有人图侬,然且共乐饮耳。"因引满沉醉。又引镜自照曰:"好头颈,谁当斫之!"后惊问故,帝笑曰:"贵贱苦乐,更迭为之,亦复何伤!"见中原已乱,无心北归,欲保江东。门下录事李桐客曰:"江东卑湿,土地险狭,内奉万乘,外给三军,民不堪命,恐亦将散乱耳。"御史劾之。于是公卿皆阿意言"江东之民望幸已久,陛下抚而临之,此大禹之事也",乃命治丹阳宫,将徙都之。

时江都粮尽,从驾骁果多关中人,思归。郎将司马德戡、元礼、直阁裴虔通等,共谋亡去,因转相招引,日夜结约,于广坐明论叛计,无复畏避。宫人闻之,言于帝。帝怒,斩之,自是无敢言者。郎将赵行枢以告将作少监宇文智及,智及大喜曰:"上虽无道,威令尚行,卿等亡去,徒取死耳。今天实丧隋,英雄并起,同心叛者已数万人,因行大事,此帝王之业也。"德戡等然之。行枢因请以智及兄许公化及为主。化及闻之,变色流汗,既而从之。德戡等乃悉召骁果,谕以所为,皆曰:"唯将军命!"乃夜于东城集兵得

派遣使者上表劝李密称帝,李密说道:"东都没有攻下,还不能议论此事。"

唐王派遣世子李建成、秦公李世民救援东都,任命齐公李元吉为太原道行军元帅。 三月,隋宇文化及在江都杀掉了皇帝杨广,另立秦王杨浩为皇帝。

炀帝到江都,更加荒淫无度,酒杯不离口。但看到天下大乱,也感到不安。退朝后常戴幅巾穿短衣,走遍了所有的楼台馆舍,不停地观赏景色,唯恐没有看够。炀帝又常常仰看天文,对萧后说:"外间有不少人图谋要害我,我们姑且只管享乐饮酒吧。"便斟满酒杯喝个大醉。又对镜子自照说:"好一个头颅,由谁来斩呢!"萧后吃惊地问为什么这么说,炀帝笑道:"贵贱苦乐,可以循环更替,又有什么好伤感的呢!"炀帝见中原已乱,无心北归,只想保住江东。门下录事李桐客道:"江东地势低洼,气候潮湿,地域狭小,对内要奉养朝廷,对外要供给三军,百姓承受不起,恐怕也要逃散作乱的。"御史弹劾李桐客是诽谤。于是大臣们都曲意奉迎炀帝说"江东的百姓渴望陛下临幸已经很久了,陛下亲临抚慰百姓,这是大禹做的事啊",炀帝便下令修建丹阳宫,准备迁都丹阳。

这时江都粮食已吃完,跟随炀帝车驾的骁果大多是关中人,思念故乡想回来。郎将司马德戡、元礼和直阁裴虔通等,一齐商量要逃走,因而相互招引想走的人,日夜联络引约,公开讨论叛逃计划,不再畏避。宫中人听到后,向炀帝报告此事。炀帝发怒,斩了这官人,从此没人再敢说话。郎将赵行枢将要逃走的消息告诉将作少监宇文智及,智及大喜道:"皇上虽然无道,但威令还在,你们逃走,只不过是找死。现在天意要灭隋,英雄四起,有叛乱之心的已有数万人,乘此机会举事,这是帝王的事业。"司马德戡等同意他的意见。赵行枢便请以智及的哥哥许公宇文化及为首领。宇文化及听了,脸色大变,直冒冷汗,随即又听从了。司马德戡等人便召集全体骁果,告诉他们叛变的计划,骁果们都说:"全都听将军的命令!"于是就在晚上于东城召集兵众,得

数万人,举火与城外相应。帝望见火,闻外喧嚣,问曰:"何事?"虞通对曰:"草坊失火,外人共救之耳。"帝以为然。明日未明,德戡使虞通将数百骑入宫,屯卫将军独孤盛与左右十余人拒战而死。千牛独孤开远帅殿内数百人叩阁,请帝自出临战,无应者,军士稍散。

先是帝选骁健官奴数百人置玄武门,谓之给使,以备非常。至是化及等结帝所信司宫魏氏,使矫诏听给使出外,德戡遂引兵自玄武门入。帝闻乱,易服逃于西阁。虞通等入永巷,问:"陛下安在?"有美人出,指之。校尉令狐行达拔刀直进,扶帝下阁,勒兵守之。至旦,以甲骑迎化及,化及战栗不能言。既至,德戡等迎谒,引入朝堂,号为丞相。虞通逼帝出宫,化及见之,曰:"何用持此物出,亟还与手。"于是引帝还至寝殿,虞通等露刃侍立。帝叹曰:"我何罪至此?"贼党马文举曰:"陛下违弃宗庙,巡游不息,外勤征讨,内极奢淫,使丁壮尽于矢刃,女弱填于沟壑,四民丧业,盗贼蜂起,专任佞谀,饰非拒谏,何谓无罪?"帝曰:"我实负百姓。至于尔辈,荣禄兼极,何乃如是?今日之事孰为首邪?"德戡曰:"溥天同怨,何止一人!"化及又使封德彝数帝罪,帝曰:"卿乃士人,何为亦尔?"德彝赧然而退。帝爱子赵王杲年十三,在侧号恸不已。虞通斩之,血溅御服。欲遂弑帝,帝曰:"天子死自有法,何得加以锋刃!取鸩酒来!"文举等不许,使令狐行达缢杀之。

数万人,点起火把和城外相呼应。炀帝望见火光,又听到外面的喧哗吵闹,问道:"什么事?"裴虔通回答道:"草坊失火,外面的人一起去救火罢了。"炀帝相信了他的话。第二天天还未亮,司马德戡便让裴虔通带领数百名骑兵进入宫中,屯卫将军独孤盛和左右十余人抵御抗击被杀。千牛独孤开远带领殿内数百人在宫内向殿阁叩头,请炀帝亲自出来指挥战斗,竟无人回答,军士也逐渐散去。

早先炀帝曾挑选勇健的官奴安置在玄武门,名叫给使,以防突发情况。现在宇文化及等勾结炀帝所信赖的司宫魏氏,要魏氏假借炀帝的诏令命给使外出,司马德戡便带兵从玄武门入内。炀帝听到外面的变乱,换了衣服逃到西阁。裴虔通等进入永巷,问道:"陛下在哪里?"有位美人出来,指出炀帝所在。校尉令狐行达持刀直入,扶炀帝走下西阁,布置兵士守着他。到了天明,便派武装骑兵去迎接宇文化及,宇文化及浑身颤抖,说不出话。到了宫中,司马德戡出来迎接宇文化及,引他到朝堂,称他为丞相。裴虔通强逼炀帝出宫,宇文化及看见这情况说:"为什么还带这家伙出来,赶快结果他算了。"于是把炀帝带还寝殿,裴虔通等拔刀站在旁边。炀帝哀叹道:"我有什么罪竟到这地步?"贼党马文举说:"陛下抛弃宗庙不顾,不停地在外巡游,对外勤于用兵征讨,对内极尽奢侈淫侠,使强壮的男子都死于刀箭之下,幼弱和妇女死于路上沟壑之中,民不聊生,盗贼蜂起,还一味任用坏人,粉饰是非,拒绝谏劝,怎么说没罪?"炀帝道:"我实在是对不起老百姓。至于你们,荣华富贵都有了,为什么还这样? 今天这事谁为主谋?"司马德戡说道:"全天下的人都怨恨你,哪止一个人!"宇文化及又使封德彝宣布炀帝的罪状,炀帝道:"你是个读书人,为什么也做这种事?"封德彝感到羞愧退了下去。炀帝的爱子赵王杨杲年纪才十三岁,在旁边大哭不止。裴虔通将他杀了,血溅到皇帝的衣服上。正要杀炀帝时,炀帝道:"天子自有死法,为什么要用刀锋! 去取毒酒来!"马文举等不允许,便令狐行达用绳子勒死炀帝。

初,帝每巡幸,常以蜀王秀自随,化及既弒帝,欲迎立之,众议不可,乃杀之。及齐王暕宗戚,无少长皆死。唯秦王浩素与智及往来,且以计全之。暕素失爱于帝,恒相猜忌。帝闻乱,谓萧后曰:"得非阿孩耶?"化及使人诛暕,暕谓帝使收之,曰:"诏使且缓儿,儿不负国家!"父子至死不相明。又杀虞世基、裴蕴、来护儿等。世基弟世南抱世基号泣,请以身代,化及不许。化及自称大丞相,总百揆。以皇后令立秦王浩为帝,居别宫,以兵守之,令发诏画敕而已。以智及、裴矩为仆射,士及为内史。初,矩知将有乱,虽厮役皆厚遇之,又建策为骁果娶妇,故免于难。化及至,又迎拜于马首,故化及亦以为仆射。化及之入朝堂也,百官毕贺,苏威亦往,给事郎许善心独不至,化及杀之。其母范氏年九十二,抚柩不哭,曰:"吾有子矣!"不食而卒。

唐王之入关也,张季珣之弟仲琰为上洛令,死之,至是仲琰弟琼为千牛左右,亦为化及所杀。兄弟皆死国难,时人愧之。唐王闻变,恸哭曰:"吾北面事人,失道不能救,敢忘哀乎!"追谥曰"炀"。

唐王渊自为相国,加九锡。

隋以唐王为相国,总百揆,加九锡。王谓僚属曰:"此谄谀者所为耳,孤秉大政而自加宠锡可乎?必若循魏、晋之迹,彼皆繁文伪饰,欺天罔人,孤窃耻之。"或曰:"历代所

当初，炀帝每次巡幸，都带着蜀王杨秀随行，宇文化及杀了炀帝后，想立杨秀为皇帝，众人都不同意，又将他一起杀死。又将齐王杨暕及其宗室、亲戚等，不分老小都杀死。只有秦王杨浩平时和宇文智及有来往，宇文智及才想办法保全了他。杨暕一向失宠于炀帝，二人经常互相猜忌。炀帝听说外面变乱时，曾对萧后说："不会是阿孩干的吧？"宇文化及派人去杀杨暕时，杨暕以为是炀帝下令派人来收捕他，又说："诏使暂且动手杀孩儿，孩儿不会对不起国家的！"父子二人至死也没有明白是谁主使杀害的。乱兵又杀了虞世基、裴蕴、来护儿等。虞世基的弟弟虞世南抱着世基哭泣，请求代替哥哥去死，宇文化及不同意。宇文化及自称大丞相，总领百官。宇文化及以皇后的命令立秦王杨浩为皇帝，让他居住在别的宫室内，派士兵守护，只是让他签发诏令和敕书而已。宇文化及委派宇文智及、裴矩为仆射，宇文士及为内史。当初，裴矩知道将要发生变乱，对待奴仆都非常优厚，又建议为骁果们娶媳妇，所以这次事变才能幸免于难。宇文化及来到时，裴矩又在马前迎候他，所以宇文化及任命他为仆射。宇文化及登入朝廷宫殿时，百官都来祝贺，苏威也来了，只有给事郎许善心没有来，宇文化及便杀了许善心。许善心的母亲九十二岁了，抚摸着他的棺木，没有哭泣，说："真是我的儿子！"绝食而死。

唐王入关的时候，张季珣的弟弟张仲琰为上洛县令，被唐军杀害，这时张仲琰的弟弟仲琮为千牛左右，也被宇文化及杀害。兄弟都死于国难，当时的人都感到痛惜。唐王听说江都事变，恸哭道："我仍然是隋朝的臣子，隋帝被弑我不能去救，这种悲痛我能忘掉吗！"便追谥隋帝为"炀"。

唐王李渊任命自己为相国，加赐九锡。

隋以唐王为相国，总理朝政，加赐给他"九锡"。唐王对僚属说："这都是阿谀奉承的人干的，我已掌握大权，难道还再给自加恩宠赏赐吗？如果一定照着魏、晋的规矩，那些虚伪的烦琐礼仪不过是在欺天骗人，我认为很可耻。"也有人说道："历代都是

行,亦何可废?"王曰:"尧、舜、汤、武,各因其时,取与异道,皆推其至诚以应天顺人,未闻夏、商之末必效唐、虞之禅也。"但改丞相为相国府,其九锡殊礼,皆归之有司。

宇文化及发江都。

宇文化及拥众十余万,据有六宫,自奉如炀帝。以少主浩付尚书省,令卫士守之,遣吏取其画敕,百官不复朝参。下令欲还长安,夺人舟楫以行。至显福宫,虎贲郎将麦孟才等,与折冲郎将沈光谋曰:"吾侪受先帝厚恩,今俯首事仇,何面目视息世间哉!吾必欲杀之,死无所恨!"光泣曰:"是所望于将军也。"乃与孟才纠合恩旧,帅所将数千人,将以晨袭化及。语泄,化及杀之。其麾下皆斗死,无一降者。

隋吴兴太守沈法兴起兵,据江表十余郡。

法兴闻宇文化及弑逆,举兵讨之,得精卒六万,攻余杭、毗陵、丹阳,皆下之,据十余郡。

夏四月,唐世子建成等还长安。

世子建成、秦公世民引兵至东都,城中多欲为内应者,世民曰:"吾新定关中,根本未固,虽得东都,不能守也。"遂不受。将还,世民又曰:"城中见吾还必来追蹑。"乃设三伏以待之。段达果来追,遇伏而败。世民遂置新安、宜阳二郡,分兵守之而还。

宇文化及至彭城,魏公密拒之。化及引兵入东郡。

宇文化及至彭城,夺人车牛,载宫人珍宝,而使军士自负戈甲。道远疲剧,军士皆怨。司马德戡谓赵行枢曰:"君大谬误我!当今拨乱必藉英贤。化及庸暗,群小在侧,

这么做的,怎么能废除呢?"唐王道:"帝尧、帝舜、成汤、武王各自根据他们当时的情况,虽以不同的方式取得政权,但都能诚心诚意地上应天意,下顺民情,没有听说过夏、商的末年一定要仿照唐、虞禅位的做法的。"唐王只把丞相府改为相国府,其他九锡之类的特殊礼仪,都退回给有关官署。

宇文化及从江都发兵。

宇文化及拥有部众十余万,据有六宫,自己过得像炀帝一样。将年轻的主上杨浩交付尚书省照管,令卫士守护他,派官吏去取他圈划过的敕令,百官不再上朝。宇文化及下令返回长安,抢夺老百姓的舟船前行。到了显福宫,虎贲郎将麦孟才等人和折冲郎将沈光谋划道:"我们受到先帝的厚恩,现在却俯首听从仇人,有何面目见世人呢!我一定要杀死他,为此而死决不后悔!"沈光哭泣道:"这是我们希望将军做的事。"他们便和麦孟才有关的旧部,带领部众数千人准备早晨袭击宇文化及。消息泄露,宇文化及将这些人都杀死。他们的部下战斗到死,没有一个投降的。

隋吴兴太守沈法兴起兵,据有长江以南的十余郡。

沈法兴听说宇文化及杀了炀帝,便起兵讨伐他,得精兵六万人,攻下余杭、毗陵、丹阳,占据了十几个郡。

夏四月,唐世子李建成等回到长安。

世子李建成、秦公李世民带兵到东都,城中很多人都想做内应,李世民说:"我新平定关中,根基尚未牢固,虽然得到东都,也不会能守得住。"便不同意攻取东都。将要回军时,李世民又说:"东都城中见我们回军,一定会来跟踪袭击。"便设置三道伏兵等待。段达果然来追,遇到伏兵,吃了败仗。李世民便设置新安、宜阳二郡,分别派兵守卫,自己率军回师。

宇文化及到彭城,魏公李密抗拒他。化及带兵进入东郡。

宇文化及到彭城,抢夺百姓的车和牛来装运宫女和珍宝,而使军士自己背兵器。路途遥远,军士都非常疲惫,怨恨不已。司马德戡对赵行枢道:"您让我犯了个大错误!当今平乱拨正,一定要由英贤之人来领导。宇文化及乃昏庸之人,旁边又有小人,

事将必败,若之何?"行枢曰:"在我等耳,废之何难!"遂
与诸将谋杀化及。事泄,化及执德戡等让之,德戡曰:"本
杀昏主,苦其淫虐,推立足下而又甚之。逼于物情不得已
也。"化及杀之,并其党十余人。

李密据巩洛以拒化及,化及不得西,引兵入东郡,通守
王轨以城降之。

梁王铣称皇帝。

梁公萧铣即帝位,置百官,徙都江陵,修复园庙。引岑
文本为中书侍郎,委以机密。又使张绣徇岭南,郡县多降。
始安郡丞李袭志散财募士,以保郡城。群盗攻之,皆不能
下。闻炀帝遇弑,帅吏民临三日。或以尉佗之事说之,袭
志怒曰:"吾世继忠贞,江都虽覆,宗社尚存,尉佗狂僭,何
足慕也!"欲斩说者,众乃不敢言。坚守二年,外无声援,至
是城陷,为铣所虏。于是东自九江,西抵三峡,南尽交趾,
北距汉川,铣皆有之,胜兵四十万。

五月,唐王渊称皇帝。

隋恭帝禅位于唐,唐王即皇帝位。推五运为土德,色
尚黄。

唐罢郡置州,以太守为刺史。　隋越王侗称皇帝。

东都留守官闻炀帝凶问,奉越王侗即位,段达、王世充
为纳言,元文都为内史令,共掌朝政。侗眉目如画,温厚仁
爱,风格俨然。

突厥遣使如唐。

时突厥强盛,东自契丹、室韦,西尽吐谷浑、高昌诸国,
皆臣之,控弦百余万。唐初起兵,资其兵马,前后饷遗不可

事情将要失败，怎么办？"赵行枢说："这些事情决定权在我们，要废掉他也没什么困难！"便同诸位将军设计要杀宇文化及。事情被泄露出去，宇文化及拘捕了司马德戡并责备他，司马德戡说："我杀昏君本是受不了他的淫虐暴行，不料拥立足下后，你的暴行却比昏君有过之而无不及。所以才发生这种逼不得已的事情。"宇文化及杀了司马德戡及其党羽十多人。

李密据守巩洛抵御宇文化及，宇文化及不能西进，便引兵入东郡，东郡通守王轨以城投降了宇文化及。

梁王萧铣称皇帝。

梁王萧铣即皇帝位，置立百官，迁都于江陵，修复了园林宗庙。任命岑文本为中书侍郎，将机密大事委托给他。又派张绣招抚岭南地区，岭南的郡县大多投降了萧铣。始安郡丞李袭志将自己的财产用来招募士兵，以保卫郡城。群盗来攻，都不能攻下。李袭志听说炀帝遇弑，便带领官员百姓服丧三日。有人用尉陀独立的故事劝他，他发怒道："我家世代都是忠诚坚贞的人，江都虽然覆亡了，但宗庙尚在，像尉陀这种狂僭的人，有什么值得羡慕的！"便要杀劝说的人，众人都不敢说话。李袭志坚守了二年，由于外无救援，最后城池被攻陷，李袭志被萧铣俘虏。于是东自九江，西到三峡，南抵交趾，北到汉川，都属萧铣所有，精兵共四十万。

五月，唐王李渊称皇帝。

隋恭帝禅位给唐王李渊，李渊即皇帝位。推算唐的五行运行是属土德，颜色以黄色为最尊贵。

唐废除郡改置为州，将太守改为刺史。　隋越王杨侗称皇帝。

东都留守官员听到炀帝的死讯，便尊越王杨侗为皇帝，段达、王世充为纳言，元文都为内史令，共同掌管朝政。杨侗容貌端正秀丽，温和仁爱，风度庄重。

突厥派遣使者赴唐。

这时突厥强盛，东自契丹、室韦，西尽吐谷浑、高昌等国，都向其称臣，控兵百余万。唐初起兵时，资助其兵马，前后所赠无法

胜纪。突厥恃功骄倨,遣使者至长安,多暴横,唐主优容之。

唐定律令,置学校。

命裴寂、刘文静等修律令,行之。置国子、太学、四门生三百余员,郡县学亦置生员。

六月,唐以赵公世民为尚书令,裴寂为右仆射、知政事,刘文静为纳言,窦威、萧瑀为内史令。

唐主待裴寂特厚,群臣莫及,日赐御膳,言无不从,称为裴监而不名。委萧瑀以庶政,事无大小,莫不关掌。瑀亦孜孜尽力,绳违举过,人皆惮而毁之,瑀终不自理。尝有敕不时宣行,唐主责之,瑀对曰:"大业之世,内史宣敕,或前后相违,有司不知所从。今王业经始,事系安危,故臣每受一敕必勘审,使与前敕不违,始敢宣行。稽缓之愆,实由于此。"唐主曰:"卿用心如此,吾复何忧!"唐主每视事,自称名,引贵臣同榻而坐。刘文静谏曰:"贵贱失位,非常久之道。"唐主曰:"诸公皆名德旧齿,平生亲友,宿昔之欢,何可忘也!"

唐立四亲庙。

追尊皇高祖熙曰宣简公,皇曾祖天赐曰懿王,皇祖虎曰景皇帝、庙号太祖,皇考昞曰元皇帝、庙号世祖,妣皆为后,谥妃窦氏曰穆皇后。每岁祀昊天上帝、皇地祇、神州地祇,以景帝配,感生帝、明堂,以元帝配。

唐立世子建成为皇太子,世民为秦王,元吉为齐王。

宗室封王者八人。

秦主举侵唐泾州。　　**唐以永安王孝基为陕州总管。**

计算。突厥恃功傲慢不恭，每次遣使者到长安，都很蛮横无理，唐主都优待宽容他们。

唐审定各种法令，设置学校。

唐高祖命裴寂、刘文静等修改各种法令，并予施行。又设立国子学、太学、四门生三百多个学员，各郡县学校也都设置学员名额。

六月，唐任命赵公李世民为尚书令，裴寂为右仆射、知政事，刘文静为纳言，窦威、萧瑀为内史令。

唐高祖对待裴寂特别优厚，群臣不能比，每日赐给御膳，所说的话无不听从，称他为裴监而不称他的姓名。委任萧瑀处理朝政事务，事情不分大小，都由他掌管。萧瑀也尽心尽力，检举那些有过错的人，人们都惧怕他而诋毁他，他也始终不为自己辩解。曾有一次唐高祖下敕令而内史没有及时宣布，唐高祖责备他，他说："隋大业年间内史宣布敕令，其内容有前后相违背的，负责官员不知怎么办才好。现在唐朝帝业刚刚开始，事情关系重大，所以我每收到一封敕令一定调查审核，使前后不相违背，然后才敢宣布施行。延误宣布的原因，实际上是由于上述缘故。"高祖说道："你这样用心办事，我还有什么担忧呢！"唐高祖每次处理朝政，都自称名字，招呼贵臣同坐在一条榻上。刘文静劝谏道："贵贱没有次序，这不是国家长久之道。"高祖道："诸位大臣都是德高望重的旧同僚，我平生的亲友，过去的交情，怎么能忘怀呢！"

唐建立四亲庙。

追尊皇高祖李熙为宣简公，皇曾祖李天赐为懿王，皇祖李虎为景皇帝、庙号太祖，皇父李昞为元皇帝、庙号世祖，母皆称后，皇妃窦氏谥为穆皇后。每年祭祀昊天上帝、皇地祇、神州地祇，以景帝配享，祭感生帝、明堂，以元帝配享。

唐立世子李建成为皇太子，李世民为秦王，李元吉为齐王。

宗室封王的有八人。

秦主薛举侵犯唐泾州。　唐任命永安王李孝基为陕州总管。

时边要州皆置总管府，以统数州之兵。

唐废隋帝侑为酅国公，而选用其宗室。

诏曰："近世已来，时运迁革，前代亲族莫不诛夷。兴亡之效，岂伊人力！其隋蔡王智积等子孙，并付所司，量才选用。"

唐以孙伏伽为治书侍御史。

万年县法曹孙伏伽上表曰："隋以恶闻其过亡天下，故陛下得之。然陛下徒知得之之易，而未知隋失之之不难也。谓宜易其覆辙，务尽下情，凡人君言动不可不慎。陛下今日即位，而明日有献鹞雏者，此乃少年之事，岂圣主所须哉！又，百戏散乐，亡国淫声，近太常于民间借妇女裙襦，以充妓衣，拟五月五日玄武门游戏，此亦非所以为子孙法也。夫善恶之习渐染易移，太子、诸王参僚左右宜谨择其人。有门风不睦、素无行义、专好奢靡、以声色游猎为事者，皆不可近。自古骨肉乖离，以至败亡，未有不因左右离间而然也。"唐主大悦，下诏褒称，擢为治书侍御史，赐帛三百匹，仍颁示远近。

唐窦威卒，以窦抗、陈叔达为纳言。　魏公密败宇文化及于黎阳，奉表降隋。

东都闻宇文化及西来，上下震惧。有盖琮者，上疏请说李密与之合势以拒化及。元文都、卢楚以为然，使琮赍敕书赐密。化及引兵北趣黎阳，李密将徐世勣先据黎阳，畏其军锋，西保仓城。化及渡河保黎阳，分兵围世勣，密壁于清淇，与世勣以烽火相应，深沟高垒不与战。密与化及

当时边区重要的州都设置总管府,以统辖数州的兵马。

唐废除了隋帝杨侑,以恭帝为酅国公,选拔任用隋朝的宗室。

高祖下诏道:"近世以来,朝代变革,前朝的亲族都被诛灭。但朝代兴亡难道只是依靠人力吗!隋朝蔡王杨智积等王族子孙,都交给有关官署选择,量才选用。"

唐任命孙伏伽为治书侍御史。

万年县法曹孙伏伽上表道:"隋朝由于厌恶听到自己的错误而失掉天下,所以陛下才获得天下。但陛下仅知道得到它容易,而不知道隋朝失去它也是不难的。必须吸取它的覆亡教训,一定要了解民情,作为人君的一言一行是要非常谨慎的。陛下今日即位,明日便有人向您献鹞雏,这本是少年的事,哪里是圣主所需要的东西呢!还有,百戏散乐,这是亡国的淫声,最近太常寺的官员在民间借妇女的裙衣充作歌妓的衣服,准备五月五日在玄武门演出,这也不是可以让子孙后代效法的事。好的与不好的习惯,每天接触一点,很容易改变人的性情,所以太子、诸王的幕僚左右,都要谨慎选择合适人选。有家门不和睦、从不讲道德、专好过骄奢淫逸生活、以声色游猎为能事的人,都不能让他们接近太子、诸王。自古以来亲人骨肉不和、分离,以致败国亡家,都是因为身边有不好的人离间的结果。"高祖非常高兴,下诏表扬孙伏伽,提升他为治书侍御史,赐给帛三百匹,并将这一决定公布各处。

唐窦威去世,委任窦抗、陈叔达为纳言。 **魏公李密在黎阳打败了宇文化及,上表投降于隋。**

东都听说宇文化及向西而来,上下震惧。有个叫盖琮的人,上疏奏请派人劝说李密和东都联合以抵抗宇文化及。元文都、卢楚都赞同这一意见,便派盖琮带敕书往赐李密。宇文化及率兵北趋黎阳,李密派部将徐世勣先占据黎阳,但害怕宇文化及的军威勇猛,便向西坚守仓城。宇文化及渡过黄河占领了黎阳,分兵包围徐世勣。李密驻扎在清淇,做了坚壁清野的防守,并和徐世勣用烽火相互呼应,筑起深沟高垒不出战。李密与宇文化及

隔水而语,数之曰:"卿本匈奴皂隶,世受隋恩,主上失德,不能死谏,反行弑逆,天地所不容,将欲何之!"化及默然良久,大言曰:"与尔论相杀事,何须作书语耶!"乃盛修攻具以逼仓城,世勣击败之。

密畏东都议其后,见盖琮至,大喜,遂上表乞降,请灭化及以赎罪。隋主引见其使,册拜密太尉尚书令,封魏公,俟平化及入朝辅政。元文都等喜于和解,于上东门置酒作乐,王世充作色曰:"朝廷官爵乃以与贼,其志欲何为邪!"文都等亦疑世充欲以城应化及,由是有隙。七月,李密悉以精兵东击化及。化及食尽,入汲郡求军粮,又遣使栲掠东郡吏民以责米粟。王轨等不堪其弊,诣密请降。化及大惧,引余众二万北趣魏县。密知其无能为,西还巩洛,留徐世勣以备之。苏威在东都,亦诣密降,密虚心礼之。威初不言帝室艰危,唯再三舞蹈,称"不图今日复睹圣明",时人鄙之。

秋七月,唐秦王世民与秦主举战于高墌,败绩。

薛举进逼高墌,秦王深沟高垒不与战。会得疟疾,委军政于长史刘文静,且戒之曰:"薛举悬军深入,食少兵疲,若来挑战,慎勿应也。俟吾疾愈,为君等破之。"文静欲曜武以威之,乃陈于高墌西南,恃众而不设备,举潜师掩其后。士卒死什五六,大将刘弘基等皆没。世民引还长安,举遂拔高墌,文静等皆坐除名。

隋王世充杀元文都,隋主以世充为仆射。魏公密如东都,不至而复。

隔着河水对话,李密对他说:"你本来是匈奴的奴隶,世代受隋朝恩惠,主上失德时,你不能冒死进谏,反而谋逆弑君,这是天地所不能容的,你还想到哪里去!"宇文化及沉默了很久,然后大声说:"我和你只谈打仗的事,用不着说这么多废话!"便加紧修造攻城工具,逼近仓城。徐世勣反击,打败了宇文化及。

李密害怕东都方面在后面袭击他,见到盖琮来到,非常高兴,便上表投降,请准予消灭宇文化及来赎罪。隋主接见了李密派来的使者,任命李密为太尉尚书令,封为魏公,待消灭了宇文化及后入朝辅政。元文都等对与李密和解非常高兴,在上东门摆酒作乐,王世充变了脸色说:"朝廷的官爵竟给了盗贼,这是想干什么!"元文都等也怀疑王世充想以东都城响应宇文化及,双方从此有了嫌隙。七月,李密用全部精兵东击宇文化及。宇文化及粮食吃完,进入汲郡求军粮,又派使者拷打东郡官吏和民众,督责征取粮食。王轨等人不堪受他的虐待,向李密投降。宇文化及非常畏惧,带领余众二万人向北前往魏县。李密知道他已无能为力,便向西返回巩洛,留下徐世勣以防备他。苏威在东都,也投降了李密,李密谦虚地以礼招待他。苏威开始时不说帝室的困难处境,只是再三地舞蹈,称颂说"想不到今日又看到圣明天子",当时的人都鄙视他。

秋七月,唐秦王李世民和秦主薛举作战于高墌,李世民失败。

薛举进逼高墌,秦王李世民加深壕沟,加高壁垒,不和他作战。适逢李世民染上疟疾,把军政大权委托给长史刘文静,告诫他说:"薛举孤军深入,粮食不多,士兵疲惫,假如来挑战,要谨慎不要应战。等我病好后,再为你们打败他。"刘文静想炫耀武力来威慑薛举,便在高墌西南布开阵势,仗着兵多而不设防备。薛举暗中袭击唐军背后。唐军士卒死去十分之五六,大将刘弘基等都战死。李世民引兵退回长安,薛举便攻取高墌,刘文静等都因此被罢官。

隋王世充杀元文都,隋主以王世充为仆射。魏公李密到东都,没有抵达便退回去。

李密每战胜辄使告捷于隋，隋人皆喜，世充独曰："文都辈刀笔吏耳，吾观其势必为李密所擒。且吾军士屡与密战，杀其父兄子弟前后已多，一旦为之下，吾属无类矣！"欲以激怒其众。文都惧，谋因世充朝，伏甲诛之。段达以告世充，世充夜勒兵袭含嘉门。文都入奉隋主御殿，闭门拒守。世充攻太阳门得入，杀卢楚。隋主使人问世充："称兵何为？"世充下马谢曰："元文都、卢楚横见规图，请杀文都，甘从刑典。"段达令人执送文都，隋主恸哭遣之，世充杀之，及其诸子。段达开门纳世充，世充悉遣人代宿卫者，然后入见，谢曰："文都等欲召李密以危社稷，疾臣违异，深积猜嫌。迫于救死，不暇闻奏。"被发为誓，词泪俱发。隋主以为诚，以世充为左仆射、总督内外诸军事。世充移居尚书省，使兄世恽入居禁中，子弟咸典兵马，隋主拱手而已。

密将入朝，至温，闻变而还。初，密获东都国子祭酒徐文远，以故尝受业，备弟子礼北面拜之。文远曰："将军之志欲为伊、霍，以继绝扶倾，则老夫虽迟暮犹愿尽力，若为莽、卓乘危邀利，则无所用老夫矣！"密顿首曰："愿竭庸虚，康济国难，此密之本志也。"文远曰："将军名臣之子，失涂至此，若不远而复，犹不失为忠义之臣！"密顿首受教。至是密复问计，文远曰："世充亦门人也，其人残忍，必有异图，将军前计为不谐矣。非破世充不可入朝也！"

唐诏废隋离宫。　长乐王建德定都乐寿。

李密每次打了胜仗都派使者向隋告捷，隋人都高兴，只有王世充道："元文都这类人只不过是办文案的书吏，我看这形势，一定会被李密擒获。而且我军屡次和李密作战，前后杀死他的父兄子弟已经很多，一旦被他攻取东都，我们都会被他杀死！"王世充想用这话来激怒众人。元文都害怕，想在王世充上朝时埋伏武装士兵将他杀掉。段达将这一计谋告诉了王世充，王世充夜里便指挥部众占据了含嘉门。元文都进入宫中请隋主登殿，关闭宫门据险坚守。王世充攻下太阳门进入宫中，杀了卢楚。隋主派人问王世充："为什么带兵进来？"王世充下马谢罪道："元文都、卢楚无端想要害我，因此我请求诛杀元文都，我甘心受刑罚。"段达令人押送元文都出来，隋主痛哭告别，王世充杀了元文都及他的几个儿子。段达开门迎王世充进来，王世充派人把宿卫禁兵全都更换了，然后进门见隋主，谢罪道："元文都等人想召见李密来危害隋朝，又怕臣不同意，一向对臣怀疑猜忌。臣被迫求生，所以来不及向您启奏。"王世充被发起誓，声泪俱下。隋主信以为真，任命王世充为左仆射，总督内外诸军事。王世充移居尚书省，派兄长王世恽入居宫中，他的部下都掌握兵马，隋主只有拱手听命。

李密将要入朝，到了温县，听到变乱的消息后又退回。当初李密抓获东都国子祭酒徐文远时，由于李密从前曾受业于徐文远，因此便带着礼物向徐文远叩拜。徐文远说："将军的志向如果是想像伊尹、霍光那样扶助朝廷于倾危之中，那我虽年老，也愿尽力帮助；如果是像王莽、董卓那样乘国家危难谋取私利，那老夫是没有什么用处了！"李密叩头道："我愿意竭尽所能帮助朝廷渡过国难，这就是我的本志。"徐文远说："将军是名臣的儿子，误入歧途才落到这一地步，若迷途知返，仍然不失为忠义之臣！"李密叩头受教。到了这时，李密又向徐文远请教对策。徐文远说："王世充也是我的弟子，为人残忍，一定有别的企图，将军原来的计划行不通了。不打败王世充不能入朝！"

唐下诏废除隋朝的离宫。　　长乐王窦建德定都乐寿。

初,隋河间郡丞王琮守郡城,建德攻之,岁余不下。琮闻炀帝凶问,帅吏民发丧。建德遣使吊之,琮乃降。建德退舍待之,琮言及隋亡,俯伏流涕,建德亦为之泣。诸将请烹之,建德曰:"琮,忠臣也,吾方赏之以劝事君,奈何杀之! 往在高鸡泊为盗,容可妄杀人,今欲安百姓定天下,岂得害忠良乎!"以琮为瀛州刺史。于是,河北郡县闻之,争附于建德。先是,建德陷景城,执户曹张玄素将杀之,县民千余号泣请代其死,曰:"户曹清慎无比,杀之何以劝善!"建德释之,以为治书侍御史,固辞。及闻江都败,以为黄门侍郎,玄素乃起。饶阳令宋正本,博学有才气,说建德以定河北之策。建德引为谋主,定都乐寿,备置百官。

八月,秦主举卒,子仁果立。

郝瑗言于薛举曰:"唐兵新破,关中骚动,宜乘胜直取长安。"举然之。会病卒,仁果立,居折墌城。

唐立李轨为凉王。

唐主欲与李轨共图秦、陇,遣使招抚之,谓之从弟。轨大喜,遣弟入贡。遂册拜轨为凉王。

唐遣秦王世民伐秦。　隋人葬炀帝于江都。

隋江都太守陈稜求得炀帝之柩,略备仪卫葬之。

魏公密与隋战,大败,遂以其众降唐。

李密骄矜,不恤士众。徐世勣尝讥其短,密不怿,使出镇黎阳以疏之。洛口仓无防守、文券,取者随意,委弃衢路,米厚数寸。群盗来就食者近百万口,东都降者日以百数。淘米洛水,两岸十里粲如白沙。密喜,谓贾闰甫曰:

当初隋河间郡丞王琮守郡城，窦建德攻打郡城，一年多没攻下。王琮听闻炀帝死讯，率领官吏民众发丧。窦建德派使者去吊唁，王琮就顺势投降。窦建德退军在家中招待他，王琮谈到隋亡的时候，俯身流涕，窦建德也为之哭泣。诸将要求烹杀王琮，窦建德说道："王琮是一个忠臣，我正要奖赏他以勉励忠君的人，为什么要杀他！过去在高鸡泊做盗贼时，还可容许乱杀人，现在安抚百姓定天下，难道还要残害忠良吗！"便委任王琮为瀛州刺史。于是河北的郡县听说后，都争先归附窦建德。早先，窦建德攻下景城，捉住户曹张玄素准备杀他，县里千余人号哭请代他去死，说："张户曹清廉谨慎无人能比，杀了他又怎么劝人做好事！"窦建德便释放了他，任命他做治书侍御史，张玄素坚决推辞。后来听说江都已败，又任命他做黄门侍郎，玄素才答应了。饶阳县令宋正本，博学有才华，向窦建德建议平定河北的策略。窦建德任用他为谋主，定都在乐寿，设置百官。

八月，秦主薛举去世，他的儿子薛仁果继位。

郝瑗对薛举说："唐兵刚刚战败，关中骚动不安，应该乘胜直取长安。"薛举同意。后来薛举生病去世，薛仁果继位，住在折墌城。

唐封李轨为凉王。

唐高祖打算和李轨联合谋取秦、陇，派使者招抚李轨，称他为堂弟。李轨非常高兴，派他的弟弟向唐进贡。高祖于是册封李轨为凉王。

唐派遣秦王李世民攻打秦国。　隋朝人将隋炀帝安葬在江都。

隋江都太守陈稜找到炀帝的灵柩，大致备好了仪仗，将他安葬。

魏公李密和隋朝交战，大败，于是率领他的部队投降了唐朝。

李密骄傲矜持，不体恤部下。徐世勣曾经嘲笑他的短处，李密很不高兴，就派徐世勣去镇守黎阳来疏远他。洛口仓既没有防守的士兵，又没有领粮的凭证，来领米的人随意领取，丢得街道上到处都是米，竟然有几寸厚。远近来吃粮的强盗有将近百万人口，东都每天都有几百人前来投降。人们在洛水里淘米，两岸十里范围内就像蒙上了一层白沙。李密很高兴，对贾闰甫说：

“此可谓足食矣！”闻甫曰：“国以民为本，民以食为天。今民襁负而至者，以所天在此故也。而有司不吝，屑越如此，一旦米尽民散，孰与成大业哉？”时隋军乏食，密军少衣。王世充请交易，密许之，东都降者遂少。世充简兵击密，密留王伯当守金墉，邴元真守洛口，自引精兵出偃师，北阻邙山以待之。

召诸将会议，裴仁基曰：“世充悉众而至，洛下必虚，可简精兵三万，傍河西出以逼东都。世充还，我且按甲，如此，则我有余力，彼劳奔命，破之必矣。”密曰：“公言大善。”既而诸将欲战者十七八，密又惑而从之。仁基苦争不得。魏徵亦言于长史郑颋曰：“公虽骤胜，而骁将锐卒多死，战士心怠，难以应敌。且世充乏食，志在死战。未若深沟高垒以拒之，不过旬月，世充必退，追而击之，蔑不胜矣。”颋曰：“此老生之常谈耳。”密轻世充，不设壁垒。世充夜遣骑潜入北山，伏溪谷中，命军士皆秣马蓐食。迟明薄密，密兵未及成列，世充纵击之。世充士卒皆江淮剽勇，出入如飞。战方酣，伏兵乘高驰下，密众大溃，驰向洛口。元真已遣人潜引世充矣，单雄信亦降于世充。密自度不能支，帅轻骑奔虎牢，王伯当亦弃金墉保河阳。

"这可以称得上足食了吧!"贾闰甫回答道:"国家以老百姓为根本,老百姓赖以生存的是粮食。如今老百姓肩挑背扛而来,是因为他们赖以生存的东西在这里的缘故。但是官员们却如此不爱惜,抛撒得到处都是,一旦没有米了老百姓走散了,您能和谁一起来完成大业呢?"当时,隋朝的部队粮食匮乏,而李密的军队缺少衣服。王世充提议互相交换,李密答应了,东都投降的人于是就少了。王世充率领精兵攻打李密,李密留下王伯当镇守金墉,派邴元真把守洛口,自己率领精兵去偃师,在北面以邙山为屏障等待王世充的进攻。

　　李密召集众将领开会商议军情,裴仁基说:"王世充率领他的大部队前来,洛阳肯定空虚,我们可以挑选三万精兵,沿着黄河向西出击,直逼东都。如果王世充回军,我方暂且按兵不动,这样的话,我方就有富余的力量,而敌方只能疲于奔命,我们肯定能打败他们。"李密说:"你说得很对。"于是,众将领中想要开战的占了十分之七八,李密受众将的影响,准备开战。裴仁基苦苦争辩也不能说服他。魏徵也对长史郑颋说:"魏公虽然屡战屡胜,但精锐部队伤亡很大,士兵的心里也很倦怠,很难迎战敌人。而王世充缺少粮食,志在决一死战。我们不如挖深壕沟、加高壁垒来抵御敌人,要不了十天半个月,王世充必然会撤退,到时候再追击,没有不胜的。"郑颋说:"这是老生常谈了。"李密轻视王世充,没有设壁垒防御。王世充连夜派骑兵悄悄地进入北邙山,埋伏在山谷里,命令战士们都喂好马吃饱饭。天亮以后,王世充的部队便逼近了李密,李密的队伍还没来得及排阵,王世充就指挥士兵进攻。王世充的士兵都是江、淮一带的骠骑勇将,在阵中杀进杀出快捷如飞。战斗正激烈的时候,王世充的伏兵从高处奔驰下来,李密的部队四下溃散,逃向洛口。邴元真已经派人悄悄地引来王世充,单雄信也已经投降了王世充。李密自己揣度不能坚持下去,便率领轻骑部队奔向虎牢,王伯当也放弃了金墉而保守河阳。

密欲南阻河，北守太行，东连黎阳，以图进取。诸将曰："兵新失利，众心危惧，难以成功。"密曰："孤所恃者众也，众既不愿，孤道穷矣。诸君幸不相弃，当共归关中。"众咸曰："然。"从密入关者二万人。于是密之将帅、州县多降于隋。元真本县吏，坐赃亡命，从翟让，让以为书记。及密开幕府，荐以为长史，密不得已用之，未尝使预谋画。元真贪鄙，宇文温劝密杀之。元真知之，故叛。雄信骁捷，善马槊，军中号"飞将"。房彦藻以雄信轻于去就，劝密除之，密爱其材不忍也。至是果叛。

秦围泾州，唐兵败绩，守将刘感死之。

唐将军刘感镇泾州，薛仁果围之。唐长平王叔良将兵至，仁果伪遁，又遣高墌人伪以城降。叔良命感帅众赴之，大败。仁果擒感，复围泾州，令感语城中云："援兵已败，不如早降。"感许之，至城下大呼曰："逆贼饥馁，亡在朝夕，秦王帅数十万众四面俱集，城中勉之。"仁果怒，埋感至膝，驰骑射之。至死声色逾厉。

唐遣使如突厥，突厥遣使报之。

唐遣郑元璹以女妓赂始毕可汗，始毕遣使报之。唐主与之宴，引升御坐以宠之。

唐行《戊寅历》。

白马道士傅仁均所造也。

隋宇文化及弑秦王浩，自称许帝。

宇文化及兵势日蹙，兄弟酣宴。醉，尤智及曰："今所向无成，负弑君之名，天下不容，必将灭族，岂不由汝！"智

李密打算南面依仗黄河，北面守住太行山，东南连接黎阳，想这样设法进取。众将领说："部队刚刚失利，大家心里都很害怕，难以成功。"李密说："孤依靠的是大家，你们如果不愿意，孤也就没路可走了。如果大家不抛弃我，应当一起回关中去。"大家都说："好。"跟随李密入关的有两万人。于是李密的将帅、州县大多投降了隋朝。邴元真原本是县吏，犯贪污罪逃跑，跟着翟让，翟让让他做文书。到李密开设幕府时，翟让就推荐邴元真做长史，李密不得已只好任用他，但从不让他参加谋划。邴元真贪婪浅陋，宇文温劝李密把他杀掉。邴元真听到了此事，就叛变了。单雄信骁勇敏捷，善于骑马舞长矛，部队里称他为"飞将"。房彦藻因单雄信对去留很不经意，劝李密除掉他，李密爱惜单雄信的才干，不忍心杀他。到李密战败，单雄信果然叛变。

秦包围泾州，唐兵战败，守将刘感阵亡。

唐朝的将军刘感镇守泾州，薛仁果包围了他。唐长平王李叔良带兵到了泾州，薛仁果假装退兵，又派高墌人假装以城池投降。李叔良命令刘感率兵赶赴高墌，唐军中计大败。薛仁果抓住刘感，又包围泾州，命令刘感向城里喊话说："援兵已经被打败了，不如尽早投降。"刘感答应了，到城下大喊道："反贼饥饿难耐，早晚就要灭亡了，秦王率领几十万人马从四面赶来，城里的人一定要努力守城！"薛仁果大怒，把刘感活埋到膝盖，骑在马上用箭射他。一直到死，刘感的喊声越来越响，神色越来越激愤。

唐朝派遣使者到突厥，突厥派使者来回访。

唐朝派郑元璹以女妓贿赂始毕可汗，始毕派使者来唐朝表示感谢。唐高祖为突厥使者设宴，并让他登上御座表示恩宠。

唐朝颁行《戊寅历》。

白马县道士傅仁均编成了《戊寅历》。

隋将宇文化及杀死秦王杨浩，自称为许帝。

宇文化及的兵势日渐衰弱，兄弟们纵情饮宴。宇文化及喝醉后，责怪宇文智及说："现在事情没有成功，背上了弑君的罪名，为天下不容，必然遭受灭族之祸，这难道不是你的过错！"智

及怒,数相斗阅。其众多亡,化及叹曰:"人生固当死,岂不一日为帝乎?"于是鸩杀秦王浩,称帝于魏县,国号许。

冬十月朔,日食。　唐以李密为光禄卿、邢国公。

密将至,唐主遣使迎劳相望。密喜曰:"我拥众百万,解甲归唐,比于窦融功亦不细,岂不以台司见处乎?"至长安,乃拜光禄卿,赐爵邢国公。密大失望。

唐以淮安王神通为山东安抚大使。　朱粲自称楚帝,取唐邓州,刺史吕子臧死之。

邓州刺史吕子臧与抚慰使马元规击朱粲,破之。言于元规曰:"粲新败危惧,并力击之,一举可灭。若复迁延,其徒稍集,则为患深矣。"元规不从。既而粲收集余众,兵复大振,自称楚帝,进攻邓州。子臧抚膺谓元规曰:"老夫今日坐公死矣。"会霖雨城坏,所亲劝子臧降,子臧曰:"安有天子方伯降贼者乎!"帅麾下赴敌而死。俄而城陷,元规亦死。

隋以王世充为太尉。

徐文远复入东都,见世充必先拜。或问曰:"君倨见李密而敬王公,何也?"文远曰:"魏公,君子也,能容贤士;王公,小人也,能杀敌人。吾何敢不拜?"

唐以李袭誉为太府少卿。

隋末群盗起,冠军司兵李袭誉说西京留守阴世师遣兵据永丰仓,发粟以赈穷乏,出库物赏战士,移檄郡县,同心讨贼。世师不能用。乃求募兵山南。唐主克长安,召为太府少卿,附属籍。

唐纳言窦抗罢。　十一月,凉王轨称帝。　唐秦王世民破秦兵,围折墌,秦主仁果出降。

及很愤怒,好几次相互争吵打了起来。宇文化及的部下很多都逃跑了,他感叹说:"人总是要死的,怎么能不做一天的皇帝呢?"于是用毒酒杀死了秦王杨浩,在魏县称帝,定国号为许。

冬十月初一,出现日食。 唐高祖封李密为光禄卿、邢国公。

李密快要到长安时,唐高祖派人迎接慰问。李密高兴地说:"我拥有百万雄兵,现在解甲归顺唐朝,跟窦融比,功劳也不小,难道不给我安排一个要职吗?"到了长安,唐封他为光禄卿,赐以邢国公的爵位。李密很失望。

唐朝派淮安王李神通为山东安抚大使。 朱粲自称楚帝,攻取唐邓州,邓州刺史吕子臧阵亡。

邓州刺史吕子臧和抚慰使马元规攻打朱粲,击败了他。吕子臧对马元规说:"朱粲刚被打败,心里很胆怯,我们合力进攻就可以消灭他。如果拖延下去,让他的部队渐渐聚集起来,可就是大患了。"马元规没有答应。不久,朱粲收集残余部队,重整旗鼓,自称为楚帝,进攻邓州。吕子臧捶胸对马元规说:"老夫今天要因你而死了。"恰巧大雨冲坏了城墙,亲信劝吕子臧投降,吕子臧说:"哪里有天子的大臣向反贼投降的道理!"率领部下冲向敌军,战亡。不久,城池失陷,马元规也死了。

隋朝任王世充为太尉。

徐文远又回到东都,见到王世充必然先行拜礼。有人问他:"您见李密时很傲慢却尊敬王公,为什么呢?"徐文远说:"魏公是君子,能接受贤士;王公是小人,会杀老朋友。我怎么敢不行礼?"

唐任命李袭誉为太府少卿。

隋朝末年,各路强盗起兵,冠军司兵李袭誉劝说西京留守阴世师派兵占据永丰仓,发粮赈济穷人,拿出仓库里的东西赏赐战士,向郡县发文告,同心讨贼。阴世师没有采纳他的建议。李袭誉就请求到山南招募士兵。唐高祖攻克长安后,任命李袭誉为太府少卿,把他编入皇族的名册。

唐纳言窦抗罢官。 十一月,凉王李轨称帝。 唐秦王李世民大破秦兵,包围折墌城,秦主薛仁果出城投降。

薛仁果之为太子也，与诸将多有隙。及即位，众心猜惧。郝瑗哭举而死，由是寖弱。秦王世民至高墌，仁果使宗罗睺将兵拒之，世民坚壁不出。诸将请战，世民曰："我军新败，士气沮丧。贼恃胜而骄，有轻我心，宜闭垒以待之。彼骄我奋，可一战而克也。"乃令军中曰："敢言战者斩！"相持六十余日，仁果粮尽，所部多降，世民乃命梁实营于浅水原以诱之。罗睺大喜，尽锐攻之。数日，世民度其已疲，谓诸将曰："可以战矣。"使庞玉陈于原南，罗睺并兵击之，玉几不能支。世民乃引大军自原北出其不意，自帅骁骑陷陈。罗睺军溃，世民帅骑追之，窦轨叩马苦谏，世民曰："破竹之势不可失也。"遂进围之。仁果将士多叛，计穷出降，得其精兵万余人。

诸将皆贺，因问曰："大王一战而胜，遽舍步兵，又无攻具，直造城下，众皆以为不克，而卒取之，何也？"世民曰："罗睺所将皆陇外骁将悍卒，吾特出其不意而破之，斩获不多。若缓之，则皆入城，仁果抚而用之，未易克也；急之，则散归陇外，折墌虚弱，仁果破胆，不暇为谋，此吾所以克也。"众皆悦服。世民所得降卒悉使仁果兄弟及罗睺等将之，与之射猎，无所疑间。贼畏威衔恩，皆愿效死。世民闻褚亮名，求访获之，引为文学。唐主使李密迎世民于豳州。密自恃智略功名，见唐主犹有傲色，及见世民，不觉惊服，私谓殷开山曰："真英主也！不如是，何以定祸乱乎！"唐以

薛仁果做太子时，与诸将多有矛盾。即位以后，大家心里猜疑不安。郝瑗因为薛举去世痛哭而死，于是国力日渐衰落。秦王李世民到高墌，薛仁果派宗罗睺带兵抵抗，李世民坚守营寨不出战。众将请战，李世民说："我军刚打了败仗，士气低落。敌人仗着获胜很骄傲，心里轻视我们，我们应该紧闭营垒等候时机。他们骄傲而我们奋勇，就可以一仗打败他们。"于是在军中传令："有敢请战的，斩首！"双方僵持了六十多天，薛仁果粮食吃光了，部下有很多人投降，李世民于是命令梁实在浅水原安营来引诱敌人。宗罗睺很高兴，出动全部精锐攻打梁实。几天后，李世民估计敌人已经疲惫，对众将说："可以出战了。"派庞玉在原南列阵，宗罗睺合兵攻打，庞玉眼看支持不住了。李世民率领大军从原北出其不意地杀来，自己带领骁骑杀入敌阵。宗罗睺的部队溃败，李世民率领骑兵追杀，窦轨拉住马苦苦劝说不要追击，李世民说："现在已成破竹之势，机不可失！"于是进军包围了高墌。薛仁果的将士很多叛逃了，薛仁果无计可施，只好出城投降，李世民得到薛仁果的一万多名精兵。

众将都来祝贺，进而问："大王一战就取得了胜利，突然放弃步兵，又没有攻城的器具，直接攻到城下，大家都以为攻不下来，最后却攻下来了，为什么呢？"李世民说："宗罗睺的部队都是陇外的强兵勇将，我只是出其不意才打败了他，杀伤不多。若是延缓进攻，等他们都进了城，薛仁果对他们加以安抚，再打仗就不容易赢了；而迅速追击，他们逃散到陇外，折墌城就会很虚弱，薛仁果也吓破了胆，来不及谋划，这就是我获胜的原因。"大家都心悦诚服。李世民把投降的士兵全交给薛仁果兄弟和宗罗睺带领，还和他们一起骑射打猎，不加怀疑戒备。薛仁果等人畏惧李世民的威严，感激恩宠，都愿意以死效劳。李世民听说褚亮的名气，求访并找到他，让他做王府的文学。唐高祖派李密到幽州迎接李世民。李密仗着自己有智略功名，见唐高祖时还有傲慢的神色，等见到李世民，不由得惊讶佩服，私下里对殷开山说："真是英明之主！要不然，怎么能平定天下的祸乱呢！"唐高祖任命

姜谟为秦州刺史,抚以恩信,士民安之。

徐世勣降唐,赐姓李氏。

徐世勣据李密旧境,未有所属。魏徵随密至长安,无所知名,乃自请安集山东,唐主以为秘书丞。乘传至黎阳,劝世勣早降。世勣遂决计西向,谓长史郭孝恪曰:"此民众土地皆魏公有也,吾若献之,是利主之败自为功以邀富贵也,吾实耻之。今宜籍郡县户口、士、马之数以启魏公,使自献之。"乃使孝恪诣长安。唐主初怪世勣无表,既而闻之,叹曰:"世勣不背德,不邀功,真纯臣也。"赐姓李氏,使孝恪与世勣经营虎牢以东。

唐斩薛仁果于市。

秦王世民还至长安,斩薛仁果于市。唐主享劳将士,谓群臣曰:"诸公共相翊戴以成帝业,若天下承平,可共保富贵。使王世充得志,公辈岂有种乎! 如仁果君臣,岂可不以为鉴也!"

唐遣李密收抚山东。

李密遇大朝会,职当进食,深耻之,退以告王伯当。伯当曰:"天下事在公度内耳。"乃言于唐主曰:"臣蒙荣宠,曾无报效。山东之众皆臣故时麾下,请往收之,凭藉国威,取世充如拾芥耳。"群臣皆以密狡猾好反,不可遣,唐主不听。密请贾闰甫偕行,唐主许之,引升御榻,饮劳甚厚。又以王伯当为副而遣之。

夏王建德取深、冀、易、定等州。

有大鸟五集于乐寿,群鸟数万从之。又有得玄圭以献者,建德群臣曰:"此天所以赐大禹也。"乃改国号夏,改元五凤。初,王须拔掠幽州,中流矢死,其将魏刀儿代领

姜谟为秦州刺史，姜谟以恩信安抚，军民安居乐业。

徐世勣投降唐朝，赐姓李。

徐世勣占据了李密原来的地盘，没有归附任何人。魏徵随李密到长安，没有建立功名，于是自己请求招抚山东一带，唐高祖任命他为秘书丞。魏徵乘驿站的传车到黎阳，劝徐世勣尽早投降。徐世勣于是决定向西投降唐朝，对长史郭孝恪说："这里的百姓、土地都是魏公的，如果我献上，是利用主人的失败占为自己的功绩来请赏，我觉得很羞耻。如今应该统计郡县的户口、兵、马的数量报告给魏公，让他自己献上。"于是派郭孝恪到长安。唐高祖起初责怪徐世勣没有上表，不久听说了这件事，感叹说："徐世勣不违背道德，不邀功贪赏，真是个纯朴的臣子！"赐他姓李，命令郭孝恪和徐世勣治理虎牢以东的地区。

唐在闹市中将薛仁果斩首。

秦王李世民回到长安，在市中斩杀了薛仁果。唐高祖犒劳将士，对群臣说："大家一起辅佐拥戴使我成就了帝业，如果天下太平，可共同保有富贵。假如让王世充得志，各位还能有命吗！像薛仁果君臣，难道不能作为前车之鉴吗？"

唐派李密收抚山东。

李密赶上大朝会，作为光禄卿应进奉食物，他深以为耻，退朝后告诉了王伯当，王伯当说："天下事都在您的考虑之中。"李密于是对唐高祖说："臣蒙主上恩宠，还不曾有所报效。山东之众都是臣原来的部下，请让臣前去收抚他们，再借助国威，战胜王世充就像拾地上的小草一样毫不费力。"群臣都认为李密狡猾好反，不能派他去，唐高祖不听。李密请求带贾闰甫同行，唐高祖答应了，并带他一起登上御榻，饮酒犒劳很丰厚。又派王伯当为李密的副将。

夏王窦建德攻取深、冀、易、定等州。

有五只大鸟落在乐寿，几万只鸟跟着它。又有人献玄圭，群臣说："这是上天赐给大禹的。"于是改国号为夏，改年号为五凤。起初王须拔夺取幽州，身中流箭而死，他的部将魏刀儿代他率领

其众，据深泽，掠冀、定，众至十万。建德袭击斩之，并其众，易、定亦降。唯冀州刺史麴稜不下，攻拔之，建德见稜曰："忠臣也！"以为内史令。

唐以秦王世民为陕东大行台。

蒲州及河北兵马并受节度。

唐杀隋河东守将尧君素。

隋将尧君素守河东。唐遣独孤怀恩攻之不下，招之不从。遣其妻至城下，谓之曰："隋室已亡，君何自苦？"君素曰："天下名义非妇人所知。"引弓射之，应弦而倒。君素志在守死，每言及国家，未尝不歔欷，谓将士曰："吾大义不得不死。必若隋祚永终，天命有属，自当断头以付诸君，持取富贵。今城池甚固，仓储丰备，大事犹未可知，不可横生心也。"久之食尽，又闻江都倾覆，左右杀君素以降。别将王行本诛作乱者，复乘城拒守，怀恩引兵围之。

唐以罗艺为幽州总管，击夏兵败之。

初，宇文化及遣使招罗艺，艺曰："我，隋臣也。"斩其使为炀帝发丧，临三日。窦建德、高开道各遣使招之，艺曰："二子皆剧贼耳，唐公乃吾主也。"遂与渔阳、上谷诸郡皆奉表降唐。唐以为幽州总管，其将薛万彻、万均亦皆授以官爵。窦建德帅众十万寇幽州，艺将逆战，万均曰："彼众我寡，出战必败，不若使羸兵阻水为陈，彼必度水击我。万均请以百骑伏于城旁，俟其半度而击之，蔑不胜矣。"艺从之，大破建德。相拒百余日，建德引还。艺司马温彦博赞其归唐之计，唐征为中书侍郎，与兄黄门侍郎大雅对居近密，时

部队,占据深泽,掠夺冀、定两州,兵马多至十万人。窦建德袭击并杀死了魏刀兒,收并了他的部队,易、定等州投降。只有冀州刺史麹稜不降。窦建德攻下了冀州,见到麹稜时说:"你真是忠臣!"并任命他为内史令。

唐以秦王李世民为陕东道大行台。

蒲州以及黄河以北的兵马都由他指挥。

唐杀隋河东守将尧君素。

隋朝大将尧君素镇守河东。唐朝派独孤怀恩进攻他,但攻不下来,招降他也不答应。唐军将他的妻子送到城下,对他说:"隋王朝已经灭亡,您何必自讨苦吃呢?"尧君素说:"天下名节忠义不是妇人能懂的。"拉开弓射箭,他的妻子随着弦声倒下了。尧君素志在以死守城,每次说到国家,没有不抽泣的,他对将士们说:"依大义我不能不死。如果隋的国运永远终结,天命已有所属,我自然会把自己的头砍下来,交给你们去获得富贵。但现在城池还很坚固,仓库储备也很丰足,结果还不可预料,大家不能生有二心。"时间一长,粮食吃完了,又听说江都朝廷已经灭亡,尧君素的左右就把他杀了献降。别将王行本杀死叛乱的人,重新登城拒守,独孤怀恩带兵包围了城池。

唐以罗艺为幽州总管,打败夏的军队。

当初,宇文化及派使者招降罗艺,罗艺说:"我是隋王朝的臣子。"于是杀死来使,为隋炀帝发丧,哭吊了三天。窦建德、高开道分别派人招降罗艺,罗艺说:"这两个人都是大贼,唐公才是我的主人。"于是和渔阳、上谷等郡一起上表投降唐朝。唐高祖任命他为幽州总管,他的部将薛万彻、薛万均也都授给官爵。窦建德率领十万兵马进犯幽州,罗艺准备迎战,薛万均说:"敌众我寡,出战一定失败,不如派老弱残兵临水设阵,他们一定会渡河攻击我们。我请求带领一百骑兵埋伏在城边,等他们过河一半再攻打,不会不胜。"罗艺接受他的建议,大败窦建德。对抗了一百多天,窦建德退兵。罗艺的司马温彦博称赞他归附唐朝的计策,唐任命温彦博为中书侍郎,和他的哥哥温大雅相对而居,当时

人荣之。

唐以西突厥曷娑那可汗为归义王。

曷娑那献大珠，唐主曰："珠诚至宝，然朕宝王赤心，珠无所用。"竟还之。

唐李密叛，行军总管盛彦师讨斩之。

李密之出关也，长史张宝德上封事，言其必叛。唐主乃敕密还，更受节度。密谓贾闰甫曰："无故召还，恐无生理，不若破桃林县，收兵渡河，苟得至黎阳，大事必成。公意如何？"闰甫曰："明公既已委质，复生异图，虽破桃林，兵岂暇集，一称叛逆，谁复容人？为明公计，不若且应朝命以明元无异心。"密怒曰："唐使吾与绛、灌同列，吾何以堪之！"闰甫曰："自翟让受戮之后，人皆谓明公弃恩忘本。今日谁肯复以兵委公者？大福不再，愿熟思之。"密大怒，挥刃欲击之，闰甫奔熊州。密遂斩使者，入桃林县，驱掠徒众，直趣山南，乘险而东，使人驰告故将伊州刺史张善相，令以兵应接，而声言向洛。行军总管盛彦师闻之，率众逾熊耳山南，据要道，令其众夹路而伏，令之曰："俟贼半度，一时俱发。"或曰："闻密欲向洛，而公入山，何也？"彦师曰："密声言向洛，实欲出人不意走襄城就张善相耳。若贼入谷，我自后追之，山路险隘，一夫殿后，必不能制。今吾得先入谷，擒之必矣。"密果南出半度，彦师击斩之及伯当，传首长安。李世勣在黎阳，唐主遣使以密首示之，世勣北面号恸，表请收葬。诏归其尸，世勣举军缟素，葬之。密素得士心，哭之者多呕血。善相亦降于唐。

高开道据渔阳，自称燕王。　唐以李素立为侍御史。

的人都认为是很荣耀的事。

唐封西突厥曷娑那可汗为归义王。

曷娑那进献大珠，唐高祖说："珠子确实是好宝贝，但我所宝贵的是可汗的忠心，珠子没有用。"又把大珠还给了他。

唐李密叛变，行军总管盛彦师征讨并杀了李密。

李密出关时，长史张宝德上密章，说李密一定会叛乱。唐高祖于是下敕书召李密回朝，另外有所安排。李密对贾闰甫说："无故召我回去，恐怕要被杀，不如攻破桃林，收拾兵马渡黄河，如果能到黎阳，大事必定成功。您认为呢？"贾闰甫说："您既然已经投降了，又生异心，即使攻下桃林，哪有时间召集兵马，一旦被称为叛贼，谁还会容您？我替您设想，不如暂且听朝廷的命令，表明根本就没有异心。"李密生气地说："唐把我看作汉朝周勃、灌婴一样出身微贱的人，我怎么能忍受！"贾闰甫说："翟让被杀以后，人人都说您弃恩忘本。现在谁还肯交给您兵权呢？大福不会再有了，希望您好好考虑。"李密大怒，举刀要杀贾闰甫，贾闰甫逃到熊州。李密于是杀死来使，进兵桃林县，驱赶掠夺百姓，直奔山的南面，凭借险要向东行进，派人骑马告诉旧时部将伊州刺史张善相，命他派兵接应，扬言开向洛州。行军总管盛彦师听说后，率兵翻过熊耳山，在山南占据要道，命令士兵沿路两边埋伏，下令："等贼人渡河到一半，一起射箭。"有人问："听说李密要去洛州，而您却进山，为什么呢？"盛彦师说："李密扬言去洛州，实际上想出人不意经襄城和张善相会合。如果贼人进谷，我从背后追杀，山路险狭，只容一个人殿后，必不能制服他们。现在我先进谷，一定能抓住他们。"李密果然向南出山，渡到一半时，盛彦师攻击李密，杀了他和王伯当，将首级传送到长安。李世勣在黎阳，唐高祖派人送去李密的首级，李世勣面向北号哭，很悲恸，上表请求收葬。唐高祖下诏将李密的尸体送到李世勣那里。李世勣命全军穿白戴孝，安葬了他。李密平素很得人心，很多人都哭得吐血。张善相也投降了唐朝。

高开道占据渔阳，自称燕王。　唐任命李素立为侍御史。

有犯法不至死者,唐主特命杀之。监察御史李素立谏曰:"三尺法,王者所与天下共也,法一动摇,人无所措手足。陛下甫创鸿业,奈何弃法? 臣不敢奉诏。"唐主从之,命所司授以七品清要官。拟雍州司户,唐主曰:"要而不清。"又拟秘书郎,唐主曰:"清而不要。"遂擢授侍御史。

唐以舞胡安叱奴为散骑侍郎。

唐主以舞胡安叱奴为散骑侍郎。礼部尚书李纲谏曰:"古者乐工不与士齿。今天下新定,建义功臣行赏未遍,高材硕学犹滞草莱,而先擢舞胡为五品,使鸣玉曳组,趋翔廊庙,非所以规模后世也。"唐主曰:"吾业已授之,不可追也。"

凉大饥。

李轨发民筑台,劳费甚广。河右饥,人相食。轨倾家财赈之不足,议发仓粟。群臣皆以为然,谢统师等故隋官,心不服轨,乃曰:"百姓饥者自是羸弱,勇壮之士终不至此。仓粟以备不虞,岂可散之以饲羸弱?"轨以为然。由是士民离怨。

己卯(619) 隋恭帝侗皇恭二年,唐武德二年,郑主王通明政元,梁王沈法兴建康元,吴王李子通明政元年。是岁,隋、凉亡,并楚、夏、定杨、梁师都、梁铣为十一国。

春正月,隋王世充杀总管刘孝元、独孤武都。

王世充尽取隋朝显官、名士为官属,杜淹、戴胄皆预焉。世充专总朝政,事无大小,悉关太尉府,台、省阒然。上书陈事者日以百数,世充悉引见,殷勤慰谕,人人自喜,然终无所施行。下至士卒厮养,皆以甘言悦之,而实无恩

有人犯了法但还不够判死罪，唐高祖特别下令杀掉。监察御史李素立进谏说："法律，是君王和天下人共同遵守的，法一动摇，百姓就会手足无措。陛下刚创立大业，怎么能放弃法律呢？臣不敢遵守诏命。"唐高主听从了他的谏言，命令有关部门授以李素立七品清要官。有关部门本想让他做雍州司户，唐高祖说："这个职务虽重要但不清贵。"又改成秘书郎，唐高祖说："这个职务清贵但不重要。"于是将他提升为侍御史。

唐高祖任命跳舞的胡人安叱奴为散骑侍郎。

唐高祖任命跳舞的胡人安叱奴为散骑侍郎。礼部尚书李纲进谏说："在古代乐工不能与士并列。如今天下才定，起义的功臣们还没有全部赏赐，有才学的人士还滞留在乡间，而先提升跳舞的胡人为五品官，让他佩印做官，在庙堂上行走，这可不是为后世订立规矩的做法。"唐高祖说："我已经授给他官职了，不能追回了。"

凉州发生大饥荒

李轨征用百姓修筑高台，花费太多。黄河以西发生饥荒，人吃人。李轨用尽家财赈济百姓，仍然不够，准备开仓放粮。群臣都认为可以，但谢统师等原来的隋朝官员心中不服李轨，于是说："百姓饥饿是他们原本就瘦弱，强壮的人就不会饿死。这个仓库的粮食是用来防止不测的，怎么可以拿来喂养这些瘦弱的人呢？"李轨认为说得对。从此官员、百姓都有了离怨之心。

己卯(619)　隋恭帝杨侗皇恭二年，唐武德二年，郑主王通明政元年，梁王沈法兴建康元年，吴王李子通明政元年。这一年，隋、凉灭亡，加上楚、夏、定杨、梁师都、梁铣为十一国。

春正月，隋王世充杀死总管刘孝元、独孤武都。

王世充让所有隋朝的大官、名士都成为他的下属，杜淹、戴胄都在其中。王世充独揽朝政，无论事情大小，都经过太尉府，台、省、监等机构都悠然无事。上书陈事的每天都有上百人，王世充全都接见，殷勤慰问，人人都高兴，但最终王世充什么都没有做。下至士兵小厮，都说好话奉承他，但实际上也得不到一点恩

施。马军总管独孤武都为世充所亲任,步兵总管刘孝元等谋召唐兵,使崔孝仁说武都曰:"王公徒为儿女之态以说下愚,而鄙隘贪忍,不顾亲旧,岂能成大业哉? 唐起晋阳,奄有关内,兵不留行,英雄景附。且坦怀待物,举善责功,不念旧恶,据胜势以争天下,谁能敌之? 今其兵近在新安,若遣间使召之,吾曹为内应,事无不集矣。"武都从之。事泄,世充皆杀之。

唐淮安王神通击宇文化及于魏县,走之。 淮安杨士林击破朱粲,唐以为显州行台。

朱粲有众二十万,剽掠汉、淮间。每破州县,食其积粟,将去,悉焚其余。军中乏食,乃教士卒烹妇人、婴儿啖之,曰:"肉之美者无过于人,但使他国有人,何忧于馁!"初,以隋著作佐郎陆从典、通事舍人颜愍楚为宾客,其后阖家皆为所啖。又税诸城堡细弱以供军食。淮安土豪杨士林起兵攻粲,诸州皆应之。粲大败,奔菊潭。士林帅汉东四郡请降,唐以为显州道行台。

二月,唐定租、庸、调法。

每丁租二石,绢二匹,绵三两。自兹以外不得横敛。

唐置宗师。

诏诸宗姓居官者在同列之上,未仕者免徭役。每州置宗师一人以摄总,别为团伍。

唐使吐谷浑伐凉。

初,唐册使至凉州,李轨欲去帝号受唐官爵,曹珍曰:"隋失其鹿,天下共逐之。唐帝关中,凉帝河右,固不相妨。必欲以小事大,请依萧詧事魏故事。"轨从之,遣其左丞邓晓

惠。马军总管独孤武都受王世充信任，步兵总管刘孝元等人计划召来唐兵，让崔孝仁劝说独孤武都说："王公只是做出儿女情态来取悦下属，却卑鄙狭隘、贪婪残忍，不顾亲朋旧友，怎么能成大事？唐从晋阳起事，占有关内，军队所向披靡，英雄如影随形。而且胸怀坦荡，任人唯贤，勉励有功之臣，不念旧恶，依据优胜之势来争夺天下，谁能和他匹敌？如今他们的部队近在新安，如果派密使去召他们来，我们做内应，事情不会不成功。"独孤武都答应了。但事情败露，王世充把他们全杀了。

唐淮安王李神通在魏县攻打宇文化及，宇文化及逃走。
淮安豪强杨士林击败朱粲，唐高祖任命他为显州行台。

朱粲有二十万人，在汉水、淮河之间抢掠。每攻破一处州县，吃州县积聚的粮食，要走的时候，就把剩下的都烧掉。军中没有粮食，就教士兵煮妇女、婴儿吃，说："没有比人肉更好吃的了，只要其他地方有人，何必担心会挨饿呢？"当初，隋著作佐郎陆从典、通事舍人颜愍楚都被请来做宾客，后来，全家都被吃掉了。朱粲又征收各城堡的妇女小孩作为军粮。淮安土豪杨士林起兵攻打朱粲，各州都响应。朱粲大败，逃到菊潭。杨士林率领汉东四郡投降唐朝，唐高祖任命他为显州道行台。

二月，唐制定租、庸、调法。

每个成年男子交租二石，绢二匹，绵三两。除此以外，不许横征暴敛。

唐设置宗师。

唐高祖下诏，皇族中担任官职的，官位在同品级官员以上；没有做官的，就免除徭役。每个州设置一名宗师来管理州郡，另外设编制。

唐派吐谷浑征伐凉州。

当初，唐册封使者刚到凉州时，李轨想去掉帝号，接受唐的官爵，曹珍说："隋朝灭亡，天下人都争帝位。唐在关中称帝，您在河右称帝，原本不互相妨碍。如果一定要以小事大，请您依照梁朝萧詧归从魏朝的做法。"李轨接受了他的建议，派左丞相邓晓

入见,奉书称"皇从弟、大凉皇帝臣轨"。唐主怒,始议讨之。

初,隋炀帝征吐谷浑,可汗伏允奔党项,炀帝立其质子顺为主,不果入。会中国丧乱,伏允还收其故地。唐主即位,遣使与伏允连和,使击李轨,许以顺还之。伏允喜,起兵击轨,数遣使入贡请顺,唐主遣之。

朱粲降唐,唐以为楚王。 夏王建德破宇文化及于聊城,诛之。

宇文化及诱海曲诸贼帅共守聊城。窦建德谓其下曰:"隋为吾君,吾为隋民。化及弑逆,不可不讨。"乃引兵趣聊城。时唐淮安王神通攻聊城,化及粮尽请降,神通不许。建德军且至,神通引退。建德与化及连战,大破之,生擒化及,先谒隋萧后称臣,素服哭炀帝尽哀,收传国玺,执化及与其党集隋官而斩之。建德每克城,得资财悉以分将士。常食蔬茹粟饭,妻曹氏不衣纨绮,婢妾才十许人。得隋宫人千数,即时散遣。以裴矩为左仆射,自余随才受职,欲诣关中及东都者听之。又与王世充结好,奉表于隋,隋封建德为夏王。裴矩为定朝仪、制律令,建德甚悦。

唐以宇文士及为上仪同,封德彝为内史侍郎。

初,唐主与宇文士及善。化及既死,手诏召之,士及与封德彝来降。时士及妹为昭仪,由是授上仪同。唐主以德彝诏巧不忠,罢遣就舍。德彝以秘策干唐主,唐主悦,拜内史舍人,俄迁侍郎。

隋王世充侵唐谷州。

王世充以秦叔宝、程知节为将军,待之皆厚。然二人

入唐见唐高祖,上书自称为"皇帝的堂弟、大凉国皇帝、臣李轨"。高祖很生气,开始商议讨伐李轨。

当初,隋炀帝征伐吐谷浑,可汗伏允投奔党项,隋炀帝就立伏允的儿子伏顺做君王,但又没让伏允回国。适逢中原丧乱,伏允回国收复失地。唐高祖即位,派使者与伏允联合,让他去攻打李轨,允诺归还伏顺。伏允很高兴,起兵攻打李轨,几次派人向唐进贡,请求归还伏顺,唐高祖放回了伏顺。

朱粲投降唐朝,唐封他为楚王。 夏王窦建德在聊城打败宇文化及,把他杀了。

宇文化及率领引诱来的海边贼人一起守卫聊城。窦建德对部下说:"隋是我的君主,我是隋的臣民。宇文化及叛逆弑杀君主,不能不讨伐他。"于是发兵开往聊城。当时唐淮安王李神通正攻打聊城,宇文化及粮食吃完了,请求投降,李神通不答应。窦建德的军队快到时,李神通率军撤走。窦建德与宇文化及连续大战,大破宇文化及,活捉了他。窦建德先去谒见了隋萧皇后,自称臣子,身穿素服哀哭隋炀帝,收拾好传国玉玺,集合隋朝官员,将宇文化及及其同党斩首示众。窦建德每攻下城池,都把得到的财物分给将士。他常吃蔬菜米饭,妻子曹氏不穿绫罗绸缎,侍妾奴婢才十几人。得到隋宫女上千人,都马上遣散。他任命裴矩为左仆射,其余人根据才能授予官职,想去投靠关中和东都的都听任他们前往。他又和王世充结好,向隋皇泰主上表,皇泰主封窦建德为夏王。裴矩为窦建德制定朝仪、法律,窦建德很高兴。

唐高祖任命宇文士及为上仪同,封德彝为内史侍郎。

当初,唐高祖与宇文士及交好。宇文化及死后,唐高祖下诏招降宇文士及,宇文士及和封德彝前来投降。这时,宇文士及的妹妹是昭仪,因此唐高祖任命他为上仪同。唐高祖因为封德彝谄媚不忠,将他罢官遣送回家。封德彝向唐高祖献上秘策,唐高祖很高兴,让他做内史舍人,不久又提升为侍郎。

隋王世充侵犯唐谷州。

王世充任命秦叔宝、程知节为将军,待他们都很好。但两人

疾世充多诈,知节谓叔宝曰:"王公器度浅狭,多妄语,好咒誓,乃老巫妪耳,岂拨乱之主乎!"至是世充与唐兵战于九曲,叔宝、知节以数十骑西驰百许步,下马拜世充曰:"仆荷公殊礼,深思报效,公猜忌信谗,非仆托身之所,请从此辞。"遂降于唐。秦王世民闻其名,厚礼之,以叔宝为总管,知节为统军。既而将军李君羡、田留安亦降于唐。世民置君羡左右,以留安为统军。世充攻获嘉,唐陟州刺史李育德与弟三人皆战死。

唐并州总管齐王元吉免,寻复本任。

殿内监窦诞、右卫将军宇文歆助齐王元吉守晋阳。元吉性骄侈,好田猎,载网罥三十余车。尝言:"我宁三日不食,不能一日不猎。"尝与诞猎,蹂践人禾稼,纵左右掠夺民物,当衢射人,观其避箭。歆乃表言其状,元吉坐免官。寻讽父老留己,诏复从之。

唐以杨恭仁为凉州总管。

恭仁素习边事,晓羌胡情伪,民夷悦服,自葱岭以东并入朝贡。

突厥始毕可汗死,弟处罗可汗立。 隋东海、北海、东平、须昌、淮南诸郡皆降于唐。 隋王世充自称郑王,加九锡。

初,王世充既杀元、卢,虑人情未附,犹媚事隋主,既而渐骄横。尝赐食宫中,还家大吐,疑为遇毒,自是不复朝谒。其侵谷州也,外示攻取,实召文武议受禅。李世英深以为不可,曰:"四方所以归附东都者,以公能中兴隋室故也。今九州之地,未清其一,而遽正位号,恐远人皆思叛去

痛恨王世充多诈,程知节对秦叔宝说:"王公器度浅薄狭隘,好说大话,爱赌咒发誓,像个老巫婆,哪像是拨乱反正的君主呢!"这时,王世充在九曲和唐朝军队交战,秦叔宝和程知节带领几十人向西骑了一百多步,下马向王世充行礼说:"我们受您的特殊礼遇,很想报效,但您爱猜忌,听信谗言,不是我们托身之处,请求就此告别。"于是投降了唐朝。秦王李世民听说他们的名气,很尊敬他们,任命秦叔宝为总管,程知节为统军。不久,将军李君羡、田留安也投降了唐朝。李世民把李君羡留在身边,任命田留安为统军。王世充攻打获嘉,唐陕州刺史李育德及三个弟弟全部战死。

唐并州总管齐王李元吉被免,不久官复原职。

殿内监窦诞、右卫将军宇文歆辅助齐王李元吉镇守晋阳。李元吉性情骄横,生活奢侈,爱打猎,用三十多辆车装着捕捉鸟兽鱼虫的网。曾说:"我宁可三天不吃饭,也不能一天不打猎。"曾经和窦诞打猎,践踏农民的庄稼,放纵左右抢夺百姓的财物,又在大街上射人,看人避射的样子。宇文歆上表汇报李元吉的情况,李元吉被罢免了官职。不久,又暗示并州的父老挽留自己,唐高祖下诏让他官复原职。

唐任命杨恭仁为凉州总管。

杨恭仁一向熟知边关事务,了解羌、胡的真实情况,凉州百姓和夷族都对他心悦诚服,自葱岭以东的地区都向唐朝进贡。

突厥始毕可汗死,弟弟处罗可汗继位。 **隋东海、北海、东平、须昌、淮南等郡都投降唐朝。** **隋王世充自称郑王,加九锡。**

当初,王世充杀死元文都、卢楚以后,担心人心没有归附,还向隋皇泰主献媚,后来,就渐渐骄横起来。王世充曾经在宫中吃了赏赐的食物,回家之后大吐,怀疑有人下毒,从此就不再上朝了。他侵犯谷州,表面上是要攻城,实际上是召集文武官员商议接受禅让的事情。李世英认为很不可取,说:"四方之所以归附东都,是因为您能中兴隋王朝的缘故。如今九州之地,还没有平定其一二,就马上要称帝,恐怕与您疏远的人都要想着背叛您离去

矣!"戴胄亦曰:"君臣犹父子也,休戚同之。明公若能竭忠徇国,则家国俱安矣。"世充诡辞称善而遣之。及议受九锡,胄复固谏,世充怒,出为郑州长史。乃使段达等言于隋主,隋主曰:"郑公近平李密,已拜太尉。自是已来未有殊绩,俟天下稍平,议之未晚。"达曰:"太尉欲之。"隋主熟视曰:"任公!"达等遂称诏进世充爵郑王,加九锡,世充奉表三让。纳言苏威年老不任朝谒,世充以威隋氏重臣,欲以眩耀士民,每劝进必冠威名。及受殊礼之日,扶威置百官之上,然后南面正坐受之。

唐以郑善果为内史侍郎。

初,宇文化及以隋大理卿郑善果为民部尚书,从至聊城,为化及督战,中流矢。及城破,王琮获之,责之曰:"公名臣之家,隋室大臣,奈何为弑君之贼效命至此乎!"善果大惭,欲自杀,奔长安,唐主优礼之。

夏四月,定杨可汗武周击唐并州,取榆次。

刘武周引突厥寇并州,兵锋甚盛。齐王元吉遣将军张达以步卒百人当之,达以兵少辞。强遣之,至则俱没,达忿恨,引武周袭榆次,陷之。

楚王朱粲杀唐使者,奔东都。

唐散骑常侍段确奉诏慰劳朱粲,乘醉侮粲曰:"闻卿好啖人,人作何味?"粲曰:"啖醉人正如糟豚肉。"确怒,骂曰:"狂贼入朝,为一头奴耳,复得啖人乎?"粲烹食之,遂屠菊潭,奔王世充。

郑王世充称帝。

世充令长史韦节等造禅代仪,遣段达等入奏隋主曰:"天命不常,郑王功德甚盛,愿陛下遵唐虞之迹。"隋主怒曰:

了!"戴冑也说:"君臣像父子,休戚与共。您要是能竭尽忠心为国,那么个人和国家都能平安。"王世充假装称赞他,把他打发走了。等到商议受九锡的时候,戴冑又坚持劝谏,王世充很生气,把他贬为郑州长史。于是派段达等人向皇泰主进言,皇泰主说:"郑公刚平定了李密,已经升为太尉。从那以后再没有大功,等天下稍微太平,再商议此事也不迟。"段达说:"太尉很想加九锡。"皇泰主盯着段达说:"随他吧!"段达等人于是声称皇泰主下诏封王世充为郑王,加九锡,王世充上表三次谦让。纳言苏威年老,难以上朝,王世充因为苏威是隋朝重臣,想利用他来向官员、百姓炫耀,每次劝进必然以苏威为首。到接受殊礼的日子,将苏威扶到百官之前,然后自己面向南坐定接受拜谒。

唐任命郑善果为内史侍郎。

当初,宇文化及任命隋大理卿郑善果为民部尚书,郑善果跟宇文化及到聊城,为宇文化及督战,中了流箭。等到城池失陷,王琮抓住了郑善果,斥责道:"您出身于名臣之家,又是隋朝大臣,怎么能为弑君反贼效命到这种程度呢?"郑善果万分羞愧,想要自杀,后来奔到长安,唐高祖待他很优厚。

夏四月,定杨可汗刘武周攻击唐并州,占领榆次。

刘武周率领突厥兵马入侵并州,兵势很盛。齐王李元吉派将军张达率一百名步兵抵挡,张达以兵少推辞。李元吉硬派他去,到阵前全军覆灭,张达很愤恨,引导刘武周袭击并攻陷了榆次。

楚王朱粲杀死唐朝使者,投奔东都。

唐散骑常侍段确奉诏慰劳朱粲,趁醉侮辱朱粲说:"听说你喜欢吃人,人肉是什么味道?"朱粲说:"醉鬼的肉吃起来像糟猪肉。"段确生气,骂道:"狂贼入朝,不过是一个奴役头,还能吃人肉吗?"朱粲把他煮熟吃了了,然后屠杀菊潭百姓,投奔王世充。

郑王王世充称帝。

王世充命令长史韦节等人制订禅让的礼仪,又派段达等人入宫向皇泰主上奏说:"上天给不同的人以不同的命运,郑王的功德很盛,希望陛下遵从尧舜的做法。"皇泰主气愤地说:

"天下者高祖之天下,若隋祚未亡,此言不应发,必天命已改,何烦禅让!公等或祖祢旧臣,或台鼎高位,既有斯言,朕复何望!"世充乃称隋主命,禅位于郑,幽隋主于含凉殿。虽有三表陈让,及敕书敦劝,隋主皆不之知。世充遂备法驾入宫,即皇帝位。立子玄应为太子,玄恕为汉王。奉隋主为潞国公。以苏威为太师,以陆德明为汉王师,令玄恕就其家行束修礼。德明耻之,故服巴豆散,对之遗利,竟不与语。世充听朝,语词重复,百司疲于听受。御史大夫苏良谏曰:"陛下语太多而无领要,计云尔即可,何烦许辞?"世充不能改。

夏王建德立杨政道为郧公。

建德闻王世充自立,乃绝之,始建天子旌旗,出入警跸。立隋齐王暕遗腹子政道为郧公,然犹倚突厥以壮兵势。隋义成公主遣使迎萧后,建德遣之,又传宇文化及首以献公主。

定杨可汗武周围唐并州,齐王元吉拒却之。 **郑主世充取唐伊州,总管张善相死之。** **唐遣安兴贵袭执凉主轨以归,杀之,河西平。**

李轨将安脩仁兄兴贵仕长安,表请说轨,唐主曰:"轨阻兵恃险,岂口舌所能下?"兴贵曰:"臣家在凉州,奕世豪望,为民夷所附,弟脩仁为轨所信任,子弟在机近者以十数。轨听臣固善,若其不听,图之易矣。"唐主乃遣之。兴贵至,乘间说轨曰:"凉地不过千里,土薄民贫。今唐起太原,取函秦,宰制中原,战胜攻取,此殆天启,非人力也。若往归之,则窦融之功复见于今日矣。"轨曰:"吾据山河之

"天下是高祖的天下,若隋的国运未亡,这种话就不该说,如果天意已改,何必禅让!你们或是祖辈旧臣,或是身居高位,既然说出这样的话,朕还有什么指望!"王世充于是声称皇泰主命令禅位于郑王,将皇泰主幽禁在含凉殿。虽然有王世充三次上表辞让,以及以皇泰主名义下敕书敦促他受禅的事,其实皇泰主都不知道。王世充于是乘皇帝的车驾进宫,登皇帝位。立儿子王玄应为太子,王玄恕为汉王。尊奉皇泰主为潞国公。任命苏威为太师,陆德明为汉王的师傅,命令王玄恕到陆德明家中行拜师礼。陆德明认为是耻辱,故意吃了巴豆散,当着王玄恕的面泻痢,一直不跟他说话。王世充临朝听政时,言语重复,文武百官听受旨意都感到疲惫。御史大夫苏良进谏说:"陛下的话太多又不得要领,商议一下就行了,何必费那么多话?"王世充还是改不了。

夏王窦建德立杨政道为郧公。

窦建德听说王世充自立为帝,就和他断绝了关系,开始建立天子用的旌旗,出入像皇帝一样清道警戒。立隋齐王杨暕的遗腹子杨政道为郧公,但仍然依仗突厥来壮兵势。隋义成公主派人迎接萧皇后,窦建德派兵护送,又将宇文化及的首级献给义成公主。

定杨可汗刘武周包围唐并州,齐王李元吉抵御并击退来敌。

郑主王世充攻占唐伊州,伊州总管张善相阵亡。　唐派安兴贵袭击凉王李轨并将他捉回朝杀死,河西平定。

李轨的部将安脩仁的兄长安兴贵在长安做官,上表请求去说服李轨投降,唐高祖说:"李轨依仗兵马,凭借险要,岂是言语就能拿下的?"安兴贵说:"臣的家在凉州,世代豪门望族,为百姓所依附,弟弟安脩仁受李轨的信任,十几个子弟在机密近要处任职。李轨听臣的劝当然好,如果不听,解决他也容易。"唐高祖于是派他前往。安兴贵到达武威,趁机劝李轨说:"凉地方圆不过千里,土地贫瘠,百姓穷困。如今唐从太原起兵,攻取函秦,控制中原,战胜攻取,这大概是天意,不是人力能做到的。如果去投靠唐朝,那么窦融的功劳便在今日重现。"李轨说:"我凭借山河的

固,彼若我何？汝自唐来,为唐游说耳。"兴贵退,与脩仁阴结诸胡起兵击轨。轨败,婴城自守。兴贵徇曰:"大唐遣我来诛李轨,敢助之者夷三族。"城中人争出,轨计穷。兴贵执之以闻,河西悉平。邓晓在长安,舞蹈称庆,唐主曰:"汝为人使臣,闻国亡而不戚,既不忠于李轨,其肯为朕用乎？"遂废之终身。轨至长安伏诛。以兴贵、脩仁为左右武候大将军。

五月,郑主世充弑隋主侗。

世充以尚书裴仁基、将军裴行俨有威名,忌之。仁基父子知之,亦不自安,乃与尚书左丞宇文儒童等谋杀世充,复立隋主。事泄,皆夷三族。齐王世恽言于世充曰:"儒童等谋反,正为隋主尚在故也,不如早除之。"世充遣人鸩之,隋主请与太后诀,不许,乃布席礼佛曰:"愿自今以往不复生帝王家。"饮药不能绝,以帛缢杀之,谥曰恭皇帝。

六月,定杨将宋金刚击唐并州,唐以裴寂为总管拒之。

初,易州贼宋金刚有众万余,为窦建德所败,西奔刘武周。武周得之甚喜,号曰宋王,委以军事。金刚说武周图晋阳,南向以争天下。武周从之,使将兵寇并州,武周进陷介州。唐主以为忧,裴寂请自行,听以便宜从事。

秋七月,唐置十二军。

置十二军,分统关内诸府,皆取天星为名。每军将、副各一人,督以耕战之务。由是士马精强,所向无敌。

唐以徐圆朗为兖州总管。

海岱贼帅徐圆朗以数州降唐,唐以为总管。

险固,他能拿我怎么样? 你从唐朝来,是为唐游说吧。"安兴贵退下后,和安脩仁私下联合胡人各部,起兵攻打李轨。李轨战败,环城自守。安兴贵宣布:"大唐派我来诛杀李轨,谁敢帮助他,灭三族。"城中人争相出城投降,李轨无计可施。兴贵抓住李轨上报朝廷,河西全部平定。邓晓在长安,舞蹈表示庆贺,唐高祖问:"你身为使臣,听说国家亡了并不伤心,就是对李轨不忠,可能再为我所用吗?"于是废黜他终身不用。李轨到长安伏法而死。高祖任命安兴贵、安脩仁为左、右武候大将军。

五月,郑主王世充弑杀隋皇泰主杨侗。

王世充因为尚书裴仁基、将军裴行俨有威望,很是猜忌。裴仁基父子知道后,也感到不安,于是和尚书左丞宇文儒童等人商量杀死王世充,重立隋主。事情败露,都被诛灭三族。齐王王世恽对王世充说:"宇文儒童等人谋反,正是因为隋主还在的缘故,不如尽早杀掉他。"王世充派人毒死皇泰主,皇泰主请求与太后诀别,不被允许,只好设席礼拜佛祖说:"希望从今以后不再生在帝王家。"喝下毒药,没能死,王世充又用绢帛把他吊死,谥号为恭皇帝。

六月,定杨部将宋金刚攻击唐并州,唐任命裴寂为并州总管抗敌。

当初,易州盗贼宋金刚拥有一万多人马,被窦建德打败,向西投奔刘武周。刘武周得到宋金刚后很高兴,称他为宋王,委以军事大权。宋金刚劝说刘武周图谋晋阳,向南争夺天下。刘武周接受他的意见,派军队入侵并州,刘武周攻陷介州。唐高祖很担忧,裴寂请求前往,唐高祖命他见机行事。

秋七月,唐设置十二军。

唐朝设置十二军,统领关内各府,都用天星的名称命名。每军设将军、副将各一人,督察耕作和战备事务。从此兵强马壮,所向无敌。

唐任命徐圆朗为兖州总管。

海岱贼盗头领徐圆朗以几个州投降唐朝,唐任命他为总管。

郑将罗士信降唐。

先是士信从李密击世充,兵败为世充所得。世充厚礼之,与同寝食。既而得邴元真等,待之如士信。士信耻之,故降唐,唐以为陕州道行军总管。

郑人侵唐谷州,刺史任瑰大破之。 **西突厥高昌遣使入贡于唐。**

初,西突厥曷娑那可汗入朝于隋,隋人留之,国人立其叔父,号射匮可汗。射匮者,达头可汗之孙也。既立,拓地东至金山,西至海,遂与北突厥为敌,建庭于龟兹北三弥山。射匮卒,弟统叶护可汗立。统叶护勇而有谋,北并铁勒,控弦数十万,据乌孙故地,又移庭于石国北千泉,西域诸国皆臣之。叶护各遣吐屯监之,督其征赋。至是入贡于唐。

八月,唐酅公卒。

谥曰隋恭帝。

夏王建德取唐邢、沧、洺、相州。

建德将兵十余万,陷邢、沧,趣洺、相,淮安王神通不能拒,就李世勣于黎阳。

梁王师都以突厥寇延州,唐总管段德操击破之。

梁师都与突厥合数千骑寇延州,唐总管段德操初以兵少不敌,闭壁不战。伺师都稍息,遣副总管梁礼将兵击之。战方酣,德操以轻骑掩击其后,师都军溃。逐北二百余里,破其魏州,虏男女二千余口。

梁主铣遣兵侵唐峡州,刺史许绍击破之。

先是,唐主遣开府李靖诣夔州经略萧铣。靖至峡州,阻铣兵,久不得进。唐主怒其迟留,阴敕许绍斩之。绍惜其材,为之奏请,获免。

郑将罗士信投降唐朝。

从前,罗士信跟随李密攻击王世充,战败后,被王世充俘获。王世充待他很好,和他同吃同住。后来王世充又得到邴元真等人,也像对待罗士信一样。罗士信感到羞耻,所以投降唐朝,唐朝任命他为陕州道行军总管。

郑人入侵唐谷州,谷州刺史任瓌大败敌军。 **西突厥高昌派遣使者向唐朝进贡。**

当初,西突厥曷娑那可汗到隋朝晋见,隋朝留下了他,西突厥人立他的叔父为可汗,称为射匮可汗。射匮是达头可汗的孙子。即位后,开疆拓土,东到金山,西到西海,于是与北突厥相抗衡,在龟兹北面的三弥山建立朝廷。射匮死后,弟统叶护可汗继位。他有勇有谋,向北并吞了铁勒,控制了几十万人马,占据了乌孙原来的地盘,又把朝廷移到石国北面的千泉,西域各国都向他称臣。统叶护分别派吐屯监督他们,征收赋税。从此,向唐朝进贡。

八月,唐酅公去世。

谥号为隋恭帝。

夏王窦建德攻取唐邢、沧、洺、相等州。

窦建德率领十万人马,攻陷邢、沧二州,又杀向洺、相二州,淮安王李神通抵挡不住,到黎阳投靠李世勣。

梁王梁师都用突厥兵马侵犯延州,唐总管段德操击败来敌。

梁师都与突厥合兵以数千骑兵侵犯延州,唐总管段德操开始因为兵力少不能正面交锋,关闭城门不出战。等梁师都稍有懈怠,就派副总管梁礼带兵攻打。战斗正激烈时,段德操派轻骑袭击梁师都的后军,梁师都的部队溃败。唐军向北追赶二百多里,攻占了梁师都的魏州,俘虏了两千多名百姓。

梁主萧铣派兵侵犯唐峡州,峡州刺史许绍击败来敌。

从前,唐高祖派开府李靖到夔州谋划对付萧铣。李靖到峡州,被萧铣军队阻挡久久不能前进。唐高祖生气他停留不前,密令许绍杀李靖。许绍怜惜李靖的才能,为他上奏请求免罪,李靖免于一死。

唐杀其民部尚书刘文静。

文静自以材略功勋在裴寂之右，而位居其下，意甚不平。家数有妖，弟文起召巫厌胜。静有妾无宠，使其兄上变告之。唐主以文静属吏，遣寂问状。文静曰："建义之初，忝为司马，计与长史位望略同。今寂为仆射，据甲第，臣官赏不异众人，东西征讨，老母留京师，风雨无所庇，实有觖望之心。"唐主曰："观此言，反明白矣。"李纲、萧瑀皆明其不反，秦王世民为之固请曰："昔在晋阳，文静先建非常之策，始告寂知，及克京城，任遇悬隔，今文静觖望则有之，非敢谋反。"寂曰："文静材略过人，性复粗险，天下未定，留之必贻后患。"唐主素亲寂，低回久之，卒用寂言，杀文静，籍没其家。

沈法兴称梁王于毗陵。李子通称吴帝于江都。

沈法兴称梁王，都毗陵，性残忍，专尚威刑，其下离怨。时杜伏威据历阳，陈稜据江都，李子通据海陵，俱有窥江表之心。子通攻江都，克之，稜奔伏威。子通入江都，即帝位，国号吴。

杜伏威降唐，唐以为和州总管。　　**唐裴寂军溃，定杨可汗武周取并州。齐王元吉奔长安。**

裴寂至介休，宋金刚击之，寂军溃。自晋州以北，城镇俱没。寂表谢罪，唐主慰谕之，复使镇抚河东。刘武周进逼并州，元吉绐其参佐，夜携妻妾，奔还长安。唐主怒，谓李纲曰："元吉未习时事，故遣窦诞、宇文歆辅之。晋阳强兵数万，食支十年，兴王之基，一旦弃之。闻歆首画此策，我当斩之！"纲曰："王年少骄逸，诞曾无规谏，又掩覆之。

唐高祖杀死民部尚书刘文静。

刘文静自以为才略功劳都在裴寂之上,而官比他小,心里很不平衡。他家里好几次出现妖气,弟弟刘文起召来巫师驱邪。刘文静有个侍妾不得宠,让她的哥哥上告刘文静要造反。唐高祖因为刘文静是在太原时的属下,派裴寂查问此事。刘文静说:"当初太原起兵时,我愧为司马,与裴长史地位名望差不多。现在裴寂升为仆射,住在高级的府第,而我的赏赐和一般人没什么不同,东征西讨,老母亲留在京师,风风雨雨没有庇护,我心里确实有不满。"唐高祖说:"听了他这话,真是要造反了。"李纲、萧瑀都知道刘文静不会谋反,秦王李世民坚持替他求情说:"当初在晋阳,刘文静先制定起义的计划,才告诉裴寂的,等到攻克京城,任职、待遇相差太悬殊,如今刘文静心里不满是有的,但他不敢谋反。"裴寂说:"刘文静才略过人,性格粗野险恶,天下还没安定,留下他一定会有后患。"唐高祖平时对裴寂很好,犹豫了很久,最后还是采用了裴寂的意见,杀死刘文静,把他的家产都没收入官。

沈法兴在毗陵自称梁王。李子通在江都自称吴帝。

沈法兴自称梁王,定都毗陵,性情残忍,好用严刑,他的部下产生叛离怨恨之心。此时杜伏威占据历阳,陈稜占据江都,李子通占据海陵,都有窥伺江南的意图。李子通攻占江都,陈稜投奔杜伏威。李子通进驻江都,登皇帝位,国号为吴。

杜伏威投降唐朝,唐以他为和州总管。 唐裴寂军队溃败,定杨可汗刘武周攻克并州。齐王李元吉逃奔长安。

裴寂到介休,宋金刚击溃他的部队。自晋州以北的城镇全部失陷。裴寂上表请罪,唐高祖抚慰他,让他重新镇守河东。刘武周进逼并州,李元吉欺哄部将守城,自己带妻妾连夜逃回长安。唐高祖大怒,对李纲说:"元吉不懂时事,才派窦诞、宇文歆辅佐他。晋阳拥有强兵数万,粮食可吃十年,是我兴起的根基,竟然毁于一旦。听说宇文歆首先提出这个计策,我要杀了他!"李纲说:"齐王年少,骄横放纵,窦诞没有规谏过他,还替他掩饰。

今日之败，诞之罪也。歆谏，王不悛，寻皆闻奏，乃忠臣也，岂可杀哉？"唐主悦，引纲升御坐，诏曰："我得公，遂无滥刑。元吉自为不善，非二人所能禁也。"并诞赦之。武周据太原，遣宋金刚攻晋州，拔之，进逼绛州，陷龙门。

唐杀西突厥曷娑那。

曷娑那在长安，北突厥遣使请杀之，唐主不许。群臣皆曰："保一人而失一国，后必为患！"秦王曰："人穷归我，杀之不义。"久之，引曷娑那入内殿，既而送中书省，纵北突厥使者杀之。

唐以李纲为太子少保。

初，纲以尚书领太子詹事，太子建成始甚礼之。久之，渐昵近小人，以秦王世民功高，忌之。纲屡谏不听，乃乞骸骨，唐主骂曰："卿为何潘仁长史，乃耻为朕尚书邪？"纲曰："潘仁，贼也，每欲妄杀人，臣谏之则止，为其长史可以无愧。陛下创业明主，臣所言如水投石，于太子亦然。臣何敢久污天台，辱东朝乎？"唐主曰："知公直士，勉留辅吾儿。"以为太子少保，尚书詹事如故。纲复谏太子饮酒无节，及信谗慝，疏骨肉，太子不怿。纲固称老病辞职，乃解尚书，仍为少保。唐主尝考第群臣，以纲及孙伏伽为第一，谓裴寂曰："隋以主骄臣谄亡天下，朕即位已来，每虚心求谏，唯纲尽忠款。伏伽诚直，余人皆踵弊风，俯眉而已，岂朕所望哉！朕视卿如爱子，卿当视朕如慈父，有怀必尽，勿自隐也。"

夏王建德取唐赵州。

今日的失败是窦诞的罪过。宇文歆劝谏齐王不听，很快上奏情况，是个忠臣，怎么能杀他呢？"唐高祖听了之后很高兴，引李纲登上御座，说："因为有了你，我才没有滥用刑罚。元吉自己不学好，不是他们两个人能禁止的。"于是连窦诞一起赦免了。刘武周占据太原，派宋金刚进攻晋州，占领后，又进逼绛州，攻陷龙门。

唐杀死西突厥可汗曷娑那。

曷娑那在长安，北突厥派使者来唐朝请求杀死曷娑那，唐高祖不答应。群臣都说："为保护一个人而得罪一个国家，必然造成后患！"秦王李世民说："人家穷途末路来投靠我们，杀了他就是不义。"高祖犹豫了很久，还是带曷娑那到内殿，然后送到中书省，听任北突厥的使者杀死了他。

唐以李纲为太子少保。

当初，李纲任尚书兼太子詹事，太子李建成开始很尊重他。时间长了，李建成渐渐亲近小人，因为秦王李世民功高而猜忌他。李纲屡屡劝谏，李建成不听，李纲请求告老还乡，唐高祖骂道："你当过何潘仁的长史，难道耻于做朕的尚书吗？"李纲说："何潘仁是贼，每次要乱杀人，我劝他也就不杀了，作为他的长史，我问心无愧。陛下是创业的英明君主，臣说话像水泼石头，对太子也是一样。臣哪里敢长期玷污尚书省，使东宫受辱呢？"唐高祖说："知道您是个正直的人，请您千万留下来辅佐我的儿子。"以李纲为太子少保，仍然做礼部尚书、太子詹事。李纲又上书直谏太子饮酒不节制，以及听信奸佞小人，疏远骨肉兄弟，太子很不高兴。李纲坚决请求说年老多病要辞职，于是唐高祖解除他的尚书职务，仍然让他做太子少保。唐高祖曾经考核群臣，以李纲和孙伏伽列为第一，对裴寂说："隋朝因为君主骄横、群臣谄媚而失了天下，朕即位以来，都虚心求谏，只有李纲一人尽忠。孙伏伽诚实正直，其余的人都追随弊习，低眉顺受，哪里是朕希望的！朕对你像对我的亲儿子，你应当把朕当作慈父，心中有话就说出来，不要藏在心里。"

夏王窦建德攻占唐赵州。

建德陷赵州，执总管张志昂、慰抚史张道源，以其不早下，欲杀之。国子祭酒凌敬曰："人臣各为其主用，彼坚守不下乃忠臣也，大王杀之何以励群下乎？"建德怒不解。敬曰："大王使高士兴拒罗艺于易水，艺才至，兴即降，大王以为何如哉？"建德乃悟，释之。

冬，唐赐罗艺姓李氏。艺破夏兵于衡水。　定杨将宋金刚取浍州，唐遣秦王世民击之。

宋金刚攻浍州，陷之，军势甚锐。裴寂悁怯无将略，唯促民入堡，焚其积聚。民惊扰愁怨，悉起为盗。寂讨之，为所败。诏永安王孝基等讨之。时王行本据蒲坂犹未下，亦与武周相应，关中震骇。唐主曰："贼势如此，难与争锋，宜弃大河以东，谨守关西而已。"秦王世民请曰："太原，王业所基，国之根本；河东殷实，京邑所资，若举而弃之，臣窃愤恨。愿假臣精兵三万，必平殄武周，克复汾晋。"唐主于是发关中兵以益世民，使击武周。

夏王建德克唐黎阳，虏淮安王神通，李世勣降。遂定卫、滑、齐、兖等州。

窦建德进趣卫州，过黎阳三十里，自将千骑前行。世勣遣骑将丘孝刚侦之，与建德遇，击之。建德败走，其大军救之，斩孝刚。建德怒，还攻黎阳，克之，虏淮安王神通及世勣父盖、魏徵等。世勣走免，数日，以父故，还诣建德降。建德使守黎阳，而以其父为质，以魏徵为起居舍人。滑州刺史王轨奴杀轨，携其首诣建德降。建德曰："奴杀主，大逆。"立命斩奴，反轨首于滑州，吏民感悦，即日请降。于是其旁州县及徐圆朗等，皆望风归附。建德还洺州，筑宫，徙都之。

窦建德攻陷赵州,抓住总管张志昂、慰抚使张道源,因为他们没有尽早投降,要杀他们。国子祭酒凌敬说:"人臣各为其主效力,他们坚守不投降是忠臣,大王如果杀了他们,如何来激励部下呢?"窦建德很生气,不明白。凌敬说:"大王如果派高士兴在易水抵挡罗艺,罗艺才到,高士兴就投降,大王认为怎么样呢?"窦建德恍然大悟,放了张志昂和张道源。

冬,唐赐罗艺姓李。李艺在衡水打败夏兵。　定杨部将宋金刚攻取浍州,唐派秦王李世民进攻宋金刚。

宋金刚攻陷浍州,军势很猛。裴寂性格怯懦没有将才,只是让百姓进入城堡,焚毁他们的积蓄。百姓惊恐不定,忧愁抱怨,都去做强盗。裴寂去讨伐,被打败。唐下诏命永安王李孝基等去讨伐。当时王行本占据蒲坂,还没被打败,也与刘武周遥相呼应,关中震骇。唐高祖说:"贼兵如此强大,很难和他们争锋,应该放弃黄河以东,谨守关西。"秦王李世民请求说:"太原是王业的基础,国家的根本;河东富足,京城靠它供给,如果都放弃,臣感到很愤恨。希望给臣三万精兵,一定能消灭刘武周,收复汾晋地区。"唐高祖于是征发关中兵增强李世民的兵力,派他进攻刘武周。

夏王窦建德攻克唐黎阳,俘虏淮安王李神通,李世勣投降。于是平定卫、滑、齐、兖等州。

窦建德进逼卫州,过黎阳三十里,自己带领一千骑兵在前面行进。李世勣派骑兵将领丘孝刚侦察他的军情,与窦建德相遇,攻打他。窦建德败退,他的大部队赶来相救,杀死了丘孝刚。窦建德很愤怒,回军攻陷黎阳,俘虏了淮安王李神通以及李世勣的父亲李盖、魏徵等人。李世勣逃脱,几天后,为了父亲又返回向窦建德投降。窦建德派他把守黎阳,把他的父亲押做人质,任命魏徵为起居舍人。滑州刺史王轨的仆人杀了王轨,带着他的首级向窦建德投降。窦建德说:"奴仆杀死主人是大逆不道。"当即下令将奴仆斩首,把王轨的首级送回滑州,官员、百姓感动,当天就请求投降。于是滑州附近的州、县及徐圆朗等都望风归附。窦建德返回洺州,修建宫殿,迁都到洺州。

郑主世充徇地至滑台，唐汴、亳州降之。　唐以夏侯端为秘书监。

初，唐主遣大理卿郎楚之安抚山东，秘书监夏侯端安抚淮左。端至黎阳，李世勣发兵送之，自澶渊济河，传檄州县，东至于海，南至于淮，二十余州，皆遣使来降。行至谯州，会汴、亳降于王世充，还路遂绝。端素得众心，所从二千人，虽粮尽不忍委去。端谓曰：“卿等乡里皆已从贼，可斩吾首归贼，必获富贵。”众皆曰：“公于唐室非有亲属，直以忠义，志不图存。某等虽贱，心亦人也，宁肯害公以求利乎！”乃复同进，潜行五日，馁死及遇贼奔溃，唯存五十二人。时河南之地皆入世充，唯杞州刺史李公逸为唐坚守，遣兵迎端，馆给之。世充遣使召端，解衣遗之，送除书，以端为淮南郡公。端对使者焚书毁衣，曰：“夏侯端，天子大使，岂受王世充官乎？汝欲吾往，唯取吾首耳！”因解节旄怀之，置刃于竿，自山中西走，冒践荆棘，昼夜兼行，得达宜阳。从者坠崖、溺水，为虎狼所食，又丧其半。端诣阙见唐主，但谢无功，初不自言艰苦，唐主复以为秘书监。

楚之至山东，亦为窦建德所获，楚之不屈，竟得还。王世充攻雍丘，李公逸遣使求救，唐主以隔贼境不能救。公逸乃留其属李善行守雍丘，身帅轻骑入朝。至襄城，为世充所获。世充谓曰：“卿越郑臣唐，其说安在？”公逸曰：“我于天下，惟知有唐，不知有郑。”世充怒，斩之。善行亦没。

十一月，唐秦王世民击宋金刚，屯柏壁。

郑主王世充攻占土地到滑台,唐汴州、亳州向他投降。 唐任命夏侯端为秘书监。

当初,唐高祖派大理卿郎楚之安抚山东,秘书监夏侯端安抚淮北。夏侯端到黎阳,李世勣派兵护送他,从澶渊渡过黄河,传递檄文到各个州县,东到大海,南到淮河,二十多个州都派使者来投降。走到谯州,正碰上汴、亳两州投降王世充,回长安的路被切断了。夏侯端平时很得人心,跟随他的两千人,虽然粮食吃完了,也不忍心丢下他逃走。夏侯端对他们说:"你们的家乡都已经投降了贼人,你们可以把我的头砍下来去投降贼人,一定能得到富贵。"众人都说:"您与唐宗室没有亲戚关系,不过是为了忠义,立志献身。我们虽然很卑贱,也有人心,哪能杀害您来求得利益呢?"于是又一起前进,偷偷地走了五天,饿死以及碰到贼兵逃散的人很多,只剩下五十二个人。当时,河南之地都归附了王世充,只有杞州刺史李公逸为唐朝坚守,派人迎接夏侯端,供给他吃住。王世充派使者招降夏侯端,脱下衣服送给他,送去委任状,任命他为淮南郡公。夏侯端当着使者的面烧了委任状,毁了衣服,说:"夏侯端是唐天子的大使,怎么会接受王世充的官职?你要想让我去,除非砍了我的脑袋!"于是解下节上的旄放在怀里,把刀绑在竹竿上,从山中向西走,披荆斩棘,昼夜兼程,到达宜阳。他的随从坠崖、溺水,被虎狼吃掉的,又丧失了一半。夏侯端上殿拜见唐高祖,谢罪说没立功劳,一点不谈路上的艰苦,唐高祖仍然任命他为秘书监。

郎楚之走到山东,也被窦建德抓获,郎楚之不屈服,最后得以返回长安。王世充攻打雍丘,李公逸派使者求救,唐高祖因为隔着敌人的地盘不能救援。李公逸于是留下他的部将李善行把守雍丘,亲自率领轻骑入朝。到襄城时,被王世充所俘虏。王世充说:"你越过郑地向唐称臣,有这样的说法吗?"李公逸说:"我对天下,只知道有唐朝,不知道有郑。"王世充大怒,杀了他。李善行也被杀。

十一月,唐秦王李世民攻打宋金刚,屯兵柏壁。

秦王世民引兵自龙门度河,屯柏壁,与金刚相持。民闻世民来,莫不归附,至者日多。然后渐收其粮,军食以充。乃休兵秣马,唯令偏裨乘间抄掠,大军坚壁不战,由是贼势日衰。永安王孝基等攻贼党吕崇茂,崇茂求救于金刚。金刚遣其将尉迟敬德、寻相将兵奄至夏县,虏孝基等。敬德等将还,世民遣兵部尚书殷开山等邀之于美良川,大破之。顷之,敬德、相潜引精骑援王行本于蒲反。世民自将步骑三千从间道邀击,又大破之,敬德、相仅以身免。悉俘其众,复归柏壁。诸将咸请与金刚战,世民曰:"金刚悬军深入,兵精将猛,虏掠为资,利在速战。我闭营养锐以挫其锋,分兵汾、隰,冲其心腹,彼粮尽计穷,自当遁走。当待此机,未宜速战。"孝基谋逃归,刘武周杀之。

夏人克郑新乡,虏其将刘黑闼。

李世勣欲归唐,恐祸及其父,谋于郭孝恪,孝恪曰:"吾新事窦氏,动则见疑,宜先立效以取信,然后可图也。"世勣从之,袭王世充获嘉,多所俘获以献。又击新乡,虏其将刘黑闼。窦建德由是亲之。黑闼,漳南人,少骁勇,与建德善,后事王世充,常窃笑其所为。世充使守新乡。至是建德署为将军,使将奇兵东西掩袭,往来乘间奋击,克获而还,于是世勣说建德曰:"曹、戴二州户口完实,孟海公窃有其地,今以大军取之而临徐、兖,则河南可不战而定矣。"建德然之,欲自将以徇河南,先遣其行台曹旦等将兵五万济河,世勣引兵三千会之。

秦王李世民率兵从龙门渡黄河，屯兵柏壁，与宋金刚对峙。百姓听说李世民前来，没有不归附的，来的人日益增多。然后李世民渐渐征集粮食，军粮因此充足起来。于是休兵喂马，只命令偏裨将领带兵趁空抄掠，大军坚守壁垒不战，从此贼兵势力日渐衰落。永安王李孝基等攻击贼人吕崇茂，吕崇茂向宋金刚求救。宋金刚派大将尉迟敬德、寻相率兵杀到夏县，俘虏了李孝基等人。尉迟敬德等将要回兵时，李世民派兵部尚书殷开山等人在美良川拦截，大破敌军。不久，尉迟敬德、寻相秘密带领精骑到蒲反救援王行本。李世民亲自率领步兵骑兵三千人从小道拦截，又大败尉迟敬德，尉迟敬德、寻相二人只身逃脱。李世民俘虏了全部敌军，又回到柏壁。众将都请求与宋金刚交战，李世民说：“宋金刚孤军深入，兵精将猛，掠夺抢劫资财，利于速战速决。我军关闭营寨，养精蓄锐来挫败他们的锐气，分兵攻击汾、隰州，冲击他的心腹之地，等他粮食吃尽，无计可施时，自然会逃走。我们就应该等待这样的机会，而不宜速战。”李孝基策划逃归，被刘武周杀死。

夏人攻克郑新乡，俘虏了将领刘黑闼。

李世勣想归顺唐朝，害怕连累他父亲，与郭孝恪谋划，郭孝恪说：“我们刚投靠窦建德，一动就会被怀疑，应该先立功取得信任，然后才可以计划归唐。”李世勣听从了劝告，袭击王世充的获嘉，把俘获的人和东西都献给窦建德。又攻击新乡，俘虏守将刘黑闼。窦建德因此对他很好。刘黑闼是漳南人，年轻时骁勇善战，与窦建德交好，后来归顺了王世充，常常暗地里笑话王世充的所作所为。王世充派他把守新乡。至此，窦建德任命他为将军，派他带奇兵到处偷袭，趁机会攻击，都能获胜而归。于是李世勣劝窦建德说：“曹、戴二州，户口充实，孟海公占领此地，如今要是派大军攻取二州，进逼徐州、兖州，那么河南就可以不战而定了。”窦建德认为他说的很对，准备亲自率兵攻打河南，先派他的行台曹旦等人带领五万兵马渡过黄河，李世勣带领三千人马与他们会合。

庚辰（620） 唐武德三年。是岁，并楚、夏、定杨、梁师都、梁铣、郑、梁法兴、吴，凡九国。定杨、梁法兴灭亡。

春正月，唐克蒲反，隋守将王行本降。

行本粮尽援绝，乃出降，斩之。

李世勣复归于唐。

李世勣谋俟建德至河南，掩袭其营杀之，冀得其父并建德土地归唐，建德久之不至。曹旦在河南多侵扰，诸贼羁属者皆怨之。世勣以谋告中潬贼帅李商胡之母霍氏。霍氏亦善骑射，号霍总管。令商胡召旦偏裨饮，皆杀之，乃遣人告世勣。世勣欲袭其营，闻已有备，遂与郭孝恪帅数十骑奔唐。建德群臣请诛李盖，建德曰："世勣，唐臣，为我所虏，不忘本朝，乃忠臣，其父何罪？"遂赦之。旦取济州。

定杨取唐长子、壶关。 唐工部尚书独孤怀恩谋反，伏诛。

初，独孤怀恩攻蒲反，久不下，唐主数诮让之，怀恩由是怨望。唐主尝戏谓之曰："姑之子皆已为天子，次应至舅之子乎？"怀恩亦颇以此自负，时扼腕曰："我家岂女独贵乎！"遂与麾下元君宝谋反。会怀恩、君宝与唐俭、刘世让皆没于尉迟敬德，君宝谓俭曰："独孤尚书近谋大事，若能早决，岂有此辱哉！"及美良川之战，怀恩逃归，唐主复使攻蒲反。俭恐怀恩遂成其谋，说敬德使刘世让还与唐连和，遂以怀恩反状闻。时王行本已降，怀恩入据其城，唐主欲幸怀恩营，已登舟矣，世让适至。唐主大惊曰："吾得免，岂非天也？"乃使召怀恩，怀恩未知事露，轻舟来至，遂诛之。

庚辰（620） 唐武德三年。这一年，加上楚、夏、定杨、梁师都、梁铣、郑、梁法兴、吴，共九国。定杨、法兴灭亡。

春正月，唐攻克蒲反，隋守将王行本投降。

王行本粮食吃光，没有后援，只好出城投降，被斩首。

李世勋又回归唐朝。

李世勋计划等窦建德到河南后，偷袭他的军营杀了他，希望找到他的父亲并把窦建德的土地献给唐朝，窦建德很久都不到。曹旦在河南到处骚扰抢夺，归附的各路贼人都很怨恨。李世勋把计划告诉中潬城贼帅李商胡的母亲霍氏。霍氏也善于骑马射箭，号称霍总管。霍氏让李商胡召集曹旦的偏将喝酒，把他们全杀了，便派人通知李世勋。李世勋打算偷袭曹旦的营地，听说已有防备，就和郭孝恪带领几十名骑兵投奔唐朝。窦建德的群臣请求杀死李盖，窦建德说："李世勋是唐臣，被我抓住，还不忘唐朝，是忠臣，他的父亲有何罪？"于是释放李盖。曹旦攻取济州。

定杨刘武周攻陷唐长子、壶关两县。 **唐工部尚书独孤怀恩谋反，被杀死。**

当初，独孤怀恩攻打蒲反，久攻不下，唐高祖几次责怪他，独孤怀恩因此心中怨恨。唐高祖曾经开玩笑地对他说："你姑姑的儿子都做了天子，下面是不是该轮到我舅舅的儿子做皇帝了？"独孤怀恩也颇以此自负，时而叹息道："我们家难道只有女人才尊贵吗？"于是和手下元君宝谋反。时值独孤怀恩、元君宝与唐俭、刘世让都被尉迟敬德抓住，元君宝对唐俭说："独孤尚书最近在谋划大事，如果能早点决定，怎么会有这样的耻辱呢！"等到美良川之战，独孤怀恩逃回唐朝，唐高祖又派他进攻蒲反。唐俭恐怕独孤怀恩的阴谋得逞，说服尉迟敬德派刘世让回唐，与唐讲和，于是上奏报告了独孤怀恩谋反的情况。这时，王行本已经投降，独孤怀恩进驻占据了蒲反，高祖准备临幸独孤怀恩的军营，已经登上船了，刘世让恰巧赶到。高祖大惊道："我幸免于难，岂不是天意？"于是派人召来独孤怀恩，独孤怀恩不知事情已经败露，乘小船来见，高祖于是杀掉了他。

突厥立杨政道为隋王。

居定襄。

二月,唐改官名。

纳言为侍中,内史令为中书令。

唐以封德彝为中书令。 **夏四月,唐秦王世民击宋金刚,破之。定杨可汗武周及金刚皆走死。**

宋金刚战屡败,食尽北走。秦王世民追及寻相于吕州,大破之,乘胜逐北,一昼夜行二百余里,战数十合。总管刘弘基谏曰:"大王逐北,深入不已,不爱身乎?且士卒饥疲,宜留壁于此,俟兵粮毕集复进未晚也。"世民曰:"金刚计穷而走,众心离沮,功难成而易败。机难得而易失,必乘此势取之。若更淹留,使之计立备成,不可复攻矣。吾竭忠徇国,岂顾身乎!"遂策马而进,将士不敢复言饥。追及金刚于雀鼠谷,一日八战,皆破之,俘斩数万人。世民不食二日,不解甲三日矣。军中止有一羊,与将士分食之。引兵趣介休,金刚以众二万出西门,背城布阵,南北七里。李世勣与战小却,世民帅精骑击之,出其陈后,金刚大败,敬德、寻相举介休及永安降。世民得敬德喜甚,使将其旧众八千,与诸营相参。屈突通虑其为变,骤以为言,世民不听。

刘武周闻金刚败,大惧,弃并州走突厥。金刚欲复战,众莫肯从,亦走突厥。世民入并州,武周所得州县皆入于唐。唐以唐俭为并州道安抚大使,李仲文为总管。未几,金刚谋走上谷,突厥追获腰斩之。武周之南寇也,其党苑君璋谏曰:"唐主举一州之众直取长安,所向无敌,此乃天

突厥立杨政道为隋王。

居住在定襄郡。

二月,唐朝改换官职的名称。

改纳言为侍中,内史令为中书令。

唐任命封德彝为中书令。   夏四月,唐秦王李世民打败宋金刚,定杨可汗刘武周和宋金刚逃到突厥后被杀。

宋金刚屡战屡败,粮食吃完后向北逃走。秦王李世民在吕州追上并大败寻相,乘胜向北追击,一天一夜走了二百多里,打了几十仗。总管刘弘基进谏说:"大王追击敌人,深入不停,就不爱惜自己的身体吗?况且士兵们已经饥饿疲劳,应该停在此地安营,等兵马粮草都备齐了以后再进攻也不晚。"李世民说:"宋金刚无计可施才逃走,众心离散沮丧,难成功业而容易失败。机会难得而易失,一定要趁现在的势头消灭他。如果停滞不前,让他有了对策、防备,就不容易进攻了。我尽忠报国,怎么能顾惜自己的身体呢!"于是催马前进,官兵们也不敢再说起饥饿了。唐兵在雀鼠谷追上宋金刚,一天里交战八次,都打败了宋金刚,俘虏杀死了几万人。李世民两天不吃饭,三天不脱铠甲。军中只有一只羊,李世民与将士们分着吃了。李世民带兵赶到介休,宋金刚率两万兵马出西门,背靠城池排开阵势,南北长七里。李世勣与宋金刚交战,稍稍退却,李世民率领精锐骑兵从宋金刚背后发动袭击,宋金刚大败,尉迟敬德、寻相以介休和永安二县投降唐朝。李世民得到尉迟敬德很高兴,派他率领旧部八千,和其他营寨相杂在一起。屈突通担心尉迟敬德会有变化,常向李世民进言,李世民不听。

刘武周听说宋金刚战败,惊恐万分,放弃并州逃到突厥。宋金刚想再战,士兵们没人愿意跟随他作战,也只好逃到突厥。李世民进驻并州,刘武周占领的州县都归入唐朝。唐朝以唐俭为并州道安抚大使,李仲文为总管。不久,宋金刚谋划逃回上谷,突厥追上捉回并腰斩了他。刘武周向南进犯,他的下属苑君璋进谏说:"唐主率一个州的兵力,直取长安,所向无敌,这是上天

授,非人力也。不如北连突厥,南结唐朝,南面称孤,足为长策。”武周不听。及败,泣谓君璋曰:“不用公言,以至于此。”久之,谋亡归马邑,事泄,突厥杀之,而使君璋统其余众。

五月,夏人侵唐幽州,不克。

窦建德遣兵击幽州,李艺再击破之。建德大将王伏宝勇略冠军中,诸将疾之,言其谋反,建德杀之。伏宝曰:“大王奈何听谗,自斩左右手乎!”

唐立老子庙。

晋州人吉善行自言于羊角山见白衣老父曰:“为吾语唐天子,吾为老君,吾而祖也。”诏于其地立庙。

六月,显州人杀唐行台杨士林以降于郑。　秋七月,唐遣秦王世民督诸军伐郑。

初,王世充所部降唐者相继。世充令一人亡叛,举家就戮,父子、兄弟、夫妇许相告而免之,举家亡者四邻皆坐诛,而亡者益甚。又以宫城为大狱,意所忌者并系其家属,系者不下万口,馁死者日有数十。至是唐主议击之。世充闻之,选诸州镇骁勇皆集洛阳。七月,唐诏秦王世民督诸军击世充。屈突通二子在洛阳,唐主谓通曰:“今欲使卿东征,如卿二儿何?”通曰:“臣昔为俘囚,分当就死,陛下释缚加以恩礼。当是时,臣心口相誓,期以更生余年为陛下尽节,但恐不获死所耳。今得备先驱,二儿何足顾乎!”唐主叹曰:“徇义之士,一至此乎!”

秦王世民遣行军总管史万宝自宜阳南据龙门,刘德威

所授予的,不是人力。不如北面联合突厥,南面结交唐朝,在此地称王,才是长远之计。"刘武周不听。等到失败后,才哭着对苑君璋说:"我不听您的话,才落到如此地步。"过了一段时间,刘武周谋划逃回马邑,事情败露,突厥杀死了他,并任命苑君璋统领剩下的人马。

五月,夏人入侵唐幽州,没能攻克。

窦建德派兵进攻幽州,李艺再次打败夏军。窦建德的大将王伏宝勇力才智在军中独冠群雄,众将嫉妒他,说他要谋反,窦建德杀了他。王伏宝说:"大王为什么要听信谗言,自己斩断自己的左右手呢!"

唐建立老子庙。

晋州人吉善行自称在羊角山见到一个穿白衣的老人,老人说:"你替我告诉唐天子,我是老君,是你的祖先。"唐高祖下诏在羊角山建庙。

六月,显州人杀死唐行台杨士林,向郑投降。 **秋七月**,唐派秦王李世民统帅诸军讨伐郑王世充。

当初,王世充的部下络绎不绝地投降唐朝。王世充下令一人叛逃,杀死全家,父子、兄弟、夫妇互相告发就可以免死,全家都逃跑的,四邻都要被杀,但逃跑的越来越多。王世充又将宫城作为大监狱,受到猜忌的人,包括家属一并关起来,关押的人不下一万人,每天饿死的就有几十人。至此,唐高祖商议进攻王世充。王世充听说后,挑选各州镇的骁将勇士,都集中到洛阳。七月,唐高祖下诏命令秦王李世民统帅诸军攻打王世充。屈突通的两个儿子在洛阳,唐高祖对屈突通说:"现在准备派你东征,那你的两个儿子怎么办呢?"屈突通说:"臣以前是阶下囚,该被处死,陛下放了我,给予我恩惠。那时,臣内心发誓,希望能在获得重生以后的日子里为陛下尽节,只恐怕没有这个献身的机会。现在能担任先锋,两个儿子有什么可顾惜的呢!"唐高祖感叹说:"忠义之士,竟能做到这种程度!"

秦王李世民派行军总管史万宝从宜阳向南占据龙门,刘德威

自太行东围河内，王君廓自洛口断其饷道，黄君汉攻回洛城，大军屯于北邙，连营以逼之。世充陈于青城宫，世民亦置陈当之。世充隔水谓世民曰："唐帝关中，郑帝河南，世充未尝西侵，王忽举兵东来，何也？"世民使应之曰："四海咸仰皇风，唯公独阻声教，为此而来。"世充曰："相与息兵讲好，不亦善乎？"又应之曰："奉诏取东都，不令讲好也。"至暮，各引兵还。

九月，郑显州总管田瓒以二十五州降唐。

自是襄阳声问与世充绝。

唐攻郑镮辕，拔之。

秦王世民遣王君廓攻镮辕，拔之，遂东徇地至管城而还。先是，世充将郭士衡等掠唐境，君廓以策击却之。诏劳之曰："卿以十三人破贼一万，自古以少制众未之有也。"于是河南州县相继降唐。刘武周降将寻相等多叛去，诸将疑尉迟敬德，囚之。屈突通、殷开山言于世民曰："敬德骁勇绝伦，留之恐为后患，不如杀之。"世民曰："敬德若叛，岂在寻相之后耶？"遽命释之，引入卧内，赐之金，曰："丈夫意气相期，勿以小嫌介意。吾终不信谗言以害忠良，公宜体之。必欲去者，以此金相资，表一时共事之情也。"世民以五百骑行战地，世充帅步骑万余猝至，围之。单雄信引槊直趋世民，敬德跃马大呼，横刺雄信坠马，翼世民出围，更帅骑兵还战。屈突通引大兵继至，世充大败，仅以身免。世民谓敬德曰："公何相报之速也！"自是宠遇日隆。

从太行向东包围河内，王君廓从洛口截断王世充的运粮通道，黄君汉进攻回洛城，唐朝大军驻扎在北邙，连营进逼洛阳。王世充在青城宫列阵，李世民也列阵相应。王世充隔着河对李世民说："唐在关中称帝，郑在河南为帝，我王世充从未向西侵犯唐朝，而您却率兵东来，这是为什么？"李世民派人回答道："四海之内都仰慕我唐皇帝的威名，只有您阻止皇帝声教，我们就为此而来。"王世充说："我们互相罢兵讲和，不也很好吗？"李世民这边又回答说："我们奉旨攻取东都洛阳，没有命令我们讲和。"到了傍晚，各自带兵回营。

九月，郑显州总管田瓒以所属的二十五个州投降唐朝。

从此，襄阳与王世充断绝音讯。

唐攻陷郑的辕辕。

秦王李世民派王君廓攻打辕辕，攻克辕辕以后，王君廓就向东攻占到管城后回军。此前，王世充的部将郭士衡等到唐朝地盘上掠夺，王君廓用计把他们打退了。唐高祖下诏慰劳王君廓说："你只带十三人就打败贼兵一万，自古以来，以少胜多，还没有过这样的情况。"于是黄河以南的州县陆续降唐。刘武周的将领寻相等人降唐后大多又叛唐而去，众将怀疑尉迟敬德，把他关起来。屈突通、殷开山对李世民说："尉迟敬德骁勇无比，留着他怕会成为后患，不如杀了他。"李世民说："敬德如果要叛变，怎么会在寻相之后呢？"马上下令释放尉迟敬德，并把他带进卧室，赐给他金子，说："大丈夫之间意气相投，不要介意一点小的内怨。我最终没有听信谗言而害了忠良，您应该能领会。如果一定要走，就拿这点金子作路费，以表我们这一段共事的情谊。"李世民带五百骑兵巡视战场，王世充率领一万多兵马突然杀到，将他们包围起来。单雄信舞着槊直奔李世民而来，尉迟敬德跳上马大喊，横地里将单雄信刺于马下，保护李世民冲出重围，又率领骑兵回身作战。屈突通带领大军随后赶来，王世充大败，只身逃脱。李世民对尉迟敬德说："您回报得怎么这么快！"从此，尉迟敬德更加受到恩宠。

郑濮州降唐。

初,王世充以邴元真为滑州行台仆射。李密故将杜才干守濮州,恨元真叛密,诈以其众降之。元真自往招慰,才干迎入,就坐,执而数之曰:"汝本庸才,魏公置汝元僚,不建毫发之功,乃构滔天之祸。今来送死,是汝之分。"遂斩之,遣人赍其首至黎阳祭密墓。以濮州降唐。

冬十月,夏王建德围幽州,高开道遣使降唐。

窦建德之围幽州也,李艺告急于高开道。开道帅二千骑救之,建德兵引去。开道因艺遣使降唐,唐以为蔚州总管,赐姓李氏,封北平郡王。建德帅众二十万复攻幽州,兵已攀堞,薛万钧、万彻帅敢死百人从地道出其背,击走之。

郑管、荥、汴州降唐。

李密之败也,杨庆归洛阳,王世充以为管州总管。秦王世民逼洛阳,庆潜遣人请降,世民遣总管李世勣将兵往据其城。时世充太子玄应镇虎牢,军于荥、汴之间,闻之,引兵趣管城,李世勣击却之。荥州刺史魏陆、阳城令王雄、汴州刺史王要汉皆来降。玄应闻诸州皆叛,大惧,奔还洛阳。

突厥处罗可汗死,弟颉利可汗咄苾立。

初,梁师都说突厥处罗可汗曰:"比者中原丧乱,分为数国,势均力弱,故皆北面归附突厥。今定杨既亡,天下将悉为唐有。师都不辞灰灭,亦恐次及可汗,不若及其未定,南取中原,师都请为向导。"处罗从之,谋大举入寇而卒。立其弟莫贺咄设咄苾,号颉利可汗。

郑遣使如夏乞师。

郑濮州投降唐朝。

当初，王世充任命邴元真为滑州行台仆射。李密的旧将杜才幹把守濮州，恼恨邴元真背叛李密，带领部队向邴元真诈降。邴元真亲自前往慰问，杜才幹将他迎进城内，入座以后，抓住邴元真斥责说："你本是个庸才，魏公让你做上大官，你不建一点功绩，反而造成滔天大祸。今天来送死，是你的下场。"于是杀了邴元真，派人带着他的首级到黎阳祭奠李密墓。然后以濮州投降唐朝。

冬十月，夏王窦建德包围幽州，高开道派使者投降唐朝。

窦建德包围幽州，李艺向高开道告急。高开道率领两千骑兵前往营救，窦建德带兵退去。高开道让李艺派使者投降唐朝，唐任命高开道为蔚州总管，赐姓李，封为北平郡王。窦建德率领二十万人马再次进攻幽州，士兵们已经爬上了城墙，薛万均、薛万彻率领一百名敢死队员从地道里冲出，在背后攻击，将窦建德的军队击退。

郑的管、荥、汴州投降唐朝。

李密失败时，杨庆回到洛阳，王世充任命他为管州总管。秦王李世民进逼洛阳，杨庆秘密派人请求投降，李世民派遣总管李世勣带兵前往占据管州。当时，王世充的太子王玄应镇守虎牢，军队驻扎在荥、汴之间，听说管州失陷，带兵前往管州城，李世勣将他击退。荥州刺史魏陆、阳城县令王雄、汴州刺史王要汉都来投降唐朝。王玄应听说各州都已经反叛，非常害怕，逃回洛阳。

突厥处罗可汗去世，弟弟颉利可汗咄苾继位。

当初，梁师都劝说突厥处罗可汗道："近来中原丧乱，分成几个国家，势力平均，都不强大，所以都向突厥称臣。如今定杨可汗刘武周已经灭亡，天下即将归唐所有。我师都倒不怕灭亡，只怕也会轮到可汗，不如趁唐朝还没有平定天下，向南攻取中原，师都愿意做向导。"处罗可汗接受了他的建议，计划大举入侵时去世了。他的弟弟莫贺咄设咄苾继位，号颉利可汗。

郑派使节到夏求救兵。

初，王世充侵黎阳，窦建德袭破其殷州以报之，自是二国交恶，信使不通。及唐兵逼洛阳，世充遣使求救于建德，夏中书侍郎刘彬曰："天下大乱，唐得关西，郑得河南，夏得河北，共成鼎足之势。今唐举兵临郑，郑地日蹙，唐强郑弱，势必不支，郑亡则夏不能独立矣。不如解仇除忿，发兵救之。夏击其外，郑攻其内，破唐必矣。唐师既退，徐观其变，若郑可取则取之，并二国之兵，乘唐师之老，天下可取也。"建德从之。

十二月，郑许、亳等十一州降唐。　唐峡州兵伐梁，拔荆门镇。

梁主萧铣性褊狭，多猜忌，诸将恃功恣横，好专诛杀。铣患之，乃宣言罢兵营农，实欲夺诸将之权。大司马董景珍弟为将军，怨望谋作乱，事泄伏诛。景珍时镇长沙，据郡降唐，唐遣峡州刺史许绍出兵应之。绍即攻梁，拔荆门镇。铣遣其将张绣攻长沙，景珍谓曰："'前年醢彭越，往年杀韩信'，卿不见之乎？何为相攻？"绣不应。景珍欲走，为麾下所杀。铣以绣为尚书令，绣恃功骄横，铣又杀之。由是功臣诸将皆有离心，兵势益弱。绍所部与梁、郑邻接，二境得绍士卒，皆杀之，绍得二境士卒皆资给遣之。敌人愧感，不复侵掠，境内以安。

吴主子通败梁兵，取京口。杜伏威击之，子通败走袭梁，梁王法兴走死。

李子通渡江，攻沈法兴，取京口。法兴败走吴郡，于是丹阳、毗陵等郡皆降于子通。杜伏威遣辅公祐攻之，子通大败，弃江都，保京口，江西之地尽入于伏威。伏威徙居丹阳，子通复东走太湖，收合亡散得二万人，袭沈法兴于吴郡，大破之。法兴赴江溺死。子通军势复振，帅其群臣徙

当初，王世充侵占黎阳，而窦建德攻破殷州作为报复，从此两国交恶，不再互通书信使节。到唐军进逼洛阳时，王世充派人向窦建德求救，夏中书侍郎刘彬说："天下大乱，唐占有关西，郑占有河南，夏占有河北，构成三足鼎立的形势。如今唐发兵攻郑，郑的地盘日渐缩小，唐强郑弱，郑势必支撑不住，郑灭亡了，夏也就不可能单独存在。不如解除往日仇怨，发兵救郑。夏从外进攻，郑在里面反击，一定能打败唐。唐退兵以后，再慢慢观察形势的变化，如果能攻取郑就攻取，再合并两国的兵力，乘唐军疲劳之时，就可以夺取天下。"窦建德接受了他的意见。

十二月，郑的许、亳等十一个州降唐。 唐峡州兵马进攻梁，攻下荆门镇。

梁主萧铣生性狭隘，好猜忌，众将居功，恣意骄横，爱好肆意杀人。萧铣很不安，于是宣布罢兵兴农，实际上是想夺众将的兵权。大司马董景珍的弟弟是将军，心怀怨恨，图谋造反，事情败露被杀。董景珍当时镇守长沙，以长沙降唐，唐派峡州刺史许绍出兵接应董景珍。许绍随即进攻梁，夺取荆门镇。萧铣派将领张绣攻打长沙，董景珍对张绣说："'前年醢彭越，往年杀韩信'，你没见过这样的事情吗？何必还要互相残杀呢？"张绣不听。董景珍想逃走，被部下杀死。萧铣任命张绣为尚书令，张绣居功，十分骄横，萧铣又杀了张绣。于是功臣和众将都有了离开的想法，兵势日益衰弱。许绍的地盘与梁、郑两国接壤，梁、郑两国抓住许绍的士兵都杀掉，而许绍抓到两国的士兵都发给路费放他们走。敌人感到羞愧，不再侵扰掠夺，峡州境内于是安宁。

吴主李子通打败梁军，攻取京口。杜伏威进攻李子通，李子通逃走，偷袭梁，梁王沈法兴败走而死。

李子通渡江，攻打沈法兴，夺取京口。沈法兴逃到吴郡，于是丹阳、毗陵等郡都投降子通。杜伏威派辅公祏攻打李子通，子通大败，放弃江都，保守京口，江西的土地都被杜伏威占有。伏威迁居丹阳，李子通又向东逃到太湖，收拾残兵得到两万人，在吴郡袭击沈法兴，大败沈法兴。沈法兴投江淹死。子通军势复振，带领群臣迁

都余杭,尽收法兴之地,北自太湖,南至岭,东包会稽,西距宣城,皆有之。

辛巳(621) 唐武德四年。是岁,夏、郑、梁铣、吴亡,并楚、梁师都、吴,凡四国。

春正月,唐黔州兵攻梁,拔其五州、四镇。 唐秦王世民击郑,郑主世充与战,败走。

秦王世民选精锐千骑,皆皂衣玄甲,分为左右,使秦叔宝、程知节、尉迟敬德、翟长孙将之。每战自被玄甲帅之,以为前锋,所向摧破,敌人畏之。屈突通将兵行屯,猝遇王世充,战不利,世民帅玄甲赴之,世充败走。

二月,唐以赵郡王孝恭为夔州总管,李靖为行军总管。

李靖说孝恭攻取萧铣十策,孝恭上之。以孝恭为夔州总管,使大造舟舰,习水战。以靖为行军总管,委以军事。靖说孝恭悉召巴蜀酋长子弟,量材授任,置之左右,外示引擢,实以为质。

唐秦王世民败郑主世充于谷水,进围洛阳。

王玄应自虎牢运粮入洛阳,世民遣李君羡邀击,大破之,玄应仅以身免。世民奏请进围东都,唐主曰:"今取洛阳,正欲息兵。克城之日,乘舆、法物、图籍、器械,可悉收之,子女、玉帛分赐将士。"世民移军青城,壁垒未立,王世充帅众二万临谷水以拒之,诸将皆惧。世民曰:"贼势窘矣,悉众而出,徼幸一战,今日破之,后不敢复出矣!"命屈突通帅步卒五千度水击之。兵交,世民引骑南下,身先士卒,与通合势。众殊死战,散而复合者数四,自辰至午,世充

都余杭,全盘接收了沈法兴的地域,北从太湖,南到五岭,东包会稽,西抵宣城,都被他占有。

辛巳(621) 唐武德四年。这一年,夏、郑、梁铣、吴亡,加上楚、梁师都、吴,共四国。

春正月,唐黔州兵马攻打梁,夺取梁五州、四镇。 唐秦王李世民进攻郑,郑主王世充与之交战,大败而逃。

秦王李世民挑选一队精锐骑兵,都穿着黑衣黑甲,分为左右,派秦叔宝、程知节、尉迟敬德、翟长孙率领。每次出战,李世民都亲自穿上黑甲率领他们,作为前锋,所向无敌,敌人很害怕。屈突通带兵巡视营屯,突然遇上王世充,作战失利,李世民率领黑甲军赶来,王世充大败而逃。

二月,唐任命赵郡王李孝恭为夔州总管,李靖为行军总管。

李靖向李孝恭进献十条攻取萧铣的计策,李孝恭上奏朝廷。唐任命李孝恭为夔州总管,命令他大造船舰,演习水战。又任命李靖为行军总管,委任他以军事指挥权。李靖劝说李孝恭召集所有巴蜀地区酋长的子弟,量才授予重任,安置在左右,对外表示是起用提拔人才,实际上是作为人质。

唐秦王李世民在谷水打败郑主王世充,进兵包围洛阳。

王玄应从虎牢运粮到洛阳,李世民派李君羡拦截,大败王玄应的运粮部队,王玄应只身逃走。李世民上奏请求进兵包围东都,唐高祖说:"此次进攻洛阳,不获胜不收兵。攻克东都的那天,车驾仪仗、图书簿籍和器械等等,全都由你们收集起来,男女、玉器、绢帛都分赐给官兵们。"李世民将部队转移到青城,还没来得及修筑营垒,王世充率领两万人马隔着谷水与唐军对峙,唐诸将都很恐慌害怕。李世民说:"敌人的形势已经窘困,士兵全部出动,侥幸一战,今天打败了他们,他们就不敢再出来了!"便命屈突通带领五千步兵渡河攻打。两军交战,李世民率领骑兵向南冲去,身先士卒,与屈突通会合。唐军都冒死作战,先后四次被打散了又重新集合起来。从上午一直打到中午,王世充的

兵始退。世民纵兵乘之，直抵城下，遂围之。城中守御甚严，世民四面攻之，旬余不能克，将士皆疲弊思归。总管刘弘基请班师，世民曰："东方诸州已望风款服，唯洛阳孤城，势不能久，功在垂成，奈何弃之？"乃下令军中曰："敢言班师者斩。"众乃不敢复言。唐主亦密敕世民使还，世民遣封德彝言于唐主曰："世充号令所行一城而已，智尽力穷，克在朝夕。若旋师，贼势复振，后必难图。"唐主从之。世民又遣王君廓夜袭虎牢，拔之。

夏王建德虏孟海公。　三月，唐袭夏邺城。

窦建德普乐令程名振降唐，唐使将兵徇河北。名振夜袭邺，俘其男女千余人。去邺八十里，阅妇人乳有渖者九十余人，悉纵遣之，邺人感其仁。

突厥寇汾阴。

突厥颉利可汗士马雄盛，有凭陵中国之志。王世充使人说之曰："昔启民奔隋，赖文帝之力，有此土宇，子孙享之。今唐天子非文帝子孙，宜奉杨政道伐之，以报文帝之德。"颉利然之。唐主以中国未宁，待突厥甚厚，而颉利求请无厌，言辞骄慢，至是寇汾阴。

夏王建德将兵救郑。夏五月，唐秦王世民大破，擒之，郑主世充降。

唐兵围洛阳，掘堑筑垒而守之。城中乏食，民食草木泥饼，死者相倚于道。窦建德悉发孟海公、徐圆朗之众西救洛阳，陷管州、荥阳、阳翟等县，水陆并进，兵十余万，军于成皋之东原，遣使与王世充相闻。先是建德遗秦王世民书，请退军潼关，返郑侵地，复修前好。世民集将佐议之，

部队开始后退。李世民指挥军队乘胜追击,一直攻到洛阳城下,将洛阳包围起来。城里的守卫很严,李世民从四面进攻,十几天都没能攻下,将士们都很疲惫,想回去。总管刘弘基请求班师回朝,李世民说:"东面各州都已望风归降,只剩下洛阳一座孤城,敌人已经支撑不了多久,成功在即,怎么能放弃呢?"于是在军中下令:"谁敢再说班师就斩首。"众将于是不敢再说。唐高祖也密令李世民回军,李世民派封德彝对唐高祖说:"王世充现在能指挥的不过洛阳一城,计穷力竭,早晚就能攻下。如果班师,敌人势力重新振作起来,以后就难消灭他了。"唐高祖听从了他的意见。李世民又派王君廓夜袭并攻陷了虎牢。

夏王窦建德俘虏孟海公。 三月,唐军袭击夏邺城。

窦建德的普乐县令程名振投降唐朝,唐派他带兵攻打河北。程名振夜袭邺城,俘虏了一千多男女。离开邺城八十里,程名振看见有九十多个妇女乳汁流出,就把她们都放回去了,邺人很感激他的仁义。

突厥侵犯汾阴县。

突厥颉利可汗兵强马壮,有侵略中原的志向。王世充派人劝说颉利可汗:"从前启民可汗投奔隋朝,仗着文帝的势力,才有了现在的土地,子子孙孙享受不尽。如今唐天子不是文帝的子孙,您应该立杨政道为帝并讨伐唐朝,以报答文帝的恩德。"颉利认为他说得很对。唐高祖因为中原还没有平定,对突厥很优厚,而颉利贪得无厌,言语傲慢,至此侵犯汾阴。

夏王窦建德带兵救郑。夏五月,唐秦王李世民大败夏军,抓住了窦建德,郑主王世充降唐。

唐军包围洛阳,挖沟筑壁垒坚守。城里粮食匮乏,百姓吃草木、泥饼,饿死的人相倚地倒在路上。窦建德征发孟海公、徐圆朗的全部人马向西救援洛阳,攻陷管州、荥阳、阳翟等县,水陆并进,兵力十几万,在成皋的东原驻扎,派使者与王世充互相通报信息。在这之前,窦建德送信给秦王李世民,请他退军到潼关,并退还占领的郑国土地,重修旧好。李世民召集众将领商议,

皆请避其锋，郭孝恪曰："世充穷蹙，垂将面缚，建德远来助之，此天意欲两亡之也。宜据武牢之险以拒之，伺间而动，破之必矣。"记室薛收曰："世充府库充实，所将皆江淮精锐，但乏粮食，故为我持。建德自将远来，亦当极其精锐。若纵之至此，两寇合从，转河北之粟以馈洛阳，则战争方始，混一无期。今宜分兵守洛阳，深沟高垒勿与战。大王亲帅骁锐先据成皋，以逸待劳，决可克也。建德既破，世充自下，不过二旬，两主就缚矣！"世民善之。

萧瑀、屈突通、封德彝皆欲退保新安，以承其弊。世民曰："建德新克海公，将骄卒惰，吾扼其咽喉，取之甚易。若其不战，旬月之间，世充溃矣。若不速进，贼入武牢，诸城新附，必不能守。两贼并力，其势必强，何弊之承？吾计决矣！"中分麾下，使通等副齐王守东都，世民将骁勇三千五百人东趣武牢。正昼出兵，历北邙，抵河阳，趋巩而去。世充莫测，竟不敢出。世民入武牢，将骁骑五百，出觇建德营。缘道分留，使李世勣、程知节、秦叔宝将之，伏于道旁，才余四骑偕进。去建德营三里所，建德游兵遇之，世民大呼曰："我，秦王也。"引弓射之，毙其一将。建德大惊，出五六千骑逐之。世民按辔徐行，追骑将至则射之，止而复来，如是再三。世民逡巡稍却以诱之，既入伏，世勣等奋击，大破之。

建德迫于武牢，累月不得进，战数不利，将士思归。世民又遣王君廓将轻骑千余抄其粮运，凌敬言于建德曰："大王宜悉兵济河，攻取怀州、河阳，使重将守之，遂建旗鼓，逾

众将都请求避开窦建德的兵锋，郭孝恪说："王世充途穷势弱，马上就会被抓住，窦建德远道而来解救王世充，这是天意要这两个人都灭亡。我们应该凭借武牢的险要来抵御窦建德，看机会行动，一定能打败他们。"记室薛收说："王世充仓库充实，部队都是江淮地区的精锐，但缺乏粮食，所以被我们控制。窦建德自己带兵远道而来，也应该是很精锐的部队。若是放他到这儿，两寇汇合，将河北的粮食运来供给洛阳，那就是战争刚刚开始，统一就更遥遥无期。如今应该分兵守住洛阳，深挖壕沟高筑营垒，不与他交战。大王亲自率领精锐人马，先占领成皋，以逸待劳，一定能克敌。窦建德被打败了，王世充自然也就失败了，不到二十天，这两个国君就会被抓住。"李世民很称赞这个建议。

萧瑀、屈突通、封德彝都想退保新安，以待时机。李世民说："窦建德刚打败海公，将领骄傲，士兵疲倦，我们扼住他的咽喉，打败他很容易。如果他不交战，短期内王世充就会溃败。如果不迅速进军，贼兵进入武牢，各城刚归附，一定不能坚守。两敌合并，势力肯定强大，还有什么机会可乘呢？我已经决定了！"李世民将部队一分为二，派屈突通等辅助齐王围守东都，李世民率精兵三千五百人东奔武牢。唐军正午出兵，过北邙，抵河阳，取道巩县而去。王世充不知唐军的意图，不敢出战。世民进入武牢，率领五百骁骑出城窥探窦建德的军营。沿路留下骑兵，派李世勣、程知节、秦叔宝带领，埋伏在路边，只带了四个人跟着前进。离窦建德营地还有三里，遇到窦建德游兵，李世民大喊道："我是秦王。"拉弓射箭，射死一个将领。窦建德大惊，派五六千名骑兵出营追赶。李世民牵着缰绳慢慢前行，追兵近了就开弓射箭，敌兵停了一会儿又来追，几次三番。李世民故意徘徊，稍稍退后来诱敌，等敌兵进入埋伏圈，李世勣等人奋勇杀出，大败追兵。

窦建德在武牢被阻，几个月也不能前进，几次交战都没有战胜，将士们想撤兵回去。李世民又派王君廓带一千多轻骑部队拦截窦建德的粮道，凌敬对窦建德说："大王应该将全部人马渡过黄河，攻下怀州、河阳，派大将守卫，然后再竖旗敲鼓，越过

太行，入上党，徇汾、晋，趣蒲津，蹈无人之境，拓地收兵，则关中震惧而郑围自解矣。"建德将从之，而世充遣使告急，又阴以金玉啖建德诸将。诸将皆曰："凌敬书生，安知战事！"建德乃谢敬，敬固争之，建德怒，令扶出。其妻曹氏曰："祭酒之言，不可违也。"建德曰："此非女子所知也。"谍告曰："建德伺唐牧马于河北，将袭武牢矣。"

五月，世民北济河，南临广武而还，故留马千余匹牧于河渚以疑之。建德果悉众出牛口，置陈亘二十里，鼓行而进。诸将皆惧，世民升高而望之，谓诸将曰："贼起山东，未尝见大敌，今度险而嚣，是无纪律；逼城而阵，有轻我心。我按兵不出，彼勇气自衰，陈久卒饥，势将自退，追而击之，无不克矣。"建德列陈自辰至午，士卒饥倦，皆坐列，又争饮水，逡巡欲退。世民命宇文士及将三百骑经建德陈西，驰而南上，建德陈动。世民曰："可击矣。"世民帅轻骑先进，大军继之，直薄其陈。建德方朝群臣，召骑兵使拒唐兵，阻朝者不得过。建德挥朝者令却，进退之间，唐兵已至，于是大战。世民帅史大奈、程知节、秦叔宝等卷斾而入，出于陈后，张唐旗帜，建德将士见之大溃。建德中槊坠马，车骑将军杨武威擒之。世民让之曰："我讨世充，何预汝事！"建德曰："今不自来，恐烦远取。"建德将士皆溃去，俘获五万人。世民即日散遣使还乡里。封德彝入贺，世民笑曰："不用公言，得有今日。"遂囚建德至洛阳城下以示世充。

太行山,进入上党,攻取汾州、晋州,奔赴蒲津,进入无人之地,开拓土地,招兵买马,那么唐朝就会震骇,而王世充的包围自然就会解除。"窦建德准备按照凌敬说的去做,但王世充派使节前来请求紧急救援,暗中又用金玉收买窦建德的诸位部将。众将领都说:"凌敬是个书生,怎么会了解战事!"窦建德于是向凌敬道歉,凌敬再三争辩,窦建德生气,命人把他扶出去。窦建德的妻子曹氏说:"祭酒凌敬的话,不该不听。"窦建德说:"这不是女人能懂的。"唐军的探子报告说:"窦建德趁唐军在黄河以北放马,准备袭击武牢。"

五月,李世民北渡黄河,向南兵临广武而回军,故意留下一千多匹马,在黄河边放牧,来诱惑窦建德。窦建德果然全军杀出牛口,摆开二十里长的战阵,擂鼓前进。唐众将都很惊慌,李世民登高而望,对众将说:"贼兵从山东起兵,没有见过强大的对手,如今涉足险地还很喧嚣,是没有纪律;逼到城下摆开战阵,是轻视我们。我们按兵不动,他们的勇气自然就会衰弱,列阵时间长了,士兵也饿了,肯定会自动撤兵,到时候我们再追击,肯定能取胜。"窦建德从早上到中午列阵,士兵们又饿又累,都坐了下来,又争着喝水,犹豫着想退兵。李世民命宇文士及带三百骑兵经过窦建德的阵西,向南奔驰,窦建德阵中骚动。李世民说:"可以攻打了。"李世民率领轻骑作先锋,大军随后跟上,直逼窦建德的军阵。窦建德正在召见群臣,命令骑兵抵挡唐军,但骑兵被朝臣挡着过不去。窦建德挥手让朝臣退下,一进一退之间,唐军已经杀到,于是双方大战。李世民率领史大奈、程知节、秦叔宝等卷起旗帜,冲入敌阵,从阵后杀出,打开唐军的旗帜,窦建德的将士看见后,一下子崩溃了。窦建德中槊落马,唐车骑将军杨武威抓住了他。李世民斥责他说:"我讨伐王世充,关你什么事?"窦建德说:"现在我不自己来,恐怕也要麻烦你远途去攻取。"窦建德的部队四散逃走,被俘五万人。李世民当天就把俘虏遣散回家。封德彝入帐庆贺,李世民笑着说:"没听您的话,才有今天的胜利。"于是押着窦建德到洛阳城下给王世充看。

世充议突围南走襄阳,诸将曰:"吾所恃者夏王,今为擒,虽出,终必无成。"世充乃素服,帅其太子、群臣三千余人,诣军门降。于是部分诸军,先入洛阳,分守市肆,禁止侵掠,无敢犯者。世民乃入宫城,命房玄龄收隋图籍、制诏,已为世充所毁。命萧瑀等封府库,收其金帛,颁赐将士。收段达、单雄信、朱粲等十余人斩之。

初,秦王府属杜如晦叔父淹事王世充,谮如晦兄杀之,又囚其弟楚客,饿几死。至是淹当死,楚客请如晦救之,不从,楚客曰:"曩者叔已杀兄,今兄又杀叔,一门之内,相残而尽,岂不痛哉!"欲自刭,如晦乃为之请,淹得免死。秦王坐闻阖门,苏威请见,称老病不能拜。世民遣人数之曰:"公隋室宰相,危不能扶,使君弑国亡。见李密、王世充皆拜伏舞蹈,今既无病,何劳相见?"世民观隋宫殿,叹曰:"逞侈心,穷人欲,无亡得乎!"命撤端门楼,焚乾阳殿,毁则天门阙,废诸道场。

建德余众走至洺州,欲立建德养子为主,征兵以拒唐。仆射齐善行曰:"夏王英武,士马精强,一朝为擒,易如反掌,岂非天命有所属邪?今丧败如此,必无所成,不若委心请命于唐。"乃与裴矩、曹旦帅百官奉建德妻曹氏及传国八玺请降于唐。王世充弟世辩亦以徐、宋等三十八州请降。淮安王神通又徇下山东三十余州,世充、建德之地悉平。

秋七月,唐以苏世长为谏议大夫。
王世充仆射豆卢行褒、苏世长以襄州来降。唐主与之

王世充商议突围向南逃往襄阳，众将说："我们依仗的是夏王，如今他已被抓，即使逃出去，终究不会成功。"王世充于是穿着白衣，带着太子和群臣三千多人，到军营门前投降。李世民于是分派一部分军队，先进洛阳，分头把守市场商店，禁止士兵骚扰抢劫，没有人敢违抗。李世民于是进入洛阳宫城，命令房玄龄收集隋朝的地图典籍、制文诏书，但已被王世充毁掉。又命萧瑀等人封存府库，没收金银绢帛，赐给将士们。将段达、单雄信、朱粲等十几个人收押斩首。

当初，秦王府的官员杜如晦的叔父杜淹侍奉王世充，进谗言杀死了杜如晦的兄长，又把他的弟弟杜楚客关起来，差点饿死。到了现在杜淹该当死罪，杜楚客请杜如晦救杜淹，杜如晦不听，杜楚客说："从前叔父杀死了兄长，如今你又要杀叔父，一家人自相残杀而死光，岂不是太痛心了吗！想要自刎，杜如晦于是为杜淹求情，杜淹才得以免于一死。秦王在阊阖门办公，苏威请求参见，自称年老多病不能行礼。李世民派人责备他说："您是隋朝的宰相，国家危亡却不能扶持，导致国君被弑、国家灭亡。见到李密、王世充都能跪拜舞蹈行礼，现在既然年老多病，何必麻烦来相见呢？"李世民观看隋朝的宫殿，感叹道："穷奢极侈，能不亡国吗！"命令撤掉端门楼，焚烧乾阳殿，毁了则天门楼，废除了诸多佛寺。

窦建德的残余部队逃到洺州，打算立窦建德的养子为主，招兵买马来对抗唐朝。仆射齐善行说："夏王英武，兵马强盛，还是被唐朝一战打败被俘，竟然易如反掌，难道不是天命有所归属吗？如今大败到如此地步，必然一无所成，不如倾心向唐请命。"于是裴矩、曹旦率领百官奉窦建德的妻子曹氏以及传国八玺向唐朝请求投降。王世充的弟弟王世辩也以徐、宋等三十八个州请求投降。淮安王李神通又攻下山东三十几个州，王世充、窦建德的土地全部平定。

秋七月，唐以苏世长为谏议大夫。

王世充仆射豆卢行褒、苏世长以襄州来降唐。唐高祖和他们

皆有旧,先是屡以书招之,行褒辄杀使者。既至长安,唐主诛行褒,而以世长为谏议大夫。尝从校猎高陵,大获禽兽,上曰:"今日乐乎?"世长曰:"不满十旬,未足为乐。"唐主变色,既而笑曰:"狂态复发邪?"对曰:"于臣则狂,于陛下甚忠。"尝侍宴披香殿,酒酣,谓唐主曰:"此殿炀帝之所为耶?"唐主曰:"卿谏似直而实多诈,岂不知此殿朕之所为乎?"对曰:"臣实不知,但见其华侈,如倾宫、鹿台,非兴王之所为耳。昔侍陛下于武宫,见所居宅,仅庇风雨,当时亦以为足。今因隋之宫室已极侈矣,而又增之,将何以矫其失乎?"唐主深然之。

唐秦王世民至长安,献俘太庙,赦王世充,斩窦建德。

秦王世民至长安,披黄金甲,齐王元吉、李世勣等二十五将从其后,铁骑万匹,甲士三万人,前后部鼓吹,俘王世充、窦建德献于太庙,行饮至之礼以飨之。诏赦世充为庶人,徙蜀;斩建德于市。以天下略定大赦,百姓给复一年;陕、虢转输劳费,幽州久隔寇戎,皆复二年。既而王、窦余党尚有远徙者,孙伏伽上言:"兵食可去,信不可去。陛下已赦而复徙之,使臣民何所凭依?且世充尚蒙宽宥,况于余党,所宜纵释。"上从之。世充未行,定州刺史独孤修德矫敕杀之。诏免修德官。

唐初行开元通宝钱。

隋末钱弊滥薄,至裁皮糊纸为之,民间不胜其弊。至是,

都有交情，此前曾屡次写信招降他们，豆卢行褒总是杀死唐朝的使者。到长安后，唐高祖杀死了豆卢行褒，而任命苏世长为谏议大夫。苏世长曾跟唐高祖一起去高陵打猎，抓到很多飞禽走兽，唐高祖说："今天愉快吗？"苏世长说："还不到十旬，算不上愉快。"唐高祖变了脸色，随即笑着说："你又发狂了吗？"答道："对臣下我来说是发狂，但对陛下而言就是很忠心。"苏世长又曾在披香殿侍奉唐高祖宴饮，喝到尽兴时，对唐高祖说："这个殿是隋炀帝建的吧？"唐高祖说："你的话听起来很直率，实际上很多是装傻，你难道不知道这是朕建的吗？"回答道："臣实在不知道，只是看这个殿豪华奢侈，像商纣的倾宫、鹿台，不是兴国立业的皇帝建的。从前臣在武宫侍奉陛下，看见您住的房子仅能遮风避雨，当时也挺满足。如今住在隋朝的宫殿已是极端奢侈了，而您又增建新的宫殿，又如何能矫正隋朝的过失呢？"唐高祖深表同意。

唐秦王李世民返回长安，在太庙献俘虏，赦免王世充，将窦建德斩首。

秦王李世民返回长安，身披黄金甲，齐王李元吉、李世勣等二十五员大将跟随其后，还有一万匹铁骑，三万名战士，前后都奏着乐曲，到太庙献上俘虏的王世充、窦建德，举行"饮至礼"祭祀祖先。唐高祖下诏赦免王世充为平民，迁徙到蜀地；将窦建德在集市上斩首。唐高祖因天下大致平定，实行大赦，百姓免除一年的徭役；陕、虢等州因运输花费辛劳，幽州因长久被敌人阻隔，都免除两年徭役。后来，王世充、窦建德的余党还有被迁移得很远的，孙伏伽上书说："军队、粮食可以不要，信义不能不讲。陛下已经大赦天下，却又迁徙他们，让臣民们以什么为标准呢？况且王世充还蒙恩获免，何况他的余党，应该把他们放了。"唐高祖接受他的劝告。王世充还没有出发，就被定州刺史独孤修德伪造圣旨杀掉了。唐下诏罢免了独孤修德的官职。

唐朝初年，发行"开元通宝"钱。

隋朝末年，钱币的弊病是质量低劣而且分量不够，过于轻薄，甚至有的裁剪皮革糊纸来做钱的，民间不能承受这一弊害。至此，

初行开元通宝钱，径八分，重二铢四参，积十钱重一两，轻重大小，最为折衷，远近便之。置监于洛、并、幽、益等州，秦王世民、齐王元吉赐三炉，裴寂赐一炉，听铸钱。余盗铸者，身死家没。

窦建德故将刘黑闼起兵漳南。

窦建德诸将居闾里暴横，为民患，唐官吏以法绳之，皆惊惧不安。会诏悉征建德故将，于是范愿、高雅贤等相谓曰："王世充以洛阳降唐，其将相大臣皆夷灭，吾属至长安必不免矣。且夏王得淮安王遇以客礼，唐得夏王即杀之。吾属皆为夏王所厚，今不为之报仇，无以见天下之士。"乃谋作乱，卜之以刘氏为主吉，因相与之漳南，见建德故将刘雅，雅曰："天下适安定，吾将老于耕桑，不愿复起兵。"众怒，杀之。故汉东公刘黑闼屏居漳南，诸将诣之，告以其谋。黑闼方种蔬，即杀耕牛与之饮食，定计聚众，袭县据之。是时诸道有事，则置行台尚书省，无事则罢之。朝廷闻黑闼作乱，乃置山东道行台于洺州，魏、冀、定、沧并置总管府，以淮安王神通为行台仆射。

八月朔，日食。　刘黑闼据鄗县，唐遣兵击之。

黑闼陷鄗县，窦建德旧党稍出归之，众至二千人，为坛于漳南，祭建德，告以举兵之意，自称大将军。诏发关中步骑三千，使将军秦武通、李玄通等击之，又诏李艺引兵会击。

唐徐圆朗举兵应刘黑闼。

初，洛阳既平，徐圆朗请降，拜兖州总管。黑闼作乱，圆朗与通谋。唐主使盛彦师安集河南。行至任城，圆朗执之，举兵反，兖、郓、陈、杞、伊、洛、曹、戴等八州皆应之。圆朗自称鲁王，厚礼彦师，使作书与其弟，令举虞城降。彦师

唐朝开始发行"开元通宝"钱，直径八分，重二铢四参，十个钱重一两，轻重、大小都很适中，各地都认为很方便。唐朝在洛、并、幽、益等州设立钱监，赐给秦王李世民、齐王李元吉各三处官炉，裴寂一处，可以铸钱。其他有敢偷铸钱的，处死并没收家产。

窦建德的旧将刘黑闼在漳南起兵反唐。

窦建德的旧将在民间居住，暴虐横行，唐朝的官吏将他们绳之以法，他们都惊恐不安。适逢高祖下诏征召全部窦建德的旧将，于是范愿、高雅贤等人互相商议："王世充以洛阳降唐，他的将相大臣都被杀了，我们到长安肯定也逃不了。而且夏王抓到淮安王，还以客人的礼节对待他，唐抓到夏王却马上杀掉。夏王待我们都很优厚，如今不为他报仇，还有什么脸面再见天下人。"于是策划叛乱，一占卜，以姓刘的人为王吉利，因此一起到漳南去见窦建德的旧将刘雅，刘雅说："天下刚安定，我只想在乡间养老，不想再起兵。"众人生气，杀了他。原来窦建德封的汉江公刘黑闼隐居在漳南，众将去拜见他，告诉他计划。刘黑闼正在种菜，马上杀掉耕牛与他们一块吃饭，定下计策，征召兵马，袭击占据了县城。这时，各道如果有事就设置行台尚书省，无事就不设。唐朝廷听说刘黑闼作乱，马上在洺州设置山东道行台，魏、冀、定、沧等州设置总管府，任命淮安王李神通为行台仆射。

八月初一，出现日食。　刘黑闼占领鄃县，唐派兵攻打。

刘黑闼攻陷鄃县，窦建德的旧部渐渐有人归附刘黑闼，人马达到两千人，在漳南筑神坛，祭奠窦建德，向他禀告起兵的意图，刘黑闼自称大将军。唐高祖下诏征发关中步骑兵三千人，派将军秦武通、李玄通等攻打刘黑闼，又下诏命令李艺率兵合力攻打。

唐徐圆朗起兵响应刘黑闼。

当初，洛阳被平定以后，徐圆朗请求投降，被任命为兖州总管。刘黑闼发动叛乱，徐圆朗和他共同策划。唐高祖派盛彦师安顿抚恤河南。走到任城时，被徐圆朗抓住，徐圆朗起兵反唐，兖、郓、陈、杞、洛、曹、戴等八个州都起兵响应他。徐圆朗自称鲁王，对盛彦师很优待，让他写信给他弟弟，命他以虞城投降。盛彦师

为书曰:"吾奉使无状,为贼所擒,为臣不忠,誓之以死。汝善待老母,勿以吾为念。"圆朗初色动,乃笑曰:"盛将军有壮节,不可杀也。"待之如旧。

唐括户口。　唐蠲太常乐工为民。

诏以太常乐工皆前代因罪配没,子孙相承,多历年所,并蠲为民。且令执事,若仕官入流,勿更追集。

唐淮安王神通击刘黑闼,败绩。

淮安王神通至冀州,与李艺合兵。与黑闼战于饶阳,乘风击之,既而风反,神通大败。艺归幽州,黑闼兵势大振。

冬十月,唐以秦王世民为天策上将。

唐主以秦王世民功大,前代官皆不足以称之,特置天策上将,位在王公上,以世民为之,开府置属。世民以海内浸平,乃开馆以延文学之士,杜如晦、房玄龄、虞世南、褚亮、姚思廉、李玄道、蔡允恭、薛元敬、颜相时、苏勖、于志宁、苏世长、薛收、李守素、陆德明、孔颖达、盖文达、许敬宗为文学馆学士,分为三番,更日直宿。世民暇日辄至馆中讨论文籍,或至夜分。使库直阎立本图像,褚亮为赞,号十八学士。士大夫得预其选者,时人谓之登瀛州。时府僚多补外官,如晦亦出为陕州长史。房玄龄曰:"余人不足惜,杜如晦,王佐之才,大王欲经营四方,非如晦不可。"世民惊曰:"微公言,几失之。"即奏留之,使参谋帷幄。军中多事,如晦剖决如流。世民每克城,诸将争取宝货,玄龄独收采人物致之幕府,每令入奏事,唐主曰:"玄龄为吾儿陈事,虽

信中写道:"我奉旨出使没能称职,被敌人俘虏,为臣不忠,立誓以死尽忠。你要好好侍奉老母,不要挂念我。"徐圆朗开始脸色不好,笑着说:"盛将军有胆量气节,不可杀。"还像从前一样待盛彦师。

唐搜检户口。 唐高祖免除太常寺乐工的官奴身份,成为平民。

唐高祖下诏以为,太常寺乐工都是前代因犯罪而被发配、没收为官奴的人,子子孙孙相互继承,已经做了很长时间,应免除他们的奴役,成为平民。而且命令有关官员,如果有人已经做官入流,不要再追查。

唐淮安王李神通攻打刘黑闼,被打败。

淮安王李神通到冀州,与李艺会师。在饶阳与刘黑闼交战,乘风进攻,一会儿风向逆转,李神通大败。李艺返回幽州,刘黑闼军势大振。

冬十月,唐封秦王李世民为天策上将。

唐高祖因为秦王李世民功勋显赫,前代的官爵都不足以与之相称,特意设置天策上将一职,排位在王、公之上,封李世民为天策上将,可以建立府第,设置官员。李世民认为天下已经渐渐平定,于是设馆招纳博学之士,杜如晦、房玄龄、虞世南、褚亮、姚思廉、李玄道、蔡允恭、薛元敬、颜相时、苏勖、于志宁、苏世长、薛收、李守素、陆德明、孔颖达、盖文达、许敬宗都被任命为文学馆学士,分为三班,每日轮值。李世民一有空暇时间,就到文学馆来和学士们讨论文章典籍,有时甚至聊到半夜。李世民让库直阎立本画像,由褚亮作赞,号称"十八学士"。士大夫能够成为文学馆学士人选,就会被称为"登瀛州"。当时王府的官员多转任为地方官,杜如晦也出任陕州长史。房玄龄说:"其他人走了不可惜,而杜如晦有辅佐帝王的才干,大王想要经营四方,没有杜如晦不行。"李世民惊呼道:"不是您提醒,差点失去了人才。"立即上奏请求留下杜如晦,让他参谋策划军事。军中事务繁杂,杜如晦分析判断得十分自如。李世民每次攻克城池,众将都争着夺取珠宝财物,唯独房玄龄罗致人才招进幕府,每次李世民命令房玄龄入朝奏事,唐高祖总说:"房玄龄代我儿陈奏事务,虽然

隔千里,皆如面谈。"

唐遣赵郡王孝恭、李靖伐梁,梁主铣降。

唐发巴蜀兵,以孝恭、李靖统之,自夔州东击萧铣。时峡江方涨,诸将请俟水落,李靖曰:"兵贵神速,今吾乘江涨掩其不备,此必成擒,不可失也。"孝恭乃帅战舰三千余艘东下,铣果不为备,孝恭等拔其荆门、宜都二镇,屡破其兵,进至夷陵,入北江。铣以罢兵营农,宿卫才数千人,闻唐兵至,仓猝征兵未集,乃悉见兵出拒战。孝恭将击之,靖曰:"彼救败之师,策非素立,势不能久。不若且泊南岸,缓之一日,彼必分兵归守,兵分势弱,乘其懈击之,蔑不胜矣。若急之,则并力死战,楚兵剽锐,未易当也。"孝恭不从,出战果败。铣众委舟收掠军资,靖见其众乱,纵兵奋击,大破之,乘胜直抵江陵,入其外郭,大获舟舰。靖使散之江中,诸将皆曰:"破敌所获,当藉其用,奈何弃以资敌?"靖曰:"萧铣之地,南出岭表,东距洞庭。吾悬军深入,若攻城未拔,援兵四集,吾表里受敌,进退不获,虽有舟辑,将安用之?今弃舟舰,使塞江而下,援兵见之,必谓江陵已破,未敢轻进,往来觇伺,动淹旬月,吾取之必矣!"援兵见之,果疑不进。遂围江陵。

铣内外阻绝,问策于岑文本,文本劝铣降。铣谓群臣曰:"天不祚梁,不可复支矣。必待力屈则百姓蒙患,奈何以我之故陷百姓于涂炭乎!"以太牢告庙,下令出降,守城者皆哭。铣帅群臣缌衰布帻诣军门曰:"当死者唯铣耳,百

远隔千里,却像和我儿面对面谈话一样。"

唐派遣赵郡王李孝恭、李靖攻打梁,梁主萧铣投降。

唐征发巴蜀兵马,由李孝恭、李靖统帅,从夔州向东攻打萧
铣。当时峡江正在涨水,众将请求等水落以后再进攻,李靖说:
"用兵以行动特别迅速为贵,如今趁长江涨水,攻其不备,这样一
定能捉拿萧铣,机不可失。"李孝恭于是率领三千多艘战舰沿江
东下,萧铣果然没有防备,李孝恭等人攻陷梁的荆门、宜都二镇,
屡次打败梁兵,推进到夷陵,进入北江。萧铣已经裁军务农,只
有几千人守卫,听说唐兵杀到,仓促间来不及征集军队,于是以
现有的全部兵力出来迎战。李孝恭准备攻打,李靖说:"敌人是
挽救败局的军队,没有事先制订好计策,势头不会持久。不如暂
且停泊在南岸,先缓一天,他肯定会分兵回去守城,兵力一分散
势力就会削弱,趁敌军松懈时发起进攻,不会不胜。如果急于进
攻,敌人一定拼力死战,楚兵剽悍精锐,不容易抵挡。"李孝恭不
听,出战,果然大败。萧铣的部队弃船收拾抢夺唐军的资财,李
靖见敌军混乱,率兵奋击,大败敌军,乘胜直攻到江陵,并进入江
陵外城,缴获了大量的船舰。李靖让把船舰都散弃到江中,众将
都说:"打败敌人缴获的东西,应当拿来利用,为何要放弃来资助
敌人?"李靖说:"萧铣的地域,南到五岭以南,东抵洞庭。我们孤
军深入,如果江陵城还没有攻克,援兵从四面八方赶来,我们就
会腹背受敌,进退都不行,即使有船舰,又将怎么用呢? 如今丢
弃船舰,让它们塞满长江漂流而下,援兵看见,必然以为江陵已
被攻陷,不敢轻举妄动,往来侦察,行动迟缓十天半个月,我们一
定能攻克江陵!"援兵看见船舰,果然怀疑,不敢前进。于是唐军
包围了江陵。

萧铣内外隔绝,向岑文本询问计策,岑文本劝他投降。萧
铣对群臣说:"上天不保佑梁,不能再支撑下去了。如果一定等
到筋疲力尽,老百姓就会受难,怎么能因为我而让百姓遭受涂炭
呢!"用太牢祭告太庙,下令出城投降,守城的人都哭泣。萧铣率
领群臣穿着丧服到唐军营门前说:"该死的只有我萧铣一人,百

姓无罪,愿不杀掠。"孝恭入城,诸将欲大掠,文本曰:"江南之民遭隋虐政,重以战争,跂踵延颈以望真主,是以萧氏君臣决计归命,庶几有所息肩。今若纵兵俘掠,使士民失望,恐自此以南无复向化之心矣。"孝恭称善,遽禁止之。诸将又言:"梁将帅拒斗死者,请籍其家以赏将士。"靖曰:"王者之师,宜使义声先路,彼为其主斗死,乃忠臣也,岂可同之叛逆之科乎!"于是城中安堵,秋毫无犯。

南方州县闻之,皆望风款附。孝恭送铣长安,斩于都市。以孝恭为荆州总管,靖为上柱国,安抚岭南。先是,铣遣刘洎略地岭表,得五十余城,未还而铣败。洎以所得城来降。靖既度岭,所至皆下。铣桂州总管李袭志帅所部来降,以靖代之,引兵下九十六州,得户六十余万。

十一月,唐杜伏威击李子通,执送长安。

伏威于是尽有淮南江东之地。

刘黑闼取唐定州,总管李玄通死之。

刘黑闼执玄通,爱其才,欲以为大将,玄通不可。故吏有以酒肉馈之者,玄通饮醉,谓守者曰:"吾能剑舞,愿假吾刀。"守者与之。玄通舞竟,太息曰:"大丈夫受国厚恩,镇抚方面,不能保全所守,亦何面目视息世间哉!"引刀自刺而死。

高开道叛唐,自称燕王。

幽州饥,李艺告籴于高开道,许之。李艺发三千人,车数百乘,驴马千匹,往受粟。开道悉留之,告绝于艺,复称燕王,北连突厥,南与刘黑闼相结。恒、定、幽、易,咸被其患。

姓无罪,希望不要屠杀掠夺。"李孝恭进城,众将想大肆掠夺,岑文本说:"江南的百姓遭受了隋朝的残酷统治,又经历了战争的灾难,都盼望能有贤明的君主,因此萧铣君臣决定投降,或许是认为天下可以安定了。如果现在放纵士兵掠夺,便会使士兵百姓失望,恐怕从这里往南的地区不会再有归顺之心了。"李孝恭认为岑文本的意见很对,马上下令禁止掠夺。众将又请求:"梁的将帅抵抗唐军战死的,把他们的家产没收来赏赐给将士们。"李靖说:"王者之师,应该以仁义为先声,这些梁将为他们的君主战死,是忠臣,怎么能像对待叛逆者一样对待他们呢!"于是城中安然无事,秋毫无犯。

南方各州听说后,都望风归降。李孝恭押送萧铣到长安,在闹市将萧铣斩首。唐高祖任命李孝恭为荆州总管,李靖为上柱国,安抚岭南地区。此前,萧铣曾派刘洎攻占岭南的土地,夺取了五十多座城池,还没有回师,萧铣已经失败。刘洎以夺取的城池前来投降。李靖越过五岭,所到之处都被攻占。萧铣的桂州总管李袭志率部下前来投降,唐以李靖代替其为桂州总管,李靖带兵攻陷九十六个州,得到六十多万户人口。

十一月,唐杜伏威攻打李子通,将他俘虏,送到长安。

杜伏威于是占领淮南、江东的全部地区。

刘黑闼攻取唐的定州,定州总管李玄通战败而死。

刘黑闼抓住了李玄通,爱惜他的才干,想任用他为大将,李玄通不答应。李玄通的老部下有人送给他酒肉,李玄通喝醉了,对看守说:"我会舞剑,请把剑借我用一下。"看守把剑给他。李玄通舞完剑,叹息道:"大丈夫受国家的厚恩,镇守一方,却没能保全所守的领地,还有什么脸面活在世上!"举刀自刺而死。

高开道背叛唐朝,自称燕王。

幽州闹饥荒,李艺向高开道买粮食,高开道答应了。李艺派了三千人,几百辆车,一千匹驴马,去取粮食。高开道全数扣下,宣布与李艺断绝关系,又号称燕王,北边联系突厥,南面与刘黑闼勾结。恒、定、幽、易州,都遭受灾难。

十二月，唐命秦王世民、齐王元吉击刘黑闼。

初，黑闼既破淮安王神通，移书赵、魏，窦建德故将卒争杀唐官吏以应之。李世勣走保洺州，黑闼追击破之，拔相、黎、卫州，半岁之间尽复建德旧境。遣使北连突厥，将军秦武通、程名振等皆自河北遁归长安。乃命秦王世民、齐王元吉讨之。

壬午（622）　唐武德五年，汉东王刘黑闼天造元年。是岁，楚亡，并梁，凡三国。

春正月，刘黑闼自称汉东王。

黑闼称王改元，都洺州，建德时文武悉复本位。其设法行政，悉师建德，而攻战勇决过之。

三月，突厥遣使如唐。

先是，处罗可汗与刘武周寇并州，上遣郑元璹往谕以祸福，处罗不从。未几，处罗病死，国人疑元璹毒之，留不遣。上又遣汉阳公瓌使颉利，颉利欲令瓌拜，不从，亦留之。上复遣使赂颉利，且许结昏，颉利乃遣使送元璹等还。

唐秦王世民破刘黑闼于洺水。黑闼奔突厥。

秦王世民军至获嘉，黑闼弃相州，世民取之，进军肥乡，列营洺水上以逼之。李艺以兵数万来会，黑闼自将拒之。程名振载鼓六十具，于城西堤上急击之，城中地皆震动。范愿驰告黑闼，黑闼遽还，遣兵击艺于鼓城，大败。洺水人据城来降，世民遣王君廓守之。黑闼引兵还攻甚急，世民三引兵救之，不得进。恐君廓不能守，行军总管罗士信请代君廓守之。世民登城西南高冢，以旗招君廓，君廓

十二月，唐命令秦王李世民、齐王李元吉攻打刘黑闼。

当初，刘黑闼打败淮安王李神通后，写信给赵、魏两地，窦建德的旧部争相杀死唐朝的官吏，响应刘黑闼。李世勣逃走，退保洺州，刘黑闼追击，打败李世勣，攻克相、黎、卫州，半年之间收复了窦建德的全部旧地。刘黑闼又派使者北面联系突厥，唐朝将军秦武通、程名振等人都从河北逃回长安。唐高祖于是命令秦王李世民、齐王李元吉讨伐刘黑闼。

壬午（622）唐武德五年，汉东王刘黑闼天造元年。这一年，楚灭亡，加上梁，共三国。

春正月，刘黑闼自称汉东王。

刘黑闼称王改年号，定都洺州，窦建德时期的文武官员都官复原职。刘黑闼的法令行政，都效法窦建德，但作战勇敢果断则超过窦建德。

三月，突厥派遣使者来唐。

此前，处罗可汗和刘武周侵犯并州，唐派郑元璹前往晓以利害关系，处罗不听。没过多久，处罗病死，突厥人怀疑是郑元璹下毒害死的，把他扣留下来，不让他回国。唐又派汉阳公李瓛出使突厥，颉利可汗想让李瓛叩拜行礼，李瓛不肯，也被扣留。唐又派使者贿赂颉利，而且答应与颉利通婚，颉利才派使节送郑元璹等人回国。

唐秦王李世民在洺水打败刘黑闼。刘黑闼逃奔突厥。

秦王李世民率军到获嘉，刘黑闼放弃相州，李世民夺取相州，进军肥乡，在洺水扎营进逼刘黑闼。李艺率领几万人马前来与李世民会合，刘黑闼亲自带兵抵抗。程名振带着六十面大鼓，在洺州城西面的河堤迅速敲打，城中的地面都开始震动。范愿飞马报告刘黑闼，黑闼立即回军，派兵在鼓城攻打李艺，被打得大败。洺水县人占领县城来投降唐朝，李世民派王君廓去守城。刘黑闼带兵返回并猛烈地进攻洺水，李世民三次带兵来救，都不能前进。担心王君廓不能固守，行军总管罗士信请求代替王君廓守城。李世民登上城西南的高坟，挥旗召唤王君廓，王君廓

帅其徒力战溃围而出，士信乘之入城。黑闼昼夜急攻，会大雪，救兵不得往。凡八日，城陷。

黑闼素闻其勇，欲生之，士信辞色不屈，乃杀之。世民复拔洺水，与艺营于洺水之南。黑闼数挑战，世民坚壁不应。李世勣逼其营，高雅贤出战败死。黑闼运粮水陆俱进，程名振邀之，沉其舟，焚其车，相持六十余日。世民度黑闼粮尽必来决战，乃使人堰洺水上流。黑闼果帅步骑二万南度洺水，压唐营而陈，世民自将精骑击破之。黑闼帅众殊死战，自午至昏，战数合。黑闼势不能支，遂先遁，余众不知，犹格战。守吏决堰，水大至，众遂溃。黑闼与范愿等奔突厥，山东悉平。

夏六月，刘黑闼引突厥寇山东，又寇定州。　秋七月，唐秦王世民击徐圆朗，杜伏威入朝于唐。

秦王世民击徐圆朗，下十余城，声震淮、泗。杜伏威惧，遂请入朝。世民以淮、济略定，使淮安王神通及任瓌、李世勣攻圆朗而还。

李子通叛唐，伏诛。

子通谓乐伯通曰："伏威既来，江东未定，往收旧兵，大功可立。"遂相与亡走。至蓝田，为吏所获，伏诛。

隋汉阳太守冯盎降唐。

盎承李靖檄，以所部降唐。以其地为高、罗、春、白、崖、儋、林、振八州，以盎为总管。先是，或说盎宜效赵佗称王，盎曰："吾家居此为牧伯者五世，富贵极矣，常惧不克负荷为先人羞，敢效佗乎？"遂降唐。岭南悉平。

率领部下奋力作战,杀出重围,罗士信趁机进城。刘黑闼昼夜不停地猛攻,适逢天降大雪,唐救兵不能前往。八天后,城池陷落。

刘黑闼一直听说罗士信勇猛,想让他活下来,罗士信言语神色不屈不挠,刘黑闼于是杀了他。李世民又攻占洺水,与李艺在洺水城南扎营。刘黑闼几次挑战,李世民坚壁营垒不应战。李世勣进逼刘黑闼的军营,高雅贤出战,战败而死。刘黑闼水陆并进运输粮食,程名振拦截并弄沉了运粮船,烧毁了运粮车,双方相持了六十多天。李世民推测刘黑闼粮食吃完肯定要来决战,于是派人在洺水上游筑坝。刘黑闼果然率领两万步兵骑兵向南渡过洺水,逼近唐营列阵,李世民亲自带领精锐骑兵打败刘黑闼。刘黑闼率领部队殊死奋战,从中午到黄昏,交战了几个回合。刘黑闼支撑不住,于是先行逃跑,剩下的将士还不知道,仍然继续战斗。看守堤坝的官员决开堤坝,大水冲到,刘黑闼的部队立刻被冲垮。刘黑闼与范愿等人逃奔突厥,山东一带全部平定。

夏六月,刘黑闼带领突厥侵犯山东,又侵犯定州。　秋七月,唐秦王李世民攻打徐圆朗,杜伏威请求入唐朝见。

秦王李世民攻打徐圆朗,占领了十多座城池,声威震动淮、泗一带。杜伏威害怕,于是请求入唐朝见。李世民因为淮、济地区大致平定,派淮安王李神通以及任瓌、李世勣攻打徐圆朗,自己班师回朝。

李子通反叛唐朝,被杀。

李子通对乐伯通说:"杜伏威已来长安,江东尚未平定,我们回去收拾旧兵,就可以建立大功。"于是和乐伯通一起逃走。到蓝田时,被官吏抓住后处死。

隋的汉阳太守冯盎投降唐朝。

冯盎接受了李靖的檄文,率领部下投降唐朝。唐在冯盎的地盘设置高、罗、春、白、崖、儋、林、振八州,任命冯盎为总管。此前,有人劝说冯盎仿效赵佗自立为王,冯盎说:"我家已经五代在这里做官,很富贵了,常常担心不能承担重负,使先人蒙受羞辱,哪里敢仿效赵佗呢?"于是降唐。岭南一带全部平定了。

八月,突厥寇并州,唐遣郑元璹如师,颉利引兵还。

突厥颉利可汗将十五万骑入雁门寇并州。命太子建成、秦王世民御之。唐主谓群臣曰:"和战孰利?"郑元璹曰:"战则怨深,不如和利。"封德彝曰:"突厥恃犬羊之众,有轻中国之意,若不战而和,示之以弱,明年将复来。臣愚以为击之既胜而后与和,则恩威兼著矣。"唐主从之。襄邑王神符、汾州刺史萧瑀连破突厥,斩首五千余级。乃遣郑元璹指颉利责以负约,颉利颇惭,元璹因说之曰:"唐与突厥风俗不同,突厥虽得唐地,不能居也。今房掠所得皆入国人,于可汗何有?不如还师修好,坐受金币,孰与弃昆弟积年之欢,结子孙无穷之怨乎?"颉利悦,引兵还。元璹自义宁以来五使突厥,几死者数焉。

冬十月,唐遣齐王元吉击刘黑闼,淮阳王道玄与黑闼战,败没。

时道玄将兵三万,与副将史万宝不协。道玄帅轻骑先出犯陈,万宝拥兵不进,由是败没,时年十九。秦王世民深惜之曰:"道玄尝从吾征伐,见吾深入贼阵,心慕效之,以至于此!"为之流涕。世民自起兵以来前后数十战,常身先士卒,轻骑深入,虽屡危殆而未尝为矢刃所伤。

楚王林士弘卒,其众遂散。

初,萧铣之败也,散卒多归士弘,士弘军势复振。至是攻循州不克,其将王戎以南昌州降唐。士弘惧,亦请降,复

八月，突厥侵犯并州，唐派郑元璹出使突厥军队，颉利可汗带兵撤回。

突厥颉利可汗带领十五万人马进入雁门，侵犯并州。唐高祖命令太子李建成、秦王李世民抗击。唐高祖问群臣道："讲和、交战，哪个对我们更有利？"郑元璹回答说："交战只会加深灾祸，不如讲和有利。"封德彝说："突厥倚仗兵马众多，有轻视我们中原的意思，如果不打仗而直接讲和，向他们示弱，明年他们还会来。臣的愚见以为可以先打，等胜了以后再讲和，就能显出恩威并重了。"唐高祖接受了封德彝的意见。襄邑王李神符、汾州刺史萧瑀连续打败突厥，杀敌五千多人。唐高祖于是派郑元璹去见颉利，责备他背叛盟约，颉利很惭愧，郑元璹趁机劝颉利道："唐和突厥风俗不同，突厥即使得到了唐的土地，也不能居住。如今掳掠来的财物都归突厥的百姓所有，可汗能得到什么呢？不如退兵，与唐朝重修旧好，坐享金银，比起抛弃兄弟之间多年的情谊，给子孙后代留下无穷无尽的仇怨，哪一个更好呢？"颉利很高兴，带兵回国。郑元璹从义宁以来，五次出使突厥，好几次都差点死掉。

冬十月，唐派齐王李元吉攻打刘黑闼，淮阳王李道玄与刘黑闼交战，战败而死。

当时，李道玄带领三万人马，与副将史万宝不合。李道玄率领轻骑先出击冲入敌阵，史万宝按兵不动，唐军因此大败，李道玄死时才十九岁。秦王李世民深感痛惜，说："道玄曾经跟随我征伐，见我深入敌阵，心里很羡慕要想模仿，才会这样！"为他的死痛哭不止。李世民自从起兵以来，前后参加过几十场战斗，常常身先士卒，轻骑深入，虽然屡次遭遇危险，却从来没有被刀箭伤过。

楚王林士弘死，他的部队于是四散而去。

当初，萧铣失败时，散兵大多归附林士弘，林士弘又重新振作起军势。至此，林士弘攻打循州，攻不下来，他的大将王戎以南昌州投降唐朝。林士弘很害怕，也请求投降，后来又

走保安成山洞,洪州总管若干则击破之。会士弘死,其众遂散。

十一月,唐遣太子建成击刘黑闼。

淮阳王道玄之败也,山东震骇。刘黑闼尽复故地,进据洺州。齐王元吉不敢进,而太子建成请行,故遣之。初,唐主之起兵晋阳也,皆秦王世民之谋。唐主谓世民曰:"事成当以汝为太子。"将佐亦以为请,世民固辞而止。太子喜酒色游畋,齐王多过失,皆无宠。世民功名日盛,建成内不自安,乃与元吉协谋,共倾世民。曲意事诸妃嫔,谄谀赂遗,无所不至,以求媚于上。世民独不事之,由是诸妃嫔争誉建成、元吉,而短世民。时世民、元吉皆居别殿,与上台东宫昼夜通行,无复禁限,相遇如家人礼。太子令、秦齐王教与诏敕并行,有司莫知所从,唯据得之先后为定。世民以淮安王神通有功,给田数十顷。张婕妤求之,手敕赐之,神通以教给在先,不与。婕妤诉于唐王,唐主怒,以责世民,复谓裴寂曰:"此儿久典兵在外,为书生所教,非复昔日子也。"

秦王每侍宴宫中,思太穆皇后早终,不得见唐主有天下,或歔欷流涕,唐主不乐,诸妃嫔曰:"陛下春秋高,宜相娱乐,而秦王如此,正是憎疾妾等,陛下万岁后,妾子母必无孑遗矣!皇太子仁孝,陛下以妾子母属之,必能保全。"唐主为之怆然,由是无易太子意,待世民浸疏,而建成、元吉日亲矣。太子中允王珪、洗马魏徵亦说太子曰:"秦王

逃到安成的山洞,洪州总管若干则打败林士弘。等到林士弘死之后,他的部队就四散而去。

十一月,唐派遣太子李建成攻打刘黑闼。

淮阳王李道玄失败后,山东地区感到震惊。刘黑闼全部收复了他原来的地盘,进军占据洺州。齐王李元吉不敢进军,太子李建成请求前往,唐高祖于是派他前去。唐高祖当初在晋阳起兵,都是秦王李世民出的计谋。唐高祖对李世民说:"大事成功的话,应该立你为太子。"将领们也请求立李世民为太子,李世民坚决推辞才作罢。太子李建成喜好酒色、打猎,齐王李元吉经常有过失,都得不到高祖的宠爱。李世民的功名与日俱增,李建成内心不安,于是和李元吉一起谋划,共同推翻李世民。两人曲意侍奉高祖的妃嫔,谄媚、奉承、贿赂、赠送,无所不能,来求得高祖的宠爱。李世民却不这么做,因此,诸妃嫔争相称赞李建成、李元吉,而说李世民的坏话。当时,李世民、李元吉都住在皇宫别殿,与皇帝寝宫、太子东宫日夜可以通行,不再有限制,彼此相遇都只行家人的礼节。太子的命令,秦王、齐王二王所下达的教以及高祖的诏敕并行,有关部门不知道执行哪一个,只好根据收到的先后来定。李世民因为淮安王李神通有功,赠给他几十顷田地。张婕妤向高祖请求这些田地,高祖手写敕令赐给了她,李神通因为秦王的教在前,不给。张婕妤向高祖告状,高祖发怒,责备李世民,又对裴寂说:"这个儿子长久带兵在外,被书生们教坏了,不再是从前的那个儿子了。"

秦王每次在宫中侍奉高祖宴饮,常常想起母亲太穆皇后过早去世,而没能看见高祖拥有天下,有时就叹息流泪,高祖见秦王这样很不高兴,众妃嫔便说:"陛下年事已高,应该一起娱乐才是,而秦王总是这样,其实就是憎恨臣妾们,等陛下升天后,臣妾母子肯定都活不下去了!皇太子仁慈孝顺,陛下如果把臣妾母子托付给他,必然能够保全性命。"高祖听了很伤感,从此便没有改立太子的意思,对待李世民也渐渐疏远,而对李建成、李元吉却日益亲密起来。太子中允王珪、洗马魏徵也劝太子说:"秦王

功盖天下,中外归心,殿下但以年长居东宫,无大功以镇服海内。今刘黑闼散亡之余,众不满万,以大军临之,势如拉朽,殿下宜自击之,以取功名,因结纳山东豪杰,庶可自安。"于是太子请行。

唐封宗室道宗为任城王。

道宗为灵州总管,梁师都引突厥数万围之。道宗乘间出击,大破之。突厥与师都连结,遣郁射设入居故五原,道宗逐出之,斥地千余里。唐主以道宗武干,立为任城郡王。

十二月,唐魏州总管田留安击刘黑闼,破之。

刘黑闼拥兵而南,河北州县皆附之,唯魏州总管田留安不下。黑闼攻之,留安奋击,破之,获其将孟柱,降六千人。是时,山东豪杰多杀长吏以应黑闼,上下相猜,留安独坦然无疑,白事者皆令直入卧内,谓吏民曰:"吾与尔曹为国御贼,固宜同心协力,必欲弃顺从逆,但斩吾首去。"吏民相戒曰:"田公推至诚以待人,当共竭死力报之。"卒收其用。

唐太子建成兵至昌乐,刘黑闼亡走。

太子建成、齐王元吉军至昌乐,刘黑闼引兵拒之,再陈皆不战而罢。魏徵言于太子曰:"前破黑闼,其将帅皆悬名处死,故齐王之来,虽有诏赦其党与之罪,皆莫之信。今宜悉解其囚俘,慰谕遣之,则可坐视其离散矣。"太子从之。黑闼食尽,众多亡降,黑闼遂与数百骑遁去。

癸未(623) 唐武德六年。是岁,汉东亡,并梁,凡二国。
春正月,汉东将诸葛德威执其君黑闼降唐,唐斩之。

功盖天下,内外都归心于他,殿下只是因年长被立为太子,没有大功来镇服天下。如今刘黑闼逃亡之后,余众不足万人,用大军进逼,势如拉朽,殿下应该亲自去攻打,来取得功名,趁机结交山东的豪杰,也许就能自保。"于是,太子请求去讨伐刘黑闼。

唐封宗室李道宗为任城王。

李道宗是灵州总管,梁师都带领几万突厥人马包围灵州。李道宗趁机出击,大败敌军。突厥与梁师都相勾结,派郁射设进入居住在原来的五原,李道宗将他赶走,开拓了一千多里的土地。唐高祖因为李道宗的武功才干,封他为任城郡王。

十二月,唐魏州总管田留安攻打刘黑闼,大败敌军。

刘黑闼拥兵向南进发,河北的州县都归附了他,只有魏州总管田留安不降。刘黑闼攻打魏州,田留安奋勇抗击,大败敌军,俘获了刘黑闼的部将孟柱,刘黑闼的六千人马投降。当时,山东的豪杰纷纷杀死当地官员响应刘黑闼,因而上下相互猜忌,唯独田留安对人坦然无疑,来禀告事情的人都命令他直接进入卧室,田留安对官员、百姓说:"我和你们都是为国家抵抗贼人,当然应该同心协力,如果有谁一定要弃顺从逆,尽管砍了我的头拿走。"官员、百姓都相互提醒说:"田公以至诚之心待人,应当共同尽心竭力报效他。"最终都被田留安收服了。

唐太子李建成带兵到昌乐,刘黑闼逃走。

太子李建成、齐王李元吉带兵到昌乐,刘黑闼带兵抵抗,两次列阵都不战而停。魏徵对太子说:"以前打败刘黑闼,他的将帅都被写上名字处以死罪,因此齐王此次前来,虽然有诏书赦免黑闼党羽的罪过,但他们都不相信。如今应该全部释放囚徒,安慰劝告以后再放他们走,这样就可以眼看着刘黑闼的势力分崩离析了。"太子接受了他的意见。刘黑闼粮食吃完以后,他的部下大多逃跑、投降,刘黑闼于是带领几百人马逃走。

癸未(623)　唐武德六年。这一年,汉东亡,加上梁,共二国。

春正月,汉东的将领诸葛德威抓住他的君主刘黑闼投降唐朝,唐杀了刘黑闼。

时太子遣骑将刘弘基追黑闼，黑闼奔走不得休息，至饶阳，从者才百余人，馁甚。黑闼所署刺史诸葛德威出迎，馈之食。未毕，勒兵执之，送诣太子，斩于洺州。黑闼临刑，叹曰："我幸在家锄菜，为高雅贤辈所误至此。"

二月，唐平阳公主薨。

平阳昭公主卒，诏加鼓吹、班剑、武贲甲卒以葬。太常奏："礼，妇人无鼓吹。"唐主曰："鼓吹，军乐也，公主亲执金鼓，兴义兵以辅成大业，岂与常妇人比乎？"

徐圆朗走死，其地皆入于唐。　　**林邑遣使入贡于唐。**

初，隋破林邑，分其地为三郡。及中原丧乱，林邑复国，至是始入贡。

幽州总管李艺入朝于唐。

艺入朝，唐以为左翊卫大将军。

唐废参旗等十二军。　　**三月，梁将贺遂、索同以十二州降唐。**　　**唐前洪州总管张善安反。**　　**夏，唐以裴寂、萧瑀为仆射，杨恭仁、封德彝为中书令。**　　**高开道寇唐幽州，败走。**　　**六月，苑君璋奔突厥，高满政以马邑降唐。**

先是，前并州总管刘世让除广州总管，将之官，上问以备边之策，世让对曰："突厥比数为寇，良以马邑为之中顿故也。请以勇将戍崞城，多贮金帛，募有降者厚赏之，数出骑兵蹂其禾稼，败其生业，不出岁余，彼无所食，必降矣。"上然其计曰："非公谁为勇将！"即命世让戍崞城。马邑病之。是时马邑人多不愿属突厥，上复遣人招谕苑君璋，君璋

当时,太子李建成派遣骑兵将领刘弘基追击刘黑闼,刘黑闼奔走不停,得不到休息,逃到饶阳,跟随的人才有一百多人,非常饥饿。刘黑闼的官员饶阳刺史诸葛德威出城迎接,送给他食物。还没吃完,诸葛德威带兵抓住了刘黑闼,将他送去见太子李建成,在洺州杀了他。临刑前,黑闼感叹道:"我有幸在家里种菜,却被高雅贤等人害到今天这个下场。"

二月,唐平阳公主去世。

平阳昭公主去世,唐高祖下诏增加鼓吹、班剑的仪仗队以及武装勇士来为她送葬。太常寺上奏说:"按照礼节,妇人不用鼓吹乐。"唐高祖说:"鼓吹乐是军乐,公主亲自号令军队,兴起义军辅佐成就帝王大业,怎么能与普通妇人相提并论呢?"

徐圆朗逃走时被杀,他的土地都归入唐朝。 **林邑派遣使节向唐朝进贡。**

当初,隋朝打败林邑国,把它的地盘分成三个郡。到中原大乱时,林邑复国,这时开始向唐朝进贡。

幽州总管李艺入唐朝拜。

李艺入朝,唐任命他为左翊卫大将军。

唐废除参旗等十二军。 **三月,梁师都的将领贺遂、索同以十二州投降唐朝。** **唐洪州的前任总管张善安反叛。** **夏,唐任命裴寂、萧瑀为仆射,杨恭仁、封德彝为中书令。** **高开道侵犯唐幽州,大败而逃。** **六月,苑君璋逃往突厥,高满政以马邑投降唐朝。**

此前,并州前任总管刘世让调任广州总管,即将赴任时,唐高祖向他询问边防的策略,刘世让回答道:"突厥近来屡次入侵,都是因为能在马邑中途休整。希望派猛将戍守崞城,多贮藏金帛,招募到投降的人就重重地奖赏他们,再时常派骑兵去毁坏马邑的庄稼,破坏他们的谋生之业,不出一年,他们没有吃的,肯定会投降。"唐高祖赞赏他的计策道:"除了您,谁还称得上猛将!"于是命令刘世让戍守崞城。马邑人很害怕刘世让。这时,马邑人大都不愿归顺突厥,唐高祖又派人抚慰招降苑君璋,苑君璋

不从。高满政因众心所欲夜袭君璋，君璋奔突厥，满政杀突厥戍兵而降。君璋复与突厥寇马邑，满政与战，破之。遂以满政为朔州总管。

唐岐州刺史柴绍击吐谷浑，败之。

先是，吐谷浑寇洮、岷二州，遣柴绍救之，为其所围。虏乘高射之，矢下如雨。绍遣人弹胡琵琶，二女子对舞。虏怪之，相与聚观。绍察其无备，潜遣精骑出虏阵后击之，虏众大溃。

秋八月，唐淮南道行台仆射辅公祏反。

初，杜伏威与公祏友善，兄事之，军中谓之伯父，畏敬与伏威等。伏威浸忌之，潜夺其兵权。公祏知之，阳为学道辟谷以自晦。及伏威入朝，留公祏守丹阳，令王雄诞典兵为之副。祏诈雄诞，夺其兵，谕以反计。雄诞曰："今天下方平定，吴王在京师，奈何无故自求族灭乎？"公祏杀之，诈称伏威觇书令其起兵，寻称帝于丹阳，国号宋。诏赵郡王孝恭、李靖等讨之。孝恭将发，与诸将宴集，命取水，忽变为血，在坐皆失色，孝恭举止自若，曰："此乃公祏受首之征也。"饮而尽之，众皆悦服。

冬十月，唐杀其崞城总管刘世让。

突厥恶世让为己患，遣其臣曹般陁来言："世让与可汗通谋，欲为乱。"唐主信之，杀世让，籍没其家。

唐朔州杀其总管高满政，降突厥。

初，唐主遣将军李高迁助高满政守马邑。颉利大发兵攻之，高迁惧，宵遁。满政出兵御之，一日战十余合。会

不答应。高满政利用民心所向夜袭苑君璋,苑君璋逃奔突厥,高满政杀死突厥守兵投降唐朝。苑君璋又与突厥一起侵犯马邑,高满政迎战,打败敌军。唐朝于是任命高满政为朔州总管。

唐岐州刺史柴绍打败吐谷浑。

此前,吐谷浑侵犯洮、岷两州,唐派柴绍前往营救,却被敌军包围。敌军居高临下射击柴绍的军队,箭如雨下。柴绍派人弹奏胡琵琶,两个女子相对起舞。敌军觉得很奇怪,聚在一起观看。柴绍观察到敌军没有了防备,暗中派精锐骑兵绕到敌军的背后,发起进攻,敌军大败而逃。

秋八月,唐淮南道行台仆射辅公祏反叛。

当初,杜伏威与辅公祏交好,待他像兄长一样,军中称辅公祏为伯父,对他的敬畏像对杜伏威一样。杜伏威渐渐地猜忌他,暗中夺去了他的兵权。辅公祏知道以后,假装学道、辟谷来掩饰自己。等到杜伏威入朝,留下辅公祏把守丹阳,命王雄诞掌握兵权做辅公祏的副手。辅公祏诈骗王雄诞,夺走了兵权,又告诉他反叛的计划。王雄诞说:"如今天下刚刚平定,吴王在京城,怎么能无缘无故自取灭亡呢?"辅公祏杀了他,诈称杜伏威送来书信命令他起兵,不久,又在丹阳称帝,定国号为宋。唐高祖下诏命赵郡王李孝恭、李靖等讨伐辅公祏。李孝恭在即将出征前,与众将一道宴饮,命人取水,忽然水变成了血,在座的人都大惊失色,李孝恭却神色自如,说道:"这是辅公祏灭亡的征兆。"于是一饮而尽,众人都对他心悦诚服。

冬十月,唐杀死了嶲城总管刘世让。

突厥恨刘世让是他们的心腹之患,派大臣曹般陁来唐,说:"刘世让与突厥可汗互通阴谋,准备叛乱。"唐高祖相信了他的话,杀死刘世让,没收他的家产。

唐朔州人杀死总管高满政,投降突厥。

当初,唐高祖派遣将军李高迁帮助高满政一同镇守马邑。颉利可汗征发大军攻打马邑,李高迁胆怯,连夜从马邑逃跑。高满政派出兵力抵抗突厥军队,一天交战了十几个回合。当时赶上

突厥求婚于唐，唐主曰："释马邑之围，乃可议也。"颉利欲解兵，义成公主固请攻之。马邑粮尽，救兵未至，右虞候杜士远惧不免，杀满政以降。突厥复请和亲，乃以马邑归唐。

唐置屯田于并州。

突厥数为边患，并州长史窦静表请于太原置屯田以省馈运，议者以为烦扰，静切论不已。征静入朝，与裴寂等相问难于上前。寂等不能屈，乃从静议，岁收谷数千斛。秦王复请增置屯田于并州之境，从之。

十二月，唐安抚使李大亮讨张善安，执之。

初，辅公祏之反与张善安连兵，黄州总管周法明将兵击辅公祏，善安遣刺客杀之。至是，李大亮击善安于洪州，隔水而陈，遥相与语，谕以祸福，善安曰："善安初无反心，为将士所误，欲降又恐不免。"大亮曰："张总管有降心，则与我一家耳。"因单骑入其陈，执手共语，善安大悦，遂许降。既而善安诣大亮营，大亮执之。善安营中闻之，将攻大亮，大亮遣人谕之曰："总管自言赤心归国，还营恐将士或有异同，故留不去耳，卿辈何怒于我？"众遂溃去。送善安于长安，赦其罪。及公祏败，得所与往还书，乃杀之。

甲申（624） **唐武德七年**是岁，高开道、辅公祏皆败死，唯梁师都至贞观二年乃亡。

春正月，置大中正。

突厥向唐朝求婚,唐高祖说:"先解了马邑的包围,才可以讨论通婚的事。"颉利可汗想要退兵,义成公主坚决请求攻打。马邑的粮食吃完了,援兵还没有到,右虞候杜士远害怕不能突围,就杀了高满政投降突厥。突厥又一次向唐朝廷请求和亲,于是把马邑归还给唐朝。

唐在并州设置屯田。

突厥屡次在唐朝边境作乱,唐并州长史窦静上表请求在太原设置屯田以省去军粮的运输,议政的人认为这样做太麻烦,窦静争论不止。唐高祖征召窦静入朝,窦静与裴寂等人在高祖面前辩论。裴寂等人不能说服窦静,于是接受了他的建议,每年收获几千斛粮食。秦王又请求在并州境内增设屯田,唐高祖批准了他的请求。

十二月,唐安抚使李大亮讨伐张善安,抓住了他。

当初辅公祏反叛时,与张善安联合,黄州总管周法明带兵攻打辅公祏,张善安派刺客杀死了周法明。到这时,李大亮在洪州攻打张善安,隔水列阵,遥相对话,李大亮对张善安晓以利害关系,张善安说:"善安起初没想反叛,为将士们所误,想投降又怕不能免罪。"李大亮说:"张总管有投降的意思,就跟我是一家人了。"于是单人骑入张善安的阵营中,和张善安手拉手地交谈,张善安十分高兴,马上答应投降。不久,张善安来到李大亮的营中,李大亮抓住了他。张善安营中的将士听说以后,准备进攻李大亮,李大亮派人告诉他们:"张总管自己说忠心归顺朝廷,怕回到营中将士们有人会有不同意见,所以留在这儿不回去,你们何必对我发怒呢?"张善安的部下于是四散而去。李大亮将张善安送到长安,唐高祖赦免了张善安的罪过。等到辅公祏失败后,得到辅、张二人来往的信件,于是杀了张善安。

甲申(624) **唐高祖武德七年**这一年,高开道、辅公祏都战败被杀,只有梁师都政权到贞观二年才灭亡。

春正月,唐设置大中正。

依周、齐旧制,州置中正一人,掌知州内人物,品量望第。以门望高者领之,无品秩。

二月,封高丽王建武为辽东王。

上以隋末战士多没于高丽,赐高丽王建武书使悉遣还,亦索高丽人在中土者遣归其国。建武奉诏遣还,前后万数。至是又请颁历。乃遣使册封之。

置州县乡学。

诏州、县、乡皆置学,有明一经以上者,咸以名闻。

帝诣国子学,释奠于先圣先师。

诏王公子弟各就学。

改大总管府为大都督府。 **高开道为其下所杀,诏以其地为妫州。**

开道见天下皆定,欲降,自以数反覆不敢,其将卒咸有离心。开道选勇敢数百人,谓之假子,尝直阁内,使其将张金树领之。金树遣人入与假子游戏,因潜断其弓弦,窃其刀槊以出,乃帅其党,攻开道。假子将御之,弓弦皆绝,刀槊已失,争出降。开道知不免,乃自杀。金树悉收假子斩之,遣使来降。以其地置妫州,以金树为北燕州都督。

吴王杜伏威卒。

辅公祏之反也,诈称伏威之命以令其众。公祏平,诏追除伏威名,没其妻子。太宗即位,知其冤,赦之,复其官爵。

三月,初定官制。

唐依据周、齐的旧制度,在每个州设置一名大中正,掌管了解州内的人物,品评衡量族望的等级。这个职务由本州家族名望高的人担任,没有品级俸禄。

二月,唐高祖封高丽王建武为辽东王。

唐高祖因为隋末战士大多逃到高丽,就赐书信给高丽王建武让他将这些人全部遣返回唐,同时也在国内寻找高丽人,将他们送回高丽。建武奉旨遣返,前前后后数以万计。到这时,建武又请求唐颁赐历法。唐高祖于是派使节册封他为辽东王。

唐在州、县、乡设置学校。

唐高祖下诏:州、县、乡都设置学校,有通晓一种经书以上的人,都将名字上报朝廷。

唐高祖到国子监,祭奠先圣先师。

高祖下诏命令王公子弟分别入学。

唐改大总管府为大都督府。 高开道被他的部下杀死,唐高祖下诏在高开道的地盘设置妫州。

高开道见天下都已平定,打算投降,但自己又认为几次降后又反叛,不敢来降,他的将士们都有逃跑的意图。高开道挑选了几百名勇士,称为义子,经常在阁内值勤,派将军张金树带领。张金树派人进入阁内和义子们游戏,暗中趁机把他们的弓弦弄断,偷出他们的刀枪,然后率领他的同党攻打高开道。义子们想要抵抗,但弓弦都断了,刀枪也没了,只好争相投降。高开道知道逃不掉了,于是自杀而死。张金树将义子们全都抓起来杀掉,派使者前来投降唐朝。唐在此地设置妫州,任命张金树为北燕州都督。

吴王杜伏威去世。

辅公祏反叛时,假称是奉了杜伏威的命令来欺骗他的部下。辅公祏被平定后,唐高祖下诏追免杜伏威的官爵,将他的妻儿没收为官奴。唐太宗即位后,知道杜伏威蒙受冤屈,赦免了他,恢复了他的官爵。

三月,唐开始制定官制。

以太尉、司徒、司空为三公，次尚书、门下、中书、秘书、殿中、内侍为六省，次御史台，次太常至太府为九寺，次将作监，次国子学，次天策上将府，次左右卫至左右领卫为十四卫；东宫置三师、三少、詹事及两坊、三寺、十率府；王公置府佐、国官，公主置邑司，并为京职事官。州、县、镇、戍为外职事官。自开府仪同三司至将仕郎二十八阶为文散官；骠骑大将军至陪戎副尉三十一阶为武散官；上柱国至武骑尉十二等为勋官。

赵郡王孝恭克丹阳，斩辅公祏。

先是，公祏遣其将冯慧亮等将舟师，陈正通等将步骑以拒官军。赵郡王孝恭与李靖帅舟师次舒州，李世勣帅步卒一万度淮，次硖石。慧亮等坚壁不战。皆曰："慧亮拥强兵，据水陆之险，攻之不可猝拔，不如直指丹阳，掩其巢穴。"靖曰："今此诸栅尚不能拔，公祏保据石头，兵亦不少，岂易取哉！进攻丹阳，旬月不下，慧亮等蹑吾后，腹背受敌，此危道也。慧亮、正通皆百战余贼，其心非不欲战，正以公祏立计使之持重以老我师耳。今攻其城以挑之，一举可破也。"孝恭然之，使羸兵先攻贼垒，而勒精兵结陈以待之。攻垒者不胜而走，贼出兵追之，遇大军与战，大败。乘胜逐北，两戍皆溃。公祏弃城走，野人执送丹阳，枭首。江南皆平。

夏四月，颁新律令。

比开皇旧制，增新格五十三条。

初定均田租、庸、调法。

丁、中之民，给田一顷，笃疾减什之六，寡妻妾减七，皆

以太尉、司徒、司空为三公,其次尚书、门下、中书、秘书、殿中、内侍为六省,其次是御史台,其次是太常至太府为九寺,其次是将作监,其次是国子学,其次是天策上将府,其次是左、右卫至左、右领卫为十四卫;东宫设置三师、三少、詹事及两坊、三寺、十率府;王、公设置府佐、国官,公主设置邑司,上述官员都是京职事官。州、县、镇、戍的官员都是外职事官。从开府仪同三司到将仕郎,分为二十八阶,为文散官;从骠骑大将军到陪戎副尉,分为三十一阶,为武散官;从上柱国到武骑尉,分为十二等,为勋官。

赵郡王李孝恭攻克丹阳,将辅公祏斩首。

此前,辅公祏派他的手下冯慧亮等率领水军,陈正通等率领步兵骑兵,来抵抗唐军。唐赵郡王李孝恭和李靖率领水军停泊在舒州,李世勣率领步兵一万人渡过淮河,驻扎在硖石。冯慧亮等坚守不战。唐众将都说:"冯慧亮拥有强大的兵力,凭据水陆两方面的险要地势,我们进攻不可能很快取胜,还不如直逼丹阳,杀向辅公祏的老巢。"李靖说:"如今这里的各个营寨尚且攻不下来,辅公祏据有石头城以自保,兵力也不少,又哪是轻易就能攻下来的!进攻丹阳,十天半个月攻不下来的话,冯慧亮等跟在我军背后,腹背受敌,这是很危险的。冯慧亮、陈正通都是身经百战的老将,他们并不是不想出战,而正是因为辅公祏定下计策让他们按兵不动,想用这个方法拖垮我军。如今可以攻城来挑起他们的战斗欲望,就能一举歼灭他们。"李孝恭认为很对,派老弱残兵先攻打敌人的营垒,而率领精兵列好阵势等待敌军出击。攻打营垒的部队不能取胜而逃,敌兵出来追击,与李孝恭的大军相遇交战,被打得大败。唐军乘胜追击,敌水陆两军都溃散而逃。辅公祏放弃城池逃走,被农民抓住送往丹阳,枭首示众。江南地区全部平定。

夏四月,唐颁布新的律令。

新律比隋朝开皇的旧制增加五十三条新条款。

唐初次制定均田制和租、庸、调法。

规定:每个成年男子和中民,给一顷田地,患有严重疾病的人减去十分之六,没有丈夫的妻妾减去十分之七,所有的授田都

以什之二为世业，八为口分。每丁岁入租粟二石。调随土地所宜，绫、绢、绝、布。岁役二旬，不役则收其佣，日三尺；有事而加役者，旬有五日，免其调；三旬，租、调俱免。水、旱、虫、霜为灾，什损四以上免租，损六以上免调，损七以上课役俱免。凡民赀业分九等。百户为里，五里为乡，四家为邻，四邻为保。在城邑者为坊，田野者为村。食禄之家无得与民争利，工商杂类无预士伍。男女始生为黄，四岁为小，十六为中，二十为丁，六十为老。岁造计帐，三年造户籍。

六月，庆州都督杨文幹反，遣秦王世民讨平之。

初，齐王元吉劝太子建成除秦王世民，曰："当为兄手刃之。"世民从上幸元吉第，元吉伏甲欲刺之，建成止之，元吉愠曰："为兄计耳，于我何有？"建成擅募骁勇二千余人，为东宫卫士，发幽州突骑三百置诸坊，又私使庆州都督杨文幹募壮士。至是，上幸仁智宫，建成居守，世民、元吉皆从。建成使元吉就图世民，又使人以甲遗文幹，使之举兵，表里相应。上闻之，怒，召建成，建成惧不敢赴。詹事主簿赵弘智劝其贬损车服，屏从者，诣上谢罪。建成乃诣仁智宫见上，叩头谢罪，奋身自掷。上怒不解，置之幕下，以兵守之。文幹遂发兵反。上召秦王世民，告之曰："文幹事连建成，恐应之者众，汝宜自行，还立汝为太子。吾不能效隋

以十分之二为永业田,十分之八为口分田。每个成年男子交纳二石粟的租。调根据当地物产的特点,分别交纳绫、绢、绝、布。每年服役二十天,不服役的就收取佣,每天三尺;有事增加劳役的,加十五天劳役,就免除他应交的调;加三十天劳役,租、调都免除。遇到水、旱、虫、霜等自然灾害,收入损失十分之四以上的就免交租,损失十分之六以上的就免交调,损失十分之七以上的,所有的租调和应服的劳役都免除。百姓的财产分为九等。每百户为一里,每五里为一乡,每四家为邻,每四邻为一保。在城镇居住的地方叫作坊,在乡村田野的地方叫作村。享有官俸的人家不准与百姓争夺利益,工商杂色人等不得进入士人阶层。男女刚生下来为黄,四岁为小,十六岁为中,二十岁为丁,六十岁为老。每年编制计帐策,每三年编造一次户籍。

六月,庆州都督杨文幹反叛,唐高祖派秦王李世民讨伐,平定叛乱。

当初,齐王李元吉劝说太子李建成除掉秦王李世民,说:"我一定替兄长亲手杀了他。"李世民跟随高祖到李元吉的府第,李元吉埋伏下武士准备行刺李世民,李建成阻止了他,李元吉生气地说:"我是为兄长你着想,对我有什么好处?"李建成擅自招募了两千多名骁勇之士,担任东宫卫士,又从幽州征发了三百名精锐骑兵安置在各个坊市中,又暗地里指使庆州都督杨文幹招募壮士。到这时,高祖临幸仁智宫,命令李建成留守京城,李世民与李元吉随同前往。李建成让李元吉找机会谋害李世民,又派人将盔甲赠送给杨文幹,命令他起兵,里应外合。唐高祖听说后,非常生气,召见李建成,李建成害怕,不敢前往。詹事主簿赵弘智劝他减去车驾章服,屏退随从人员,到高祖那里去请罪。李建成于是前往仁智宫进见高祖,叩头请罪,猛然起身把自己摔了出去。但高祖的怒气仍然没有消解,把李建成关在帐幕之下,让士兵看守着他。杨文幹于是起兵反叛。唐高祖召见秦王李世民,告诉他说:"杨文幹起事跟建成有关,恐怕响应他的人有很多,你最好亲自前往,回来以后,我就立你为太子。我不能仿效隋

文帝自诛其子,当封建成为蜀王。蜀兵脆弱,他日苟能事汝,宜全之,不能事汝,取之易耳。"世民既行,元吉与妃嫔更迭为建成请,封德彝复为营解于外。上意遂变,遣建成还守京师,惟责以兄弟不睦,归罪于王珪、韦挺、杜淹,并流巂州。文幹陷宁州,世民军至。其党杀之,传首京师。

秋闰七月,突厥入寇,遣秦王世民将兵御之。

或说上曰:"突厥所以屡寇关中者,以子女玉帛皆在长安故也。若焚长安而不都,则胡寇自息矣。"上欲从之,秦王世民谏曰:"戎狄为患自古有之,陛下以圣武龙兴,所征无敌,奈何为此以贻四海之羞,为百世之笑乎?愿假数年之期,臣请系颉利之颈致之阙下。若其不效,迁都未晚。"上曰:"善。"建成与妃嫔因共谮世民,曰:"突厥犯边,得赂则退,秦王外托御寇之名,内欲总兵权成其篡夺之谋。"上大怒,召世民责之。会有司奏突厥入寇,上乃改容劳勉,诏世民、元吉将兵出幽州以御之。上每有寇盗,辄命世民讨之,事平之后,猜嫌益甚。

命韦仁寿检校南宁州都督。

仁寿性宽厚,有识度,初为蜀郡司法书佐,所论囚至市犹西向为仁寿礼佛然后死。时西南夷内附,朝廷遣使抚之,类皆贪纵,远民患之。上闻仁寿名,命检校南宁州都督。仁寿既受命,将兵五百人至西洱河,周历数千里,蛮夷

文帝杀自己的儿子，到时候就封建成为蜀王。蜀中兵力薄弱，日后如果他能够侍奉你，应该保全他的性命，如果他不肯侍奉你的话，要捉拿他也容易。"李世民出发以后，李元吉和众妃嫔轮流替李建成说情，封德彝又在外面设法营救他。唐高祖于是改变主意，派李建成回去驻守京城，只是责怪他引起兄弟不和睦，并把罪过推到王珪、韦挺、杜淹身上，将他们一起流放到巂州。杨文幹攻陷宁州，李世民率大军杀到。杨文幹的部下将杨文幹杀死，将他的首级传送到京城。

秋闰七月，突厥入侵，唐派秦王李世民率兵抵御。

有人劝高祖说："突厥之所以屡次侵犯关中地区，是因为我们的人口、财物都聚集在长安。如果烧毁长安，不在这里定都，那么胡人的侵犯自然就会停止。"唐高祖准备采纳这个意见，秦王李世民劝谏道："戎狄为患，从古时候就有了，陛下依仗您的圣明勇武开创天下，所向无敌，怎么能够因为这件事给全国上下带来羞辱，让后世人耻笑呢？希望能给我几年的时间，请让臣用绳索套在颉利的脖子上，把他送到宫阙之下。如果不能成功，到时候再迁都也不晚。"高祖说："好。"李建成与众妃嫔于是一起诬害李世民，说："突厥侵犯边境，得到贿赂就会退兵，秦王表面上声称要抵御贼寇，实际上是想总揽兵权，实现他篡夺皇位的阴谋。"唐高祖大怒，召见李世民，责备他。适逢有关部门上奏说突厥入侵，高祖才转变了脸色，对李世民加以慰劳劝勉，下诏命令李世民、李元吉带兵从豳州出发，抵御突厥。唐高祖每逢有战乱，都命令李世民前往讨伐，但事情平定以后，就更加猜疑李世民。

唐任命韦仁寿为检校南宁州都督。

韦仁寿性情宽厚，有见识和气度，当初担任蜀郡司法书佐时，由他定罪处死的囚犯押到闹市行刑前，还要向西替韦仁寿拜佛求寿，然后才肯受刑。当时西南夷归附唐朝，朝廷派使节安抚，这些使节都贪婪无度，边地的居民把他们视为祸患。唐高祖听说韦仁寿的声名，任命他为检校南宁州都督。韦仁寿接受任命以后，带领五百名士兵到西洱河，走遍了几千里地，当地的蛮夷

望风归附。仁寿承制置七州十五县,各以其豪帅为刺史、县令。法令清肃,蛮夷说服,各遣子弟入贡。

八月,突厥受盟而还。

颉利、突利二可汗举国入寇,连营南上,秦王世民引兵拒之。会关中久雨,粮运阻绝,士卒饥疲,器械顿弊,朝廷以为忧。世民与虏遇于豳州,二可汗帅万余骑奄至城西,元吉惧不敢出。世民乃帅骑驰诣虏陈告之曰:"国家与可汗和亲,何为负约深入我地?我,秦王也,可汗能斗,独出与我斗,若以众来,我直以此百骑相当耳。"颉利不之测,笑而不应。世民又前遣骑告突利曰:"尔往与我盟,有急相救,今乃引兵相攻,何无香火之情也!"突利亦不应。世民又前将度沟水,颉利见世民轻出,又闻香火之言,疑突利与世民有谋,乃遣止世民曰:"王不须度,我但欲与王申固盟约耳。"乃引兵稍却。是后雨益甚,世民谓诸将曰:"虏所恃者弓矢耳,今积雨弥时,筋胶俱解,弓不可用。吾屋居火食,刀槊犀利,以逸制劳,此而不乘,将何复待!"乃潜师夜出,冒雨而进。突厥大惊,世民又遣人说突利。颉利欲战,突利不可。乃请和亲,世民许之。突利因自托于世民,请为兄弟,世民亦以恩意抚之,与盟而去。

冬十一月,以裴矩权侍中。

纷纷望风归附。韦仁寿受命设置七个州十五个县,各地都以当地的豪强为刺史、县令。韦仁寿的法令清明整肃,蛮夷都心悦诚服,各自派遣子弟向唐朝进贡。

八月,突厥签订盟约而退兵。

突厥颉利、突利两可汗率领全国兵马入侵唐朝,兵营相接,向南进发,秦王李世民带兵抵御。适逢关中地区一直下雨,粮食运输受阻,士兵们又饥饿又疲劳,器械也多损坏,朝廷很担忧。李世民在豳州与突厥兵马相遇,两可汗率领一万多骑兵杀到城西,李元吉害怕,不敢出战。李世民于是率领骑兵飞驰到突厥阵前,告诉他们说:"我们唐朝与可汗和亲,为什么违背盟约,深入到我国的领土中来?我是秦王,如果可汗敢比武,就一个人出来跟我比武,如果你们一起来,我就只用这一百骑兵来抵挡。"颉利测不出李世民的深浅,笑而不答。李世民又向前进,派骑兵告诉突利说:"你以前与我们订有盟约,有急事要互相援救,如今却带兵来攻打,怎么没有一点盟友的情谊!"突利也不答话。李世民又向前进,准备渡过一条河沟,颉利见李世民轻兵出战,又听到订立盟约的话,怀疑突利跟李世民早有计谋,于是派人阻止李世民,说:"秦王不用渡河,我只是想跟秦王重申加固盟约罢了。"于是带领部队稍稍后退。此后,雨下得更大了,李世民对众将说:"突厥所依仗的是弓箭,现在雨已经下了多时,筋弦松弛,胶也粘不住了,弓箭不能使用。我们住在房屋里,又可以生火做饭,刀枪锋利,以逸制劳,有这么好的机会不用,还想等什么呢!"于是秘密出兵,趁夜色冒雨前进。突厥兵大为惊恐,李世民又派人劝说突利。颉利想出战,突利不同意。于是突厥请求和亲,李世民答应了他们。突利趁机把自己托付给李世民,请求结为兄弟,李世民也用恩惠之意来安抚他,与他签订盟约以后离去。

冬十一月,唐任命裴矩为侍中。

资治通鉴纲目卷三十九

起乙酉（625）唐高祖武德八年，尽庚子（640）唐太宗贞观十四年。凡十六年。

乙酉（625）　**八年**

春正月，以张镇周为舒州都督。

镇周，舒州人也。到州就故宅，召亲故酣宴十日。赠以金帛，泣与之别，曰："今日张镇周犹得与故人欢饮，明日之后，则舒州都督治百姓耳。"自是，犯法者一无所纵，境内肃然。

诏许突厥、吐谷浑互市。

突厥、吐谷浑各请互市，诏皆许之。先是，中国丧乱，民乏耕牛。至是，资于戎狄，杂畜被野。

夏四月，西突厥遣使请昏，许之。

西突厥统叶护可汗遣使请昏，上以问裴矩。对曰："今北寇方强，国家且当远交而近攻。臣谓宜许其昏，以威颉利。俟数年之后，徐思其宜耳。"上从之。

复置十二军。

初，上以天下大定，罢十二军。既而突厥为寇不已，复置之，简练士马，议大举击突厥。

秋七月，突厥寇边。诏右卫大将军张瑾御之，败绩。

乙酉（625）　唐高祖武德八年

春正月,任命张镇周为舒州都督。

张镇周是舒州人。他来到舒州的旧宅中,叫来亲戚朋友,与他们尽情宴饮了十天。赠给他们金银布帛,哭泣着向他们告别道:"今天我张镇周还能够与往日的朋友们欢乐地饮酒,明天以后,我就是治理百姓的舒州都督了。"从这以后,触犯法令者一个也不放过,境内风气整肃。

高祖诏令准许突厥、吐谷浑与唐建立贸易关系。

突厥、吐谷浑分别请求与唐建立贸易关系,高祖下诏准许。在此之前,中原地区历经丧亡祸乱,百姓缺少耕牛。至此,借助与突厥吐谷浑开展贸易,各种牲畜又遍布原野。

夏四月,西突厥派使者请求通婚,高祖应允。

西突厥统叶护可汗派使者请求通婚,高祖为此询问裴矩。裴矩答道:"现在北狄正值强盛,朝廷应当交好远邦,攻伐近国。我认为应当答应与西突厥通婚,以便威慑颉利。等到数年之后,再慢慢考虑适宜的对策。"高祖听从了他的建议。

重新设置十二军。

当初,高祖认为天下已平定,便罢除了十二军的建制。不久,由于突厥不停地进犯,又重新设置,检选操练兵马,计议大规模进击突厥。

秋七月,突厥进犯边境。高祖下诏命右卫大将军张瑾抵御,吃了败仗。

先是，上与突厥书，用敌国礼。至是，上谓侍臣曰："突厥贪婪无厌，朕将征之。自今，勿复为书，皆用诏敕。"突厥遂寇灵、相、潞、沁、韩、朔等州。张瑾与战太谷，全军皆没，瑾仅以身免。

长史温彦博为虏所执，虏以彦博职在机近，问以国家兵粮虚实。彦博不对，虏迁之阴山。灵州都督任城王道宗击破虏兵。颉利遣使请和而退。

九月，令太府检校诸州权量。　冬十一月，裴矩罢，以宇文士及权侍中。　加秦王世民中书令，齐王元吉侍中。

丙戌（626）　九年
春正月，诏太常少卿祖孝孙定雅乐。　以裴寂为司空。

日遣员外郎一人更直其第。
二月，以齐王元吉为司徒。　初令州县、里闬各祀社稷。

初令州县祀社稷。士民里闬亦相从立社，各申祈报，用洽乡党之欢。

夏，沙汰僧道。
太史令傅弈上疏曰："佛在西域，言妖路远。汉译胡书，恣其假托。使不忠不孝削发而揖君亲，游手游食易服以逃租赋。伪启三途，谬张六道。遂使愚迷妄求功德，不

在此之前，高祖写给突厥的国书，用的是地位相当的国家之间的礼节。到了此时，高祖对随侍官员说："突厥贪得无厌，朕准备讨伐他们。从现在起，不要再给他们写国书，一律采用诏书敕令。"突厥接连进犯灵、相、潞、沁、韩、朔等州。张瑾与突厥在太谷激战，全军覆没，只有张瑾一人得以逃脱。

行军长史温彦博被突厥俘虏，突厥认为温彦博的职务处于机密近要的地位，便向他询问国家的兵力与粮储情况。温彦博不回答，突厥便将他流放到阴山。灵州都督、任城王李道宗击败突厥。突厥颉利可汗派遣使者请求讲和，于是退兵。

九月，高祖命令太府检查核实各州的度量衡器具。　冬十一月，罢免裴矩官职，任命宇文士及为代理检校侍中。　加封秦王李世民为中书令，齐王李元吉为侍中。

丙戌（626）　唐高祖武德九年

春正月，高祖诏令太常少卿祖孝孙制定雅乐。　任命裴寂为司空。

高祖每天派一名员外郎轮番到裴寂的宅第中值班。

二月，任命齐王李元吉为司徒。　高祖初次让各州县祭祀土地五谷之神。

初次让各州县祭祀土地五谷之神。还让百姓以乡里为单位，设立土地神庙，分别举行春祈丰年、秋报神功的祭祀活动，使乡里百姓更加和谐欢乐。

夏季，高祖下令淘汰全国的僧尼和男女道士。

太史令傅弈上奏疏说："佛祖生在西域，言词怪诞，远离中国。所以汉朝翻译佛经，任意假托。佛教让不忠于君主、不孝敬父母的人落发为僧，对君主、父母仅仅拱手行礼，使得游手好闲、不务正业的人改穿僧服，因而就可以逃避租税负担。佛教虚假地开启了地狱、饿鬼、畜牲三恶道的教义，又错误地加入了六道轮回之说。这就使愚蠢迷惘的人们虚幻地追求功德善举，不

惮科禁,轻犯宪章。且生死寿夭由于自然,刑德威福关之人主,贫富贵贱功业所招。而愚僧矫诈,皆云由佛。窃人主之权,擅造化之力,其为害政,良可悲矣!自汉以前,初无佛法,君明臣忠,祚长年久。自立胡神,羌戎乱华。主庸臣佞,政虐祚短。梁武、齐襄,足为明镜。今天下僧尼,数盈十万。请令匹配,即成十万余户。产育男女,十年长养,一纪教训,可以足兵。"诏百官议之。惟太仆卿张道源是弈言。萧瑀曰:"佛,圣人也。而弈非之,非圣人者无法,当治其罪。"弈曰:"人之大伦,莫如君父。佛以世嫡而叛其父,以匹夫而抗天子。萧瑀不生于空桑,乃遵无父之教。非孝者无亲,瑀之谓矣。"瑀不能对,但合手曰:"地狱之设,正为是人。"

上亦恶沙门道士苟避征徭,不守戒律。诏命有司沙汰天下僧、尼、道士、女冠。其精勤练行者,迁大寺观。庸猥粗秽者,勒还乡里。京师留三寺二观,诸州各留一所。弈性谨密,以职在占候,杜绝交游。所奏灾异,悉焚其稿。

六月,太白经天。秦王世民杀太子建成、齐王元吉。立世民为皇太子,决军国事。

忌惮科条禁令,轻率地触犯典章制度。况且,生存与死亡,长寿与短命都是由自然法则主宰,施行刑罚或恩德的权柄由君主掌握,贫穷与富有、高贵与卑贱都是由人们建立的功劳业绩所招致。然而愚蠢的人却假托名义,进行诈骗,一概说成是由佛决定的。佛教窃取君主的权威,独揽自然创造化育的伟力,他们的行为损害朝政,实在是可悲呀!汉代以前,最初没有佛法存在,君主贤明,臣下忠诚,国运长远,历时经久。自从开始信奉佛这一胡人的神明,羌人与戎人便搅乱了中华的秩序。君主昏庸,臣下奸佞,朝政暴虐,国运短促。梁武帝、北齐文襄帝的下场,足以成以明鉴。现在全国僧人和尼姑的数量,已经超过了十万人。请让僧人与尼姑各自婚配,就会成为十万多户人家。他们生男育女,经过十年的生长养育,十二年的教育训导,可以使兵源充足。"高祖下诏令百官议论这件事。只有太仆卿张道源同意傅弈的说法。萧瑀说:"佛是圣人。傅弈却要非难佛,非难圣人的人目无法纪,应当惩治他的罪过。"傅弈说:"人们的伦常大道,没有比君主与父亲更为重要的了。佛作为嫡长子却背叛了自己的父亲,作为一个平民却和天子抗衡。萧瑀并不是从空桑中无父而生,却遵从目无父亲的宗教。非难孝道的人目无父母,说的就是萧瑀这样的人。"萧瑀无言以对,只好两手合十说:"地狱的设置,正是为了这样的人。"

高祖也憎恶僧人道士逃避赋税徭役,不遵守本教的戒律。高祖颁诏,命令有关部门淘汰全国的僧人、尼姑和男女道士。将那些专心勤奋修行的人,迁居到较大的寺院道观中去。对那些庸俗猥琐、粗疏丑恶的人,勒令他们返回家乡。京城保留寺院三所、道观二所,各州分别保留寺院、道观各一所。傅弈生性谨慎细密,因为担任观测天象的职务,断绝了与朋友的交往。他奏报的灾害与自然的反常现象,底稿全部焚毁。

六月,金星白天出现在天空正南方的午位。秦王李世民杀死太子李建成、齐王李元吉。高祖立李世民为皇太子,裁决军国大事。

世民既与建成、元吉有隙，以洛阳形胜之地，恐一朝有变，欲出保之，乃以行台尚书温大雅镇洛阳。建成夜召世民，饮酒而鸩之。世民暴心痛，吐血数升。上谓世民曰："首建大谋，削平海内，皆汝之功。吾欲立汝为嗣，而汝固辞。且建成为嗣日久，吾不忍夺也。观汝兄弟似不相容，不可同处。当遣汝居洛阳，自陕以东皆主之。仍建天子旌旗，如汉梁孝王故事。"世民泣辞，不许。将行，建成、元吉相与谋曰："秦王若至洛阳，不可复制。不如留之长安，则一匹夫，取之易矣。"乃密令数人上封事，言："秦王左右闻往洛阳，无不喜跃。观其志趣，恐不复来。"上乃止。

元吉密请杀世民，秦府僚佐皆惶惧，不知所出。行台郎中房玄龄谓长孙无忌曰："今嫌隙已成，一旦祸机窃发，岂惟府朝涂地，乃实社稷之忧。莫若劝王行周公之事，以安家国。存亡之机正在今日。"无忌以告世民。召杜如晦谋之，亦劝世民如玄龄言。建成、元吉以秦府多骁将，欲诱之使为己用，密以金银器一车赠尉迟敬德，敬德辞不受，以告世民。世民曰："公心如山岳，虽积金至斗，知公不移。"元吉乃谮敬德于上，将杀之。世民固请得免。又谮程知节，出为康州刺史。知节谓世民曰："大王股肱羽翼尽矣，身何能久！知节以死不去，愿早决计。"建成谓元吉曰："秦

李世民与李建成、李元吉有了嫌隙后，认为洛阳地势优越便利，担心有一天会发生变故，打算离京占有此地，所以就让行台工部尚书温大雅镇守洛阳。李建成夜间叫来李世民，与他饮酒而下毒害他。李世民突然心痛，吐血几升。高祖对李世民说："第一个提出反隋的谋略，消灭平定国内的敌人，都是你的功劳。我打算立你为继承人，而你却执意推辞。而且建成作为继承人为时已久，我不忍心夺去他的权力。我看你们兄弟似乎难以相容，不能住在同一个地方。我要派你留居洛阳，陕州以东的地区都由你主持。还要设置天子的旌旗，一如汉梁孝王开创的先例。"李世民哭着推辞，高祖不应允。李世民准备出发的时候，李建成、李元吉一起商议道："如果秦王到了洛阳，便再也不能控制了。不如将他留在长安，这样他只是一个匹夫，捉取他就容易了。"于是暗中让好几个人以密封的奏章上奏皇帝，声称："秦王身边的人们得知他前往洛阳的消息，无不欢喜雀跃。察看李世民的意向，恐怕不会再回来了。"高祖便停止了派秦王前往洛阳的计划。

李元吉暗中请求高祖杀死李世民，秦王府的属官都很恐惧，不知所措。行台考功郎中房玄龄对长孙无忌说："现在仇怨已经结成，一旦祸患暗发，岂止是秦王府不可收拾，实际上是国家的忧患。倒不如劝说秦王采取周公平定管叔与蔡叔的行动，以安定皇室和国家。生死存亡的机会就在今天。"长孙无忌将这些告诉李世民。李世民召杜如晦前来计议，杜如晦也劝李世民听从房玄龄的意见。李建成、李元吉认为秦王府中拥有许多骁勇的将领，想要引诱他们为己所用，暗中将一车金银器物赠给尉迟敬德，敬德推辞不接受，并将此事告诉了李世民。李世民说："您的心就像山岳一般坚实牢固，即使他们赠送给您的金子堆积得顶住了北斗星，我知道你的心是不会动摇的。"于是，李元吉向高祖诬陷尉迟敬德，准备将他杀掉。李世民再三请求才得免一死。李元吉又诬陷程知节，高祖将他外放为康州刺史。程知节对李世民说："大王的辅佐大臣快走光了，自身又怎么长久呢！我誓死不离开京城，希望大王及早决策。"李建成对李元吉说："秦王

府智略之士,可惮者独房玄龄、杜如晦耳。"皆谮之于上而逐之。世民腹心唯长孙无忌在,与其舅高士廉、将军侯君集及尉迟敬德等,日夜劝世民决计,世民犹豫。问于李靖及李世勣,皆辞,世民由是重二人。

会突厥入塞,建成荐元吉将兵击之。元吉请尉迟敬德等与之俱,又悉简秦府精卒以益其军。率更丞王晊密告世民曰:"太子语齐王:'吾与秦王饯汝于昆明池,使壮士拉杀之。因遣人说上,授我以国,而立汝为太弟。'"世民以告长孙无忌,无忌等劝世民先事图之。世民叹曰:"骨肉相残,古今大恶。吾诚知祸在朝夕,欲俟其发然后以义讨之,不亦可乎!"敬德曰:"人情谁不爱其死。今众人以死奉王,乃天授也。大王不用敬德之言,敬德将窜身草泽,不能留居大王左右,交手受戮也。"无忌曰:"不从敬德之言,无忌亦当相随而去,不能复事大王矣!"世民曰:"公更图之。"敬德曰:"大王素所畜养勇士八百余人,今已入宫擐甲执兵。事势已成,大王安得已乎?"

世民访之府僚,皆曰:"齐王凶戾,终不肯事其兄。尝谓护军薛实曰:'但除秦王,取东宫如反掌耳。'彼与太子谋乱未成,已有取太子之心。乱心无厌,何所不至! 若使二人得志,天下非复唐有。大王奈何徇匹夫之节,忘社稷之计乎!"世民犹未决,众曰:"大王以舜为何如人?"曰:"圣人也。"

府有智谋才略的人物中，值得畏惧的是房玄龄、杜如晦。"李建成与李元吉又向高祖诬陷他们二人，使他们遭到斥逐。李世民的亲信只有长孙无忌还在身边，他与他的舅舅高士廉、将军侯君集及尉迟敬德等人，日夜劝说李世民诛讨李建成和李元吉，李世民犹豫不决。李世民向李靖及李世勣问计，他们二人都推辞了，李世民从此便器重他们二人。

适逢突厥进入边塞，李建成推荐李元吉领兵进击。李元吉请求让尉迟敬德等人与他一同前往，又挑选秦王府中精悍勇锐的将士，来增强李元吉的军队。率更丞王晊秘密禀告李世民说："太子对齐王说：'我与秦王在昆明池为你饯行，让勇士摧折秦王的身体，将他杀死。我借机派人劝说皇上，将国家事务交给我，而立你为皇太弟。'"李世民将这些话告诉长孙无忌，长孙无忌等劝告世民先行下手图谋他们。李世民叹息道："骨肉相互残杀，是古往今来的一大恶事。我诚然知道祸事即将来临，打算在祸事发生之后，再仗义讨伐他们，这不也是可以的吗！"尉迟敬德说："人们的常情，有谁能够舍得死去。现在大家誓死拥戴大王，这是上天所授。如果大王不采纳尉迟敬德的意见，我就准备逃身荒野，不能够留在大王身边，拱手让人宰割。"长孙无忌说："如果大王不听从尉迟敬德的意见，我也要跟着他们离开，不能够再事奉大王了！"李世民说："你再计议一下吧。"尉迟敬德说："大王平时畜养的八百多名勇士，现在已经穿好衣甲，握着兵器进入宫中。起事的形势已经形成，大王怎么能够制止得住呢？"

李世民就此事征求秦王府僚属的意见，大家都说："齐王凶恶乖张，是终究不肯事奉自己的兄长的。齐王曾对护军薛实说：'只要除去秦王，捉拿太子就易如反掌了。'李元吉与太子谋划作乱还都没有成功，就已经有了捉拿太子的心思。作乱的心思没个满足，又有什么事情做不出来呢！假使这两个人都如愿以偿了，恐怕天下就不会再归大唐所有。大王怎么能为了信守平常人的节操，而忘记了国家大计呢！"李世民仍然没有做出决定，众人都说："大王认为虞舜是什么样的人呢？"李世民说："是圣人。"

众曰："使舜浚井而不出，涂廪而不下，则井中之泥，廪上之灰耳。安能泽被天下，法施后世乎！是以小杖则受，大杖则走，盖所存者大也。"世民命卜之，幕僚张公谨自外来见之，取龟投地曰："卜以决疑，不疑何卜！卜而不吉，庸得已乎？"世民意乃决。于是太白再经天。傅弈密奏："太白见秦分，秦王当有天下。"上以其状授世民。于是世民密奏建成、元吉淫乱后宫，且曰："兄弟专欲杀臣，似为世充、建德报仇。臣今永违君亲，亦实耻见诸贼于地下！"上惊投曰："明当鞫问，汝宜早参。"

明日，世民帅长孙无忌等入，伏兵于玄武门。张婕妤窃知世民表意，驰语建成，建成召元吉谋之，元吉曰："宜勒兵，不朝，以观形势。"建成曰："兵备已严，当俱入参，自问消息。"乃俱入。至临湖殿，觉有变，欲还。世民追射建成，杀之。尉迟敬德射杀元吉。于是东宫、齐府将帅薛万彻等率众大至，攻玄武门。敬德以二人首示之，乃颇散去。上方泛舟海池，世民使敬德入侍。敬德擐甲持矛，直至上所，奏曰："太子、齐王作乱，秦王兵已诛之矣。恐惊动陛下，遣臣宿卫。"上谓裴寂等曰："不图今日乃见此事，当如之何？"

众人说:"假如虞舜在疏浚水井时没有躲过父亲与哥哥在上面填土的毒手,他便化为井中的泥土了,假如他在涂饰粮仓时没有逃过父亲和哥哥在下面放火的毒手,他便化为粮仓上的灰烬了。又怎么能够使自己恩泽遍及天下,法度流传后世呢! 所以,虞舜在遭到父亲用小棍棒笞打的时候便忍受了,在遭到父亲用大棍棒笞打的时候便逃走了,这恐怕是因为虞舜心里所想的是大事啊。"李世民让人占卜是否应该采取行动,恰好秦王府的幕僚张公谨从外面进来看见了,便将龟甲拿过来扔在地上说:"占卜是为了决定疑难之事的,现在事情并不疑难,还占卜什么呢! 如果卜算的结果是不吉利的,难道就停止行动了吗?"李世民的主意才定下来。这一天金星再次白天出现在天空正南方的午位。傅弈秘密上奏道:"金星出现在秦地的分野上,这是秦王应当拥有天下的征兆。"高祖将傅奕的密状交给了李世民。于是,李世民暗中奏陈李建成、李元吉淫乱后宫嫔妃,而且说:"他们兄弟二人一心要杀我,似乎是要为王世充和窦建德报仇。如今我含冤而死,永远离开父皇,如果在九泉下见到王世充等人,实在感到羞耻!"高祖惊讶地回答道:"明天就审问此事,你最好及早前来朝参。"

第二天,李世民率领长孙无忌等人入朝,在玄武门伏兵。张婕妤暗中得知李世民上表的大意,急忙前去告诉李建成,李建成叫来李元吉商议此事,李元吉说:"应当统率好军队,不去上朝,以便观察形势。"李建成说:"军队防备已经很严密了,我与你应当入朝参见,亲自打探消息。"于是二人一起入朝。到了临湖殿,察觉到事情有变,想要返回。李世民追赶着箭射李建成,杀了他。尉迟敬德将李元吉射死。于是东宫、齐王府的将领薛万彻等率领众人赶来,攻打玄武门。尉迟敬德提着李建成和李元吉的头颅给他们看,众人因而溃散。高祖正在海池划船,李世民让尉迟敬德入宫担任侍卫。尉迟敬德身披铠甲,手握长矛,径直来到高祖所在的地方,启奏道:"太子和齐王犯上作乱,秦王起兵诛杀了他们。秦王担心惊动陛下,便派我担任守卫。"高祖对裴寂等人说:"不料今天竟然会出现这种事情,应该怎么办呢?"

萧瑀、陈叔达曰:"建成、元吉本不豫义谋,又无功于天下。疾秦王功高望重,共为奸谋。今秦王已讨而诛之。陛下若处以元良,委之国务,无复事矣。"上曰:"此吾之夙心也。"

时秦府兵与二宫左右战犹未已,敬德请降手敕,令内外诸军一受秦王节度,众然后定。上召世民抚之,世民跪吮上乳,号恸久之。建成、元吉诸子皆坐诛。诸将又欲尽诛建成、元吉左右百余人,敬德曰:"此非所以求安也。"乃止。遂立世民为皇太子,军国庶事悉委太子处决,然后闻奏。太子命纵禁苑鹰犬,罢四方贡献,听百官各陈治道,政令简肃,中外大悦。召傅弈谓曰:"汝前所奏,几为吾祸。然凡有天变,卿宜尽言,勿以前事为惩也。"

罢沙汰僧道。　以魏徵、王珪为谏议大夫。

初,洗马魏徵常劝建成早除秦王。及建成败,太子召徵,谓曰:"汝何为离间我兄弟?"徵举止自若,对曰:"先太子早从徵言,必无今日之祸。"太子改容礼之,引为詹事主簿。亦召王珪、韦挺于嶲州,皆以为谏议大夫。

帝自称太上皇。　庐江王瑗反,幽州将军王君廓杀之。

萧瑀、陈叔达说:"李建成和李元吉原本就没有参与举义反隋的谋议,又没有为天下立下功劳。他们嫉妒秦王功勋大、威望高,所以便一起策划邪恶的阴谋。现在,秦王已经声讨并诛杀了他们。如果陛下能决定立他为太子,将国家政务交付给他,就不会再发生事端了。"高祖说:"这也正是我平素的心愿啊。"

当时秦王府的兵马与东宫、齐王府的亲信交战还没有停止,尉迟敬德请求高祖颁布亲笔敕令,命令各军一律接受秦王的处置,此后大家才安定下来。高祖传召李世民前来,李世民跪了下来,伏在高祖的胸前,放声痛哭了很长时间。李建成、李元吉的儿子们也都获罪被杀。众位将领准备将李建成和李元吉的一百多名亲信全部除死,尉迟敬德说:"这并不是谋求安定的做法。"诸将这才停止追杀。于是高祖将李世民立为皇太子,军队和国家的各项事务全部交付太子处置决定,然后再上奏高祖。太子李世民命令将宫苑的鹰犬放生,免除各地进献贡物,听凭百官各自陈说治理国家的方法,行政措施与法令简明整肃,朝廷内外的人们都大为欣悦。李世民召见傅弈,对他说:"你以前所奏金星出现在秦的分野,秦王当有天下,差一点使我遭殃。不过今后只要有天象变化,你应该全部告诉我,不要心有余悸,总记着过去的事。"

李世民免除淘汰全国僧人道士的政令。 任命魏徵、王珪为谏议大夫。

当初,太子洗马魏徵经常劝说太子李建成要及早除去秦王。等到李建成事败被杀以后,太子李世民便传召魏徵,对他说:"你为什么挑拨离间我们兄弟之间的关系呢?"魏徵举止如常,回答说:"如果已故的太子早听从我的进言,肯定不会有今天的祸事。"李世民便改变了原来的态度,对他以礼相待,并引荐他担任詹事主簿。李世民又将王珪和韦挺从嶲州召回,都任命他们为谏议大夫。

高祖自称太上皇。 庐江王李瑗谋反,幽州将军王君廓将他杀死。

初，上以瑗为幽州都督。又以其懦怯，非将帅才，使王君廓佐之。君廓故群盗，勇悍险诈，瑗推心倚仗之。太子建成谋害秦王，密与瑗相结。建成死，诏遣使驰驿召瑗。瑗心不自安，谋于君廓。君廓欲取瑗以为功，乃曰："大王若入，必无全理。"瑗曰："我今以命托公，举事决矣。"乃发驿征兵。又召燕州刺史王诜计事，欲除君廓，以诜代之。君廓知之，往见诜斩之。持其首告众曰："李瑗与王诜同反，汝何故从之，取族灭乎？"遂帅麾下逾城而入，执瑗缢之。诏以君廓为幽州都督，以瑗家口赐之。

秋七月，以高士廉为侍中，房玄龄、宇文士及为中书令，萧瑀、封德彝为仆射。　遣魏徵宣慰山东。

建成、元吉之党亡在民间，虽更赦令，犹不自安。徼幸者争告捕以邀赏。谏议大夫王珪以启太子，太子令事连东宫齐王及李瑗者，并不得告，违者反坐。遣魏徵宣慰山东，听以便宜从事。徵至磁州，遇州县锢送前太子千牛李志安、齐王护军李思行诣京师。徵曰："前宫、齐府左右已赦不问，今复送思行等，则谁不自疑！虽遣使者，人谁信之！吾不可以顾身嫌，不为国虑。且既蒙国士之遇，敢不以国士报之乎！"遂皆解纵之。太子闻之，甚喜。

八月，太子即位。

诏传位于太子。太子固辞，不许。乃即位。

当初，高祖任命李瑷为幽州都督。又因为他过于懦弱，没有担任将帅的才能，便让王君廓辅佐他。王君廓过去当过强盗，骁勇强悍，阴险狡诈，李瑷推心置腹地倚仗他。太子李建成图谋杀害李世民的时候，暗中与李瑷相互勾结。李建成死后，高祖颁诏派使者骑着驿站的车马前往征召李瑷。李瑷心里恐慌，便与王君廓谋划。王君廓打算捉拿李瑷，借此邀功，于是便说："如果大王入朝，肯定没有保全的道理。"李瑷说："我现在把性命都交付给您，决定起事了。"于是通过驿站调集兵力。又传召燕州刺史王诜一同计议起事，想要除掉王君廓，以王诜取代他。王君廓得知这一消息，前去见王诜，将他杀死。提着王诜的头颅向众人宣告说："李瑷与王诜共同谋反，你们为什么要跟着他去举族受戮呢？"于是率领自己的部下翻越城池，进入城内，捉住李瑷将他勒死。朝廷任命王君廓为幽州都督，将李瑷家中的人口赏赐给他。

　　秋七月，任命高士廉为侍中，房玄龄、宇文士及为中书令，萧瑀、封德彝为仆射。　派遣魏徵安抚山东。

　　李建成、李元吉的党羽流散逃亡到民间，虽然连续颁布赦令，仍然感到内心不安。侥幸的人争着告发捕捉他们，来邀功请赏。谏议大夫王珪将这种情况告诉了太子李世民，太子颁布命令：与东宫、齐王府及李瑷有牵连的人，一概不准相互告发，违反规定的人以诬告治罪。派遣魏徵安抚山东地区，允许他见机行事。魏徵来到磁州，遇见州县枷送原来的太子千牛李志安、齐王护军李思行前往京城。魏徵说："原来的东宫与齐王府的属官都已赦免，不予追究，现在又押送李思行等人，那么谁不对赦令产生怀疑呢！虽然朝廷为此派来使者，又有谁会相信呢！我不能因顾虑自身遭受嫌疑，便不为国家考虑。何况我既然作为国中才能出众的人士受到礼遇，怎么敢不以此来报答太子呢！"于是将李志安等人一律释放。太子李世民听说后，十分高兴。

　　八月，太子李世民即皇帝位。

　　高祖颁诏传位给太子李世民。太子执意推辞，高祖不应允。于是即皇帝位。

放宫女三千余人。　立妃长孙氏为皇后。

后少好读书,造次必循礼法。上为秦王,后奉事高祖,承顺妃嫔,甚有内助。及为后,务崇节俭,服御取给而已。上深重之,尝与之议赏罚,后辞曰:"'牝鸡之晨,惟家之索',妾妇人,安敢豫闻政事!"固问之,终不对。

突厥入寇,至便桥,帝出御之。突厥请盟而退。

梁师都所部离叛,国浸衰弱,乃朝于突厥,劝令入寇。于是颉利、突利二可汗合兵十余万,骑寇泾州。颉利进至渭水便桥之北,遣其腹心执失思力入见,以观虚实。思力盛称"二可汗将兵百万,今至矣"。上让之曰:"吾与汝可汗面结和亲,赠遗无筭。今汝可汗背盟入寇,于我无愧!汝虽戎狄,亦有人心。何得全忘大恩,自夸强盛!我今先斩汝矣。"思力惧,乃囚之。

上乃自与高士廉、房玄龄等六骑径诣渭水。上与颉利隔水而语,责以负约。突厥大惊,皆下马罗拜。俄而诸军继至,旌甲蔽野。颉利见思力不返,而上轻出,军容甚盛,有惧色。上麾诸军,使却而布陈,独留与颉利语。萧瑀叩马固谏,上曰:"突厥所以敢倾国而来者,以我国内有难,

唐太宗传令将三千余名宫女外放出宫。 **唐太宗将皇妃长孙氏立为皇后。**

皇后年少时喜欢读书,即使在仓促之间,她的行为也一定要遵守礼教的规定。太宗在当秦王的时候,长孙氏侍奉高祖,顺从高祖的妃嫔,给予秦王以很大的帮助。等到做了皇后,务求保持节俭,车马衣服等物品只求够用而已。太宗深深地敬重她,曾经与她议论奖赏与刑罚的事,皇后推辞说:"'如果母鸡在早晨打鸣,就只会使这个人家倾家荡产',我一个妇道人家,怎么敢参与过问朝中政务!"太宗再三问她,终究没有应答。

突厥进犯,到了渭水便桥一带,太宗亲自前往抵御。突厥请求建立盟约后撤退。

梁师都的部下纷纷离散,势力逐渐衰弱,于是投靠突厥,劝突厥进犯唐朝。于是颉利、突利两个可汗纠合兵马十多万人,率骑兵进犯泾州。颉利可汗前进到渭水便桥的北岸,派遣他的心腹执失思力入京晋见太宗,以便观察形势。执失思力大肆宣扬"颉利可汗与突利可汗两人率领着百万大军,现在已经来到"。太宗斥责他说:"我与你们的可汗当面约定讲和通好,前后赠给你们金银布帛,多得无法计算。现在你们的可汗独自背弃盟约,率领兵马深入唐境,我没有对不起你们的地方!虽然你们是戎狄族之人,但也长着一颗人心,怎么能够完全忘却对你们的大恩大德,自夸兵强马壮!今天我要先将你斩了!"执失思力害怕,于是将他囚禁起来。

太宗亲自与高士廉、房玄龄等六人骑马径直来到渭水边上。太宗同颉利可汗相隔渭水对话,责备他背弃盟约。突厥大为惊讶,纷纷跳下马来,对着太宗罗列而拜。一会儿,唐朝各军相继赶到,旗帜与盔甲遮盖了原野。颉利可汗看到执失思力没有回来,而太宗挺身而出,唐军的阵容又很强大,脸上露出恐惧的神色。太宗指挥各军退出一些地方来结成阵列,自己独自留下与颉利可汗交谈。萧瑀勒住太宗的坐骑再三劝阻,太宗说:"突厥之所以敢竭尽全国兵力前来,是因为我们国家内部出现了祸难,

朕新即位,谓我不能抗御也。我若示之以弱,虏必放兵大掠,不可复制。故朕轻骑独出,示若轻之。震曜军容,使知必战。虏既深入,必有惧心。与战则克,与和则固,制服突厥在此举矣。"

是日,颉利来请和,诏许之。斩白马与盟于便桥之上,突厥引兵退。萧瑀请曰:"突厥未和之时,诸将争欲战,陛下不许。而虏自退,其策安在?"上曰:"突厥之众多而不整,君臣之志唯贿是求。昨其达官皆来谒我,我若醉而缚之,因击其众,伏兵邀其前,大军蹑其后,覆之如反掌耳。然吾即位日浅,国家未安,一与虏战,结怨既深。彼或惧而修备,则吾未可以得志也。故卷甲韬戈,啖以金帛。彼既得所欲,志必骄堕。然后养威俟衅,一举可灭也。'将欲取之,必固与之',此之谓也。"瑀谢不及。颉利献马三千匹、羊万口,上不受。诏归所掠中国户口。

九月,引诸卫将卒习射于显德殿。

上日引诸卫将卒数百人习射殿庭,谕之曰:"朕不使汝曹穿池筑苑,专习弓矢。居闲无事则为汝师,突厥入寇则为汝将,庶几中国之民可以少安。"群臣多谏曰:"于律,以兵刃至御在所者绞。今使将卒习射殿庭,万一狂夫窃发,出于不意,非所以重社稷也。"上曰:"王者视四海为一家,

朕新近即位,认为我军不能抵抗他们的缘故。如果我军向他们示弱,突厥必然要放纵兵马大肆劫掠,使我们难以遏制。所以朕轻装骑马独自前来,是要显示出看不起他们的样子。又向他们炫耀军队的阵容,是要让他们知道我军肯定要出战。突厥既然已经深入我疆域内,肯定怀有戒惧之心。如果与他们交战,便能取胜,与他们通好言和,便能够巩固,制服突厥就看这一次行动了。”

　　当日,颉利可汗前来请求讲和,太宗下诏许可。斩白马歃血,与颉利可汗在便桥订立盟约,突厥率领兵马撤退。萧瑀向太宗请求道:“在突厥没有言和的时候,众位将领争先请求出战,陛下没有允许。突厥兵自动撤退,奥妙何在?”太宗说:“突厥兵马众多,但阵容并不整齐,君臣的意图只是一味贪图财物。昨天突厥职位显要的官员都来谒见我,我如果将他们灌醉了,再将他们捉拿起来,并就势袭击突厥兵马,前面有埋伏着的兵马阻拦截击,后面有大部队跟踪追击,消灭他们易如反掌。然而朕即位的时间不长,国家尚未安定,一旦与突厥交战,便与突厥结下很深的怨仇。他们可能因恐惧而整饬武备,我们便不能够如愿以偿了。所以才停战息兵,以金银布帛诱惑他们。他们的欲望一旦得到了满足,必然心志骄矜,意志怠惰。然后,我军蓄养军威,窥伺破绽,就能够一举消灭他们。‘打算有所索取,就要先有所给予’,说的就是这个道理。”萧瑀称谢不如太宗见识深远。颉利可汗献给唐朝三千匹马、一万只羊,太宗没有接受。太宗诏令突厥归还所掠夺的中原人口。

九月,太宗带领各卫将士在显德殿练习箭术。

　　太宗每日带领各卫将几百人在显德殿庭院练习箭术,并当面训话道:“朕不让你们修池榭筑宫苑,专门熟习箭术。闲居无事时朕就当你们的老师,一旦突厥入侵,则做你们的将领,这样中原的百姓也许能过上安宁的日子。”许多大臣劝谏道:“依照大唐律令,在皇帝住处手持兵刃的要被处以绞刑。现在陛下让将士们在殿庭上张弓挟箭,万一有狂徒恣肆妄为,出现意外,这不是重视社稷江山的办法。”太宗说:“真正的君主视四海如同一家,

封域之内皆朕赤子。朕一一推心置其腹中,奈何宿卫之士亦加猜忌乎?"由是人思自励,数年之间,悉为精锐。上尝言:"吾自少经略四方,颇知用兵之要。每观敌阵,则知其强弱。尝以吾弱当其强,强当其弱。彼乘吾弱,逐奔不过数十百步,吾乘其弱,必出其陈后,反而击之,无不溃败矣。"

定勋臣爵邑。

上面定勋臣爵邑,命陈叔达唱名示之,且曰:"所叙未当,宜各自言。"于是诸将争功,纷纭不已。淮安王神通曰:"臣举兵关西,首应义旗。今房玄龄、杜如晦等专弄刀笔,功居臣上。臣窃不服。"上曰:"叔父虽首唱举兵,盖亦自营脱祸。及窦建德吞噬山东,叔父全军覆没;刘黑闼再合余烬,叔父望风奔北。玄龄等运筹帷幄,坐安社稷。论功行赏,固宜居叔父之先。叔父国之至亲,朕诚无所爱,但不可以私恩滥与勋臣同赏耳。"诸将乃相谓曰:"陛下至公,淮安王尚无所私,吾侪何敢不安其分!"遂皆悦服。

房玄龄尝言:"秦府旧人未迁官者,皆嗟怨。"上曰:"王者至公无私,故能服天下之心。设官分职,以为民也,当择贤才而用之,岂以新旧为先后哉! 必也新而贤,旧而不肖,安可舍新而取旧乎! 今不论其贤不肖而直言嗟怨,岂为政之体乎?"其后或请追秦府旧兵入宿卫者,上曰:"朕以天下为家,惟贤是与,岂旧兵之外皆无可信者乎! 汝之此意,非所以广朕德于天下也。"

禁淫祀杂占。 **置弘文馆。**

大唐辖境之内,都是朕的忠实臣民。我对每个人都能推心置腹,以诚相待,为何要对保卫朕的将士横加猜忌呢?"从此人人想着自强自励,几年之间,都成为精锐之士。太宗曾说过:"我从小南征北战,东略西讨,颇知用兵之道。每次观察敌军阵势,便会知道它的强弱。常以我军弱旅抵挡其强兵,而以强师击其弱旅。敌军追逐我方弱旅不过数百步,我军攻其弱旅,一定要迂回到阵后乘势反击,敌军无不溃败奔逃。"

唐确定开国功臣的爵位封邑。

太宗与群臣当面议定开国功臣的爵位封邑,命陈叔达在宫殿下唱名公布,而且说道:"分等级排列如有不当之处,应该各自申明。"于是各位将领纷纷争功,议论不休。淮安王李神通说:"我在关西起兵,首先响应义旗。如今房玄龄、杜如晦等只是捉刀弄笔,功劳却在我之上。我感到难以心服。"太宗说:"叔父虽然首先响应义旗起兵,这也是自谋摆脱灾祸。等到窦建德侵吞山东,叔父全军覆没;刘黑闼再次纠集余部,叔父丢兵弃甲,望风脱逃。房玄龄等人运筹帷幄,决胜千里,使大唐江山得以安定。论功行赏,功劳自然在叔父之上。叔父您是皇族至亲,朕对您确实毫不吝惜,但不可徇私情滥与有功之臣同等封赏。"众位将领于是相互议论道:"陛下如此公正,即使对皇叔淮安王也不徇私情,我们这些人怎么敢不安本分呢!"大家都心悦诚服。

房玄龄曾说:"秦王府的旧僚属未能升官的,皆满腹怨言。"太宗说:"君主大公无私,所以能使天下人心服。设官吏定职守,都是为了百姓,理应选择贤才加以任用,怎么能以新人旧人来作为选拔人才的先后顺序呢!如果新人贤能,故旧不才,怎么可以放弃新人而专取故旧呢!现在你们不论其是否贤能而只是怨声不断,这岂是为政之道?"后来有人请求追加秦府旧兵入宫守卫,太宗说:"朕以天下皆为一家人,惟贤能是举,难道旧王府兵之外就都不可信了吗?你们的这些想法,并不是使朕的大德遍及天下的办法。"

禁绝一切杂滥祭祀占卜。　　设置弘文馆。

　　上于弘文殿聚四部书二十余万卷,置弘文馆于殿侧,选天下文学之士。虞世南、褚亮、姚思廉、欧阳询、蔡允恭、萧德言等以本官兼学士,令更日宿直。听朝之隙,引入内殿,讲论前言往行,商榷政事,或至夜分乃罢。又取三品已上子孙充弘文馆学士。

　　上谓侍臣曰:"朕观炀帝文辞奥博,亦知是尧舜而非桀纣,然行事何其相反也?"魏徵对曰:"人君虽圣哲,犹当虚己以受人。故智者献其谋,勇者竭其力。炀帝恃其俊才,骄矜自用。故口诵尧舜之言,而身为桀纣之行,曾不自知,以至覆亡也。"上曰:"前事不远,吾属之师也。"

　　上问给事中孔颖达曰:"《论语》'以能问于不能,以多问于寡。有若无,实若虚',何谓也?"颖达具释其义以对,且曰:"非独匹夫如是,帝王内蕴神明,外当玄默。若位居尊极,炫耀聪明,以才陵人,饰非拒谏,则下情不通,取亡之道也。"

　　上曰:"朕每临朝,欲发一言,未尝不三思,恐为民害,是以不多言。"知起居事杜正伦曰:"臣职在记言,陛下之言失,臣必书之。岂徒有害于今,亦恐贻讥于后。"

　　上尝谓傅弈曰:"佛教玄妙可师,卿何独不悟其理?"对曰:"佛乃胡中桀黠,诳耀彼土。中国邪僻之人,取庄老玄谈,饰以妖幻之语,用欺愚俗。无益于民,有害于国。臣非不悟,鄙不学也。"上颇然之。后因谓侍臣曰:"梁武帝惟谈

太宗聚集了经史子集四部书二十余万卷藏于弘文殿,并于殿旁设置弘文馆,遴选国内精通学术之人。虞世南、褚亮、姚思廉、欧阳询、蔡允恭、萧德言等人,以原职兼任弘文馆学士,让他们轮流值宿。皇上在听政之暇,召他们进入内殿,讲论先哲言行,商榷当朝政事,有时要到午夜时分才结束。又选取三品以上官员的子孙为弘文馆学生。

太宗对身边近臣说:"朕观察隋炀帝文辞深奥广博,也知道肯定尧舜而否定桀纣,然而其行为做事为什么会相反呢?"魏徵回答道:"君主虽然圣明,还应当虚心接受别人的意见。所以有智慧的人奉献谋略,勇敢的人竭尽其力量。隋炀帝依恃他的才能,骄傲自满,刚愎自用。所以口中讲着尧舜圣君的言辞,而做的却是桀纣之流的行为,还没有自知之明,最终导致灭亡。"太宗说:"炀帝的事离现在不远,正是我们所应借鉴的。"

太宗问给事中孔颖达:"《论语》说'有能力的人向无能力的请教,知识丰富的人向知识匮乏的人请教;有学问像没有学问一样,满腹知识像空无所有一样',如何解释?"孔颖达详细地解释其本义,而且说:"不只是普通人如此,帝王内心的蕴含如神明,但外表却应沉静无为。假如身居至高无上的地位,炫耀自己的聪明,依恃才气盛气凌人,掩饰错误,拒绝纳谏,那么下情就无法上达,这是自取灭亡之道。"

太宗说:"朕每次临朝听政,想要说一句话,都要再三思忖,惟恐会危害百姓,所以从不多说一句话。"知起居事杜正伦说:"我的职责是记下君主的言论,陛下言语有误失,我必然会记下来。岂止是危害于当今,恐怕也会遭致后人的讥笑。"

太宗曾对傅弈说:"佛教的道理玄妙可以尊奉,为何惟独你不明悟其道理?"傅弈答道:"佛是胡族中的狡诈之人,欺言诳世招摇于西域。中国的一些邪僻之人,择取老子、庄子的玄谈理论,用妖幻之语加以修饰,用来欺骗愚昧的民众。这既不利于百姓,更有害于国家。臣不是不能明悟,而是鄙视它而不愿意学。"太宗很是认同。后来借此太宗对亲近的大臣说:"梁武帝只是会谈论

苦空。侯景之乱，百官不能乘马。元帝为周师所围，犹讲《老子》，百官戎服以听，此深足为戒。朕所学者惟尧舜周孔之道，如鸟之有翼，鱼之有水，失之则死，不可暂无耳。"

上谓裴寂曰："比多上书言事者，朕皆粘之屋壁，得出入省览。数思治道，或深夜方寝。公辈亦当恪勤职业，副朕此意。"

有上书请去佞臣者，上问佞臣为谁，对曰："愿陛下与群臣言，或阳怒以试之。彼执理不屈者，直臣也；畏威顺旨者，佞臣也。"上曰："君，源也；臣，流也。浊其源而求其流之清，不可得矣。君自为诈，何以责臣下之直乎！朕方以至诚治天下，见前世帝王好以权谲小数接其臣下者，常窃耻之。卿策虽善，朕不取也。"

上与群臣论止盗。或请重法以禁之，上曰："朕当去奢省费，轻徭薄赋，选用廉吏。使民衣食有余，则自不为盗，安用重法耶！"自是数年之后，海内升平，路不拾遗，外户不闭，商旅野宿焉。

上尝曰："君依于国，国依于民。刻民以奉君，犹割肉以充腹。腹饱而身毙，君富而国亡矣。然人君之患，不自外来，常由身出。盖欲盛则费广，费广则赋重，赋重则民愁而国危。朕常以此思之，不敢纵欲也。"

上谓公卿曰："昔禹凿山治水，而民无谤讟者，与人同利故也。秦始皇营宫室，而民怨叛者，病人以利己故也。夫美丽珍奇，固人之所欲。若纵之不已，则危亡立至。朕

佛教的苦行与空寂。侯景之乱,百官不能够骑马。梁元帝被北周的军队包围,还在讲论《老子》,百官穿着戎装听讲,这些很值得引以为戒。朕所学的,只有尧、舜、周公、孔子之道,这如同鸟长翅膀,鱼得活水,失去它们将要死去,不可片刻没有它们。"

太宗对裴寂说:"近来很多上书言事的奏章,朕都将它们贴在寝宫的墙壁上,以便进出时观看。朕时常思考为政之道,有时要到深夜才能入睡。希望你们也要恪尽职守,与朕的这一心意相称。"

有人上书请求除去奸佞之臣,太宗问谁是奸佞之臣,回答说:"希望陛下对群臣明言,或者假装恼怒加以试探。那些坚持己见、不屈服于压力的,便是耿直的忠臣;畏惧皇威顺从旨意的,便是奸佞之臣。"太宗说:"君主,是水的源头;群臣,是水的支流。源头混浊而去希冀支流的清澈,是不可能的事。君主自己做假使诈,又如何能要求臣下耿直呢!朕正以至诚之心治理天下,看见前代帝王喜好用权谋小计来对待臣下,常常觉得可鄙。你的建议虽好,朕不采用。"

太宗与群臣讨论防盗问题。有人请求设严刑重法以禁盗,太宗说:"朕主张应当杜绝奢侈浪费,轻徭薄赋,选用廉洁的官吏。使老百姓吃穿有余,自然不去做盗贼,何必用严刑重法呢!"此后经过数年,天下太平,路不拾遗,夜不闭户,商人旅客可在野外露宿。

太宗曾说:"君主依靠国家,国家仰仗百姓。剥削百姓来奉养君主,如同割下身上的肉来充腹。腹饱而身死,君主富了而国家灭亡。所以君主的忧虑,不来自外面,而常在于自身。凡是欲望多则花费大,花费大则赋役繁重,赋役繁重则百姓愁苦,百姓愁苦则国家危险。朕常常思考这些,所以不敢放纵自己的欲望。"

太宗对公卿说:"从前大禹凿山治水而百姓没有怨言,是因为与民利益攸关的缘故。秦始皇营造宫室,而百姓怨声载道、图谋反叛,是因为秦始皇损民利己的缘故。奇珍异宝,本是每个人都想得到的。假如放纵自己的欲望,那么危亡就会到来。朕

欲营一殿，材用已具，鉴秦而止。王公已下宜体朕此意。"
由是二十年间，风俗素朴，衣无锦绣，公私富给。

上谓侍臣曰："吾闻西域贾胡得美珠，剖身以藏之，有
诸？"侍臣曰："有之。"上曰："人皆知笑彼之爱珠而不爱其
身也。吏受赇抵法，与帝王徇奢欲而亡国者，何以异于胡
之可笑邪！"魏徵曰："昔鲁哀公谓孔子曰：'人有好忘者，徙
宅而忘其妻。'孔子曰：'又有甚者，桀纣乃忘其身。'亦犹是
也。"上曰："然。朕与公辈宜戮力相辅，庶免为人笑也。"

上患吏多受赇，密使左右试赂之。有司门令史受绢一
匹，上欲杀之。民部尚书裴矩谏曰："为吏受赂，罪诚当死。
但陛下使人遗之而受，乃陷人于法也。恐非所谓'道之以
德，齐之以礼'。"上悦，告群臣曰："裴矩能当官力争，不为
面从。倘每事皆然，何忧不治！"

冬十月朔，日食。　诏追封故太子为息隐王，齐王为
海陵剌王，改葬之。
后诏复息隐王为隐太子，海陵剌王号巢剌王。
立子承乾为皇太子。
承乾生八年矣。
萧瑀免。
初，萧瑀荐封德彝于上皇，上皇以为中书令。及上即
位，瑀为仆射。议事已定，德彝数反之于上前，由是有隙。

想要营造一个宫殿,材料已经齐备,有鉴于秦的灭亡,便停止了这项工程。亲王公卿以下,应当体会朕的这个想法。"从此二十年间,风俗质朴淳厚,穿着不用锦绣,官府与百姓都很富足。

太宗对身边的大臣说:"我听说西域有一个胡族商人得到一颗宝珠,用刀割开身上的肉,将宝珠藏在里面,有这么回事吗?"大臣答道:"有这么回事。"太宗说:"人们都知道这个人,笑话他爱珍珠而不爱惜自己的身体。官吏受贿贪赃依法受刑,与帝王追求奢华而招致国家灭亡,这与胡商的可笑举动有什么区别呢!"魏徵说:"从前鲁哀公对孔子说:'有的人非常健忘,搬家而忘记自己的妻子。'孔子说:'还有比这更为严重的,夏桀、商纣均贪恋身外之物而忘记自己的身体。'也是这样。"太宗说:"对。朕与你们应当同心合力,相互辅助,以免被后人耻笑。"

太宗担心官吏中多有接受贿赂的,便秘密安排身边的人去试探他们。有一个刑部的司门令史收受绢帛一匹,太宗想要杀掉他。民部尚书裴矩劝谏道:"当官的接受贿赂,依罪理当处死。但是陛下派人送上门去让其接受,这是有意引人触犯法律。恐怕不符合孔子所谓'用道德加以诱导,以礼教来整齐民心'的古训。"太宗听了很高兴,告诉众位大臣说:"裴矩能够做到在位敢于力争,并不一味顺从我。假如每件事情都能这样做,国家怎么能治理不好呢!"

冬十月初一,出现日食。 太宗下诏,追封已故太子李建成为息隐王,齐王李元吉为海陵剌王,以皇家丧礼重新安葬。

后来,太宗下诏恢复息隐王为隐太子,海陵剌王改号巢剌王。

朝廷立中山王李承乾为皇太子。

李承乾时年仅八岁。

将萧瑀罢官免职。

起初,萧瑀向高祖举荐封德彝,高祖任命封德彝为中书令。等到太宗即位,萧瑀为尚书仆射。萧、封二人商定将要上奏的事,到了太宗面前封德彝却屡次变易,由此二人之间产生隔阂。

时房玄龄、杜如晦新用事,皆疏瑀而亲德彝。瑀不能平,遂上封事论之,由是忤旨。会与陈叔达忿争于上前,皆坐不敬免官。

诏:民遭突厥暴践者,计口给绢。

民部尚书裴矩奏:"民遭突厥暴践者,户给绢一匹。"上曰:"朕以诚信御下,不欲虚有存恤之名,而无其实。户有大小,岂得雷同给赐乎!"于是计口为率。

十一月,降宗室郡王为县公。

初,上皇欲强宗室以镇天下,自三从昆弟以上,虽童孺皆为王。上问群臣:"遍封宗子,于天下利乎?"封德彝以为:"今封爵太广,恐非所以示天下至公。"上曰:"然。朕为天子,所以养百姓也,岂可劳百姓以养己之宗族乎!"降宗室郡王皆为县公,唯有功者数人不降。

十二月,益州獠反。

益州奏獠反,请发兵讨之。上曰:"獠依阻山林,时出鼠窃,乃其常俗。牧守苟能抚以恩信,自然率服。安可轻动干戈,渔猎其民,比之禽兽?岂为民父母之意邪?"不许。

遣使点兵。

上厉精求治,数引魏徵入卧内,访以得失。徵知无不言,上皆欣然嘉纳。上遣使点兵,封德彝奏:"中男虽未十八,其壮大者亦可并点。"上从之。敕出,徵固执以为不可。上怒,召而让之。对曰:"夫兵在御之得其道耳。何必多取细弱以增虚数乎!且陛下每云'吾以诚信御天下',今即位

当时房玄龄、杜如晦刚刚当权,均疏远萧瑀而亲近封德彝。萧瑀愤愤不平,于是上密封的奏章理论,因此触犯圣意。适逢萧瑀与陈叔达又在太宗面前愤怒争辩,二人皆因对皇上不恭敬的罪名,被罢官免职。

太宗颁诏:对遭受突厥暴虐践踏的百姓,计算人口赐给绢帛。

民部尚书裴矩上奏道:"对于遭受突厥暴虐践踏的百姓,请求每户赐给绢帛一匹。"太宗说:"朕以诚、信二字对待臣下,不想徒有抚恤百姓的虚名而没有实在的东西。每户中人数多少不等,怎么能整齐划一地赏赐呢?"于是以计算人口作为赏赐的标准。

十一月,将宗室郡王降格为县公。

起初,高祖想以加强皇室宗族的力量来安抚天下,所以与皇帝同曾祖、同高祖的远房堂兄弟以及他们的儿子,即使童孺幼子均封为王。太宗问大臣们:"遍封皇族子弟为王,对天下有利吗?"封德彝认为:"如今封爵的人太多,恐怕不能向天下人显示自己的大公无私。"太宗说:"有道理。朕做天子,就是为了养育百姓,怎么能劳顿百姓来养自己的宗族呢!"将宗室郡王降格为县公,只有功勋卓著的几位不降。

十二月,益州的獠民造反。

益州上奏獠民造反,请求朝廷派兵讨伐。太宗说:"獠民依仗山林,时常出来做些小偷小摸的事,这是他们的平常习俗。地方官如果能以恩信安抚,他们自然会顺服。怎么可以轻易动干戈,捕打獠民,把他们当作禽兽一般? 这难道是当百姓父母的做法吗!"最后没有准许出兵。

派使者征点兵员。

太宗励精图治,多次让魏徵进入内室,询问政治得失。魏徵知无不言,太宗均高兴地采纳。太宗派人征兵,封德彝上奏道:"中男虽不到十八岁,其中身体魁梧壮实的,也可一并征用。"太宗同意。敕令传出,魏徵坚持认为不可行。太宗大怒,召他进宫大加责备。魏徵答道:"军队在于治理得法。何必多征年幼之人以增加虚数呢! 而且陛下总说'朕以诚、信治理天下',如今即位

未几，失信者数矣。"上愕然曰："何也？"对曰："陛下初诏，悉免负逋官物。有司以为，负秦府国司者非官物，征督如故。陛下以秦王升为天子，国司之物非官物而何！又曰：'关中免二年租调，关外给复一年。'既而继有敕云：'已役已输者，以来年为始。'散还之后，方复更征，百姓固已不能无怪。今复点兵，何谓来年为始乎！又陛下所与共治天下者，在于守宰。至于点兵，独疑其诈，岂所谓以诚信为治乎！"上悦，从之。

以张玄素为侍御史。

上闻景州录事参军张玄素名，召见问以政道。对曰："隋主自专庶务，不任群臣。以一人之智决天下之务，借使得失相半，乖谬已多。下谀上蔽，不亡何待！陛下诚能择群臣而分任以事，高拱穆清而考其成败，何忧不治！"上善其言，擢为侍御史。

以张蕴古为大理丞。

前幽州记室张蕴古上《大宝箴》，其略曰："圣人受命，拯溺亨屯。故以一人治天下，不以天下奉一人。"又曰："壮九重于内，所居不过容膝，彼昏不知，瑶其台而琼其室。罗八珍于前，所食不过适口；惟狂罔念，丘其糟而池其酒。"又曰："勿没没而闇，勿察察而明。虽冕旒蔽目而视于未形，虽黈纩塞耳而听于无声。"上嘉之，赐以束帛，除大理丞。

没多久，却已经多次失信了。"太宗惊愕地问道："朕怎么失信了？"答道："陛下即位就下诏：全部免除百姓拖欠官家的财物。有关部门认为，拖欠秦王府国司的财物，不属于官家财物，仍旧征求索取。陛下由秦王升为天子，秦王府国司的财物不是官家之物又是什么呢！又说：'关中地区免收二年的租调，关外地区免除徭役一年。'不久又有敕令说：'已纳税和已服徭役的，从下一年开始免除。'等到归还已纳税物之后，又重新开始征调，这样百姓不能没有责怪之意。现在又征派兵员，还谈什么从下一年开始免除呢！另外与陛下共同治理天下的是地方官。至于征点兵员，却怀疑他们使诈，这难道是以诚信为治国之道吗！"太宗高兴，听从他的意见。

任命张玄素为侍御史。

太宗听说过景州录事参军张玄素的大名，便召他进宫，问他为政之道。张玄素答道："隋朝皇帝好独揽各种政务，而不委任给群臣。以一个人的智力决断天下事务，即使得失参半，乖谬失误之处已属不少。加上臣下谄谀，皇上受蒙蔽，国家不灭亡更待何时！陛下如果能择群臣而让他们各司其事，自己拱手安坐，清和静穆，考察臣下的成败得失，何必担忧国家治理不好！"太宗欣赏他的言论，提拔他为侍御史。

任命张蕴古为大理寺丞。

前幽州记室参军张蕴古呈给太宗一篇《大宝箴》，大略写道："圣人上承天命，拯救黎民于水火，救时世之危难。所以以一个人来治理天下，而不以天下专奉一人。"又写道："内廷重屋叠室、宽大无比，而帝王所居住的不过一片狭小之地，他们却昏庸无知，大肆修筑瑶台琼室。席前堆着山珍海味，而帝王所吃的不过合口味的几样，他们却忽发狂想，堆糟成丘、以酒为池。"又写道："不要无声无息，糊里糊涂，也不要苛察小事，自以为精明。这样虽有冕前的垂旒遮住双眼，却能在事物的未成形时就看清，虽有黈纩挡住耳朵却能听到尚未发出的声音。"太宗深为嘉许，赏赐他束帛，任命他为大理丞。

丁亥（627） 太宗文武皇帝贞观元年

春正月，宴群臣。

上宴群臣，奏《秦王破陈乐》。上曰："朕昔受委专征，民间遂有此曲。虽非文德之雍容，然功业所由，不敢忘也。"封德彝曰："陛下以神武平海内，文德岂足比乎！"上曰："戡乱以武，守成以文。文武之用，各随其时。卿谓文不及武，斯言过矣！"

制：谏官随宰相入阁议事。 更定律令。

命吏部尚书长孙无忌与法官更议定律令，宽绞刑五十条为断右趾。上曰："肉刑废已久，宜有以易之。"于是，有司请改为："加役流，流三千里，居作三年。"从之。

以戴胄为大理少卿。

上以选人多诈冒资荫，敕令自首，不首者死。未几，有诈冒事觉者，上欲杀之。胄奏："据法应流。"上怒曰："卿欲守法而使朕失信乎？"对曰："敕者，出于一时之喜怒；法者，国家所以布大信于天下也。陛下忿选人之多诈，故欲杀之。既而知其不可，复断之以法，此乃忍小忿而存大信也。"上曰："卿能执法，朕复何忧！"胄前后犯颜执法，言如涌泉，上皆从之，天下无冤狱。将军长孙顺德受人馈绢，事觉。上于殿庭赐绢数十匹，大理少卿胡演以为不可。上曰："彼有人性，得绢之辱，甚于受刑。如不知愧，一禽兽耳，杀之何益！"

燕郡王李艺反，泾州统军杨岌讨杀之。

唐太宗

丁亥（627） 唐太宗文武皇帝贞观元年

春正月，太宗大宴群臣。

太宗大宴群臣，席间演奏《秦王破陈乐》。太宗说："朕从前曾受命专任征伐，民间于是流传着这个曲子。虽然不具备文德之乐的温文尔雅，但功业却由此而成就，所以始终不敢忘本。"封德彝说："陛下以神武之才平定天下，岂是文德所堪比拟！"太宗说："平乱建国凭借武力，治理国家依赖文才。文武的妙用，各随时势的变化而有不同。你说文不如武，此言差矣！"

唐朝廷下制文：谏官随同宰相入朝堂议事。 重新议定律令。

太宗命吏部尚书长孙无忌与法官重新议定律令，宽减绞刑五十条，改为断右趾。太宗说："肉刑已经废除很长时间了，应当用其他刑罚代替。"于是，有关部门请求改为："加服劳役的流放，流放到三千里外，刑期三年。"太宗依从。

任命戴胄为大理寺少卿。

太宗认为候选官员大多假冒资历和门荫，下敕令让他们自首，否则即处死。没过几天，有假冒被发觉的，太宗要杀掉他。戴胄上奏道："根据法律应当流放。"太宗大怒道："你想遵守法律而让我失信于天下吗？"戴胄答道："敕令出于君主一时的喜怒，法律则是国家用来向天下人昭示最大信用的。陛下气愤于候选官员的假冒，所以想要杀他们。现在已经知道这样做不合适，再按照法律来裁断，这就是忍住一时的小愤而保全最大的信用啊！"太宗说："你如此执法，朕还有何忧虑！"戴胄先后多次冒犯皇上执行法律，奏答时滔滔不绝，太宗都听从他的意见，国内没有冤狱。将军长孙顺德接受别人贿赂的绢帛，事情败露。太宗在宫殿上赐给他几十匹绢帛，大理寺少卿认为不可。太宗说："如果他有人性的话，得到朕赐给绢帛的羞辱，远甚于受到刑罚。如果他不知道羞耻，只不过是禽兽而已，杀他又有何用呢！"

燕郡王李艺反叛朝廷，泾州统军杨岌讨伐并杀死他。

艺之初入朝也，恃功骄倨，殴上左右。至是，将兵戍泾州。惧诛，诈称奉敕勒兵入朝，遂引兵据幽州。统军杨岌勒兵攻之，艺众溃，将奔突厥。左右斩之，传首长安。

二月，分天下为十道。

隋末豪杰据地，自相雄长。唐兴，相帅来归。上皇割置州县，以宠禄之。上以民少吏多，悉并省之。因山川形便，分为十道，曰：关内、河南、河东、河北、山南、陇右、淮南、江南、剑南、岭南。

三月，皇后帅内外命妇亲蚕。　闰月朔，日食。　命京官五品以上更宿中书内省。

上谓太子少师萧瑀曰："朕少得良弓十数，自谓无以加，近以示弓工，乃曰：'皆非良材'，'木心不正，则脉理皆邪。弓虽劲而发矢不直'。朕以弓矢定四方，识之犹未能尽，况天下之务乎！"乃命京官五品以上更宿中书内省。数延见，问民疾苦、政事得失。

夏五月，苑君璋降。

初，君璋引突厥陷马邑，杀高满政，退保恒安，数与突厥入寇。至是，见颉利政乱，知其不足恃，遂帅众来降。

六月，封德彝卒。

初，上令封德彝举贤，久无所举。上诘之，对曰："非不尽心，但于今未有奇才耳。"上曰："君子用人如器，各取所长。古之致治者，岂借才于异代乎！正患己不能知，安可诬一世之人！"德彝惭而退。御史大夫杜淹奏："诸司文案

李艺当初入朝时，居功自傲，殴打太宗身边的人。到此时，带领兵马驻扎在泾州。担心被诛杀，假称奉皇帝敕令带兵入朝，于是领兵占据了幽州。统军杨岌领兵进攻李艺，李艺兵将溃逃，想要投奔突厥。身边的人杀了他，把他的首级送回长安。

　　二月，将全国分为十道。

　　隋朝末年豪杰占据地盘，各自称雄一方。唐兴起后，相继归附。高祖为他们分置州县，施以荣禄。太宗认为官多民少，全都加以合并。依山川地势条件，将全国分为十道，即：关内、河南、河东、河北、山南、陇右、淮南、江南、剑南、岭南。

　　三月，长孙皇后带领宫内外有爵号的妇女举行蚕桑礼。**闰三月初一**，出现日食。　太宗令在京五品以上官员轮流在中书内省值夜班。

　　太宗对太子少师萧瑀说："朕年轻时得到十几张好弓，自认为没有能超过它们的，最近拿给做弓箭的弓匠看，他说：'都不是好材料'，'弓子木料的中心部分不直，所以脉纹也都是斜的。弓力虽然强劲但箭发出不走直线'。朕以弓箭武力平定天下，而对弓箭的性能还不能完全认识清楚，更何况对于天下的事务呢！"于是令在京五品以上官员，轮流在中书内省值夜班。太宗多次接见他们，询问民间百姓疾苦和政治得失。

　　夏五月，苑君璋归降。

　　起初，苑君璋引突厥兵攻陷马邑，杀死高满政，退兵据守恒安，多次与突厥兵进犯。到此时，看到颉利可汗政事混乱，知道突厥不足以依靠，于是率领兵马投降。

　　六月，封德彝去世。

　　起初，太宗令封德彝举荐贤才，但是很长时间封德彝都没有选荐一人。太宗质问他原因，答道："不是我不尽心竭力举荐，而是现在没有奇才。"太宗说："君子用人如用器物，各取其长处。古时候使国家达到大治的君主，难道是从别的时代去借人才的吗！正应当怪自己不能识别人才，怎么能诬蔑一个时代的人呢！"封德彝羞惭地退下。御史大夫杜淹奏道："各部门的公文案卷

恐有稽失，请令御史就司检校。"上以问德彝，对曰："设官分职，各有所司。果有愆违，御史自应纠举。如淹所言，太为烦碎。"淹默然。上问淹："何故不复论执？"对曰："德彝所言，真得大体。臣诚心服，不敢遂非。"上悦，曰："公等各能如是，朕复何忧！"

以萧瑀为左仆射。

上与侍臣论周秦修短，萧瑀对曰："纣为不道，武王征之。周及六国无罪，始皇灭之。得天下虽同，人心则异。"上曰："公知其一，未知其二。周得天下，增修仁义；秦得天下，益尚诈力，此修短之所以殊也。盖取之或可以逆，而守之不可以不顺故也。"瑀谢不及。

山东旱，诏所在赈恤，蠲其租赋。　秋七月，以长孙无忌为右仆射。

无忌与上为布衣交，加以外戚，有佐命功，上委以腹心，欲相者数矣。皇后固请曰："妾备位椒房，贵宠极矣，诚不愿兄弟执国政。吕、霍、上官可为切骨之戒。"上不听，卒用之。

初，突厥性淳厚，政令质略。颉利可汗得华人赵德言，委用之。变更旧俗，政令类烦苛，国人始不悦。加以兵革岁动，连年饥馑，内外离叛，言事者多请击之。上问群臣，萧瑀以为击之便，无忌曰："虏不犯塞，而弃信劳民，非王者之师也。"上乃止。

高士廉罢。

坐寝王珪密奏也。

恐有稽延错漏,请求让御史到各部门检查核对。"太宗征求封德彝的意见,封德彝答道:"设官定职,各有分工。如果真有错失,御史自当纠察举报。像杜淹所说的办法,实在是太烦琐。"杜淹默不作声。太宗问杜淹:"你为什么不加争辩呢?"杜淹回答说:"封德彝讲的话很识大体。我心悦诚服,不敢有所非议。"太宗高兴地说:"你们如果都能做到这样,朕还有什么忧虑的呢!"

任命萧瑀为尚书左仆射。

太宗与大臣议论周朝、秦朝的政治得失,萧瑀说:"殷纣王无道,周武王讨伐他。周朝及六国均无罪,秦始皇分别灭掉他们。取得天下的方式虽然相同,人心所向却不一样。"太宗说:"你只知其一,不知其二。周朝取得天下,更加修行仁义;秦朝取得天下,一味崇尚欺诈、暴力,这就是长短得失的不同。所以说夺取天下也许可以凭借武力,治理天下则不可以不顺应民心。"萧瑀自愧不及太宗。

山东大旱,诏令各地赈济抚恤,免除当年的租赋。 秋七月,**任命长孙无忌为尚书右仆射。**

长孙无忌与太宗早年为布衣之交,加上皇后兄长的外戚身份,又有辅佐太宗即位的大功,太宗视为心腹,几次想重用他为宰相。文德皇后坚决地请求:"我身为皇后,家族的尊贵荣耀已达到极点,实在不愿意我的兄弟再去执掌国政。汉代的吕、霍、上官三家外戚都是痛彻骨髓的前车之鉴。"太宗不听,还是重用长孙无忌。

起初突厥族风淳厚,政令简质疏略。颉利可汗得到汉人赵德言,加以重用。德言改变旧有的风俗习惯,政令也变得烦琐苛刻,百姓们大为不满。加上战争连年不息,连年饥荒,内外叛离,唐朝大臣们议事时多请求乘机出兵。太宗问群臣,萧瑀认为应该出兵,长孙无忌说:"突厥并没有侵犯边塞,却要背信弃义,劳民伤财,这不是正义之师。"太宗于是没有出兵。

罢免高士廉官职。

因为搁置王珪密奏没有及时上报。

九月朔，日食。　宇文士及罢。御史大夫杜淹参预朝政。

他官参预政事自此始。

淹荐刑部员外郎邸怀道曰："炀帝幸江都，怀道独言不可。"上曰："卿以怀道为贤，当时何不自谏？"对曰："臣尔日不居重位，知谏不从，徒死无益。"上曰："卿仕世充，位不卑矣。何亦不谏？"对曰："臣非不谏，但不从耳。"上曰："然则何以立于其朝？"淹不能对。上曰："今日尊任矣，可以谏未？"对曰："愿尽死。"上笑。

冬十月，岭南酋长冯盎遣子入朝。

初，盎与诸酋长迭相攻击，诸州皆奏盎反。上欲发兵讨之，魏徵谏曰："岭南瘴疠险远，不可以宿大兵。且告者已数年，而盎兵未尝出境，此不反明矣。若遣信臣示以至诚，可不烦兵而服。"上乃遣使谕之，盎遣其子智戴随使者入朝。上曰："魏徵一言，胜十万之师，不可不赏。"乃赐绢五百匹。

十二月，萧瑀免。　诏殿中侍御史崔仁师按狱青州。

青州有谋反者，逮捕满狱。诏崔仁师等覆按之。仁师至，悉去杻械，与饮食汤沐，止坐其魁首十余人。孙伏伽谓仁师曰："足下平反者多，恐人情贪生，见其徒侣得免，未肯甘心耳。"仁师曰："凡治狱，当以仁恕为本，岂可自规免罪，知其冤而不为伸耶！万一误有所纵，以一身易十囚之死，亦所愿也。"及敕使至，更讯诸囚。皆曰："崔公平恕无枉，

九月初一,发生日食。　罢免宇文士及。御史大夫杜淹开始参预朝政。

宰相以外官员参预由此而始。

杜淹推荐刑部员外郎邸怀道,并说:"隋炀帝巡幸江都,只有邸怀道一个人认为不应该去。"太宗说:"你称赞邸怀道做得对,你自己为什么不正言劝谏?"杜淹答道:"我当时地位卑微,不任要职,知道劝谏也不会听从,徒然丧命毫无益处。"太宗说:"你供职于王世充,地位不低,为什么也不进谏?"答道:"我不是不进谏,只是他丝毫不采纳。"太宗说:"那么你怎么能免于灾祸而一直做官呢?"杜淹答不上来。太宗说:"现在你的地位称得上尊贵了,可以进谏吗?"杜淹回答:"愿意冒死进谏。"太宗笑了。

冬十月,岭南部落首领冯盎派他的儿子入朝。

起初,冯盎与几位部落首领互相争斗,各州府都奏称冯盎谋反。太宗准备发兵讨伐他,魏徵劝谏道:"岭南路途遥远、地势险恶,有瘴气瘟疫,不可以驻扎大部队。而且上告他谋反已有几年,然而冯盎的兵马并未出境,这明显没有反叛的迹象。如果陛下派使者向他示以诚意,可以不必劳动军队而使他顺从。"太宗于是派使者前往慰问,冯盎派他的儿子冯智戴随着使臣入朝。太宗说:"魏徵一句话,胜过十万大军的作用,不能不赏赐。"于是赐给他绢帛五百匹。

十二月,萧瑀被免职。　诏令殿中侍御史崔仁师审理青州狱案。

青州有人谋反,官府逮捕其同伙,致使牢狱人满为患。太宗诏令崔仁师等前去审查核实。崔仁师到了青州,命令卸去囚犯的枷具,给他们饮食,让他们沐浴,只将其首犯十余人定罪。孙伏伽对崔仁师说:"你平反了很多人,恐怕人情贪生,这些首犯见同伙免罪释放,不肯甘心。"崔仁师说:"凡定罪断案,应当以公正宽恕为根本。怎么可以自己为了逃避责任,明知道其冤枉而不为他们申诉呢!万一判断不准,放错了人,以自己一人换取十个囚犯的生命,我也心甘情愿。"等到太宗派的人到了当地,重新审讯犯人。他们都说:"崔公公正宽仁,断案没有冤枉,

请速就死。"无一人异辞者。

以孙伏伽为谏议大夫。

上好骑射,孙伏伽谏,以为:"天子居则九门,行则警跸。非欲苟自尊严,乃为社稷生民之计也。夫走马射的,乃少年诸王所为,非今日天子事业也。既非所以安养圣躬,又非所以仪刑后世。臣窃为陛下不取。"上悦,以伏伽为谏议大夫。

上神采英毅,群臣进见,皆失举措。上知之,每假以辞色。尝谓公卿曰:"人欲自见其形,必资明镜;君欲自知其过,必待忠臣。苟其君愎谏自贤,其臣阿谀顺旨,君既失国,臣岂能独全!如隋炀帝、虞世基者,亦足以观矣。公辈宜用此为戒,事有得失,无惜尽言也。"

令吏部四时选集,并省吏员。

隋世选人十一月集,至春而罢,人患其期促。至是,吏部侍郎刘林甫奏四时听选,随阙注拟,人以为便。唐初,士大夫以乱离之后,不乐仕进,官员不充,州府多以赤牒补官。至是,皆勒赴省选,集者七千余人。林甫随才铨叙,各得其所,时人称之。上谓房玄龄曰:"官在得人,不在员多。"遂并省之,留文武总六百四十三员。

征隋秘书监刘子翼,不至。

子翼有学行,性刚直,朋友有过,常面责之。李百药常称:"刘四虽复骂人,人终不恨。"是岁,有诏征之,辞以母老,不至。

以李乾祐为侍御史。

请求立刻处死我们。"没有一人有二话的。

任命孙伏伽为谏议大夫。

太宗喜好骑马射箭,孙伏伽苦谏,认为:"天子居住则要有九重门,出行则要警戒开道。这不是为了表示自己的尊严,而是为国家百姓考虑。陛下喜好骑马射箭,这是年轻亲王的所作所为,而不是今日贵为天子应做的事。既不能靠此来安养圣体,又不能用它来为后代做典范。我认为陛下不应如此。"太宗高兴,任命孙伏伽为谏议大夫。

太宗的神情风采英武刚毅,大臣进见他时,皆手足失措。太宗知道后,每次对他们都和颜悦色。曾对公卿说:"人想要看见自己的形体,一定要借助于镜子;君主想知道自己的过错,必然要善待忠正耿直的大臣。如果君主刚愎自用,自以为是,大臣阿谀逢迎,君主就会失去国家,大臣又岂能独自保全!像隋炀帝和虞世基,就足以看出来。望你们以此为戒,事情有得有失,希望不惜畅所欲言。"

诏令吏部四季都可选官,并减省官员。

隋朝的候选官员每年十一月都聚集到京城,到次年春天结束,人们苦于期限过短。到此时,吏部侍郎刘林甫上奏请求四季都可选拔官员,根据空缺随时补充,人们颇以为便。唐朝初年,士大夫经过动乱之后,都不愿意做官,政府官员人数不够,州府常用赤色文牒直接委任官吏。到此时,勒令他们都到尚书省候选,聚集的有七千余人。刘林甫量才录用,每个人都有合适的官职,当时人十分称赞。太宗对房玄龄说:"官吏在于得到合适的人选,而不在于人多。"于是裁并削减官员,只留下文武官员总计六百四十三人。

征召隋秘书监刘子翼,辞谢不去。

刘子翼学问人品俱佳,性格刚正直爽,朋友有过失,常常当面指责。李百药常说:"刘四虽然总是骂人,人们却不恨他。"这一年,有诏令征召他入朝,以母亲年迈为由,辞谢不去。

任命李乾祐为侍御史。

郿令裴仁轨私役门夫，上怒，欲斩之。殿中侍御史李乾祐谏曰："法者，陛下所与天下共也。今仁轨坐轻罪而抵极刑，臣恐人无所措手足矣。"上悦，从之，以乾祐为侍御史。上尝语及关中、山东人，意有同异。殿中侍御史张行成曰："天子以四海为家，今有东西之异，示人以隘。"上善其言，厚赐之。

鸿胪卿郑元璹还自突厥。

初，突厥既强，敕勒诸部分散，有薛延陀、回纥、都播、骨利干、多滥葛、同罗、仆固、拔野古、思结、浑、斛薛、奚结、阿跌、契苾、白霫等十五部，皆居碛北。颉利政乱，薛延陀、回纥等叛之，颉利不能制。会大雪，羊马多死，民大饥。鸿胪卿郑元璹使还，言于上曰："戎狄兴衰，专以羊马为候。今突厥民饥畜瘦，将亡之兆也。"群臣多劝上乘间击之，上曰："背盟不信，利灾不仁，乘危不武。纵其种落尽叛，六畜无余，朕终不击。必待有罪，然后讨之。"

戊子（628）　**二年**
春正月，长孙无忌罢。

时有密表，称无忌权宠过盛者。上以表示之，曰："朕于卿洞然无疑，故以示卿。若各怀所闻而不言，则君臣之意有不通。"无忌自惧满盈，固求逊位，皇后又力为之请，上乃许之。

置六司侍郎、左右司郎中。　**三月朔，日食。**　诏：自今大辟，并令两省四品及尚书议之。

郿县县令裴仁轨，私下役使看门人，太宗大怒，想要处斩他。殿中侍御史李乾祐劝谏道："法律，是陛下与天下百姓共有的。现在裴仁轨犯罪较轻却处以极刑，我担心人们将无所适从。"太宗高兴，听从其意见，任命李乾祐为侍御史。太宗曾谈及关中与山东人，认为有所不同。殿中侍御史张行成说："天子以四海为一家，如今却有东、西的差别，让人觉得狭隘。"太宗欣赏他的话，给他丰厚的赏赐。

鸿胪寺卿郑元璹从突厥返回唐朝。

起初，突厥族已经强大，敕勒各部落分散，有薛延陀、回纥、都播、骨利干、多滥葛、同罗、仆固、拔野古、思结、浑、斛薛、奚结、阿跌、契苾、白霫等十五部，均居住在漠北地区。颉利政治混乱，薛延陀、回纥等相继反叛，颉利无法控制。正赶上天下大雪，羊、马多冻死，百姓饥寒交迫。鸿胪寺卿郑元璹出使突厥还朝，对太宗说："戎狄族的兴衰隆替，专以羊马的情状作为征候。现在突厥百姓饥饿、牲畜瘦弱，这是将要灭亡的先兆。"大臣们多劝太宗乘机袭击突厥，太宗说："违背盟约不守信用，利用人的灾祸不仁义，乘人之危不是勇武的行为。即使突厥和各部落都叛离，牲畜所剩无几，朕还是不出击。一定要等待他们有罪过，然后讨伐他们。"

戊子（628） 唐太宗贞观二年

春正月，长孙无忌罢官。

当时有人上密表，称长孙无忌权力过大，荣宠太盛。太宗将密表拿给长孙无忌看，并说："朕对你丝毫不怀疑，所以拿给你看。假如各有所闻而不说，则君臣的想法便不能沟通。"长孙无忌自己担心富贵至极会带来灾祸，一再请求让位，长孙皇后也尽力为他请求，太宗于是允许他辞职。

设置六司侍郎、左右司郎中。 三月初一，出现日食。 太宗诏令：从今往后大辟死罪都让中书、门下省四品以上官员及尚书省讨论。

大理进每月囚帐。上命自今大辟,皆令中书、门下四品已上及尚书议之,庶无冤滥。既而引囚,至岐州刺史郑善果,上曰:"善果官品不卑,岂可使与诸囚为伍。自今三品以上犯罪,听于朝堂俟进止。"

关内旱,饥,赦天下。

关内旱,饥,民多卖子。诏出御府金帛,赎以还之。上尝谓侍臣曰:"古语有之,'赦者,小人之幸,君子之不幸'。'一岁再赦,善人喑哑'。夫养稂莠者害嘉谷,赦有罪者贼良民。故朕即位以来,不欲数赦,恐小人恃之,轻犯宪章故也。"至是,以连年水旱,赦天下,且曰:"使年丰谷稔,天下乂安,移灾朕身,是所愿也。"所在有雨,民大悦。

夏四月,诏收瘗隋末暴骸。　突厥突利可汗请入朝。

初,突厥颉利可汗以薛延陀、回纥等叛,遣突利讨之,败还。拘而挞之,突利由是怨,表请入朝。上谓侍臣曰:"向者突厥方强,凭陵中夏。用是骄恣,以失其民。今困穷如是,朕闻之且喜且惧。何则?突厥衰,则边境安,故喜;然朕或失道,亦将如此。卿曹不惜苦谏,以辅不逮。"

遣右卫大将军柴绍等讨梁师都,其下杀之以降,以其地为夏州。　六月,祖孝孙奏《唐雅乐》。

初,上皇命孝孙定雅乐,孝孙以为梁、陈之音多吴、楚,周、齐之音多胡、夷,于是考古声作《唐雅乐》。凡八十四

大理寺进呈每月囚禁的罪犯名簿。太宗下令从今往后大辟死罪都让中书、门下省四品以上官员及尚书省讨论，以尽量减除冤案。随即带囚犯走过，见有岐州刺史郑善果，太宗说："郑善果官衔品级不低，怎能让他与其他囚犯同列。从现在起三品以上官员犯法，只让他们在朝堂听候处分。"

关内地区大旱，饥荒，诏令大赦天下。

关内地区大旱，饥荒，百姓多卖儿卖女。诏令拿出皇宫府库中的金银财物赎回被变卖的子女们，归还给父母。太宗曾对身边大臣说："古语说道，'宽赦是小人的幸事，是君子的不幸'。'一年中两次大赦，使善良的人哑口无言'。养恶草则对好谷子有害，宽赦罪犯则使善良的百姓遭殃。所以自朕即位以来，不想常常发布赦令，惟恐小人有恃无恐，动辄触犯法令。"到此时，因为连年遇上大水和旱灾，因此大赦天下，而且说："假如让五谷丰登、天下安定，即使将灾害移到朕身上来保全百姓，也心甘情愿。"不久旱区天降喜雨，百姓大为高兴。

夏四月，太宗诏令各地掩埋因隋末大乱及饥荒而死的死者尸骨。　突厥突利可汗请求入朝进见。

起初，突厥颉利可汗因薛延陀、回纥等叛离，派突利讨伐，大败而返。颉利将突利拘禁并鞭打他，突利从此怨恨颉利，上表请求归附唐朝。太宗对身边大臣说："以前突厥强盛，侵凌中原，却因骄横放纵而失去百姓的支持。现在深陷如此困境，朕听到这个消息是又高兴又担心。为什么呢？突厥衰败则大唐边境即得安宁，所以高兴；然而朕若有过失，日后也会像突厥一样。望你们直言苦谏，来帮助朕弥补不足。"

太宗派遣右卫大将军柴绍等人讨伐梁师都，梁师都部下将其杀死归降唐朝，将其所占地区改为夏州。　六月，祖孝孙演奏《唐雅乐》。

起初，高祖命祖孝孙考定雅乐，祖孝孙认为南朝梁、陈的音乐杂入很多吴、楚的音调，而北朝周、齐的音乐杂入很多北方胡、夷的音调，于是考察古代的音乐，修成了《唐雅乐》。总共八十四

调，三十一曲，十二和。至是奏之，上曰："礼乐者，圣人缘物以设教。治之隆替，岂由于此？"杜淹曰："齐之将亡，作《伴侣曲》；陈之将亡，作《玉树后庭花》，其声哀思，闻者悲泣。岂可谓治不在乐乎！"上曰："悲喜在心，非由乐也。将亡之政，民必愁苦，故闻乐而悲耳。今二曲俱存，为公奏之，公岂悲乎！"魏徵曰："乐在人和，不在声音也。"

畿内蝗。

上入苑中，见蝗，掇数枚，祝之曰："民以谷为命，而汝食之。宁食吾之肺肠！"欲吞之，左右谏曰："恶物，或成疾。"上曰："朕为民受灾，何疾之避！"遂吞之。是岁，蝗不为灾。

裴虔通除名，流驩州。

诏以辰州刺史裴虔通，炀帝故人，身为逆乱。虽更赦令，不可牧民。除名，流驩州。虔通常言："身除隋室，以启大唐。"及得罪，怨愤而死。又诏宇文化及之党牛方裕等，亦除名徙边。

秋九月，令致仕官位在本品之上。　诏：非大瑞不得表闻。

上曰："比见群臣屡上祥瑞，夫家给人足而无瑞，不害为尧、舜；百姓愁怨而多瑞，不害为桀、纣。后魏之世，吏焚连理木，煮白雉而食之，岂足为至治乎！"乃诏："自今大瑞听表闻，余申所司而已。"尝有白鹊巢于寝殿槐上，合欢如腰鼓，左右称贺。上曰："我常笑隋炀帝好祥瑞，瑞在得贤，此何足贺！"命毁其巢。

调,三十一曲,十二和。到此时,祖孝孙等人演奏新乐,太宗说:"礼乐不过是古代圣人根据实际情况的不同而设施教化罢了。国家政治的兴衰隆替,难道也由此而生?"杜淹说:"北齐将要灭亡时,产生《伴侣曲》;陈国将亡时,又出现《玉树后庭花》,其声调悲哀,听到的人都悲伤落泪。怎么能说政治的兴衰隆替不在于音乐呢!"太宗说:"悲痛与喜悦全在于人的内心,不是由音乐引起的。将要衰亡的政治,百姓必然感到愁苦,所以听到音乐更加悲切。现在这两个曲子都还存在,朕为你弹奏出来,你难道会悲伤吗!"魏徵说:"乐的意义在于使人心和睦,而不在于音乐本身。"

长安地区出现蝗灾。

太宗到禁苑,看见蝗虫,拾取几只蝗虫,祷祝说:"百姓视谷子如生命,而你们却吃它们,宁肯让你们吃我的肺肠!"想吞掉蝗虫,身边的人劝谏道:"吃脏东西容易得病。"太宗说:"朕为百姓承受灾难,为什么要躲避疾病!"于是吞食蝗虫。这一年,蝗虫没有成为灾害。

将裴虔通除名,流放到巂州。

太宗颁诏:认为辰州刺史裴虔通是隋炀帝的旧臣,却杀死了炀帝。虽经几次颁布赦令,但不可以让他再做官。将其除名,流放到巂州。裴虔通常说:"亲身除掉隋朝皇室,开启大唐江山。"等到开罪于朝廷,怨愤而死。又下诏将宇文化及的同党牛方裕等人一并除名流边。

秋九月,下令让年老退休的文武官员在上朝时列于本品现任官之上。　诏令:如不是大的祥端不得上表奏闻。

太宗说:"近来看见大臣们多次上表章恭贺祥瑞之事,百姓家中富足而没有祥瑞,不影响成为尧、舜;百姓愁苦怨怼而多有祥瑞,不影响成为桀、纣。后魏的时候,官吏焚烧连理树,煮白雉鸡吃,难道这是盛世的表征吗!"于是下诏:"从今以后大的祥瑞听任上表奏闻,大瑞之外的诸种瑞兆,申报给有关部门即可。"曾有白鹊在皇宫寝殿的槐树上构巢建窝,合欢如腰鼓状,左右的大臣齐声称贺。太宗说:"我常常笑话隋炀帝喜欢祥瑞,得到贤才就是祥瑞,这有什么值得庆贺的!"命令毁掉白鹊的巢穴。

出宫人三千余人。

天少雨，中书舍人李百药言："往年虽出宫人，无用者尚多。阴气郁积，亦足致旱。"上命简出之，前后三千余人。

冬十月，杜淹卒。　杀瀛州刺史卢祖尚。

上以卢祖尚廉平公直，欲遣镇抚交趾。祖尚既谢，而复悔之，以疾辞。上遣杜如晦等谕旨，祖尚固辞。上大怒曰："我使人不行，何以为政！"命斩于朝堂，寻悔之。他日与侍臣论齐文宣帝之为人，魏徵对曰："文宣狂暴，然人与之争事，理屈则从之。有青州长史魏恺使梁还，除光州长史，不肯行。文宣怒而责之。恺曰：'臣先任大州，有劳无过，更得小州，所以不行。'文宣赦之，此其所长也。"上曰："然。向者卢祖尚虽失人臣之义，朕杀之亦为太暴。由此言之，不如文宣矣。"命复其官荫。徵容貌不逾中人，而有胆略，善回人主意，每犯颜苦谏。或上怒甚，亦为之霁威。上尝得佳鹞，自臂之，望见徵来，匿怀中。徵奏事故久，鹞竟死怀中。尝谒告上冢还，言于上曰："人言陛下欲幸南山，严装已毕，而竟不行，何也？"上笑曰："初实有此心，畏卿嗔，故中辍耳。"

十二月，以王珪为侍中。

故事：军国大事则中书舍人各执所见，杂署其名，谓之五花判事。中书侍郎、中书令省审之，给事中、黄门侍郎驳正之。至是，上谓珪曰："国家本置中书、门下，以相检察。正以人心所见，互有不同，苟论难往来，务求至当，

遣出宫人三千余人。

天干旱少雨，中书舍人李百药进言说："往年虽放出过宫人，但没有用场的还多。阴气郁积，也足以造成干旱。"太宗命人选择遣出宫女，前后共计三千余人。

冬十月，杜淹去世。 杀死瀛州刺史卢祖尚。

太宗认为卢祖尚廉洁正直，想要派他去镇抚交趾。卢祖尚拜谢出朝，不久又后悔，以旧病复发相辞。太宗让杜如晦等对他传旨，卢祖尚执意推辞。太宗勃然大怒，说："我不能对人发号施令，又如何治理国家呢！"下令将卢祖尚斩于朝堂之上，不久又后悔。过了几日，与大臣们论及齐文宣帝的为人，魏徵答道："齐文宣帝猖狂暴躁，然而别人与他争论，遇到理屈词穷时能够听从对方的意见。当时前青州长史魏恺出使梁朝回来，拜为光州长史，不肯赴任。文宣帝大怒，对他加以责备。魏恺说：'我先前任大州的长史，有功劳没有过失，反而改任小州的长史，所以不愿意成行。'文宣帝宽赦了他，这是文宣帝的长处。"太宗说："有道理。先前卢祖尚虽然缺少做臣子的道义，朕杀了他也过于粗暴。如此说来，还不如齐文宣帝。"下令恢复卢祖尚子孙的门荫。魏徵相貌平平，但是很有胆略，善于改变皇帝的主意，常常犯颜直谏。有时碰上太宗非常恼怒，他面不改色，太宗的威严也为之收敛。太宗曾得到一只好鹞鹰，将它置于臂膀上，远远望见魏徵走过来，便藏在怀里。魏徵进奏朝政大事时间较长，鹞鹰最后竟死在太宗的怀里。魏徵有一次请假去祭祀祖墓，回来后对太宗说："人人都说陛下要临幸南山，外面都已装束整齐，而您最后又没去，为什么？"太宗笑着说："起初确实有这个打算，害怕你又来嗔怪，所以中途停止了。"

十二月，任命王珪为侍中。

按旧例：军国大事则让中书舍人分别加具意见和签名，称为五花判事。中书侍郎、中书令加以审核，给事中、黄门侍郎予以驳正。到此时，太宗对王珪说："朝中本来设置中书、门下省，以相互监督检查。正因人的见解不同，如果往来辩论，务求恰当，

舍己从人，亦复何伤！比来或护己短，遂成怨隙。或避私怨，知非不正。顺一人之颜情，为兆民之深患。此乃亡国之政，炀帝之世是也。当时群臣如此，必皆自谓有智，祸不及身。及天下大乱，家国两亡，其幸免者亦为时论所贬，终古不磨。卿曹各当徇公忘私，勿雷同也。"后又谓侍臣曰："中书、门下机要之司，诏敕有不便者皆应论执。比来唯睹顺从，不闻违异。若但行文书，则谁不可为，何必择才也。"房玄龄等皆顿首谢。

上又尝谓珪曰："开皇中旱，隋文帝不许赈给，而令百姓就食山东。比至末年，天下储积可供五十年，炀帝恃之，卒亡天下。但使仓庾之积足以备凶年，其余何用哉！"

上尝问珪曰："近世治不及古，何也？"对曰："汉世尚经术，宰相多用儒士，故风俗淳厚。近世重文轻儒，参以法律，此治化之所以益衰也。"上然之。

上闲居与珪语，有美人侍侧，指示珪曰："此庐江王瑗之姬也，瑗杀其夫而纳之。"珪避席曰："陛下以庐江纳之为是邪，非邪？"上曰："杀人而取其妻，卿何问是非？"对曰："昔齐桓公知郭公之所以亡，由善善而不能用，然弃其所言之人，管仲以为无异于郭公。今此美人尚在左右，臣以为圣心是之也。"上悦，即出之。

上使祖孝孙教宫人乐，不称旨者，责之。珪与温彦博谏曰："孝孙雅士，今乃使之教宫人，又从而谴之，臣窃以为

放弃个人见解从善如流，又有什么不好呢！近来有人护己之短，于是产生仇怨隔阂。有的为了避开私人恩怨，明知其错误也不加驳正。顺从顾及某个人的脸面，造成万民的灾患。这是亡国的政治，隋炀帝在位时就是这样。当时那些大臣们如此作为，均自认为聪明，祸患轮不到自身。等到天下大乱，家庭与国家俱亡，虽然这中间偶有某个人得以幸免，也要被舆论所贬斥，终古不变。你们每个人都应徇公忘私，不要犯同样的错误。"后来又对身边大臣说："中书省、门下省都是机要部门，诏敕有不合适之处均应加以论辩。近来只是看到顺从，没有听到不同意见。如果只是照规矩传送文书，那么谁不能做，又何必要选择人才。"房玄龄等人都磕头谢罪。

太宗又曾对王珪说："隋开皇年间大旱，隋文帝不许官府赈济百姓，而让百姓们前往山东一带寻找食物。等到开皇末年，国内的储备积蓄可供五十年使用，炀帝有恃无恐，终于导致灭亡。只要使仓库的积储足以供灾年使用即可，多余的又有什么用呢！"

太宗曾问王珪："近代以来国家政治越来越赶不上古代，为什么呢？"王珪答道："汉代崇尚儒术，宰相多用通经的儒士，所以风俗淳厚。近代以来重文辞而轻儒术，又辅以法律，这便是治世化民之道所以日益衰微的原因。"太宗颇以为然。

太宗闲居无事，与王珪交谈，有一个美人在旁伺候，太宗指给王珪说："这是庐江王李瑗的妾，李瑗杀了她的丈夫而收纳她。"王珪离开座位说道："陛下认为庐江王纳她为妾是对还是不对？"太宗说："杀了人而娶他妻子为妾，你怎么还要问对错呢？"王珪答道："从前齐桓公知道郭公灭亡的原因，在于喜好良言而不能采纳，而桓公本人弃置进良言的人，管仲认为这与郭公没什么两样。现在这个美人还在您身边，我认为陛下是认为庐江王做得对。"太宗听了非常高兴，即刻将这美人放出宫去。

太宗让祖孝孙教授宫人音乐，不合心意，就责怪他。王珪与温彦博劝谏说："孝孙是雅士，却让他教宫人，又谴责他，我们认为

不可。"上怒曰:"卿等当竭忠直以事我,乃为孝孙游说邪!"彦博拜谢,珪不拜,曰:"陛下责臣以忠直,今臣所言岂私曲邪!"上默然而罢。明日,谓房玄龄曰:"自古帝王纳谏诚难,朕昨责二公,至今悔之。公等勿为此不尽言也。"

诏举堪县令者。

上曰:"为朕养民者,唯在都督刺史。朕尝疏其名于屏风,坐卧观之,得其在官善恶之迹,皆注于名下,以备黜陟。县令尤为亲民,不可不择。"乃命五品已上各举堪为县令者,以名闻。

诏:自今奴告主者,斩之。

上曰:"比有奴告主反者。夫谋反不能独为,何患不发,何必使奴告之邪!自今奴告主,勿受,仍斩之。"

遣使立薛延陀夷男为真珠可汗。

突厥北边多叛颉利,归薛延陀,共推其俟斤夷男为可汗,夷男不敢当。上方图颉利,乃遣使间道册拜夷男为真珠毗伽可汗,赐以鼓纛。夷男建牙于大漠之郁督军山下,回纥、拔野古、阿跌、同罗、仆骨、霫诸部皆属焉。

己丑(629) 三年
春正月,耕籍东郊。 裴寂卒。

司空裴寂坐与妖人交通,免官。上数曰:"计公勋庸,安得至此! 武德之际,货赂公行,纪纲紊乱,皆公之由也。"寻复有罪,流静州,卒。

二月,以房玄龄、杜如晦为仆射,魏徵守秘书监,参预朝政。

很不应该。"太宗大怒说:"你们应当竭尽忠心正直来为我服务,现在却在为孝孙说情呢!"温彦博行礼谢罪,王珪不行礼,说:"陛下责求我尽忠效诚,现在我所说的话难道有私情吗!"太宗默然良久才作罢。第二天,太宗对房玄龄说:"自古以来帝王虚心纳谏的确很难,朕昨日责备温彦博和王珪,到现在还在后悔。你们不要因为此事而不畅所欲言。"

太宗诏令举荐堪任县令的人。

太宗说:"为朕养护百姓的,唯有都督、刺史。朕常常将他们的名字书写在屏风上,坐卧都留心观看,得知在任时的善恶事迹,均注于他们的名下,以备升迁和降职时参考。县令尤其与百姓亲近,不可不慎加选择。"于是下令朝廷内外五品以上官员,各举荐能胜任县令职务的人,呈报他们的姓名。

太宗诏令:今后有奴婢告发主子的,随即处斩。

太宗说:"近有奴婢告其主子谋反的。谋反不是一个人能干的事,还担心事情不会暴露吗?何必让其奴婢告发呢!从今以后有奴婢告发主子的,均不受理,随即处斩。"

太宗派遣使者立薛延陀夷男为真珠可汗。

突厥北面各部族大多叛离颉利可汗,归附薛延陀,共同推举薛延陀的俟斤夷男为可汗,夷男不敢担当此任。太宗正欲谋取颉利可汗,便派使者择小道带着册书封夷男为真珠毗伽可汗,并赐给鼓和大旗。夷男建牙帐于大漠中郁督军山下,回纥、拔野古、阿跌、同罗、仆骨、霫诸部均为其附属。

己丑(629)　唐太宗贞观三年

春正月,在东郊行耕藉田礼。　裴寂去世。

司空裴寂因与和尚勾结而获罪,被罢免官职。太宗数落他说:"计算你的功劳,怎么能达到今天这个地步!武德年间,贪污受贿风气盛行,朝廷政纲混乱,均与你有关。"不久又获罪,流放静州,去世。

二月,任命房玄龄、杜如晦为仆射,魏徵为秘书监,参预朝政。

上谓玄龄、如晦曰：“公为仆射，当广求贤人，随才授任。比闻听讼日不暇给，安能助朕求贤乎！”因敕：“尚书细务属左右丞，唯大事当奏者，乃关仆射。”

上又尝谓玄龄等曰：“为政莫若至公。昔诸葛亮窜廖立、李严于南夷，亮卒，而二人哭泣有死者，非至公能如是乎？又高颎相隋，公平识治体，隋之兴亡系颎存没。朕慕前世之明君，卿等不可不法前世之贤相也。”

玄龄明达吏事，辅以文学，夙夜尽心，唯恐一物失所。用法宽平，闻人有善，若己有之，不以求备取人，不以己长格物。与如晦引拔士类，常如不及。上每与玄龄谋事，必曰：“非如晦不能决。”及如晦至，卒用玄龄之策。盖玄龄善谋，如晦能断也。二人同心徇国，故唐世称贤相，推房、杜焉。

玄龄监修国史，上语之曰：“《汉书》载《子虚》《上林赋》，浮华无用。其上书论事，词理切直者，朕从与不从，皆载之。”

或告魏徵私其亲戚，上使御史大夫温彦博按之，无状。上以徵不避嫌疑，让之曰：“自今宜存形迹。”徵曰：“君臣同体，宜相与尽诚。若但存形迹，则国之兴丧未可知也。臣不敢奉诏。”上曰：“吾已悔之。”徵再拜曰：“臣幸得奉事，愿使臣为良臣，勿使臣为忠臣。”上曰：“忠良有异乎？”对曰：“稷、契、皋陶，君臣协心，俱享尊荣，所谓良臣；龙逢、比干，面折廷争，身诛国亡，所谓忠臣。”上悦。

太宗对房玄龄、杜如晦说:"你们身为仆射,应当广求天下贤才,因才授官。近来听说你们受理诉讼案件,时间不够用,怎么能帮助朕求得贤才呢!"因此下令:"尚书省琐细事务归尚书左右丞掌管,只有应当奏明的大事,才由左右仆射处理。"

太宗又曾对房玄龄等人说:"处理政务没有比大公无私更重要的了。以前诸葛亮流放廖立、李严到南夷之地,诸葛亮死的时候,二人哭泣痛不欲生,如果不是大公无私能如此吗?再如高颍为隋朝丞相,公正无私,颇识治国之本,隋朝的兴亡与高颍的生死攸关。朕仰慕前代的明君,你们也不可不效法前代的贤相啊。"

房玄龄通晓政务,又有文才,昼夜尽心,唯恐偶有差池。运用法令宽和平正,听到别人的长处,便如同自己所有,待人不求全责备,不以己之所长要求别人。与杜如晦提拔后进,不遗余力。太宗每次与房玄龄谋划政事,一定要说:"非杜如晦不能决定。"等到杜如晦来,最后还是采纳房玄龄的建议。这是因为房玄龄善于谋划,杜如晦长于决断。二人同心为国出力,所以唐朝世称为贤相者,首推房、杜二人。

房玄龄监修本朝国史,太宗对他说:"《汉书》载有《子虚赋》《上林赋》,均浮华而不切实用。凡上书议论国事,词理直切的,朕从与不从,均当载入国史。"

有人告发魏徵对其亲属徇私情,太宗让御史大夫温彦博按察其事,没有实据。太宗认为魏徵不避嫌疑,责备他说:"从今以后,应留下形迹。"魏徵说:"我听说君主与臣下一体,应该彼此竭诚相待。如果上下都追求留下形迹,那么国家的兴亡就难以预料了。我不敢接受这个诏令。"太宗说:"我已经后悔了。"魏徵拜了两拜道:"我很荣幸能为陛下做事,希望陛下让臣做良臣,而不要让臣做忠臣。"太宗说:"忠良有什么区别吗?"回答说:"后稷、契、皋陶,君臣齐心合力,共享尊贵与荣耀,这就是所说的良臣;龙逢、比干,犯颜直谏,身死国亡,这就是所说的忠臣。"太宗听了十分高兴。

上问魏徵曰:"人主何为而明,何为而暗?"对曰:"兼听则明,偏信则暗。昔尧清问下民,舜明目达聪,故共鲧驩苗不能蔽也。秦二世偏信赵高,以成望夷之祸;梁武帝偏信朱异,以取台城之辱;隋炀帝偏信虞世基,以致彭城阁之变。是故人君兼听广纳,则贵臣不得壅蔽,而下情得以上通也。"上曰:"善。"

言事者多请上亲览奏表,以防壅蔽。上以问魏徵,对曰:"斯人不知大体,必使陛下一一亲之。岂惟朝堂,州县之事亦当亲之矣。"

上谓魏徵曰:"齐后主、周天元皆重敛百姓,厚自奉养,力竭而亡。譬如馋人自啖其肉,肉尽而毙,何其愚也!然二主孰为最劣?"对曰:"齐后主懦弱,政出多门;周天元骄暴,威福在己。虽同为亡国,齐王尤劣也。"

上谓侍臣曰:"人言天子至尊无所畏惮,朕则不然。上畏皇天之鉴临,下惮群臣之瞻仰,兢兢业业,犹恐不合天意,未副人望。"魏徵曰:"此诚致治之要,愿陛下慎终如始,则善矣。"

房玄龄、王珪掌内外官考,侍御史权万纪奏其不平,上命推之。魏徵谏曰:"二人素以忠直被委任,所考既多,其间能无一二不当!然察其情,终非阿私。且万纪比在考堂,曾无驳正。及身不得考,乃始陈论,此非竭诚徇国也。今推之,未足裨益朝廷,徒失委任大臣之意。臣所爱者治体,非敢私二臣也。"上乃释不问。

太宗问魏徵说:"君主如何做称为明,如何做称为暗?"魏徵答道:"能听取各方面的意见,就是明,偏听偏信,就是暗。从前尧帝体恤下情,详细询问民间疾苦,舜帝目明能远视四方,耳聪能远听四方,所以共工、鲧、驩兜、有苗不能掩匿罪过。秦二世偏信赵高,造成望夷宫的灾祸;梁武帝偏信朱异,招来台城的羞辱;隋炀帝偏信虞世基,导致彭城阁的变故。所以君主善于听取各方面意见,则亲贵大臣就无法阻塞言路,下情也就得以上达。"太宗说:"很好。"

议论朝政者大多请求太宗亲自阅览奏表,以防止受蒙蔽。太宗询问魏徵的意见,答道:"这些人不识大体,一定要使陛下事必躬亲。如果这样,岂止是在朝堂上,州县的政事也应当事必躬亲了。"

太宗对魏徵说:"齐后主、周天元均大肆搜刮百姓,用来奉养自己,直到民力衰竭而亡国。这如同嘴馋的人吃自己身上的肉,肉吃光了而毙命,多么愚蠢呀!然而这二位君主相比优劣如何呢?"魏徵答道:"齐后主性格懦弱,政出多门,权力分散;周天元骄横暴虐,赏罚大权掌握在自己手中。虽同为亡国之君,齐后主更差一些。"

太宗对身边大臣说:"人们都说天子至为尊贵,无所畏惧,朕却不是这样。对上担心皇天的明察秋毫,对下害怕大臣们的仰视观望,兢兢业业,还担心不符合天意,有负人们的期望。"魏徵说:"这些的确是达到治世的根本,望陛下慎始善终,那就很好了。"

房玄龄、王珪执掌朝廷内外官员的考核,治书侍御史权万纪上奏称考核有不公平之处,太宗命人推问此事。魏徵劝谏说:"房、王二人素以忠诚正直为陛下所任用,所考核的官员过多,中间哪能没有一二个人考核失当?体察其实情,终究不是有偏私。而且权万纪近来常在尚书省考堂监察,并没有任何驳正。等到自己没得到好的考核结果,才开始陈述意见,这并不是竭诚为国。现在加以推问,对朝廷也没有什么益处,徒失陛下委任大臣的一片心意。我所关心的是治国的体要,不敢袒护房、王二位大臣。"太宗于是不再过问此事。

夏四月,上皇徙居大安宫。 **六月,以马周为监察御史。**

茌平人马周客游长安,舍于中郎将常何之家。会以旱求言,何武人不学,周代之陈便宜二十余条。上怪问之,何对曰:"此臣家客马周为臣具草耳。"上即召见,与语甚悦,除监察御史。以何为知人,赐绢三百匹。

秋八月朔,日食。 **冬十一月,以荀悦《汉纪》赐凉州都督李大亮。**

上遣使至凉州,都督李大亮有佳鹰,使者讽使献之,大亮密表曰:"陛下久绝畋游,而使者求鹰。若陛下之意,深乖昔旨;如其自擅,乃是使非其人。"上悦,手诏褒美,赐以荀悦《汉纪》。

以李靖为定襄道行军总管,统诸军讨突厥。

初,薛延陀真珠可汗遣其弟入贡,突厥颉利可汗大惧,始遣使称臣,请尚公主。代州都督张公谨上言突厥可取之状,曰:"颉利纵欲逞暴,诛忠良,昵奸佞,一也;诸部皆叛,二也;突利诸设皆得罪,无所容,三也;塞北霜早,糇粮乏绝,四也;疏其族类,亲委诸胡,大军一临,必生内变,五也;华人入北,所在啸聚,大军出塞,自然响应,六也。"上以颉利既请和亲,复援梁师都,命李靖为行军总管讨之,以公谨为副。突厥俟斤九人,及拔野古、仆骨、同罗、奚酋长,并帅众来降。于是复以李世勣、柴绍、薛万彻为诸道总管,众合十余万,皆受靖节度,分道出击突厥。

十二月,突厥突利可汗入朝。

上曰:"往者太上皇以百姓之故称臣于突厥,朕常痛心焉。今单于稽颡,庶几可雪前耻矣。昔人谓御戎无上策,

夏四月,太上皇迁居大安宫。 六月,任命马周为监察御史。

茌平人马周,游历来到长安,住在中郎将常何家里。赶上天下大旱,征求言论,常何乃一介武夫,马周代他呈建议二十多条。太宗觉得奇怪,便问常何,常何答道:"这是我的宾客马周代我起草的。"太宗随即召见他,与他谈话十分高兴,任命他为监察御史。太宗认为常何知人,赐给他绢帛三百匹。

秋八月初一,出现日食。 冬十一月,太宗将荀悦《汉纪》赐给凉州都督李大亮。

太宗派使者到凉州,都督李大亮有一只很好的鹰,使者暗示他将鹰进献给皇上,大亮给太宗上密表说:"陛下打猎,而使者却为您要鹰。假如这是陛下的意思,则深与过去的主张背离;如果是使者自作主张,便是用人不当。"太宗高兴,亲手写诏令加以褒奖,赐给他一部荀悦的《汉纪》。

任命李靖为定襄道行军总管,统领各路兵马讨伐突厥。

起初,薛延陀真珠可汗派他的弟弟入朝进贡,突厥颉利可汗大为恐惧,开始派使者向唐朝称臣,并请求迎娶公主。代州都督张公谨上奏称突厥可以征服,说:"颉利可汗纵欲逞凶,诛杀忠良,亲近奸佞之人,是其一;各部落均已叛离,是其二;突利等人均得罪颉利,无所容身,是其三;塞北地区出现霜冻干旱,粮食匮乏,是其四;颉利疏远其族人,亲近重用胡人,大唐帝国军队一到,内部必生变故,是其五;汉人早年到北方避乱,他们到处聚众起事,大军出塞,自然会响应,是其六。"太宗认为颉利可汗既然想与唐朝和亲,又出兵援助大唐的敌人梁师都,便任命李靖为行军总管讨伐突厥,任命张公谨为副总管。突厥的九位俟斤,以及拔野古、仆骨、同罗、奚族首领都率众投降唐朝。于是又任命李世勣、柴绍、薛万彻为诸道行军总管,合兵力十多万,均受李靖调度,分道进攻突厥。

十二月,突厥突利可汗入京朝见。

太宗说:"以前太上皇为了百姓的利益,才忍辱向突厥称臣,朕常常因为此事而感到痛心。现在突厥首领向我磕头,多少可以洗刷以前的耻辱了。从前一直说抗御北方戎族没有上策,

朕今治安中国,而四夷自服,岂非上策乎!"

杜如晦罢。

以疾逊位故也。

闰十二月,蛮酋谢元深等来朝。

时远方诸国来朝贡者甚众,服装诡异。中书侍郎颜师古请作《王会图》以示后,从之。是岁,户部奏:中国人自塞外归,及四夷前后降附者男女一百二十余万口。

濮州刺史庞相寿有罪免。

相寿坐赃免,上以其秦府旧人,复其官。魏徵曰:"秦府左右甚多,若人人皆恃恩私,则为善者惧矣。"上悦,谓相寿曰:"我昔为一府主,今为天下主,不得独私故人。"赐帛遣之,相寿流涕而去。

庚寅(630)　**四年**

春二月,李靖袭破突厥于阴山,颉利可汗遁走。

李靖帅骁骑三千,自马邑进,夜袭定襄,破之。颉利不意靖猝至,大惊,乃徙牙于碛口。靖复遣谍离其心腹,颉利所亲康苏密以隋萧后及杨政道来降。李世勣出云中,战于白道,亦大破之。颉利既败,窜于铁山,众尚十余万。遣执失思力入见,谢罪求朝。上遣鸿胪卿唐俭等慰抚之,又诏李靖将兵迎之。颉利外为卑辞,内实犹豫,谋走碛北。靖引兵与世勣会白道,谋曰:"颉利虽败,其众犹盛,若走度碛北,则难图矣。今诏使至彼,虏必自宽,若选万骑袭之,

朕现在使中原安定,四方夷族自服,难道不是上策吗!"

杜如晦罢官。

因为有病的缘故请求免去职务。

闰十二月,东谢部落首领谢元深等前来朝见天子。

当时远方各国来朝见天子进献贡品的人很多,服装怪异。中书侍郎颜师古请求绘制《王会图》,以传示给后人,太宗应允。这一年,户部上奏称:中原人自塞外归来,以及四方少数族前后归附唐朝的人共有男女一百二十余万口。

濮州刺史庞相寿因获罪被免职。

庞相寿因贪污被解除职务,太宗认为他曾是秦王府僚属,想恢复他的官职。魏徵说:"秦王府的旧僚属很多,如果每个人都仗恃您的偏袒,足以使那些真正行为端正的人恐惧。"太宗高兴,对庞相寿说:"我从前为一个王府的主人,现在身为天下百姓的君主,不能单单袒护秦王府的旧人。"赐帛打发他走,庞相寿流着泪离去。

庚寅(630)　唐太宗贞观四年
春二月,李靖在阴山一带袭击并打败突厥,颉利可汗逃走。

李靖率领三千英勇的骑兵从马邑出发,连夜袭击定襄城,取得大胜。颉利可汗没有料到李靖出兵如此神速,大惊失色,于是将牙帐迁移至碛口。李靖又派遣间谍离间其心腹,颉利可汗的亲信康苏密携隋萧后及炀帝孙子杨政道投降唐朝。李世勣率兵出云中城,与突厥兵大战于白道,突厥大败。颉利兵败后,逃窜到铁山,残余兵力尚有十几万。颉利派执失思力谒见太宗,当面谢罪,请求入朝。太宗派鸿胪寺卿唐俭等人前去抚慰,又令李靖领兵迎接颉利。颉利表面上言辞谦卑,实际上内心犹豫,图谋逃回碛北。李靖率领兵马与李世勣在白道会合,相互谋划道:"颉利虽然被打败,但其兵马还很强大,如果越过沙漠走到碛北,恐怕一时很难追上。现在朝廷的使节已经到了突厥的营地,突厥人一定会觉得宽慰,如果挑选精锐骑兵一万人去袭击他们,

不战可擒矣。"张公谨曰:"诏书许降,使者在彼,奈何击之!"靖曰:"此韩信所以破齐也。唐俭辈何足惜!"遂勒兵夜发,世勣继之。颉利见俭来大喜。靖前锋去牙帐七里,颉利始知之,乘千里马先走,其众遂溃。唐俭脱身得归。靖杀义成公主,斩首万余级,俘男女十余万。世勣军碛口。酋长皆帅众降,世勣虏五万余口而还。斥地自阴山北至大漠,露布以闻。

以温彦博为中书令,戴胄参预朝政,萧瑀参议朝政。三月,四夷君长诣阙,请帝为天可汗,许之。

四夷君长诣阙,请上为天可汗。上曰:"我为大唐天子,又下行可汗事乎?"群臣及四夷皆称"万岁"。是后,以玺书赐西北君长,皆称"天可汗"。

蔡公杜如晦卒。

如晦疾笃,上遣太子问疾,又自临视之。及卒,上语及必流涕。谓房玄龄曰:"公与如晦同佐朕,今独见公,不见如晦矣!"

夏四月,行军副总管张宝相擒突厥颉利可汗以献。

颉利败走,往依沙钵罗设苏尼失部落。任城王道宗引兵逼之,使苏尼失执颉利,行军副总管张宝相取之以献。苏尼失举众来降,漠南遂空。上御楼受俘,馆之太仆。上皇闻之,叹曰:"汉高祖困白登不能报,今我子能灭突厥,吾付托得人,复何忧哉!"突厥既亡,其部落或北附薛延陀,或西奔西域,其降唐者尚十万口。诏群臣议区处之宜。朝士多言:"北狄自古为中国患,今幸破亡,宜悉徙之河南兖、豫

可以不战而生擒颉利。"张公谨说："圣上已经颁下诏书接受他们投降，大唐的使者还在对方那里，怎么能进攻呢？"李靖说："这是当年韩信击破齐国的方法。唐俭等人不值得可惜！"于是率兵夜间出发，李世勣随后。颉利可汗见到大唐使者唐俭后十分高兴。李靖兵马的前锋离突厥的牙帐只有七里，颉利才发觉，乘千里马先逃走，突厥兵纷纷溃败。唐俭脱身回到唐朝。李靖杀死隋义成公主，杀死突厥兵一万多人，俘虏男女十几万人。李世勣的军队驻守在碛口。颉利手下各部落首领均率兵众前来投降，李世勣俘虏五万多人而回。开拓土地从阴山北到大沙漠，捷报迅速传到了朝廷。

任命温彦博为中书令，戴胄参预朝政，萧瑀参议朝政。 三月，四方少数民族首领到宫中，请求太宗做天可汗，太宗应允。

四方少数民族首领到宫中，请求太宗做天可汗。太宗说："我当大唐天子，又要做可汗的事吗？"文武大臣以及四方少数族首领齐呼"万岁"。此后，给西北各族首领的玺书中，均称"天可汗"。

蔡公杜如晦去世。

杜如晦病重，太宗派太子前去询问病情，又亲自前往探视。等到去世了，太宗一提到杜如晦，就会流下眼泪。对房玄龄说："您与如晦一同辅佐朕，现在只见到你，见不到如晦了！"

夏四月，行军副总管张宝相俘获突厥颉利可汗，押往京城。

颉利可汗战败逃走，投奔沙钵罗设苏尼失部落。任城王李道宗领兵逼近，让苏尼失交出颉利，行军副总管张宝相俘虏颉利，送往长安。苏尼失全军前来投降，漠南地区空旷无人。太宗登城接受俘虏，让颉利住在太仆寺。太上皇李渊听说抓住了颉利可汗，感叹道："当年汉高祖刘邦被匈奴围在白登城，不能报仇，现在我的儿子能一举消灭突厥，证明我托付的人是对的，我还有什么可忧虑的呢！"突厥灭亡后，其属下的部落有的向北归附薛延陀，有的西奔西域，投降唐朝的还有十万口。太宗下诏让群臣商议如何处置。朝官多说："北方狄人自古以来就是中原的祸患，现在很幸运他们已经败亡，应把他们全部迁徙到河南兖、豫

之间，分其种落，散居州县，教之耕织，可以化为农民。"颜师古请置之河北，分立酋长，领其部落。李百药以为："突厥虽云一国，然种类区分，各有酋帅。宜因其离散，各署君长，使不相臣属，则国分势敌，不能抗衡中国矣。仍于定襄置都护府，为其节度，此安边之长策也。"温彦博请准汉建武故事，置于塞下，顺其土俗，以实空虚之地，使为中国扞蔽。魏徵以为："戎狄人面兽心，弱则请服，强则叛乱。若留之中国，数年之后，蕃滋倍多，必为腹心之疾。西晋之祸，前事之明鉴也。宜纵之使还故土便。"彦博曰："王者之于万物，天覆地载，靡有所遗。今突厥以穷来归，奈何弃之？若救其死亡，授以生业，数年之后，悉为吾民。选其酋长，使入宿卫。畏威怀德，何后患之有！"上卒用彦博策。

处突厥降众，东自幽州，西至灵州，分突利故地为四州，又分颉利之地为六州。左置定襄，右置云中二都督府以统其众，以突利为顺州都督。初，颉利族人思摩无宠于颉利。颉利之亡，亲近者皆离散，独思摩不去，竟与俱擒。上以颉利为右卫大将军，苏尼失、思摩皆封郡王，其余拜官有差，五品以上百余人，因而入居长安者近万家。

诏：讼不决者，听于东宫上启。

诏：讼者经尚书省判，不服，听于东宫上启，委太子裁决。不服，然后闻奏。

加李靖光禄大夫。

之间，分别各个种族部落，让他们分散居住在各个州县，教他们耕田织布，可将他们转化为农民。"颜师古请求将他们安置在河北一带，分别设立酋长，统领其部落。李百药认为："突厥虽然称为一个国家，但它划分为许多部落，各有其部族首领。现今应该乘其离散，各就本部族设置君长，使其不互为臣属，国家分为几部分，势均力敌，必不能与大唐相抗衡。仍然在定襄置都护府，节制指挥该地区，这是安定边防的长久之计。"温彦博请求依照汉光武帝的办法，将投降的匈奴人安置在塞外，保全其部落，顺应其风俗习惯，以充实空旷之地，使其成为中原的屏障。魏徵认为："戎狄人面兽心，力量削弱则请求归顺，强盛则又叛乱。如果将他们留在中原，几年之后，繁衍到几倍之多，一定会成为心腹大患。西晋初年的祸乱，正是前车之鉴。应当使他们返回故地。"温彦博说："君主对于天地万物，应如天覆地载一般，包容一切，无有遗漏。现在突厥困窘，前来归附我大唐，为什么要抛弃他们呢？如果拯救他们于将亡之际，教他们生产生活，几年之后，这些人都将成为我大唐民众。选择他们中间的部落首领，使其入朝充任皇宫守卫。畏惧皇威而深怀皇恩大德，有什么后患可言呢！"太宗最终采纳了温彦博的建议。

安置突厥投降的民众，东起幽州，西至灵州，划分突利可汗原来的统辖之地，设置四州，又将颉利之地划分为六州。东面设置定襄都督府，西边置云中都督府，来统治其民众，任命突利为顺州都督。起初，颉利族人阿史那思摩失宠于颉利。颉利败亡时，那些亲近的人纷纷离散，惟独思摩不离开颉利，最后与颉利一同被俘。太宗任命颉利为右卫大将军，苏尼失、思摩均被封郡王，其余均拜官任职各有不同，五品以上的有一百余人，因而迁居长安的有近一万户。

太宗下诏：诉讼有不能裁决的，可上启东宫，由太子裁定。

太宗下诏：今后凡有诉讼，经尚书省判决不服，可上启东宫，由太子裁定。如果仍然不服，则上奏到朕这里。

加封李靖为光禄大夫。

御史大夫萧瑀劾奏李靖御军无法，请付法司推之。诏勿劾。及靖入见，顿首谢，上让之曰："隋史万宝破达头可汗，有功不赏，以罪见诛。朕则不然，录公之功，赦公之罪。"乃加靖左光禄大夫，赐绢千匹。既而谓曰："前者，人或谮公，今朕已寤，公勿以为怀。"复赐绢二千匹。

林邑遣使入贡。

林邑献火珠，有司以其表辞不顺，请讨之。上曰："好战者亡，如炀帝、颉利，皆所亲见也。小国胜之不武，况未可必乎！"

六月，修洛阳宫。

给事中张玄素上书曰："洛阳未有巡幸之期，而预修宫室，非今日之急务也。且陛下初平洛阳，凡隋氏宫室之宏侈者，皆令毁之。曾未十年，复加营缮，何前日恶之而今日效之也！且以今日财力，何如隋世？陛下役疮痍之人，袭亡隋之弊，恐又甚于炀帝矣！"上谓玄素曰："然则何如桀纣？"对曰："若此役不息，亦同归于乱耳。"上叹曰："吾思之不熟，乃至于是！"顾谓房玄龄曰："玄素所言有理，可即罢之。后以事至洛阳，虽露居亦无伤也。"

秋七月朔，日食。　敕百司：诏敕未便者，皆执奏。

上问房玄龄、萧瑀曰："隋文帝如何主也？"对曰："文帝勤于为治，临朝或至日昃。五品已上引坐论事，卫士传餐而食。虽性非仁厚，亦励精之主也。"上曰："公得其一，未知其二。文帝不明而喜察，不明则照有不通，喜察则多疑于物。事皆自决，不任群臣，一日万机，岂能一一中理！群

御史大夫萧瑀弹劾李靖治军没有法度,请交付法律部门推勘审理。太宗特降旨免予弹劾。等到李靖进见,磕头谢罪,太宗责怪他说:"隋朝史万宝打败达头可汗,有功劳不加赏赐,因有罪招致杀戮。朕则不这样处理,记录下你的功劳,赦免你的过错。"加封李靖为左光禄大夫,赐绢一千匹。不久又说:"以前有人说你的坏话,现今朕已醒悟,你不必挂在心上。"又赐绢二千匹。

林邑要派使者前来进贡。

林邑人进献火珠,有关部门认为所呈表章文辞桀骜不驯,请求讨伐林邑。太宗说:"好战者自取灭亡,隋炀帝、颉利可汗都是你们亲眼所见的。打败小国并不能表明勇武,何况不一定取胜!"

六月,修建洛阳宫。

给事中张玄素上书进谏道:"还没确定巡幸洛阳的时间就预先修筑宫室,这不是当今的急务。而且陛下刚平定洛阳时,凡隋朝宫殿宏丽奢侈的均下令毁掉。还不到十年光景,又重新加以营造修缮,为什么以前讨厌的东西现在却要加以效仿呢!况且按照现在的财力状况,怎么能与隋代相比?陛下役使苦难的百姓,承袭已灭亡的隋朝的弊端,恐怕又要超过炀帝呀!"太宗问玄素:"那么与桀、纣相比又如何?"张玄素答道:"如果此项劳役不停,恐怕也要一样招致变乱。"太宗感叹道:"我考虑不周到,以至于此!"回头对房玄龄说:"玄素所讲的确有道理,应立即停止此项过程。日后如有事去洛阳,即使居住在露天也无妨。"

秋七月初一,出现日食。 诏敕各部门:今后诏敕文书下达后有不当之处,均应执意禀奏。

太宗问房玄龄、萧瑀道:"隋文帝是个什么样的君主?"回答说:"文帝勤于治理朝政,每次临朝听政,有时要到太阳偏西。五品以上官员,围坐论事,卫士不能下岗,站着传递干粮而食。虽然隋文帝的品性算不上仁厚,也可称得上是励精图治的君主。"太宗说:"你们只知其一,未知其二。文帝不贤明而喜欢苛察,不贤明则览察事理不能都通达,喜欢苛察则对事多疑。万事皆自行决定,不信任群臣,日理万机,怎么能每一件事都切中要领!群

臣既知主意，则唯取决受成，虽有愆违，莫敢谏诤，此所以二世而亡也。朕则不然。择天下贤才，置之百官，使思天下之事，关由宰相，审熟便安，然后奏闻。有功则赏，有罪则刑，谁敢不竭心力以修职业，何忧天下之不治乎！"因敕百司："自今诏敕未便者，皆应执奏，毋得阿从，不尽己意。"

以李纲为太子少师，萧瑀为太子少傅。

李纲有足疾，上赐以步舆，使之乘至阁下。每至东宫，太子亲拜之。先是上命萧瑀与宰相参议朝政。瑀气刚而辞辩，房玄龄等皆不能抗。玄龄等尝有微过，瑀劾奏之，上皆不问，瑀由此快快。既为少傅，遂罢御史大夫，不复预闻朝政。

李大亮为西北道安抚大使。

西突厥种落散在伊吾，诏以李大亮为安抚大使，贮粮碛口以赈之。大亮言："欲怀远者必先安近。中国如本根，四夷如枝叶。疲中国以奉四夷，犹拔本根以益枝叶也。今招致西突厥，但有劳费，未见其益。况河西州县萧条，不堪供亿，不如罢之。其或自立君长求内属者，羁縻受之，使居塞外，为中国藩蔽，此乃施虚惠而收实利也。"上从之。

诏定常服差等。

三品以上服紫，四品、五品服绯，六品、七品服绿，八品服青，妇人从其夫色。

以李靖为右仆射。

靖性沉厚，每与时宰参议，恂恂似不能言。

臣既已知主上的心理,便只有一切都听皇上的决断和主张了,即使主上出现过失,也没人敢争辩劝谏,所以到了第二代隋朝就灭亡了。朕则不是这样。选拔天下的贤能之士,分别充任各种职务,让他们考虑天下的大事,经由宰相仔细研究认为方便合宜,然后上奏到朕这里。有功则行赏,有罪即处罚,谁还敢不尽心竭力做好本职工作,又何愁天下治理不好呢!"于是命令各部门:"今后诏敕文书下达后有不当之处,均应执意禀奏,不得阿谀顺从,不充分发表自己的意见。"

任命李纲为太子少师,萧瑀为太子少傅。

李纲腿脚不好,太宗赐予步辇,让他乘步辇去上朝。每次到东宫,太子都要行拜见礼。先前太宗命萧瑀与宰相参议朝政。萧瑀性情刚直又能言善辩,房玄龄等人都说不过他。房玄龄等人曾小有过失,萧瑀弹劾他们,太宗均不理会,萧瑀因此怏怏不乐。既改任太子少傅,于是免去御史大夫一职,不再让他参预朝政。

任命李大亮为西北道安抚大使。

西突厥部族散居在大漠外的伊吾地区,太宗下诏任命李大亮为安抚大使,在碛口存贮粮食,以赈济来此地的人。李大亮上言:"想要怀柔远方必先安抚近地。中国如树根,四夷如枝叶。使中国疲困以供养四夷,如同拔掉树根来资助枝叶。如今招抚西突厥,只见劳民费财,未见收益。更何况河西的州县人口稀少,百姓不堪赋役,不如暂且停止招抚慰问为宜。当地人有的自己设立君长,请求归附大唐,不妨接受和加以联络,让他们居住在塞外,为我大唐屏障,这才是施给虚惠而实际坐收渔利的办法。"太宗听从了他的意见。

太宗诏令确定官员日常服装的等级差别。

三品以上官员穿紫色衣服,四、五品穿红色,六、七品穿绿色,八品穿青色,官员夫人从其丈夫的官服颜色。

任命李靖为尚书右仆射。

李靖性情深沉而忠厚,每次与宰相们议论政事,谦恭拘谨像是说不出话来。

九月,伊吾来降,置西伊州。　以张俭检校代州都督。

思结部落饥贫,张俭招集之。其不来者仍居碛北,亲属私相往还,俭亦不禁。及俭代去,思结将叛,诏俭往察之。俭单骑说谕,徙之代州,即以俭检校代州都督。俭因劝使营田,岁大稔。俭又恐其蓄积多,有异志,奏请和籴以充边储。部落喜,营田转力,而边备实焉。

冬十一月,以侯君集参议朝政。　除鞭背刑。

上读《明堂针灸书》云:"人五藏之系,咸附于背。"故有是命。

高昌王麹文泰入朝。

文泰入朝,西域诸国皆因文泰请朝,上令文泰使人迎之。魏徵谏曰:"昔光武不听西域选侍子,置都护,以为不以蛮夷劳中国。前者文泰之来,缘道供亿甚苦。若诸国皆来,将不胜其弊。姑听其商贾往来,与边民交市,则可矣。傥以宾客遇之,非中国之利也。"时所使人已行,上遽止之。

大有年。

上之初即位也,尝与群臣语及教化,上曰:"今承大乱之后,恐斯民未易化也。"魏徵对曰:"不然。久安之民骄佚,骄佚则难教;经乱之民愁苦,愁苦则易化。譬犹饥者易为食,渴者易为饮也。"上深然之。封德彝曰:"三代以还,人渐浇讹。故秦任法律,汉杂霸道,盖欲化而不能,岂能之

九月，伊吾归降唐朝，唐在其地设置西伊州。 任命张俭为检校代州都督。

思结部落饥馑贫弱，张俭招募他们。不应召的仍居住在漠北，两地的亲属私下往来，张俭也不加禁止。等到张俭改任他职，思结部将要反叛，太宗下诏令张俭前往按察。张俭单人匹马到思结部落晓以大义，让他们迁居到代州，朝廷即任命张俭为检校代州都督。张俭于是劝他们从事农作，年底获得大丰收。张俭又担心思结部落存粮多，便会有反叛的意图，上奏请求由官府出钱购买他们的粮食，以充边防储备。思结部落大为高兴，种地更加努力，因而边防储备充实。

冬十一月，任命侯君集参议朝政。 废除鞭打后背的刑罚。

太宗读《明堂针灸书》，书中写着："人的五脏经络，均附在后背。"所以有此诏令。

高昌王麴文泰前来朝见天子。

麴文泰入朝拜谒唐太宗，西域各国都想跟着文泰入朝，太宗令文泰派人迎接各国使者。魏徵劝谏道："从前汉光武帝不允许西域诸国送王子入京侍奉皇帝和在西域设置都护，认为不应当为了蛮夷而劳顿中国。前些时候文泰来朝见，劳民费财已经很厉害。假使各国都来进贡，我们将难以承受其弊端。姑且允许他们的商人前来，与边区百姓互市，就可以了。假如以宾客之礼接待，则对我大唐没有好处。"当时派出迎接的人已经出发，太宗急忙令人阻止。

这一年全国大丰收。

太宗刚即位时，曾与群臣们谈到教化问题，太宗说："现在刚经过一场大动乱，我担心百姓不容易教化。"魏徵答道："并非如此。长期安定的百姓容易骄逸，骄逸则难以教化；历经动乱的百姓忧愁痛苦，忧愁痛苦则容易教化。这如同饥饿的人不苛择饮食，口渴的人不苛择饮水一样。"太宗深表赞同。封德彝说："三代以后，人心渐趋浇薄诡诈。所以秦朝专用法律，汉代杂用王道霸道，正是想推行仁义教化而不能有收效，哪里是能够推行教化

而不欲邪！魏徵书生，未识时务，信其虚论，必败国家！"徵曰："五帝、三王不易民而化，汤、武皆承大乱之后，身致太平。若谓古人淳朴，渐致浇讹，则至于今日，当悉化为鬼魅矣，人主安得而治之！"上卒从徵言。

元年，关中饥，米斗直绢一匹；二年，天下蝗；三年，大水。上勤而抚之，民虽东西就食，未尝嗟怨。是岁，天下大稔，流散者咸归乡里，米斗不过三四钱，终岁断死刑才二十九人。东至于海，南及五岭，皆外户不闭，行旅不赍粮，取给于道路焉。帝谓长孙无忌曰："贞观之初，议者皆云：'人主当独运威权，不可委之臣下。'又云：'宜震耀威武，征讨四夷。'唯魏徵劝朕：'偃武修文，中国既安，四夷自服。'朕用其言。今颉利成擒，其酋长并带刀宿卫，皆袭衣冠，徵之力也，但恨不使封德彝见之耳。"徵再拜谢曰："此皆陛下威德，臣何力之有焉？"帝曰："朕能任公，公能称朕所任，则其功岂独在朕乎！"

上谓侍臣曰："朕有二喜一惧：比年丰稔，斗粟三钱，一喜也；北虏久服，边鄙无虞，二喜也；治安则骄侈易生，骄侈则危亡立至，此一惧也。"房玄龄奏："阅府库甲兵，远胜隋世。"上曰："甲兵武备，诚不可阙，然炀帝甲兵岂不足邪！卒亡天下。若公等尽力，使百姓乂安，此乃朕之甲兵也。"

辛卯（631） 五年
春正月，诏僧道致拜父母。 皇太子冠。

而不想推行呢！魏徵是一介书生，不识时务，如果听信他的空谈，必然败坏国家！"魏徵说："五帝、三王不是换掉百姓而施行教化，商汤、武王均承接于大动乱之后，能在自己生前达到太平盛世。如果说上古人淳朴，后代逐渐变得浇薄诡诈，那么到了今天，应当全都化为鬼魅了，君主又怎么能统治他们呢！"太宗最后听从了魏徵的意见。

贞观元年，关中地区闹饥荒，一斗米值一匹绢；二年，全国出现蝗灾；三年，又发大水。太宗勤勉听政，安抚百姓，百姓虽然东乞西讨，也未曾抱怨。这一年，全国大丰收，背井离乡的人都回归故里，一斗米不过三四钱，一整年判处死刑的只有二十九个人。东到大海，南至五岭，均夜不闭户，旅行不带粮食，在路上就能得到供应。太宗对长孙无忌说："贞观初年，大臣们上书都说：'君王应当独自运用权威，不能委任给臣下。'又说：'应当耀武扬威，讨伐四夷。'只有魏徵劝朕说：'放下武力勤修文教，中原安定之后，四夷自然顺服。'朕采纳他的意见。如今颉利成了俘虏，其部族首领都带刀到皇宫担任警卫，各部落都受到中华文明礼教的熏染，这都是魏徵的功劳，只是遗憾封德彝见不到了！"魏徵再次拜谢说："这都是陛下的威德，我有何功劳呢？"太宗说："朕能重用你，你能够十分称职，功劳怎么是朕一个人的呢！"

太宗对身边大臣说："朕有两个欢喜一个忧虑：近年大丰收，一斗米不过三钱，是一喜；北方夷族长久顺服，边境安定，这是二喜；国家治理安定则容易产生骄逸奢侈，则危亡马上就会到，这是一个忧虑。"房玄龄奏道："我看我朝府库所藏兵甲器械，远远超过隋朝。"太宗说："兵甲武力装备，诚然不可缺少，然而隋炀帝兵甲难道不足吗！最后还是丢了天下。如果你们尽心竭力，使百姓安定，这就是朕的兵甲。"

辛卯（631）　唐太宗贞观五年

春正月，诏令和尚、尼姑、道士都要叩拜父母。　皇太子到了行冠礼的年龄。

有司言："皇太子冠,用二月吉,请追兵备仪仗。"上曰："东作方兴,宜改用十月。"少傅萧瑀奏："据阴阳书,不若二月。"上曰："吉凶在人,若动依阴阳,不顾礼义,吉可得乎!循正而行,自与吉会。农时急务,不可失也。"

诏:诸州刬削京观,加土为坟。 以金帛赐突厥,赎男女八万口。

隋末,中国人多没于突厥。突厥降,上遣使以金帛赎之,凡得男女八万口。

夏六月,新昌公李纲卒。

谥曰贞。初,周齐王宪女孀居无子,纲赡恤甚厚。纲卒,其女以父礼丧之。

秋八月,遣使诣高丽,葬隋战士。 杀大理丞张蕴古。

河内人李好德有心疾,为妖言,大理丞张蕴古按之,奏："好德实被疾,不当坐。"治书侍御史权万纪劾奏："蕴古相州人,而好德兄厚德为其刺史,故蕴古阿意纵之。"上怒,斩之,既而悔之,因诏："自今有死罪,虽令即决,仍三覆奏乃行刑。"万纪与侍御史李仁发,俱以告讦有宠,大臣数被谴怒。魏徵谏曰："此等小人,不识大体,以讦为直,以谗为忠。陛下非不知其无堪,但取其无所避忌,欲以警策群臣耳。而彼挟恩依势,逞其奸谋,凡所弹射,皆非有罪。陛下纵未能举善以厉俗,奈何昵奸以自损乎!"上默然。既而万纪等皆得罪。

有关部门进言："皇太子当行冠礼,采用二月吉祥,请求追加太子的军备仪仗。"太宗说："二月耕作刚刚开始,应当改用十月。"太子少傅萧瑀奏称："根据阴阳书记载,不如用二月。"太宗说："吉凶祸福在于人,如果动辄依靠阴阳,不顾礼义,能够得到吉祥吗! 依循正道而行,自然会有吉祥。农时急务,不能耽误。"

太宗下诏:各州一律铲削掉用敌军尸体封土筑成的京观,分别加土垒成坟墓。 赐给突厥金银布帛,赎回被掠去的中原男女八万口。

隋朝末年,中原汉人多被突厥人掠去。突厥投降后,太宗派人用金银财物将他们赎回,共赎回男女八万人。

夏六月,新昌公李纲去世。

追加谥号为贞。起初,北周齐王宇文宪的女儿,孀居无子女,李纲对她赡养抚恤甚多。李纲死后,齐王女按照对待父亲的礼节服丧。

秋八月,太宗派人到高丽,收葬隋朝阵亡将士。 处死大理寺丞张蕴古。

河内人李好德患有心病,胡言乱语,语涉妖邪,太宗令大理寺丞张蕴古按察其事,张蕴古奏道:"李好德得病有验证,依法不应治罪。"治书侍御史权万纪弹劾道:"张蕴古籍贯在相州,李好德的哥哥李厚德为相州刺史,所以张蕴古有意偏袒纵容。"太宗大怒,下令将张蕴古处斩,过后又后悔,因而下诏说:"今后有死刑犯人,即使下令立即处决,仍须经三次复议才能执行。"权万纪与侍御史李仁发,均靠告发别人而得到太宗宠幸,因此诸位大臣多次受到叱责。魏徵劝谏道:"这类小人,不识国家大体,把告发别人当作正直,把进谗言当作忠诚。陛下并非不知道他们使人无法忍受,只是取其讲话无所忌讳,想以此儆戒诸位大臣。然而权万纪等人自恃皇恩依仗权势,大施其奸谋,凡所弹劾,都不是真有罪。陛下既然不能选用善人以激励风俗,怎么能亲昵奸人以损害自己的威信呢!"太宗默不作声。不久权万纪等人均获罪。

九月,修洛阳宫。

上欲修洛阳宫,民部尚书戴胄表谏,以"乱离甫尔,百姓凋弊,营造不已,劳费难堪"。上甚嘉之。既而竟命将作大匠窦琎修之。琎凿池筑山,雕饰华靡,上怒,遽命毁之。免琎官。

帝猎于后苑。

上逐兔于后苑,将军执失思力谏曰:"天命陛下为华夷父母,奈何自轻!"上又将逐鹿,思力脱巾解带,跪而固谏,上为之止。

冬十月,诏议封建。

初,上问公卿以享国久长之策,萧瑀对曰:"三代封建而长久,秦孤立而速亡。"上以为然,令群臣议之。魏徵以为:"京畿税少,多资畿外,若尽以封建,经费顿阙。又燕、秦、赵、代俱带外夷,若有警急,追兵内地,难以奔赴。"李百药以为:"勋戚子孙皆有民社,易世之后,将骄淫自恣,攻战相残,害民尤深,不若守令之迭居也。"颜师古以为:"不若分王宗子,勿令过大,间以州县,杂错而居,互相维持,足扶京室。为置官僚,皆省司选用,法令之外,不得擅作威刑,朝贡礼仪,具为条式。一定此制,万代无虞。"于是诏:"宗室勋贤,宜令作镇藩部,贻厥子孙。所司明为条例,定等级以闻。"

十一月,林邑、新罗入贡。

林邑献五色鹦鹉,新罗献美女,各付使者归之。

十二月,开党项之地为十六州。

党项内属者前后三十万口。

九月，修筑洛阳宫。

太宗打算修筑洛阳宫，民部尚书戴胄上表劝谏，认为"动乱刚结束不久，百姓穷困潦倒，不停地营造，公私耗费，恐怕难以承受"。太宗十分称赞。过了一段时间，还是命将作大匠窦琎修筑洛阳宫。窦琎开凿池塘构筑山林，雕饰华贵奢靡，太宗大怒，立刻下令毁掉，罢免了窦琎的官职。

太宗在后苑打猎。

太宗在皇宫后苑追打兔子，将军执失思力劝谏说："上天让陛下做华、夷族的父母，怎么能自我轻贱呢！"太宗又要追猎鹿，思力脱下头巾解下腰带，跪在地上苦谏，太宗只好停止。

冬十月，太宗诏令议论分封诸侯的事。

起初，太宗向公卿大臣们询问国运长久的计策，萧瑀认为："三代因为分封诸侯而国运长久，秦朝孤立统一而加速灭亡。"太宗认为有道理，令群臣议论此事。魏徵认为："京城一带赋税不多，多依靠京都以外地区，如果都分封给诸侯国，则国家经费会顿时短缺。再加上燕、秦、赵、代诸国均管辖有夷族人，如出现紧急情况，由内地调兵，难以及时奔赴所在地。"李百药认为："如今让皇亲国戚子子孙孙均有自己的百姓与社稷，几代之后，将骄奢恣纵，相互攻伐残杀，对老百姓的危害非常大，不如让郡守县令不断更换、轮流在位。"颜师古认为："不如分封诸子为诸侯王，不要让他们的封国太大，国与国之间有州县相隔，错杂而居，互相维持，足以扶持京城皇室。为他们设置官吏，均由尚书省选拔录用，除皇朝法令外，不允许他们擅自施行刑罚，朝贡礼仪，都制定程式。这种制度一旦确定，千秋万代可保平安。"于是太宗下诏："皇室宗亲以及勋贵大臣，应让他们担任地方区域长官，并传给其子孙。有关部门明文规定条例，定下不同等级上报朝廷。"

十一月，林邑、新罗来朝进献贡品。

林邑进献五色的鹦鹉，新罗献美女，分别交给本国使者带回。

十二月，开拓党项土地，共计十六州。

党项归附唐朝人口前后共有三十万。

制：自今决死刑者，皆覆奏，决日撤乐减膳。

上谓侍臣曰："朕以死刑至重，故令三覆，盖欲思之详熟也。而有司须臾之间三覆已讫。又断狱者唯据律文，虽情在可矜，而不敢违法，其间岂能尽无冤乎！古者刑人，君为之彻乐减膳。朕庭无常设之乐，然常为之不啖酒肉，但未有著令耳。"于是制："决死囚者，二日中五覆奏，下诸州者三覆奏；行刑之日，尚食勿进酒肉，内教坊及太常不举乐。皆令门下覆视。有据法当死而情可矜者，录状以闻。"由是全活甚众。

上尝与侍臣论狱，魏徵曰："炀帝时常有盗发，捕得榜讯，服罪者二千余人，悉令斩之。大理丞张元济寻其状，唯五人尝为盗，余皆平民，竟不敢执奏，尽杀之。"上曰："此岂惟炀帝无道，其臣亦不尽忠。君臣如此，何得不亡！公等宜戒之！"上又尝谓执政曰："朕常恐因喜怒妄行赏罚，故欲公等极谏。公等亦宜受人谏，不可以己之所欲，恶人违之。苟自不能受谏，安能谏人！"

康国求内附。

康国求内附，上曰："前代帝王好招来绝域，以求服远之名，无益于用，而糜弊百姓。今康国内附，傥有急难，于义不得不救，师行万里，岂不疲劳？劳百姓以取虚名，朕不为也。"遂不受。上谓侍臣曰："治国如治病，病虽愈，尤宜将护。傥遽自放纵，病复作，则不可救矣。今中国幸安，四

太宗下制文规定:今后判决死刑,都要经过复议,行刑的当天,撤除音乐,减免膳食。

太宗对亲近大臣说:"朕认为死刑至关重大,所以下令须经三次复议,这是为了深思熟虑。而有关部门却在片刻之间完成三次复议。再者,断案判刑只依据法律条文,即使情有可原,也不敢违反法律,这中间怎么能一点冤枉都没有呢!古代处决犯人,君主常为此停止音乐减少御膳。朕宫廷中没有常设的音乐,然而常常为此而不沾酒肉,只是没有明文规定。"于是下制文规定:"判决死囚犯人,二天之内须经五次复议,下到各州的也要三次复议;行刑的当天,尚食局不得进酒肉,内教坊及太常寺不得奏乐。上述规定均由门下省监督。如有法律应当处死而其情形可以怜悯的犯人,记下情况上报朝廷。"由此而免于死罪的甚多。

太宗曾和大臣们讨论刑狱诸事,魏徵说:"隋炀帝时多有盗贼案发,逮捕起来加以拷问,认罪的有二千余人,炀帝下令全部处斩。大理寺丞张元济查阅其诉状,其中只有五人曾为盗贼,其余的都是普通百姓,但他竟不敢执意上奏讲明真情,所以全都杀掉。"太宗说:"这岂止是炀帝无道,大臣们也不能尽忠。君臣都这样,国家怎能不灭亡!你们应深以为戒!"太宗又曾对执政的大臣说:"朕常常担心由于个人的喜怒而妄加赏罚,所以希望你们极力进谏。你们也应当接受别人的劝谏,不可以自己的喜好要求别人,讨厌别人违背己意。如果自己不能接受劝谏,又怎么能劝谏别人!"

康国请求归附唐朝。

康国请求归附唐朝,太宗说:"前代的帝王,喜欢招抚极远地区的国家,以讨得降服远方的盛名,这毫无益处,而只是损耗凋敝百姓。如今康国归附唐朝,如果他们遇到危急情况,按照道义来讲不能不去救援,士兵们行军万里,岂能不疲劳?让百姓疲劳以获取虚名的事,朕不做。"于是不接受康国的归附。太宗对身边大臣说:"治理国家如同治病,病虽好了,仍需调养。倘若立即放纵自己,病会复发,那就不可救治了。如今中原幸得安定,四

夷俱服,诚自古所希。朕日慎一日,唯惧不终,故欲数闻卿辈谏争也。"魏徵曰:"内外治安,臣不以为喜,惟喜陛下居安思危耳。"

高州总管冯盎入朝。

盎有地方二千里,为治勤明,所部爱之。

壬辰(632) 六年

春正月朔,日食。 群臣请封禅,不许。

初,群臣表请,上曰:"卿辈皆以封禅为帝王盛事,朕意不然。若天下乂安,家给人足,虽不封禅,庸何伤乎! 昔秦始皇封禅,而汉文帝不封禅,后世岂以文帝不及始皇邪! 且事天扫地而祭,何必登泰山之巅,封数尺之土,然后可以展其诚敬乎!"群臣请不已,上亦欲从之,魏徵独以为不可。上曰:"公不欲朕封禅者,以功未高邪? 德未厚邪? 中国未安,四夷未服邪? 年谷未丰,符瑞未至邪?"对曰:"今虽有此六者,然户口未复,仓廪尚虚。车驾东巡,供顿劳费。又伊洛以东,灌莽极目,而远夷君长皆当扈从,此乃引戎狄入腹中,而示之以虚弱也。况赏赉不赀,未厌远人之望;给复连年,不偿百姓之劳。崇虚名而受实害,陛下将焉用之?"会河南北数州大水,事遂寝。明年,群臣复以为请,上谕以旧有气疾,恐登高增剧,乃止。

三月,如九成宫。

夷顺服,实在是自古以来所少有。然而朕每日谨慎行事,唯恐不能持久,所以想多听到你们的谏诤!"魏徵说:"国家内外俱得安定,我并不觉得高兴,只是高兴陛下能够居安思危。"

高州总管冯盎入京朝见天子。

冯盎占据地方二千里,治理政事勤勉清明,他率领的部下都非常爱戴他。

壬辰(632) **唐太宗贞观六年**

春正月初一,出现日食。 **文武百官请求行封禅大礼,太宗不允。**

起初,文武百官们上表请行封禅礼,太宗说:"你们都认为行封禅礼是帝国的盛举,朕不这样以为。如果天下安定,百姓家家富足,即使不去封禅,又有什么害处呢!从前秦始皇行封禅礼,而汉文帝不封禅,后代难道认为文帝的贤德不如秦始皇吗!而且侍奉上天可扫地而祭,为什么一定要登上泰山的顶峰,封筑几尺的泥土,然后才能表达对上天的诚心敬意呢!"群臣还是不停地请求,太宗也想听从他们的意见,惟独魏徵认为不可以。太宗说:"你不想让朕去泰山封禅,是认为朕的功劳不够高吗?德行不深厚吗?大唐不安定,四方夷族未归服吗?一年的谷物没丰收,符瑞未出现吗?"魏徵答道:"如今虽然有上述六点理由,然而户口没有恢复到原来的水平,国家府库粮仓还很空虚。陛下的车驾东行,沿途劳民费财。而且伊水、洛水以东地区,到处草莽丛生,而远方夷族首领跟从,这是引戎狄进入大唐的腹地,并展示我方的虚弱。况且赏赐供给无数,也不能满足这些远方人的欲望;几年免除徭役,也不能补偿老百姓的劳苦。像这种崇尚虚名而实际有害的主张,陛下怎么能采用呢?"当时赶上黄河南北地区的多个州发大水,封禅的事于是搁置下来。第二年,文武大臣们又请求封禅,太宗借口气喘的老毛病复发,担心登高会加剧,于是终止。

三月,太宗巡幸九成宫。

上幸九成宫避暑，监察御史马周上疏曰："大安宫在城西，制度卑小，而车驾独为避暑之行，是太上皇留暑中，而陛下居凉处也。温清之礼，臣窃有所未安焉。且太上皇春秋已高，陛下宜朝夕视膳。今九成宫去京师三百余里，太上皇或时思念陛下，陛下何以赴之？然今行计已成，不可复止，愿速示返期，以解众惑。仍亟增修大安，以称中外之望。"又言："比来乐工围人超授官爵，鸣玉曳履，与士君子比肩，臣窃耻之。"

以长乐公主嫁长孙冲。

长乐公主将出降，敕有司资送倍于永嘉长公主。魏徵谏曰："昔汉明帝欲封皇子，曰：'我子岂得与先帝子比？'皆令半楚、淮阳。今奈何资送公主，反倍于长主乎！"上入告皇后，后叹曰："妾数闻陛下称重魏徵，不知其故。今观其引礼义，以抑人主之私情，乃知真社稷之臣也。"因请遣中使厚赐徵，且语之曰："闻公正直，乃今见之，愿公常秉此心，勿转移也。"上尝罢朝，怒曰："会须杀此田舍翁！"后问为谁，上曰："魏徵每廷辱我。"后退具朝服，曰："妾闻主明臣直，今魏徵直，由陛下之明故也。妾敢不贺！"上乃悦。

置三师官。　夏四月，邹公张公谨卒。

公谨卒，上出次发哀，有司奏：辰日忌哭。上曰："君臣犹父子也，情发于衷，安避辰日！"遂哭之。

秋闰七月，宴近臣于丹霄殿。

太宗将要去九成宫避暑，监察御史马周上疏言道："太上皇所住的大安宫在宫城西面，建制规模窄小，而车驾外出只是为了避暑，太上皇还留在大暑天里，而陛下却独居凉爽之处。礼制规定，儿女侍奉父母，要让他们冬暖夏凉，陛下这样做我私下感到不安。况且太上皇年事已高，陛下应当朝夕侍奉饮食。如今九成宫离京城三百多里，太上皇如果一时想念陛下，陛下怎么赶回来呢？然而现在出行的计划已定，不能终止，希望尽快昭示归期，以解除众人的疑惑。应当尽快增修大安宫，以符合中外人士的愿望。"又说道："近来乐工与驯马人都被破格授予官爵，让他们佩戴玉饰、拖着鞋子，与士大夫并肩而立，我私下感到耻辱。"

将长乐公主嫁给长孙冲。

长乐公主将要下嫁，太宗敕令有关部门所给的陪送比皇姑永嘉长公主多一倍。魏徵劝谏道："过去汉明帝想要分封皇子采邑，说：'我的儿子怎么能和先帝的儿子相比呢？'均令封给楚王、淮阳王封地的一半。如今公主的陪送为什么反比长公主多一倍呢！"太宗进宫中告诉皇后，皇后感叹道："我总是听说陛下看重魏徵，不知是什么缘故。如今见他用礼仪来抑制君王的私情，才知道他真是国家的栋梁之臣呀。"于是皇后请求派宦官去魏徵家中，赏赐丰厚，并且对他说："听说您十分正直，今日得以亲见，希望您经常保持这种忠心，不要有所改变。"太宗一次曾罢朝回宫中，怒气冲冲地说："以后找机会一定杀了这个乡巴佬。"皇后问因为谁，太宗说："魏徵常在朝堂上羞辱我。"皇后退下，穿上朝服，说道："我听说君主开明则臣下正直，如今魏徵正直敢言，是因为陛下开明的缘故。我怎能不祝贺呢！"太宗于是转怒为喜。

下诏设置太师、太傅、太保三师官。 **夏季四月，邹公张公谨去世。**

张公谨去世，太宗离开皇宫宣布公谨去世的消息，有关部门上奏称：这一天是辰日，忌讳哭泣。太宗说："君与臣如同父子，情感是发自内心的，怎么能避忌辰日呢！"于是痛哭一场。

秋闰七月，太宗在丹霄殿宴请群臣。

上宴近臣于丹霄殿,长孙无忌曰:"王珪、魏徵,昔日仇雠,不谓今日得同此宴。"上曰:"徵、珪尽心所事,故我用之。然徵每谏,我不从,我与之言辄不应,何也?"魏徵对曰:"臣以事为不可,故谏。若陛下不从而臣应之,则事遂施行,故不敢应。"上曰:"应而复谏,何伤?"对曰:"昔舜戒群臣:'尔无面从,退有后言。'臣心知其非而口应陛下,乃面从也。岂稷、契事舜之意邪!"上大笑曰:"人言魏徵举止疏慢,我视之更觉妩媚,正为此耳!"徵起拜谢,曰:"陛下开臣使言,故臣得尽其愚。若陛下拒而不受,臣何敢数犯颜色乎?"

上谓王珪曰:"玄龄以下卿,宜悉加品藻,且自谓与数子何如?"曰:"孜孜奉国,知无不为,臣不如玄龄;才兼文武,出将入相,臣不如李靖;敷奏详明,出纳惟允,臣不如彦博;处繁治剧,众务毕举,臣不如戴胄;耻君不及尧舜,以谏争为己任,臣不如魏徵。至于激浊扬清,嫉恶好善,臣于数子亦有微长。"上深以为然,众亦服其确论。

上指殿屋谓侍臣曰:"治天下如建此屋,营构既成,勿数改移。苟易一榱,正一瓦,践履动摇,必有所损。若慕奇功,变法度,不恒其德,劳扰实多。"

上曰:"人主惟有一心,而攻之者甚众。或以勇力,或以辩口,或以谄谀,或以奸诈,或以嗜欲,辐凑攻之,各求自售,以取宠禄。人主少懈而受其一,则危亡随之,此其所以难也。"

太宗在丹霄殿宴请身边大臣，长孙无忌说："王珪、魏徵二人过去与陛下为敌，没料到今日能在此一同饮宴。"太宗说："魏徵、王珪尽心竭力地侍奉主子，所以我任用他们。然而魏徵每次进谏，我不听从，我同他讲话，他总是不答应，这是为什么呢？"魏徵答道："我认为事情不可行，所以谏阻。如果陛下不听从而我答应，那么事情便得以施行，所以不敢答应。"太宗说："暂且答应而后再谏阻，又有什么伤害呢？"魏徵答道："过去舜帝告诫群臣：'你们不要当面顺从，而退下后却说另一套话。'我心里明知道不对而嘴上却答应陛下，这正是当面顺从。哪里是稷、契事奉舜帝的本意呢！"太宗大笑道："人们都说魏徵行为举止粗鲁傲慢，我看他更觉得妩媚，正是因为如此呀！"魏徵离席起身，拜谢道："陛下引导我让我畅所欲言，所以我得以尽愚诚。如果陛下拒不接受谏言，我又怎么敢屡次犯颜强谏呢？"

太宗对王珪说："房玄龄以下的大臣，你应该都加以品评，而且自己衡量与他们相比如何？"王珪说："勤勤恳恳地事奉大唐，尽心竭力无所保留，我不如房玄龄；文武全才，出将入相，我不如李靖；在朝中述事进奏详尽周到，传达诏令、反映下情，都平允恰当，我不如温彦博；处理繁重、艰难的事务，各方面事务办理周全，我不如戴胄；惟恐君王赶不上尧、舜，专以苦言强谏为己任，我不如魏徵。说到辨别清浊，疾恶奖善，我与他们相比，倒是略有长处。"太宗非常赞同，众人也钦佩他的确论。

太宗指着殿宇对身边大臣说："治理天下就如同修建这个屋宇，营建构筑完成，不要多次改变移动。如果变更一椽一瓦，基础动摇，必然对整个房屋有所损害。如果追求新奇，变更法度，不坚守德政，那么打扰百姓之处一定很多。"

太宗说："君主只有一个心思，而攻取的人很多。有的以其勇力，有的以其辩才，有的专事诡谀，有的行以奸诈，有的充满贪欲，聚集在一起围攻，并各自兜售自己的一套，以求取得恩宠禄位。君主稍有松懈而接受其中一点，则危亡随之而来，这是做君主很难的原因。"

上尝临朝，谓侍臣曰："朕为人主，常兼将相之事。"给事中张行成退而上书，以为："禹不矜伐，而天下莫与之争。陛下拨乱反正，群臣诚不足望清光，然不必临朝言之。以万乘之尊，乃与群臣校功争能，臣窃为陛下不取。"上甚善之。

九月，如庆善宫。

庆善宫，上生时故宅也。因宴赋诗，被之管弦，命曰《功成庆善乐》，使童子八佾为《九功之舞》。大宴会，与《破陈舞》偕奏于庭。同州刺史尉迟敬德，与坐者争长，殴任城王道宗，目几眇。上不怿而罢，谓敬德曰："朕欲与卿等共保富贵，然卿居官数犯法，乃知韩、彭菹醢，非高祖之罪也。"敬德由是始惧，而自戢。

冬，以陈叔达为礼部尚书。

帝谓叔达曰："卿武德中有谠言，故相报。"对曰："臣见隋室父子相残以亡，当日之言非为陛下，乃社稷之计耳！"

癸巳（633）　**七年**
春正月，宴玄武门，奏《七德》《九功舞》。

更名《破陈乐》曰《七德舞》。太常卿萧瑀以为形容未尽，请并写武周、仁果、建德、世充擒获之状，上曰："彼皆一时英雄，朝臣或尝北面事之，睹其故主屈辱之状，能不伤乎！"瑀谢不及。魏徵欲上偃武修文，每侍宴，见《七德舞》，辄俯首不视，见《九功舞》则谛观之。

王珪罢，以魏徵为侍中。

太宗曾临朝听政，对身边大臣说："朕作为天下君主，常常兼做将相的事。"给事中张行成退朝后上书太宗，认为："大禹没有夸耀自己，而天下百姓没有与之争辩的。陛下拨乱反正，大臣们诚然不足以望其项背，然而不必在朝堂上讲这些。以皇上万乘之尊位，与大臣们较功争能，我私下认为陛下不应如此。"太宗十分赞赏他。

九月，太宗临幸庆善宫。

庆善宫是太宗出生时的旧宅。于是饮宴赋诗，将诗谱成曲子弹奏，命名为《功成庆善乐》，让六十四名少年站成八行依乐而舞，称《九功之舞》。又大摆酒宴，与《破陈舞》一同在宫廷中表演。同州刺史尉迟敬德与席者争坐上位，殴打任城王李道宗，眼睛被打得几乎瞎了。太宗很不高兴地罢宴，对尉迟敬德说："朕想和你们共享富贵，然而你身居高官却屡次犯法，由此可知韩信、彭越被碎尸万段、剁成肉酱，并非只是高祖的罪过。"尉迟敬德从此才知道恐惧，从而约束自己。

冬，任命陈叔达为礼部尚书。

太宗对陈叔达说："你在武德年间曾直言劝太上皇不要废黜秦王，所以以此相报。"叔达回答说："我看到隋皇室父子相互残害而导致灭亡，当时的话并非为陛下考虑，而是为社稷打算啊！"

癸巳（633） 唐太宗贞观七年

春正月，太宗在玄武门宴请百官，演奏《七德舞》和《九功舞》。

将《破陈乐》改名为《七德舞》。太常寺卿萧瑀认为该舞表现皇上丰功伟业意犹未尽，请求编入刘武周、薛仁果、窦建德、王世充等人被擒获的情状，太宗说："他们都是一时的英雄豪杰，朝中大臣很多曾是他们的臣下，看见他们旧主子的屈辱之态，能不伤心吗！"萧瑀拜谢不已。魏徵想要太宗停止武备，修治文教，每次陪太宗饮宴，见到演奏《七德舞》时都低下头故意不看，见到演奏《九功舞》则非常认真地观看。

王珪被罢免职务，任命魏徵为侍中。

上与侍臣论安危之本,温彦博曰:"愿陛下常如贞观初,则善矣。"帝曰:"朕比来怠于为政乎?"魏徵曰:"贞观之初,陛下节俭,求谏不倦。比来营缮微多,谏者颇有忤旨,此其所以异耳。"帝欣然纳之。

上问魏徵曰:"群臣上书可采,及召对多失次,何也?"对曰:"臣观百司奏事,常数日思之,及至上前,三分不能道一。况谏者怫意触忌,非陛下借之辞色,岂敢尽其情哉!"上由是接群臣,辞色愈温。尝曰:"炀帝多猜忌,对群臣多不语。朕则不然,君臣相亲如一体耳。"

上谓侍臣曰:"朕比来决事,或不能皆如律令,公辈以为事小不复执奏。夫事无不由小以致大,此乃危亡之端也。昔龙逢忠谏而死,朕每痛之。炀帝骄暴而亡,公辈所亲见也。公辈常宜为朕思炀帝之亡,朕常为公辈念龙逢之死,何患君臣不相保乎!"

上谓魏徵曰:"为官择人,不可造次。用一君子则君子皆至,用一小人则小人竞进。"对曰:"然。天下未定,则专取其才,不考其行;丧乱既平,则非才行兼备,不可用也。"

造浑天仪。

直太史李淳风以灵台候仪制度疏略,但有赤道,更请造浑天黄道仪,至是奏之。

秋九月,山东四十余州水,遣使赈之。　　赦死囚三百九十人。

先是,上亲录系囚,见应死者闵之,纵使归家,期以来秋来就死。仍敕天下死囚,皆纵遣,使至期来诣京师。至是,皆如期自诣朝堂,上皆赦之。

太宗与身边大臣议论朝政安危的根本所在,温彦博说:"希望陛下能够经常像贞观初年那样,那就很好了。"太宗说:"朕近来听政有所懈怠吗?"魏徵说:"贞观初年,陛下十分节俭,不断地请求劝谏之言。近来营建修缮之事渐多,劝谏者稍有违背圣意,这就是与当年的不同啊!"太宗高兴地采纳其意见。

太宗问魏徵:"群臣的上书多有可取之处,等到当面对答时则多语无伦次,为什么呢?"答道:"我观察各部门上奏言事,常常思考几天,等到了陛下的面前,则三分不能道出一分。况且进谏的人违背圣上的旨意触犯圣上的忌讳,如果不是陛下言辞脸色和悦,怎么敢尽情陈述呢!"于是太宗接见群臣时言辞脸色更加温和。曾说过:"隋炀帝性情多猜忌,每次临朝与群臣相对多不说话。朕则不是这样,与群臣亲近得如同一个人。"

太宗对身边大臣说:"近来朕裁决事务有时不能够尽依法令,你们认为事小,不再固执地启奏。凡事无不由小而致大,这是危亡的开始。从前关龙逄忠谏而死去,朕常为之痛惜。隋炀帝因骄暴而亡,你们都亲眼看到。你们应当经常为朕考虑到炀帝的灭亡,朕常为你们念及关龙逄的死,还担心君臣不能相互保全吗!"

太宗对魏徵说:"因官职而去选择人才,不可仓促行事。任用一个君子,则众位君子都会来到;任用一位小人,则其他小人会竞相趋进。"答道:"是这样。天下未定,则专取一个人的才能,并不考察其德行;动乱平定后,则不是德才兼备的人才不能使用。"

制造浑天仪。

直太史李淳风认为灵台候仪体制过于粗略,只有赤道,请求另造一个浑天黄道仪,到此时奏献太宗。

秋九月,山东四十多个州发大水,太宗派使臣前往赈济。赦免死囚犯三百九十人。

先前,太宗亲自过录死囚名簿,看见应当处死的犯人怜悯他们,便放他们各自回家,规定来年秋天前来就死。现在仍然敕令天下死囚犯人,都放了他们,让他们到了期限便返回京城。到此时,都按期限自动到朝堂,太宗都赦免了他们。

冬十一月,以长孙无忌为司空。

无忌固辞,上曰:"吾为官择人,惟才是与。苟不才,虽亲不用,如有才,虽仇不弃。今日之举,非私亲也。"

十二月,帝奉太上皇,置酒未央宫。

上从上皇宴故汉未央宫,上皇命颉利可汗起舞,冯智戴咏诗,既而笑曰:"胡越一家,古未有也!"帝捧觞上寿曰:"此皆陛下教诲,非臣智力所及。昔汉高祖亦从太上皇宴此宫,妄自矜大,臣不取也。"上皇大悦。

赐太子庶子于志宁、孔颖达等金帛。

帝谓志宁曰:"朕年十八,犹在民间,民之疾苦情伪,无不知之。及区处世务,犹有差失,况太子生长深宫,百姓艰难,耳目所未涉,能无骄逸乎!卿等不可不极谏!"太子好嬉戏,颇亏礼法,志宁与颖达数直谏。上闻而嘉之,各赐金一斤,帛五百匹。

削工部尚书段纶阶。

纶奏征巧匠,上令试之。纶使造傀儡,上曰:"求巧工以供国事,今先造戏具,岂百工相戒,无作淫巧之意耶!"乃削纶阶。

甲午(634) 八年

春正月,以李靖等为黜陟大使,分行天下。

上欲分遣大臣循行黜陟,未得其人。李靖荐魏徵,上曰:"徵箴规朕失,不可一日离左右。"乃命靖等十三人分行天下,"察长吏贤不肖,问民间疾苦,礼高年,赈穷乏。褒善

冬十一月，任命长孙无忌为司空。

长孙无忌执意推辞，太宗说："我根据官职选择人，惟才是举。如果没有才能，即使是亲属也不任用，如果有才能，即使是仇敌也不弃置。今日推举你为司空，并不是徇私情。"

十二月，太宗侍奉太上皇，在未央宫摆酒设宴。

太宗在汉代未央宫旧址侍奉太上皇饮宴，太上皇让颉利可汗起身舞蹈，命冯智戴吟咏诗歌，不一会儿笑着说："胡、越等族都是一家人，这是自古以来没有的事！"太宗端着酒杯为太上皇祝寿道："这些都是父亲您教诲的结果，不是我的智力所能达到的。从前汉高祖也曾在此为其父摆酒祝寿，妄自尊大，我不取他这一点。"太上皇非常高兴。

赏赐给太子庶子于志宁、孔颖达等人黄金和布帛。

太宗对于志宁说："朕十八岁的时候，还在民间，百姓的疾苦情状都非常了解。等到即帝位，处理日常事务还有失误，何况太子生长在深宫，老百姓的艰难困苦，都听不见看不到，能没有骄逸之心吗！你们不能不尽力规劝！"太子喜好玩耍，不遵守法度，于志宁与孔颖达多次直言劝谏。太宗听说后赞扬他们，各赐给黄金一斤，布帛五百匹。

降低工部尚书段纶的官阶。

段纶上奏请求征召巧匠，太宗让试一下他的技能。段纶让巧匠造一个木偶，太宗说："得到能工巧匠，是希望为国家制造器物，如今让他先造玩具，这难道是众工匠相互告诫不做淫巧器具的本意吗！"于是降低段纶的官阶。

甲午（634） 唐太宗贞观八年

春正月，任命李靖等为诸道黜陟大使，分别巡行各地。

太宗想要分派大臣为诸道黜陟大使，没有得到合适人选。李靖推荐魏徵，太宗说："魏徵规劝朕的过失，一天也不能离开身边。"于是命令李靖等十三人分别巡行全国各地，"考察地方官吏贤能与否，询问民间疾苦，礼遇高寿的老人，赈济穷困百姓。褒扬善

良,起滞淹,俾使者所至,如朕亲睹"。

夏五月朔,日食。 秋七月,山东、河南大水。 冬十月,营大明宫。

营大明宫,以为上皇清暑之所。未成,而上皇寝疾,不果居。

以李靖为特进。

靖以疾逊位,上曰:"朕嘉公意,欲以公为一代楷模,故不相违。"及拜特进,俟疾小瘳,间三二日至门下中书平章政事。

吐蕃遣使入贡。

吐蕃在吐谷浑西南,未尝通中国。其王称赞普,俗不言姓,王族皆曰论,宦族皆曰尚。近世浸强,胜兵数十万。赞普弃宗弄赞有勇略,四邻畏之。诏遣使者往慰抚之。

吐谷浑寇凉州,以李靖为大总管,帅诸军讨之。

吐谷浑可汗伏允老耄,其臣天柱王用事,数入塞侵盗。诏大举讨之,上欲以李靖为将,为其老,重劳之。靖闻之请行,上大悦。以靖为西海道行军大总管,节度诸军讨之。

聘郑氏为充华,既而罢之。

帝聘郑仁基女为充华,册使将发,魏徵闻其尝许嫁士人陆爽,遽上表谏。帝大惊,自责,命停册使。房玄龄等奏:"许嫁无显状。"爽亦表言初无此议。帝谓徵曰:"群臣或容希合,爽亦自陈,何也?"对曰:"彼以陛下为外虽舍之,或阴加罪谴故尔。"帝笑曰:"朕之言,不能使人必信如此邪!"

良的人,起用埋没已久的人才,做到使者所到之处,如同朕亲自前往一般"。

夏五月初一,出现日食。 秋七月,山东、河南地区发大水。冬十月,营造大明宫。

营造大明宫,作为太上皇避暑的住所。未等修成,太上皇即患病,最后没有住成。

任命李靖为特进。

李靖因患病让出职位,太宗说:"朕嘉许您的心意,想以您为一代大臣的楷模,所以不违您的本意。"于是拜为特进,等到疾病稍有好转,隔二三天到门下省、中书省平章政事。

吐蕃派使者入朝进贡。

吐蕃在吐谷浑的西南面,未曾与中国交通。他们的君王称为赞普,按着他们的习惯不称姓,王族均叫论,官员家族均称为尚。近来国力强盛,拥有精兵几十万。赞普弃宗弄赞有勇有谋,四方邻国都畏惧他。太宗诏令派使者前往慰抚。

吐谷浑侵犯凉州,任命李靖为大总管,率各路兵马前去讨伐。

吐谷浑可汗伏允年迈,其大臣天柱王执政,多次侵犯边塞。太宗诏令大举讨伐,太宗想要任用李靖为统兵将领,只是因为他年老,难以烦劳他率军远征。李靖听说后,请求出征,太宗大为高兴。任命李靖为西海道行军大总管,节制管辖各路兵马,讨伐吐谷浑。

太宗聘郑氏为后宫的充华,不久又作罢。

太宗聘郑仁基的女儿为后宫的充华,册封使将要出发,魏徵听说她曾许嫁给士人陆爽,立即上表谏阻。太宗听到后,大为惊讶,深自责备,下令册封使免行。房玄龄等人奏称:"说她答应嫁陆爽没有明证。"陆爽也上表说从前没有婚娶郑女的协议。太宗对魏徵说:"众位大臣或许是迎合旨意,陆爽本人也加以陈述,这是为什么呢?"答道:"他觉得陛下表面上虽已舍弃,或许暗地里又会怪罪责罚,所以不得不如此。"太宗笑着说:"朕说的话就这么不能使人确信吗!"

以皇甫德参为监察御史。

中牟丞皇甫德参上言:"修洛阳宫,劳人,收地租,厚敛,俗好高髻,盖宫中所化。"上怒,谓房玄龄等曰:"德参欲国家不役一人,不收斗租,宫人皆无发,乃可其意邪!"欲罪之。魏徵曰:"言不激切,不能动人主之心,陛下择焉可也。"上曰:"朕罪此人,则谁复敢言者!"乃赐绢二十匹。他日,徵奏言:"陛下近日不好直言,虽勉强含容,非曩时之豁如。"上乃更加优赐,拜监察御史。

中书舍人高季辅上言:"外官卑品,犹未得禄,饥寒切身,难保清白,宜量加优给,然后可责以不贪。比见帝子拜诸叔,叔皆答拜,紊乱昭穆,宜训之以礼。"上善之。

西突厥吐陆可汗死。

弟沙钵罗咥利失可汗立。

乙未(635)　九年

春正月,分民赀为九等。　夏五月,太上皇崩。李靖伐吐谷浑,破之。

李靖击吐谷浑伏允,悉烧野草,轻兵走入碛。诸将以为"马无草,未可深入"。侯君集曰:"虏一败之后,鼠逃鸟散,取之易于拾芥。此而不乘,后必悔之。"李靖从之,中分其军为两道,靖与薛万均、李大亮由北道,君集与道宗由南道。靖等败吐谷浑于牛心堆,又败诸赤水原。君集、道宗引兵行无人之境二千余里,盛夏降霜,人龁冰,马啖雪。追及伏允于乌海,与战,大破之。靖督诸军经积石河源,穷其西境,袭破伏允牙帐,斩首数千级,获杂畜二十余万。伏允

任命皇甫德参为监察御史。

中牟县丞皇甫德参上书言道:"修筑洛阳宫,是劳顿百姓,收地租,是厚加敛财,时俗女人喜好梳高髻,这是受宫中的影响。"太宗勃然大怒,对房玄龄等人说:"皇甫德参是想要国家不役使一个人,不收一斗地租,宫女都不留头发,这才合他的心思吗!"想要加罪于他。魏徵说:"言辞不激烈切直,则不能打动君王的心,希望陛下慎加选择。"太宗说:"朕加罪于这个人,那么谁还敢再说话呢!"于是赐给德参二十四绢。过了几天,魏徵上奏说:"陛下近来不喜欢直言劝谏,即使勉强容忍,也不如过去那么豁达。"太宗于是对皇甫德参另加优厚的赏赐,任命他为监察御史。

中书舍人高季辅上书说道:"地方官中品级低的,仍未得到俸禄,这关系到自身的饥寒,难于保持清白,应当酌量优厚供给,然后才可以责成他们廉洁。近来见皇子参拜各位叔叔,皇叔都答拜,昭穆辈分紊乱,应当以礼制加以训导。"太宗颇为赞许。

西突厥吐陆可汗去世。

他的弟弟沙钵罗咥利失可汗即位。

乙未(635) 唐太宗贞观九年

春正月,分全国民户资产为九等。　夏五月,太上皇驾崩。李靖讨伐吐谷浑,取得胜利。

李靖袭击吐谷浑伏允,伏允烧光野草,然后率军轻装逃入沙漠。唐朝众位将领认为"马无草,不可深入敌境"。侯君集说:"如今敌军一次战败之后,鼠逃鸟散,攻取他们比拾芥草还容易。此时不乘胜追击,以后必定后悔。"李靖听从他的意见,将所率军队分作两路,李靖与薛万均、李大亮由北路进兵,侯君集与李道宗由南路进兵。李靖等人在牛心堆大败吐谷浑军,又在赤水原再次取胜。侯君集、李道宗领兵行走在无人之境二千多里,盛夏季节天降霜雪,人吃冰,马吃雪。在乌海追赶上伏允,双方激战,唐军大胜。李靖率领各路兵马途经积石山河源,穷尽吐谷浑的西境,攻破伏允牙帐,杀死数千名吐谷浑兵,获牲畜二十多万。伏允

子顺斩天柱王来降。伏允脱身走，众散稍尽，为左右所杀。国人立顺为可汗，诏以为西平郡王。顺未能服其众，命李大亮将精兵数千为其声援。既而顺竟为国人所杀，上复使侯君集将兵立其子诺曷钵为可汗。总管高甑生后军期，李靖按之。甑生诬靖谋反，按验无状，甑生坐减死徙边。或言甑生秦府功臣，宜宽其罪，上曰："国家功臣多矣，若甑生获免，则人人犯法，安可复禁乎！"靖自是阖门杜绝宾客，虽亲戚不之见。

秋七月，诏礼官议庙制。

谏议大夫朱子奢请立三昭三穆，而虚太祖之位。于是增修太庙，祔弘农府君及高祖并旧神主四为六室。房玄龄等议以凉武昭王为始祖，于志宁以为武昭王非王业所因，不可为始祖，上从之。

冬十月，葬献陵。

初诏山陵依汉长陵故事，秘书监虞世南上疏以为："圣人薄葬其亲，非不孝也，深思远虑，以厚葬适足为亲之累，故不为耳。陛下圣德度越唐、虞，而厚葬其亲，乃以秦、汉为法，臣窃为陛下不取。愿依《白虎通》为三仞之坟，节损制度，刻石陵旁，藏书宗庙，用为子孙之法。"疏奏，不报。世南又奏："汉天子即位，即营山陵，远者五十余年。今以数月之间为数十年之功，于人力有所不逮。"上乃诏有司议之。房玄龄等以为："汉长陵高九丈，原陵高六丈，今九丈则太崇，三仞则太卑，请依原陵之制。"从之。又诏太原立

的儿子慕容顺杀死天柱王，归降唐军。伏允只身逃脱，兵众离散，伏允被身边人杀死。吐谷浑拥立慕容顺为可汗，太宗诏令慕容顺为西平郡王。慕容顺不能服其众，命李大亮率领数千精兵为其后援力量。不久慕容顺竟被本国人所杀，太宗又派侯君集领兵立他的儿子诺曷钵为可汗。总管高甑生延误军期，李靖审查他。高甑生诬告李靖谋反，经查验不符事实，高甑生获罪，免于死刑被流放边远地区。有人说高甑生是秦王府的功臣，应该宽恕他的罪过，太宗说："国家的功臣多了，如果高甑生得以赦免，则人人犯法，怎么能禁止得了呢！"李靖从此关门杜绝宾客，即使是亲属也不能随便见到他。

秋七月，诏令礼官议论宗庙制度。

谏议大夫朱子奢请求立三昭三穆，而空下始祖之神位。于是增修太庙，增入远祖弘农府君重耳和高祖神王与原有的宣简公、懿王景皇帝、元皇帝四神主，共为六室。房玄龄等人议论以凉武昭王李暠为始祖，于志宁议论认为王业并非从李暠那里继承下来，不能作为始祖，太宗听从其意见。

冬十月，将太上皇李渊安葬在献陵。

起初，太宗诏令太上皇的陵墓依照汉高祖长陵的规模，秘书监虞世南上奏疏认为："圣人薄葬其亲属，并非是不孝，而是深思熟虑，因为厚葬适足是亲人的拖累，所以圣人不这样做。陛下的圣德超过唐尧、虞舜二帝，而在厚葬亲人这件事上却效法秦、汉的帝王，我私下认为陛下不应当如此。希望陛下能够依照《白虎通义》一书，为太上皇建造三仞高的坟墓，节省简化所用器物制度，并将这些刻石立于陵旁，藏书于宗庙之内，用作后代子孙永久的规范。"上疏奏上后，没有回文。虞世南又上奏道："汉代帝王即位后，便开始营造山陵，有的营建时间长达五十多年之久。如今用几个月时间要做完几十年的事，恐怕人力难以做到。"于是太宗下诏让有关部门讨论。房玄龄等人认为："汉高祖长陵高达九丈，汉光武帝原陵高达六丈，而今九丈则太高，三仞又太低，请求依照原陵六丈的规模。"太宗听从其意见。又下诏令在太原立

高祖庙,秘书监颜师古以为:"寝庙应在京师,汉世郡国立庙,非礼。"乃止。

十一月,以萧瑀为特进,参预政事。

上曰:"武德季年,高祖有废立之心而未定,我不为兄弟所容,实有功高不赏之惧。斯人也,不可以利诱,不可以死胁,真社稷臣也!"因赐瑀诗曰:"疾风知劲草,板荡识诚臣。"

丙申(636) 十年

春正月,突厥阿史那社尔来降。

社尔,处罗可汗之子也。年十一,以智略闻。处罗以为拓设,建牙于碛北。颉利既亡,西突厥亦乱。社尔诈往降之,袭取其地几半,有众十余万。乃曰:"破我国者薛延陀也,我当为先可汗报仇击灭之。"诸部皆谏,社尔不从。击之大败,遂帅众来降。以为左骁卫大将军,处其部落于灵州之北。留社尔于长安,尚公主,典屯兵。

二月,以荆王元景等为诸州都督。

诸王之藩,上与之别,曰:"兄弟之情,岂不欲常共处邪! 但以天下之重,不得不尔! 诸子尚可复有,兄弟不可复得。"因流涕呜咽,不能止。

魏王泰为相州都督,不之官。上以泰好文学,特命于其府别置文学馆,听自引召学士。泰有宠于上,或言诸大臣多轻之。上怒,召诸大臣让之曰:"隋文帝时,大臣皆为诸王所顿踬,我若纵之,岂不能折辱公辈耶!"房玄龄等皆谢,魏徵正色曰:"若纪纲大坏,固所不论。圣明在上,魏王必无顿辱群臣之理。隋文帝骄其诸子,卒皆夷灭,又足法乎!"

高祖庙,秘书监颜师古认为:"寝庙应设在京城,汉代在郡国立庙,不合乎礼仪。"于是停止立庙。

十一月,任命萧瑀为特进,参预政事。

太宗说:"武德末年,高祖有废立太子的想法而定不下来,我不被兄弟容纳,确实有功高得不到赏赐的担忧。萧瑀这个人,不可用利益引诱,也不能以死相威胁,真是国家的栋梁之臣。"因而赐给萧瑀诗,写道:"疾风知劲草,板荡识诚臣。"

丙申(636) 唐太宗贞观十年

春正月,突厥阿史那社尔归降唐朝。

阿史那社尔是处罗可汗的儿子。年仅十一岁,就以智略闻名。处罗可汗任命社尔为拓设,在漠北建牙帐。颉利可汗灭亡后,西突厥也发生动乱。社尔假装前往投降,袭击占领其近一半土地,拥兵十多万。社尔说:"最先击破我国的是薛延陀,我应当为先可汗报仇消灭他们。"各部落都劝阻,社尔不听。薛延陀打败社尔,于是社尔率部投降唐朝。太宗任命他为左骁卫大将军,将其部落安置在灵州北边。将社尔留在长安,娶皇妹南阳长公主为妻,典领屯兵。

二月,任命荆王李元景等为诸州都督。

诸王到各州赴任,太宗与他们道别,说道:"依我们的兄弟情谊,难道不想经常共处吗! 只是以天下为重,不得不这样做! 儿子还可以再有,兄弟则不能再得到。"因而痛哭流涕,完全不能自已。

魏王李泰任相州都督,不去赴任。太宗因李泰喜好文学,特命他在魏王府另设文学馆,听任他自己召集学士。李泰深得太宗宠爱,有人称众大臣多轻视他。太宗大怒,召见众大臣责备他们说:"隋文帝时,大臣们都受到亲王们的侮辱,我如果放纵他们,难道不能羞辱你们吗!"房玄龄等人谢罪,魏徵正色道:"假如国家纲纪败坏,姑且不去谈论。如果圣明天子在上,魏王必无羞辱大臣之理。隋文帝娇惯他的儿子们,最后都被杀死,又值得效法吗!"

上悦曰："朕以私爱忘公义,及闻公言,方知理屈。人主发言,何得容易乎!"王珪尝奏:"三品以上,道遇亲王降乘,非礼。"上曰:"卿辈轻我子耶?"魏徵曰:"诸王位次三公,今三品皆九卿八座,为王降乘,诚非所宜。"上曰:"人命难期,万一太子不幸,安知诸王不为公辈之主乎!"对曰:"自周以来,皆子孙相继,不立兄弟。所以绝庶孽之窥觎,塞祸乱之原本,此为国者所深戒也。"上乃从珪奏。

三月,吐谷浑请颁历,遣子入侍。 夏六月,以温彦博为右仆射,杨师道为侍中,魏徵为特进。

徵屡以目疾辞位,上不得已,以为特进,知门下省事,参议得失。

皇后长孙氏崩。

后性仁孝俭素,好读书,常与上从容商略古事,因而献替,裨益弘多。抚视庶孽逾于所生,妃嫔以下无不爱戴,训诸子常以谦俭为先。太子乳母以东宫器用少,请奏益之,后不许,曰:"太子患德不立,名不扬,何患无器用邪!"后得疾,太子请奏:"赦罪人,度人入道。"后曰:"死生有命,非智力所移。赦者国之大事,不可数下。道释异端之教,蠹国病民,皆上素所不为。奈何以吾一妇人,使上为所不为乎!"及疾笃,与上诀。

时房玄龄以谴归第,后曰:"玄龄事陛下久,小心慎密,苟无大故,不可弃也。妾之本宗,因缘葭莩以致禄位,既非德举,易致颠危,欲保全之,慎勿处之权要。妾生无益于人,

太宗高兴地说:"朕因私情溺爱而忘记公义,听到您的番话,方知理亏。君主讲话,真不容易呀!"王珪曾上奏说:"三品以上官员在路上遇见亲王都要下车,这不符合礼制。"太宗说:"你们轻视我的儿子吗?"魏徵说:"亲王们地位与三公并列,如今三品以上大臣均是九卿、八座,为亲王们下车,实在是不合适。"太宗说:"人的生命长短难以预料,万一太子遇到不幸早亡,谁能知道哪个王子他日不能做你们的君主呢!"答道:"自周代以来,都是子孙相承,不立兄弟。这是为了杜绝庶子觊觎皇位,堵塞祸乱的根源,这是治国者应当深以为戒的。"太宗于是听从王珪的启奏。

三月,吐谷浑请求颁行历法,派王族子弟前来侍奉太宗。夏六月,任命温彦博为右仆射,杨师道为侍中,魏徵为特进。

魏徵屡次以眼疾为由请求辞官,太宗不得已任命他为特进,执掌门下省事务,参与议论朝政得失。

皇后长孙氏驾崩。

长孙皇后仁义孝敬,生活俭朴,喜欢读书,经常和太宗随意讨论历史,乘机劝善规过,提出很多有益的意见。抚养庶出子女胜过亲生,妃嫔以下无不爱戴他,训诫几个儿子,常常以谦虚节俭为首要话题。太子的乳母认为东宫的器物用具比较少,请求皇后奏请皇上增加一些,皇后不允许,说道:"身为太子,忧虑的事在于德行不立,声名不扬,担忧什么没有器物用具呢!"皇后得病,太子请求奏明皇上:"大赦天下犯人,度俗人出家。"皇后说:"死生有命,并不是人的智力所能转移的。大赦是国家的大事,不能多次发布。道教、佛教乃异端邪说,祸国殃民,都是皇上平素不做的事。为什么因为我一个妇道人家,而让皇上去做平时不做的事呢?"等到皇后病重,与太宗诀别。

当时房玄龄已受遣辞官回家,皇后说:"房玄龄事奉陛下多年,小心翼翼,谨慎周密,如果没有大的过错,望不要抛弃他。我的宗族,由于沾亲带故而得到禄位,既然不是因为有德行而被任用,便容易招致灭顶之灾,要使他们的子孙得到保全,望陛下不要将他们安置在权要的位置上。我活着的时候对别人没有用处,

愿勿以丘垄劳费天下,但因山为坟,器用瓦木可也。更愿陛下亲君子,远小人,纳忠谏,屏谗慝,省作役,止游畋,则妾死不恨矣。"

后尝集自古妇人得失事,为《女则》三十卷。又尝著论,讥汉明德马后不能抑退亲戚之权,而徒戒其车如流水,马如龙,是开其祸败之源,而禁其末流也。至是,宫司奏之,上览之悲恸,以示近臣曰:"皇后此书,足以垂范百世。朕非不知天命而为无益之悲,但入宫不复闻规谏之言,失一良佐,故不能忘怀耳!"乃召玄龄,使复其位。

秋,禁上书告讦者。
上问群臣曰:"朕开直言之路,以利国也。而比来上封事者多讦人细事,自今复有为是者,朕当以谗人罪之。"

冬十一月,葬文德皇后。
时将军段志玄、宇文士及分统士众。帝夜使宫官至二人所,士及纳之,志玄不纳,曰:"军门不可夜开。"使者曰:"此有手敕。"志玄曰:"夜中不辨真伪。"竟留使者至明。帝闻而叹曰:"真将军也!"帝为文刻石,称:"皇后节俭,遗言薄葬,不藏金玉,当使子孙奉以为法。"帝念后不已,于苑中作层观以望昭陵。尝引魏徵同登,使视之,徵熟视之曰:"臣昏眊不能见。"上指示之,徵曰:"臣以为陛下望献陵,若昭陵,则臣固见之矣。"上泣,为毁观。

十二月,朱俱波、甘棠遣使入贡。
朱俱波在葱岭之北,去瓜州三千八百里。甘棠在大海南。上曰:"中国既安,四夷自服。然朕不能无惧,昔秦始

希望陛下不要为建陵墓而耗费天下的人力物力，只要倚山为坟，用瓦木做随葬器物就可以了。更希望陛下亲近君子，疏远小人，接受忠言直谏，摒弃谗言，节省劳役，停止游猎，我虽在九泉之下，也毫无遗憾了。”

皇后曾经搜集上古以来妇人得失诸事，编为《女则》三十卷。又曾著文章讥刺汉明德马皇后不能抑制外戚势力，而只是告诫他们不要车如流水马如龙那样地奢侈，这是开启祸败的根源，而只防范其末流枝节。到此时，宫中司籍奏呈《女则》一书，太宗看后十分悲痛，向身边的大臣展示，说道：“皇后这本书，足以成为百世的垂范。朕不是不知道上天命数而沉溺于无益的悲哀之中，只是回到宫中再也听不到规谏的话，失掉一个贤内助，所以不能忘怀呀！”于是征召房玄龄，让他官复原职。

秋季，禁止上书攻讦人的琐细之事。

太宗问群臣说：“朕广开直言忠谏之路，正是为了有利于国家。然而近来上密封奏章的人多攻讦人家的琐细之事，今后还有这么做的，朕当按谤人论罪。”

冬十一月，安葬文德皇后。

当时将军段志玄、宇文士及分别统领兵众。太宗夜里派太监到二人军营，宇文士及开门接纳，段志玄则不让进去，说：“营门夜间不能打开。”太监说：“我有皇上手令。”段志玄说：“夜里难辨真假。”竟让太监在门外等到天亮。太宗听说后，感叹道：“这才是真将军啊！”太宗又为皇后写碑文刻石碑，称：“皇后一生节俭，遗嘱薄葬，不藏金银玉器，应当让子孙后代永远以此为榜样。”太宗常常思念皇后，就在禁苑中建高耸楼观，用以瞭望昭陵。曾带领魏徵一同登上楼观，让他观望，魏徵细看了很久说道：“我老眼昏花，看不见。”太宗指给他看，魏徵说：“我以为陛下瞭望献陵，如果是昭陵，我早就看见了。”太宗悲泣，为此毁掉了楼观。

十二月，朱俱波、甘棠派使节入京进献贡品。

朱俱波在葱岭北面，离瓜州三千八百里。甘棠在大海以南。太宗说：“中原已经安定，四夷自然归服。但朕不能不担心，从前秦始

皇威振胡、越,二世而亡,惟诸公匡其不逮耳。"

黜治书侍御史权万纪。

万纪上言:"宣、饶银大发,采之,岁可得数百万缗。"上曰:"朕贵为天子,所乏者非财也,但恨无嘉言可以利民耳!与其得数百万缗,何如得一贤才!卿未尝进一贤才,而专言银利。昔尧舜抵璧于山,投珠于谷;汉之桓、灵乃聚钱为私藏。卿欲以桓、灵俟我邪!"是日,黜万纪,使还家。

更命统军、别将为折冲、果毅都尉。

凡十道,置府六百三十四,而关内二百六十一,皆隶诸卫及东宫六率。凡上府兵千二百人,中府千人,下府八百人。三百人为团,团有校尉;五十人为队,队有正;十人为火,火有长。每人兵甲粮装各有数,输之库,征行给之。二十为兵,六十而免。能骑射者为越骑,其余为步兵。每岁季冬,折冲都尉帅以教战,当给马者官予直,当宿卫者番上。兵部以远近给番,远疏近数,皆一月而更。

丁酉（637）　**十一年**

春正月,以吴王恪等为诸州都督。

诸王将之官,上赐书戒敕,且曰:"吾欲遗汝珍玩,恐益骄奢,不如得此一言耳。"

作飞山宫。

魏徵上疏曰:"炀帝恃其富强,不虞后患,穷奢极欲,使百姓困穷,以致身死人手,社稷为墟。陛下拨乱返正,宜思隋之所以失,我之所以得。撤其峻宇,安于卑宫,若因基而

皇威震胡、越，到二世就灭亡了，希望各位可以匡正朕做得不够的地方。"

贬黜治书侍御史权万纪。

权万纪上书言道："宣州、饶州的白银大量开采，每年可得数百万缗。"太宗说："朕贵为天子，所缺乏的并非是金银财物，只是遗憾没有得到嘉言懿行可以利于百姓！与其多得数百万缗，还不如得到一个贤才！你未曾推荐一个贤才，而专门谈论税银之利。从前尧、舜将玉璧丢入深山，将珠宝投入深谷；汉代桓、灵二帝聚敛钱财以为己有。你想让我成为桓、灵二帝吗？"这一天，罢免权万纪的官职，让他回家赋闲。

将统军、别将改名为折冲、果毅都尉。

全国十道，设立六百三十四府，其中关内有二百六十一府，均隶属于诸卫及东宫六率。凡上府有兵一千二百人，中府一千人，下府八百人。兵士每三百人为一团，团有校尉；五十人为一队，队有正；十人为一火，火有长。每人的兵甲粮食装备都有数额，放在库中，有征战时再发给个人。二十岁当兵，六十岁免役。其中会骑马射箭的称为越骑，其余皆为步兵。每年冬天，折冲都尉统帅下属练习作战，应该给马的由官府出钱自己购买，承担宿卫任务都轮流值勤。兵部根据距离远近排班，路远的轮值次数较少，路近的轮值次数较勤，均一个月一轮换。

丁酉（637） 唐太宗贞观十一年

春正月，任命吴王李恪等为各州都督。

诸王将要赴任时，太宗赐给手书戒敕，说："我想送给你们珍玩，恐怕使你们更加骄奢，不如得到这么一句话。"

营造飞山宫。

魏徵上奏疏说："隋炀帝依仗着国家富强，不担心后患，穷奢极欲，使老百姓穷困，以至于被人杀掉，社稷江山变为废墟。陛下拨乱反正，应当深思隋朝之所以灭亡和我大唐之所以得天下的原因。撤掉隋帝高大的殿宇，安居于低矮的宫室，假如凭借旧基而

增广,袭旧而加饰,此则以乱易乱,殃咎必至,难得易失,可不念哉!"

定律令。

房玄龄等先受诏定律令,以为:"旧法,兄弟异居,荫不相及,而谋反连坐皆死;祖孙有荫,而止应配流。据礼论情,深为未惬。今定律,祖孙与兄弟缘坐者俱配役。"从之。凡定律五百条,立刑名二十等,比隋律减大辟九十二条,减流入徒者七十一条,凡削烦去蠹,变重为轻者,不可胜纪。又定令一千五百九十余条。旧制,释奠于太学,以周公为先圣,孔子配飨。玄龄等以孔子为先圣,颜回配飨。又删武德以来敕格,定留七百条,至是行之。又定枷、杻、钳、锁、杖、笞,皆有长短广狭之制。自张蕴古之死,法官以出罪为戒;时有失入者,又不加罪。上尝问大理卿刘德威曰:"近日刑网稍密,何也?"对曰:"此在主上,不在群臣。律文:失入减三等,失出减五等。今乃失入无辜,失出获罪,是以吏各自免,竞就深文。陛下傥一断以律,则此风立变矣。"上悦,从之。由是断狱平允。上又尝曰:"法令不可数变,数变则烦,官长不能尽记,吏得为奸。自今变法,宜详慎之。"

二月,豫为山陵终制。

上以汉世豫作山陵,免子孙苍猝劳费;又志在俭葬,恐子孙从俗奢靡。自为终制,因山为陵,容棺而已。

幸洛阳宫。

上至显仁宫,官吏以阙储偫,被谴。魏徵谏曰:"陛下以储偫谴官吏,臣恐承风相扇,异日民不聊生,殆非行幸之

扩建增修,承袭旧殿而加以华丽的装饰,这便是以乱代乱,必然招致祸殃,江山难得易失,能不好好考虑吗!"

修定律令。

房玄龄等人先前受诏修定律令,认为:"依照旧法,兄弟分居,门荫互不相及,而谋反连坐时均处死;祖孙有荫亲,谋反连坐却只该流放。依据礼仪考虑人情,深觉有不当之处。如今重定律令,祖孙与兄弟因受牵连而犯罪的均流放服劳役。"太宗同意。总共定律五百条,立刑罚名目二十等,比隋律减掉死刑九十二条,减去流放并入徒刑的七十一条,举凡删繁就简去除弊刑,改重为轻,不可胜数。又制定律令一千五百九十多条。武德朝旧制度,在太学行释奠礼,以周公为先圣,孔子配飨从祀。房玄龄等建议以孔子为先圣,颜回配飨。又删减武德以来敕格,确定留下七百条,到此时颁行天下。又定枷、杻、钳、锁、杖、笞等刑具,均有长短宽窄的规定。自从张蕴古死后,法官都以减罪释放为戒;当时误抓误判,又不加罪。太宗曾问大理寺卿刘德威说:"近来判刑较多较重,为什么?"刘德威答道:"这责任在于皇上,不在于臣下。律文写道:误抓误判的减官三等,错放的减官五等。如今错判了人无事,错放了人却要获大罪,所以官吏各求免罪,竞相苛细周纳。陛下倘若一律以法律为依据,则此风气立刻改变。"太宗高兴,听从其意见。从此断案大多平允公正。太宗又曾说:"法令不可多次变更,多变则法令繁杂,官吏们难以记全,胥吏可以乘机为非作歹。今后变更法令,都应审慎行事。"

二月,太宗提前建陵并制定送终制度。

太宗认为汉朝皇帝预先修筑陵墓,免得子孙们时间仓促耗费人力物力;又一心要薄葬,担心子孙随从时尚追求奢靡。便自己制定送终制度,依山建陵,地宫仅能容得下棺木而已。

太宗巡幸洛阳宫。

太宗到显仁宫,官员因物资储备不足,有被降职的。魏徵劝谏说:"陛下因为储备的事就将官吏降职,我担心受此事影响,奢侈之习愈演愈烈,他日会民不聊生,这恐怕不是陛下巡幸各地的

本意也。昔炀帝讽郡县献食,视其丰俭以为赏罚,故海内叛之。此陛下所亲见,奈何欲效之乎?"上惊曰:"非公不闻此言!"因谓长孙无忌等曰:"朕昔过此,买饭而食,僦舍而宿;今供顿如此,岂得犹嫌不足乎!"至洛阳宫西苑,泛积翠池,顾谓侍臣曰:"炀帝作此宫苑,结怨于民。今悉为我有,正由宇文述、虞世基之徒,内为谄谀,外蔽聪明故也。可不戒哉!"

三月朔,日食。　诏行《新礼》。
房玄龄、魏徵所定。凡百三十八篇。
以王珪为魏王泰师。
上谓泰曰:"汝事珪当如事我。"泰见珪辄先拜,珪亦以师道自居。
以南平公主嫁王敬直。
敬直,珪之子也。先是,公主下嫁,皆不以妇礼事舅姑,珪曰:"主上钦明,动循礼法。吾受公主谒见,岂为身荣?所以成国家之美耳!"乃与其妻就席坐,令公主执笲行盥馈之礼。是后,公主始行妇礼。

诏议封禅礼。
秘书监颜师古等议其礼,房玄龄裁定之。
夏五月,虞公温彦博卒。　六月,以荆王元景、长孙无忌等为诸州刺史,子孙世袭。　秋七月,谷、洛溢,诏百官极言过失。
大雨,谷、洛溢,入洛阳宫,坏官寺民居,溺死者六千余人。诏:"水所毁宫,少加修缮,才令可居。废明德宫玄圃院,以其材给遭水者。令百官上封事极言朕过。"其后上谓侍臣曰:"上封事者皆言朕游猎太频,今天下无事,武备

本意。从前隋炀帝暗示各郡县进献食品,视其进献的多少作为赏罚的根据,所以天下百姓叛离。这是陛下亲眼所见的,为什么想要效法呢?"太宗惊叹地说:"没有你,朕听不到这类话!"于是对长孙无忌等人说:"朕从前经过这里,买饭而食,租房而宿;如今食宿供应达到这种地步,怎么能还嫌不充足呢!"到了洛阳宫西苑,在积翠池泛舟,对左右大臣们说:"隋炀帝修筑这宫苑,与百姓结下仇怨。如今全都归我所有,这正是由于宇文述、虞世基之流在内谄谀君主,在外堵塞君主视听的缘故。能不引以为戒吗!"

三月初一,出现日食。 诏令颁行《新礼》。

房玄龄、魏徵所定《新礼》。总共一百三十八篇。

任命王珪为魏王李泰的老师。

太宗对李泰说:"你事奉王珪当如事奉我一样。"李泰见到王珪,总要先行拜见礼,王珪也以为师之道自处。

将南平公主嫁给王敬直。

王敬直是王珪的儿子。先前,公主下嫁,都不按媳妇的礼节侍奉公婆,王珪说:"如今皇上圣明,行为举止都依循礼法。我接受公主拜见,难道是为自身荣耀吗? 不过借此成就国家的美名罢了!"于是和他的妻子就席而坐,让公主行媳妇拜见公婆的盥馈之礼。从此,公主开始行拜见公婆礼。

诏令议论行封禅礼仪。

秘书监颜师古等人讨论礼仪,由房玄龄予以裁定。

夏五月,虞公温彦博去世。 六月,任命荆王李元景、长孙无忌等人为各州刺史,均由其子孙世袭。 秋七月,谷、洛河涨水,诏令文武百官畅言朝政得失。

天降大雨,谷、洛二河涨水,溢出流入洛阳宫中,毁坏官家衙署与百姓住房,淹死六千多人。太宗下诏说:"大水毁坏的宫殿,稍加修缮,便可以居住。废除明德宫玄圃院,将那些木材送给遭受水灾的人。令文武百官上书畅言朕的过失。"后来,太宗对身边近臣说:"上书奏事的人都说朕游猎太频繁,如今天下无事,武备的事

不可忘。但与左右猎于后苑，无一事烦民，夫亦何伤？"魏徵曰："先王惟恐不闻其过。苟其言无取，亦无所损。"乃皆劳而遣之。

侍御史马周上疏，以为："三代及汉，历年多者八百，少者不减四百，良以恩结人心，人不能忘故也。自是以降，多者六十年，少者才二十余年，皆无恩于人，本根不固故也。今之户口不及隋之什一，而给役者兄去弟还，道路相继，营缮不休，器服华侈。陛下少居民间，知民疾苦，尚复如此，况皇太子生长深宫，不更外事，万岁之后，固圣虑所当忧也。臣观自古百姓愁怨，国未有不亡者。人主当修之于可修之时，不可悔之于既失之后。贞观之初，天下饥歉，斗米直匹绢，而百姓不怨者，知陛下忧念不忘故也。今比年丰穰，匹绢得粟十余斛，而百姓怨咨者，知陛下不复念之，多营不急之务故也。自古以来，国之兴亡，不以蓄积多少，在于百姓苦乐。且以近事验之，隋贮洛口仓而李密因之，东都积布帛而世充资之，西京府库亦为国家之用，至今未尽。夫蓄积固不可无，要当人有余力，然后收之，不可强敛以资寇敌也。夫俭以息人，贞观之初陛下所亲行也，岂今日而难之乎！欲为长久之计，但如贞观之初，则天下幸甚！

"又陛下宠遇诸王过厚，亦不可不深思也。魏武帝爱陈思王，及文帝即位，遂遭囚禁。然则武帝爱之，适所以苦之也。又百姓所以治安，唯在刺史、县令。今重内官而轻

不能忘。但是与身边的人到后苑射猎，没有一件事烦扰百姓，这又有什么害处呢？"魏徵说："先王惟恐听不到有人谈论其过错。如果他们的话不可取，听听也没有损害。"都加以慰问，然后打发他们回去。

侍御史马周上奏疏认为："夏商周三代以及汉代，历经的年代多者八百年，少者不少于四百年，这是因为当时的帝王以恩惠凝聚人心，人们不能忘怀的缘故。汉代以后历代王朝，多者六十年，少者仅二十多年，这都是由于对百姓不施惠，根基不牢固的缘故。如今全国户口不及隋朝的十分之一，而服劳役的兄去弟归，道路相继，营缮之事无休止，器物用具和服饰奢华。陛下年轻时居住在民间，深知百姓的疾苦，尚且还如此，何况皇太子生长在深宫，没经历过世事，陛下辞世后的事，原是圣上应当忧虑的。我观察自古以来，百姓愁苦怨恨，其国家没有不灭亡的。君主修德行当修之于可修之时，不能等到失去国家之后再去后悔。贞观初年，全国歉收闹饥荒，一斗米值一匹绢，而老百姓之所以毫无怨言，是因为知道陛下忧国忧民的缘故。如今连年丰收，一匹绢可换到粟十余斛，然而老百姓所以怨声不断，是因为知道陛下不再顾念百姓，多做一些不是当前急需办理的事务的缘故。自古以来，国家的兴亡，不在于积蓄的多少，而在于百姓的苦乐。就以近代的史事加以验证，隋朝广贮洛口仓而李密加以利用，东都积存布帛而王世充依托它，西京的府库也为我们大唐所用，至今仍未用完。积蓄储备固然不可缺少，但也要百姓有余力，然后收取，不可强行聚敛而最后资助了敌人。节俭以使百姓得到休息，贞观初年陛下已经亲身实践，今日再这么做是什么难事吗！陛下想要谋划长治久安之策，只要像贞观初年那样，则天下人就感到很幸运了。

"陛下宠爱对待诸王，过于优厚，但不能不深思陛下身后的事情。从前魏武帝宠爱陈思王曹植，等到魏文帝曹丕即位，便遭到了囚禁。武帝的宠爱，恰好只能使他们受苦。另外，让百姓得以安定的，只在于刺史和县令。如今只重视中央的官吏而轻视

州、县,刺史多用武臣,或京官不称职,始补外任。边远之处,用人更轻。所以百姓未安,殆由于此。"疏奏,上称善久之,谓侍臣曰:"刺史朕当自选,县令宜诏京官五品以上各举一人。"

魏徵上疏曰:"人主善始者多,克终者寡,岂取之易而守之难乎?盖以殷忧则竭诚以尽下,安逸则骄恣而轻物。尽下则胡越同心,轻物则六亲离德,虽震之以威怒,亦皆貌从而心不服故也。人主诚能见可欲则思知足,将兴缮则思知止,处高危则思谦降,临满盈则思挹损,遇逸乐则思撙节,在宴安则思后患,防壅蔽则思延纳,疾谗邪则思正己,行爵赏则思因喜而僭,施刑罚则思因怒而滥,兼是十思而选贤任能,则可以无为而治矣。"

又曰:"陛下欲善之志,不及于昔时,闻过必改,少亏于曩日。谴罚积多,威怒微厉。乃知贵不期骄,富不期侈,非虚言也。在昔隋之未乱也,自谓必无乱;其未亡也,自谓必无亡。故赋役无穷,征伐不息,以至祸将及身,而尚未之寤也。夫鉴形莫如止水,鉴败莫如亡国。伏愿取鉴于隋,去奢从约,亲忠远佞,以今之无事行昔之恭俭,则尽善尽美矣。夫取之实难,守之甚易,陛下能得其所难,岂不能保其所易乎!"

又曰:"今立政致治,必委之君子;事有得失,或访之小人。其待君子也敬而疏,遇小人也轻而狎;狎则言无不尽,疏则情不上通。夫中智之人,岂无小慧!然才非经国,虑

州县地方官的选拔，刺史多用武臣，或者是朝官不称职才选补为地方官。边远地区，用人更加轻率。百姓所以不安定，原因大概便在于此。"奏疏上奏后，太宗称赞很久，对身边的大臣说："刺史朕当亲自选拔，县令应诏令朝中五品以上官员每人荐举一人。"

魏徵上奏疏说："君主善始的多，能够善终的少，难道是取天下容易而守成难吗？那是因为忧患深切则尽心竭诚对待百姓，一旦安逸就骄横恣肆而轻视他人。尽心竭诚待人则胡、越族也会同心协力，轻视他人则亲属也会离心离德，即使以发威动怒震惊天下，臣下也都是外表顺从而内心不服。君主真能够做到看见希望得到的东西就想到知足，将要兴修营建就想到适可而止，身处高危之地则想谦抑，面临满盈则想到减损，遇见安逸享乐则想到克制，在平安的时候就想到后患，防止受蒙蔽则想到延纳谏诤，痛恨邪恶之人则想到端正自己，行赏封爵时就想到由于高兴而乱行封赏，施刑罚时则想到因为恼怒而滥施刑罚，君主常思考这十个方面，而选贤任能，就可能达到无为而治了。"

魏徵又说道："陛下从善如流、闻过必改的精神似乎不如以前。谴责惩罚渐多，逞威动怒比过去厉害了。由此可知，尊贵没有与骄傲相约而骄傲自来，富裕没有与奢侈相约而奢侈自到，这并非虚妄之言。从前隋朝还没有动乱的时候，自认为一定不会乱；还没有灭亡时，自认为一定不会灭亡。所以不停地征派赋税劳役，不停地东征西伐，以致祸乱将及自身而还没有醒悟。所以说照看形体最好用静止的水，借鉴失败最好找已灭亡的国家。深望陛下能够借鉴隋的覆亡，除掉奢侈立意俭约，亲近忠良疏远邪佞，凭借现在的平静无事，继续施行过去的谦恭节俭，这样就尽善尽美了。取得天下确实困难，保持天下则比较容易，陛下能够取得那难于取得的，难道不能保持这易于保持的吗！"

又说道："如今确立政策，追求达到大治，必然托付给君子；而事有得失，有时则询访小人。对待君子敬而远之，对待小人轻佻而又亲昵；亲昵则言无不尽，疏远则下情难以上达。智力中等的人，岂能没有小聪明！然而并没有治理国家的才略，考虑问题

不及远,虽竭力尽诚,犹未免有败,况内怀奸宄,其祸岂不深乎!夫虽君子不能无小过,苟不害于正道,斯可略矣。陛下诚能慎选君子,以礼信用之,何忧不治!不然,危亡之期未可保也。"上赐手诏,褒美曰:"得公之谏,朕知过矣。当置之几案,以比弦、韦。"

冬十月,猎洛阳苑。

上猎洛阳苑,有群豕突出,前及马镫。民部尚书唐俭投马搏之,上拔剑斩豕,顾笑曰:"天策长史不见上将击贼邪,何惧之甚?"对曰:"陛下以神武定四方,岂复逞雄心于一兽!"上悦,为之罢猎。

安州都督吴王恪免。

安州都督吴王恪数出畋猎,颇损居人。侍御史柳范弹奏,恪坐免官。上以长史权万纪不能匡正,欲罪之。范曰:"房玄龄犹不能止陛下畋猎,岂得独罪万纪哉!"上大怒,拂衣而入。久之,独引范谓曰:"何面折我?"对曰:"陛下仁明,臣不敢不尽愚直。"上悦。后褚遂良以为:"诸皇子典州者多幼稚,未知从政,不若留京师,教以经术,俟其长而遣之。"上以为然。

以武氏为才人。

故荆州都督武士彟女,年十四,上闻其美,召入后宫。

戊戌(638) 十二年
春正月,颁《氏族志》。

不深远,即使竭诚尽力,仍不能免于失败,更何况内心邪恶不正的小人,对国家的祸害能不深吗!虽然君子不能没有小过失,但假如对于正道没有太大的害处,就可以忽略不计较。陛下如果真能慎择君子,礼遇信任予以重用,何愁不能达到天下大治呢!否则,危亡将至,国家也难以保全。"太宗赐给魏徵手书诏令,夸赞道:"得到你的谏言,朕已知错。当把你的箴言放在几案上,犹如西门豹、董安于的佩戴韦弦以自警。"

冬十月,太宗狩猎于洛阳苑。

太宗狩猎于洛阳苑,有一群野猪突然冲到马前,将要咬到马镫。民部尚书唐俭跳下马与野猪搏斗,太宗拔出剑砍死野猪,回头笑着对唐俭说:"天策长史没看见天策上将正要攻击敌人吗,为什么如此害怕呢?"唐俭答道:"陛下以神威圣武平定四方,怎么能再对着一头野兽显露自己的雄心呢!"太宗听了之后很高兴,为此停止打猎。

安州都督吴王李恪被免职。

安州都督吴王李恪多次出外游猎,对当地居民造成危害。侍御史柳范上书弹劾他,李恪因此被免职。太宗认为长史权万纪不能匡正吴王的过错,想要加罪于他。柳范说:"房玄龄事奉陛下还不能阻止陛下狩猎,怎么能只怪罪权万纪呢!"太宗勃然大怒,拂袖而去。过了很久,太宗单独召见柳范说:"你为什么当面羞辱我?"答道:"陛下仁爱贤明,我不敢不尽愚忠直言。"太宗高兴。后来褚遂良上书认为:"诸位皇子典领各州,年龄幼小,还不知道管理州政,不如将他们留在京城,教他们儒家经术,等他们长大后再外派他们。"太宗颇以为然。

册封武氏为才人。

已故荆州都督武士彟的女儿,年十四岁,太宗听说她貌美,召入后宫。

戊戌(638) 唐太宗贞观十二年

春正月,颁行《氏族志》。

先是,山东人士崔、卢、李、郑诸族,自矜地望,凡为昏姻,必多责财币,或舍其乡里,而妄称名族,或兄弟齐列,而更以妻族相陵。上恶之,命吏部尚书高士廉等遍责天下谱谍,质史籍以考其真伪,褒进忠贤,贬退奸逆,分为九等。士廉等以黄门侍郎崔民幹为第一,上曰:"汉高祖与萧、曹、樊、灌皆起布衣,至今推仰,以为英贤,岂在世禄乎!高氏偏据山东,梁、陈僻在江南,虽有人物,盖何足言!况其子孙衰替,而犹印然以门地自负,贩鬻松槚,无复廉耻,不知世人何为贵之!今三品以上皆以德行、勋劳、文学贵显。彼衰世旧门,何足慕哉!今欲厘正讹谬,舍名取实,而卿曹犹以民幹为第一,是轻我官爵而徇流俗之情也!"乃更命刊定,专以今朝品秩为高下。于是以皇族为首,外戚次之,民幹为第三,凡二百九十三姓,千六百五十一家,颁于天下。

二月,帝发洛阳,观砥柱,祠禹庙,遂至蒲州。

蒲州刺史赵元楷饰楼观,盛储偫,上怒曰:"此乃亡隋之弊俗也!"

赠隋尧君素蒲州刺史。

诏曰:"君素虽桀犬吠尧,有乖倒戈之志,而疾风劲草,实表岁寒之心,可赠蒲州刺史。"

闰二月朔,日食。 帝还宫。 宴五品以上于东宫。

上曰:"贞观之前,从朕经营天下,玄龄之功也。贞观以来,绳愆纠缪,魏徵之功也。"皆赐之佩刀。上谓徵曰:"朕政事何如往年?"对曰:"威德所加,比往年则远矣;人心悦服,则不逮也。"上曰:"何也?"对曰:"陛下往以未治为

先前，山东士人崔、卢、李、郑各族，喜欢自我标榜门第族望，但凡想与他们通婚，定要多索要财物，导致有人丢弃原来的里贯而冒称名门士族，有的兄弟二人族望相等，而另以妻族背景相互比斗。太宗厌恶这些，命高士廉等人普查全国的谱牒，质证于史籍，考核其真伪，褒扬奖进忠贤，贬斥屏退奸逆，分为九等。高士廉等人将黄门侍郎崔民幹列为第一。太宗说："汉高祖与萧何、曹参、樊哙、灌婴都出身于布衣百姓，你们至今十分推重景仰，认为是一代英豪，哪里在于他们的世卿世禄地位呢！高氏偏守山东，梁、陈二朝僻居江南，虽然也有个别英豪，又何足挂齿！何况他们的子孙衰败，然而还骄傲地以门第族望自负，贩卖松槚，寡廉鲜耻，不知道世上的人为什么要看重他们！如今三品以上公卿大臣，依仗德行、功劳和文章练达而获致显贵之位。那些衰微的世族们，有什么值得美慕的！如今想要厘正错误，舍弃虚名追求实际，而你们却仍然将崔民幹列为第一位，这是轻视我大唐的官爵而顺从世俗的观念！"于是下令重新编定，专以当朝官品高下为准。于是便以皇族李姓为首位，外戚次之，将崔民幹降为第三，共定二百九十三姓，一千六百五十一家，颁行全国。

二月，太宗车驾自洛阳出发，观看砥柱山，祭祀禹庙，到达蒲州。

蒲州刺史赵元楷大肆装饰廨舍楼宇，储备大量物资，太宗大怒说："这乃是已灭亡的隋朝的坏习惯！"

追赠隋旧将尧君素为蒲州刺史。

太宗下诏说："尧君素虽然如桀犬吠尧，与倒戈的情况相乖违，而疾风知劲草，确实表现出岁寒不凋之心，可追赠蒲州刺史。"

闰二月初一，出现日食。 太宗车驾回到宫中。 在东宫宴请五品以上官员。

太宗说："贞观年以前，跟随朕夺取并治理天下，是房玄龄的功劳。贞观年以来，纠正朕的过失，是魏徵的功劳。"都赐给他们佩刀。太宗对魏徵说："朕治国理政与往年相比如何？"魏徵答道："声威德行施于四方，远超过贞观初年；人心悦服则不如从前。"太宗问："为什么呢？"答道："陛下从前为天下未能大治而

忧，故日新；今以既治为安，故不逮。"上曰："今日所为，亦何以异于往年邪？"对曰："陛下初年，恐人不谏，常导之使言，中间悦而从之。今则勉强从之，而犹有难色也。"上曰："其事可得闻欤？"对曰："陛下昔欲杀元律师，孙伏伽以为法不当死，陛下赐以兰陵公主园，直百万。或云：'太厚。'陛下云：'朕即位以来，未有谏者，故赏之。'此导之使言也。司户柳雄妄诉隋资，陛下欲诛之，纳戴胄之谏而止。是悦而从之也。近皇甫德参上书谏修洛阳宫，陛下恚之，虽以臣言而罢，勉从之也。"上曰："非公不能及此。人苦不自知耳！"

夏五月，永兴公虞世南卒。

世南外和柔而内忠直，上尝称世南有五绝：一德行，二忠直，三博学，四文辞，五书翰。世南尝献《圣德论》，上赐诏曰："卿论太高，朕何敢当。然卿适睹其始，未睹其终。若朕能慎终如始，则此论可传；不然，恐徒使后世笑卿也。"

秋七月，以高士廉为右仆射。　吐蕃寇松州。

初，上遣使者冯德遐抚慰吐蕃，吐蕃遣使随德遐入朝，奉表求婚，上未之许。使者还，言："初，唐待我甚厚，会吐谷浑王入朝，相离间，唐礼遂衰，亦不许婚。"弄赞遂发兵击吐谷浑。进破党项、白兰诸羌，帅众二十余万屯松州西境，遣使贡金帛，迎公主。寻进攻松州。诏吏部尚书侯君集击败之。弄赞惧，引兵退，遣使谢罪，因复请婚。上许之。

以薛延陀真珠可汗二子为小可汗。

忧虑,所以每天都有新的作为;如今因天下已得到治理而心安,所以不如从前。"太宗说:"如今所做的与往年有什么不同呢?"答道:"陛下在贞观初年惟恐臣下不进谏,常常引导他们说话,能够高兴地听从。如今则不然,勉强听从,却面有难色。"太宗问:"可以举例说明吗?"答道:"陛下以前曾想杀掉元律师,孙伏伽认为依法不当处死,陛下赐给他兰陵公主的花园,价值一百万钱。有人说:'赏赐太重了。'陛下说:'朕即皇位以来,还没有进谏的人,所以要重赏。'这就是引导臣下使他们进谏。司户柳雄乱报在隋朝做官的资历,陛下想要杀掉他,又采纳戴胄的谏言而作罢。这是能高兴地听从谏言的例子。近来皇甫德参上书谏阻修筑洛阳宫,陛下内心愤恨,虽然因为我直言相劝而没有治他的罪,但只是勉强听从啊。"太宗说:"不是您不能说出这样的话。人苦于不能自知呀!"

夏五月,永兴公虞世南去世。

虞世南外表温和柔顺而内心忠正耿直,太宗曾称赞他有五绝:一是道德高尚,二是忠正耿直,三是知识广博,四是写一手好文章,五是擅长书法。虞世南曾进呈《圣德论》一文,太宗赐给手书诏令说:"你对朕的评价太高了,朕实不敢当。然而你只是刚刚看到开头,未知其终结。如果朕能够自始至终谨慎从事,那么你的高论可传之后世;如若不然,恐怕只会成为后世的笑柄!"

秋七月,任命高士廉为右仆射。　　吐蕃侵犯松州。

起初,太宗派遣使者冯德遐安抚慰问吐蕃,吐蕃派使节随冯德遐到长安,上表请求通婚,太宗没有答应。使者回到吐蕃,说:"起初,大唐待我甚厚,正赶上吐谷浑王入朝,从中离间,唐朝待我礼节渐淡,也不答应通婚了。"弃宗弄赞于是发兵攻打吐谷浑。进而击败党项、白兰等羌族,率兵二十多万驻扎在松州西部边境,派使节进献金银绸缎,迎接公主。不久进攻松州。太宗诏令吏部尚书侯君集击败吐蕃。弃宗弄赞恐惧,领兵后退,派使节到长安请罪,于是再次请求通婚。太宗应允。

任命薛延陀真珠可汗两个儿子为小可汗。

上以薛延陀强盛,恐后难制,拜其二子皆为小可汗,各赐鼓纛,外示优崇,实分其势。

冬十一月,置屯营飞骑。

初,置左右屯营飞骑于玄武门,以诸将军领之。又简飞骑才力骁健善骑射者,号“百骑”,以从游幸。

十二月,以马周为中书舍人。

周有机辩,岑文本常称:“马君论事,援引事类,扬榷古今,举要删烦,会文切理,一字不可增减,听之靡靡,令人忘倦。”

以霍王元轨为徐州刺史。

元轨好读书,恭谨自守,举措不妄。与处士刘玄平为布衣交。人问玄平王所长,玄平曰:“无长。”问者怪之。玄平曰:“人有所短,乃见所长。至于霍王,无所短,何以称其长哉!”

西突厥乙毗咄陆可汗立。

初,西突厥分其国为十部,每部酋长各赐一箭,谓之十箭。又分左右厢,左厢号五咄陆,置五大啜;右厢号五弩失毕,置五大俟斤,通谓之十姓。至是,咥利失失众心,为其臣所逐,走焉耆。寻复得其故地。西部遂立欲谷设为乙毗可汗,中分其地。

己亥(639) 十三年

春正月,加房玄龄太子少师。

房玄龄为太子少师,太子欲拜之,玄龄不敢谒见而归,时人美其有让。

玄龄以度支系天下利害,尝有阙,求其人未得,乃自领之。

上尝问侍臣:“创业与守成孰难?”玄龄曰:“草昧之初,

太宗看到薛延陀强盛,担心以后难以制服,便封真珠可汗两个儿子均为小可汗,各赐给鼓和大旗,外示优待尊崇,实际是为了分割其势力。

冬十一月,设置屯营飞骑。

起初,在玄武门设置左、右屯营飞骑,由各位将军统领。又精选飞骑中身体矫健敏捷、善于骑射的,号称"百骑",随从皇帝巡幸。

十二月,任命马周为中书舍人。

马周机敏善辩,岑文本常常称赞他:"马周议论事情,旁征博引,纵横古今,提纲挈领,删繁就简,用词准确,切中事理,一字不可增减,听者心服,全无倦意。"

任命霍王李元轨为徐州刺史。

李元轨喜欢读书,恭谨自持,举止符合法度。与处士刘玄平为布衣之交。人们询问刘玄平霍王的长处,玄平说:"没什么长处。"问的人觉得奇怪。刘玄平说:"人有短处,才能见到他的长处。至于说霍王,没有短处,我怎么能说出他的长处呢!"

西突厥乙毗咄陆可汗即位。

起初,西突厥将其国土分为十部,每部首领各赐给一支箭,称为十箭。又分为左、右厢,左厢称五咄陆,设置五大啜;右厢号称五弩失毕,设立五大俟斤,通称为十姓。到此时,咥利失失去民心,被他的臣下驱逐,逃到焉耆。不久又收复其故地。西部终于拥立欲谷设为乙毗可汗,将其领地分为两半。

己亥(639) 唐太宗贞观十三年

春正月,加封房玄龄为太子少师。

房玄龄为太子少师,太子想要向玄龄行弟子礼,玄龄不敢谒见回到家中,时人称他有谦让之风。

房玄龄认为度支郎中一职关系国家利害,曾有空缺,未找到合适人选,于是便自己兼领此职。

太宗曾问侍臣:"创业与守成哪个难?"房玄龄说:"创业之初,

与群雄并起,角力而后臣之,创业难矣。"魏徵曰:"自古帝王莫不得之于艰难,失之于安逸,守成难矣。"上曰:"玄龄与吾共取天下,出百死得一生,故知创业之难;徵与吾共安天下,常恐骄奢生于富贵,祸乱生于所忽,故知守成之难。然创业之难既已往矣,守成之难方当与诸公慎之!"玄龄等拜曰:"陛下之言及此,四海之福也!"

永宁公王珪卒。

珪性宽裕,自奉养甚薄。三品以上当立家庙,珪祭于寝,为法司所劾。上不问,命有司为之立庙以愧之。

二月,以尉迟敬德为鄜州都督。

上尝谓敬德曰:"人或言卿反,何也?"对曰:"臣从陛下征伐四方,身经百战,今之存者,皆锋镝之余也。天下已定,乃更疑臣反乎?"因解衣投地,出其瘢痍,上流涕而抚之。上又尝谓敬德曰:"朕欲以女妻卿,何如?"敬德谢曰:"臣妻虽陋,相与共贫贱久矣。臣虽不学,闻古人富不易妻,此非臣所愿也。"乃止。

诏:内职有阙,选良家有才行者充。

尚书奏:"近世掖庭之选,或微贱之族,礼训蔑闻;或刑戮之家,忧怨所积。请自今后宫及东宫内职有阙,皆选良家有才行者,以礼聘纳,其没官口贱人不得补用。"上从之。

诏停袭封刺史。

上既诏宗室功臣袭刺史,于志宁以为古今事殊,恐非久安之道,上疏争之。马周亦言:"尧、舜之父,犹有朱、均

与各路英雄一起角逐争斗而后使他们臣服,还是创业难。"魏徵说:"自古以来的帝王,莫不是从艰难境地取得天下,又于安逸中失去天下,守成更难!"太宗说:"玄龄与我共同打下江山,出生入死,所以体会到创业的艰难;魏徵与我共同安定天下,常常担心富贵而导致骄奢,忘乎所以而产生祸乱,所以懂得守成的艰难。然而创业的艰难,已成为往事,守成的艰难,正应当与诸位谨慎对待!"玄龄等人行礼道:"陛下说这一番话,是国家百姓的福气呀!"

永宁公王珪去世。

王珪性情宽和大方,对自己的奉养却很薄。三品以上大臣均可立家庙,王珪只在内室举行祭祀,被司法官署弹劾。太宗不予过问,只是命令有关官署代他立家庙以羞辱他。

二月,任命尉迟敬德为鄜州都督。

太宗曾对尉迟敬德说:"有人说你要谋反,为什么?"答道:"我跟随陛下征伐四方,身经百战,如今身上留下的都是刀锋箭头的痕迹。现在天下已经安定,便开始怀疑我要谋反吗?"于是脱下衣服扔到地下,展示身上的疮疤,太宗流泪安抚他。太宗又曾对尉迟敬德说:"朕想要将女儿许配给你,怎么样?"敬德辞谢道:"我的妻子虽然微贱,但与我同甘共苦好多年。我虽然才疏学浅,听说过古人富贵后不换妻子,娶公主为妻不是我的本愿。"太宗只好作罢。

太宗诏令:后宫女官有空缺,选择有才行的良家女子充任。

尚书省奏称:"近来掖庭女官的选拔,有的出身微贱,不知道什么是礼教;有的是受刑遭戮之家,心中郁积忧怨。请求自今日起,后宫及东宫的女官有空缺,都应选择有才行的良家女子充任,以礼聘纳,那些没入官府以及出身微贱的人,都不能再录用。"太宗同意。

诏令停止加封世袭刺史。

唐太宗已经下诏封宗室贵族大臣为世袭刺史,于志宁认为古今的事理有所不同,恐怕不是长治久安之策,于是便上疏谏诤。马周也上疏认为:"尧、舜这样的父亲,尚且有丹朱、商均

之子。傥有孩童嗣职，万一骄愚，兆庶被殃，国家受败。则与其毒害于见存之百姓，宁使割恩于已亡之一臣矣。是则向所谓爱之者，乃所以伤之也。臣谓宜赋以茅土，畴其户邑，必有材行，随器授官，使其人得奉大恩，而子孙终其福禄。"会长孙无忌等皆不愿之国，且言："臣披荆棘事陛下，今海内宁一，奈何弃之外州乎？"上曰："割地以封功臣，古今通义。朕欲令公子孙世为有土之君，而公薄之。朕岂强公以茅土耶！"乃诏停之。

夏四月，如九成宫。 突厥结社率作乱，伏诛。

初，突利可汗之弟结社率入朝，为中郎将。久不进秩，阴结故部落四十余人作乱，夜袭御营。折冲孙武开等帅众奋击，久之乃退，驰入御厩，盗马北走，追获斩之。

五月，旱，诏五品以上言事。

魏徵上疏言："陛下志业比贞观之初，渐不克终者，凡十条。其一，以为顷年轻用民力，乃云：'百姓无事则骄佚，劳役则易使。'自古未有因百姓逸而败，劳而安者，此恐非兴邦之言也。"上深奖叹，报云："已列诸屏障，朝夕瞻仰。"仍录付史官。

秋七月，立李思摩为突厥可汗。

自结社率之反，言事者多云突厥留河南不便。上乃赐怀化郡王阿史那思摩姓李氏，立以为泥孰俟利苾可汗，赐之鼓纛，使帅其种落还旧部。突厥咸惮薛延陀，不肯出塞。上赐薛延陀玺书，言："前破突厥，止为颉利一人为百姓害，实不贪其土地，今使还其故国尔。薛延陀受册在前，突厥

那样的儿子。倘若未成年的孩子承袭父职，万一他骄横愚钝，百姓们将遭殃，国家也会受到损失。与其让他毒害现在的百姓，宁愿割舍皇恩于已经死去的一个大臣。这样看来，一向称之为爱护他们的做法，其实正是害他们。我认为应该赐给他们食邑封户，如果真有才能，再量才授予官职，这样可以使他们得以承受皇恩，子子孙孙享受福禄。"适逢长孙无忌等人均不愿到州郡就任，而且说："我披荆斩棘事奉陛下，如今海内升平，为何将我弃置于外州？"太宗说："割地以分封功臣，是古今的通义。朕想让你的后代世世为有土地的君王，而你却轻视此事。朕难道会强迫你们接受分封吗！"下诏停封世袭刺史。

夏四月，太宗临幸九成宫。　突厥结社率叛乱，被杀死。

起初，突厥突利可汗的弟弟结社率入朝，任命为中郎将。很久没有晋级，便暗中集结旧部落四十多人谋反，夜间袭击皇帝御营。折冲都尉孙武开等人率众拼死搏斗，过了许久，结社率才退兵，驰入御厩中，盗马北逃，被唐兵追获杀掉。

五月，天下大旱，诏令五品以上官员上书言事。

魏徵上疏说："陛下的志向事业，与贞观初年相比，逐渐不能坚持到底的总共有十条。其中的一条认为近年以来很少动用民力。于是认为：'百姓无事会产生骄逸之心，让他们劳作就容易听任役使。'自古以来没有因百姓安逸而导致败亡，因百姓劳苦而达到安定的，这恐怕不是振兴国家的说法。"太宗大加赞扬，感叹道："已将你的奏疏安置在屏风上，以便早晚观看。"又将其抄送给史官。

秋七月，立李思摩为突厥可汗。

自从结社率反叛后，上书言事的人多说将突厥留在黄河之南有很多不便。太宗于是将怀化郡王阿史那恩摩赐姓李氏，立他为泥孰俟利苾可汗，赐给他鼓和大旗，让他统领部族回到原来的地方。突厥都害怕薛延陀，不肯出塞。太宗赐给薛延陀玺书，写道："先前打败突厥，只是因为颉利一人有害于百姓，实在不是贪图突厥的土地，现在恢复其故国。薛延陀受册封在前，突厥

受册在后,当以先后为大小,各守土疆,毋或逾分。其有故相抄掠,我则发兵,往问其罪。"薛延陀奉诏。于是遣思摩帅所部建牙于河北。遣赵郡王孝恭等赍册书,筑坛于河上而立之。上谓侍臣曰:"中国,根干也;四夷,枝叶也。割根干以奉枝叶,木安得滋荣?朕不用魏徵言,几致狼狈。"

八月朔,日食。 冬十一月,以杨师道为中书令,刘洎为黄门侍郎,参知政事。 十二月,以侯君集为交河大总管,将兵击高昌。

初,高昌王麹文泰多遏绝西域朝贡,及拘留中国人。诏令入朝,又不至。与西突厥共击破焉耆,焉耆诉之。上遣使问状,文泰曰:"鹰飞于天,雉伏于蒿,猫游于堂,鼠喁于穴,各得其所,岂不能自生邪!"上怒,欲发兵击之,薛延陀可汗遣使请为乡导。上犹冀文泰悔过,复下玺书,示以祸福,征之入朝,文泰竟称疾不至。至是,乃遣君集及薛万均将兵击之。

太史令傅弈卒。

傅弈精究术数之书,而终不之信,遇病不呼医饵药。有僧自西域来,能咒人使立死,复咒即生。上试之验,以告弈。弈曰:"此邪术也。臣闻邪不干正,请使咒臣,必不能行。"上命僧咒弈,弈初无所觉,须臾僧忽僵仆,遂不复苏。又有婆罗门僧,言得佛齿,所击辄碎,长安士女辐凑如市。弈谓其子曰:"吾闻有金刚石者,性至坚,物莫能伤。唯羚羊角能破之,汝往试焉。"其子如言,叩之应手而碎,观者乃

受册封在后,应当以后者为小,前者为大,各守疆土,不要越境。如果相互劫掠,我大唐就要发兵,各问其罪。"薛延陀接受诏令。于是让李思摩率领所辖部落建牙帐于河北。派赵郡王李孝恭等人携带册封文书,在黄河边筑立祭坛册封他为可汗。太宗对身边大臣说:"中原王朝是树木的根基主干,四方夷族乃是其枝叶。割断树根树干以奉养枝叶,树怎么能生长繁茂呢?朕不采用魏徵的谏言,差一点狼狈不堪。"

八月初一,出现日食。 冬十一月,任命杨师道为中书令,刘洎为黄门侍郎,参知政事。 十二月,任命侯君集为交河大总管,领兵进攻高昌。

起初,高昌王麴文泰多次阻止西域诸国向唐进贡,并且拘留中原人。太宗诏令他入朝,又不到。又与西突厥一同进攻焉耆,焉耆向唐朝告发高昌王。太宗派使者询问情状,文泰说:"鹰飞翔在天空,雉藏匿于草丛,猫戏游于厅堂,鼠嚼食于洞穴,各得其所,难道不能自己生存吗!"太宗大怒,想要发兵讨伐他们,薛延陀可汗派人请求做向导。太宗仍希望麴文泰能够悔过,又下玺书,晓示祸福利害,征召他入朝,文泰竟称病不入朝。到此时,派侯君集及薛万均领兵进攻高昌。

太史令傅弈去世。

傅弈精心研究术数方面的书籍,最后还是不相信这些,自己有病,不找医生不吃药。有个从西域来的僧人,会念咒语,能让人立刻死去,又念咒便可以使人复活。太宗让他试验,均很灵验,便告诉傅弈。傅弈说:"这是妖邪之术。我听说邪不压正,请求让他对我念咒语,必然不能灵验。"太宗命僧人对傅弈念咒语,傅弈起初没有感觉,过了一会儿,僧人突然直挺挺倒下,再也没有醒过来。又有一个印度婆罗门教和尚,自称得到佛的牙齿,用它击打任何东西都无坚不摧,长安城男女观看热闹像赶集一样。傅弈对他的儿子说:"我听说有金刚石,非常坚硬,没有什么东西能够损坏它。只有羚羊角能击破它,你前去试一试。"傅弈儿子听他的话去做,拿羚羊角叩打,金刚石随手而破碎,观看的人这才

止。弈年八十五卒,临终戒其子无得学佛书。又集魏晋以来驳佛教者,为《高识传》十卷,行于世。

西突厥咥利失可汗卒。

子乙毗沙钵罗叶护可汗立,号南庭,咄陆为北庭。

庚子(640) 十四年
春正月,幸魏王泰第。

赦雍州长安系囚,免延康里今年租赋,赐泰府僚属有差。

二月,诣国子监。

上幸国子监,观释奠,命祭酒孔颖达讲《孝经》,赐诸生帛有差。是时,上大征天下名儒为学官,数幸国子监,使之讲论。学生能明一经已上,皆得补官。增筑学舍千二百间,增学生满三千二百六十员。自屯营飞骑,亦给博士,使授以经,有能通经者,听得贡举。于是四方学者云集京师,乃至高丽、百济、新罗、高昌、吐蕃诸酋长,亦遣子弟请入国学,升讲筵者至八千余人。上以师说多门,章句繁杂,命颖达与诸儒定《五经》疏,谓之"正义",令学者习之。

三月,流鬼国入贡。

流鬼去京师万五千里,滨于北海。

夏五月,侯君集灭高昌,以其地为西州。

高昌王文泰闻唐兵起,谓其国人曰:"唐去我七千里,而沙碛居二千里,地无水草,寒风如刀,热风如烧,安能致大军乎!"及闻唐兵临碛口,忧惧发疾卒,子智盛立。刻日将葬,诸将请袭之,侯君集曰:"天子以高昌无礼,故使吾讨之。今袭人于墟墓之间,非问罪之师也。"于是鼓行而进,

散去。傅弈八十五岁时去世，临终告诫他的儿子不要学佛书。又搜集魏晋以来驳斥佛教的言论，编为《高识传》十卷，流传于世。

西突厥咥利失可汗去世。

他的儿子乙毗沙钵罗叶护可汗即位，号称南庭，咄陆号称北庭。

庚子（640）　**唐太宗贞观十四年**

春正月，太宗临幸魏王李泰住处。

大赦雍州长安县囚犯，免延康里当年的租赋，赏赐魏王府僚属大小不等的物品。

二月，太宗临幸国子监。

太宗临幸国子监，观看释奠礼，命国子监祭酒孔颖达讲解《孝经》，赐给学生们多少不等的绢帛。当时，太宗大量征召全国名儒为学官，并多次临幸国子监，让他们讲论古代经典。学生能通晓一部大经以上的均得补为官员。又扩建学舍一千二百间，增加学生满三千二百六十人。连屯营飞骑，也派去博士，让他们教授经书，有能通晓经义的，让他们参加科举考试。于是各地学生云集长安，甚至高丽、百济、新罗、高昌、吐蕃等首领，也派他们的子弟请求入国子监学习，一时间就读的学生达八千多人。太宗认为古代经书各有多家师说，注释也较为繁杂，便命孔颖达与其他学者共同撰定《五经》的注疏，称之为"正义"，令学生们研习。

三月，流鬼国派使者入朝进贡。

流鬼国离长安一万五千里，濒临北海。

夏五月，侯君集灭掉高昌，将其地改为西州。

高昌王麴文泰听说唐朝要发兵前来攻打，对其国人说："唐朝离我们有七千里，其中有二千里是沙漠，土地没有水和草，寒风刮起来如同刀割一样，热风如同火烧一般，怎么能派大军呢！"等到听说唐朝军队兵临碛口，忧虑恐惧发病而死，他的儿子智盛继位。近日即将发丧，唐军众将请求袭击他们，侯君集说："大唐天子因为高昌怠慢无礼，所以派我们讨伐他们。如今要是在墓地袭击他们，就不是前去问罪的正义之师了。"于是擂鼓进军，

诘朝攻之，及午而克，智盛出降。君集分兵略地，下其二十二城，户八千四十六。上欲以高昌为州县，魏徵谏曰："文泰有罪，故王诛加之。今罪人已死，其子又服，宜抚其百姓，存其社稷，复立其子，则威德被于遐荒，四夷皆悦服矣。若以为州县，当复遣兵镇守，劳费不赀，死亡相继，而陛下终不得高昌撮粟尺帛以佐中国，所谓散有用以事无用也。"上不从，以其地为西州，置安西都护府。去年，计天下州府凡三百五十八，县千五百一十一。至是，又平高昌，唐地东极于海，西至焉耆，南尽林邑，北抵大漠，皆为州县，凡东西九千五百一十里，南北一万九百一十八里。

以刘仁轨为栎阳丞。

初，陈仓折冲都尉鲁宁坐事系狱，自恃高班，慢骂陈仓尉刘仁轨，仁轨杖杀之。州司以闻，上怒，追至长安，将面诘而斩之。仁轨曰："鲁宁对臣百姓辱臣如此，臣实忿而杀之。"辞色自若。魏徵侍侧，曰："隋末百姓强而陵官吏，多如鲁宁之比，隋以是亡。"上乃擢仁轨为栎阳丞。上将幸同州校猎，仁轨上言："大稔未获，使农民供猎事，治道葺桥，动费一二万功。愿少停旬日，则公私俱济矣。"上赐玺书嘉纳，迁新安令。

冬十一月，诏李淳风考定戊寅历。

时戊寅历以癸亥为十一月朔，李淳风表称："古历分日起于子半，今岁甲子朔冬至，而傅仁均减余稍多，子初为朔，遂差三刻，用乖天正，请更加考定。"从之。

清晨发动进攻,到中午便攻下城池,智盛出城投降。侯君集分兵夺取土地,攻下城池二十二座,获得八千零四十六户。太宗想把高昌改为唐的州县,魏徵劝谏道:"麴文泰有罪,所以加以诛伐。如今有罪的人已经死了,他儿子又降服,应当安抚其百姓,保存其社稷,再立他的儿子为王,则皇上的威德及于荒远之地,四方夷族都会心悦诚服的。如果将其土地改为州县,还要派兵镇守,劳民伤财,来来往往要死掉一些人,而陛下最终还是得不到高昌的一撮粮一尺帛以帮助大唐,正所谓发放有用资财以供奉无用之地。"太宗不听其意见,将高昌旧地改为西州,设置安西都护府。上一年,总计唐全国有三百五十八州府,一千五百一十一个县。到此时,又平定高昌,唐朝地域东到大海,西至焉耆,南达林邑,北抵大沙漠,均设立州县,东西共九千五百一十里,南北一万九百一十八里。

任命刘仁轨为栎阳县丞。

起初,陈仓折冲都尉鲁宁因事犯罪被关入狱中,自恃品秩高,谩骂陈仓县尉刘仁轨,仁轨命人乱杖将他打死。州官上报朝廷,太宗大怒,命将仁轨押至长安,想当面质问他,然后杀掉他。刘仁轨说:"鲁宁当着陈仓百姓的面如此侮辱我,我实在是愤恨之极才将他杀掉。"神色自若。魏徵正在太宗身旁侍奉,说道:"隋朝末年,百姓恃强而凌辱官吏,像鲁宁这样的事很多,隋朝因此灭亡。"太宗于是提拔刘仁轨为栎阳县丞。太宗将要去同州狩猎,刘仁轨上奏书说:"粮熟还未收获,让农民侍候陛下打猎,筑路修桥,一下子耗费一二万劳力。希望陛下稍微停留十天半个月,则对公对私都有好处。"太宗赐给玺书嘉奖,并采纳了他的意见,迁升为新安县令。

冬十一月,诏令李淳风考定戊寅历。

当时的戊寅历以癸亥为十一月朔日,李淳风上表称:"古代历法划分日期确定在子时之半,今年甲子朔日早晨冬至,而傅仁均减除时间稍多,子时初刻即为朔日,于是相差三刻,违背周朝订的天子正朔,请求重新加以考定。"太宗同意。

更定服制。

礼官奏请加高祖父母服齐衰五月,嫡子妇服期,嫂、叔、弟妻、夫兄、舅皆服小功,从之。

以太常卿韦挺为封禅使。

百官复请封禅,诏许之也。

贬司门员外郎韦元方为华阴令。

司门员外郎韦元方给给使过所稽缓,给使奏之,上怒,出元方为令。魏徵谏曰:"宦者轻为言语,易生患害,独行远使,深非事宜,渐不可长。"上纳其言。

十二月,下侯君集等狱,既而释之。

君集之破高昌也,私其珍宝,将士竞为盗窃,君集不能禁,为有司所劾,诏下君集等狱。岑文本上疏曰:"命将出师,主于克敌,苟能克敌,虽贪可赏;若其败绩,虽廉可诛。是以黄石公曰:'使智,使勇,使贪,使愚,故智者乐立其功,勇者好行其志,贪者急趋其利,愚者不计其死。'今君集等虽自挂网罗,愿录其微劳而宥之,则虽屈法而德弥显矣。"上乃释之。又有告薛万均私高昌妇女者,付大理对辨。魏徵谏曰:"臣闻'君使臣以礼,臣事君以忠。'今遣大将军与亡国妇女对辨,实则所得者轻,虚则所失者重。"上遽释之。高昌之平也,诸将皆即受赏,行军总管阿史那社尔以无敕旨独不受。及别敕既下,乃受之,所取唯老弱故弊而已。

以张玄素为银青光禄大夫。

更改服丧制度。

礼官上奏请求将为高祖父母服齐衰的时间增加为五个月，为嫡子媳妇服丧一年，为嫂、叔、弟妻、夫兄、舅均服丧五个月，太宗下诏依此办理。

任命太常寺卿韦挺为封禅使。

文武百官又上表请求行封禅礼，太宗下诏准许。

将司门员外郎韦元方贬降为华阴县令。

司门员外郎韦元方没有及时给外出办事的宦官发过关凭证，宦官上奏太宗，太宗大怒，将韦元方降为华阴令。魏徵劝谏说："宦官往往说话轻率，很容易造成祸患，又单独出使远方，也很不合宜，此风不可长。"太宗听从他的意见。

十二月，将侯君集等人关进狱中，不久又释放。

侯君集攻破高昌时，曾私自拿走高昌的珍宝，手下的将士也竞相偷盗，侯君集不能禁止，被有关官署弹劾，太宗下诏将侯君集等人关进狱中。岑文本上奏疏说："将军受命出师，主要任务是战胜敌人，如果能战胜敌人，即使贪婪也可赏赐；如果战败，即使清廉也要惩罚。所以黄石公说：'用将士们的智慧，用他们的勇武，用他们的贪婪，用他们的愚钝，故而有智慧的人乐于建功立业，勇武的人乐于实现自己的志向，贪婪的人急于追求他的利益，愚钝的人不考虑生死。'现在侯君集等人虽自投罗网，希望陛下能够记住他们微小的功劳而宽恕他们，这样虽然有违法律却使德政更加显明。"太宗于是释放了侯君集等人。又有人上告薛万均私通高昌妇女，下令交付大理寺，与薛万均当面对质。魏徵劝谏说："我听说过'君主对待臣下讲礼节，臣下便会以忠诚事奉君主'。如今让大将军与一个亡国的女子当堂对质男女私情，情况属实的话则所得甚少，不属实的话则所失甚多。"太宗急忙释放了薛万均及高昌女子。高昌平定后，众位将领立即受到赏赐，行军总管阿史那社尔认为没有皇上敕旨，不接受赏赐。等到另有敕文下来，才接受，收取的只是一些老弱仆人和残次物品。

任命张玄素为银青光禄大夫。

上闻玄素在东宫数谏争，擢银青光禄大夫，行左庶子。玄素尝为刑部令史，上尝对朝臣问之，玄素深以为耻。谏议大夫褚遂良上疏以为："君能礼其臣，乃能尽其力。玄素虽出寒微，陛下重其才，擢至三品，翼赞皇储，岂可复对群臣穷其门户乎！"孙伏伽亦尝为令史，及贵，或于广坐自陈往事，一无所隐。

诏：诸州有犯十恶罪者，勿劾刺史。

戴州刺史贾崇以所部有犯十恶者，御史劾之。上曰："昔唐、虞大圣，贵为天子，不能化其子，况崇为刺史，独能使其民比屋为善乎！若坐是贬黜，则州县互相掩蔽，纵舍罪人矣。自今勿劾，但令明加纠察，如法施罪。"

太宗听说张玄素在东宫多次谏诤，便提拔他为银青光禄大夫，行左庶子。玄素曾任刑部令史，太宗曾当着朝中大臣的面问他在隋朝官居何职，玄素感到羞耻。谏议大夫褚遂良上奏疏认为："君主能以礼对待臣下，臣下才能尽心竭力。张玄素虽然出身寒微，但陛下看重他的才能，擢升他为三品官，辅佐太子，怎么能再当着大臣们的面穷追他的出身呢！"孙伏伽也曾在隋朝做过令史，等到身居显贵时，有时在大庭广众之下自己陈说往事，丝毫不避讳。

太宗诏令：各州有犯十恶罪的，不要弹劾刺史。

戴州刺史贾崇所辖部下有犯十恶罪的，御史弹劾贾崇。太宗说："从前唐尧、虞舜都是大圣人，贵为天子，还不能感化他们的儿子，何况贾崇身为刺史，就能使其百姓个个行善吗！如果因此事而贬黜他，就会造成州县间相互掩盖，放纵罪人。今后不要因此事弹劾刺史，只是令他们明加纠察，依法治罪。"

资治通鉴纲目卷四十

起辛丑(641)唐太宗贞观十五年,尽辛酉(661)唐高宗龙朔元年。凡二十一年。

辛丑(641) 十五年

春正月,以文成公主嫁吐蕃。

吐蕃复遣其相禄东赞来请昏。上嘉其善应对,欲以琅邪公主外孙段氏妻之。辞曰:"臣国中有妇,父母所聘,不可弃也。且赞普未得谒公主,陪臣何敢先娶?"上益贤之,然欲抚以恩厚,竟不从其志。命江夏王道宗持节送文成公主于吐蕃。赞普大喜,慕中国衣服仪卫之美,为公主别筑城郭宫室而处之。其国人皆以赭涂面,公主恶之,赞普禁之,亦渐革其猜暴之性,遣子弟入国学,受《诗》《书》。

如洛阳宫。 夏四月,诏以来年二月有事于泰山。命太常博士吕才刊定阴阳杂书。

上以近世阴阳杂书讹伪尤多,命太常博士吕才刊定上之。才皆为之叙,质以经史。其序《宅经》曰:"近世巫觋,妄分五姓。如张、王为商,武、庚为羽,似取谐韵。至于以柳为宫,以赵为角,又复不类。或同出一姓,分属宫、商;

辛丑（641）　唐太宗贞观十五年

春正月，太宗将文成公主嫁给了吐蕃赞普为妻。

吐蕃又一次派遣本国宰相禄东赞出使唐朝请求通婚。太宗欣赏禄东赞的外交才干，想把琅邪公主的外孙女段氏嫁给他为妻。禄东赞推辞道："臣在本国已有妻室，是父母为我聘娶的，不能够抛弃。而且我们的赞普尚未迎娶公主，陪臣我怎么敢先娶呢？"太宗听后，越发赏识他，然而想用厚礼隆恩安抚禄东赞的愿望，最终不能实现。太宗令江夏王李道宗持旌节护送文成公主到吐蕃。吐蕃赞普非常高兴，仰慕唐朝服装的美丽和仪仗的威武，为文成公主另外建造城郭宫室供其居住。吐蕃人都用赭涂面，公主对此感到厌恶，为此赞普下令禁止涂面，也逐渐改变吐蕃人的猜忌粗暴的本性，并派遣本族子弟入长安国子学，学习《诗经》《尚书》等典籍。

唐太宗到了洛阳宫。　夏四月，太宗下诏宣布明年的二月份将在泰山举行封禅礼。　太宗令太常博士吕才修改审定阴阳杂书。

太宗认为近代以来的阴阳一类杂书中的讹误伪劣特别多，命令太常博士吕才整理刊定，并将其中较为可行的上报自己。在经整理上报给太宗的阴阳类杂书中，吕才为每一本书都写了序言，用经史加以评定衡量。他为《宅经》作序，序中写道："近代巫师，妄自将人们的姓氏按五音划分。例如以张、王姓为商，武、庚姓为羽，似乎是取其谐韵。至于以柳姓为宫，以赵姓为角，又不伦不类。有些姓同是一个单字，却分别归属于宫、商二音；

或复姓数字，莫辨徵、羽。此则事不稽古、义理乖僻者也。"叙《禄命》曰："禄命之书，多言或中，人乃信之。然长平坑卒，未闻共犯三刑；南阳贵士，何必俱当六合。今亦有同年同禄而贵贱悬殊，共命共胎而夭寿更异，此皆禄命不验之著明者也。"其叙《葬》曰："古者卜葬，盖以朝市迁变，泉石交侵，不可前知，故谋之龟筮。近代或选年月，或相墓田，以为穷达寿夭，皆因卜葬所致。按《礼》，天子、诸侯、大夫葬，皆有月数，是古人不择年月也。《春秋》：'九月丁巳，葬定公，雨，不克葬，戊午，日下昃，乃克葬。'是不择日也。郑葬简公，司墓之室当路，毁之则朝而窆，不毁则日中而窆，子产不毁，是不择时也。古之葬者，皆于国都之北，兆域有常处，是不择地也。今以妖巫妄言，遂于擗踊之际，择地选时，以希富贵。或云辰日不可哭泣，遂莞尔而对吊客；或云同属忌于临圹，遂吉服不送其亲。伤教败礼，莫斯为甚。"识者以为确论。

五月，有星孛于太微。诏罢封禅。

从褚遂良之请也。
起复于志宁为太子詹事。

有些好几个字的复姓,却分辨不出是属于微音还是羽音。这些划分方法不符合古代礼仪,悖谬于常理。"在为《禄命》写的序文中,他认为:"大谈人禄食命运的这些书,说多了或许能猜中,于是人们便相信它。然而长平之战,秦国坑杀赵国四十万士兵,没有听说这些被活埋的士兵都违犯了三刑;随东汉光武帝刘秀一同起家的南阳富贵人士,又怎么会一定都遇上了六合的吉日。如今也有同榜登第运数相同而贵贱相差悬殊的,也有命运相同的孪生兄弟而有寿命长短的差异,这些都是禄命得不到验证的明显例子。"在《葬》书的序言中,他写道:"古人之所以在下葬前占卜,大概是因为城邑集市的不断变化,地下的泉水和石块交相侵蚀,不能预先知道,因此古代人要借助于龟筮占卜。近年以来,人们下葬时有的选择年月,有的选择墓地,以为穷达寿夭,都是由安葬的时间地点决定的。根据《周礼》记载,天子、诸侯、大夫的下葬都是根据规定的月数安排的,这说明古人不选择下葬日期。《春秋》记载:'九月丁巳(九日),安葬鲁定公,因为天下大雨,没有能安葬,戊午(十日),太阳西斜时,才将定公安葬。'这说明也不选择日期。郑国安葬郑简公,守墓的房子挡住了安葬的道路,如果拆除它则早晨即可安葬,如果不拆除它则要到中午才能安葬,子产没有拆除房子,这说明下葬是不选择时辰的。古代人下葬都在京城北面,墓地有规定的地域,这说明下葬是不选择地点的。现在的巫师胡说八道,于是在捶胸顿足极度悲哀之际,选择墓地和下葬时辰,以此希望能给自己及后世子孙带来大富大贵。有的巫师说辰日不能哭泣,于是在安葬时强装欢颜接待前来悼念的人;有的巫师说家人应忌讳去葬地,于是家人便着欢庆时的服装不去送亲人下葬。伤风败俗、破坏礼教的事情,没有比这更严重的了。"有识之士认为吕才说的是精辟正确的言论。

五月,有异星出现在太微垣。太宗下诏宣布免去泰山封禅礼。

太宗的这一决定是受褚遂良的请求而做出的。

太宗重新任命于志宁为太子詹事。

詹事于志宁遭母丧,起复旧职。太子治宫室,妨农功,好郑、卫之乐,宠昵宦官,役使司驭,不许分番,私引突厥入宫。志宁上书切谏。太子大怒,遣刺客张师政、纥干承基杀之。二人入其第,见志宁寝处苫块,竟不忍杀。

西突厥咄陆可汗杀沙钵罗可汗。　遣职方郎中陈大德使高丽。

大德初入其境,欲知山川风俗,所至城邑,以绫绮遗其守者,遂得游历。见中国人隋末从军没于高丽者,因问亲戚存没,大德曰:“皆无恙。”咸涕泣相告。数日后,隋人望之而哭者遍于郊野。大德归,言于上,上曰:“高丽本四郡地耳,吾发卒数万,取之不难。但山东州县凋瘵未复,吾不欲劳之耳。”

冬十一月,以李世勣为兵部尚书。

并州长史李世勣,在州十六年,令行禁止,民夷怀服。上曰:“隋炀帝劳百姓筑长城,以备突厥,卒无所益。朕唯置李世勣于晋阳,而边尘不惊,其为长城,岂不壮哉!”因有是命。

薛延陀攻突厥,遣李世勣等将兵讨破之。

薛延陀、真珠可汗闻上将东封,曰:“天子封泰山,边境必虚,我以此时取思摩,如拉朽耳。”乃命其子大度设发诸部兵,合二十万,击突厥。思摩不能御,帅部落入长城,保朔州,遣使告急。诏遣世勣等分道击之。诸将辞行,上戒

詹事于志宁因母丧丁忧离职，又重新恢复原来的官职。太子修筑宫室，妨碍农事，喜好郑、卫淫靡之音，宠信亲近宦官，役使宫中司驭，不准许他们轮流值班，私下带领突厥人入宫。于志宁上书直言切谏。太子知道后非常生气，派遣张师政、纥干承基两名刺客去杀于志宁。二人潜入于志宁的宅第，见于志宁躺在苫席上，头枕着土块，竟不忍心杀他。

西突厥咄陆可汗杀死了沙钵罗可汗。 太宗派遣职方郎中陈大德出使高丽。

陈大德刚进入高丽国境，想了解高丽的风土人情，每到一座城邑，将绫罗绸缎送给当地官员，于是得以广泛游历。在游历中，见到隋末从军兵败后沦落于高丽的中原人，向陈大德询问中原亲戚的状况，陈大德说："都很好。"这些人听后哭泣落泪，纷纷奔走相告。几天后，隋时留在高丽的中原人来见陈大德，哭声遍及郊野。陈大德归国后，将这一情况报告太宗，太宗说："高丽原本是汉武帝时设立的四个郡，我大唐如果派数万兵攻打，夺取高丽是不难的。但是，现在山东境内的州县凋敝困顿，尚未恢复，朕不想让老百姓疲劳罢了。"

冬十一月，太宗任命李世勣为兵部尚书。

并州长史李世勣，在辖境内任职十六年，令行禁止，民众都归顺服从。太宗说："隋炀帝劳苦百姓修筑长城，用以防范突厥的进攻，最终也没有起到作用。朕只是在晋阳派去了一个李世勣，而边疆安宁，他就是座长城，难道不更壮美吗！"于是任命李世勣为兵部尚书。

薛延陀攻击突厥，太宗派遣李世勣等人率军讨伐，击败了薛延陀。

薛延陀、真珠可汗听到太宗将要东行封禅，说："天子东行泰山封禅，边境一定空虚，我们借这个机会攻取思摩，如同摧枯拉朽。"于是令他的儿子大度设征发各部士兵，共二十万，攻击突厥。思摩抵挡不住，率部落进入长城，力守朔州，派使者向唐朝告急。太宗下诏派遣李世勣等人率军分路出击。众将辞行，太宗嘱咐

之曰："薛延陀负其强盛,逾漠而南,行数千里,马已疲瘦,见利不能速进,不利不能速退。吾已敕思摩烧薙秋草,彼粮糒日尽,野无所获,卿等俟其将退,与思摩一时奋击,破之必矣。"十二月,世勣败薛延陀于诺真水,斩首三千余级,捕虏五万余人,大度设脱身走,值大雪,人畜冻死者什八九。世勣还军定襄。

壬寅（642） **十六年**
春正月,魏王泰上《括地志》。

泰好学。司马苏勗说泰以古之贤王皆招士著书,故泰奏请修《括地志》。于是大开馆舍,门庭如市,至是上之。

泰月给逾于太子,褚遂良上疏曰："圣人制礼,庶子虽爱,不得逾嫡,所以塞嫌疑之渐,除祸乱之源也。若当亲者疏,当尊者卑,则佞巧之奸乘机而动矣。今魏王新出阁,宜示以礼。"上从之。上又令泰徙居武德殿,魏徵曰："此殿海陵昔尝居之。陛下爱魏王,常欲使之安全,宜每抑其骄奢,不可处之嫌疑之地。"上遂遣泰归第。

徙死罪者实西州。 **括浮民附籍。** **以岑文本专知机密。** **夏六月,诏太子用库物,有司勿为限制。**

诏太子用库物,有司勿为限制。于是太子发取无度。

他们道:"薛延陀恃其强盛,穿越沙漠南行,走了数千里路,马匹已经疲劳瘦弱,如果得到好处则不会快速前进,如果得不到好处也不可能快速后退。我已经敕令思摩放火烧掉秋草,敌人的粮草日少一日,在野外又无处获得供给,众卿等到敌人将要撤退时,和思摩一齐奋勇出击,一定会打败敌人。"十二月,世勣在诺真水流域击败薛延陀,杀死敌人三千余人,俘虏五万多人,大度设脱身逃走,正值天降大雪,人畜冻死有十分之八九。世勣回师定襄。

壬寅(642) 唐太宗贞观十六年

春正月,魏王李泰进呈《括地志》一书。

李泰勤勉好学。司马苏勖劝说李泰古代贤能的君王都招纳文人学者著书立说,所以李泰向太宗申请修撰《括地志》。于是大开馆舍,广招才士,门庭若市,到此时将修撰完毕的《括地志》呈报给太宗。

太宗每月给李泰的费用超过了太子,褚遂良上疏奏道:"圣人制定礼制,对庶出的儿子虽然疼爱,但是不能超越嫡长子,这样做是为了防止彼此猜疑嫉妒的发生,消除产生祸乱的根源。如果应当亲近的反而疏远,应当尊贵的反而卑贱,那么那些佞巧之徒就会乘机而动了。如今魏王刚刚离开宫当藩王,应当用礼制来教导他。"太宗接纳了这个建议。太宗又命令魏王李泰搬到武德殿居住,魏徵说:"这是昔日海陵剌王李元吉所居住过的宫殿。陛下宠爱魏王,常常想使他安全,正应当多加抑制他的骄横奢侈之气,不应当让他处于嫌疑是非之地。"太宗立即命李泰回到他原来的府第。

将死刑犯人发配到西州居住。 在全国检括核查无户籍的游民,令其归附户籍。 唐太宗任命岑文本单独执掌朝廷机密事务。 夏六月,太宗下诏,皇太子使用府库的资财和物品,有关部门不得加以限制。

唐太宗下诏,令皇太子使用府库的资财和物品,有关部门不得加以限制。于是,皇太子使用府库财物越发没有任何节制。

左庶子张玄素上太子书曰:"恩旨未逾六旬,用物已过七万,骄奢之极,孰云过此。苦药利病,苦言利行,伏惟居安思危,日慎一日。"太子恶之,令户奴阴伺击之,几毙。

秋七月,以长孙无忌为司徒,房玄龄为司空。 九月,以魏徵为太子太师。

初,魏徵有疾,上手诏问之,且言:"不见数日,朕过多矣,若有闻见,可封状进来。"徵上言:"比者弟子陵师,奴婢忽主,下多轻上,渐不可长。"又言:"陛下临朝,尝以至公为言,退而行之,未免私僻。或畏人知,横加威怒,欲盖弥彰,竟有何益?"徵宅无堂,上命辍小殿之材以构之,五日而成,仍赐以素屏褥几杖等,以遂其所尚。徵上表谢,上手诏曰:"处卿至此,盖为黎元与国家,何事过谢?"会上问侍臣以国家急务,褚遂良曰:"太子诸王,宜有定分,此为最急。"时太子承乾失德,魏王泰有宠,群臣日有疑议,故遂良对及之。上乃曰:"方今群臣忠直,无逾魏徵。我遣傅太子,用绝天下之疑。"乃以徵为太子太师。徵以疾辞,上曰:"知公疾病,可卧护之。"徵乃受诏。

上尝谓侍臣曰:"朕虽平定天下,其守之甚难。"徵对曰:"臣闻战胜易,守胜难。陛下之言及此,宗庙社稷之福也。"

左庶子张玄素给皇太子上书道:"圣旨颁布还没有超过六十天,但您使用的财物合计已超过了七万,骄横奢侈达到了极点,无人能够企及。苦药利于病,苦言利于行,殿下您应当居安思危,一日比一日更要谨慎从事。"皇太子讨厌张玄素,命令看守宫门的奴仆寻机袭击张玄素,几乎将他打死。

秋七月,唐太宗任命长孙无忌为司徒,房玄龄为司空。 九月,太宗任命魏徵为太子太师。

当初,魏徵患病,唐太宗手书诏令慰问,并且说:"几天不见,朕的过错又多了起来,假若你听到或看到什么,可以密封奏书呈报上来。"魏徵上书道:"近来学生冒犯老师,奴婢忽视主人,下属轻视上司,这种风气不可长。"又说:"陛下临朝听政,经常将公正挂在嘴边,而退朝后的行为,却不免有些自私和偏袒。有时害怕别人知道,横施淫威暴怒,欲盖弥彰,这样做究竟有什么好处呢?"魏徵的宅院里没有正室,太宗下令修建一座小殿,把建小殿的材料拿去为他建造正室,五天即完工,还赐给他素朴的屏风和褥子以及几案、手杖等,以顺应他的俭朴作风。魏徵上表致谢,太宗手书诏令道:"朕如此对待你,都是为了黎民百姓和国家,何必这样客气呢?"此时,正值太宗向身边侍臣询问当今朝廷里什么事情最为紧急,褚遂良说:"太子和各位王子,应当确定各自的名分,这是最为紧急的事情。"当时的太子李承乾缺乏德行,魏王李泰得宠,众位大臣越来越产生疑议,所以褚遂良在回答太宗的询问时谈到此事。太宗于是说:"当今的朝臣中,忠诚耿直没有能比得上魏徵的。我派他做太子太师,以此杜绝天下人的疑心。"于是任命魏徵为太子太师。魏徵以自己有病为由婉言谢绝,太宗说:"朕知道你有病在身,可以躺在床上辅佐太子。"魏徵这才接受了诏令。

太宗曾对身边的侍臣说:"朕虽然已经平定了天下,但是想要守住天下却是很难的。"魏徵回答道:"臣听说在战争中取胜容易,守住胜利很难。陛下能够认识到这一点,是国家和人民的幸福啊。"

上尝问徵："比来朝臣殊不论事,何也?"对曰："陛下虚心采纳,必有言者。凡臣徇国者寡,爱身者多,彼畏罪,故不言耳。"

房玄龄、高士廉遇少府少监窦德素于路,问："北门近何营缮?"德素奏之,上怒,让玄龄等曰："君但知南牙政事。北门小营缮,何预君事?"玄龄等拜谢。魏徵进曰："玄龄等为陛下股肱耳目,于中外事岂有不应知者? 使所营是则当助成之,非则当请罢之,不知何罪而责,亦何罪而谢也。"上甚愧之。

上尝问侍臣曰："或君乱而臣治,或君治而臣乱,孰愈?"魏徵对曰："君治,则善恶明、赏罚当,臣安得而乱之? 苟为不治,纵暴愎谏,虽有良臣,将安所施?"上曰："齐文宣得杨遵彦,非君乱而臣治乎?"对曰："彼才能救亡耳,乌足为治哉?"

西突厥寇伊州,安西都护郭孝恪击败之。

西突厥咄陆可汗既并沙钵罗之众,自恃强大,遣兵寇伊州,郭孝恪击败之。初,高昌既平,岁发兵千余人戍守其地。褚遂良上疏曰："陛下取高昌,调人屯戍,破产办装,死亡者众。设使张掖、酒泉有烽燧之警,陛下岂得高昌一夫斗粟之用? 终当发陇右诸州兵食以赴之耳。然则河西者,中国之心腹;高昌者,他人之手足,奈何糜弊本根以事无用

太宗曾经问魏徵："近来朝臣很少谈论国家大事，这是什么原因呢？"魏徵回答说："陛下能够虚怀若谷，诚心实意地听取和采纳臣下的意见，一定会有敢于说话的。大抵为臣的，能够不惜自身性命为国分忧的少，珍爱自身性命的多，他们害怕因说话而获罪，所以都缄默不语。"

房玄龄、高士廉二人在路上遇到了少府少监窦德素，二人问："北宫门最近动工修缮是什么原因啊？"窦德素把这一情况上奏太宗，太宗非常生气，责备房玄龄说："你只要知道南牙的政事就行了。北宫门刚刚小有修缮，这事与你有什么相干？"房玄龄等人道歉谢罪。魏徵进言道："玄龄等人是陛下身边辅佐得力的大臣，对宫内外的事他们难道不应当知道吗？如果所修缮的是对的，那么他们应当帮助完成，如果所修缮的是不对的，那么他们应当向您请求废止，不知道有什么罪而责怪他们，也不知道他们有什么过错可道歉的。"太宗对此感到十分愧疚。

太宗曾问身边的侍臣说："有的国君昏乱而臣下清肃有为，有的国君清肃有为而臣下昏乱，这两种情形哪一种更厉害？"魏徵回答说："国君清肃有为，便善恶分明、赏罚得当，臣下又怎么会昏乱呢？如果国君政治昏暗，放纵暴力，刚愎自用，拒绝谏言，即使有好的臣下，那又会有什么办法呢？"太宗说："齐文宣帝得到杨遵彦，不是国君昏乱而臣下清肃有为的例子吗？"回答道："只不过是救国家免于覆灭罢了，怎么谈得上是治世呢？"

西突厥进犯伊州，安西都护郭孝恪将其击败。

西突厥咄陆可汗吞并了沙钵罗的人马，自以为强大，派兵进犯伊州，郭孝恪将其击败。当初，唐朝已经平定高昌，每年派一千多名士卒去高昌驻守。褚遂良向太宗进呈奏疏道："陛下夺取高昌以后，又调发士卒戍边，为置办行装而卖掉家中的财产，相继有很多人死掉了。假若张掖、酒泉有烽火报警告急，陛下难道指望从高昌得到一兵一斗粮吗？最终还是要征调陇右各州的军队和粮草前往。然而河西地带，是我大唐的心腹；高昌，只不过是他人的手足，为什么要浪费人力物力使本根凋敝而用于无用

之土乎？愿择高昌子弟，使君其国，永为藩辅，内安外宁，不亦善乎？"上弗听。及是，上悔之曰："魏徵、褚遂良劝我复立高昌，吾不用其言，今方自咎耳！"

西突厥咄陆可汗为其下所逐，遣使立射匮可汗。

西突厥咄陆可汗击破米国，不分虏获与其下，又斩其将泥熟啜。泥熟啜部将胡禄屋袭击之。咄陆走保白水胡城。所部诣阙，请废之，更立可汗。上遣使立莫贺咄之子为乙毗射匮可汗，帅诸部击咄陆。咄陆败之，使人招其故部落，皆曰："使我千人战死，一人独存，亦不汝从。"咄陆自知不为众所附，乃奔吐火罗。

冬十月，郢公宇文士及卒。

上尝止树下，爱之。士及从而誉之不已，上正色曰："魏徵尝劝我远佞人，我不知佞人为谁，意疑是汝，今果不谬。"士及叩头谢。至是卒，谥曰纵。

许以新兴公主嫁薛延陀。

上谓侍臣曰："薛延陀屈强漠北，今御之有二策：苟非发兵殄灭之，则与之婚姻，以抚之耳。"房玄龄对曰："兵凶战危，臣以为和亲便。"先是，契苾何力归省其母于凉州。会契苾部落皆欲归薛延陀，何力不可，部落执之以降。何力拔佩刀东向，大呼曰："岂有大唐烈士而受屈虏廷？"因割左耳以自誓。上闻契苾叛，曰："何力心如铁石，必不叛我。"会有使者自薛延陀来，具言其状，上即命兵部侍郎崔

的土地呢？希望陛下在高昌王子弟中选择有能为王者，使他成为高昌国主，永远成为大唐的臣属国，内部安定外部和平，这不是很好吗？"太宗没有采纳这一建议。到此时，太宗后悔地说："魏徵、褚遂良劝我再立高昌国，我没有听他们的意见，如今正是咎由自取呀！"

西突厥咄陆可汗被他的部下驱逐，唐太宗派遣使者立射匮为可汗。

西突厥咄陆可汗击败并占领了米国，不管俘虏还是随意抓捕来的人一律分给自己的部下，又将米国的将领泥熟啜斩首。泥熟啜的部将胡禄屋率兵袭击咄陆可汗。咄陆仓皇出逃，力保白水胡城。咄陆部下人向唐朝请求废掉咄陆，重新立一位可汗。太宗派遣使者立莫贺咄的儿子为乙毗射匮可汗，率领各部落攻打咄陆。咄陆战败，派人招集他原来的部落，都回答说："即使我们都战死，只剩一人，也不归附你。"咄陆自知众人不拥戴自己，于是投奔吐火罗。

冬十月，郢公宇文士及去世。

唐太宗曾经在一棵树下停留，喜欢这棵树。宇文士及在一旁也对这棵树赞誉不止，太宗厉言正色道："魏徵曾劝我要远离佞妄奉承的小人，我当时不知道是指谁，一直怀疑是你，如今果然不错。"宇文士及磕头谢罪。等到他去世，谥号为纵。

唐太宗将新兴公主嫁到薛延陀。

太宗对侍臣说："薛延陀在漠北称雄，如今制服他有两个办法：如果不发兵消灭他，就与他通婚以安抚他。"房玄龄答道："出兵征战是凶多吉少，我认为和亲是上策。"在这之前，契苾何力到凉州看望自己的母亲。正值契苾部落都想归顺薛延陀，何力不同意，本部落的人抓了他归降薛延陀。何力拔出佩剑，面东而站，大声叫道："大唐的烈士怎么能在鞑虏的帐下而屈服呢？"于是割下左耳以此相誓。太宗听说契苾部落背叛投敌，说："何力的心如铁石般刚硬，他一定不会背叛我。"恰好有自薛延陀回来的使者，向太宗报告了事情的全部经过，太宗即刻命令兵部侍郎崔

敦礼持节使薛延陀,许以新兴公主妻之,以求何力。何力由是得还。

十一月,高丽泉盖苏文弑其王建武。

高丽东部大人泉盖苏文凶暴多不法,其王及大臣议诛之。盖苏文知之,勒兵尽杀诸大臣,因驰入宫,手弑其王,立王弟子藏为王,自为莫离支,其官如中国吏兵尚书也。盖苏文状貌雄伟,意气豪逸,身佩五刀,左右莫敢仰视。亳州刺史裴思庄奏请伐高丽,上曰:"高丽职贡不绝,为贼臣所弑,朕甚哀之。但山东凋弊,吾未忍言用兵耳。"

广州都督党仁弘有罪,徙钦州。

高祖之入关也,党仁弘将兵有功,其后历官,所至有声迹,至是为广州都督,坐赃当死。上欲宥之,召五品已上谓曰:"法者,人君所受于天,不可以私。今朕私党仁弘而欲赦之,是自乱其法,上负于天。欲席藁于南郊三日,日一进蔬食以谢罪。"群臣以为自贬太过,顿首固请。上乃降手诏曰:"朕有三罪:知人不明,一也;以私乱法,二也;善善未赏,恶恶未诛,三也。"于是黜仁弘为庶人,徙钦州。

十二月,猎于骊山。

上猎于骊山,登山见围有断处,顾谓左右曰:"吾见其不整而不刑,则堕军法;刑之,则是吾登高临下,以求人之过也。"乃托以道险,引辔入谷以避之。

诏议反逆缘坐律。

敦礼亲执符节出使薛延陀部,答应把新兴公主嫁到薛延陀,以此救何力。何力因此得以回来。

十一月,高丽泉盖苏文杀了高丽王建武。

高丽东部大人泉盖苏文凶残暴戾,做了许多不法之事,高丽王和众大臣商议杀掉他。盖苏文知道这一消息后,领兵将众大臣全部杀掉,于是驰入宫中,又亲手杀掉了高丽王,立高丽王弟弟的儿子藏为新国王,自己为莫离支,这个官职相当于唐朝吏兵尚书。盖苏文长得健壮伟岸,神情豪爽飘逸,身上佩戴着五把刀,左右人不敢抬头看他。亳州刺史裴思庄向太宗奏请讨伐高丽,太宗说:"高丽对我大唐朝贡不断,高丽国王被他的贼臣杀害了,我非常为他感到不幸。然而山东一带残破不堪,我不忍心谈及用兵啊。"

广州都督党仁弘犯法获罪,被流放到钦州。

唐高祖李渊入关时,党仁弘领兵作战有功,唐建国后一直为官,每到一地都有较好的口碑和政绩,到这时被任命为广州都督,因犯贪污罪应当处死。唐太宗想宽宥他,召集五品以上的官员对他们说:"法令,是君主受命于上天所得,不能因私情而违背法令。现在朕偏袒党仁弘而又想宽赦他,这样做是自己混淆破坏了法令,上对不起苍天。朕想在南郊坐卧在草席之上三天,每天只吃一顿素食,以向上天谢罪。"众臣认为太宗这样自我处罚过于严重,都一再磕头恳请。于是太宗发布亲手起草的诏令:"朕犯有三个罪过:不善于识人,是一罪;以私情破坏法令,是二罪;喜爱好人而未赏赐,讨厌恶人而未惩罚,是三罪。"于是太宗将党仁弘废黜为平民,流放到钦州。

十二月,唐太宗在骊山狩猎。

太宗在骊山狩猎,登上山顶看到打猎的围场有缺口,回头对左右的人说:"我看见围场没有管理好而不惩罚,那么就是在破坏军纪;如果加以惩罚,那么就是我居高临下,似乎专门挑别人的过错。"于是借口山道艰险难行,牵马进入山谷回避。

唐太宗下诏命令各有关部门讨论谋反叛逆大罪的连坐法。

刑部以反逆缘坐律兄弟没官为轻,请改从死。敕八座议之。议者皆以为秦汉之法,反者族夷,宜如刑部之请。给事中崔仁师驳曰:"古者父子兄弟,罪不相及,奈何以亡秦酷法变隆周中典?"上从之。

癸卯(643) **十七年**
春正月,郑公魏徵卒。
魏徵寝疾。上与太子同至其第,指衡山公主欲以妻其子叔玉。徵卒,命百官赴丧,给羽葆鼓吹,陪葬昭陵,其妻裴氏曰:"徵平生俭素,今葬以羽仪,非其志也。"悉辞不受,以布车载柩而葬。上登苑西楼,望哭尽哀,自制碑文,并为书石,谓侍臣曰:"人以铜为镜,可以正衣冠;以古为镜,可以见兴替;以人为镜,可以知得失。魏徵没,朕亡一镜矣。"

以张亮为洛州都督。
侯君集自以有功而下吏,怨望有异志。会亮出为洛州,君集谓曰:"我平一国来,逢嗔如屋大。郁郁殊不聊生,公能反乎? 与公反。"亮密以闻,上曰:"卿与君集皆功臣,语时旁无他人,若下吏,君集必不服,卿且勿言,待君集如故。"

图功臣于凌烟阁。

刑部认为，凡犯下谋反叛逆这样大罪的，兄弟没官为奴的连坐法处罚太轻，请求太宗将连坐改为死刑。太宗命令尚书省左右仆射和六部尚书共同讨论这一问题。参加讨论的人都认为，对谋反叛逆大罪，秦汉时的法令是诛灭三族，应当按照刑部的请求予以处罚。给事中崔仁师反驳道："依据古代的法令，父子兄弟如有一人犯罪，不互相牵连，怎能用亡秦的酷法严刑改变盛周时的中典呢？"太宗接纳了他的建议。

癸卯（643） 唐太宗贞观十七年

春正月，郑公魏徵去世。

魏徵病得卧床不起。太宗和皇太子一同来到魏徵的宅第，太宗手指衡山公主想把她嫁给魏徵的儿子魏叔玉。魏徵去世，太宗命令朝内百官前去吊唁，赐给手持羽葆的仪仗队和鼓乐吹手，让他陪葬昭陵，魏徵的妻子裴氏说："魏徵平生节俭朴素，如今用一品官的礼仪安葬，这不是他的愿望。"全部推辞不受，仅用白布罩在车上载着棺枢入葬。太宗登上禁苑内的西楼，望着魏徵的灵车痛哭不已，亲自撰写碑文，并刻在墓碑上，对左右的大臣说："人们用铜做镜子，可以用来整齐衣帽；以历史做镜子，可以用来考察时世的兴衰变幻；以人为镜子，可以用来反思自己的对错得失。如今魏徵不在了，朕失去了一面镜子。"

唐太宗任命张亮为洛州都督。

侯君集自以为有战功而被交付刑法部门治罪，内心怨恨而产生反叛的想法。恰好张亮出任洛州都督，侯君集对张亮说："我刚刚平定一国后回到朝廷，却赶上一大堆铺天盖地的嗔怪怨怒。我郁闷得快要活不下去了，你能造反吗？我和你一齐反。"张亮向太宗秘密报告了这一情况，太宗说："你和君集都是功臣，他和你谈话时没有第三人在场，假若逮捕君集交付司法官吏审讯，他必定不服气，你暂且不要对任何人讲，对待君集还要像往常一样。"

唐太宗请画工将功臣像画在凌烟阁上。

上命图画功臣长孙无忌、赵郡王孝恭、杜如晦、魏徵、房玄龄、高士廉、尉迟敬德、李靖、萧瑀、段志玄、刘弘基、屈突通、殷开山、柴绍、长孙顺德、张亮、侯君集、张公谨、程知节、虞世南、刘政会、唐俭、李世勣、秦叔宝等于凌烟阁。

齐州都督齐王祐反，伏诛。

祐性轻躁，昵近群小，好畋猎。长史权万纪骤谏，不听。恐并获罪，乃条祐过失，迫令表首。上以敕书戒之。祐大怒曰："长史卖我以为功，必杀之。"万纪拘持祐益急，不听出城门，悉解纵鹰犬，劾其左右数十人。上遣使按之，诏祐入朝。祐杀万纪，驱民入城，缮甲兵楼堞。诏发兵讨之，赐手敕曰："吾常戒汝勿近小人，正为此耳。"兵未至，齐府兵曹杜行敏等执祐送京师，赐死。上检祐家文疏，得记室孙处约谏书，嗟赏之，累迁中书舍人。

夏四月，太子承乾谋反，废为庶人。立晋王治为皇太子。贬魏王泰为东莱郡王。

太子承乾，少有蹙疾，喜声色畋猎，所为奢靡，畏上知之，对宫臣常论忠孝，或至涕泣，退归宫中，则与群小相亵狎。宫臣有欲谏者，太子揣知其意，辄迎拜自责。募亡奴，盗民间马牛，亲临烹煮，与所幸厮役共食之。又好效突厥语及服饰饮食，谓左右曰："一朝有天下，当帅数万骑猎于金城西，然后解发委身思摩。若当一设，不居人后矣。"汉王元昌所为多不法，上数谴责之，由是怨望。太子与之亲善，

太宗命令将功臣像画在凌烟阁上,有:长孙无忌、赵郡王李孝恭、杜如晦、魏徵、房玄龄、高士廉、尉迟敬德、李靖、萧瑀、段志玄、刘弘基、屈突通、殷开山、柴绍、长孙顺德、张亮、侯君集、张公谨、程知节、虞世南、刘政会、唐俭、李世勣、秦叔宝等。

齐州都督齐王李祐谋反,被处死。

李祐性情轻狂浮躁,宠信亲近一帮小人,喜欢四处游猎。长史权万纪一再劝说,不被采纳,害怕和李祐一同获罪,于是条列李祐的过失,逼迫他向太宗自首。太宗下达敕书告诫他。李祐非常生气,说道:"长史以出卖我求功,我一定要杀了他。"权万纪约束李祐越发严格,不允许他出城门,并把狩猎用的鹰犬全部放掉,弹劾他身边数十个小人。太宗派特使安抚李祐,下诏命令李祐入朝。李祐杀掉权万纪,将城外居民驱赶入城,整顿军队,修缮武器和城楼。太宗下诏征调军队讨伐李祐,亲手书写敕令:"我经常警告你不要接近小人,正是为此啊。"朝廷大军还没到,齐王府兵曹杜行敏等人捉住李祐送往京城,太宗下令处死李祐。太宗翻检李祐家中的文章疏奏,发现记室孙处约写给齐王的谏书,太宗嗟叹,十分赏识他,屡次升官至中书舍人。

夏四月,皇太子李承乾谋反,被废为平民。立晋王李治为皇太子。太宗贬魏王李泰为东莱郡王。

皇太子李承乾,在小的时候有足疾,喜欢声色狩猎,他做的奢侈淫靡的事,害怕太宗知道,所以经常对东宫大臣大谈忠孝,有时甚至痛哭流涕,而一旦退回到内宫,就和身边的群小戏耍狎玩。东宫大臣中有的想劝谏他,皇太子猜测到大臣的心思,就亲自拜访并自我检讨。皇太子还招募一些亡命之徒,偷盗老百姓的马牛,并亲自下厨烹炒煎煮,和他所亲近的仆人一同分享。又爱学说突厥语,穿突厥人的服装,吃突厥人的饮食,对身边的亲信说:"若是有一天我当了皇帝,一定率领数万骑兵到金城以西地区狩猎,然后解开头发当突厥人,归附思摩帐下。如果当一名典兵,不会落在他人的后面。"汉王李元昌做了许多违法的事,太宗多次批评他,因此他怀恨在心。太子承乾和汉王元昌非常要好,

朝夕同游戏,大呼交战,击刺流血,以为娱乐。尝曰:"我为天子,极情纵欲,有谏者辄杀之,不过数百,人众自定矣。"私幸太常乐童,与同卧起。上怒杀之。太子于宫中构室立像,朝夕奠祭,称疾不朝谒者数月。

魏王泰多能有宠,潜有夺嫡之志,折节下士,以求声誉。上命韦挺、杜楚客摄泰府事,二人俱为泰要结朋党。太子畏其逼,阴养刺客纥干承基等谋杀之。吏部尚书侯君集怨望,以太子暗劣,欲乘衅图之,因劝之反。太子大然之,厚赂中郎将李安俨使为中诇。洋州刺史赵节、驸马都尉杜荷,皆预其谋,割臂为誓,荷谓之曰:"天文有变,当速发,但称暴疾危笃,主上必亲临视,因兹可以得志。"

会齐王祐反,事连承基,系狱当死,上变告太子谋反,敕大理、中书、门下参鞫之,反形已具。上面责承乾,承乾曰:"臣为太子,复何所求?但为泰所图,时与朝臣谋自安之术,不逞之人遂教臣为不轨耳。今若泰为太子,所谓落其度内也。"上乃谓侍臣曰:"将何以处承乾?"群臣莫敢对。通事舍人来济进曰:"陛下不失为慈父,太子得尽天年则善矣。"上从之,诏废承乾为庶人,幽之。元昌赐自尽,君集、安俨、节、荷等皆伏诛。庶子张玄素等以不谏诤,免为庶人。独于志宁以数谏见褒。

从早到晚在一起游玩，两人高声呼喊着交战，结果弄得受伤流血，以此作为娱乐。曾说："如果我做天子，一定要任情纵欲，有劝谏我的人就杀掉他，杀不过数百人，人们自然安定。"太子承乾暗地里宠幸太常寺里的男乐童，与其同吃同住。太宗盛怒之下将男乐童杀掉。太子承乾在后宫专门为男乐童修造屋子，挂上他的画像，日夜悲伤祭悼，谎称自己有病，一连好几个月不去上朝。

魏王李泰有才能，因此得到了太宗的宠爱，暗地萌生了夺取嫡长子地位的野心，不惜屈尊，礼贤下士，以期沽名钓誉。太宗命令韦挺、杜楚客两人先后管理魏王府的事务，这两个人都为魏王李泰邀结党羽，朋比为奸。太子李承乾害怕魏王李泰夺去自己的位置，私下豢养了纥干承基等刺客试图谋杀魏王。吏部尚书侯君集怨恨太宗，利用太子昏暗无能，企图借机推翻太宗，于是劝说太子谋反。太子非常同意这个想法，用重礼贿赂中郎将李安俨，让他暗中侦察太宗的意向。洋州刺史赵节、驸马都尉杜荷，都参与了这起阴谋，他们刺血盟誓，杜荷出主意说："天上星象有变化，应当迅速起事，殿下假称得了急病十分危险，皇帝必然要亲自前来探视，借这个机会可以成就大事。"

时逢齐王李祐叛乱，事情牵扯到纥干承基，他被逮捕入狱定成死罪，纥干承基向上报告说太子策划反叛，太宗敕令大理寺、中书省和门下省会审，谋反的情形已经昭著。太宗当面责问李承乾，承乾说："儿臣身为皇太子，怎么会有别的企图呢？只是被李泰所攻击，当时和身边的大臣商量，想找一条保全自己的办法，那些不得志的小人于是教唆儿臣图谋不轨。如果现在李泰成为皇太子，这就是所说的正中他的下怀了。"太宗于是问亲信的朝臣："将如何处置承乾呢？"众臣都不敢回答。通事舍人来济进言道："陛下不失为慈父，让太子能够享尽天年就可以了。"太宗接纳了他的建议，下诏宣布将承乾废黜为平民，幽禁起来。赐李元昌自杀，将侯君集、李安俨、赵节、杜荷等人一律处死。身为庶子之职的张玄素等朝臣以不能劝谏太子的罪名，被免为平民。唯独于志宁因为屡次劝谏太子而受到褒奖。

　　君集被收，上谓侍臣曰："君集有功，欲乞其生，可乎？"群臣不可，上乃泣谓之曰："与公长诀矣。"遂斩之，而原其妻子。上尝使李靖教君集兵法，君集言于上曰："靖将反矣。"上问其故，对曰："靖独教臣以其粗，而匿其精，以是知之。"上以问靖，对曰："此乃君集欲反耳！今诸夏已定，臣之所教足以制四夷，而君集固求尽臣之术，非反而何？"江夏王道宗尝从容言于上曰："君集自负微功，耻在房、李之下，以臣观之，必将为乱。"上不之信。至是，上乃谢道宗曰："果如卿言。"

　　承乾既获罪，魏王泰日入侍奉，上面许立为太子，岑文本、刘洎亦劝之。长孙无忌固请立晋王治。上谓侍臣曰："昨青雀投我怀云：'臣今日始得为陛下子，臣有一子，臣死之日，当为陛下杀之，传位晋王。'朕甚怜之。"谏议大夫褚遂良曰："陛下失言。此国家大事，存亡所系，愿熟思之。且陛下万岁后，魏王据天下之重，肯杀其爱子以授晋王哉？陛下前者以嫡庶之分不明，致此纷纭。今必立魏王，愿先措置晋王，始得安全耳。"上流涕曰："吾不能也。"因起入宫。

　　魏王泰恐上立晋王，谓之曰："汝与元昌善，得无忧乎？"治忧形于色。上怪，屡问其故，治以状告。上怃然，始悔立泰之言矣。上独留长孙无忌、房玄龄、李世勣、褚遂良，

侯君集被逮捕下狱,太宗问众朝臣:"君集对大唐有功,朕打算为他讨一条活路,这样做可以吗?"众朝臣不同意,太宗于是流着泪对君集说:"朕与你永别了。"于是将侯君集斩首示众,而对他的妻子儿女则不予追究。太宗曾经命李靖教君集学习兵法,君集对太宗说:"李靖将要谋反。"太宗问他这是什么原因,回答说:"李靖只是把兵法中较粗浅的内容教给我,而把精华部分藏起来,因此知道他将要谋反。"太宗转问李靖,李靖回答说:"这正是侯君集想要谋反啊!如今全国已经平定,臣教给他的兵法足以制服周边的敌人,而侯君集却一再要求学完我所知道的一切兵法,这不是想谋反又是什么呢?"江夏王李道宗曾经镇定自若地对太宗说:"侯君集自以为有点功劳,耻于处在房玄龄、李靖职位之下,依臣的观察,君集一定要谋反。"太宗不相信这些话。这时,太宗才向道宗道歉说:"果然和你说的一样。"

　　承乾已经被废黜为平民,魏王李泰每天都入后宫侍奉太宗,太宗当面许诺立他为太子,岑文本、刘洎也劝太宗这样做。长孙无忌却坚持请求立晋王李治为太子。太宗对亲信的朝臣说:"昨天,有一个青雀投到我怀里说:'臣今天才得以成为陛下的儿子,臣有一个儿子,臣死的时候,当为陛下将他杀死,把皇位传给晋王。'朕非常怜悯他啊。"谏议大夫褚遂良说:"陛下此言不妥。这是涉及国家存亡的大事,希望陛下深思熟虑。而且陛下千秋万岁后,魏王占据着天下最为重要的位置,怎么肯杀掉自己的亲生儿子把皇位传给晋王呢?陛下在此事发生前对于嫡、庶不加以区别,造成眼下这种混乱局面。现在如果一定立魏王为太子,深望陛下预先安排好晋王,这样政局才得以稳定。"太宗流着泪说:"我不能这样做啊。"于是起身回到后宫。

　　魏王李泰担心太宗立晋王为太子,对晋王说:"你和李元昌关系很好,你不担心吗?"李治愁容满面。太宗感到奇怪,多次问他原因,李治把真实情况告诉太宗。太宗怅然若失,才开始后悔立李泰为太子的话。太宗单独留下长孙无忌、房玄龄、李世勣、褚遂良,

谓曰："我三子一弟，所为如是，我心诚无聊赖。"因自投于床，抽佩刀欲自刺，遂良夺刀以授晋王，无忌等请上所欲，上曰："我欲立晋王。"无忌曰："谨奉诏。"上乃使治拜无忌，曰："汝舅许汝矣。"即御太极殿，召群臣谓曰："承乾悖逆，泰亦凶险，诸子谁可立者？"众皆欢呼曰："晋王仁孝，当为嗣。"上悦，诏立晋王治为皇太子，时年十六。上谓侍臣曰："我若立泰，则是太子之位可经营而得。自今太子失道、藩王窥伺者，皆两弃之，传诸子孙，永为后法。且泰立则承乾与治皆不全，治立则承乾与泰皆无恙矣。"乃降泰爵东莱郡王，幽之北苑，府僚亲狎者，皆迁岭表。

以太子太保萧瑀、詹事李世勣，同中书门下三品。

诏以长孙无忌为太子太师，房玄龄为太傅，萧瑀为太保，李世勣为詹事。瑀、世勣并同中书门下三品，同三品自此始。又以李大亮、于志宁、马周、苏勖、高季辅、张行成、褚遂良，皆为僚属。世勣尝得暴疾，方云"须灰可疗"，上自剪须，为之和药，又尝从容谓曰："朕求群臣可托幼孤者，无以逾公。公往不负李密，岂负朕哉？"世勣流涕辞谢，啮指出血。

定太子见三师仪。迎于殿门外，先拜，三师答拜；每门让于三师，三师坐，太子乃坐；其与书前后，称名"惶恐"。

对他们说："我有三个儿子，一个兄弟，他们这样做，我的心实在感到没有依靠。"于是向床上撞去，拔出腰间佩刀想要自刺，褚遂良夺下佩刀交给晋王，长孙无忌等人请示太宗想立谁为太子，太宗说："我想立晋王。"长孙无忌回答："谨奉命。"太宗这才让李治拜谢长孙无忌，太宗说："你的舅父同意你为太子了。"太宗即刻登临太极殿升朝，召集众朝臣说："承乾违背人伦、图谋不轨，李泰也凶狠阴险，三个儿子中，究竟可以立哪一个呢?"众朝臣都同声欢呼道："晋王仁义孝顺，应当继承皇位。"太宗高兴，下诏宣布立晋王李治为皇太子，这年李治十六岁。太宗对亲信大臣说："如果我立李泰为太子，就说明太子这个位置可以用苦心经营的办法得到。从今往后太子失德背道，而藩王又企图谋取的，两方一律弃置不用，将这一规定传给后世子孙，永为后代效法。而且，如果李泰得以立为太子，那么承乾和李治都不会保全性命，李治立为太子，承乾和李泰则会安然无恙了。"于是贬李泰为东莱郡王，将其幽禁在北苑。他的幕僚、亲信都被迁移到岭南。

唐太宗以太子太保萧瑀、詹事李世勣，为同中书门下三品。

太宗下诏宣布任命长孙无忌为太子太师，房玄龄为太傅，萧瑀为太保，李世勣为詹事。萧瑀、李世勣又为同中书门下三品，同中书门下三品这一官称从这时候开始。太宗又任命李大亮、于志宁、马周、苏勖、高季辅、张行成、褚遂良，均为太子的宾客。李世勣曾患暴病，偏方上讲"人的胡须烧成灰可以治疗此病"，太宗于是亲自剪下自己的胡须，为李世勣调配药剂，又曾从容地对李世勣说："朕在众臣中寻找可以托孤的大臣，没有谁能超过你。你过去没有辜负李密对你的期望，难道你还能辜负朕对你的希望吗?"李世勣感动得涕泪交流，连连谢恩，咬破自己的手指头发誓。

决定举行太子见三师的仪式。太子来到殿门外迎接三师，太子先拜，三师答拜;每过一道宫门，太子总是让三师先行，三师坐下后，太子才落座;太子在给三师书启的开头和结尾，总是在自己名字前加"惶恐"二字。

　　黄门侍郎刘洎言太子宜勤学问,亲师友,今入侍宫闱,动逾旬朔,师保以下接对甚希。上乃命洎与岑文本、褚遂良、马周更诣东宫,与太子游。

　　上自立太子,遇物则诲之。见其饭,则曰:"汝知稼穑之艰难,则常有斯饭矣。"见其乘马,则曰:"汝知其劳而不竭其力,则常得乘之矣。"见其乘舟,则曰:"水所以载舟,亦所以覆舟;民犹水也,君犹舟也。"见其息于木下,则曰:"本从绳则正,后从谏则圣。"

　　上疑太子柔弱,密谓长孙无忌曰:"雉奴懦,恐不能守社稷。吴王恪英果类我,我欲立之,何如?"无忌力争,以为不可。上曰:"公以恪非己之甥耶?"无忌曰:"太子仁厚,真守文良主。储副至重,岂可数易?"上乃止,谓恪曰:"父子虽至亲,及其有罪则法不可私。汉立昭帝,燕王不服,霍光折简诛之,此不可以不戒。"

　　上谓群臣曰:"吾如治年时,颇不能循常度。治自幼宽厚,谚曰'生狼犹恐如羊',冀其稍壮自不同耳。"无忌对曰:"陛下神武,乃拨乱之才。太子仁恕,实守文之德也。"

六月朔,日食。　　遣太常丞邓素使高丽。
　　素还,请于怀远戍增兵,以逼高丽。上曰:"'远人不服,则修文德以来之',未闻一、二百戍兵能威绝域者也。"

黄门侍郎刘洎说太子应当勤奋学习，不耻发问，亲善师友，如今被立为太子入宫，已超过十天了，很少接见太师、太保以下的官员。于是太宗命令刘洎、岑文本、褚遂良、马周轮流到东宫，和太子相处，谈论时事。

　　自从立晋王李治为太子后，太宗每每遇事就教导太子。看到太子吃饭，太宗就会说："你了解耕稼的艰难，就能经常吃上这饭了。"看到太子骑马，太宗就会说："你懂得马的疲劳而又不耗尽它的力气，就能经常有马骑了。"看到太子乘船，太宗就会说："水能够载舟，也能够覆舟；百姓如同这水，君主如同这舟。"看到太子坐在树下休息，太宗就说："木材经过木匠弹上墨线加工后才能正直，君主依从谏言行事就会圣明。"

　　太宗怀疑太子身体柔弱，私下对长孙无忌说："朕的小犬子懦弱，担心他不能守住大唐江山。吴王李恪英武果敢很像我，我打算立他为太子，行吗？"长孙无忌据理力争，认为不能这样做。太宗问："爱卿是否认为李恪不是你自己的外甥就不同意立他为太子吗？"长孙无忌回答："太子李治仁爱宽厚，是真正能守住大唐江山的人主。皇位继承是至关重要的大事，怎么能够屡屡更换呢？"太宗这才打消更换太子的念头，对李恪说："父子虽然是至亲血脉，但是一到触犯法令时，法令不能有所偏护。东汉光武帝立昭帝为太子，燕王不服，霍光用一封便笺就杀了他，这不能不引以为戒。"

　　太宗对众朝臣说："我像李治这个年岁时，不太能按常规行事。李治自幼宽厚仁爱，谚语说'生下的孩子像狼，害怕他像羔羊'，希望他长大以后不同于常人。"长孙无忌回答道："陛下英明勇武，是开创基业的旷世之才。太子仁爱宽厚，实在是保守基业的大德之人。"

　　六月初一，出现日食。　唐太宗派太常寺丞邓素出使高丽。

　　邓素自高丽回到朝廷后，向太宗提出给怀远戍增加戍卒，以此威逼高丽。太宗说："'远方的人不服从，就要修明政治，以自己的威望使远方的人归附'，没有听说增加一二百名戍卒就能够震慑住边远的部族。"

高士廉罢，仍同三品。　诏太子知左、右屯营兵马事。

薛延陀来纳币，诏绝其昏。

薛延陀真珠可汗使其侄突利设来纳币，献羊马。契苾何力上言："薛延陀不可与昏。"上曰："吾许之矣，可食言乎？"何力对曰："愿且迁延。敕夷男使亲迎，彼必不敢来，则绝之有名矣。"上从之，乃诏幸灵州，召真珠可汗会礼。真珠欲行，其臣曰："不可，往必不返。"真珠曰："天子圣明，远近朝服，今亲幸灵州，以爱主妻我，我得见天子，死不恨矣。薛延陀何患无君？"又多以羊马为聘，经沙碛，耗死过半，乃责以聘礼不备绝之。褚遂良上疏曰："往者，夷夏咸言陛下欲安百姓，不爱一女，莫不怀德。今一朝忽有改悔之心，得少失多，臣窃为国家惜之。嫌隙既生，必构边患，彼国蓄见欺之怒，此民怀负约之惭，恐非所以服远人、训戎士也。夫龙沙以北，部落无筭，中国诛之，终不能尽。当怀之以德，使为恶者在夷不在华，失信者在彼不在此耳。"上不听。薛延陀先无府库，至是厚敛诸部，以充聘财，诸部怨叛，薛延陀由是遂衰。

遣使册高丽王藏为辽东郡王。

上曰："盖苏文弑其君而专国政，诚不可忍，以今日兵力取之不难，但不欲劳百姓。吾欲且使契丹、靺鞨扰之，何

高士廉被唐太宗罢官,但官依旧同三品。 **太宗下诏命太子掌管左、右屯营兵马事务。**

薛延陀遣使向唐朝纳币,唐太宗下诏断绝与薛延陀通婚。

薛延陀真珠可汗派遣自己的侄子出使唐朝交纳聘资,进献羊马。契苾何力进言道:"不可与薛延陀通婚。"太宗说:"我已经答应他了,怎么能够食言呢?"何力答道:"望陛下暂且拖延此事。假若陛下敕令夷男前来迎亲,他一定不敢来,那么断绝和他通婚也就有由头了。"太宗听从了他的意见,于是下诏说要亲临灵州,召见薛延陀真珠可汗。真珠打算动身,他手下大臣说:"不行,你一去必定不能回来。"真珠说:"当今的大唐天子圣明,无论远近都心悦诚服地归附大唐,如今又亲临灵州,把他珍爱的公主嫁给我为妻,如果我有幸得见大唐天子一面,即使死了也不遗憾了。薛延陀还担心没有首领吗?"真珠可汗多用羊马为聘礼,经过沙漠戈壁滩时牲畜已死了大半,太宗于是责备真珠可汗的聘礼没准备齐备而断绝了他的通婚请求。褚遂良上疏说:"过去,无论夷人汉人都说陛下为了使百姓安宁,不惜将自己的女儿嫁给异族,无不感念陛下的大德。如今,忽然改变主意,这样做得不偿失,臣深深为国家声誉受损而感到惋惜。中原和漠北已经产生了矛盾,一定形成边疆大患,漠北人酝酿着受欺侮的愤怒,中原人心怀违背信义的惭愧,恐怕这不是所谓使远人怀服、使边兵得以训导的古训吧。龙沙以北,部落众多,朝廷讨伐他们,终究不能将其全部消灭。应当以仁慈的德行使其感服,使不正义在异族一方而不在朝廷这一方,使背信弃义在异族那里而不在我们这里。"太宗不接受他的建议。薛延陀起初并没有府库充装财物,这时大肆搜刮各部落财物,用以充当聘资,引起各部落怨恨反叛,致使薛延陀部由此衰落下去。

唐太宗派遣使者出使高丽,册封高丽王高藏为辽东郡王。

太宗说:"盖苏文篡杀了高丽王而独掌国家大政,实在不能容忍,以我大唐今日之兵力,攻取高丽并不是难事,只不过我不想因此使百姓疲累。我打算暂时派遣契丹、靺鞨人去扰乱他,怎么

如?"长孙无忌曰:"盖苏文自知罪大畏讨,必严设守备。陛下姑为之隐忍,彼得以自安,必更骄惰,讨之未晚也。"上曰:"善。"于是遣使持节,册命高藏为辽东郡王。

秋七月,贬杜正伦为交州都督。

初,太子承乾失德,上密谓庶子杜正伦曰:"吾儿果不可教,当来告我。"正伦屡谏,不听,乃以上语告之。承乾表闻,上责正伦,正伦对曰:"臣以此恐之,冀其迁善耳。"上怒。及承乾败,正伦左迁交州。

踣魏徵碑。

初,魏徵尝荐杜正伦、侯君集有宰相材。至是,正伦以罪黜,君集谋反诛,上始疑徵阿党。又有言徵自录前后谏辞,以示起居郎褚遂良者,上愈不悦,乃罢叔玉尚主,而踣所撰碑。

房玄龄等上《高祖今上实录》。

上尝谓褚遂良曰:"卿知起居注所书,可得观乎?"对曰:"史官书人君言动,备记善恶,庶几人君不敢为非,未闻自取而观之也。"上曰:"朕有不善,卿亦记之邪?"对曰:"臣职当载笔,不敢不记。"黄门侍郎刘洎曰:"借使遂良不记,天下亦皆记之矣。"

上又谓监修国史房玄龄曰:"朕之心异于前世帝王,所以欲观国史,盖欲知前日之恶,为后来之戒耳。公可撰次以闻?"谏议大夫朱子奢上言:"陛下独览起居,于事无失。

样？"长孙无忌说："盖苏文自知罪大，害怕讨伐，一定严加防守以备攻战。陛下姑且对此事忍一忍，盖苏文安定下来以后，一定会更加狂妄，守备随之松懈，那时再行讨伐也不算晚。"太宗说："好。"于是派使者持节信，正式册封高藏为辽东郡王。

秋七月，唐太宗贬杜正伦为交州都督。

起初，太子李承乾失德背道，太宗秘密对任庶子之职的杜正伦说："我儿子果真不可教导时，应当前来告诉我。"杜正伦多次劝谏承乾，承乾不听，于是杜正伦把太宗对他说的话告诉了承乾。承乾给太宗上奏表披露了此事，太宗责怪杜正伦，杜正伦答道："臣用陛下的这句话吓唬他，希望他能由此改正恶习走上正路罢了。"太宗很生气。等承乾谋反事发后，杜正伦被贬官至交州。

唐太宗毁掉魏徵墓前的墓碑。

开始时，魏徵曾经推荐杜正伦、侯君集两人，认为他们有当宰相的才能。到这时，杜正伦获罪被贬黜，侯君集因谋反而被杀，太宗开始怀疑魏徵结党营私。又有人传言说，魏徵自己把先后向太宗进谏的内容抄录下来，并给起居郎褚遂良看，太宗听后更加不高兴，于是废止了将公主嫁给魏徵儿子魏叔玉的婚约，而且毁掉了自己亲为魏徵撰写碑文的墓碑。

房玄龄等人进呈《高祖今上实录》。

唐太宗曾问褚遂良道："爱卿掌管皇帝起居注，朕能看一看吗？"褚遂良回答道："史官记录人君的言行，对君主的善或恶都详细书写，这样君主大概就不敢做那些不对的事了，未曾听说君主自己取来观看的。"太宗又问："朕有错误，爱卿也予以记录吗？"褚遂良回答道："卑臣的职责就是负责书写，不敢不记录。"黄门侍郎刘洎说："即使褚遂良不加记录，全天下人也都会记录的啊。"

太宗又对负责编纂大唐国史的房玄龄说："朕的想法和前世帝王有所不同，之所以想要看国史，是因为想了解以往的错误，作为以后的借鉴。你编好以后能否可以给我看看？"谏议大夫朱子奢进言道："陛下一个人阅读起居注，倒也没有什么损失。

若以此法传示子孙，或有饰非护短，史官不免刑诛，则莫不
顺旨全身，千载何所信乎？"上不从。玄龄乃与给事中许敬
宗等删为《高祖今上实录》，书成上之。上见书，六月四日
事，语多微隐，谓玄龄曰："昔周公诛管、蔡以安周，季友鸩
叔牙以存鲁，朕之所为，亦类是耳，史官何讳焉？"即命直书
其事。

九月，新罗乞兵伐高丽，遣使谕之。

新罗遣使言百济与高丽连兵，谋绝新罗入朝之路，乞
兵救援。上遣使赍玺书谕之。盖苏文不奉诏，使还，上曰：
"盖苏文弑君，不可以不讨。"谏议大夫褚遂良曰："今中原
清晏，四夷詟服，陛下之威望大矣。乃欲渡海远征小夷，万
一蹉跌，伤威损望，更兴忿兵，则安危难测也。"李世勣曰：
"间者薛延陀入寇，陛下欲发兵穷追，用魏徵之言，遂失机
会，不然，薛延陀无遗类矣。"上曰："然。此诚徵之误，朕
寻悔之而不欲言，恐塞嘉言之路耳。"遂欲自征高丽，遂良
复谏曰："天下譬犹一身，两京心腹也，州县四肢也，四夷身
外之物也。高丽罪大，诚当致讨，但命一二猛将，将四五万
众，取之如反掌耳。今太子新立幼稚，诸王陛下所知，一旦
弃金汤之全，逾辽海之险，以天下之君，轻行远举，皆臣之
所甚忧也。"群臣亦多谏者，上皆不听。

假设把这种做法传授给后世子孙，他们之中，有人会饰非护短，史官就难免遭受刑罚杀戮，史官为了保全自己的身家性命，只能顺从皇帝的旨意，那么千年以后还会有一部使人相信的史书吗？"太宗不听。房玄龄就和给事中许敬宗等人一起删削编定《高祖今上实录》，成书以后呈报给太宗。太宗翻阅此书，当看到六月四日这一天所发生的事时，有许多话写得微妙隐晦，于是就对房玄龄说："过去周公杀掉管叔、蔡叔来安定周天子的天下，季友毒死叔牙以保存鲁国，朕的所作所为，也与此类相同，史官为什么要有所隐讳呢？"太宗立刻下令秉笔直书当时杀李建成、李元吉的事。

九月，新罗请求唐太宗派兵征讨高丽，太宗派使者到高丽劝导其不要这样做。

新罗派使者入大唐，说百济和高丽联兵，图谋切断新罗向大唐朝贡的道路，请求派兵救援。太宗派使者携带皇帝玺书告诫高丽。盖苏文不服从太宗命令，大唐使者回来后，太宗说："盖苏文弑杀君主，不能不讨伐。"谏议大夫褚遂良说："如今我大唐政治清明，团结安乐，四周异族归顺，陛下的威望很高。这时却要远渡大海去征讨一个小小的异族，万一失手，降低威信，损害声望，再加上在气愤时发动战争，国家的安危难以预测。"李世勣说："过去薛延陀侵入边疆，陛下想派兵穷追猛击，因为听了魏徵的建议，于是失去了机会，否则，薛延陀早就没有残存者了。"太宗说："对。这件事实在是魏徵的错误，朕不久就后悔了，只不过不想说出来，担心堵塞大臣们进献嘉言之路。"于是打算御驾亲征高丽，褚遂良又进谏说："天下如同人的身体，长安、洛阳两京好比心腹，州、县好比四肢，四周异族是人的身外之物。高丽罪大恶极，实在应当征讨，只派一二员勇猛之将，率领四五万人马，攻占高丽易如反掌。如今太子新立，年幼缺乏经验，至于诸王，陛下是知道的，一旦放弃固若金汤的心腹的安全，远渡辽东大海去冒风险，以全天下的君主，轻率地涉远征伐，所有这些都是臣下十分忧虑的。"众大臣也有许多进谏的，太宗一概不听。

徙故太子承乾于黔州、顺阳王泰于均州。 冬十一月，诏黜封德彝赠谥。

初，上与隐太子、巢剌王有隙，封德彝阴持两端。上皇欲废隐太子，德彝固谏而止。至是，侍御史唐临追劾其事，请黜官夺爵。尚书唐俭等请降赠改谥，诏从之。改谥曰谬。

甲辰（644） 十八年

春三月，以薛万彻为右卫大将军。

上尝谓侍臣曰："于今名将，惟世勣、道宗、万彻三人而已。世勣、道宗不能大胜亦不大败，万彻非大胜即大败。"

秋七月，以刘洎为侍中，岑文本、马周为中书令。

文本既拜，还家有忧色。母问其故，文本曰："非勋非旧，滥荷宠荣，位高责重，所以忧惧。"语贺客曰："今受吊，不受贺也。"

上尝谓侍臣曰："朕欲自闻其失，诸公其直言无隐。"刘洎曰："顷有上书不称旨者，陛下皆面加穷诘，恐非所以广言路。"马周曰："陛下比来赏罚，微以喜怒有所高下。"上皆纳之。

上文学辩敏，群臣言事者，引古今以折之，多不能对。刘洎上书谏曰："以至愚而对至圣，以极卑而对至尊，虚襟以纳其说，犹恐未敢对扬。况动神机，纵天辩，饰辞而折其

唐太宗将原太子李承乾流放到黔州,顺阳王李泰流放到均州。　冬十一月,太宗下诏废黜封德彝的封赠和谥号。

起初,太宗和隐太子李建成、巢刺王李元吉有矛盾,当时封德彝暗中摇摆不定。太上皇高祖李渊想废掉隐太子李建成,封德彝一再请求才作罢。这时,侍御史唐临追查弹劾此事,请求太宗罢黜封德彝生前的官职和爵位。尚书唐俭等人请求太宗降低其赠官重改谥号,太宗下诏同意了。改谥号为谬。

甲辰(644)　唐太宗贞观十八年

春三月,任命薛万彻为右卫大将军。

太宗曾对亲信大臣说:"现今的名将只有李世勣、李道宗和薛万彻三人而已。李世勣、李道宗作战虽然不能大获全胜,也不会吃大败仗,而薛万彻不是大获全胜,就是打大败仗。"

秋七月,唐太宗任命刘洎为侍中,岑文本、马周为中书令。

岑文本官拜中书令后,回到家中,面带忧虑。他的母亲问他这是为什么,他说:"我既不是功勋卓著的大臣,又不是故旧部将,随随便便地受到恩宠,官位高,责任重,因此忧心忡忡、恐惧不安。"岑文本对前来贺喜的客人说:"现如今我只接受吊丧,而不欢迎贺喜。"

太宗曾对身边的亲信大臣说:"朕打算听一听关于我自己过失的话,诸位应当开诚布公地讲出来,不要有所隐瞒。"刘洎说:"近来朝臣中有向陛下进呈奏疏而不合陛下圣意的,陛下一律当面加以诘问、刨根问底不止,这恐怕不是广开言路的做法。"马周说:"陛下近来奖赏或惩罚,略有根据个人喜怒而决定高低的情况。"太宗一律接受了他们的建议。

太宗文采极好,思维敏捷,擅长辩论,大臣中有谈论时事的,太宗援引古今以此驳难,群臣多应答不上来。刘洎上书劝谏道:"以最愚蠢的应对最英明的,以最卑贱的应对最高贵的,即使陛下虚怀若谷、从谏如流,恐怕这些人也不敢和陛下应对。更何况陛下灵动神思,发挥天生的辩论才能,用文采飞扬的词语来分析

理,引古以排其议,欲令凡庶何阶应答?且多记损心,多语损气,愿为社稷自爱。"上飞白答之曰:"非虑无以临下,非言无以述虑,比有谈论,遂致烦多,轻物骄人,恐由兹道,形神心气,非此为劳。今闻谠言,虚怀以改。"

九月,以褚遂良为黄门侍郎,参预朝政。

上尝问褚遂良曰:"舜造漆器,谏者十余人,此何足谏?"对曰:"奢侈者,危亡之本。漆器不已,将以金玉为之。忠臣爱君,必防其渐;若祸乱已成,无所复谏矣。"上曰:"然。朕见前世帝王拒谏者,多云业已为之,终不为改,如此欲无危亡,得乎?"

上诏长孙无忌等曰:"人苦不自知其过,卿可为朕明言之。"无忌对曰:"陛下武功文德,臣等将顺之不暇,又何过之可言?"上曰:"朕问公以己过,公等乃曲相谀悦。朕欲面举公等得失,以相戒而改之,何如?"皆拜谢。上曰:"长孙无忌善避嫌疑,敏于决断,而总兵攻战,非其所长。高士廉临难不改节,当官无朋党,所乏者骨鲠规谏耳。唐俭言辞辩捷,善和解人,事朕三十年,遂无言及于献替。杨师道性行纯和,而情实怯懦,缓急不可得力。岑文本性质敦厚,持论恒据经远,自当不负于物。刘洎性最坚贞,有利益,然意尚然诺,私于朋友。马周见事敏速,直道而言,朕比任使,

事理,旁征博引来驳斥别人的议论,这让凡夫俗子如何应对呢?况且记得过多容易伤神,说话过多容易伤气,深望陛下处处为大唐江山而多多保重。"太宗手书飞白字体回答刘洎说:"不精思深虑就无法统治人民,不讲话就无法表达自己的精思深虑,最近有些议论,才导致说话过多,骄傲自大的毛病,恐怕是因此造成的,我的身体和精神并不是因此而劳顿。如今听到爱卿这番话,我应当虚心改正。"

九月,唐太宗任命褚遂良为黄门侍郎,参预朝政。

太宗曾问褚遂良:"大舜制造漆器,有十几个人劝谏,这点小事也还要劝谏吗?"褚遂良回答:"穷奢极侈,是国家陷入危险和灭亡的根源。不只是制造漆器,不满足时还要用金玉来替代漆器。忠良之臣力保君主,一定要防微杜渐;如果祸乱局面已经形成,就无法再劝谏了。"太宗说:"对。朕看前世帝王中拒绝纳谏的,许多人事情已经过去了,最终也不改正,像这样而想使国家不面临覆灭的境地,怎么可以呢?"

太宗对长孙无忌等人说:"人苦于不知道自己的过失,爱卿可以为朕明明白白地说一说。"长孙无忌回答道:"陛下文武全才,功德无量,为臣的服从陛下还来不及呢,又有什么过失可以说呢?"太宗说:"朕问你朕有什么过失,而你们这些人却曲从逢迎、阿谀奉承。朕想要当面谈谈你们的得失功过,用以相互告诫而各自改正,怎么样?"众臣一齐拜谢。太宗品评说:"长孙无忌善于避开嫌疑,能迅速做出决断,但是带兵打仗,不是他的特长。高士廉遇到危难不改变节操,做官又不结党营私,他身上所缺少的是能够忠诚耿直地规劝朕。唐俭言辞敏捷,擅长调和人与人之间的矛盾,侍奉朕已有三十年了,没有议论过朝政得失。杨师道性格纯厚宽和,但是实在过于胆小怕事,一旦有危急大事不能有所作为。岑文本性情敦厚质朴,持论总是依据远大的目标,相信他不会做出不合事理的事情。刘洎的性情最为坚贞,能考虑他人的利益,然而过分信守诺言,对朋友太讲私情。马周观察事物聪敏快速,能够无所顾忌地讲出自己看法,朕近来任用他,

多能称意。褚遂良学问稍长,性亦坚正,每写忠诚,亲附于朕,譬如飞鸟依人,人自怜之。"

郭孝恪击焉耆,执其王突骑支。

焉耆贰于西突厥,朝贡多缺。郭孝恪帅步、骑三千击之,执其王突骑支。上谓太子曰:"焉耆王不求贤辅,不用忠谋,自取灭亡。系颈万里,人以此思惧,则惧可知矣。"

高丽遣使入贡,却之。

盖苏文贡白金,褚遂良曰:"此郜鼎之类,不可受也。"上从之,谓其使者曰:"盖苏文弑逆,汝曹不能复仇,更为游说,以欺大国,罪孰大焉?"悉以属大理。

冬十月,朔,日食。   帝如洛阳,命房玄龄留守。十一月,以张亮、李世勣为行军大总管,诏亲征高丽。

十一月,上至洛阳。前宜州刺史郑元璹已致仕,上以其尝从隋炀帝伐高丽,召问之。对曰:"辽东道远,粮运艰阻,东夷善守城,攻之不可猝下。"上曰:"今日非隋之比,公但听之。"上闻洺州刺史程名振善用兵,召问方略,嘉其才敏,劳勉之。名振失不拜谢,上试责怒,以观其所为。名振谢曰:"疏野之臣,未尝亲奉圣问,适方心思所对,故忘拜耳。"举止自若,应对愈明辩,上乃叹曰:"奇士也。"即日拜右骁卫将军。以张亮为平壤大总管,帅兵四万,舰五百,自

多能称心如意。褚遂良的学问有些优势,性情亦坚毅正直,每每把自己的忠诚倾注到朕的身上并亲近依附在朕的身旁,如同飞鸟依人,人自然会怜爱它。"

郭孝恪攻击焉耆,俘获焉耆王突骑支。

焉耆又臣服于西突厥,向唐朝交纳贡品多有缺漏。郭孝恪率领步兵、骑兵三千人攻击焉耆,俘获焉耆王突骑支。太宗对太子李治说:"焉耆王没有找贤能之人辅佐他,又不任用忠臣的计谋,这是自取灭亡。他被俘获成为阶下囚,被远路押解而来,人们因这件事而想到畏惧,也就懂得什么是畏惧了。"

高丽派使者向唐朝进献贡品,唐太宗没有接受。

盖苏文向唐朝进献白金,褚遂良进言道:"这如同春秋时鲁桓公向宋国取郜鼎一样,不能接受啊。"太宗采纳他的建议,对高丽使者说:"盖苏文犯有犯上作乱的弑君大罪,你们这些人不为自己国君报仇,反而四处奔走,为这样的人游说,来欺骗我大唐,还有比这更严重的罪过吗?"太宗将高丽使者全部交大理寺处置。

冬十月初一,出现日食。 唐太宗巡幸洛阳,命令房玄龄留守京城长安。十一月,太宗任命张亮、李世勣为行军大总管,下诏宣布将亲自征讨高丽。

十一月,太宗抵达洛阳。以前做过宜州刺史的郑元璹已经退休回家,因为他过去曾经随隋炀帝讨伐过高丽,太宗将他召来询问。郑元璹说:"赴辽东的路途遥远,而运送粮草十分困难,东方人善于固守城池,进攻不能求快。"太宗说:"如今亦不是隋炀帝时可以比的,你只管听消息吧。"太宗听说洛州刺史程名振善于用兵作战,召见他询问作战方略,赞赏他才思敏捷,慰问勉励。程名振有所疏忽,不曾对太宗的赏识谢恩,太宗试探他,假装生气,看他如何行事。程名振谢恩说:"臣本是粗野之人,未曾亲自与圣上对话,方才心里只想着如何对答,所以忘记了拜谢。"说完后,举止镇定自若,回答太宗的问话更加明晰透彻,太宗感叹说:"真是一名天下少有的奇才啊。"当天,太宗封他为右骁卫将军。太宗任命张亮为平壤大总管,率四万人马、五百艘战舰,自

莱州泛海趋平壤；又以李世勣为辽东大总管，帅步骑六万及兰河降胡趣辽东。手诏谕天下："以高丽盖苏文弑主虐民，今问其罪，所过营顿无为劳费。昔隋炀帝残暴，高丽王仁爱，故不能成功。今以大击小，以顺讨逆，以治乘乱，以逸敌劳，以悦当怨，何忧不克？布告元元，勿为疑惧。"

十二月，武阳公李大亮卒。

大亮恭俭忠谨，每宿直，必坐寐达旦，房玄龄每称其有王陵、周勃之节。初，大亮为李密所获，贼帅张弼见而释之。及大亮贵，求弼，弼为将作丞，自匿不言。大亮遇诸途而识之，持弼而泣，以家赀遗弼，不受。言于上，乞悉以其官爵授之。上为之擢弼为中郎将。时人皆贤大亮不负恩，而多弼之不伐也。至是，副玄龄守京师，卒，遗表请罢高丽之师。家余米五斛，布三十匹。亲戚早孤，为大亮所养，丧之如父者，十有五人。谥曰懿。

故太子承乾卒。　突厥徙居河南，可汗李思摩入朝。

突厥俟利苾可汗北度河，薛延陀恶之，数相攻。俟利苾可汗有众十万，不能抚御，其众悉南度河，请处于胜、夏

莱州湾出发取道海上进军平壤;又任命李世勣为辽东大总管,率六万步兵、骑兵以及兰河流域投降唐朝的胡人向辽东进发。太宗又亲自起草诏令,颁行天下,诏书说:"因为高丽盖苏文弑其君主、暴虐其民,所以兴兵讨伐,大军所过之地,不要扰民,不要让人民破费财产。过去,隋炀帝凶残暴戾,而高丽王忠厚仁爱,所以导致征讨不能成功。如今以我大唐的强盛进攻一个小小的高丽,以正义讨伐叛逆,以我大唐的繁荣对付高丽的混乱,以使人民安逸的国家来对付使人民劳苦的国家,以百姓欢悦的国家对付百姓愁怨的国家,还担忧不能战胜敌人吗?以此布告黎民百姓,不要因此怀疑害怕。"

十二月,武阳公李大亮去世。

李大亮一生恭谨俭朴、忠诚谨慎,每次轮到他值夜班时,一定是彻夜坐着假寐直到天明,房玄龄每每赞扬他有王陵、周勃的风范。起初,李大亮曾被李密的军队俘虏过,李密的大将张弼看到后放了他。等李大亮富贵之后,寻找张弼,张弼正担任将作丞,隐藏起来不谈此事。有一次,李大亮在路上遇到了张弼并认出了他,拉住张弼的手感激得流下泪来,要把自己家产送给张弼,张弼不接受。李大亮把这件事告诉了太宗,请求把自己的官职爵位转授给张弼。太宗因此提拔张弼为中郎将。当时人们都认为李大亮是仁义之人,没有忘记别人的救命之恩,而赞扬张弼不表白功劳的高风亮节。这时,李大亮作为房玄龄的助手留守京师长安,去世前,给太宗留下一份奏表,请求停止对高丽的讨伐。他家中只有五斛米、三十匹布。亲戚中有早年丧父失母、被李大亮收养的孤儿,如同自己亲生父亲去世一样,为他服丧守灵的有十五人。太宗赐李大亮谥号为懿。

原太子李承乾去世。 突厥人迁移到黄河以南地区生活,可汗李思摩入京朝见唐太宗。

突厥俟利苾可汗率本部落渡过黄河北上,引起薛延陀的不满,双方多次相互袭击。俟利苾可汗有十万人马,但却不能安抚统帅,因此这些人又南渡黄河,向唐朝廷请求居住在胜、夏二州

之间,上许之。群臣皆曰:"陛下方远征辽左,而置突厥于河南,距京师不远,岂得不为后虑? 愿留镇洛阳,遣诸将东征。"上曰:"夷狄亦人耳,其情与中夏不殊。以德治之,则可使如一家。且彼不北走薛延陀,而南归我,其情可见矣。"俟利苾既失众,轻骑入朝,上以为右武卫将军。

乙巳(645) 十九年
春正月,帝发洛阳。

上谓侍臣曰:"朕自发洛阳,唯啖肉饭,虽春蔬亦不之进,惧其烦扰故也。"见病卒,召至榻前存慰,付州县疗之。士卒咸悦。

封比干墓。

诏谥殷太师比干曰"忠烈",命所司封其墓,春秋祠以少牢,给五户洒扫。上至邺,自为文,祭魏太祖曰:"临危制变,料敌设奇,一将之智有余,万乘之才不足。"

三月,至定州,诏皇太子监国。

诏太子监国,留居定州,命太傅高士廉、詹事张行成、庶子高季辅及侍中刘洎、中书令马周,同掌机务以辅之。将行,太子悲泣数日,上曰:"为国之要,在于进贤退不肖,赏善罚恶,至公无私。汝当努力行此,悲泣何为?"

之间,太宗答应了这一请求。群臣却众口一词说:"陛下即将赴辽东远征高丽,而这时却把突厥安放在黄河以南,离京师长安并不遥远,难道不会成为后患吗?希望陛下留下来镇守洛阳,派各位大将东征。"太宗说:"夷狄族也是人,他们的感情与我华夏人民没有什么不同。如果以德政治理他们,就会团结得像一家人似的。况且这些突厥人不去投奔漠北的薛延陀,而是南渡黄河归附我大唐,其情意不言自明。"俟利苾已经失去部众,便轻骑入京朝见,太宗任命他为右武卫大将军。

乙巳(645) 唐太宗贞观十九年

春正月,太宗率大军从洛阳出发。

太宗对亲信大臣说:"朕自从洛阳出发以来,每顿饭只是简单的肉和饭,即便新鲜蔬菜也不吃,是怕烦扰百姓啊!"看到士卒生病,便召到御榻前百般安慰,并将其交给地方州县治疗。士兵们都十分感动,心悦诚服。

唐太宗命人给比干修墓。

太宗下诏,赐殷商时任太师之职的比干谥号为"忠烈",命令有关部门为比干修墓,每年春秋两季用猪羊祭祀,又命附近的五户人家专门负责洒扫坟墓。太宗抵达邺县,亲自写了一篇文章祭悼魏太祖说:"临危之际能够判断事态的变化,分析敌情能制定出战胜敌人的高明战术,作为一员战将智慧绰绰有余,作为万乘之君则才智不足。"

三月,唐太宗抵达定州,下诏宣布皇太子李治临时负责处理全国事务。

太宗下诏宣布皇太子李治临时负责处理全国事务,在定州留守,命令太傅高士廉、詹事张行成、庶子高季辅以及侍中刘洎、中书令马周,共同执掌国家机密要务,辅佐太子治国。太宗将要出发,太子接连哭了几天,太宗对太子说:"治理国家最为重要的,在于提拔有才能的人而摒弃那些小人,嘉奖善举惩罚恶行,大公无私。你应当努力做到这一点,有什么可悲伤的呢?"

发定州。

长孙无忌、岑文本、杨师道从。上亲佩弓矢,手结雨衣于鞍后。

夏四月,诸军至玄菟、新城。

李世勣军发柳城,多张形势,若出怀远镇者,而潜师北趣甬道,出高丽不意,自通定济辽水,至玄菟。高丽大骇,城邑皆闭。辽东副总管江夏王道宗将兵数千,至新城。折冲都尉曹三良引十余骑,直压城门,城中惊扰,无敢出者。营州都督张俭将胡兵为前锋,进渡辽水,趋建安城,破高丽兵,斩首数千级。

岑文本卒。以许敬宗检校中书侍郎。

上悉以军中资粮、器械、簿书,委岑文本。文本夙夜勤力,精神耗竭,遇暴疾,薨。上召许敬宗代之。

李世勣拔盖牟城。

李世勣拔盖牟城,获其戍卒七百人,皆请从军自效。上曰:“汝为我战,高丽必族汝家,得一人之力而灭一家,吾不忍也。”皆廪赐而遣之,以其城为盖州。

五月,张亮拔卑沙城。

张亮帅舟师渡海,袭卑沙城。其城四面悬绝,惟西门可上。程名振引兵夜至,副总管王大度先登。五月,拔之,获男女八千口。

帝渡辽,拔辽东城。

李世勣进至辽东城下,高丽步骑四万救之,江夏王道宗将四千骑逆击之。军中皆以为众寡悬绝,不若深沟高

唐太宗由定州出发。

长孙无忌、岑文本、杨师道护驾随行。太宗自佩弓箭,亲手将雨衣系在马鞍之后。

夏四月,各路大军抵达玄菟、新城两地。

李世勣率领军队从柳城出发,虚张声势,佯装要通过怀远镇,而军队却悄悄地北上直奔辽水甬道,出乎高丽人意外,由通定渡过辽水,来到玄菟。高丽人极度恐慌,大小城池皆关闭城门。辽东副总管江夏王李道宗率领数千人,来到新城。折冲都尉曹三良带领十多个骑兵,直奔新城城门,城中一片惊慌,无人敢出城迎击。营州都督张俭率领由胡人组成的军队充作前锋,渡过辽水,进军建安城,大败高丽兵,斩首数千人。

岑文本去世。太宗任命许敬宗担任检校中书侍郎之职。

太宗把军中的资产钱粮、作战器械、簿书文件,一律交由岑文本掌管。岑文本早起晚睡,勤奋工作,身心交瘁,恰又染上急病,去世了。太宗任命许敬宗代替岑文本的工作。

李世勣攻克盖牟城。

李世勣攻克盖牟城,俘获高丽守兵七百人,这些俘虏都请求加入大唐军队效力。太宗说:"你们为我作战,高丽王一定会将你们全家满门抄斩,得到一个人为我效力而毁掉了你们全家人的性命,我不忍心这样做。"一律发给盘缠将其遣散,在盖牟城设立盖州。

五月,张亮攻克卑沙城。

张亮率领水军渡过大海,袭击卑沙城。卑沙城四周都是悬崖峭壁,只有城的西门可以攀缘而上。程名振带领士兵夜间来到西门,副总管王大度率先登上西门。五月,终于攻克了卑沙城,俘虏男女八千人。

太宗皇帝渡过辽水,攻克辽东城。

李世勣进军至辽东城下,高丽的步兵、骑兵四万人前去救援,江夏王李道宗率领四千名骑兵迎头截击。当时,道宗的部下都认为敌兵众多,我军兵少,相差悬殊,不如挖掘深沟、修筑高

垒,以俟车驾之至。道宗曰:"吾属为前军,当清道以待乘舆,乃更以贼遗君父乎?"既合战,唐兵不利,道宗登高而望,见高丽阵乱,与骁骑数十冲之,世勣引兵助之,高丽大败。车驾至辽泽,泥淖二百余里,布土作桥以渡,既渡,撤之,以坚士卒之心。上至辽东城下,见士卒负土填堑,即分其尤重者,自于马上持之,从官争负土致城下。时世勣攻城已十二日矣,上引精兵会之,围其城数百重,纵火登城,高丽力战不能敌,遂克之。所杀万余人,得胜兵万余人,男女四万,以其城为辽州。

进军白岩城。六月,降之。

进军白岩城,李思摩中流矢,上亲吮血,将士闻之,莫不感动。契苾何力击高丽救兵,挺身陷阵,槊中其腰,尚辇奉御薛万备单骑往救,拔何力于万众之中而还。何力气益愤,束疮而战,遂破高丽兵。白岩城请降,既而中悔。上怒其反覆,攻之,令军中曰:"得城,当悉以人物赏战士。"六月,复请降。上将受之,李世勣谓曰:"士卒所以争冒矢石不顾其死者,贪虏获耳。今城垂拔,奈何更受其降,孤战士之

垒,等待皇帝到来。李道宗说:"我们这些人是先头部队,应当扫清前进道路上的障碍来等待皇帝大驾的到来,怎么能把敌人留给国君呢?"双方已经交战了,唐军处于不利的局面,道宗登上高处观察战场形势,看到高丽军阵形混乱,于是便率领英勇善战的数十名精锐骑兵冲击敌军,李世勣又率兵援助他,高丽军大败。皇帝的车驾来到辽东的沼泽地带,这里的泥淖绵延有二百多里,只得把干土撒在道路上充作桥梁,这才渡过了沼泽地,队伍过去后,又将这土桥拆掉,以此来坚定士兵背水一战的决心。太宗来到辽东城下,看见士兵背土填辽东城下的城壕,立即分担背土过多的士兵的负荷,在马背上亲自拿着,跟随太宗的大小官员争先恐后抢着背土到城下。当时,李世勣围攻辽东城已经有十二天了,太宗率领精锐兵力与之会合,将辽东城包围了数百层,放火点燃城门楼,于是开始攻城,高丽军竭尽全力守卫也不能抵挡,于是唐军攻占了辽东城。这一仗唐军杀死敌军一万余人,俘虏高丽的精锐部队一万余人以及男女四万余人,在辽东城设立了辽州。

唐军向白岩城进军。六月,白岩城投降。

唐军向白岩城进军的途中,李思摩被高丽兵用箭射中,太宗亲自用嘴为李思摩吸吮伤口处的淤血,将士们听到这一消息,没有一人不为之感动。契苾何力在进攻高丽援兵时,身先士卒,冲锋陷阵,他的腰部被敌军长枪刺中,尚辇奉御薛万备单枪匹马前去救援,将他从敌人的层层包围中救出,回到营中。契苾何力更加气愤,包扎完伤口后继续作战,于是将高丽兵打得大败。这时,白岩城请求投降,然而投降后又复叛。太宗对白岩城守军的反复无常无比气愤,下令继续攻城,并在唐攻城部队中许下诺言道:"一旦攻克该城,将俘获到的人和财物全部赏赐给士兵。"六月,白岩城又一次请求投降。太宗将要接受投降的请求,这时李世勣说:"攻城士兵之所以争先恐后地冒着弓箭石块舍生忘死地进攻,是因为能得到奴隶和财物啊。如今,白岩城即将被攻克,怎么能再接受敌军请降的要求呢,从而熄灭了将士们的

心。"上下马谢曰:"将军言是也。然纵兵杀人而虏其妻孥,朕所不忍。将军麾下有功者,朕以库物赏之,庶因将军赎此一城。"世勣乃退。上受其降,以为岩州。何力疮重,上自为傅药,求得刺何力者,使自杀之。何力曰:"彼为其上冒白刃,忠勇之士,不可杀也。"遂舍之。

进攻安市城,大破其救兵于城下。

车驾至安市城,攻之。高丽北部耨萨延寿、惠真帅兵十五万救安市。上曰:"今为延寿策有三:引兵直前,连城为垒,据险食粟,掠吾牛马,攻之不可猝下,欲归则泥潦为阻,坐困吾军,上策也;拔城中之众,与之宵遁,中策也;不度智,能来与吾战,下策也。卿曹观之,彼必出下策,成擒在吾目中矣。"高丽有对卢年老习事,谓延寿曰:"秦王内芟群雄,外服戎狄,独立为帝,此命世之才。今举海内之众而来,不可敌也。为吾计者,莫若顿兵不战,旷日持久,分遣奇兵,断其运道,粮食既尽,求战不得,欲归无路,乃可胜也。"延寿不从,引军直进。上犹恐其不至,命阿史那社尔将千骑以诱之,兵始交而伪走。高丽相谓曰:"易与耳。"竞进乘之,至安市城东南八里,依山而陈,长四十里。

希望。"太宗立即从马鞍上下来,道歉说:"大将军讲得有理。但是放纵士兵杀人从而虏获他们的妻儿家室,朕不忍心这样做。大将军手下有功的人,朕用国家府库里东西赏赐他们,这样可以从将军手中赎得一座完整的城。"李世勣于是退下。太宗接受了敌军的投降请求,在该城设立岩州。契苾何力伤情加重,太宗亲自为他敷换药膏,在俘房中找到了那个刺伤契苾何力的士兵,命令他自杀。契苾何力说:"他也是为其主不顾生死地效力,是一名忠诚而勇敢的士兵,不能杀他啊。"于是放了这名士兵。

唐军进攻安市城,在城下大败救援该城的高丽军。

唐太宗率军来到安市城下,下令攻城。高丽北部耨萨部的高延寿、高惠真率领十五万大军救援安市城。太宗说:"现在站在敌人方面考虑,高延寿有三条计策:率军前进,将安市城附近的城邑联结成一道防御线,加固城防,据险力守,坐吃城内的粮食,抢劫朕的牛群和马匹等给养,使我军久攻不下,想退军又被泥泞的沼泽地困阻,以此困住我军,这是上策;将安市城中守军聚集起来,和援军一道在夜间偷偷逃跑,这是中策;自不量力,前来和我军交战,这是下策。众位爱卿,你们看看,高延寿一定会行此下策,在我们眼皮底下成为俘虏。"高丽有一位官居对卢的人,年老懂得战事,对高延寿进言道:"秦王李世民在国内消除了各地割据势力,统一中原,在国外又使周边的异族人俯首称臣,他凭借自己的雄才大略当上了大唐的皇帝,这是旷世奇才。如今他率领全国军队前来进攻我们,我们无法和他对抗。为我们考虑,不如安营扎寨,不与敌人交锋,长年累月地拖下去,分别派遣几路人马袭击敌人,切断其运输粮草的通道,粮食用尽,求战不能,求退无路,这样就能够战胜敌人。"高延寿不采纳他的建议,领大队人马直奔唐军而来。太宗十分担心敌人不能前来交锋,命令阿史那社尔率一千名骑兵诱敌深入,双方刚一交锋,唐军便伴装败走。高丽援军的将士相互说道:"这也太容易了。"于是争抢着进击,一直追到距安市城东南八里的地方,在这里唐军早在山脚下摆开阵形,长有四十里。

　　上与无忌等从数百骑,乘高观望形势。江夏王道宗曰:"高丽倾国以拒王师,平壤之守必弱,愿假臣精兵五千,覆其本根,则数十万众可不战而降矣。"上不应,命李世勣将步骑万五千,陈于西岭;长孙无忌将精兵万一千,自山北出狭谷,以冲其后;上自将步骑四千为奇兵,挟鼓角,偃旗帜,登北山,敕诸军闻鼓角齐出奋击。延寿等见世勣布陈,勒兵欲战。上望见无忌军尘起,命作鼓角、举旗帜,诸军鼓躁并进。延寿等大惧,欲分兵御之,而陈已乱。薛仁贵大呼陷陈,所向无敌,大军乘之,高丽兵大溃。延寿、惠真帅众请降,举国大骇。后,黄城、银城皆自拔遁去,数百里无复人烟。上乃更名所幸山曰"驻跸山",刻石纪功焉,驿书报太子及高士廉等曰:"朕为将如此,何如?"

秋七月,张亮至建安城,破高丽兵。

　　张亮军过建安城下,壁垒未固,高丽兵奄至。亮素怯,踞胡床,直视不言。将士见之,更以为勇,相与击高丽兵,破之。

九月,薛延陀真珠可汗死,子多弥可汗拔灼立。

　　初,真珠可汗请分国,立其二子皆为可汗,诏从之。至是,拔灼杀其兄曳莽而自立,是为多弥可汗。

帝攻安市城,不下,诏班师。

太宗和长孙无忌等将领率数百名骑兵,登高观看形势。江夏王李道宗进言道:"高丽出动全国兵力抗拒我大唐的军队,这样一来平壤城的守备必定虚弱,请陛下借给我五千精兵,直捣敌人的京城,那么数十万敌人就可以不用厮杀而投降我们了。"太宗没有准许他的请求,命令李世勣率领一万五千名步兵、骑兵,在西岭布置战斗队形;长孙无忌率领一万一千名精锐力量,由山北穿过一条狭谷,冲击敌人后方;太宗自己亲率四千步兵和骑兵,作为突袭部队,收起军鼓号角,放倒旗帜,登上北山,下令其他各军听见鼓和号声,三军一同出击。高延寿等人看见李世勣布置队列,领兵想要出击。太宗看到长孙无忌的部队尘土飞扬,于是命令擂鼓、吹响军号、举起军旗,三支唐军呐喊着向敌人发起进攻。高延寿见状极为恐惧,想分兵抵挡,但是高丽援军阵脚已乱。薛仁贵高喊着杀入敌阵,所向无敌,唐军乘势进攻,高丽援军大败。高延寿、高惠真率众请求投降,高丽全国上下异常恐慌。后来,黄城之战、银城之战,高丽军都不战自逃,致使数百里之内断绝人烟。太宗于是将自己所到过的山重新命名为"驻跸山",在这里刻石树碑、记录战功,并用驿站将捷报传给太子和高士廉等人,捷报上写道:"朕作为一名大将军,有这样的作为,怎么样?"

秋七月,张亮率军到达建安城,击败前来袭击的高丽军。

张亮率军自建安城下经过,尚未坚固壁垒,高丽军突然前来袭击。张亮素来胆小怕事,这时更是吓得蹲在胡床上,眼睁睁地看着前方说不出话来。而张亮手下的将领和士兵看见他这个样子,误以为他勇猛过人,于是纷纷与高丽兵决一死战,最终击败了敌人。

九月,薛延陀真珠可汗死,其子多弥可汗拔灼继立。

当初,真珠可汗向唐朝廷请求将薛延陀部一分为二,将自己的两个儿子都立为可汗,太宗下诏准许了他的请求。到这时,拔灼杀掉自己的兄长曳莽而自立为可汗,这就是多弥可汗。

太宗皇帝下令进攻安市城,没有成功,下诏班师还朝。

上之克白岩也，谓李世勣曰："安市城险而兵精，建安兵弱而粮少。若出其不意，攻之必克，建安下，则安市在吾腹中，此兵法所谓'城有所不攻'者也。"对曰："建安在南，安市在北，吾军粮皆在辽东。今逾安市而攻建安，若贼断吾运道，将若之何？"上从之。世勣遂攻安市，不下。上怒，世勣请克城之日，男子皆坑之。安市人闻之，益坚守，攻久不下。高延寿、高惠真共请曰："乌骨城主老耄，不能坚守，移兵临之，朝至夕克，其余小城，必望风奔溃，然后收其资粮，鼓行而前，平壤必不守矣。"群臣亦请召张亮，拔乌骨，渡鸭绿水，直取平壤。上将从之，长孙无忌以为："天子亲征，异于诸将，不可乘危徼幸。若向乌骨，则建安、新城之虏必蹑吾后。不如先取安市、建安，然后进。"乃止。

江夏王道宗督众筑土山，以逼其城，城中亦增城以拒之，士卒交战，日六七合，冲车砲石坏其楼堞，城中随立木栅以塞其缺。昼夜不息，凡六旬，用功五十万，山颓压城，城崩，会守将傅伏爱私离所部，高丽自缺城出战，遂夺土山，堑而守之。上怒，斩伏爱以徇，命诸将攻之，三日不能克。上以辽左早寒，草枯水冻，士马难久留，且粮食将尽，敕班师。先拔辽、盖二州户口渡辽，乃耀兵于安市城下而旋。城主登城拜辞，上嘉其固守，赐缣百匹，以励事君。还师

太宗在攻下白岩后，对李世勋说："安市险峻无比，而且守军精良，建安守军微弱，而且粮食也少。如果我军出其不意，一定能攻下建安，建安一破，那么安市就在我们手里了，这正是兵法所讲'城有所不攻'的道理呀。"李世勋回答道："建安在南，安市在北，而我军的粮草供给都在辽东。现在越过安市而去进攻建安，假如敌军切断我军运粮的通道，这将如何是好？"太宗接纳这一建议。李世勋于是进攻安市，没有攻克。太宗十分气愤，李世勋提出在攻克安市之日，将该城的男人一律活埋。安市人听到这一消息后，更加顽强守城，唐军久攻不下。高延寿、高惠真一同进言道："乌骨城首领老迈，不能坚守此城，如果转攻乌骨，早晨到达傍晚就能攻克，剩下的小城，一定会望风奔逃，然后我们收集他们的物资粮草，一鼓作气向前推进，平壤一定守不住。"众臣也建议命令张亮，拿下乌骨，渡过鸭绿水，直取平壤。太宗将要听从，长孙无忌认为："大唐天子御驾亲征，与诸将出征是不相同的，不可以冒险侥幸。如果进军乌骨，那么建安、新城的敌人必定会尾随我军，攻击我们。不如先拿下安市、建安，然后前进。"于是停止移师乌骨的计划。

江夏王李道宗督领士兵堆筑土山，以此接近安市城头，而安市城内的守敌也增高城墙来抵抗唐军，双方士兵交战，每天有六七回合，唐军用攻城用的战车、石块击毁安市城墙上的楼堞，城内的守敌随即立起栅栏，以堵塞缺口。日夜不停，一共持续了六十天，唐军用去了五十万劳动力，所筑的土山突然坍毁，压向安市城墙，结果城墙崩塌，恰巧赶上唐军守将傅伏爱擅离职守，高丽兵从城墙的缺口处出击，于是夺下土山，并挖壕沟堑固守。太宗动怒，将傅伏爱斩首示众，命令诸将攻城，三天也未能攻克。由于辽东冬季来得早，野草枯萎，河水结冰，士兵和马匹不宜久留，况且粮食快要吃光了，因此太宗下令班师回朝。唐军先把占领了的辽东城、盖牟城的百姓居家渡过辽水，这才在安市城下耀武扬威而返。守城主将登上城头拜别唐军，太宗赞扬他能够坚守城池，赐给他一百匹绸缎，以鼓励他尽忠事奉自己的国君。唐军回师

度辽，暴风雪，士卒沾湿，多死者。

冬十月，遣使祀魏徵，复立所仆碑。

凡征高丽，拔十城，徙辽、盖、岩三州户口入中国者，七万人；新城、建安、驻跸三大战，斩首四万余级，战士死者几二千人，战马死者什七八。上以不能成功，深悔之，叹曰："魏徵若在，不使我有是行也。"命驰驿祀徵以少牢，复立所制碑，召其妻子诣行在，劳赐之。

帝还至营州，祭战亡士卒。

上至营州，诏战亡士卒骸骨并集柳城，命有司具太牢，上自作文以祭之，临哭尽哀。

赎诸军所虏高丽民万四千口。

上闻太子奉迎将至，乃从飞骑三千人，驰入临渝关，道逢太子。上之发定州也，指所御褐袍谓太子曰："俟见汝，乃易此袍耳。"在辽左，虽盛暑流汗，弗之易。至是，太子进新衣，乃易之。诸军所虏高丽民万四千口，安集幽州，将以赏军，上愍其父子夫妇离散，命有司平其直，悉以钱、布赎为民。欢呼之声，三日不息。

十一月，易州司马陈元璹以罪免。

元璹使民于地室蓄火种蔬而进之。上恶其谄，免元璹官。

十二月，薛延陀寇夏州。　杀侍中刘洎。

渡辽河时，赶上天降暴风雪，士兵身上都被雪弄湿了，不少人被冻死。

冬十月，唐太宗派人到长安祭祀魏徵，重新竖立曾毁坏的石碑。

这次征伐高丽，一共攻克十座城池，将辽州、盖州、岩州的当地人迁往中原，共计七万人；新城、建安、驻跸三次大战役，杀死高丽兵有四万多人，唐军战死的士兵将近二千人，战马死了十分之七八。因为此次征讨高丽没有成功，太宗对这次行动极为后悔，叹息道："如果魏徵还活着，他一定会劝止我的这次征伐呀。"太宗命令手下乘驿马昼夜兼程赶到京师，用少牢之礼祭祀魏徵，又重新竖起曾亲手写碑文的墓碑，并将魏徵的妻子儿女召集到太宗所在的地方，亲加慰问赏赐。

太宗皇帝回到营州，祭悼战死士兵。

太宗皇帝回到营州，下诏将在辽东阵亡的士兵遗骨一同集中到柳城，命令有关部门用太牢之礼祭祀，亲自撰写悼文来祭奠亡灵，并亲临祭祀，痛哭尽哀。

唐太宗将唐军所俘获的一万四千名高丽人赎为平民。

太宗听说太子迎接自己的队伍马上来到，便带领护卫飞骑三千人飞奔临渝关，途中遇到了太子。太宗从定州出发时，指着自己身上披的褐色战袍对太子说："等我再见到你时，我才可以更换这件战袍。"在辽东时，虽然是盛夏，热得汗流浃背，太宗也不换下战袍。这时，太子把新战袍进奉给太宗，太宗这才换下旧战袍。唐军俘获的一万四千名高丽人，统一安置在幽州，准备把这些高丽俘虏赏赐给将士做奴隶，太宗怜悯他们父子分别、夫妇离散，命令有关部门根据当时买奴隶的价格，全部用朝廷府库里的钱和布赎为平民。这些高丽人欢呼雀跃，高呼万岁，一连三天不绝于耳。

十一月，易州司马陈元璹因获罪而被免去官职。

陈元璹让治内的百姓在地下建立温室，生火增温，种植蔬菜，并进献给太宗。太宗讨厌他过于诏媚，免了他的官职。

十二月，薛延陀多弥可汗侵入夏州。　太宗命侍中刘洎自尽。

初,上将东行,谓侍中刘洎曰:"我今远征,尔辅太子,安危所寄,宜深识我意。"对曰:"愿陛下无忧。大臣有罪者,臣谨即行诛。"上以其妄发,怪之。及上还,不豫,洎色悲惧,谓同列曰:"疾势如此,圣躬可忧。"或谮于上曰:"洎言国家事不足忧,但当辅幼主,行伊、霍故事。大臣有异志者,诛之自定矣。"上以为然,诏赐自尽。

以马周摄吏部尚书。

周以四时选为劳,请复十一月选,至三月毕,从之。

丙午(646) 二十年

春正月,夏州兵击薛延陀,大破之。　遣大理卿孙伏伽等巡察四方。

遣大理卿孙伏伽等二十二人,以六条巡察四方。伏伽等多所贬黜,其人诣阙称冤者前后相属。上令褚遂良类状以闻。上亲临决,以能进擢者二十人,以罪死者七人,流放以下除、免者数百千人。

帝还京师。

上谓李靖曰:"吾以天下之众困于小夷,何也?"靖曰:"此道宗所解。"上顾问道宗,具陈在驻跸时乘虚取平壤之言。上怅然曰:"当时匆匆,吾不忆也。"

三月,诏皇太子听政。

开始时，太宗即将东征高丽，对侍中刘洎说："如今我远征高丽，你辅佐太子，社稷的安危存亡全都寄托给你了，你应当深刻理解我的意思。"刘洎回答道："请陛下放心。如果大臣中有敢犯上作乱，我会立即予以诛罚。"太宗认为刘洎毫无根据地说话，对此十分奇怪。等太宗回到京城时，身体不舒服，刘洎看到这种情况，面容非常悲哀，对同僚说："陛下病得如此严重，皇帝的身体真是让人忧虑。"有人暗地里对太宗诬陷刘洎，说："刘洎说国家的事不必担忧，只是应该尽心尽力辅佐幼主，仿效古时的伊尹、霍光的做法就够了。大臣中如有其他想法的，杀掉他，自然就会安定无事了。"太宗以为事实真的如此，下诏命令刘洎自尽。

唐太宗任命马周代理吏部尚书。

马周认为一年四季总是选官，过于劳苦，请求太宗恢复自十一月份选官到次年三月份为止，太宗听从了他的建议。

丙午(646) 唐太宗贞观二十年

春正月，夏州的唐军进攻薛延陀多弥可汗，将其打得大败。
太宗派大理寺卿孙伏伽等人巡察全国。

太宗派大理寺卿孙伏伽等二十二人，以汉朝考察地方官员的六条标准为依据，在全国各地巡视。有许多地方官被罢职贬官，这些人到京城诉冤的，络绎不绝，前后相继。太宗命令褚遂良根据他们的申诉加以整理，然后向自己报告。太宗亲自审查裁决，根据其能力提拔了二十人，根据其罪行判成死罪的七人，在流放罪以下的、被除名免去官职的有成百上千人。

太宗皇帝回到了京城长安。

太宗问李靖道："朕发动全国的兵力却受困于小小的高丽，是什么原因？"李靖答道："这一点李道宗能解释。"太宗于是转问李道宗，道宗就把当时在驻跸山时唐军应该直接进军平壤的一番话如实讲给太宗听。太宗怅然若失，说道："当时匆匆忙忙，朕不记得了。"

三月，太宗下诏命令太子处理朝政。

上疾未全平，欲专保养，诏太子间日听政于东宫。既罢，则入侍药膳，不离左右。褚遂良请遣太子旬日一还东宫，与师傅讲论，从之。

杀刑部尚书张亮。

人告张亮有反谋，上命按之。亮不服，命百官议其狱，皆言亮反当诛。独将作少匠李道裕言亮反形未具，不当死。上不听，斩之。后岁余，刑部侍郎缺，上曰："朕得其人矣。往者，李道裕议张亮狱，朕虽不从，至今悔之。"遂以为刑部侍郎。

闰月朔，日食。　夏五月，高丽遣使谢罪，却之。

高丽王藏及莫离支盖金遣使谢罪，并献二美女。金即苏文也。上以师还之后，金益骄恣，表辞诡诞，待使者倨慢，屡违诏攻新罗，诏勿受其朝贡，复议讨之。

六月，西突厥遣使入贡。

西突厥乙毗射匮可汗遣使入贡，且请昏。上许之，使割龟兹、于阗、疏勒、朱俱波、葱岭五国，以为聘礼。

秋八月，帝如灵州，遣李世勣击薛延陀，降之。敕勒诸部遣使请吏。

薛延陀多弥可汗猜褊好杀，废弃父时贵臣，专用己所亲昵，国人不附。回纥诸部击之，大败。上诏江夏王道宗等将兵击之。国中惊扰，多弥出走，回纥杀之，尽据其地。

太宗的病尚未完全康复,打算一心养病,下诏命令太子每隔一天便在东宫处理朝政。每次处理完朝政后,太子都要从东宫赶过来侍奉太宗服药进餐,终日不离左右。褚遂良向太宗请求派太子每十天回东宫一次,和老师们一道讲习、议论,太宗依准。

太宗杀刑部尚书张亮。

有人向太宗报告说张亮图谋不轨,太宗派人审查。张亮不服,太宗又命令满朝文武百官审议这个案子,都说张亮谋反应当处死。唯有将作少监李道裕说张亮谋反的证据不足,不应该处死。太宗不听,将张亮处斩。一年多以后,刑部侍郎的位置空缺,太宗说:"朕找到合适的人选了。从前,李道裕在审议张亮一案时,朕虽然没有听取他的意见,但至今仍在后悔。"于是任命李道裕为刑部侍郎。

闰三月初一,出现日食。　夏五月,高丽派使者来向唐朝谢罪,太宗没有接受。

高丽王高藏以及莫离支盖金派使者向唐朝谢罪,并贡献二名美女。盖金,就是盖苏文。太宗因为唐军班师回朝以后,盖苏文更加狂妄自大,恣意妄为,向唐朝廷进奏表所使用的语言诡诈荒诞,对大唐使者倨傲无礼,多次违反诏令进攻新罗,所以太宗下诏宣布不接受高丽的朝贡,又一次和大臣们议论讨伐高丽。

六月,西突厥派使向唐朝进贡。

西突厥乙毗射匮可汗派使者到唐朝进贡,并且请求与唐朝通婚。太宗允许了,但条件是西突厥必须将龟兹、于阗、疏勒、朱俱波、葱岭五地割让给唐朝,作为聘礼。

秋八月,太宗巡幸灵州,派李世勣进攻薛延陀,薛延陀投降。敕勒各部派使者请求唐朝在其属地设置州郡、派官员管理。

薛延陀多弥可汗生性喜欢猜忌,心胸狭隘,喜好杀人,废除其父在位时的所有贵族大臣,专门任用自己亲信的一帮小人,国人心中不服。回纥各部落攻击薛延陀,将其打得大败。太宗下诏命令江夏王李道宗等人率军进攻薛延陀。薛延陀内部大乱,多弥逃走,被回纥人杀死,回纥人占据了薛延陀的全部属地。

余众西走，犹七万余口，共立真珠兄子咄摩支，遣使奉表，请居郁督军山之北。诏遣使安集之。敕勒九姓酋长闻其来，皆惧。朝议亦恐其为碛北之患，乃遣李世勣图之。

上自诣灵州招抚，太子当从行，少詹事张行成以为不若使之监国，接对百僚，明习庶政。上然之。李世勣至郁督军山，咄摩支降。道宗兵既渡碛，薛延陀拒战。道宗击破之，遣使招谕敕勒诸部。其酋长皆喜，请入朝。驾至浮阳，回纥等十一姓各遣使归命，乞置官司。上大喜，遣使纳之，诏曰：“朕聊命偏师，遂擒颉利；始弘庙略，已灭延陀。铁勒百余万户请为州郡，混元以降，殊未前闻。宜备礼告庙，仍颁示普天。”上为诗曰：“雪耻酬百王，除凶报千古。”勒石于灵州。

冬十月，贬萧瑀为商州刺史。

瑀性狷介，与同僚多不合，尝言房玄龄等朋党不忠，但未反耳。上不听。瑀内不自得，因自请出家，既而悔之。上以瑀反覆不平，诏曰：“朕于佛教，非意所遵。梁武、简文穷心释氏，覆亡不暇，社稷为墟，报施之征何其谬也！瑀践覆车之余轨，袭亡国之遗风，自请出家，寻复违异，岂具瞻之量乎？可商州刺史。”

十二月，帝生日，罢宴乐。

剩下的薛延陀部众向西逃跑，还有七万多人，共同推立真珠可汗哥哥的儿子咄摩支为首领，并派使者，手持书信，请求唐朝廷允许他们在郁督军山以北地区居住。太宗下诏派使者去安置、招集他们。敕勒九个部落的首领听说薛延陀余部即将来到的消息后，都十分害怕。唐朝大臣讨论，也担心薛延陀余部会成为漠北的大患，于是命令李世勣率军去解决这个后患。

太宗亲自到灵州招抚各部落，太子理应跟随太宗一道去，少詹事张行成认为不如让太子留在京城处理朝政，与朝中百官讨论政务，逐渐熟悉并掌握处理各方面事务。太宗采纳了这一建议。李世勣率军来到郁督军山，咄摩支请求投降。李道宗率军已经越过沙漠，薛延陀余部与之交锋。李道宗将敌人击败，并派使者招抚晓谕敕勒各个部落。敕勒各部落的首领都十分高兴，请求入京朝贡。太宗的车马来到浮阳，回纥等十一个大族分别派使者表示听命于唐朝，请求在其属地设置州府。太宗非常高兴，派使者接收，并下诏说："朕随意命令偏师进击，就擒获了颉利可汗；刚刚施展朝廷的谋略，就消灭了薛延陀部。铁勒部的一百余万民户请求设州立郡，这是开天辟地以来不曾听说过的事情。应当备太牢之礼祭祀祖庙，还要告知普天下百姓。"太宗还写了诗："雪耻酬百王，除凶报千古。"在灵州刻石碑记事。

冬十月，唐太宗将萧瑀贬黜为商州刺史。

萧瑀性格廉洁耿直，和同僚们多不合，曾经说房玄龄等人结党营私、对皇帝不忠，只不过是还没有谋反罢了。太宗不相信他的话。萧瑀在朝廷得不到信任，于是自己请求出家为僧，不久就后悔了。太宗认为萧瑀反复无常，心中愤愤不平，下诏说："朕对佛教，无意遵奉。梁武帝、梁简文帝两个皇帝醉心于佛教，江山灭亡都不顾及，使社稷变为废墟，佛教所讲的善恶因果报应的征兆是多么荒谬啊！萧瑀本人重蹈梁朝覆亡的道路，承袭亡国者的遗风，自己请求出家为僧，不久又自食其言，像这样的人怎么会具备朝廷宰相的宽大胸怀呢？贬萧瑀为商州刺史。"

十二月，太宗皇帝的生日，停止宴庆活动。

上谓长孙无忌等曰："今日吾生日，世俗皆为乐，在朕翻成伤感。今君临天下，富有四海，而承欢膝下，永不可得，此子路所以有负米之恨也。《诗》云：'哀哀父母，生我劬劳。'奈何以劬劳之日更为宴乐乎？"因泣数行下，左右皆悲。

幸房玄龄第。

房玄龄尝以微谴归第，褚遂良谏曰："玄龄翼赞圣功，冒死决策，选贤立政，勤力为多。自非罪在不赦，不可遐弃；若以其衰老，亦当退之以礼。"上然之，因幸芙蓉园。玄龄敕子弟汛扫门庭曰："乘舆且至。"有顷，上幸其第，因载玄龄还宫。

丁未（647）二十一年
春正月，申公高士廉卒。

士廉卒，上将往哭之。房玄龄、长孙无忌谏曰："陛下饵金石，于方不得临丧，奈何不为宗庙自重？"不听。无忌中道伏卧，流涕固谏，上乃还，入东苑，南望而哭，涕下如雨。及枢出，登楼望哭。

以敕勒诸部为州县。

回纥诸部皆来朝，请吏。诏以为六府七州，各以其酋长为都督刺史，各赐金缯，遣之。诸酋长奏请于回纥以南，突厥以北，开一道，谓之"参天可汗道"，置六十八驿。上许之。

太宗对长孙无忌等人说:"今天是朕的生日,世俗之人都认为这是个欢乐的日子,而在朕看来反成了伤感。如今,朕当上了天下的君主,富有四海,然而承欢在父母膝下,却永远不可能做到了,这就是子路当年在双亲过世后再也不能为父母背米的遗憾吧。《诗经》讲:'可怜可怜天下的父母啊,生养我们是多么辛苦不易。'人们为什么还要在父母辛苦受罪的日子饮酒作欢去庆祝呢?"于是太宗泪珠双流,身边的人都十分悲伤。

太宗临幸房玄龄的府第。

房玄龄曾因为有小过离职回家,褚遂良劝谏说:"房玄龄自我大唐立国以来对皇帝就有过辅佐之功,又不顾性命建议陛下发动政变,选拔人才,推行政令,在大臣中出力最多。如果不是罪不可赦,那么不能远远地抛弃他;假如因为他老迈无用,也应当按照礼仪使其退休。"太宗认为他说的对,于是决定临幸芙蓉园。房玄龄让自己的晚辈洒扫门庭,并说:"皇帝马上就到。"不一会儿,太宗就到了房玄龄府上,并和房玄龄一同坐车回宫。

丁未(647) 唐太宗贞观二十一年

春正月,申文献公高士廉去世。

高士廉去世,太宗前去吊唁。房玄龄、长孙无忌劝谏说:"陛下正在服药,药方上说不能到丧葬之处,陛下为什么不能替宗庙社稷考虑而自我珍重呢?"太宗不听。长孙无忌横卧在通向宫外的甬道上,流着眼泪执意劝谏,太宗这才转身返回东苑,南望而哭,泪如雨下。等到高士廉出殡那一天,太宗登楼遥望,大哭不止。

唐朝在敕勒各部设置州县。

回纥各部落首领都前往唐朝进行朝贡,请求接受大唐的统治。唐太宗下诏宣布在回纥各部落分别设立六府七州,并任命回纥各部落的首领为该州或府的都督或刺史,分别赏赐金银财宝和绸缎布匹给他们,让他们回去。各部落首领向太宗启奏,在回纥以南,突厥以北的地方,修筑一条通道,将这条通道称为"参天可汗道",设置六十八个驿站。太宗准许了他们的请求。

于是北荒悉平，然回纥吐迷度已私自称可汗，官号皆如突厥故事。

诏以来年仲春，有事于泰山。 以牛进达、李世勣为行军大总管，伐高丽。

上将复伐高丽。朝议以为高丽依山为城，攻之不可猝拔，前大驾亲征，国人不得耕种，太半乏食。今若遣偏师迭扰其疆场，使彼疲于奔命，释耒入堡，数年之间，千里萧条，则人心自离，鸭绿以北可不战而取矣。上从之，遣牛进达、李世勣水陆并进，以讨之。

夏四月，作翠微宫。

初，上得风疾，苦京师盛暑，命修终南山太和废宫，为翠微宫。

以李素立为燕然都护。

以李素立为燕然都护，统瀚海等六府，皋兰等七州。素立抚以恩信，夷落怀之，共率马牛为献。素立惟受其酒一杯，余悉还之。

上问侍臣曰："自古帝王虽平中夏，不能服戎狄。朕才不逮古人，而成功过之，何也？"群臣称颂功德。上曰："不然。朕所以能及此者，止由五事耳。自古帝王多疾胜己者，朕见人之善，若己有之；人之行能不能兼备，朕常弃其所短，取其所长；人主往往进贤则欲置诸怀，退不肖则欲推诸壑，朕见贤者则敬之，不肖者则怜之；人主多恶正直，阴诛显戮，无代无之，朕践祚以来，正直之士比肩于朝，未尝

于是唐北部边疆全部安定,然而回纥部的吐迷度已经擅自称可汗,所使用的官职称谓都和突厥以前的称谓相同。

唐太宗下诏宣布第二年的仲春时节,将到泰山举行封禅大礼。 太宗命牛进达、李世勣为行军大总管,征伐高丽。

太宗又一次想要征伐高丽。朝廷众臣认为,高丽依傍险山筑城,很难短时间内攻克,以往陛下率军亲征,国中百姓不能耕种,一半以上的人缺乏粮食。如今若派少部分军队轮番骚扰敌人的边疆,使敌人疲于奔命,使从事农业生产的人放下农具躲进城堡,几年之间,就会造成千里萧条的局面,那么高丽内部就会人心涣散,鸭绿江以北的地区就会不战而取。太宗接纳了这一建议,派牛进达、李世勣分别率水、陆两军一同开赴高丽,讨伐敌人。

夏四月,建造翠微宫。

当初,唐太宗染风寒,苦于京城长安夏季盛暑难耐,命人修缮位于终南山被废弃的太和宫,改名为翠微宫。

唐太宗任命李素立为燕然都护。

太宗任命李素立为燕然都护,管理瀚海府等六个府,皋兰州等七个州。李素立以恩惠信义加以安抚,回纥各部落都顺服他,一起带着马牛献给他。李素立只接受了他们的一杯酒,其余全部归还给他们。

太宗问亲信大臣说:"自古以来,历代帝王虽然能统一中原,却不能制服北方各部族。朕的才华赶不上古代的圣贤,然而却比他们成功,这是什么原因呵?"众臣都高呼万岁,歌颂太宗的丰功伟绩。太宗说:"不是这样。朕所以能够取得这样大的业绩,只是因为五点。自古以来,许多帝王都嫉妒才华超过自己的人,而朕看到别人有优点,如同自己拥有一样;人们的品行和才能不能样样兼备,朕常弃其所短,取其所长;人主提拔有才能的人时,往往想着把他们置于怀抱,而贬退那些不肖之辈时,则想把他们推进深壑,朕见到贤能之人就尊敬他们,对那些不肖之徒就同情怜悯;人主多半都讨厌正直之人,明诛暗罚,没有一个朝代不是这样,朕自从登基以来,正直之人比肩接踵效力于朝廷,未曾

黜责一人；自古皆贵中华，贱夷狄，朕独爱之如一，故其部落皆依朕如父母。此五者，朕所以成今日之功也。”

五月，帝如翠微宫。

冀州进士张昌龄献《翠微宫颂》。上爱其文，命于通事舍人里供奉。初，昌龄与王公治皆有文名，考功员外郎王师旦知贡举，黜之。上问其故，师旦曰：“二人文体轻薄，终非令器。若置之高第，恐后进效之，伤陛下雅道。”上善其言。

李世勣破南苏城。

世勣军既度辽，历南苏数城，高丽多背城拒战。世勣破其兵，焚罗郭而还。

以李纬为洛州刺史。

初，上以纬为户部尚书，时房玄龄留守京师。有自京师来者，上问：“玄龄何言？”对曰：“玄龄但云：‘李纬美髭鬓。’”上遽改除洛州刺史。

秋七月，作玉华宫。　牛进达拔石城。　八月，诏停封禅。

以薛延陀新降，土功屡兴，河北水灾，故也。

骨利干遣使入贡。

骨利干于铁勒诸部为最远，昼长夜短，日没后天色正曛，煮羊胛适熟，日已复出矣。

立皇子明为曹王。

因正直而黜责过任何一个人;自古以来,中原人都以自己是华夏大地上的人民而感到骄傲和自豪,却看不起夷狄族部落的人民,唯独朕从始至终都怜爱他们,所以夷狄各部落都归顺我,如同依赖自己的父母。这五点,是朕之所以成就今日的丰功伟绩的原因啊。"

五月,唐太宗临幸翠微宫。

冀州进士张昌龄向太宗敬献自己所作《翠微宫颂》一文。太宗喜欢他的文采,任命他为通事舍人里供奉。起初,张昌龄和王公治二人都因擅长写文章出名,考功员外郎王师旦掌管贡举,没有录取二人。太宗问他为什么这样做,王师旦回答道:"这两个人文体轻薄,一定成不了什么大器。如果把他们置之高第,我担心后来者效尤,从而败坏了陛下的科举之道。"太宗认为王师旦说得很对。

李世勣率军攻破南苏城。

李世勣的军队已经渡过了辽河,于是转战于南苏各城,高丽人多半在城前列兵抵御抗击。李世勣击败敌军,放火烧掉城池后撤军。

唐太宗任命李纬为洛州刺史。

起初,太宗任命李纬为户部尚书,当时房玄龄在京城留守。有从京城来的人,太宗问道:"玄龄是怎么说的?"回答道:"玄龄只是说:'李纬长着漂亮的胡子和鬓发。'"太宗立即改命李纬为洛州刺史。

秋七月,建造玉华宫。 牛进达攻克石城。 八月,唐太宗下诏废止明年的泰山封禅大礼。

由于薛延陀刚归顺不久,又多次兴修土木工程,再加上河北遭受水灾,所以废止明年的泰山封禅大礼。

骨利干派遣使者前来唐朝入贡。

骨利干离铁勒各部落位置最远,白天长夜间短,太阳下山后,天色昏暗,煮个羊胛骨刚熟,太阳又出来了。

唐太宗立皇子李明为曹王。

曹王明,母杨氏,巢剌王之妃也,有宠于上。文德皇后之崩也,欲立为皇后。魏徵谏曰:"陛下方比德唐、虞,奈何以辰嬴自累?"乃止。寻以明继元吉后。

发江南工人造大船。

欲复征高丽也。

冬十一月,突厥车鼻可汗遣使入贡。

车鼻,本突厥同族。颉利之败,诸部欲立之。时薛延陀方强,车鼻不敢当,帅众归之。薛延陀以车鼻贵种有勇略,恐其为后患,欲杀之。车鼻逃去建牙金山之北,自称可汗,突厥余众稍归之。及薛延陀败,车鼻势益张,遣子入见,又请入朝。遣使征之,车鼻不至。

徙顺阳王泰为濮王。　十二月,遣阿史那社尔等击龟兹。

龟兹王诃黎布失毕浸失臣礼,侵渔邻国。上怒,诏阿史那社尔、契苾何力、郭孝恪等将兵击之。

戊申(648)**二十二年**
春正月,作《帝范》,以赐太子。

上作《帝范》十二篇,以赐太子,曰"君体""建亲""求贤""审官""纳谏""去谗""戒盈""崇俭""赏罚""务农""阅武""崇文",且曰:"修身治国,备在其中,一旦不讳,更无所言矣。然汝当更求古之哲王为师,如吾不足法也。夫取法于上,仅得其中;取法于中,不免为下。吾即位已来,不善多矣,顾弘济苍生,肇造区夏,功大益多,故人不怨,业不

曹王李明的母亲杨氏，原本是巢刺王李元吉的妃子，得到太宗的宠爱。文德皇后死后，想立杨氏为后。魏徵劝谏道："陛下正以德行比之于唐尧、虞舜，为什么效仿春秋时晋文公娶辰嬴的事以自我拖累呢？"于是停止立后。不久以李明为李元吉的继嗣。

唐太宗征发江南工匠营造大船。

太宗想第二次征伐高丽。

冬十一月，突厥车鼻可汗派遣使者入朝进献贡品。

车鼻，原本与突厥同属一个种族。颉利可汗败亡后，突厥剩余势力想立他为大可汗。当时，薛延陀正十分强盛，车鼻不敢继任大可汗之位，率领部众归附了薛延陀。薛延陀认为车鼻属于贵族血统，有勇有谋，担心日后成为心腹大患，于是想除掉他。车鼻逃到建牙金山以北的地区，自称可汗，突厥残部渐渐归附于他。等薛延陀失败后，车鼻的势力更加强大，派他的儿子入朝觐见，还请求入朝进献贡品。唐朝派使者征召他入朝，车鼻竟没来。

唐太宗改封顺阳王李泰为濮王。　十二月，太宗命阿史那社尔等人率兵进攻龟兹。

龟兹王诃黎布失毕逐渐失去臣属国的礼节，侵略、掠夺周边地区。太宗大怒，下诏命阿史那社尔、契苾何力、郭孝恪等人率兵进攻龟兹。

戊申（648）　**唐太宗贞观二十二年**

春正月，太宗作《帝范》，赐给太子李治。

太宗作《帝范》十二篇，赐给太子，篇名是"君体""建亲""求贤""审官""纳谏""去谗""戒盈""崇俭""赏罚""务农""阅武""崇文"，并且对太子说："修身治国的道理，都包括在这十二篇文章中，我一旦去世，就没有别的可说了。然而你应当以古代的贤哲圣王为师，进一步学习，像我，则不足以效法啊。古人讲效法上等的，只能得到中等的；效法中等的，不免得到下等的。我即位以来，做了许多不好的事，但回顾一生，普济天下，造福华夏，功劳和益处居多，所以天下人并不恨我，我大唐的基业也不至于

堕，然比之尽美尽善，固多愧矣。汝无我之功勤而承我之富贵，竭力为善则国家仅安，骄惰奢纵则一身不保。且成迟败速者，国也；失易得难者，位也。可不惜哉？可不慎哉？"

初，群臣或请集上文章，上曰："朕之辞令有益于民者，史皆书之，足为不朽。若其无益，集之何用？梁武帝父子、陈后主、隋炀帝，皆有文集，何救于亡？人主患无德政，文章何为？"遂不许。

中书令马周卒。
上亲为调药，使太子临问。
以崔仁师为中书侍郎，参知机务。　遣薛万彻伐高丽。以长孙无忌检校中书令。　结骨俟利发入朝。

结骨人皆长大，赤发绿睛，自古未通中国。至是，其俟利发失钵屈阿栈来朝，请除一官，诏以为坚昆都督。是时，四夷君长争入献见。每元正，朝贺常数百千人。上曰："汉武帝穷兵三十余年，所获无几，岂如今日绥之以德，使穷发之地，尽为编户乎！"

如玉华宫。
上营玉华宫，务为俭约，惟寝殿覆瓦，余皆茅茨，然所费已巨亿计。充容徐惠上疏曰："今东征高丽，西讨龟兹，营缮相继，服玩华靡。夫以有尽之农功，填无穷之巨浪；图

毁掉,然而与尽善尽美相比较,实在多有惭愧。你没有我这些功劳和勤奋,但却继承了我的富贵,如果竭尽全力去做好事,那么国家也只是安定而已;如果骄傲懒惰、奢侈放纵自己,那么就连你的性命也保不住。况且世上成功慢、失败快的事情,就是江山啊;失去容易、得到困难的事情,就是皇位啊。能不珍惜吗? 能不谨慎吗?”

当初,众臣中有人请求太宗把他写过的文章搜集起来,结成文集,太宗说:“朕的文章中有益于民众的部分,史官早已将其记入了史书中,足以流传千古了。假若是那些无益于民众的,搜集起来又有什么用处呢? 梁武帝父子、陈后主、隋炀帝,都有文集,对国家灭亡有用吗? 君主担心的是没有德行和仁政,文章有什么用呢?”于是没有同意这一请求。

中书令马周去世。

太宗亲自为马周调药,派太子亲临问讯。

唐太宗任命崔仁师为中书侍郎,参预国家机密事务的决策。派薛万彻征伐高丽。 任命长孙无忌为检校中书令。 结骨人俟利发来到唐朝朝见。

结骨人身材高大,红发绿眼,自古以来不曾与中原有过交往。这时,结骨人俟利发失钵屈阿栈来到唐朝,请求授给他一个官职,太宗下诏以他为坚昆都督。这期间,与唐王朝为邻的四方大小国的首领都争先恐后地来到唐朝献贡、请求接见。每年正月初一,前来朝贺的竟有成百上千人。太宗说:“汉武帝三十多年穷兵黩武,收获很少,怎么比得上今天以宽厚仁爱来安抚四方异族,使那些不毛之地上的人们都成为我大唐户籍上的子民呢!”

唐太宗巡幸玉华宫。

太宗指示营造玉华宫,务必遵守节俭的原则,只在寝殿屋顶上盖瓦,其余房屋一律用茅草作顶,即便如此也花费了巨亿铜钱。充容人徐惠上疏劝谏道:“如今东征高丽,西讨龟兹,营造新殿、修缮旧殿一个接着一个,衣着华丽,玩弄珍禽异宝。以有限度的农业收成,去填充没有节度的如巨浪般的欲望;谋求那些

未获之他众,丧已成之我军。地广非常安之术,人劳乃易乱之源也。珍玩技巧,乃丧国之斧斤;珠玉锦绣,实迷心之鸩毒。作法于俭,犹恐其奢;作法于奢,何以制后?"上嘉其言,甚礼重之。

崔仁师以罪除名,流连州。

坐有伏阁诉冤者,仁师不奏也。

三月,故隋后萧氏卒。

诏复其位号,谥曰愍,使三品护葬江都。

夏四月,遣武侯将军梁建方击松外蛮,降之。 西突厥叶护贺鲁来降。

咄陆既奔吐火罗,部落亡散,其叶护阿史那贺鲁帅其余众数千帐内属。诏以为瑶池都督。

五月,遣右卫长史王玄策使天竺,因袭击之,执其王以归。

初,中天竺兵最强,四天竺皆臣之。王玄策奉使至其国,会其王卒,其臣阿罗那顺自立,发胡兵攻玄策。玄策脱身宵遁,抵吐蕃西境,征邻国兵,吐蕃、泥婆国皆遣兵赴之。玄策帅之进至中天竺,连战三日,大破之,城邑聚落降者五百八十余所,俘阿罗那顺以归。

宋公萧瑀卒。

瑀卒,太常议谥曰"德",尚书议谥曰"肃"。上曰:"谥者,行之迹,当得其实,可谥'贞褊'。"子锐嗣。初,锐尚上

尚未归附的他国部众，损坏已具规模的我朝军队。追求土地广大并非长治久安的策略，人民辛劳是容易造成混乱的根源。珍禽异宝、奇器淫巧是国家沦丧的利器，珠玉锦绣是迷惑心灵的毒酒。制定法令崇尚节俭，还担心民风奢侈；如果法令本身就崇尚奢侈淫靡，那么又如何使后人遵循呢？"太宗嘉奖他的这番议论，对他非常礼敬、器重。

崔仁师获罪，被除去功名，开除士籍，流放到连州。

崔仁师的罪名：有人在金銮殿前趴在地上喊冤，仁师没有向太宗报告此事。

三月，隋朝萧皇后去世。

唐太宗下诏宣布恢复萧皇后的称号，定谥号为愍，并命三品官护送灵柩下葬于江都。

夏四月，唐太宗派武侯将军梁建方进攻松外蛮，使其降服。　西突厥叶护贺鲁前来归附唐朝。

咄陆已经逃向吐火罗，西突厥各部相继逃散，叶护阿史那贺鲁率领其残余数千帐归顺大唐。太宗下诏任命阿史那贺鲁为瑶池都督。

五月，唐太宗派遣右卫长史王玄策出使天竺，借机袭击中天竺，俘虏中天竺王到唐朝廷。

起初，中天竺的兵力最为强盛，东、南、西、北四天竺都向中天竺俯首称臣。王玄策奉太宗之命出使中天竺，赶上中天竺王去世，其手下大臣阿罗那顺自立为王，发动胡兵攻击王玄策。王玄策脱身连夜逃跑，一直跑到了吐蕃西部边境，从邻国征调军队，吐蕃、泥婆等都派兵参战。玄策率领联军进逼中天竺，连续苦战三天，将敌军打得大败，有五百八十余所城邑村落请求投降，俘获了阿罗那顺，回到了唐朝。

宋公萧瑀去世。

萧瑀去世后，太常寺议定谥号为"德"，尚书省议定谥号为"肃"。太宗说："谥号，是表明死者生前功过的标志，应当实事求是，可以定谥号为'贞褊'。"其子萧锐继承爵位。起初，萧锐娶太宗的

女襄城公主，上欲为之营第，公主固辞曰："妇事舅姑，当朝夕侍侧，若居别第，所阙多矣。"上命即瑀第营之。

杀华州刺史李君羡。

太白屡昼见。太史占云："女主昌。"民间又传《秘记》云："唐三世之后，女主武王代有天下。"上恶之，以武卫将军李君羡小名"五娘"，而官称、封邑皆有"武"字，出为华州刺史。御史复奏君羡谋不轨，上遂诛之。上尝密问太史令李淳风："《秘记》所云，信有之乎？"对曰："臣仰稽天象，俯察历数，其人已在宫中。自今不过三十年，当王天下，杀唐子孙殆尽。其兆既成矣。"上曰："疑似者尽杀之，何如？"对曰："天之所命，人不能违也。王者不死，徒多杀无辜。且自今以往三十年，其人已老，庶几颇有慈心，为祸或浅。今借使得而杀之，天或生壮者肆其怨毒，恐陛下子孙无遗类矣。"上乃止。

司空梁公房玄龄卒。

玄龄留守京师，疾笃。上征赴玉华宫，肩舆入殿，相对流涕，因留宫下，候问不绝。玄龄谓诸子曰："吾受主上厚恩，今天下无事，惟东征未已，群臣莫敢谏，吾知而不言，死有余责。"乃上表曰："《老子》曰：'知足不辱，知止不殆。'陛下威名功德，亦可足矣；拓地开疆，亦可止矣。且陛下每决

女儿襄城公主为妻,太宗打算为公主另建一所府第,公主再三推辞说:"媳妇侍奉公婆,应该是早晚不离左右,如果另外建一所府第,必然会有较多缺失。"太宗命令就在萧瑀的府第内为公主建造新居。

唐太宗处决华州刺史李君羡。

太白星屡次在白天出现。太史推卜占象,预言道:"女主将兴起。"民间又广传《秘记》中言:"大唐天下,三代以后,女主武王取代李氏据有天下。"太宗听后极为厌恶,因为武卫将军李君羡的小名叫"五娘",而且他的官职、封邑都有"武"字,于是命他离京出任华州刺史。御史又一次向太宗报告说君羡阴谋反叛,太宗于是将他杀掉。太宗曾秘密地问太史令李淳风:"《秘记》记载的那些话,是真的吗?"李淳风回答道:"我仰观天象,俯察历数,这个人已经在陛下的宫中了。从现在起不超过三十年,这个人当成为天下的君主,并将大唐李氏子孙杀得不剩几个。这个征兆已经形成了。"太宗说:"朕把那些有疑的人全部杀掉,怎么样?"李淳风答道:"这是天命,人们不能够违背。能当上君主的这个人非但没有被杀掉,反而白白地杀掉了许多无辜的人。况且从现在再过三十年,这个女人已经上了年岁,大概还有几分慈悲心肠,也许只是小祸。如今即使找到她将她杀掉,苍天或许再生出一个强壮的来肆意发泄怨恨,那样一来,恐怕陛下的子孙就没有幸免的了。"太宗于是不再过问此事。

司空梁公房玄龄去世。

房玄龄留守京城,病情严重。太宗请房玄龄到玉华宫,玄龄乘坐轿子进入殿内,与太宗相对流泪,于是太宗将玄龄留在宫内,不断探视问候。玄龄对他的儿子说:"我受到皇上如此厚恩礼遇,如今天下无事,只有东征一事未了,众臣无人敢进言劝谏,而我知道该怎样处理但却不讲话,即使死了也有余责。"于是向太宗上表进谏说:"《老子》讲:'知道满足,不会遭到困辱;知道适可而止,不会遇到危险。'陛下的威望如日中天,功德无量,应该知道满足了;开辟疆土,也应该适可而止了。而且,陛下每次判决

一重囚,必令三覆五奏,膳素止乐者,重人命也。今驱无罪之士卒,委之锋刃之下,使之肝脑涂地,独不足悯乎?向使高丽违失臣节,诛之可也;侵扰百姓,灭之可也;他日能为中国患,除之可也。今无此三条,而坐烦中国,内为前代雪耻,外为新罗报仇,岂非所存者小、所损者大乎?愿陛下许高丽自新,焚陵波之船,罢应募之众,自然华夷庆赖,远肃迩安。臣旦夕入地,傥蒙录此哀鸣,死且不朽。"上自临视,握手与诀,悲不自胜。卒,谥曰文昭。

秋八月朔,日食。　九月,以褚遂良为中书令。　冬十月,帝还宫。　雅、眉、邛州獠反。

初,上以高丽困弊,议以明年发三十万众,一举灭之。或以剑南隋末无寇,属者辽东之役,又不预征发,百姓富庶,宜使造舟。上从之,遣使发民造船,役及山獠。于是三州獠反。发陇右、陕中兵二万余人以击之。蜀人苦造船之役,州县督迫严急,民至卖田宅、鬻子女不能供,谷价踊贵,剑外骚然。

十一月,奚、契丹内属。　回纥吐迷度为其下所杀。诏立其子婆闰。　十二月,阿史那社尔击龟兹,执其王布失毕。

阿史那社尔引兵自焉耆之西,趋龟兹北境,分兵为五道,出其不意,焉耆王奔龟兹。社尔遣兵击斩之,进屯碛

一名重罪囚犯,一定要三次复议五次上奏,处决时,吃素食,停止奏乐,这是重视人的性命啊。如今,驱使那些无罪的士兵,置于锋刃之下,使他们肝脑涂地,难道他们这些人就不值得怜悯吗?假使高丽有违做臣的礼仪,可以诛罚他们;如果高丽侵略、骚扰周边百姓,可以消灭他们;如果以后成为中原的祸害,可以除掉他们。如今没有这三点原因,而无故烦劳中原百姓,对内而言无非是为前代雪耻,对外不过称是为新罗报仇,难道不是得到的少、损失的多吗?深望陛下准许高丽悔过自新,焚掉那些渡海用的大船,解散招募来的壮丁,这样一来中原和高丽各自相安,庆幸有了依靠,远方恭敬,中原安定。臣很快就要死了,倘若承蒙陛下能够采纳为臣临死前的哀鸣,死了也将不朽。"太宗亲自探望问候,握住玄龄的手与其诀别,悲伤得无法自禁。玄龄去世后,定谥号为文昭。

秋八月初一,出现日食。　九月,唐太宗任命褚遂良为中书令。　冬十月,太宗皇帝回到宫中。　雅、眉、邛州獠人叛乱。

起初,太宗认为高丽困顿疲惫,与诸位朝臣商议第二年征发三十万大军,一举消灭高丽。有的朝臣认为,剑南一带在隋朝末年没有遭受到战乱的祸害,近来辽东战役,剑南人也没有被征发,那里的百姓富庶,可以令其营造渡海用的大船。太宗采纳了这一建议,派人到剑南征调民夫制造船只,也征调山獠人服役。于是,三州獠人举行叛乱。唐朝紧急征调陇右、峡中的二万多军队前去进攻。蜀地人苦于造船的劳役,再加上州县催逼急迫而又苛刻,老百姓甚至卖掉田地和房产以及自己的子女,还是不能缴纳造船所需的费用和物资,而粮食价格又飞涨,于是剑外一带骚乱不安。

十一月,奚族、契丹族归附唐朝。　回纥吐迷度被他手下人杀害。唐朝廷下诏宣布吐迷度之子婆闰继位。　十二月,阿史那社尔进攻龟兹,活捉了龟兹王布失毕。

阿史那社尔领兵自焉耆西部直奔龟兹北部,分兵五路,出其不意,焉耆王逃奔龟兹。社尔派兵截获焉耆王并将其处决,进驻碛

口。龟兹王布失毕及相那利战败,走保都城。社尔进军逼之,拔其城,使郭孝恪守之。布失毕走保拨换城,社尔追擒之。那利收合余烬,潜引西突厥之众,袭杀孝恪。骁卫将军曹继叔等击那利,获之。社尔破其大城五,遣使谕降七百余城,立王弟叶护为王,西域震骇。社尔勒石纪功而还。

己酉（649） 二十三年

春正月,遣骁卫郎将击突厥车鼻可汗。 三月,帝有疾,诏太子听政。 夏四月,如翠微宫。 五月,以李世勣为叠州都督。

上谓太子曰:"李世勣才智有余,然汝与之无恩。我今黜之,若其即行,俟我死,汝用为仆射,亲任之;若徘徊顾望,当杀之耳。"乃左迁世勣为叠州都督。世勣受诏,不至家而去。

卫公李靖卒。 帝崩。长孙无忌、褚遂良受遗诏辅太子。还宫发丧,罢辽东兵。

上苦利增剧,太子昼夜不离侧,或累日不食,发有变白者。上召长孙无忌、褚遂良入卧内,谓之曰:"太子仁孝,善辅导之。"谓太子曰:"无忌、遂良在,汝勿忧天下。"又谓遂良曰:"无忌尽忠于我,我有天下多其力也。我死,勿令谗人间之。"仍令遂良草遗诏。有顷,上崩,秘不发丧。无忌等请太子先还,飞骑劲兵及旧将皆从。大行御马舆继至,

口。龟兹王布失毕和龟兹相那利与社尔交战,战败后退保都城。社尔进军直逼龟兹都城,并将其攻克,命郭孝恪守住此城。布失毕又逃至拨换城力守,社尔随后追击并擒获了他。那利收集残兵败将,又暗中勾结西突厥的人马,袭击并杀死了郭孝恪。骁卫将军曹继叔等人奋力与那利交战,最终将那利抓获。社尔攻占了龟兹的五座大城,派使宣旨又招降了七百多个城池,立龟兹王的弟弟叶护为龟兹王,整个西域震惊恐慌。社尔立石纪功后班师回朝。

己酉(649)　唐太宗贞观二十三年

春正月,派骁卫郎将进攻突厥车鼻可汗。　三月,太宗皇帝患病,下诏宣布太子听政。　夏四月,太宗巡幸翠微宫。　五月,任命李世勣为叠州都督。

太宗对太子说:"李世勣这个人才智有余,然而你对他没有恩德。如今,我贬降他的官职,令其离京,如果他立即出发上路赴任,等我死后,你任用他为仆射,一定要亲自任命;如果他徘徊观望,就应当杀掉他。"于是降李世勣为叠州都督。李世勣接到诏令后连家都没有回就去赴任了。

卫景武公李靖去世。　太宗皇帝驾崩。长孙无忌、褚遂良接受遗诏共同辅佐太子。太子返回宫中,宣布太宗去世的消息,停止征伐辽东的战事。

太宗腹泻加剧,非常痛苦,太子昼夜不离身旁,有时一连几天都不吃东西,头发有的已变白。太宗召见长孙无忌、褚遂良来到卧内,对二人说:"太子仁孝,你们二人要好好辅佐教导他。"对太子说:"有无忌、遂良在,你不用为天下担忧。"又对褚遂良说:"无忌对我赤胆忠心,我能拥有大唐天下,无忌出力最多。等我死后,你不要让进谗言的人离间君臣二人之间的关系。"仍然命令褚遂良起草遗诏。过了一会儿,太宗驾崩,秘不发丧。无忌等人请太子先回到京城宫中,精锐的骑兵、精悍的步兵以及旧将领都跟随着太子。太宗生前乘坐的马车及仪仗队也相继到京,

发丧。宣遗诏,罢辽东之役及诸土木之功。四夷入仕及朝贡者数百人闻丧,皆恸哭,剪发、刳面、割耳,流血洒地。

以于志宁、张行成为侍中,高季辅为中书令。 六月,太子即位。

高宗初即位,召朝集使谓曰:"朕初即位,事有不便于百姓者,悉宜陈;不尽者,更封奏。"自是日,引刺史十人入阁,问以百姓疾苦,及其政治。尝问大理卿唐临系囚之数,对曰:"见囚五十余人,唯二人应死。"上悦。上尝录系囚,前卿所处者多号呼称冤,临所处者独无言。上怪问其故,囚曰:"唐卿所处本自无冤。"上叹息良久曰:"治狱者,不当如是邪?"有洛阳人李泰弘,诬告长孙无忌谋反,上立命杀之。无忌、遂良同心辅政,上亦尊礼二人,恭己以听之。故永徽之政,百姓阜安,有贞观之遗风。

改官名犯先帝讳者。

先是太宗二名,令天下不连言者,勿避。至是,始避之。

以长孙无忌为太尉,李勣为开府仪同三司,并同三品。秋八月,地震。

晋州尤甚,压杀五千余人。

葬昭陵。

阿史那社尔、契苾何力请徇葬。上遣人谕以先旨不许。蛮、夷君长为先帝所擒服者,颉利等十四人,皆琢石为

这时才发丧。宣读遗诏,停止征伐辽东战事和各项土木工程。四方各部族人在京中做官的以及前来朝贡的有数百人,听到这一消息后,都痛哭失声,悲恸欲绝,剪掉头发、用利器划破自己的脸、割耳朵,流血满地。

唐高宗任命子志宁、张行成为侍中,高季辅为中书令。　六月,太子李治即位。

高宗即位不久,召见各地的朝集使,说:"朕刚刚即位,有对老百姓不便利的事情,你们应当全部陈奏;没说完的,还可以再上书启奏。"从这天开始,高宗每天领十名刺史入阁,询问民间疾苦,以及当地的治理状况。高宗曾经向大理卿唐临问关押犯人的数目,唐临答道:"现有五十多名犯人在押,其中应当判处死罪的有二人。"高宗听后很高兴。高宗曾亲自审讯犯人,前任大理卿处理的案子多半犯人口喊冤枉,而唐临所处理的犯人都缄默无言。高宗对此感到很奇怪,问这些犯人是什么原因,犯人回答说:"唐临大理卿所处理的案子本来就没有冤枉。"高宗听后叹息了很久,才说:"审理案件的官员,不应当如此断案吗?"有一个叫李泰弘的洛阳人,诬陷长孙无忌有谋反的企图,高宗立即命人将他处决。无忌、遂良同心尽力辅佐高宗,高宗也十分尊重、礼让二人,虚心纳谏。所以永徽年间的政治,老百姓安定富裕,大有太宗贞观年间的遗风。

高宗下令:凡官名犯先帝讳的,都要改正过来。

起初,太宗"世民"两字,如果两字不连在一起的,不用避讳。这时,开始避讳。

高宗任命长孙无忌为太尉,李勣(李世勣改名李勣)为开府仪同三司,并同中书门下三品。　秋八月,发生地震。

晋州境内的地震尤其严重,被压而死的有五千多人。

安葬太宗皇帝于昭陵。

阿史那社尔、契苾何力请求自杀殉葬。高宗派人告诉他们说先帝的遗旨不许他们这样做。蛮族、夷族的首领被先帝所俘获的,颉利可汗等十四个人,都依照他们每个人的长相雕刻成

像,列于北司马门内。

九月,以李勣为左仆射。　冬十二月,诏濮王泰开府置僚属。

庚戌(650)　高宗皇帝永徽元年

春正月,立妃王氏为皇后。　诏衡山公主俟丧毕成昏。

太宗女衡山公主应适长孙氏,有司以为服既公除,欲以今秋成昏。于志宁言:"汉文立制,本为百姓。公主服本斩衰,纵使服随例除,岂可情随例改?请俟三年丧毕成昏。"上从之。

秋九月,高侃击突厥车鼻可汗,擒之。

侃至阿息山。车鼻发诸部兵,皆不应,遂以数百骑走。侃追获之,送京师,献于庙社及昭陵而赦之,置狼山都督于郁督军山,统其余众。于是突厥诸部尽为内臣,置单于、瀚海二都护府,十都督,二十二州,分统之。自是北边无寇三十余年。

冬十月,李勣解仆射,仍同三品。　以褚遂良为同州刺史。

监察御史韦思谦劾奏遂良抑买人地,左迁同州刺史。

辛亥(651)　二年

石像,摆列在北侧的司马门之内。

九月,高宗任命李勣为左仆射。 冬十二月,下诏准许濮王李泰开建府署,设置僚属。

唐高宗

庚戌(650) 唐高宗永徽元年

春正月,立妃子王氏为皇后。 下诏宣布衡山公主等大丧服满三年后才能成婚。

太宗的女儿衡山公主应当下嫁长孙氏,有关部门的官员认为天子因公事已经脱去丧服,便想让公主在今年秋后成婚。于志宁进言道:"汉文帝制立不必穿三年丧服的制度,本来是为了普天之下的老百姓着想。公主在服丧期间本应穿上粗麻布做成的丧服,即便是援用旧例而脱去丧服,哀情又怎么能够随旧例而一下子改变呢?请等待三年服丧期满后再成婚。"高宗采纳了他的建议。

秋九月,高侃率军进攻突厥车鼻可汗,并俘获了车鼻可汗。

高侃率军来到了阿息山。车鼻征调各部落人作战,无人响应,只好带领几百名骑兵逃跑。高侃率军追击,并将车鼻可汗抓获,派人押解到京城,唐高宗命人将车鼻献于李氏宗庙和昭陵,然后又将他赦免,在郁督军山设置狼山都督府,让他统率突厥余部。于是突厥各部落全部臣服于唐朝,设置单于、瀚海两个都护府,十个都督,二十二个州,分别统率。自此以后,北部边疆没有敌人侵略、平安无事三十多年。

冬十月,李勣被解除仆射之职,仍任开府仪同三司、同中书门下三品。 唐高宗将褚遂良降职为同州刺史。

监察御史韦思谦弹劾褚遂良强行压价购买他人田地,于是高宗将褚遂良降职为同州刺史。

辛亥(651) 唐高宗永徽二年

春正月，以黄门侍郎宇文节、中书侍郎柳奭同三品。

秋七月，西突厥贺鲁杀射匮可汗，自立为沙钵罗可汗。诏武候大将军梁建方等讨之。

瑶池都督阿史那贺鲁招集离散，庐帐渐盛。闻太宗崩，以其众叛，击破射匮可汗，并其众，自号沙钵罗可汗，西击射匮，灭之，胜兵数十万，与乙毗咄陆连兵，处月、处密及西域诸国多附之。至是，进寇庭州，攻陷金岭城。诏梁建方、契苾何力发兵三万及回纥五万骑，以讨之。

八月，以于志宁、张行成为仆射，同三品；高季辅为侍中。　冬十一月，诏献鹰隼犬马者，罪之。

壬子（652）　三年

春正月，吐谷浑、新罗、高丽、百济并遣使入贡。　梁建方大破处月朱邪于牢山。

先是，处月朱邪孤注杀招慰使，与突厥贺鲁相结。建方破之于牢山，生擒孤注，斩首九千级，军还。御史劾奏建方逗留，高德逸敕令市马而自取骏者。上以其有功，释不问。大理卿李道裕奏请以其马实中厩，上曰："道裕法官，进马非其本职，妄希我意，岂朕行事不为臣下所信邪？朕方自咎，故不复黜道裕耳。"

以褚遂良为吏部尚书、同三品。　二月，御安福门楼观百戏。

上谓侍臣曰："朕旧闻胡人善为击鞠，尝一观之。昨初升楼，即有群胡击鞠，意谓朕笃好之也。帝王所为，岂宜

春正月,任命黄门侍即宇文节、中书侍郎柳奭为同中书门下三品。　秋七月,西突厥贺鲁杀掉了射匮可汗,自立为沙钵罗可汗。高宗下诏命令武候大将军梁建方等人率兵征讨西突厥。

瑶池都督阿史那贺鲁招集离散的西突厥人,周围的帐篷逐渐变多。听到唐太宗去世的消息后,率领手下的众人反叛唐朝,进攻并击败了射匮可汗,兼并了射匮可汗的人马,自己号称沙钵罗可汗,向西进攻射匮,并将其灭掉,有数十万精兵,又和乙毗咄陆联盟,致使处月、处密以及西域各国中的大多数依附于他。这时,贺鲁进犯庭州,攻克了金岭城。唐高宗下诏命武候大将军梁建方、契苾何力率三万人马及回纥部的五万骑兵,征讨贺鲁。

八月,唐高宗任命于志宁为尚书左仆射,张行成为右仆射,两人仍任同中书门下三品;任命高季辅为侍中。　冬十一月,高宗下诏宣布,进献鹰隼犬马一类的,一律定罪。

壬子(652)　唐太宗永徽三年

春正月,吐谷浑、新罗、高丽、百济各派使节到唐朝进献贡品。　梁建方在牢山将处月朱邪孤注打得大败。

在此之前,处月的朱邪孤注杀掉唐朝招慰使,和西突厥贺鲁联合。梁建方在牢山将处月军打得大败,活捉朱邪孤注,杀死九千多敌军,撤军。这时,御史向高宗弹劾建方在追击敌军时贻误战机,高德逸借圣旨下令买马之机,自己却把好马留下。高宗因为他们有战功,不予追究。大理卿李道裕又奏请把高德逸的好马收缴上来以充实宫中的马厩,高宗说:"李道裕本是执法官,进马一事并不是他职权范围内的事,却妄自迎合朕的意图,难道是朕做事不能被臣下们所信任吗?朕正在自责,所以不再罢黜道裕。"

高宗任命褚遂良为吏部尚书、同中书门下三品。　二月,高宗乘车来到安福门的城楼上观看百戏。

高宗对身边侍臣说:"朕过去听说胡人擅长击球,曾想亲眼看一看。昨天刚登上城门楼,立即就有很多胡人击球,大概以为朕特别喜爱打马球的游戏。作为帝王,一举一动,难道能够那么

容易？朕已焚此鞫，冀杜胡人窥望之情，亦因以自诫。"

三月，以宇文节为侍中，柳奭为中书令，韩瑗为黄门侍郎、同三品。　秋七月，立陈王忠为皇太子。

王皇后无子，其舅柳奭为后谋，以忠母微贱，劝后请立为太子。上从之。

九月，以中书侍郎来济同三品。　冬十一月，濮王泰卒。

癸丑（653）　四年
春二月，散骑常侍房遗爱及高阳公主谋反，伏诛，遂杀荆王元景、吴王恪，流宇文节于岭表。

初，房遗爱尚太宗女高阳公主。公主骄恣甚，与浮屠辩机等数人私通，事觉，怨望，遂使掖廷令陈玄运伺宫、省视祥。遗爱亦与驸马都尉薛万彻、柴令武谋，奉荆王元景为主以举事。至是，公主谋黜遗爱兄遗直封爵，使人诬告遗直罪。上令长孙无忌鞫之，更获遗爱及主反状。吴王恪有文武才，素为物情所向，太宗欲立之，无忌固争而止，遂与无忌相恶。无忌欲因事诛之，遗爱因言与恪同谋，冀得免死。于是，遗爱、万彻、令武皆斩，元景、恪、高阳、巴陵公主并赐自尽。恪且死，骂曰："长孙无忌窃弄威权，构害良善，宗社有灵，当族灭不久。"宇文节、江夏王道宗、执失思力，并坐与遗爱交通，流岭表。道宗素与无忌及褚遂良不协，故皆得罪。罢玄龄配飨。

随意吗？朕已经将这个球烧掉了，希望以此杜绝胡人窥探帝王喜恶的念头，也是以此为戒。"

三月，高宗任命宇文节为侍中，柳奭为中书令，韩瑗为黄门侍郎、同中书门下三品。　秋七月，高宗立陈王李忠为皇太子。

王皇后没有儿子，她的舅舅柳奭为她出谋划策，认为李忠的母亲出身微贱，劝王皇后向高宗请求立李忠为太子。高宗采纳了这个建议。

九月，高宗任命中书侍郎来济为同中书门下三品。　冬十一月，濮王李泰去世。

癸丑（653）　唐高宗永徽四年

春二月，散骑常侍房遗爱及高阳公主图谋反叛，被处决，于是杀掉了荆王李元景、吴王李恪，将宇文节流放到岭南。

起初，房遗爱娶了唐太宗的女儿高阳公主为妻。高阳公主十分骄横、放纵，和辩机等几名和尚私通，事发后，高阳公主对唐太宗十分怨恨，于是指使掖廷令陈玄运侦察宫中祈神求福的大事。房遗爱也和驸马都尉薛万彻、柴令武暗自商议，准备奉荆王李元景为皇帝，企图反叛朝廷。高宗即位后，高阳公主暗地策划废黜房遗爱的兄长房遗直的封爵，唆使手下人诬告房遗直有罪。高宗命长孙无忌审讯房遗直，进一步掌握了房遗爱以及高阳公主谋反的情况。吴王李恪文武兼备，一向得人心，太宗生前想立他为皇太子，由于长孙无忌固持己见地加以反对而未果，于是和长孙无忌相互忌恨。无忌也想寻找机会除掉李恪，房遗爱因此自称与李恪是同谋，希望能免于一死。于是，房遗爱、薛万彻、柴令武都一律处斩，荆王李元景、吴王李恪、高阳公主、巴陵公主都一律赐其自尽。李恪临死前大骂道："长孙无忌擅弄威权，残害忠良，如果我李氏宗庙有神灵护佑的话，不久你的全族将被杀尽。"宇文节、江夏王李道宗、执失思力，都以与房遗爱同谋的罪名被流放到岭南。李道宗一直和长孙无忌、褚遂良两人不和，所以都一律获罪。罢除了房玄龄在太宗庙陪祭的殊荣。

以李勣为司空。　秋九月，北平公张行成卒，以褚遂良为右仆射。　冬十一月，以崔敦礼为侍中。　十二月，高季辅卒。　西突厥咄陆可汗死。

乙毗咄陆死，其子颉苾达度设号真珠叶护，与沙钵罗有隙，击破之，寻复为沙钵罗所并。

甲寅（654）　五年
春三月，以太宗才人武氏为昭仪。

初，萧淑妃有宠，王后疾之。上之为太子也，入侍太宗，见才人武氏而悦之。太宗崩，武氏出为尼。忌日，上诣寺行香，见之泣。后闻之，阴令长发，纳之后宫，欲以间淑妃之宠。武氏巧慧，多权数。初入宫，屈体事后，后数称其美，未几，大幸，拜为昭仪。后及淑妃宠皆衰，更相与潛之，上皆不纳。昭仪欲追赠其父而无名，故托以褒赏功臣，遍赠屈突通等，而武士彟预焉。

夏闰四月，帝在万年宫，夜大水。

上在万年宫。夜大雨，山水冲玄武门，卫士皆走。郎将薛仁贵曰："天子有急，敢畏死乎？"登门桄大呼以警宫内。上遽出乘高。俄而，水入寝殿，漂溺三千余人。

六月，恒州大水。
漂溺五十余家。
柳奭罢。

唐高宗任命李勣为司空。　秋九月,北平公张行成去世,任命褚遂良为右仆射。　冬十一月,任命崔敦礼为侍中。　十二月,高季辅去世。　西突厥咄陆可汗去世。

乙毗咄陆去世,他的儿子颉苾达度设号称真珠叶护,与沙钵罗之间有矛盾,于是便进攻沙钵罗,并击败了他,但不久后又被沙钵罗所吞并。

甲寅(654)　唐高宗永徽五年

春三月,任命曾侍奉过太宗的才人武氏为昭仪。

起初,萧淑妃受到唐高宗的宠爱,王皇后对她十分嫉妒。高宗还是太子的时候,入后宫侍奉太宗,见到当时身为才人的武氏而十分喜欢。太宗去世时,武氏出宫到感业寺当了尼姑。到太宗忌日这一天,高宗来到感业寺敬香拜佛,见到了武氏,流下泪来。王皇后听说此事后,暗中命令武氏蓄留长发,并把她接到后宫,打算利用武氏离间高宗对萧淑妃的宠爱。武氏机敏聪慧,擅长权术。刚刚入宫时,委曲求全,尽力侍奉王皇后,多次得到王皇后的夸奖,不久,得到高宗的喜爱,大受宠幸,被封为昭仪。王皇后和萧淑妃二人失宠,二人又共同在高宗面前说武氏的坏话,高宗一律不听。武昭仪想为自己的父亲武士彠追赠官爵,但苦于没有名目,因此以褒奖有功的大臣为名,普遍赠赐屈突通等人,而武士彠也进入赠赐之列。

夏闰四月,高宗皇帝住在万年宫,夜间山洪暴发。

高宗住在万年宫。夜间下起了暴雨,山洪暴发,直冲玄武门,守护的卫士都吓跑了。右领军郎将薛仁贵说:“天子处于危难之际,宿卫士兵怎么敢怕死呢!”于是登上门框高声呼喊,给宫内报警。高宗急忙跑出来,登上高处。不一会儿,大水冲入寝殿,被淹死和冲走的有三千多人。

六月,恒州发大水。

被水冲走和淹死的有五十多家。

柳奭罢官。

奭以王后宠衰,求罢。许之。

冬十月,筑长安外郭。

雍州参军薛景宣上言:"汉惠帝城长安,寻晏驾。今复城之,必有大咎。"于志宁等以景宣言涉不顺,请诛之。上曰:"景宣虽狂妄,若得罪,恐绝言路。"遂赦之。

上尝谓宰相曰:"闻所在官司行事,互观颜面,多不尽公。"长孙无忌对曰:"此岂能无? 然亦不至肆情曲法。至于小小收取人情,恐陛下亦不能免。"上嘉纳之。

上尝出畋,遇雨,问谏议大夫谷那律曰:"油衣若为则不漏。"对曰:"以瓦为之,必不漏。"上悦,为之罢猎。

引驾卢文操盗左藏物。上命诛之。谏议大夫萧钧谏曰:"文操情实难原,然法不至死。"上乃免之,顾侍臣曰:"此真谏议也。"

上尝谓五品以上曰:"顷在先帝左右,见五品以上论事,或仗下面陈,或退上封事,终日不绝,岂今日独无事耶?"何公等皆不言也。

大稔。

洛州粟米斗两钱半,粳米斗十一钱。隋开皇中户八百七十万,今三百八十万。

以长孙无忌子三人为朝散大夫。

王皇后、萧淑妃与武昭仪更相谮诉。后不能曲事上左右。昭仪伺后所不敬者,必倾心与相结。由是,后及淑妃

因为王皇后失宠,柳奭请求辞职。高宗准许他辞职。

冬十月,唐高宗下令修建长安外城。

雍州参军薛景宣上书进言道:"汉惠帝修筑长安城,不久便驾崩了。如今又要修筑新城,一定会有大的灾祸。"于志宁等人认为景宣的言辞妖妄不敬,请求杀掉他。高宗说:"景宣虽然口吐狂言,如果问罪于他,恐怕会因此堵塞了向朝廷进言的途径。"于是赦免了景宣。

高宗曾经对宰相说:"听说各有关部门在处理事情时,相互之间察言观色,往往有失公允。"长孙无忌回答道:"这种情形怎么能完全消除呢?然而也不至于因私情违法。至于为人办事稍稍收取点人情费,恐怕陛下也不能完全避免吧。"高宗十分欣赏他的话。

高宗曾出外狩猎,正好赶上下雨,问谏议大夫谷那律道:"如果事先做好雨衣,那么就不至于被淋了。"谷那律回答道:"如果在屋瓦的下面,一定不会淋雨了。"高宗听后很高兴,因此停止了这次狩猎。

引驾卢文操偷盗库藏物资。高宗命令将他处死。谏议大夫萧钧劝谏说:"文操犯了偷盗国家财物罪,的确是不可原谅的,然而依法而论也罪不至死。"高宗于是不再追究,环顾身边的亲信大臣说:"萧钧可真正是谏议大夫啊。"

高宗曾对朝上五品以上的官员们说:"先前朕在先帝左右时,看到五品以上官员议论政事,有的在朝堂上当面陈述,有的退朝后封书奏事,终日不断,难道如今天下就没有事了吗?"何公等朝臣都缄口不言。

大丰收。

洛州粟米一斗值两钱半,粳米一斗只用十一钱。隋朝开皇年间有八百七十万户,如今是三百八十万户。

高宗任命长孙无忌的三个儿子为朝散大夫。

王皇后、萧淑妃和武昭仪三人轮番在高宗面前互相毁谤。王皇后不能曲意侍奉高宗身边的人。武昭仪观察到不被王皇后敬重的人,必定和他倾心结交。自此以后,王皇后及萧淑妃的

动静,昭仪必知之,皆以闻于上。后宠虽衰,然上未有意废也。会昭仪生女,后怜而弄之。后出,昭仪潜扼杀之。上至,昭仪阳欢笑,发被观之,女已死矣,即惊啼问左右,左右皆曰:"皇后适来此。"上大怒曰:"后杀吾女。"昭仪因泣数其罪,后无以自明。上由是有废立之志,又恐大臣不从,乃与昭仪幸长孙无忌第,酣饮极欢,拜无忌宠姬子三人,皆为朝散大夫,仍载金宝缯锦十车,以赐无忌。上因从容言皇后无子,以讽无忌,无忌对以他语,上及昭仪皆不悦而罢。礼部尚书许敬宗亦数劝无忌,无忌厉色折之。

乙卯（655） 六年

春二月,遣营州都督程名振等击高丽。

高丽与百济、靺鞨连兵侵新罗,取三十三城,新罗王遣使求援。遣程名振、苏定方发兵击高丽。既度辽水,高丽逆战,名振等奋击,大破之。

夏五月,遣屯卫大将军程知节讨沙钵罗。　以韩瑗为侍中,来济为中书令。

唐因隋制,后宫有贵妃、淑妃、德妃、贤妃,皆视一品。上欲特置宸妃,以昭仪为之。韩瑗、来济谏,以为故事无之,乃止。

秋七月,贬柳奭为荣州刺史。

初,武昭仪诬王后与其母为厌胜,禁不得入宫,因并贬奭。

一举一动,都全部掌握在武昭仪的手里,然后报告给高宗。王皇后虽然失去了高宗的宠爱,然而高宗还没有废后的想法。正巧此时武昭仪生下一个女儿,王皇后因喜欢孩子而逗她玩。王皇后走出去后,武昭仪偷偷将自己亲生女儿掐死。高宗来至武昭仪处,武昭仪假装欢笑,揭开被子让高宗看孩子,这时女儿早已死去了,武昭仪大声哭闹,问身边人怎么回事,身边人都说:"王皇后方才来过这里。"高宗听后大怒,说道:"皇后杀了我的女儿。"这时武昭仪一边哭泣着一边借机数落起王皇后的罪恶,而王皇后却无法申辩。高宗自此才产生了废王立武的想法,又担心大臣们不同意,于是带着武昭仪一同来到长孙无忌的府第,与无忌尽情饮酒,欢声笑语,封无忌宠妾所生的三个儿子为朝散大夫,又载十车金银财宝和绸缎布匹,赐给无忌。这时,高宗从容不迫地对无忌讲王皇后没有子嗣,示意无忌表态,而无忌却顾左右而言他,高宗和武昭仪都在不悦中结束这场酒宴。礼部尚书许敬宗也多次劝无忌顺从高宗的意思,但都被无忌严词拒绝了。

乙卯(655) 唐高宗永徽六年

春二月,派营州都督程名振等人率兵进攻高丽。

高丽和百济、靺鞨联盟,一同攻击新罗,拿下新罗三十三座大小城池,新罗王派使节向唐朝请求救援。高宗命程名振、苏定方等人领兵进攻高丽。唐军已经渡过辽水,高丽军迎战,名振等人奋勇进攻,将敌人打得大败。

夏五月,派遣屯卫大将军程知节讨伐沙钵罗。 **高宗任命韩瑗为侍中,来济为中书令。**

唐朝因袭隋朝的制度,后宫有贵妃、淑妃、德妃、贤妃,都是一品。高宗想特设宸妃,让武昭仪担任。韩瑗、来济两人劝谏,认为无旧例可循,于是作罢。

秋七月,高宗贬柳奭为荣州刺史。

起初,武昭仪诬陷王皇后和她的母亲用厌胜之术诅咒她,于是高宗下令禁止皇后母亲柳氏进入宫内,因此柳奭也一同被贬。

以李义府为中书侍郎。

中书舍人李义府为长孙无忌所恶，左迁壁州司马。义府问计于中书舍人王德俭，德俭曰："上欲立武昭仪，恐宰臣异议。君能建策立之，则转祸为福矣。"义府然之，叩阁表请。上悦，留之，超拜中书侍郎。于是，卫尉卿许敬宗、御史大夫崔义玄、中丞袁公瑜，皆潜布腹心于昭仪矣。

八月，始置员外同正官。　以裴行俭为西州长史。

长安令裴行俭闻将立武昭仪，以国家之祸必由此始，与长孙无忌、褚遂良私议其事。袁公瑜闻之，以告昭仪母杨氏，行俭坐左迁。

九月，贬褚遂良为潭州都督。

上召长孙无忌、李勣、于志宁、褚遂良入内殿。遂良曰："今日之召，多为中宫。上意既决，逆之必死。太尉元舅，司空功臣，不可使上有杀元舅功臣之名。遂良起于草茅，无汗马之劳，致位至此，且受顾托，不以死争之，何以下见先帝？"勣称疾。无忌等入，上曰："武昭仪有子，欲立为后，何如？"遂良对曰："皇后名家子，先帝为陛下娶之，临崩执陛下手谓臣曰：'朕佳儿佳妇，今以付卿。'非有大故，不可废也。"上不悦而罢。明日又言之，遂良曰："陛下必欲易皇后，请择令族，何必武氏？武氏经事先帝，众所共知，万代之后谓陛下为如何？臣今忤陛下意，罪当死。"因置笏于殿阶，叩头流血，曰："还陛下笏，乞放归田里。"上大怒，命

唐高宗任命李义府为中书侍郎。

中书舍人李义府为长孙无忌所厌恶，降职为璧州司马。李义府向中书舍人王德俭问计，德俭说："皇上想立武昭仪为皇后，担心宰相们反对。你如果能提议立武昭仪为皇后，就会转祸为福了。"义府同意他的这一判断，叩门向高宗递上奏表。高宗很高兴，留下他官居原职，并破格提拔为中书侍郎。于是，卫尉卿许敬宗、御史大夫崔义玄、御史中丞袁公瑜，都暗中向武昭仪表示其效忠之心。

八月，设员外同正官，从这时开始。　任命裴行俭为西州长史。

长安令裴行俭听到高宗将要立武昭仪为皇后的消息，认为大唐的祸乱一定会由此开始，便和长孙无忌、褚遂良私下里商量这件事。袁公瑜听到后，向武昭仪的母亲杨氏报告了这个消息，于是裴行俭被降职。

九月，唐高宗贬黜褚遂良为潭州都督。

高宗召见长孙无忌、李勣、于志宁、褚遂良进内殿。褚遂良说："今日召见，多半是为皇后的事情。皇上的主意已定，如果反对，必死无疑。太尉是国舅，司空是功臣，不能让皇上背负杀国舅和功臣的骂名。遂良出身平民，没有什么汗马功劳，却到了今日这个地位，并且又受先帝的嘱托，不以死谏相争，有什么脸面去见先帝呢？"李勣推说有病在身，没去应召。长孙无忌等人来到内殿，高宗说："武昭仪生了儿子，朕想立她为皇后，你们看怎么样？"褚遂良回答说："皇后出身名门，是先帝为陛下娶的，先帝临去世前拉着陛下的手对臣说：'朕的好儿子好媳妇，如今就托付给你了。'除非皇后犯有大罪，否则不能轻易废掉啊。"高宗很不高兴，只得作罢。第二天又接着商量这件事，遂良说："陛下一定要更换皇后，我请求陛下在名门望族中挑选一个，为什么一定要立武氏呢？武氏曾侍奉过先帝，这是人所共知的事情，千秋万代以后世人将怎样评价陛下呢？臣今天忤逆陛下的意旨，罪该万死。"于是将朝笏放在殿阶上，伏地叩头直至血流满面，并说："把朝笏还给陛下，乞求放我回老家去。"高宗极为气愤，便命人

引出。昭仪在帘中大言曰:"何不扑杀此獠!"无忌曰:"遂良受先朝顾命,有罪不可加刑。"于志宁不敢言。

韩瑗因泣涕极谏,上不纳。瑗又上疏曰:"妲己倾殷,褒姒灭周,每览前古,常兴叹息,不谓今日尘黩圣代!陛下不用臣言,臣恐宗庙不血食矣。"来济上表曰:"王者立后,上法乾坤,必择礼教名家幽闲令淑,副四海之望,称神祇之心。汉成以婢为后,卒使社稷倾沦,惟陛下察之。"上皆不纳。他日,李勣入见,上问之曰:"朕欲立武昭仪为后,遂良固执以为不可,事当且已乎?"对曰:"此陛下家事,何必更问外人。"上意遂决。

许敬宗宣言于朝曰:"田舍翁多收十斛麦,尚欲易妇,况天子立一后,何豫诸人事而妄生异议?"昭仪令左右以闻,贬遂良为潭州都督。其后,韩瑗上疏,为褚遂良讼冤曰:"遂良体国忘家,捐身徇物,风霜其操,铁石其心,社稷之旧臣,陛下之贤佐,无罪斥去,内外咸嗟。愿鉴无辜,稍宽非罪。"上不听,瑗复言曰:"昔微子去而殷国以亡,张华存而纲纪无乱。陛下无故弃逐旧臣,恐非国家之福。"上不纳。

冬十月,废皇后王氏为庶人,立昭仪武氏为皇后。
诏曰:"武氏门著勋庸,地华缨黻,往以才行选入后庭。朕昔在储贰,常得侍从,嫔嫱之间,未曾迕目。圣情鉴悉,每垂赏叹,遂以赐朕,事同政君,可立为皇后。"后上表曰:

将他带出去。武昭仪坐在高宗身后的帘内高声叫道:"为什么不杀了这个老东西!"长孙无忌说:"遂良受先帝嘱托辅佐陛下,即便有罪,也不能施刑。"于志宁吓得不敢说话。

韩瑗一边哭泣着一边竭尽全力劝谏,高宗不听。韩瑗又上奏疏说:"妲己使殷商灭亡,褒姒使周朝灭亡,每次看到前代的这些事情,臣常常感慨万千,没想到今日圣世却遭此亵渎!陛下如果不接受臣的意见,臣担心宗庙将会无人祭祀。"来济上表说:"国君立皇后,应当依据天地之理,一定要选择有礼教、出身名门、雅静温顺的大家闺秀,这样才能符合天下臣民的心愿,又能对得起神灵的昭示。汉成帝把婢女立为皇后,最终使汉朝覆亡,深望陛下反思。"高宗一概不听。有一天,李勣来到内殿求见,高宗问他说:"朕想立武昭仪为皇后,褚遂良固执己见,一再反对,这事应当停止吗?"李勣回答说:"这是陛下的家务事,何必要问外人呢?"高宗听后,主意更加坚决。

许敬宗在朝中公开说道:"种田的老头如果多收获了十斛麦子,还想换妻子,何况天子立一位皇后,这关别人什么事而要妄生异议呢?"武昭仪命手下人把这话告知高宗,于是贬褚遂良为潭州都督。后来,韩瑗上疏,替褚遂良喊冤说:"遂良一心为国,贡献自己,不惜性命,坚持真理,品德高尚,忠诚无比,不仅是国家的元老重臣,而且也是陛下贤明的辅臣,如今无罪被贬黜,朝廷内外都十分惋惜。愿陛下鉴于他是无罪之人而宽谅他。"高宗不听,韩瑗又一次进言道:"过去,微子离开商朝而国家灭亡,张华在而国家有条不紊。陛下无故抛弃、赶走旧臣,恐怕不是我大唐的福音。"高宗还是不听。

冬十月,高宗废皇后王氏为平民,立武昭仪为皇后。

下诏说:"武氏出身于有功勋的家庭,累世为官,先前因为她有才华而被先帝选入后宫。朕还是太子时,她就经常侍从先帝,在众多的嫔妃中,未曾和任何人发生过矛盾。先帝了解到她的贤慧,每每垂爱欣赏赞叹,于是把她赐给朕,就如同汉宣帝把宫女王政君赏赐给太子一样,可以立她为皇后。"武后上表称谢说:

"陛下前以妾为宸妃,韩瑗、来济面折庭争,乞加褒赏。"上以表示之,瑗等大惧,屡请去,不许。百官朝后于肃义门。故后王氏、淑妃萧氏,并囚于别院。上尝念之,间行至其所,呼之,王后泣对曰:"至尊若念畴昔,使得再见日月幸甚。"上曰:"朕即有处置。"武后闻之,大怒,遣人断去手足,投酒瓮中曰:"令二妪骨醉。"数日而死,又斩之。后数见王、萧为祟,如死时状,故多在洛阳,不敢归长安。

以中书侍郎李义府参知政事。

义府容貌温恭,与人语必嬉怡微笑,而狡险忌克。故时人谓"义府笑中有刀"。又以其柔而害物,谓之"李猫"。

丙辰（656） 显庆元年
春正月,以太子忠为梁王,立代王弘为皇太子。

弘,武后所生也,生四年矣。初,许敬宗奏曰:"在东宫者,所出本微。今知国家已有正嫡,必不自安,恐非宗庙之福。"于是废忠而立弘。忠既废,官属无敢见者,右庶子李安仁独候见,泣涕拜辞而去。

二月,赠武士彟司徒,赐爵周国公。 夏,免山东丁役。

上谓侍臣曰:"朕思养人之道,未得其要。"来济对曰:"君之养人,在省征役。今山东役丁,岁别数万,役之则人大

"陛下以往想立妾为宸妃,韩瑗、来济二人曾在朝堂上当面谏争,肯望陛下奖赏表扬他们二人。"高宗将武后的上表给韩瑗、来济二人看,韩瑗等人异常恐惧,多次请求退休,高宗不允许。朝中百官在肃义门拜见武后。原皇后王氏、原淑妃萧氏,一同被囚禁在后宫别院。高宗也曾怀念二人,悄悄来到囚禁她们的地方,呼唤王氏,王氏哭泣着对高宗说:"如果皇上还曾记得往日的夫妻情分,让我重见天日,这是最幸运的事了。"高宗说:"朕马上就会安排。"武后听到此事后,极为气愤,派人砍去二人的手脚,并将二人塞进装酒的瓮中,说:"让这两个老太婆骨头都醉。"几天后二人死去,又被斩首。以后武后多次看到王氏、萧氏的鬼魂在宫中作怪,如同二人死时的模样,因此她大多待在洛阳,而不敢回到长安。

高宗任命中书侍郎李义府为参知政事。

李义府外貌温顺谦恭,和别人交谈时,必定面带微笑,而内心却阴险狡诈、狠毒猜忌。所以当时人称其为"李义府笑里藏刀",又认为他阴柔害人,称他为"李猫"。

丙辰(656) 唐高宗显庆元年

春正月,任命原皇太子李忠为梁王,立代王李弘为皇太子。

李弘,是武后所生,已经四岁。起初,许敬宗奏道:"现在的东宫太子李忠,他的生母出身微贱。如今大唐已经有了嫡长子,李忠内心一定不安,恐怕不是大唐江山的福音。"于是废黜李忠,改立李弘为皇太子。李忠已被废掉,所有官员都不敢去看望他,唯有右庶子李安仁一个人在等候拜见他,悲伤流泪与他告辞道别而离开。

二月,追赠武士彠为司徒,赐爵位为周国公。 夏,免除山东的徭役。

高宗对身边的亲信大臣说:"朕思考养育百姓的道理,未得要领。"来济回答说:"君主养育人民之道,在于减省赋税徭役。如今山东征调壮劳力从事徭役,每年都有数万人,使其服役,百姓太

劳,取庸则人大费。愿量公家所须外,余悉免之。"上从之。

六月,诏以高祖配昊天于圜丘,太宗配五帝于明堂。崔敦礼卒。　秋七月,贬王义方为莱州司户。

李义府恃宠用事。洛州妇人淳于氏美色,系大理狱,义府属大理丞毕正义枉法出之。将纳为妾,事觉,义府逼正义自缢,以灭口。上知而不问。侍御史王义方欲奏弹之,先白其母曰:"义方为御史,视奸臣不纠则不忠,纠之则身危而忧及于亲为不孝,奈何?"母曰:"昔王陵之母杀身以成子之名。汝能尽忠以事君,吾死不恨。"义方乃奏曰:"义府擅杀六品寺丞,就云自杀,亦由畏义府威,杀身以灭口,如此生杀之威不由上出,渐不可长。"对仗叱义府令下,义府顾望不退。义方三叱,义府始趋出。义方乃读弹文。上以义方毁辱大臣,贬之。

九月,括州暴风,海溢。　冬十二月,程知节讨沙钵罗,不克,免官。

程知节引军至鹰娑川,遇西突厥,前军总管苏定方帅五百骑驰击,败之。副总管王文度害其功,矫称别得旨,以知节恃勇轻敌,委文度节制,遂收军不许深入。定方言于知节曰:"上以公为大将,必不更遣军副专其号令。请囚文度,飞表以闻。"知节不从。至恒笃城,有群胡归附,文度欲

劳累,使其纳钱雇人服役,又会加重他们的负担。希望根据国家的实际需要,其余的赋税徭役一律免除。"高宗接受了这一建议。

六月,高宗下诏宣布以高祖配祭昊天上帝于圜丘,以太宗配祭五帝于明堂。　崔敦礼去世。　秋七月,贬黜王义方为莱州司户。

李义府凭借高宗的宠信而专权用事。洛州有一名姓淳于的妇女长得貌美无比,因事关押在大理寺狱中,李义府嘱咐大理丞毕正义违法处理此案,将淳于氏释放。义府将要纳淳于氏为妾时,事发,李义府逼迫毕正义自杀,用以灭口。高宗知道此事,但不予过问。侍御史王义方想弹劾李义府,事先和母亲说:"儿身为御史,看到奸臣不予以纠劾则对君不忠,如果纠劾则自身难保而且连累了母亲,这是不孝,怎么办?"王母回答道:"从前王陵的母亲杀身来成全儿子的名节。你能尽忠侍奉君主,我死了也不遗憾。"王义方立即奏报道:"李义府擅自杀掉身为六品官的大理寺丞,推托说他是自杀,即便是自杀,也是因为惧怕李义府的淫威,自杀来灭口,这样的生杀大权不掌握在皇上手中,这种风气不可助长。"在朝堂之上王义方叱责李义府,叫他退下去回避,李义府观望不退。王义方又三次大声呵斥,李义府这才退出去。王义方于是宣读弹劾李义府的奏章。高宗认为王义方侮辱诋毁大臣,故将他贬官。

九月,括州刮起大暴风,海水外溢。　冬十二月,程知节讨伐沙钵罗,不胜,被免官。

程知节率军来到鹰娑川,遇到西突厥兵,前军总管苏定方率领五百骑兵飞速击敌,将敌军击败。前军副总管王文度害怕苏定方抢去头功,谎称他持有皇帝的另外旨令,说知节一味勇猛,而轻视敌军,委派王文度来指挥军队,于是收军不准许前进。苏定方对程知节说:"皇上任命你为主帅,一定不会派副官来专断军权、发号施令。我请求先把王文度抓起来,然后飞报朝廷去验证。"程知节不听。军队来到恒笃城,有一批胡人前来投降,文度想

杀之而取其资,定方曰:"如此乃自为贼耳,何名伐叛?"文度竟杀之,分其财,独定方不受。师旋,文度坐矫诏,减死除名。知节亦坐逗遛,免官。

丁巳(657) 二年
春正月,遣苏定方等复击沙钵罗。 三月,以褚遂良为桂州都督,李义府兼中书令。 夏五月,帝始隔日视事。

上自即位,每日视事。宰相奏天下无虞,请隔日视事,许之。
遣天竺方士归国。
天竺方士婆婆寐,自言有长生之术,太宗颇信之,发使诣婆罗门诸国采药,药竟不就,乃放还。上即位,复诣长安,上复遣归,谓宰相曰:"自古安有神仙?秦始皇、汉武帝求之,卒无所成。果有不死之人,今皆安在?"李勣对曰:"此人再来,容发衰白,已改于前,何能长生?"竟未及行而死。

秋八月,贬韩瑗、来济、褚遂良皆为远州刺史。
许敬宗、李义府诬奏韩瑗、来济与褚遂良潜谋不轨,以桂州用武之地授遂良,欲为外援,遂皆坐贬。瑗振州,济台州,遂良爱州,柳奭象州。

刘洎之子讼其父冤,言为遂良所谮而死,李义府助之。给事中乐彦玮曰:"刘洎自比伊、霍,不为无罪。今雪洎罪,则先帝用刑不当矣。"上然其言,事遂寝。

杀掉这些人抢劫他们的资财,苏定方说:"如果这样做,我们自己就是贼了,还谈什么征讨叛逆呢?"王文度竟真的杀掉了这些人,瓜分了他们的资财,只有定方没接受。军队回来后,王文度以假称圣旨而获罪免死,除去官爵。程知节也因犯有贻误军机罪,被免官。

丁巳(657) 唐高宗显庆二年

春正月,派苏定方等人又一次进攻沙钵罗。 三月,任命褚遂良为桂州都督,李义府兼任中书令。 夏五月,高宗皇帝开始隔一日处理政务。

高宗自即位以来,每天都临朝处理政务。宰相们奏称大唐天下没有什么忧患,请求每隔一天处理政务,高宗同意这样做。

高宗派天竺方士回国。

天竺方士婆婆寐,自称有长生不老之术,太宗非常相信,派使节到婆罗门各国采集仙药,药没有采来,太宗放婆婆寐返回天竺。高宗即位后,婆婆寐又一次来到长安,高宗又一次让他回去,对宰相们说:"自古以来怎么会有神仙呢?秦始皇、汉武帝寻找神仙,最终一事无成。如果真有长生不老之人,如今这些人又在哪儿呢?"李勣回答道:"这个人这次再来,容颜衰老,头发已白,和先帝在时已大不一样,怎么能长生不老呢?"婆婆寐还未动身就死去了。

秋八月,贬黜韩瑗、来济、褚遂良分别到远离京城的州任刺史。

许敬宗、李义府向高宗诬奏韩瑗、来济和褚遂良阴谋造反,因桂州是一块用武之地,让遂良做都督,想要用他作为外援,于是每个人都获罪被贬。韩瑗为振州刺史,来济为台州刺史,遂良为爱州刺史,柳奭为象州刺史。

刘洎的儿子替父申冤,说其父是被褚遂良陷害而死,李义府支持他。给事中乐彦玮进言道:"刘洎以伊尹、霍光自比,不算无罪。如果今天为刘洎平反,那就说明先帝用刑失当。"高宗同意他的说法,为刘洎平反一事于是停止。

诏废六天之祀,合方丘神州为一祭。 以许敬宗为侍中,杜正伦为中书令。 冬十月,苏定方击沙钵罗,获之,分立兴昔亡、继往绝二可汗。

苏定方至曳咥河西,沙钵罗帅兵十万拒战。定方击败之,斩获数万。会大雪,平地二尺,军中咸请俟晴而行,定方曰:"虏恃雪深,谓我不能进,必且休息,亟追之可及也。"乃兼行至其牙帐,纵兵击之,斩获又数万,沙钵罗脱走趣石国。定方于是息兵,诸部各归所居,通道路,置邮驿,掩骸骨,问疾苦,划疆场,复生业。凡为沙钵罗所掠者,悉给还之,十姓安堵如故。乃命萧嗣业将兵追沙钵罗,获之。分西突厥地置昆陵、濛池二都护府;以弥射为兴昔亡可汗,押五咄陆部落;步真为继往绝可汗,押五弩失毕部落。

以洛阳宫为东都。 诏禁僧尼受父母及尊者拜。以刘祥道为黄门侍郎,知选事。

祥道以"取士伤滥,每年入流之数一千四百有余,内外文武官万三千四百六十五员,约准三十年则万三千余人略尽矣;若年别入流者五百人,足充所须之数,望有厘革。"而大臣惮于改作,事遂寝。

戊午(658) 三年
春正月,诏行新礼。

高宗下诏废除纬书祭祀六天的说法,将方丘祭祀皇地祇与祭祀神州地祇合在一起祭祀。 任命许敬宗为侍中,杜正伦为中书令。 冬十月,苏定方进攻沙钵罗,将其活捉,分别立兴昔亡、继往绝二可汗。

苏定方率军来到曳咥河西,沙钵罗率十万大军迎战。苏定方将其击败,斩杀和俘获敌人数万名。恰逢天降大雪,平地有二尺深,全军上下一致请求等到雪停了以后再行军,定方说:"敌人凭借大雪深厚,认为我军不能前进,一定借机休整。应当立即追击,这样才能赶上敌人。"于是唐军昼夜兼行赶到沙钵罗牙帐之处,纵兵攻击,杀死和俘获敌人数万名,沙钵罗在乱军中脱逃,直奔石国而去。这时,定方才让军队原地休息,各个被沙钵罗逼迫的部落回到原来的住处,修通道路,设置驿站,掩埋尸骨,慰问疾苦,划分疆界,恢复生产。凡是被沙钵所抢掠来的东西,全部送还,十个部落安定如初。于是,命令萧嗣业率兵追击沙钵罗,将其抓获。唐朝在西突厥所控制的地区设置了昆陵、濛池两个都护府;任命弥射为兴昔亡可汗,主管五咄陆部落;又任命步真为继往绝可汗,主管五弩失毕部落。

唐朝廷以洛阳宫为东都。 下诏禁止出家的和尚和尼姑接受父母以及尊者的礼拜。 任命刘祥道为黄门侍郎,执掌选官取士。

刘祥道认为"当前科举取士超过限度,每年进入九品以内的官员人数为一千四百多人,内外文武官员多达一万三千四百六十五人,按此计算,大约三十年以后,这一万三千四百六十五人差不多都不能再任职了;如果每年经过铨叙选拔进入九品士流的达到五百人,也足可以弥补所需官员的缺额,希望对此有所整理改革。"但是由于当权的大臣们害怕有所改变,所以这件事就被搁置了。

戊午(658) 唐高宗显庆三年
春正月,下诏宣布实行新制定的礼仪。

先是,议者谓贞观礼节文未备,故命长孙无忌等修之。时许敬宗、李义府用事,所损益多希旨,学者非之。博士萧楚材等以为凶事非臣子所宜言,敬宗、义府深然之。焚《国恤》篇,凶礼遂阙。

夏五月,徙安西都护府于龟兹。

初,龟兹王布失毕妻与其相那利私通,由是君臣猜阻,互来告难。上两召之,囚那利,遣左领军郎将雷文成送布失毕归国,龟兹大将羯猎颠发众拒之。诏屯卫大将军杨胄发兵讨之,擒羯猎颠,诛之。乃徙安西都护府于龟兹,高昌但为西州都督府。

冬十一月,贬杜正伦为横州刺史,李义府为普州刺史。

李义府有宠于上,诸子孩抱者并列清贯,而义府贪冒无厌,卖官鬻狱,其门如市。中书令杜正伦每以先进自处,由是有隙,讼于上前。上两责之。

以许敬宗为中书令,辛茂将为侍中。　鄂公尉迟敬德卒。

敬德晚年闲居,学延年术,不交通宾客,凡十六年。卒,谥忠武。

爱州刺史褚遂良卒。

己未（659）　四年

夏四月,以于志宁同三品,许圉师参知政事。　削太尉赵公长孙无忌官封,黔州安置。

武后以长孙无忌受重赐而不助己,深怨之;以于志宁中立不言,亦不悦,令许敬宗伺其隙而陷之。会人告太子洗马韦季方罪,敕敬宗、辛茂将鞫之。季方自刺不死,敬

这之前,议论的人认为贞观年间制定的礼仪不完备,所以命令长孙无忌等人修订。当时许敬宗、李义府掌权,减删增补多秉承皇上的旨意行事,有学问的人都加以指责。博士萧楚材等人认为准备丧事不是臣下应该说的,许敬宗、李义府十分同意。于是烧掉了其中的《国恤》一篇,因此缺少丧事的礼节仪式。

夏五月,唐朝迁安西都护府治所于龟兹。

当初,龟兹王布失毕的妻子和龟兹相那利私通,因此君臣之间相互猜忌、分裂,双方都到唐朝来责备告发对方。高宗同时召见双方,囚禁那利,派左领军郎将雷文成护送布失毕回龟兹,龟兹大将羯猎颠鼓动众人拒绝布失毕回国。高宗下诏命令屯卫大将军杨胄带兵讨伐,擒获羯猎颠,并斩首示众。于是,唐朝将安西都护府的治所迁到龟兹都城,高昌只是西州都督府的治所。

冬十一月,贬黜杜正伦为横州刺史,李义府为普州刺史。

李义府因受皇帝宠爱,他的儿子还在怀抱中就列名清高尊贵的官衔,但李义府贪得无厌,卖官鬻爵,往来求托者络绎不绝,门庭如市。中书令杜正伦每每以前辈自居,自此二人产生仇怨,相互争论于高宗面前。高宗对二人都加以责备。

高宗任命许敬宗为中书令,辛茂将为侍中。　鄂公尉迟敬德去世。

敬德晚年闲居家中,学习长生不老之术,闭门谢客,一共十六年。去世后,谥号为忠武。

爱州刺史褚遂良去世。

己未(659)　唐高宗显庆四年

四月,任命于志宁为同中书门下三品,任命许圉师为参知政事。　剥夺太尉赵公长孙无忌的官爵封号,将其安置在黔州。

武后认为长孙无忌受太宗的重用而不帮自己,很怨恨他;认为于志宁在立后问题上中立不肯说话,也对他不满,命令许敬宗暗中等待时机而诬陷他们。恰值有人报告太子洗马韦季方有罪,高宗命令敬宗、辛茂将两人审讯这个案子。季方自杀但没有死,敬

宗因诬奏季方欲与无忌谋反。上惊曰："舅为小人所间,小生疑阻则有之,何至于反?"敬宗曰:"反状已具,愿陛下勿疑。"上泣曰:"我家不幸,往年高阳公主与房遗爱谋反,今元舅复然,将若之何?"对曰:"遗爱,乳臭儿,与一女子谋反,势何所成? 无忌与先帝谋取天下,天下服其智,为宰相三十年,百姓畏其威,若一旦窃发,内外响应,陛下遣谁当之乎?"上曰:"朕决不忍加刑于无忌。"敬宗对曰:"汉文帝,汉之贤主也,其舅薄昭,止坐杀人,帝使公卿哭而杀之,后世不以为非。今无忌谋移社稷,其罪与昭不可同年而语。陛下少更迁延,臣恐变生肘腋,悔无及矣。"上以为然,竟不引问,诏削无忌官封,黔州安置。敬宗又奏无忌谋逆,由褚遂良、柳奭、韩瑗构扇而成,于志宁亦其党也。于是,诏追削遂良官爵,除奭、瑗名,免志宁官。凉州刺史赵持满多力善射,其舅长孙铨,无忌之族弟也,铨坐无忌流巂州。敬宗恐持满作难,诬以同反,召至,下狱,讯掠备至,终无异辞,曰:"身可杀也,辞不可更!"吏乃代为狱辞,结奏,诛之。尸于城西,亲戚莫敢视,友人王方翼收而葬之。上闻之,不罪也。铨至流所,县令希旨杖杀之。

六月,改《氏族志》为《姓氏录》。

宗于是借机向高宗诬告韦季方想和长孙无忌图谋叛乱。高宗听后吃惊地问道："国舅被小人离间，从而产生小的猜忌隔阂是有的，怎么会达到谋反的程度呢？"许敬宗回答道："谋反的情况已经有案可查，望陛下不要怀疑。"高宗哽咽问道："我李氏家门不幸，以往高阳公主和房遗爱图谋叛乱，如今国舅元老又重蹈覆辙，将怎么处置呢？"回答道："遗爱，只不过是一个乳臭未干的小子，和一个女子图谋叛乱，又怎么会成功呢？无忌和先帝共同策划打下江山，全天下人都服膺他的聪明智慧，又做了长达三十年的宰相，老百姓害怕他的淫威，如果一旦发生叛乱，朝廷内外响应，陛下派谁去抵挡呢？"高宗说："朕绝不忍心用刑罚处置无忌。"敬宗回答道："汉文帝，是有汉一朝的贤良君主，他的舅舅薄昭，仅犯有杀人罪，汉文帝就让公卿流着眼泪将他杀掉了，后世不认为这样做是错误的。如今，无忌图谋改朝换代，他所犯下的罪过与当年的薄昭不可同日而语。如果陛下稍稍迟疑而有所拖延，臣恐怕会在陛下身边发生政变，到那时后悔都来不及了。"高宗认为敬宗说得对，居然不加调查，就下诏削去无忌的官爵封号，将他安置在黔州听候处理。许敬宗又奏报无忌谋反，是由褚遂良、柳奭、韩瑗在一旁煽风点火而造成的，于志宁也是他们的同党。于是，高宗下诏追夺褚遂良的官职和封爵，除去柳奭、韩瑗的名籍，免去于志宁的官职。凉州刺史赵持满力气大，擅长射箭，他的舅舅长孙铨，是无忌的同族弟弟，长孙铨被牵连进无忌的冤案中而被流放到巂州。许敬宗担心赵持满率兵发难，向高宗报告说他也是无忌的同谋，被召至京城，逮捕下狱，受到百般拷打，最终也没有承认谋反，只是说道："身可杀，但我说的话不能更改！"于是狱吏替他写了口供，经审核、上奏后，被处死。尸体被扔在长安城西，他的亲人都不敢靠近探看，他生前的好友王方翼收殓他的尸骨，将他埋葬。高宗听到这件事后，没有给王方翼加罪。长孙铨来到流放地，当地的县令迎合上面的意旨用杖刑打死他。

　　六月，唐高宗下令改《氏族志》为《姓氏录》。

初，太宗修《氏族志》，升降去取，时称允当。至是，许敬宗等以其书不叙武氏本望，奏请改之，以后族为第一等，其余悉以仕唐官品高下为准。于是，士卒以军功致位五品者豫士流，时下谓之"勋格"。

初，太宗疾山东士人自矜门地，既修《氏族志》，例降一等；王妃、主婿皆取勋臣家，而魏徵、房玄龄、李勣家皆盛与为昏，常左右之，由是旧望不减。李义府为其子求昏，不获，恨之，故以先帝之旨劝上矫其弊。诏山东六族不得自为昏姻。然终不能禁，其衰宗落谱往往反自称禁昏家，益增厚价。

以许圉师为侍中。辛茂将卒。　诏许敬宗议封禅仪。

敬宗请"以高祖、太宗俱配上帝，太穆、文德二后并配地祇"。从之。

秋七月，杀长孙无忌、柳奭、韩瑗。

七月，诏御史追柳奭、韩瑗，枷锁诣京。敬宗又遣袁公瑜诣黔州，再鞫长孙无忌，逼令自缢。诏斩瑗、奭。瑗已死，发验而还。籍没三家，近亲皆流岭南为奴婢。

贬高履行为永州刺史，于志宁为荣州刺史。

长孙氏、柳氏，缘无忌、奭坐贬者十三人；于氏贬者九人。自是政归中宫矣。

冬十月，思结反。遣苏定方讨降之。

起初，太宗命人修撰《氏族志》，姓氏地位的升或降、姓氏的收录或删除，当时人认为处理得公允适当。到这时候，许敬宗等人因为《氏族志》没有叙述武氏望族的地位，向高宗奏请予以修改，把皇后武氏一族上升为天下第一等氏族，剩下的姓氏一律以官品高低为标准。于是，士卒因军功而被提升到五品官位的人而进士流，当时称之为"勋格"。

起初，太宗痛恨崤山以东的士族子弟以自家门第自夸，修订后的《氏族志》，照例将其降一等；王妃、驸马都一律选取功臣之家，然而魏徵、房玄龄、李勣等家都以与崤山以东的士家子弟通婚为时尚，常常帮扶他们，因此声望并不衰减。李义府为自己儿子求婚，但未能如愿，于是怀恨在心，所以用太宗的上述意图劝高宗纠正其弊端。高宗下诏宣布崤山以东六族人家的子女不得相互通婚。然而最终还是不能禁止，那些衰落式微、不见宗谱的士族人家反而常常自称是被禁止通婚的人家，索要的财礼数目更多。

高宗任命许圉师为侍中。辛茂将去世。　下诏命令许敬宗议论封禅大礼。

许敬宗向高宗奏请"将高祖、太宗都配祭昊天上帝，太穆、文德二皇后都配祭地祇。"高宗采纳了这一建议。

秋七月，下诏处死长孙无忌、柳奭、韩瑗三人。

七月，唐高宗下诏，命令追捕柳奭、韩瑗二人，将其带上枷锁送到京城。许敬宗又派遣袁公瑜到黔州，再次提审长孙无忌，逼迫他上吊自杀。下诏命令将柳奭、韩瑗二人就地斩首。韩瑗已被处死，使者开棺验尸后返回。长孙、韩、柳三家被籍没财产，他们的近亲都被流入到岭南为奴婢。

高宗下诏贬黜高履行为永州刺史，于志宁为荣州刺史。

长孙氏、柳氏两族，因无忌、柳奭而被牵连贬黜的有十三人；于氏一族被贬黜的有九人。自此开始，朝中大权归于中宫武后。

冬十月，思结俟斤都曼反叛唐朝。唐朝派苏定方率军前去讨伐，思结俟斤都曼投降。

庚申（660） 五年

春二月，帝如并州。

皇后宴亲戚、故旧、邻里于朝堂，妇人于内殿，颁赐有差。诏并州妇人年八十已上，皆版授"郡君"。

夏四月，作合璧宫。 六月朔，日食。 秋七月，废梁王忠为庶人。

梁王忠年浸长，颇不自安，或衣妇人服以备刺客，又数自占吉凶。或告其事，废为庶人，徙黔州。

卢承庆免。 遣苏定方等伐百济，降之。

初，百济恃高丽之援，数侵新罗，新罗王上表求救，诏苏定方等率水陆十万以伐之。定方引军自成山济海，直趣其都。百济倾国来战，大破之，百济王义慈降。百济故有五部，分统三十七郡，二百城，七十六万户。诏以其地置熊津等五都督府，郎将刘仁愿镇百济府城。定方前后灭三国，皆生擒其主。

冬十月，初令皇后决百司奏事。

上初苦风眩，不能视百司奏事，或使皇后决之。后性明敏，涉猎文史，处事皆称旨。由是始委以政事，权与人主侔矣。

辛酉（661） 龙朔元年

夏四月，遣兵部尚书任雅相等征高丽。

任雅相等及诸胡兵凡三十五军，水陆并进。上欲自将大军继之，皇后表谏，乃诏班师。苏定方破高丽于浿江，屡

庚申（660）　唐高宗显庆五年

春二月，高宗皇帝到达并州。

皇后在朝堂宴请亲戚、故旧和邻居，妇女在内殿，朝廷给这些人等次不同的赏赐。高宗下诏并州妇女年龄在八十岁以上的，一律授予"郡君"的封号。

夏四月，唐朝开始建合璧宫。　六月初一，出现日食。　秋七月，废黜梁王李忠为平民。

梁王李忠年岁渐渐大些，内心很不安，有时穿上女人服装以防备刺客，又多次自己占卜吉凶。有人向皇上告发他的这些事，被废黜为平民，迁居黔州。

卢承庆被免官。　唐朝派苏定方等人率军讨伐百济，百济投降。

起初，百济凭借高丽的援助，多次侵犯新罗，新罗王向唐朝上表请求救援，唐朝下诏命苏定方率领水陆十万大军讨伐百济。苏定方率军从成山渡海，直逼百济的都城。百济倾其全国兵力迎战，被唐军打得大败，百济王义慈投降。百济原有五部，分别统辖三十七郡，二百城，七十六万户。高宗命令在百济原来的辖境内设置熊津等五个都督府，郎将刘仁愿镇守百济府城。苏定方前后消灭了三个国家，都活捉了他们的国王。

冬十月，唐高宗开始命武皇后处理各部门上奏的事务。

高宗开始因风邪而头晕目眩，不能处理各部门上奏的事务，有时让皇后决断。武后生性聪明机敏，广泛阅读文史典籍，每次处理政事都符合高宗的意图。从此高宗开始把国家政事委托她来处理，她的权势和皇帝已经等同了。

辛酉（661）　唐高宗龙朔元年

夏四月，唐朝廷派兵部尚书任雅相等人领兵征伐高丽。

任雅相等人率领唐军和由胡人组成的军队共三十五路大军，分水、陆两路一同进击。高宗想自己统率大军跟随其后，武后上表劝谏，这才下诏命令撤军。苏定方在浿江给高丽军以重创，屡

战皆捷,遂围平壤城。高丽盖苏文遣其子男生,以精兵数万守鸭绿水。契苾何力至,值冰大合,引众乘冰,鼓噪而进,高丽大溃,斩首三万级,余众悉降。会有诏,班师乃还。

六月,以西域诸国为州、府。

凡府八,州七十六。

徙潞王贤为沛王。

沛王贤闻王勃善属文,召为修撰。时诸王斗鸡,勃戏为《檄周王鸡》文。上见之,怒曰:"此乃交构之渐。"斥勃出沛府。

铁勒犯边,诏武卫将军郑仁泰等将兵讨之。

回纥同罗仆固犯边,诏以郑仁泰为铁勒道行军大总管,讨之。

战屡胜,于是包围了平壤城。高丽盖苏文派自己儿子男生,率领精兵几万人坚守鸭绿水。契苾何力领军来到水边,恰逢此时鸭绿水完全封冻,于是率军通过冰河,一路呐喊着向高丽军进攻,将敌人打得大败,杀死敌军三万余名,其余部众全部投降。这时,诏令已到,于是班师还朝。

六月,唐朝在西域各国境内设置州、府。

一共设置八个府,七十六个州。

高宗降潞王李贤为沛王。

沛王李贤听说王勃擅写诗文,于是将其召至府上,任命为修撰。当时,诸王喜爱斗鸡游戏,王勃戏作《檄周王鸡》一文。高宗看到这篇文章后,非常生气地说:"这篇文章是互相陷害的根由。"于是将王勃逐出沛王府。

铁勒部侵犯边疆,唐朝下诏命令武卫将军郑仁泰等人率兵讨伐。

回纥同罗仆固侵犯边疆,唐朝下诏任命郑仁泰为铁勒道行军大总管,率兵讨伐。

资治通鉴纲目卷四十一

起壬戌(662)唐高宗龙朔二年,尽丙申(696)唐中宗嗣圣十三年。凡三十五年。

壬戌(662) 龙朔二年

春正月,改百官名。

以门下省为东台,中书省为西台,尚书省为中台。侍中为左相,中书令为右相,仆射为匡政,左、右丞为肃机,尚书为太常伯,侍郎为少常伯。其余并以义训更其名,而职任如故。

任雅相卒于军,苏定方引军还。

雅相为将,未尝奏亲戚故吏从军,皆移所司补授,谓人曰:"官无大小,皆国家公器,岂可便私!"由是军中赏罚皆平,人服其公。至是卒。会沃沮道总管庞孝泰败死,苏定方围平壤,久不下,引军还。

三月,郑仁泰等败铁勒于天山。

铁勒九姓闻郑仁泰至,合众十余万以拒之,选骁健者数十人挑战,薛仁贵发三矢,杀三人,余皆下马请降。仁贵悉坑之,度碛北,击其余众,获叶护兄弟三人而还。军中歌之曰:"将军三箭定天山,壮士长歌入汉关。"思结、多滥葛等部落先保天山,闻之皆降,仁泰等纵兵击之,掠其家。房相帅远遁,仁泰将轻骑赴之,逾大碛,至仙萼河,不见虏,

壬戌（662） 唐高宗龙朔二年

春正月,唐朝改百官名称。

改门下省为东台,中书省为西台,尚书省为中台。改侍中为左相,中书令为右相,仆射为匡政,左、右丞为肃机,尚书为太常伯,侍郎为少常伯。其余的官职都按照它们的实际意思更改名称,而职权不变。

任雅相在军中去世,苏定方率兵撤回。

任雅相担任将领,从不上奏让自己的亲戚和旧时属官在军中任职,都交由有关部门去补授,并对他人说:"官职不管大小,都是国家的公物,怎么能够借机谋取私利呢!"因此军中赏罚都很公平,人们都佩服他的公正。这时任雅相去世。适逢沃沮道总管庞孝泰战败而死,苏定方率兵包围了平壤,久攻不克,便率军撤回。

三月,郑仁泰等率兵在天山打败了铁勒。

铁勒九姓部落听说郑仁泰率兵来到,就会合部众十余万人来抵御,并挑选了数十名勇猛健壮的战士来挑战,薛仁贵连发三箭,射死了三人,其余的人全都下马投降。薛仁贵把他们全都活埋,然后越过漠北,攻打铁勒其余的部众,俘虏了叶护兄弟三人后返回。军中歌唱道:"将军三箭定天山,壮士长歌入汉关。"思结、多滥葛等部落起先保守天山,听说后都来投降,郑仁泰等发兵攻打他们,抢掠他们的家财。敌人们竟相逃往远方,郑仁泰率领轻装骑兵追赶,越过大漠,到达仙萼河边,没有看到敌人,

粮尽而还。值大雪，士卒饥冻，人自相食，比入塞，余兵才八百人。司宪大夫杨德裔劾奏："仁泰诛杀已降，使虏逃散，不计资粮，弃甲资寇。"诏皆释之。以契苾何力为铁勒道安抚使，安辑余众。何力简精骑五百驰入九姓中，谓曰："国家知汝皆胁从，赦汝之罪，罪在酋长，得之则已。"其部落大喜，共执其叶护等以授何力，何力斩之，九姓遂定。

夏五月，以许圉师为左相。　**秋七月**，熊津都督刘仁愿等大破百济于熊津。

初，苏定方既平百济，留郎将刘仁愿镇守，以王文度为熊津都督，抚其余众。文度卒，百济故将福信聚众据周留城，迎故王子丰立之，引兵围仁愿。时刘仁轨坐罪，白衣从军，诏以为带方州刺史，将文度之众，发新罗兵以救仁愿。仁轨请《唐历》及庙讳而行，曰："吾欲扫平东夷，颁大唐正朔于海表！"仁轨御军严整，转斗而前，所向皆下。新罗粮尽引还，福信招集徒众，其势益张。仁轨众少，与仁愿合军，休息士卒。会平壤军还，敕仁愿等西归。仁轨以为："如此则百济余烬，不日更兴，高丽逋寇，何时可灭！"乃守便宜，乘百济无备，帅众破之，拔其数城。奏请益兵，诏发淄、青、莱、海之兵七千人赴之。福信专权，与百济王丰浸相猜忌。丰杀福信，遣使诣高丽、倭国乞师以拒唐兵。

因粮食吃尽而回。适逢天下大雪，士卒饥寒交迫，人吃人，等到进入边塞时，仅剩下八百名士兵。司宪大夫杨德裔上奏弹劾说："郑仁泰诛杀已经投降的敌人，致使其余的敌人逃散，又不计算物资粮食，丢弃了铠甲，资助了敌人。"唐高宗下诏都不予追究。唐高宗任命契苾何力为铁勒道安抚使，让他安抚铁勒余众。契苾何力挑选了五百名精锐骑兵驰马进入铁勒九姓部落中，对他们说："朝廷知道你们都是被胁迫造反的，所以赦免了你们的罪，罪责在于酋长，抓到他们事情就算完结了。"部落民众十分高兴，于是一起抓住叶护等交给了契苾何力，契苾何力将他们斩首，铁勒九姓因此安定。

夏五月，唐高宗任命许圉师为左相。　秋七月，熊津都督刘仁愿等人在熊津把百济兵打得大败。

当初，苏定方平定百济之后，留下郎将刘仁愿镇守，任命王文度为熊津都督，安抚残余的部众。王文度去世后，百济旧将福信聚集部众占据了周留城，并迎回原来的王子扶余丰，拥立他为王，然后率兵包围了刘仁愿。当时刘仁轨因罪被剥夺职务，以平民身份在军中效力，唐高宗下诏任命他为带方州刺史，率领王文度的军队，调发新罗兵去救援刘仁愿。刘仁轨向州府求得《唐历》和唐朝已故皇帝的名讳后出发，说："我要扫平东夷，在海外颁行大唐王朝的历法！"刘仁轨治军严整，边战边进，所向皆克。新罗军队因粮食吃尽而返回，福信招集兵众，势力更加强大。刘仁轨兵少，于是与刘仁愿的军队会合，让士卒休息。适逢攻打平壤的军队撤回，唐高宗下令刘仁愿等向西返回。而刘仁轨认为："如果我们撤军，那么百济的残余势力不久又会兴起，高丽这一流寇，什么时候才能够消灭呢！"于是守卫孤城，见机行事，乘百济军队没有防备之时，率兵打败了他们，并攻克了数个城池。刘仁愿又上奏请求增加兵力，唐高宗下诏征发淄州、青州、莱州、海州的士兵七千人开赴熊津。福信专擅大权，与百济王扶余丰逐渐互相猜忌。最后扶余丰杀死了福信，派遣使者前往高丽、倭国请求援兵来抵御唐朝军队。

八月,以许敬宗同三品。　冬十月,以上官仪同三品。许围师免。　昫海总管苏海政矫诏杀兴昔亡可汗。

昫海道总管苏海政受诏讨龟兹,敕兴昔亡、继往绝二可汗发兵与俱。继往绝素与兴昔亡有怨,密请海政矫敕收斩之。其部落亡走,海政追讨平之。继往绝寻卒,十姓无主,附于吐蕃。

西突厥寇庭州,刺史来济死之。

西突厥寇庭州,刺史来济将兵拒之,谓其众曰:"吾久当死,幸蒙存全以至今日,当以身报国。"遂不释甲胄,赴敌而死。

癸亥(663)　三年
春正月,以李义府为右相。夏四月,除名流嶲州。

义府兼知选事,恃势卖官,怨讟盈路,上从容戒之,义府勃然变色,曰:"谁告陛下?"缓步而去。上不悦。义府又与术者微服出城,候望气色,或告义府阴有异图。鞫之,有实,诏除名,流嶲州。朝野称庆。

蓬莱宫成。

初,隋文帝迁长安城,立宫于西北隅。至是营蓬莱宫于其东北,制度宏壮于旧,门曰丹凤,殿曰含元,移仗居之,命故宫曰西内,新宫曰东内,亦曰大明宫云。

五月,诏郑仁泰等分屯凉、鄯,以备吐蕃。

八月,任命许敬宗为同东西台三品。 冬十月,任命上官仪为同东西台三品。 免去许圉师的左相职务。 呬海道总管苏海政假传诏令杀死了突厥兴昔亡可汗。

呬海道总管苏海政奉诏率兵讨伐龟兹,唐高宗下令突厥兴昔亡、继往绝二可汗发兵与苏海政一起行动。继往绝可汗因为素来与兴昔亡可汗有仇怨,于是秘密请求苏海政假传敕令收捕斩杀了兴昔亡可汗。兴昔亡可汗的部落兵众逃走,苏海政追击讨平了他们。不久继往绝可汗死去,突厥十姓失去了首领,于是归附了吐蕃。

西突厥军队侵犯庭州,庭州刺史来济战死。

西突厥军队侵犯庭州,庭州刺史来济率兵抵御突厥,对部众说:"我早就应该死了,有幸保全性命到了今天,应该献身报效国家。"于是不解铠甲头盔,奔赴敌阵而战死。

癸亥(663) 唐高宗龙朔三年

春正月,唐高宗任命李义府为右相。夏四月,将李义府削除名籍,流放到巂州。

李义府兼管选拔官吏的事务,依仗着皇后的势力,卖官鬻爵,弄得怨声载道,唐高宗曾经温和地告诫他,李义府听后脸色骤变,说:"是谁告诉陛下的?"说完缓步离去。唐高宗很不高兴。李义府又与方术之士穿着平民衣服出城,观望云气,有人告发说李义府暗中图谋不轨。于是将李义府逮捕审讯,事实确凿,唐高宗下诏将他削除名籍,流放到巂州。朝廷内外都庆贺这件事。

蓬莱宫建成。

当初,隋文帝迁长安城,在城的西北角建造了宫室。这时唐朝在城的东北方营建了蓬莱宫,规模比旧宫宏伟壮丽,门叫丹凤门,殿名含元殿,唐高宗迁到蓬莱宫中居住,把旧宫称为西内,新宫称为东内,也叫大明宫。

五月,唐高宗下诏命令郑仁泰等分别率兵驻守凉州、鄯州,以防备吐蕃。

吐蕃、吐谷浑互相攻,各上表论曲直求援,上不许。吐蕃击吐谷浑,大破之,吐谷浑可汗曷钵与弘化公主帅数千帐弃国走凉州。上以郑仁泰等分屯凉、鄯,备吐蕃。又以苏定方节度诸军,援吐谷浑。吐蕃表吐谷浑之罪,且请和亲,诏责让之。

秋九月,熊津总管孙仁师攻百济,拔之。

初,刘仁愿、刘仁轨既克真岘城,诏孙仁师将兵浮海助之,军势大振。诸将以加林城水陆之冲,欲先攻之。仁轨曰:"周留城,虏之巢穴,若克周留,诸城自下。"于是水陆并进,遇倭兵于白江口,四战皆捷。百济王丰奔高丽,子忠胜等帅众降,百济尽平,唯任存城不下。百济人黑齿常之、沙吒相如各帅众降。仁轨使各将其众,取任存城。仁师曰:"此属兽心,何可信也!"仁轨曰:"吾观二人皆忠勇有谋,敦信重义,是其感激立效之时,不用疑也。"遂给粮仗,分兵随之,拔任存城。诏留仁轨镇百济,召仁师、仁愿还。仁轨瘗骸骨,籍户口,理村聚,署官长,通桥道,补堤塘,课耕桑,赈贫老,立唐社稷,颁正朔及庙讳,百济大悦。然后修屯田,储粮粮,训士卒,以图高丽。仁愿至京师,上问之曰:"卿所奏事,皆合机宜。卿本武人,何能如是?"仁愿曰:"皆仁轨所为也。"上悦,加仁轨六阶,遣使劳勉之。西台侍郎上官仪曰:"仁轨遭黜削而能尽忠,仁愿秉节制而能推贤,皆可谓君子矣!"

吐蕃与吐谷浑相互攻打，各自上表辩论是非，并向唐朝求援，唐高宗都不同意援助他们。吐蕃军队攻打吐谷浑，吐谷浑被打得大败，吐谷浑可汗曷钵与弘化公主率领部落数千帐离开国家，逃到凉州。唐高宗命令郑仁泰等分别率兵驻守凉州、鄯州，以防备吐蕃。又命令苏定方节制调度各军，以援助吐谷浑。吐蕃上表陈诉吐谷浑的罪行，并且请求与唐朝和亲，唐高宗下诏责备吐蕃。

秋九月，熊津总管孙仁师攻打百济，百济被攻取。

当初，刘仁愿、刘仁轨攻克真岘城后，唐高宗下诏命令孙仁师率兵渡海援助他们，唐朝的军势大振。部下诸将认为加林城地处水陆要冲，想要先行攻打它。刘仁轨说："周留城是敌人的老巢，如果能够攻克周留城，其他的城就会不攻自破。"于是唐军水陆并进，在白江口与倭国兵相遇，四次交战都取得了胜利。百济王扶余丰逃奔高丽，王子扶余忠胜等率领部众投降，百济全部被平定，只有任存城没有攻下。百济人黑齿常之、沙咤相如各自率领部众投降了唐朝。刘仁轨命令他们各自率领自己的部众，去攻打任存城。孙仁师说："这些人都是人面兽心，怎么能够信任他们呢！"刘仁轨说："我看这两个人都忠勇有谋略，注重信义，现在正是他们感激立功的时候，不用怀疑了。"于是发给他们粮食武器，分兵跟随他们，攻克了任存城。唐高宗下诏刘仁轨留下镇守百济，召孙仁师、刘仁愿回朝。刘仁轨掩埋遗骸尸骨，登记户口，治理村落，任命官吏，修路架桥，修补堤塘，督促种田养蚕，赈济贫困老弱，建立唐朝的土谷神坛，颁布唐朝的历法和已故皇帝的名讳，百济的民众十分高兴。然后开垦屯田，储备粮食，训练士卒，准备攻打高丽。刘仁愿到达京师，唐高宗问："你所上奏的事情，都合时宜。你本是一位武人，为什么能够这样呢？"刘仁愿说："这些都是刘仁轨做的。"唐高宗十分高兴，给刘仁轨晋升六级官阶，并派遣使者去慰劳勉励他。西台侍郎上官仪说："刘仁轨被罢官免职后，还能为朝廷尽力效忠，刘仁愿掌管指挥权而能够推举贤人，都可以称得上是君子了！"

甲子(664) 麟德元年

春正月,以殷王旭轮为单于大都护。

初,李靖破突厥,迁三百帐于云中城,阿史德氏为其长。至是,部落渐众,请立可汗以统之。上曰:"今之可汗,古之单于也。"故更为单于都护府,而使皇子殷王遥领之。

郇公孝协坐赃赐死。

孝协为魏州刺史,坐赃赐死。有司奏孝协父叔良死王事,不可绝其嗣。上曰:"画一之法,不以亲疏异制,苟害百姓,虽太子也不赦也。"孝协竟自尽于第。

秋七月,诏以三年正月封禅。 八月,以刘祥道、窦德玄为左、右相。 冬十月,遣兵代戍熊津。

熊津都督刘仁轨上言:"戍兵疲羸者多,衣服贫弊,唯思西归,无心展效。臣问以:'往时百姓应募,或请自办衣粮,何为今日士卒如此?'咸言:'今日官府与曩时不同。曩时没王事者,敕使吊祭,追赠官爵,回授子弟,凡度辽者,皆赐勋一转。自显庆五年以来,度海者官不记录,死者无人谁何。州县发兵,壮而富者,行钱得免,弱而贫者,被发即行。海东苦战之时,许以勋赏,及达西岸,唯闻推禁,夺赐破勋,州县追呼,无以自存。是以被发之日已有逃亡自残者。其有勋级亦不免挽引之劳,

甲子(664)　唐高宗麟德元年

春正月,唐高宗任命殷王李旭轮为单于大都护。

当初,李靖打败突厥后,迁移部落民众三百帐到云中城,任命阿史德氏为长官。这时,突厥部落人口逐渐增多,阿史德氏请求立可汗以统领部众。唐高宗说:"如今的可汗,就是古代的单于。"所以改云中都护府为单于都护府,并任命皇子殷王李旭轮遥领都护。

郇公李孝协因贪污被唐高宗赐死。

郇公李孝协担任魏州刺史,因犯贪污罪被唐高宗赐死。有关部门上奏说李孝协的父亲李叔良过去为朝廷牺牲,不能使他绝后。唐高宗说:"法律是统一的,不能因为亲近或疏远而有不同对待,如果侵害了百姓,就是皇太子也不能赦免。"李孝协最终在自己的宅第中自尽。

秋七月,唐高宗下诏定于麟德三年正月到泰山封禅。　　八月,任命刘祥道、窦德玄为左、右相。　　冬十月,唐高宗派兵去替代戍守熊津的军队。

熊津都督刘仁轨上言说:"在这里戍守的士卒大多疲惫瘦弱,衣服破旧,一心想着西返家乡,没有心思为国家效力。我曾经问他们:'以前的老百姓踊跃应征从军,有的人还请求自备衣服口粮,为什么现在的士卒会这样呢?'他们都说:'现在的官府与以前不同了。以前如果为朝廷战死,皇帝会派使者来吊唁祭奠,追赠官爵,或者把官爵回授给死者的子弟,凡是渡辽海东征的士卒,都赐勋一级。自从显庆五年以来,对于渡辽海东征的人官府不加记录,死了也没有人过问他们的姓名和死因。州县征发兵力,强壮而富有的人,用钱卖通官府就可以免去兵役,瘦弱而贫穷的人,却被征调立即出发。在海东苦战的时候,将帅们答应给予立功者奖赏,等到返回西海岸后,只听说这些士卒被监禁审讯,被剥夺赏赐,免除勋级,州县官吏上门来催交赋税,以至无法生活下去。因此士卒们在被征发的那一天已有人逃亡或把自己弄成残废。那些获得勋级的人也免除不了挽舟拉车的劳役,

无异白丁。又初发时,惟令备一年资装,今已二年,未有还期。'自非有所更张,厚加慰劳,明赏重罚,以起士心,恐师众疲劳,立效无日。"上深纳其言,遣刘仁愿将兵度海以代旧镇之兵,敕仁轨俱还。仁轨曰:"旧兵当令收获,办具遣还。军将宜留镇抚,未可归也。"仁愿曰:"吾前还海西,大遭谗谤,云吾谋据海东,几不免祸。今日惟知准敕,岂敢擅有所为邪!"仁轨曰:"苟利于国,岂恤其私!"乃上表陈便宜,自请留镇,从之。以扶余隆为熊津都尉,使招辑其余众。

十二月,杀同三品上官仪,刘祥道罢,梁王忠赐死。

初,武后屈身忍辱,奉顺上意,故上排群议而立之。及得志,专作威福,上动为所制,不胜其忿。会宦者王伏胜发其使道士郭行真入禁中,为厌祷事。上密召上官仪议之。仪因言:"后专恣,请废之。"上即命草诏。左右奔告于后,后遽诣上自诉。上羞缩不忍,乃曰:"我初无此心,皆上官仪教我。"仪先与伏胜俱事故太子忠,后于是使许敬宗诬奏仪、伏胜与忠谋大逆。仪下狱,及伏胜皆死,妻子籍没,赐忠死于流所。右相刘祥道坐与仪善罢,朝士流贬者甚众。自是上每视事,则后垂帘于后,政无大小

同没有功劳的普通百姓没有两样。另外当初被征发时,只让准备一年所用的军资服装,而现在已经戍守了两年,还没有回家的日期。'现在这种状况如果不加以改变,对士卒厚加慰劳,严明赏罚制度,以鼓励士气,恐怕会使军队疲劳,永远无法建立战功。"唐高宗深深采纳了刘仁轨的意见,派刘仁愿率兵渡海以替代原来镇守的士兵,并下敕命令刘仁轨与士卒们一起返回。刘仁轨对刘仁愿说:"原来的士卒应该让他们完成秋收,备办好粮食和物资,然后遣返。将领们应该留下来镇守安抚,还不能回去。"刘仁愿说:"我前次回到海西,遭到许多谗言诽谤,说我图谋割据海东,几乎不能免除杀身之祸。现在我只知道按照皇帝的敕书办事,怎么敢擅自做主呢!"刘仁轨说:"只要有利于国家,怎么能顾惜个人的利益呢!"于是上表陈说怎么做对国家有利,并自己请求留下来镇抚海东,唐高宗采纳了他的意见。唐高宗又任命扶余隆为熊津都尉,让他招集百济的残余部众。

十二月,武后杀死了同东西台三品上官仪,罢免了刘祥道的右相职务,梁王李忠被唐高宗赐死。

当初,武后能够卑躬屈膝,含垢忍辱,顺从唐高宗的旨意,所以唐高宗力排众议立她为皇后。她志得意满后,便作威作福,唐高宗动辄受到她的控制,因此异常愤怒。适逢宦官王伏胜揭发了武后指使道士郭行真出入宫中,以巫术祈祷害人。唐高宗秘密召来上官仪商议这件事。上官仪趁机上言说:"皇后专权恣行,请求把她废黜。"唐高宗立即命令上官仪草拟诏书。身边的人跑去把此事告诉了武后,武后立刻来到唐高宗处为自己辩解。唐高宗羞惭畏缩不忍心,就说:"我本来没有这样的想法,都是上官仪教我这么干的。"上官仪先前与王伏胜一起侍奉原太子李忠,武后于是指使许敬宗上奏诬陷上官仪、王伏胜与李忠图谋叛逆。上官仪被捕入狱,与王伏胜都被处死,妻儿都被没入官府,李忠被赐死于流放之处。右相刘祥道因与上官仪友善而被罢免职务,朝廷百官中因此事被流放贬官的有很多。从此以后唐高宗每次临朝处理政事,武后都在后面垂帘听政,不管政事大小

皆预闻之,天下大权悉归中宫,天子拱手而已,中外谓之"二圣"。

以乐彦玮、孙处约同三品。

乙丑(665) 二年

春三月,以姜恪同三品。　夏四月,以陆敦信为右相,乐彦玮、孙处约罢。　夏五月,行《麟德历》。

李淳风以《戊寅历》推步浸疏,乃增损刘焯《皇极历》,更撰《麟德历》行之。

冬十月,车驾发东都。十二月,至泰山。

皇后表称:"封禅祭皇地祇,太后昭配,而令公卿行事,礼有未安,请帅内外命妇奠献。"诏:"禅社首以皇后为亚献,越国太妃燕氏为终献。废藁秸、陶匏,用茵褥、罍爵。文舞用《功成庆善之乐》,武舞用《神功破陈之乐》。"上发东都,华戎卫从,数百里不绝。时比岁丰稔,米斗至五钱,麦、豆不列于市。上至濮阳,左相窦德玄骑从。上问:"濮阳谓之帝丘,何也?"德玄不能对。许敬宗自后跃马而前曰:"昔颛顼居此,故谓之帝丘。"上称善。敬宗退谓人曰:"大臣不可以无学。"德玄曰:"人各有能有不能,吾不强对以所不知,此吾所能也。"李勣曰:"敬宗多闻,信美矣,德玄之言亦善也。"

张公艺九世同居,北齐、隋、唐皆旌表其门。上幸其宅,问所以能共居之故,公艺书"忍"字百余以进。上善之,赐以缣帛。

她都要参与，天下大权都掌握在武后手中，天子只是拱手无为而已，朝廷内外称他们为"二圣"。

唐高宗任命乐彦玮、孙处约为同东西台三品。

乙丑（665） 唐高宗麟德二年

春三月，任命姜恪为同东西台三品。 夏四月，任命陆敦信为右相，免去乐彦玮、孙处约的宰相职务。 夏五月，颁行《麟德历》。

李淳风因为《戊寅历》推算天象的疏误越来越大，于是对刘焯的《皇极历》加以增删，改撰成《麟德历》，颁行于天下。

冬十月，唐高宗的车驾从东都出发。十二月，到达泰山。

皇后武则天上表说："过去到泰山封禅祭皇地祇时，太后在左边配享，而让公卿大臣们执行祭祀之事，这在礼仪上有不妥当之处，我请求率领宫廷内外有封号的妇人奠献祭品。"唐高宗下诏说："在社首山祭祀时，皇后为第二个进献祭品的人，越国太妃燕氏为最后一个进献祭品的人。废除用禾秆、陶匏所设置的上帝、后土神位，改用茵褥、罍爵。文舞奏《功成庆善之乐》，武舞奏《神功破阵之乐》。"唐高宗从东都出发，随从的汉族与少数民族仪卫侍从，数百里不断。时逢连年丰收，一斗米价值仅五钱，麦子与豆类都不上市交易。唐高宗到达濮阳，左相窦德玄骑马随从。唐高宗问他："濮阳被称为帝丘，这是为什么呢？"窦德玄回答不上。这时许敬宗从后面跃马上前说："当初颛顼居住在这里，所以被称为帝丘。"唐高宗称赞他。许敬宗退下去后对别人说："大臣不能没有学问。"窦德玄说："人各有所能有所不能，我不勉强回答我不知道的问题，这正是我所能的方面。"李勣说："许敬宗博学多闻，确实很好，但窦德玄的话也很对。"

张公艺九代共居，北齐、隋、唐各朝都在他家门口立牌坊、赐匾额予以表彰。唐高宗驾临他家，问他之所以能够九代共居的原因，张公艺书写了一百多个"忍"字进献。唐高宗认为很好，赐给他缣帛。

丙寅(666) 乾封元年

春正月,封泰山,禅社首。

正月朔,祀昊天上帝于泰山南。明日,登泰山,封玉牒,藏之石礖。又明日,降禅于社首,祭皇地祇。上初献毕,执事者皆趋下,宦者执帷,皇后升坛亚献,帷帟皆以锦绣为之。赦天下,改元。文武官赐爵、加阶有差。先是阶无泛加,皆以劳考叙进,至五品、三品,仍奏取进止,至是始有泛阶,比及末年,服绯者满朝矣。

车驾还,过曲阜,祠孔子。

赠太师,祭以少牢。

至亳州,尊老君为太上玄元皇帝。

至亳州,谒老君庙,上尊号。

李义府卒。

时大赦,惟长流人不听还,李义府忧愤发病而卒。自义府之贬,朝士日忧其复入,至是众心乃安。

夏四月,车驾还京师。 陆敦信罢。 五月,铸乾封泉宝钱。

钱一当十,俟期年尽废旧钱。

六月,遣金吾卫将军庞同善将兵伐高丽。

高丽泉盖苏文卒,长子男生代为莫离支,出巡诸城,使其弟男建、男产知留后事。或谓二弟曰:"男生恶二弟,欲除之。"又有告男生者曰:"二弟欲拒兄不纳。"男生遣人侦伺,二弟收掩,得之,乃以王命召男生。男生惧,不敢归,男建自为莫离支,发兵讨之。男生走保别城,

丙寅（666） 唐高宗乾封元年

春正月，唐高宗在泰山祭祀昊天上帝，在社首山祭祀皇地祇。

正月初一，唐高宗在泰山南面祭祀昊天上帝。第二天，登上泰山，封存玉简文书，藏于封禅所用的石匣子中。第三天，在泰山下面的社首山祭祀皇地祇。唐高宗第一个敬献完祭品后，执事者都退下，然后由宦官手执帷帐，武后登上祭坛，第二个敬献祭品，帷帐都是用锦绣制作。唐高宗大赦天下，改年号。文武百官都赐给爵位、加授官阶不等。先前官阶不普遍加授，都是按照功劳考核依次晋升，到了五品、三品官，还要奏请皇帝决定，此时开始普遍加授官阶，到了唐高宗末年，穿绯衣的官员满朝都是。

唐高宗的车驾从泰山返回，路过曲阜，祭祀孔子。

唐高宗赠给孔子太师称号，并用少牢之礼祭祀。

唐高宗到达亳州，给老子上尊号为太上玄元皇帝。

唐高宗到达亳州，拜谒老君庙，并给老子上尊号。

李义府死去。

当时大赦天下，只有长期流放的罪人不许返回，李义府因此忧愁愤恨，发病而死。自从李义府被贬官流放后，朝中人士每天都担心他再回到朝廷，到了这时大家的心才安定下来。

夏四月，唐高宗的车驾回到京师。 免去了陆敦信的右相职务。 五月，铸造乾封泉宝钱。

乾封泉宝钱一钱当旧钱十钱使用，等到满一年后全部废除了旧钱。

六月，唐高宗派遣金吾卫将军庞同善率兵讨伐高丽。

高丽泉盖苏文去世，他的长子泉男生代任莫离支，出外巡视各城，委任他的弟弟泉男建和泉男产留下治理国事。有人对两个弟弟说："泉男生憎恨你们这两个弟弟，想要除掉你们。"又有人告诉泉男生说："你的两个弟弟想要阻止你，不让你回去。"于是泉男生派人去侦察，侦察的人被两个弟弟抓获，于是他们就以国王的命令召泉男生回去。泉男生惧怕，不敢返回，泉男建自任莫离支，并发兵讨伐泉男生。泉男生逃到别处一座城中坚守，

使其子献诚诣阙求救。诏契苾何力、庞同善将兵救之,以献诚为乡导。

以刘仁轨为右相。

初,仁轨为给事中,按毕正义事,李义府怨之,出为青州刺史。会讨百济,仁轨当浮海运粮,遭风失船,命监察御史袁异式往鞫之。义府谓曰:"君能办事,勿忧无官。"异式至,谓仁轨曰:"君宜早自为计。"仁轨曰:"仁轨当官失职,国有常刑,公以法毙之,无所逃命。若使遽自引决以快仇人,窃所未甘!"乃具狱以闻。上命除名,以白衣从军自效。及为大司宪,异式惧,不自安。仁轨沥觞告之曰:"仁轨若念畴昔之事,有如此觞!"既知政事,荐为司元大夫。监察御史杜易简谓人曰:"斯所谓矫枉过正矣!"

窦德玄卒。　　皇后杀其从兄武惟良。

初,武士彟娶相里氏,生男元庆、元爽。又娶杨氏,生三女,长适贺兰越石,次皇后,次适郭孝慎。士彟卒,元庆、元爽及士彟兄子惟良、怀运皆不礼于杨氏,杨氏深衔之。越石早卒。后既立,杨氏号荣国夫人,越石妻号韩国夫人,惟良等皆列朝廷。荣国夫人谓曰:"颇忆畴昔之事乎?"对曰:"惟良等幸以功臣之子弟,早登官籍,揣分量才,不求贵达,岂意以皇后之故,曲荷朝恩,夙夜忧惧,不为荣也。"荣国不悦。皇后乃上疏,请出惟良等为远州刺史,外示谦抑,实恶之也。

派他的儿子泉献诚到唐朝求救。唐高宗下诏命令契苾何力、庞同善率兵援救泉男生，让泉献诚做向导。

唐高宗任命刘仁轨为右相。

当初，刘仁轨担任给事中，因审讯毕正义的事，被李义府怨恨，调出朝廷任青州刺史。适逢讨伐百济，刘仁轨负责从海上运送粮食，遇到风暴船只沉没，朝廷命令监察御史袁异式前去审讯刘仁轨。李义府对袁异式说："你如果会办事情，不要发愁无官可当。"袁异式到达青州后，对刘仁轨说："你应该早一点为自己打算。"刘仁轨说："我刘仁轨为官失职，国家有一定的法律，你依法将我处死，我也没有什么可以逃避的。如果想让我马上自尽以使仇人高兴，我是不甘心的！"袁异式于是带着案件的全部材料奏报朝廷。唐高宗命令除去刘仁轨的名籍，让他以平民身份在军中效力。等刘仁轨担任大司宪，袁异式惧怕，心中不安。刘仁轨把酒杯中的酒倒光，对袁异式说："我刘仁轨如果还记恨过去的事，就像这酒杯一样！"刘仁轨担任宰相后，推荐袁异式担任司元大夫。监察御史杜易简对别人说："这就是所谓的矫枉过正了！"

窦德玄去世。　皇后武则天杀死了她的堂兄武惟良。

当初，武士彟娶了相里氏为妻，生下儿子武元庆、武元爽。后来又娶了杨氏为妻，生下三个女儿，长女嫁给贺兰越石，二女儿即皇后武则天，三女儿嫁给郭孝慎。武士彟去世后，武元庆、武元爽以及武士彟哥哥的儿子武惟良、武怀运都对杨氏不加礼敬，杨氏十分怨恨他们。贺兰越石早死。武则天立为皇后，杨氏被封为荣国夫人，贺兰越石的妻子被封为韩国夫人，武惟良等人都在朝廷中任职。荣国夫人对武惟良等人说："你们还记得过去的事情吗？"武惟良回答说："我们有幸因为是功臣的子弟，很早就被任命为朝廷官吏，揣度名分衡量才能，并不求富贵显达，没有料到因为皇后的关系，蒙受了朝廷的非分恩宠，所以日夜担忧畏惧，没有觉得荣耀。"荣国夫人听后很不高兴。皇后武则天于是上疏唐高宗，请求将武惟良等人调出朝廷，担任边远州郡的刺史，表面上是谦虚，抑制自己的亲属，实际上是憎恶他们。

元庆以忧卒，元爽坐事流振州而死。韩国及其女皆得幸于上，其女赐号魏国夫人。后恶之。会惟良、怀运至京师，献食，密置毒醢中，使魏国食之，暴卒，因归罪于惟良、怀运，诛之，改其姓为蝮氏。

九月，庞同善大破高丽兵。　刘祥道卒。

子齐贤嗣。齐贤为人方正，上甚重之，为晋州司马。将军史兴宗从猎苑中，因言晋州产佳鹞，请使齐贤捕之。上曰："刘齐贤岂捕鹞者邪！"

冬十二月，以李勣为辽东大总管，伐高丽。

勣欲与其婿京兆杜怀恭偕行，怀恭亡匿，谓人曰："公欲以我立法耳。"勣闻之，流涕曰："杜郎疏放，此或有之。"乃止。

丁卯（667）　**二年**
春正月，耕籍田。

有司进耒耜，加以雕饰。上曰："耒耜，农夫所执，岂宜如此之丽！"命易之。既而耕之，九推乃止。

罢乾封泉宝钱。

自行乾封钱，谷帛踊贵，商贾不行，罢之。

夏六月，以杨弘武、戴至德、李安期、张文瓘、赵仁本并同三品。

时造蓬莱、上阳、合璧等宫，频征伐四夷，厩马万匹，仓库渐虚。张文瓘谏曰："隋鉴不远，愿勿使百姓生怨。"上纳其言，减厩马数千匹。

武元庆因忧愁而死,武元爽因罪被流放到振州而死。韩国夫人和她的女儿都受到唐高宗的宠幸,她的女儿被赐号魏国夫人。皇后武则天因此厌恶她。适逢武惟良、武怀运来到京师,进献食品,武后秘密把毒药放入肉酱中,让魏国夫人食用,吃后突然死去,因此归罪于武惟良、武怀运,诛杀了他们,并改姓蝮氏。

九月,庞同善把高丽兵打得大败。 刘祥道去世。

刘祥道的儿子刘齐贤继承爵位。刘齐贤为人正直,唐高宗很器重他,任命他为晋州司马。有一次将军史兴宗随从唐高宗在禁苑中打猎,说晋州出产好鹞鹰,请求让刘齐贤去捕捉鹞鹰。唐高宗说:"刘齐贤难道是捕捉鹞鹰的人吗!"

冬十二月,唐高宗任命李勣为辽东道行军大总管,率兵讨伐高丽。

李勣想要与他的女婿京兆人杜怀恭同行,杜怀恭却逃走躲藏起来,还对别人说:"李公是想用我来树立法令的威严。"李勣听说后,流泪说:"杜郎散漫无拘束,有可能说出这样的话。"于是作罢。

丁卯(667) **唐高宗乾封二年**

春正月,唐高宗举行亲耕籍田之礼。

有关部门送来耒耜,上面加以雕刻装饰。唐高宗说:"耒耜是农夫所使用的农具,哪里会如此华丽呢!"于是命令更换。不久亲自耕田,推了九个来回就停止了。

废除乾封泉宝钱。

自从使用乾封泉宝钱以来,粮食和布帛的价格飞涨,以致商人无法做买卖,于是唐高宗下令废除此钱。

夏六月,唐高宗任命杨弘武、戴至德、李安期、张文瓘、赵仁本并为同东西台三品。

当时朝廷建造蓬莱、上阳、合璧等宫殿,又经常征讨四夷,厩中养马达一万匹,因此国库逐渐空虚。张文瓘进谏说:"隋朝灭亡的鉴戒不远,希望不要使百姓产生怨恨。"唐高宗采纳了他的意见,减少厩中马数千匹。

上屡责侍臣不进贤,李安期对曰:"比来公卿有所荐引,为谗者已指为朋党,滞淹未获伸,而在位者先获罪,是以各务杜口耳!陛下果推至诚以待之,其谁不愿举所知邪!"上深以为然。

秋八月朔,日食。 李安期罢。 九月,李勣拔高丽十七城。

李勣拔新城,遂引兵进击一十六城,皆下之。副大总管庞同善、高侃尚在新城,泉男建遣兵袭其营,武卫将军薛仁贵击破之。勣行军管记元万顷作《檄高丽文》曰:"不知守鸭绿之险。"男建报曰:"谨闻命矣!"即移兵据之,唐兵不得度。上闻之,流万顷于岭南。副大总管郝处俊在高丽城下,未及成列,高丽奄至,军中大骇,处俊据胡床,方食干糒,潜简精锐,击败之,将士服其胆略。

戊辰(668) **总章元年**
夏四月,彗星见于五车。

彗星见,上避正殿,减膳彻乐。许敬宗等奏请复常,曰:"彗星见东北,高丽将灭之兆也。"上曰:"朕之不德,谪见于天,岂可归咎小夷!且高丽之百姓,亦朕之百姓也。"不许。彗寻灭。

杨弘武卒。 九月,李勣拔平城,高丽王藏降,高丽悉平。

薛仁贵破高丽于金山,乘胜将攻扶余城,诸将以其兵少,止之。仁贵曰:"兵不必多,顾用之何如耳。"遂

唐高宗多次责备随侍的官员们不推荐贤能之士，李安期回答说："近来公卿大臣们如果要荐举人才，喜欢进谗言的人就指责他们结党，沉抑于下的贤能之士还没有得到进用，而在位的公卿大臣们已先获罪，所以人人都闭口不言！陛下如果真能诚心诚意地对待臣下，那么谁不愿意荐举自己所知道的贤能之士呢！"唐高宗认为他的话很有道理。

秋八月初一，发生日食。 **李安期罢免宰相职务。** **九月，李勣攻克了高丽十七座城池。**

李勣攻克了新城，然后又率兵进攻其他十六座城池，都攻占了它们。副大总管庞同善与高侃还留在新城，泉男建派兵去袭击他们的军营，武卫将军薛仁贵率兵打败他们。李勣的行军管记元万顷作《檄高丽文》说："不知道守卫鸭绿江的天险。"泉男建答复说："谨遵命令！"于是立刻调兵占据了鸭绿江天险，以致唐朝军队无法渡过。唐高宗得知此事后，把元万顷流放到岭南。副大总管郝处俊在高丽城下，部队还没有列好战阵，高丽军队突然来到，唐军大为惊恐，而郝处俊坐在胡床上，正在吃干粮，暗中挑选精锐，打败了高丽军队，将士们都佩服他的胆识和谋略。

戊辰（668） 唐高宗总章元年
夏四月，彗星出现于五车星处。

因为彗星出现，唐高宗离开正殿，减少膳食，撤去音乐歌舞。许敬宗等人奏请恢复平常的状况，并说："彗星出现在东北方向，这是高丽将要灭亡的征兆。"唐高宗说："朕没有德行，所以上天用异常的天象谴责朕，怎么能够把过失推给东夷小国呢！再说高丽国的百姓，也是朕的百姓。"不答应许敬宗等人的奏请。不久彗星消失。

杨弘武去世。 **九月，李勣攻克平城，高丽王高藏投降，高丽全部被平定。**

薛仁贵在金山打败高丽后，乘胜将要攻打扶余城，诸将认为兵少，阻止他。薛仁贵说："兵不在多，看如何使用罢了。"于是

为前锋以进，与高丽战，大破之，杀获万余人，遂拔扶余城，扶余川中四十余城皆望风请服。侍御史贾言忠奉使自辽东还，上问以军事，言忠对曰："隋炀帝东征而不克者，人心离怨也；先帝东征而不克者，高丽未有衅也。今高藏微弱，男建兄弟相攻，饥馑连年，妖异屡降，其亡可翘足待也。"上又问："诸将孰贤？"对曰："薛仁贵勇冠三军，庞同善持军严整，高侃忠果有谋，契苾何力沉毅能断。然夙夜小心，忘身忧国，皆莫及李勣也。"勣等进攻大行城，拔之。诸军皆会，进至鸭绿栅，破之。围平壤月余，高丽王藏遣泉男产诣勣降。男建犹闭门拒守，以军事委僧信诚，信诚开门，勣纵兵登城，男建自刺不死，遂擒之。高丽悉平。

冬十月，以卢迦逸多为怀化大将军。

乌荼国婆罗门卢迦逸多自言能合不死药，上将饵之。东台侍郎郝处俊谏曰："修短有命，非药可延。贞观之末，先帝服那罗迩娑婆寐药，大渐之际，名医不知所为，将加显戮，恐取笑戎狄而止。前鉴不远，愿陛下深察。"上乃止。

十二月，置安东都护府。

李勣将至，上命先以高藏等献于昭陵，具军容，奏凯歌，入京师，献于太庙。上受俘于含元殿。分高丽五部、百七十六城、六十九万余户，为九都督府、四十二州、百县，置安东都护府于平壤以统之，擢其酋帅有功者为都督、刺史、县令，与华人参理。以薛仁贵检校安东都护，总兵二万人以镇抚之。上祀南郊，告平高丽，以李勣

把部队作为前锋前进,与高丽交战,大败高丽军队,杀死、俘虏一万余人,然后攻占了扶余城。扶余川中四十余座城池都望风请降。侍御史贾言忠奉命出使辽东返回,唐高宗向他询问战况,贾言忠回答说:"隋炀帝东征高丽而没有成功,是因为国内人心涣散怨恨的缘故;先帝东征高丽而没有成功,是因为高丽国没有出现矛盾。而现在高丽国王高藏权势弱小,泉男建兄弟相互攻打,再加上连年饥荒,妖异之事多次出现,高丽国的灭亡可翘足而待了。"唐高宗又问道:"攻打高丽的诸将中谁最贤明?"贾言忠回答说:"薛仁贵勇冠三军,庞同善治军严整,高侃忠诚果断而有谋略,契苾何力沉稳坚毅敢于决断。然而日夜警惕小心,能够忘身忧国,谁都不如李勣。"李勣等攻打大行城,攻克了它。各路军队都来会合,进军到鸭绿栅,打败了高丽军队。包围平壤城一个多月后,高丽王高藏派遣泉男产来向李勣投降。泉男建仍然关门抗拒,把军权交给僧人信诚,信诚打开城门,李勣发兵登上城头,泉男建自杀不死,于是被生擒。高丽全部平定。

冬十月,唐高宗任命卢迦逸多为怀化大将军。

乌荼国婆罗门卢迦逸多自称会配制长生不老之药,唐高宗将要服用。东台侍郎郝处俊进谏说:"人的寿命长短是命中注定,不是丹药可以延长的。贞观末年,先帝因为服用那罗迩娑婆寐配制的药物,病危之际,名医也束手无策,要把那罗迩娑婆寐公开处死,因为害怕戎狄耻笑而作罢。以前的教训不远,希望陛下深加省察。"唐高宗这才作罢。

十二月,唐朝设置安东都护府。

李勣将回到京师,唐高宗命令他先把高丽王高藏等祭献于昭陵,再整理好军容,演奏凯歌,进入京师,献于太庙。唐高宗在含元殿接受献俘。朝廷把高丽分为五部、一百七十六城、六十九万余户,设置了九个都督府、四十二个州、一百个县,在平壤设置安东都护府以统辖他们,提拔有功的高丽首长担任都督、刺史、县令,与汉人共同治理。任命薛仁贵为检校安东都护,领兵两万人以镇抚高丽。唐高宗到南郊祭祀,祭告已经平定高丽,让李勣

为亚献。时有敕，征辽军士逃亡，限内不首者，身斩，妻子籍没。太子上表曰："军士或遇疾病不及队伍，或因樵采为贼所掠，或渡海漂没，或深入贼庭，为所伤杀。军中不暇勘当，皆以为逃。若即配没，情实可哀。"乃诏免之。

以姜恪、阎立本为左、右相。　京师、山东、江、淮旱，饥。

己巳（669）　二年
春二月，以李敬玄同三品。
先是同三品不入衔，至是始入衔。
以卢承庆为司刑太常伯。

承庆尝考内外官，有一官督运，遭风失米，承庆考之曰："监运损粮，考中下。"其人容色自若，无言而退。承庆重其雅量，改注曰："非力所及，考中中。"既无喜容，亦无愧词。又改曰："宠辱不惊，考中上。"时渭南尉刘延祐弱冠，政事为畿县最。李勣谓曰："足下春秋甫尔，遽擅大名，宜稍自贬抑，无为独出人右也。"

以郝处俊同三品。　**诏定明堂制度。**

定明堂制度：其基八觚，其宇上圆，覆以清阳玉叶，其门墙阶级、窗棂楣柱、栭檩枅栱，皆法天地阴阳律历之数。以众议未决，又会饥馑，竟不果立。

作为第二个祭献的人。当时唐高宗曾经下敕书说，征讨辽东逃亡的士卒，如果在规定的期限内不自首的，本人处死，妻子和儿女没入官府。太子上表说："有的士卒因为患病而没有赶上队伍，有的去砍柴被敌人俘虏，有的在渡海时落水淹死，有的因为深入敌阵，被敌人打伤或杀死。军队因没有时间核实情况，都把他们当作逃跑处理。如果就这样把他们的妻子和儿女没入官府，情状实在令人哀痛。"唐高宗于是下诏赦免他们。

唐高宗任命姜恪、阎立本为左、右相。　京师、山东、江、淮地区发生旱灾，出现饥荒。

己巳（669）　唐高宗总章二年
春二月，唐高宗任命李敬玄为同东西台三品。
以前同东西台三品不列入官阶，从这时开始列入官阶。
唐高宗任命卢承庆为司刑太常伯。
卢承庆曾经考核朝廷内外官吏的政绩，有一名官员督办漕运，因遭遇大风损失了粮米，卢承庆给他的考核评语说："督办漕运而损失了粮米，考评为中下等。"这位官员听后神色自若，没有说话而退去。卢承庆很欣赏他的大度，就改评说："漕运损失不是人力所能挽救的，考评为中中等。"这位官员听后既没有显出高兴的样子，也没有说感到惭愧的话。于是卢承庆又把评语改为："此人能够宠辱不惊，考评为中上等。"当时的渭南县尉刘廷祐年方弱冠，政绩考核在京畿各县中为第一名。李勣对他说："足下如此年轻，就获得了这么大的名声，自己应该稍加抑制，不要独出众人之上。"

唐高宗任命郝处俊为同东西台三品。　唐高宗下诏规定明堂的建造制度。

规定明堂的建造制度为：基部为八角形，屋檐上面为圆形，覆盖与天同色的瓦，门墙台阶、窗棂横梁柱子、柱上方木、梁柱间斗拱的数目，都仿照天地阴阳律历的数目。因为朝中大臣的意见不一致，又适逢饥荒，最后没有实施。

夏四月,徙高丽户于江、淮、山南、京西诸州。

高丽之民多离叛者,敕徙三万八千二百户于江、淮之南,及山南、京西诸州空旷之地,留其贫弱者,使守安东。

六月朔,日食。　秋八月,诏幸凉州,不果行。

诏以十月幸凉州。时陇右虚耗,议者多以为未宜游幸。上闻之,召五品以上谓曰:"自古帝王,莫不巡守,故朕欲巡视远俗。若其不可,何不面陈,而退有后言邪?"宰相以下皆莫敢言。详刑大夫来公敏曰:"巡守虽帝王常事,然今高丽余寇尚多,西边兵亦未息。陇右户口凋弊,銮舆所至,供亿百端,外间实有窃议,但明制已行,故群臣不敢陈论耳。"上善其言,为之罢行。

九月,大风,海溢。

漂六千余家。

十一月,李勣卒。

上尝谓侍臣曰:"朕虚心求谏,而竟无谏者,何也?"李勣对曰:"陛下所为尽善,群臣无得而谏。"勣寝疾,谓弟弼曰:"我见房、杜平生勤苦,仅立门户,遭不肖子,荡覆无余。吾此诸子,今以付汝,谨察视之。其有志气不伦,交游非类者,皆先挝杀,然后以闻。"勣为将,有谋善断,从善如流。战胜则归功于下,所得金帛,悉散之将士,故人思致死,所向克捷。临事选将,必訾相其状貌丰厚者遣之。

夏四月,把高丽民户迁移到江、淮、山南、京西各州。

因为高丽民众背叛唐朝的众多,唐高宗下敕令把他们中的三万八千二百户迁移到江、淮以南,以及山南、京西各州的空旷地区,留下其中的贫弱户,让他们守在安东。

六月初一,发生日食。　秋八月,唐高宗下诏要驾幸凉州,最终没有成行。

唐高宗下诏在十月份驾幸凉州。当时陇右地区府库空虚,议事者大多数认为皇帝不应该到那里巡幸。唐高宗听说后,召来五品以上官员对他们说:"自古以来的帝王,没有不巡行各地的,所以朕想要巡视边远地区的民情风俗。如果你们认为不可行,为什么不当面陈述你们的意见,而要退下去后私下谈论呢?"宰相以下的朝臣都不敢说话。详刑大夫来公敏说:"巡行各地虽然是帝王的平常事情,但现在高丽余寇还有许多,西方边境的战事也没有停息。陇右地区户口凋零,天子车驾所到之处,需要供给的物品众多,所以外面确实有些人在私下议论,但因为圣上的制书已经颁布,所以群臣都不敢陈述意见。"唐高宗很认可他的话,因此取消了这次巡行。

九月,因大风暴,海水上溢。

淹没了六千余家百姓。

十一月,李勣去世。

唐高宗曾对随侍的臣下说:"朕虚心求谏,但是却没有进谏的人,这是为什么呢?"李勣回答说:"陛下所做的一切都尽善尽美,所以群臣没有什么事情要进谏。"李勣病重卧床,对他的弟弟李弼说:"我看到先朝宰相房玄龄、杜如晦生平勤苦,仅能维持家中生活,因为儿子不争气,家业被败光。我的几个儿子,现在全都托付给你,希望你严格监督他们。如果他们中有谁心志不端,或交结行为不正的人,都先打死,然后再上报。"李勣为将,多谋善断,从善如流。如果打了胜仗就把功劳归于部下,所获得的金帛财物,全部都分给将士,所以士卒们都为他拼命,战无不胜。临战时选派将领,李勣一定要挑选相貌丰满的人,派他们出战。

或问其故，勋曰："薄命之人，不足与成功名。"闺门雍睦而严。其姊尝病，勋亲为之作粥，风回，爇其须鬓。姊曰："仆妾幸多，何自苦如是！勋曰："非然也，顾姊老，勋亦老，虽欲久为姊煮粥，其可得乎！"常谓人："我年十二三时为亡赖贼，逢人则杀。十四五为难当贼，有所不惬则杀之。十七八为佳贼，临陈乃杀人。二十为大将，用兵以救人死。"卒，谥贞武，孙敬业嗣。

定铨注法。

时承平既久，选人益多，司列少常伯裴行俭始与员外郎张仁祎设长名姓历榜，引铨注之法。又定州县升降，官资高下。其后遂为永制，无能革之者。

大略唐之选法，取人以身、言、书、判，计资量劳而拟官。始集而试，观其书、判；已试而铨，察其身、言；已铨而注，询其便利；已注而唱，集众告之。然后类以为甲，先简仆射，乃上门下，给事中读，侍郎省，侍中审之，不当者驳下。既审，然后上闻，主者受旨奉行，各给以符，谓之"告身"。兵部武选亦然。课试之法，以骑射及翘关、负米。人有格限未至，而能试文三篇，谓之"宏词"，试判三条，谓之"拔萃"，入等者得不限而授。其黔中、岭南、闽中州县官，不由吏部，委都督选择土人补授。凡居官以年为考，六品以下，四考为满。

有人问他这样做的原因,他说:"薄命的人,不值得与他们成就功名。"李勣家庭和睦,门风谨严。他的姐姐曾经患病,李勣亲手为她熬粥,因风向逆转,烧着了胡须和头发。他的姐姐说:"我有许多仆人和女婢,你何必要这样吃苦呢!"李勣说:"不是因为没有人侍候你我才这样做,而是看到姐姐已年老,我也老了,就是想要长久为姐姐熬粥,能办得到吗!"李勣经常对人说:"我十二三岁时是个无赖贼,逢人便杀。十四五岁时是个难以抵挡的贼,心中不满意就杀人。十七八岁时成为好贼,临阵才杀人。二十岁时做了大将,用兵救人免于死难。"李勣去世后,谥号为贞武,孙子李敬业继承爵位。

唐朝规定官吏选举和注授的办法。

这时天下太平已久,参加官吏选举的人越来越多,司列少常伯裴行俭开始与员外郎张仁祎设置长名姓历榜,规定了选举和注授官吏的方法。又制定了州县官吏升降的办法和官资高低的等次。以后就成为长期固定的制度,没有人能够改变它。

唐朝官吏选举的办法大略是,根据身、言、书、判四个标准,再按照资历和劳绩而拟定官职。首先把候选人召集起来进行考试,看他们书法的好坏,文理的优劣;考试合格入选的,再观察他们的体貌是否丰满魁梧,听他们的言辞是否华美雅正;合格的就注授官职,并征求本人的意见;官职注授后,就召集选人公开宣布。然后分类罗列次序,先报告给仆射,仆射再报给门下省,由给事中宣读,侍郎核查,侍中审定,对于不合适的予以驳回。门下省审定后,就上奏给皇帝,吏部按照皇帝的旨意授予官职,分别发给凭证,称为"告身"。兵部选举武官的办法也与此相同。考试的办法有骑马射箭、举重、负米行走。有人如果因为某种规定限制未能参加选举,而能够通过三篇文章考试入选的,称为"宏词",能够通过三条判文考试的,称为"拔萃",入选的可以破格除授官职。其中黔中、岭南、闽中的州县官,不通过吏部选举,而是委托都督挑选本地人充任。凡是在任官员都按年资考核,六品以下的,经过四次考核为一届期满。

有刘晓者，上疏论之曰："今选曹以检勘为公道，书、判为得人，殊不知考其德行才能，况书、判借人者众矣。又礼部取士，专用文章为甲乙，故天下之士皆舍德行而趋文艺，有朝登甲科而夕陷刑辟者。虽日诵万言，何关理体！文成七步，未足化人。取士以德行为先，文艺为末，则多士雷奔，四方风动矣。"

庚午（670）　咸亨元年

春正月，刘仁轨致仕。　三月，许敬宗致仕。　敕突厥酋长子弟给事东宫。

西台舍人徐齐聃上疏曰："皇太子当引文学端良之士置左右，岂可使戎狄丑类入侍轩闼！"又奏："齐献公即陛下外祖，虽子孙有犯，岂应上延祖祢！今周忠孝公庙甚修，而齐庙毁废，非所以彰孝理之风也。"上皆从之。齐聃，充容之弟也。

夏六月朔，日食。　秋八月，薛仁贵击吐蕃，败绩。

初，吐蕃陷西域十八州，又与于阗袭龟兹拨换城，陷之。诏罢龟兹、于阗、焉耆、疏勒四镇。以薛仁贵为大总管，阿史那道真、郭待封副之，以讨吐蕃。至大非川，将趣乌海，仁贵曰："乌海险远，辎重自随，难以趋利，

有个叫刘晓的人,上疏议论官吏的选举说:"如今主持选拔人才的官员以考核功过为公平,以书法和文理的优劣作为取人标准,而不知道考察人的道德品行和才能,更何况有很多人是借用他人的书法作品与文章。另外礼部主持的科举取士,只看文章来决定甲乙等次,所以天下的士人都舍弃道德品行而追求文章的写作技巧,于是就出现了早晨考取甲等,晚上就因触犯法律而被治罪的人。这样的人,即使每天能背诵经典一万句,对治理国家又有什么益处呢!就是能在行走七步的时间内写成一篇诗文,也未必能起到教化百姓的作用。选拔人才如果把道德品行放在首位,把写作文章的技巧放在末位,那么众多的士人就会雷厉风行地去培养自己的道德品行,四方的士人就会闻风响应了。"

庚午(670) 唐高宗咸亨元年

春正月,刘仁轨退休。 三月,许敬宗退休。 唐高宗下敕命令突厥酋长子弟侍奉太子。

西台舍人徐齐聃上疏说:"皇太子应当召集有文学才能、品行端正的士人在身边,怎么能够让戎狄丑类入东宫侍奉太子呢!"徐齐聃又上奏说:"齐献公长孙晟是陛下的外祖父,虽然他的子孙有罪,怎么能够往上连累祖宗呢!现在周忠孝公武士彟的庙宇修得很好,而齐献公长孙晟的庙宇却被毁坏废弃,这不是向天下彰显孝道的做法。"唐高宗全都听从了他的意见。徐齐聃是唐太宗徐充容的弟弟。

夏六月初一,发生日食。 秋八月,薛仁贵率兵攻打吐蕃,唐军战败。

当初,吐蕃攻陷了西域地区十八个州,又联合于阗袭击了龟兹的拨换城,城被攻陷。唐高宗下诏撤消了龟兹、于阗、焉耆、疏勒四镇。任命薛仁贵为行军大总管,阿史那道真、郭待封为副大总管,率兵讨伐吐蕃。进军到达大非川,将要赶赴乌海,薛仁贵说:"乌海险要且道路遥远,带着辎重行进,难以取得胜利,

宜留辎重,置栅于大非岭上,吾属帅轻锐倍道兼行,掩其未备,破之必矣。"仁贵帅所部前行,击吐蕃于河口,大破之,进屯乌海。待封先与仁贵并列,不肯受其节度,将辎重徐进,遇吐蕃,大败,弃辎重走。仁贵退屯大非川,吐蕃就击之,唐兵大败,死伤略尽,与钦陵约和而还。仁贵、待封皆免死除名。钦陵,禄东赞之子也,与弟赞婆、悉多于勃论皆有才略。钦陵代父秉政,三弟将兵居外,邻国畏之。

关中旱,饥。　九月,鲁国夫人杨氏卒。
后之母也。敕文武官及内外命妇并诣宅吊哭,谥曰忠烈。

闰月,皇后以旱请避位,不许。　加赠武士彟为太原王,夫人为妃。　赵仁本罢。　冬十月,诏官名复旧。

辛未(671)　二年
冬十一月朔,日食。

壬申(672)　三年
春二月,徙吐谷浑于灵州。
吐谷浑畏吐蕃,徙灵州,其故地皆入于吐蕃。

姜恪卒。　夏四月,吐蕃遣使入贡。
吐蕃遣其大臣仲琮入贡,上问以吐蕃风俗,对曰:"吐蕃地薄气寒,风俗朴鲁,然法令严整,上下一心,议事常自下而起,因人所利而行之,斯所以能持久也。"

应该把辎重留下来,在大非岭上设置栅寨,我们则率领轻装精锐部队从小道加速行进,趁敌人不备突然袭击,一定能打败他们。"于是薛仁贵率领本部兵马前进,在河口攻打吐蕃,把吐蕃打得大败,然后进军驻扎乌海。郭待封先前与薛仁贵的官位平等,所以不愿意受薛仁贵节制,带领辎重部队缓慢行进,遇到吐蕃军队,被打得大败,丢弃辎重而逃。薛仁贵退守大非川,吐蕃军队来攻打,唐兵大败,死伤殆尽,与吐蕃宰相论钦陵定下和约而后返回。薛仁贵与郭待封都被免去死罪,除去名籍。论钦陵是禄东赞的儿子,与弟弟赞婆、悉多于勃论都具有才能谋略。论钦陵替代父亲任宰相执政,三弟率兵驻守在外,邻国都畏惧他们。

关中地区发生旱灾,造成饥荒。 九月,鲁国夫人杨氏去世。

鲁国夫人是皇后武则天的母亲。唐高宗下敕命令文武百官以及宫廷内外有封号的妇人都到她的宅第吊唁哭丧,谥号为忠烈。

闰九月,皇后武则天因为发生旱灾,请求让出皇后之位,唐高宗不同意。 加赠武士彟为太原王,夫人为王妃。 赵仁本被免去宰相职务。 冬十月,唐高宗下诏更改的官名都恢复旧称。

辛未(671) 唐高宗咸亨二年
冬十一月初一,发生日食。

壬申(672) 唐高宗咸亨三年
春二月,把吐谷浑部落迁移到灵州。

吐谷浑因为惧怕吐蕃的攻打,迁移到灵州,原先居住的地方都被吐蕃占领。

姜恪去世。 夏四月,吐蕃派遣使者入朝进贡。

吐蕃派遣大臣仲琮入朝进贡,唐高宗向他询问吐蕃的民情风俗,仲琮回答说:"吐蕃土地贫瘠,气候寒冷,民风淳朴鲁钝,但法令严整,上下齐心,议论政事常常是自下而上地进行,按照人们的利益而施行,这就是吐蕃能够长久立国的原因。

秋八月，许敬宗卒。

太常博士袁思古以敬宗尝奏流其子于岭南，又以女嫁蛮酋，多纳其货，按《谥法》"名与实爽曰缪"，请以谥之。敬宗孙彦伯讼请改谥。博士王福畤曰："何曾既忠且孝，徒以日食万钱，得谥为'缪'。敬宗忠孝不逮于曾，而饮食男女之累过之，谥之曰'缪'，无负于许氏矣。"诏五品以上更议，礼部尚书杨思敬曰："过而能改曰'恭'，请谥曰'恭'。"诏从之。福畤，通之子也。

十一月朔，日食。　以刘仁轨同三品。　以邢文伟为右史，王及善为左千牛卫将军。

太子弘罕接宫臣，典膳丞邢文伟辄减所供膳，上书谏，太子纳之。上闻之曰："直士也。"擢为右史。太子因宴集，命宫臣掷倒，次至左奉裕率王及善，及善曰："掷倒自有伶官，臣若奉令，恐非所以羽翼殿下也。"太子谢之。上闻之，赐及善缣百匹，寻迁左千牛卫将军。

癸酉（673）　四年
春三月，诏刘仁轨改修国史。
以许敬宗等所记多不实故也。
秋七月，婺州大水。　冬十月，阎立本卒。　十二月，弓月、疏勒来降。

甲戌（674）　上元元年
春正月，以刘仁轨为鸡林道大总管，讨新罗。

秋八月,许敬宗去世。

太常博士袁思古因为许敬宗曾经上奏把自己的儿子流放到岭南,又把女儿嫁给蛮人酋长,收受了许多财物,认为按照《谥法》所说"名与实不符称为缪",请求给他"缪"的谥号。许敬宗的孙子许彦伯上诉请求改变谥号。太常博士王福畤说:"晋朝的司空何曾忠孝两全,只是因为每天饮食耗费万钱,死后被谥为'缪'。许敬宗在忠孝方面不如何曾,而饮食女色方面的耗费却有过之而无不及,给予他'缪'的谥号,也算对得起许家了。"唐高宗下诏命五品以上的朝官重新商议,礼部尚书杨思敬说:"有过错而能够改正称为'恭',请求给他'恭'的谥号。"唐高宗下诏同意。王福畤是王通的儿子。

十一月初一,发生日食。　任命刘仁轨为同中书门下三品。任命邢文伟为右史,王及善为左千牛卫将军。

太子李弘很少接见东宫属臣,典膳丞邢文伟于是减少了供给太子的膳食,并上书进谏,太子接受了他的意见。唐高宗听说此事后说:"刑文伟真是一位正直之士。"于是提拔他为右史。太子在一次宴会时,命令东宫属臣表演"掷倒"的杂戏,按次序该左奉裕率王及善表演时,王及善说:"表演'掷倒'本是乐官的事,我如果奉行命令,恐怕不是辅佐殿下的正当行为。"于是太子向他致歉。唐高宗听说这件事后,赐给王及善缣一百匹,不久升任他为左千牛卫将军。

癸酉(673)　唐高宗咸亨四年
春三月,唐高宗下诏命令刘仁轨改修国史。
因为许敬宗等人所记录的国史多不符合事实。
秋七月,婺州发生水灾。　冬十月,阎立本去世。　十二月,弓月、疏勒向唐朝投降。

甲戌(674)　唐高宗上元元年
春正月,唐高宗任命刘仁轨为鸡林道大总管,讨伐新罗。

时新罗王法敏既纳高丽叛众,又据百济故地,诏削官爵,立其弟仁问在京师者为王,使归国。

三月朔,日食。　以武承嗣为周国公。

元爽之子也。

秋八月,帝称天皇,后称天后。　九月,追复长孙无忌官爵。

以无忌曾孙翼袭爵赵公,听陪葬昭陵。

大酺。

大酺,上御翔鸾阁观之,分音乐为东西朋,使雍王贤主东朋,周王显主西朋,角胜为乐。郝处俊谏曰:"二王春秋尚少,志趣未定,当推梨让枣,相亲如一。今分二朋,递相夸竞,非所以崇礼义、劝敦睦也。"上瞿然曰:"卿远识,非众人所及也。"遽止之。

天后表便宜十二条,诏行之。

后以"国家圣绪,出玄元皇帝,请令王公以下皆习《老子》,令明经举人策试"。又请"自今父在,为母服齐衰三年。又,京官八品以上,量加俸禄"。及他便宜,合十二条。诏书褒美,皆行之。

乙亥(675)　**二年**

春二月,刘仁轨大破新罗。

仁轨大破新罗之众于七重城,引兵还。诏以总管李谨行屯新罗之买肖城,以经略之。新罗遣使谢罪,上赦之,复

当时新罗王金法敏收纳了高丽叛兵后，又占据了百济的旧地，唐高宗下诏剥夺他的官爵，另立他在京师的弟弟金仁问为新罗王，并派金仁问回国。

三月初一，发生日食。　命武承嗣承袭周国公的爵位。

武承嗣是武元爽的儿子。

秋八月，唐高宗称天皇，皇后武则天称天后。　九月，恢复长孙无忌的官爵。

让长孙无忌的曾孙长孙翼承袭赵公爵位，允许将长孙无忌的遗体陪葬唐太宗昭陵。

举行大规模宴饮活动。

举行大宴饮，唐高宗驾幸翔鸾阁观看，把音乐队伍分为东西两队，让雍王李贤带领东队，周王李显带领西队，较量胜负以取乐。郝处俊进谏说："二位王子年纪还小，志趣没有定型，应该教育他们像古人推梨让枣那样相互谦让，亲密无间。现在却把他们分为二队，互相夸耀竞争，这不是教育他们崇尚礼义、勉励他们亲爱和睦的做法。"唐高宗吃惊地说："你的远见卓识，不是一般人所能比得上的。"于是立刻阻止了他们。

天后武则天向唐高宗上表陈说了十二件应该做的事情，唐高宗下诏施行。

天后认为"国家圣业的起始，出自玄元皇帝老子，请求下令王公以下都研习《老子》，明经科的考试策试《老子》"。又请求"从现在开始，如果父亲健在，母亲去世，为母亲服齐衰丧三年。另外，八品以上的京官，应适当增加俸禄"。还有其它应该办的事情，共十二条。唐高宗下诏予以表彰，并全部施行她的建议。

乙亥（675）　唐高宗上元二年

春二月，刘仁轨大败新罗军队。

刘仁轨在七重城大败新罗军队，然后率兵返回。唐高宗下诏命令总管李谨行率兵驻守在新罗的买肖城，经略这一地区。新罗派遣使者前来向唐朝认罪，唐高宗赦免了他们，并恢复了

法敏官爵。仁问改封临海郡公。

三月,天后祀先蚕。

天后祀先蚕于邙山之阳,百官及朝集使皆陪位。时上苦风眩,议使天后摄政。郝处俊谏曰:"天子理外,后理内,天之道也。昔魏文帝著令,虽有幼主,不许皇后临朝,所以杜祸乱之萌。陛下奈何以高祖、太宗之天下,不传之子孙而委之天后乎!"中书侍郎李义琰曰:"处俊之言至忠,陛下宜听之!"上乃止。天后多引文学之士元万顷、刘祎之等,使之撰《列女传》《臣轨》《百僚新戒》《乐书》,凡千余卷。时密令参决表奏,以分宰相之权,时人谓之北门学士。

以韦弘机为司农卿。

弘机尝受诏葺苑,宦者犯法,弘机杖之,然后奏闻。上以为能,赐绢数十匹,曰:"更有犯者,卿即杖之,不必奏也。"

夏四月,以赵瓌为括州刺史。

左千牛卫将军赵瓌尚高祖女常乐公主,女为周王显妃。公主颇为上所厚,天后恶之,废妃,幽杀之,贬瓌刺括州,令公主随之官,绝朝谒。

太子弘卒,谥孝敬皇帝,立雍王贤为太子。

太子弘仁孝谦谨,上甚爱之,中外属心。天后方逞其志,太子奏请数迕旨。义阳、宣城二公主,萧淑妃之女也,

新罗王金法敏的官爵。又改封金仁问为临海郡公。

三月，天后武则天祭祀蚕神。

天后武则天在邙山之南祭祀蚕神，朝廷百官以及各地的朝集使都出席陪祭。当时唐高宗正受风眩病的折磨，商议让天后武则天代行处理政事。郝处俊进谏说："天子治理外朝，皇后管理后宫，这是天经地义的事。过去，魏文帝曹丕曾经颁下法令，即使皇帝幼小，也不允许皇后临朝听政，这是为了杜绝祸乱的萌芽。陛下为何要把高祖和太宗建立的天下，不传给子孙而托付给天后呢！"中书侍郎李义琰说："郝处俊的话是出于忠心，陛下应该听从！"唐高宗于是作罢。天后广召有文学才能的士人如元万顷、刘祎之等，让他们撰写了《列女传》《臣轨》《百僚新戒》《乐书》等，总共一千多卷。时常秘密地让他们参与裁决臣下的表章和奏疏，以此分化宰相的权力，当时的人们把他们称为北门学士。

任命韦弘机为司农卿。

韦弘机曾经奉诏修缮宫苑，有宦官犯法，韦弘机就先对他处以杖刑，然后再向唐高宗报告。唐高宗认为韦弘机有办事能力，于是赐给他绢数十匹，并说："如果再有犯法的，你就处以杖刑，不必上奏。"

夏四月，赵瓌被贬为括州刺史。

左千牛卫将军赵瓌娶唐高祖的女儿常乐公主为妻，他的女儿是周王李显的妃子。常乐公主很受唐高宗的厚待，天后武则天憎恨她，于是废掉了周王李显的妃子，把她囚禁起来杀掉，并贬赵瓌为括州刺史，命令常乐公主随从赵瓌赴任，禁止他们入朝晋见唐高宗。

太子李弘去世，唐高宗下诏赠他谥号为孝敬皇帝，并立雍王李贤为太子。

太子李弘仁义孝顺，谦恭谨严，很受唐高宗喜欢，朝廷内外都拥戴他。当时，天后正想实现她个人的意志，而太子李弘奏事多次违背了她的旨意。义阳、宣城二位公主是萧淑妃的女儿，

幽于掖庭，年逾三十。太子见之惊恻，奏请出降，上许之。
天后怒，即日以公主配当上翊卫。太子寻卒，时人以为天
后鸩之也。诏追谥为孝敬皇帝。

秋七月，杞王上金澧州安置。
天后恶上金，有司希旨奏其罪，故有是命。

**八月，以戴至德、刘仁轨为左、右仆射，张文瓘为侍中，
郝处俊为中书令，李敬玄同三品。**
刘仁轨、戴至德更日受牒诉，仁轨常以美言许之，至德
必据理难诘，未尝与夺，实有冤结者，密为奏辩。由是时
誉皆归仁轨。或问其故，至德曰："威福者人主之柄，人臣
安得盗取！"上闻，深重之。有老妪欲诣仁轨陈牒，误诣至
德，至德览之未终，妪曰："本谓是解事仆射，乃不解事仆射
邪！归我牒！"至德笑而授之。时人称其长者。文瓘时兼
大理卿，囚闻改官，皆恸哭。文瓘性严正，诸司奏议，多所
纠驳，上甚委之。

丙子（676）　仪凤元年
春三月，以来恒、薛元超同三品。　闰月，吐蕃寇鄯州。
以高智周同三品。　秋八月，始遣使诣桂、广、交、黔等
府注拟。
敕："桂、广等都督府，比来注拟，简择未精，自今每四年
遣五品以上官充使，仍令御史同往注拟。"时人谓之南选。

被囚禁在后宫中，年龄已过三十岁。太子李弘见了，既吃惊又同情，就上奏请求把她们嫁出去，唐高宗同意了。天后武则天得知后十分愤怒，当天就把两位公主嫁给了正在值班的卫士。不久，太子李弘去世，当时的人们都认为是天后武则天毒死了他。唐高宗下诏追赠他谥号为孝敬皇帝。

秋七月，杞王李上金被安置在澧州。

天后武则天憎恨慈州刺史杞王李上金，有关部门就奉迎她的旨意上奏说李上金有罪，所以他被免职，安置在澧州。

八月，唐高宗任命戴至德、刘仁轨为左、右仆射，张文瓘为侍中，郝处俊为中书令，李敬玄为同中书门下三品。

刘仁轨与戴至德每天轮流受理诉状，刘仁轨经常用好话答应上诉者的请求，而戴至德一定要据理质问，未曾随便做出决定，其中确实有冤枉的，就秘密上奏皇上为他们辩解。因此，当时的人们都称赞刘仁轨。有人问戴至德这是为什么，戴至德说："刑赏是皇帝的权力，作为臣下怎么能够盗用呢！"唐高宗听说后，很器重戴至德。有一位老妇人想要找刘仁轨陈说诉状，而错找到戴至德，戴至德还未把诉状看完，那位老妇人就说："我以为你是那位懂事的仆射，原来是不懂事的仆射呀！把诉状还给我！"戴至德就笑着把诉状还给她。当时的人们都称赞他是一位长者。张文瓘当时兼任大理卿，囚犯们听说他改任别的官职，都失声痛哭。张文瓘生性严厉正直，对于各部门的奏议，他经常加以纠正或辩驳，唐高宗很信任他。

丙子（676） 唐高宗仪凤元年

春三月，任命来恒、薛元超为同中书门下三品。 闰三月，吐蕃侵犯鄯州。 任命高智周为同中书门下三品。 秋八月，开始派使者到桂州、广州、交州、黔中等都督府选举任命官员。

唐高宗下敕说："桂州、广州等都督府，近年来选举任命的官员，挑选不精，从今以后每四年一次派遣五品以上官充任使职，同时令御史一起前往选举任命官员。"当时的人把它称为南选。

九月，以狄仁杰为侍御史。

将军权善才、中郎将范怀义误斫昭陵柏，当除名，上特命杀之。大理丞狄仁杰奏："罪不当死。"上曰："我不杀则为不孝。"仁杰固执不已，上怒，令出，仁杰曰："犯颜直谏，自古以为难。臣以为遇桀、纣则难，遇尧、舜则易。夫法不至死，而陛下特杀之，是法不信于人也，人何所措其手足！且张释之有言：'设有盗长陵一抔土，陛下何以处之？'今以一柏杀二将军，后代谓陛下为何如矣！臣不敢奉诏者，恐陷陛下于不道，且羞见释之于地下也。"上怒解，遂贷之。仍擢仁杰为侍御史。初，仁杰为并州法曹，同僚郑崇质当使绝域。崇质母老且病，仁杰曰："彼母如此，岂可复使之有万里之忧！"诣长史蔺仁基，请代之行。仁基素与司马李孝廉不叶，因相谓曰："吾辈岂可不自愧乎！"遂相与辑睦。

冬十月，祫享太庙。

用太学博士史璨议，禘后三年而祫，祫后二年而禘。

郇王素节袁州安置。

素节，萧淑妃之子也，警敏好学。天后恶之，以为申州刺史。素节以久不得入觐，著《忠孝论》。后见之，诬以赃贿，降封鄱阳王，袁州安置。

以李敬玄为中书令。

九月，唐高宗任命狄仁杰为侍御史。

将军权善才与中郎将范怀义误砍了昭陵园内的柏树，按罪应该除去名籍，而唐高宗特地命令把他们处死。大理丞狄仁杰上奏说："按罪不应该把他们处死。"唐高宗说："我如果不杀死他们就是不孝顺。"狄仁杰坚持争论不止，唐高宗很愤怒，命令他出去，狄仁杰说："冒犯龙颜直言进谏，自古以来就认为是难事。我认为如果遇到桀、纣这样的帝王就是难事，如果遇到尧、舜这样的帝王就是易事。现在按照法律不应该处死的人，但陛下却特地下令要将他们杀死，这是法令失信于人，人们将何所适从！汉朝的张释之曾经对汉文帝说：'假如有人盗取高祖长陵上的一捧土，陛下将如何处置他呢？'现在因为误伐了一棵柏树而杀掉二位将军，后代将会怎样看待陛下呢！我之所以不敢奉行诏命，是怕使陛下成为无道之君，而且羞于在九泉之下见到张释之。"唐高宗听后怒气消解，于是饶恕了权善才与范怀义。同时升任狄仁杰为侍御史。当初，狄仁杰担任并州法曹，同事郑崇质正要出使到遥远的地方。郑崇质的母亲年老有病，狄仁杰说："郑崇质的母亲年老有病，怎么能够再让她为出使万里之远的儿子担忧呢！"于是到长史蔺仁基那里，请求替代郑崇质出使。蔺仁基素来与司马李孝廉不和，因此他们二人相互说："我们这些人难道不感到惭愧吗！"此后二人和睦相处。

冬十月，唐朝集中祖先神主祫祭于太庙。

采纳了太学博士史璨的建议，禘祭三年以后举行祫祭，祫祭以后两年举行禘祭。

郇王李素节被安置在袁州。

郇王李素节是萧淑妃的儿子，机敏好学。天后武则天憎恨他，任命他为申州刺史。李素节因为长期不能入朝觐见唐高宗，就撰写了《忠孝论》。天后武则天看到后，就诬告说李素节贪赃受贿，于是降封他为鄱阳王，安置在袁州。

唐高宗任命李敬玄为中书令。

丁丑（677） 二年

春正月，耕籍田。 二月，以高藏为朝鲜王，扶余隆为带方王。

以高藏为朝鲜王，遣归辽东，安辑高丽余众，高丽先在诸州者，遣与俱归。扶余隆为带方王，亦遣归安辑百济余众，仍移安东都护府于新城以统之。藏至辽东，谋叛，召还，徙邛州而死。高丽旧城没于新罗，余众散入靺鞨，隆亦不敢还故地，高氏、扶余氏遂亡。

郝处俊、高智周罢。 夏四月，河南、北旱。

遣御史中丞崔谧等分道赈给。侍御史刘思立上疏曰："麦秀蚕老，农事方殷，聚集参迎，妨废不少。既缘赈给，须立簿书，本欲安存，更成烦扰。伏望且委州县赈给。"疏奏，谧等遂不行。

张大安同三品。 诏废显庆新礼。

诏以显庆新礼多不师古，其五礼并依《周礼》行事。自是礼官益无凭守，每大礼，临时撰定。

秋八月，徙周王显为英王。

更名哲。

命刘仁轨镇洮河军。

戊寅（678） 三年

春正月，百官、四夷朝天后于光顺门。 以李敬玄为洮河道大总管。

丁丑（677） 唐高宗仪凤二年

春正月，唐高宗举行亲耕籍田礼。 二月，封高藏为朝鲜王，扶余隆为带方王。

唐朝封高藏为高丽王，派他回辽东，安抚高丽的残余部众，以前安置在各州的高丽部众，都让他们与高藏一起回辽东。又封扶余隆为带方王，也派他回去安抚百济的残余部众，同时把安东都护府迁移到新城以统辖他们。高藏回到辽东后，图谋反叛，又被唐朝召还，流放到邛州后死去。高丽旧城被新罗占领，其余的部众逃散投奔靺鞨，扶余隆也不敢返回原来的居住地，高氏、扶余氏于是灭亡。

郝处俊、高智周被罢免宰相职务。 夏四月，河南、河北地区发生旱灾。

唐高宗派遣御史中丞崔谧等分路前去赈济灾民。侍御史刘思立上疏说："现在正是小麦抽穗春蚕吐丝的农忙时节，而百姓要聚集起来参拜欢迎朝廷的使者，很是妨碍农事。因为是赈济百姓，就要设立支付的账簿，本来是想安抚百姓，反而对他们造成烦扰。希望暂且委托州县加以救济。"疏奏送上后，崔谧等最终没有出使。

任命张大安为同中书门下三品。 下诏废除显庆年间所实行的新礼。

唐高宗下诏说因为显庆年间所实行的新礼大多没有仿效古礼，以后五礼都按照《周礼》所规定的执行。从此礼官们更加没有依据，每当遇到大的礼仪活动，都是临时制定礼仪。

秋八月，唐朝改封周王李显为英王。

改李显名为李哲。

命令刘仁轨镇守洮河军。

戊寅（678） 唐高宗仪凤三年

春正月，朝廷百官和四夷首领在光顺门朝见天后武则天。唐高宗任命李敬玄为洮河道大总管。

刘仁轨有奏请,多为李敬玄所抑,由是怨之。知敬玄非将帅才,荐之,使守西边。敬玄固辞,上曰:"仁轨须朕,朕亦自往,卿安得辞!"乃以敬玄代仁轨,大发兵讨吐蕃。

夏五月,幸九成宫。

山中雨寒,从兵有冻死者。

秋九月,还京师。　诏复奏《破阵乐》。

上初即位,不忍观《破阵乐》,命撤之。至是,太常奏:"久寝惧废。"乃复奏之。

侍中张文瓘卒。

上将讨新罗,文瓘卧疾在家,自舆入谏曰:"今吐蕃为寇,方发兵西讨,新罗未尝犯边,若又东征,臣恐公私不堪其弊。"上乃止。

李敬玄与吐蕃战,败绩。

李敬玄将兵十八万与吐蕃将论钦陵战于青海之上,副总管刘审礼深入败没,敬玄按兵不救,狼狈还走。员外将军黑齿常之夜帅死士袭击虏营,虏乃遁去,敬玄收余众还鄯州。上嘉常之之功,擢拜左武卫将军。

敬玄之西征也,监察御史娄师德应猛士诏从军。及败,敕师德收集散亡,军乃复振。因命使于吐蕃,吐蕃将论赞婆迎之。师德宣导上意,谕以祸福,赞婆甚悦,为之数年不犯边。上以吐蕃为忧,悉召侍臣谋之,或欲和亲,或欲严备,

刘仁轨有什么奏请,多受到李敬玄的压制,因此刘仁轨怨恨李敬玄。刘仁轨知道李敬玄没有担任将帅的才能,却推荐他,让他防守西方边境。李敬玄坚决推辞,唐高宗说:"刘仁轨如果需要朕,朕也会亲自前往,你怎么能推辞呢!"于是任命李敬玄接替刘仁轨的职务,调发大军讨伐吐蕃。

夏五月,唐高宗驾幸九成宫。

因为山中下雨寒冷,有的随从士兵被冻死。

秋九月,唐高宗回到京师。 下诏恢复演奏《秦王破阵乐》。

唐高宗刚即位时,不忍心观看《秦王破阵乐》,于是下令撤除了这支乐舞。这时,太常寺上奏说:"《秦王破阵乐》长期不演奏,恐怕会失传。"于是恢复演奏。

侍中张文瓘去世。

唐高宗将要讨伐新罗,张文瓘正卧病在家,于是自己坐肩舆入宫进谏说:"现在吐蕃军队侵扰边境,朝廷正要调发兵力西征吐蕃,而新罗没有侵犯边境,如果又发兵东征新罗,我恐怕官府和百姓都无法承受这一负担。"唐高宗于是作罢。

李敬玄率兵与吐蕃交战,被吐蕃打败。

李敬玄率领士兵十八万与吐蕃将领论钦陵在青海岸边交战,副总管刘审礼深入敌境,战败被俘,而李敬玄却按兵不动,没有去救援,狼狈逃走。员外将军黑齿常之夜晚率领敢死队袭击吐蕃军队的营垒,吐蕃军队这才逃走,李敬玄于是收罗残余部众返回到鄯州。唐高宗表彰黑齿常之的功劳,并升任他为左武卫将军。

李敬玄率兵西征吐蕃时,监察御史娄师德响应唐高宗招募猛士的诏书而从军。唐朝军队战败,唐高宗下敕书命令娄师德收罗逃散的士兵,军队才得以重新振作。于是命令娄师德出使吐蕃,吐蕃将领论赞婆来迎接他。娄师德向论赞婆传达了唐高宗的旨意,陈说了利害,论赞婆听后十分高兴,因此数年没有侵犯唐朝的边境。唐高宗因为担忧吐蕃的侵略,于是把随侍的大臣们全都召来商议对策,有的提出和亲,有的提出严加防备,

俟公私富贵而讨之,或欲亟发兵击之,议竟不决。

太学生魏元忠上封事曰:"理国之要,在文与武。今言文者则以辞华为首而不及经纶,言武者则以骑射为先而不知方略。故陆机著论《辨亡》,无救河梁之败,养由基射穿七札,不济鄢陵之师,此已然之明效也。古语有之:'兵无强弱,将有巧拙。'故选将当以智略为本,勇力为末。今朝廷用人,类取将门子弟及死事之家,彼皆庸人,岂足当阃外之任! 古之名将,皆出贫贱而立殊功,未闻其家代为将也。夫赏罚者,军国之切务。近日征伐,虚有赏格而无事实。盖由小才之吏,不知大体,徒惜勋庸,恐虚仓库。不知士不用命,所损几何! 自苏定方征辽东,李勣破平壤,赏绝不行。大非川之败,薛仁贵、郭待封等不即重诛。臣恐吐蕃之平,非旦夕可冀也。又,出师之要,全资马力。请开畜马之禁,使百姓皆得畜马,若官军大举,增价市之,则皆为官有矣。"上善其言,召见,令直中书省,仗内供奉。

来恒卒。

己卯(679) 调露元年
春正月,幸东都。司农卿韦弘机免。

等待国家和百姓富足时再兴兵讨伐,有的提出立刻就派兵攻打,最终也没有做出决定。

太学生魏元忠给唐高宗上密封奏章说:"治理国家的根本在于文治与武功。现在谈起文治首先讲的是华丽的辞章,而不涉及治理国家的才能,谈起武功首先讲的是骑马射箭,而不知道计谋策略。所以晋朝的陆机撰写了《辩亡论》,总结孙吴兴起和灭亡的原因,但也挽救不了在河桥战败的事,楚国大夫养由基能射穿七层铠甲,但避免不了在鄢陵之战中的失败,这都已是人们共知的事实。古语中有这样的说法:'军队没有强大与弱小之分,就看将帅是聪明还是笨拙。'所以挑选将帅首先考虑的是他的智谋,最后考虑的才是他的勇力。现在朝廷任用将领,一般都录用将帅之家的子弟以及为国家战死者的家属,他们都是平庸无才的人,怎么能够担当在外率兵打仗的重任呢!那些古代的名将,都是出身于贫贱之家,而能建立特殊的功勋,没听说他们家世代都是将帅。赏功罚过是军队和国家最迫切的任务。近来征战讨伐,只是虚有奖赏的标准,而实际上并没有执行。这大概是因为才识短小的官吏不懂得大的事理,只是一味地吝惜功勋,恐怕国家的府库空虚。而不知道这样做会使将士们不服从命令,损失又有多大!自从苏定方征讨辽东,李勣攻陷平壤,奖赏战功的命令就再也没有执行过。唐军在大非川被吐蕃打败,负有罪责的薛仁贵、郭待封等人没有立刻被处以极刑。我恐怕要平定吐蕃,并不是短时间内能够指望实现的。还有,出兵打仗重要的一条,是全仰仗马力。我请求废除养马的禁令,使老百姓都可以养马,如果官军有大的军事行动,就高价买马,那么这些马就都成为国家的了。"唐高宗很认可他的建议,于是召见了他,命令他在中书省当值,朝会时得随百官朝见皇帝。

来恒去世。

己卯(679) 唐高宗调露元年

春正月,唐高宗驾幸东都。司农卿韦弘机被免官。

弘机作上阳等宫,制度壮丽。侍御史狄仁杰劾奏弘机导上为奢泰,免其官。左司郎中王本立恃恩用事,朝廷畏之。仁杰奏其奸,上特原之。仁杰曰:"陛下何惜罪人,以亏王法。必欲曲赦本立,请弃臣于无人之境,为忠贞之诫!"本立竟得罪。由是朝廷肃然。

二月,吐蕃赞普死。

赞普卒,子器弩悉弄立,年八岁。上命裴行俭乘间图之,行俭曰:"论钦陵为政,大臣辑睦,未可图也。"乃止。

夏四月,以郝处俊为侍中。　命太子贤监国。

太子处事明审,时人称之。

六月,遣吏部侍郎裴行俭立波斯王,行俭袭执阿史那都支以归。

初,西突厥阿史那都支及其别帅李遮匐与吐蕃连和,侵逼安西,朝议欲发兵讨之。吏部侍郎裴行俭曰:"今波斯王卒,其子质京师,宜遣使送归,道过二虏,以便宜取之,可不血刃而擒也。"上从之,乃命行俭册立波斯王。行俭奏肃州刺史王方翼为副。过西州,扬言须稍凉西上。都支觇知之,遂不设备。行俭召四镇酋长谓曰:"昔在此州,纵猎甚乐,今欲寻旧赏,谁能从者?"诸胡子弟争请行,近得万人。行俭阳为畋猎,校勒部伍,数日,遂倍道西进。去都支部落十余里,遣使问其安否,召与相见。都支计无所出,帅子弟迎谒,

韦弘机负责建造上阳宫等宫殿，规模宏大华丽。侍御史狄仁杰上奏弹劾说韦弘机诱导皇帝奢侈无度，韦弘机因此被免官。左司郎中王本立依仗着受到皇帝的恩宠而专权用事，朝廷百官都惧怕他的权势。狄仁杰上奏揭发他的奸恶，而唐高宗却特地赦免了他。狄仁杰说："陛下为何要怜惜罪人，而损害国家的大法。陛下如果一定想要特赦王本立，那就请把我流放到荒无人烟的偏远之地，以此来告诫那些忠贞之臣！"王本立最终被治罪。从此朝廷严肃而有法度。

二月，吐蕃赞普去世。

吐蕃赞普去世，他的儿子器弩悉弄继位，年仅八岁。唐高宗命令裴行俭乘机攻打吐蕃，裴行俭说："现在吐蕃由论钦陵执政，大臣们和睦，不可以图谋攻打。"于是作罢。

夏四月，唐高宗任命郝处俊为侍中。　命令太子李贤监国。

太子李贤处理政事明察严谨，当时的人们都称赞他。

六月，唐高宗派遣吏部侍郎裴行俭前去册立波斯王，裴行俭率兵攻打并生擒了阿史那都支而回。

当初，西突厥阿史那都支及他的别帅李遮匐与吐蕃联合，侵犯安西，朝廷商议想要发兵讨伐他们。吏部侍郎裴行俭说："现在波斯王已死，他的儿子作为人质还留在京师，应该派遣使者送他回国，途中经过阿史那都支与李遮匐的地方时，见机行事攻取他们，就可以不经过激战而将他们生擒。"唐高宗听从了裴行俭的建议，于是命令他去册立波斯王。裴行俭上奏任命肃州刺史王方翼为自己的副职。裴行俭路过西州，扬言说要等待天气稍凉后再西上。阿史那都支侦察得知这一情况后，就不加防备。裴行俭于是召来龟兹、毗沙、焉耆、疏勒四镇的首长，对他们说："过去我在此州时，纵马打猎十分快乐，现在想要寻求往日的欢乐，谁愿意随从我呢？"胡人子弟们争着请求随行，得到了将近一万人。裴行俭假装要去打猎，整编队伍，几天之后，便兼程向西进发。在离阿那史那都支部落十多里时，派遣使者向他问安，并召他来相见。阿史那都支无计可施，只好率领子弟来迎接拜见，

遂擒之。简其精骑,进掩遮匐,遮匐亦降。于是囚都支、遮匐以归,遣波斯王自还其国,留王方翼于安西,使筑碎叶城。

冬十月,单于府突厥反,遂寇定州。

单于大都护府突厥阿史德温傅、奉职二部俱反,立阿史那泥熟匐为可汗,二十四州酋长皆叛应之,众数十万,遣长史萧嗣业等将兵讨之。嗣业等先战屡捷,因不设备,会大雪,突厥夜袭其营,嗣业狼狈拔营走,众遂大乱,为虏所败。突厥寇定州,刺史霍王元轨命开门偃旗,虏疑有伏,惧而宵遁。州人李嘉运与虏通谋,事泄,上令元轨穷其党与。元轨曰:“强寇在境,人心不安,若多所逮系,是驱之使叛也。”乃独杀嘉运,余无所问。上大喜。自是朝廷有大事,上多密敕问之。遣将军曹怀舜屯井陉,崔献屯龙门,以备突厥。

庚辰(680) 永隆元年
春三月,以裴行俭为定襄道大总管,讨突厥,平之。

初,上谓裴行俭曰:“卿文武兼资,今授卿二职。”乃除礼部尚书、右卫大将军。为定襄道行军大总管,将兵三十余万以讨突厥。至是大破突厥于黑山,擒奉职,泥熟匐为其下所杀,以首来降。初,行俭至朔川,谓其下曰:“抚士贵诚,制敌尚诈。”乃为粮车三百乘,每车伏壮士五人,各持陌刀、劲弩,以羸兵为之援,且伏精兵于险要以待之。

于是被生擒。裴行俭又挑选了阿史那都支的精锐骑兵，进军袭击李遮匐，李遮匐也向他投降。于是裴行俭囚禁了阿史那都支与李遮匐返回长安，派波斯王自己返回他们的国家，把王方翼留在安西，让他修筑碎叶城。

冬十月，单于大都护府突厥反叛，然后侵犯定州。

单于大都护府突厥阿史德温傅、奉职二部一同反叛，拥立阿史那泥熟匐为可汗，二十四州的酋长都反叛以响应他们，兵众达到数十万，唐朝派遣单于大都护府长史萧嗣业等人率兵讨伐他们。萧嗣业等起先交战都取得了胜利，因此不加防备，适逢天下大雪，突厥军队乘夜袭击他们的军营，萧嗣业狼狈拔营逃走，唐朝军队因此大乱，被突厥打败。突厥军队侵犯定州，定州刺史霍王李元轨命令部下打开城门，降下旗帜，突厥怀疑有埋伏，惧怕而乘夜逃走。定州人李嘉运与敌人通谋，事情败露，唐高宗命令李元轨彻底追查他的同党。李元轨说："敌人强兵压境，人心不安，如果牵连逮捕的人过多，是逼使他们叛变。"于是只杀了李嘉运一人，其余的都不加问罪。唐高宗得知后十分高兴。从此朝廷中遇到大的事情，唐高宗多下密敕征求他的意见。唐朝又派遣将军曹怀舜率兵驻守井陉，崔献驻守龙门，以防备突厥。

庚辰（680） 唐高宗永隆元年
春三月，唐高宗任命裴行俭为定襄道行军大总管，率兵讨伐突厥，突厥平定。

当初，唐高宗对裴行俭说："你文武兼备，现在拜授你两个职务。"于是任命他为礼部尚书、右卫大将军。又任命他为定襄道行军大总管，率兵三十万讨伐突厥。这时裴行俭在黑山把突厥军队打得大败，生擒了奉职，阿史那泥熟匐被他的部下杀死，并拿着他的首级前来投降。当初，裴行俭率兵到达朔川，对他的部下说："安抚士卒贵在诚心诚意，克敌制胜则崇尚诡诈。"于是伪装运粮车三百辆，每辆车埋伏勇士五人，每人都手握长刀与强弩，派老弱之兵随车而行，并把精兵埋伏在险要之地等待敌人。

虏果至，羸兵弃车散走，虏驱车就水草，解鞍牧马，欲取粮，壮士自车中跃出击之。虏惊走，复为伏兵所邀，杀获殆尽。自是运粮行者，虏莫敢近。军至单于府北，抵暮，下营，掘堑已周，行俭遽命移就高冈，诸将皆言士卒已安，不可动，行俭不从，趣使移。是夜，风雨暴至，前所营地，水深丈余。诸将惊服，问其故，行俭笑曰："自今但从我命，不必问其所由知也。"

夏四月，裴炎、崔知温、王德真同三品。　　秋七月，吐蕃寇河源。

吐蕃寇河源，将军黑齿常之击却之。常之以河源冲要，欲加兵戍之，而转输险远，乃广置烽戍七十余所，开屯田五千余顷，岁收五百余万石，由是战守有备焉。先是，剑南募兵，于茂州筑安戎城，以断吐蕃之路。吐蕃攻陷其城，以兵据之，由是西洱诸蛮皆降于吐蕃。吐蕃之地，东接凉、松、茂、嶲等州，南邻天竺，西陷龟兹、疏勒等四镇，北抵突厥，地方万里，诸胡之盛，莫与为比。

八月，贬李敬玄为衡州刺史。

敬玄军既败，屡称疾请还。既至，无疾，诣中书视事，上怒，贬之。

废太子贤为庶人，立英王哲为皇太子。

太子贤闻宫中窃议，以贤为天后姊韩国夫人所生，内自疑惧。方士明崇俨以厌胜之术为天后所信，官至正谏大夫，

敌人果然来抢粮车，老弱之兵弃车逃走，敌人把粮车赶到有水草的地方，解鞍放马，想要卸下车中的粮食，这时埋伏在车上的勇士从车中跳出来攻打敌人。敌人受惊逃走，又受到伏兵的截击，几乎全都被杀死或俘虏。从此凡是运粮的车辆，敌人都不敢靠近。裴行俭行军到达单于大都护府的北面，已近傍晚，扎下营垒，周围的壕沟已经挖好，裴行俭马上命令把军营转移到高岗上，诸将都说士卒已经安顿下来，不能够再移动，而裴行俭不听，催促他们转移。当天晚上，暴风雨突然来临，以前所扎营的地方，水深有一丈多。诸将十分吃惊和叹服，问裴行俭怎么能预先得知，他笑着说："从今以后，你们只管听从我的命令，不必问我是怎么知道的。"

夏四月，唐高宗任命裴炎、崔知温、王德真为同中书门下三品。　秋七月，吐蕃军队侵犯河源。

吐蕃军队侵犯河源，将军黑齿常之击退了他们。黑齿常之因为河源是战略要地，想要增加兵力戍守，但因为道路艰险遥远运输困难，于是广设烽火台七十余处，开垦屯田五千余顷，每年收获粮食五百余万石，从此进攻和防守都有了足够的粮食储备。在此之前，剑南道招募士卒，在茂州修筑安戎城，以切断吐蕃的道路。吐蕃军队攻占了安戎城，并派兵守卫，因此西洱诸蛮都投降了吐蕃。吐蕃所占据的地方，东面与唐朝的凉州、松州、茂州、巂州等州连接，南面与天竺国相邻，西面攻占了龟兹、疏勒等四镇，北面抵达突厥，地方万余里，诸胡中最强盛的，也不能与它相比。

八月，唐高宗贬李敬玄为衡州刺史。

李敬玄被吐蕃打败后，多次说有病请求返回朝廷。回来后，却没有病，还到中书省去处理公事，唐高宗大怒，于是将他贬官。

太子李贤被废为庶人，立英王李哲为皇太子。

太子李贤听到宫中有人私下议论，说李贤是天后武则天的姐姐韩国夫人所生的，因此心中疑惑恐惧。方术之士明崇俨因为擅长诅咒制胜的法术而受到天后的信任，官做到正谏大夫，

尝密称："太子不堪承继,英王貌类太宗。"会崇俨为人所杀,天后遂疑太子所为。太子颇好声色,与户奴狎昵。天后使人告其事,鞫之,于马坊得皂甲数百领,以为反具。上素爱太子,欲宥之,天后不可,遂废为庶人,党与皆伏诛。左庶子张大安坐阿附,左迁,余皆释之。左庶子薛元超等皆舞蹈拜恩,右庶子李义琰独引咎涕泣,时论美之。

冬十一月朔,日食。

辛巳（681） 开耀元年

春正月,宴百官及命妇于麟德殿。

以立太子,宴百官及命妇于宣政殿,引九部伎及散乐自宣政门入。太常博士袁利贞上疏,以为："正寝非命妇宴会之地,路门非倡优进御之所,请命妇会于别殿,九部伎自东西门入,而停散乐。"上乃更命置宴于麟德殿,赐利贞帛百匹。利贞族孙谊为苏州刺史,自以其先宋太尉淑以来,尽忠帝室,琅邪王氏虽奕世台鼎,而为历代佐命,耻与为比。尝曰："所贵于名家者,为其世笃忠贞,才行相继故也。彼鬻婚姻求禄利者,又乌足贵乎!"

三月,郝处俊罢。　以刘仁轨为太子少傅。

少府监裴匡舒善营利,奏卖苑中马粪,岁得钱二十万缗。上以问刘仁轨,对曰："利则厚矣,恐后代称唐家卖马粪,

他曾经私下说："太子李贤没有能力继承帝位，而英王李哲的相貌类似太宗皇帝。"适逢明崇俨被他人杀死，天后武则天因此怀疑是太子李贤干的。太子李贤颇好音乐、女色，与家奴十分亲昵。天后武则天就指使人告发这些事，唐高宗下令审问太子，在东宫的马坊中搜出黑甲数百件，认为是谋反用的东西。唐高宗素来喜欢太子李贤，想要宽赦他，而天后武则天不同意，于是就废太子为庶人，同党都被诛杀。左庶子张大安因奉迎依附太子而被降职，其余的东宫官属都不加罪。左庶子薛元超等人都行舞蹈礼拜谢皇恩，只有右庶子李义琰承认过失而痛哭，受到当时舆论的赞扬。

冬十一月初一，发生日食。

辛巳（681）　**唐高宗开耀元年**
春正月，唐高宗在麟德殿宴请朝廷百官及有封号的妇人。

因为新立太子，唐高宗命令在宣政殿宴请朝廷百官及有封号的妇人，带领九部乐队和乐舞杂技从宣政门进入。太常博士袁利贞上疏，认为："皇帝处理朝政的正殿不是有封号的妇人宴会的地方，内宫的正门也不是歌舞艺人应该进入的地方，请求在别殿宴请有封号的妇人，九部乐队从东西侧门进入，而停罢乐舞杂技。"唐高宗于是命令改在麟德殿举行宴会，并赐给袁利贞帛一百匹。袁利贞的族孙袁谊任苏州刺史，自认为自从先辈宋太尉袁淑以来，袁家历朝都尽忠于皇帝，而琅邪王氏虽然累世居于三公之位，但又成为历朝篡权者的佐命元勋，因此耻与王氏相比。他曾经说："世家大族之所以尊贵，是因为他们世代坚守忠贞，才能与操行相继不绝。那些靠出卖婚姻以求利禄的人，又有什么值得尊贵的呢！"

三月，郝处俊被罢免宰相职务。　　任命刘仁轨为太子少傅。

少府监裴匪舒擅长营利，上奏请求出卖禁苑中的马粪，每年可获利钱二十万缗。唐高宗就此事征询刘仁轨的意见，刘仁轨回答说："获利倒是不少，只是恐怕后代的人们说皇家出卖马粪，

非嘉名也。"乃止。匦舒又为上造镜殿，上与仁轨观之，仁轨惊趋下殿。上问其故，对曰："天无二日，土无二王，适视四壁有数天子，不祥孰甚焉！"上遽令剟去。

秋七月，太平公主适薛绍。

绍母，太宗女城阳公主也。绍兄颢以公主宠盛，深忧之，以问族祖户部郎中克构，克构曰："帝甥尚主，国家故事，苟以恭慎行之，何伤！然谚曰：'娶妇得公主，无事取官府。'亦不得不惧也。"

以裴炎为侍中，崔知温、薛元超为中书令。   征处士田游岩为太子洗马。

游岩隐居泰山，上东封，尝幸其庐，征为洗马，无所规益。右卫副率蒋俨以书责之曰："足下负巢、由之俊节，傲唐、虞之圣主，屈万乘之重，申三顾之荣，将以辅导储贰，渐染芝兰耳。皇太子春秋鼎盛，圣道未周，足下乃唯唯而无一谈，悠悠以卒年岁，何以塞圣主调护之寄乎！"游岩不能答。

裴行俭讨突厥阿史那伏念，降之。

初，裴行俭军还，突厥阿史那伏念自立为可汗，与阿史德温傅连兵为寇。诏复以行俭为定襄道大总管，讨之。副总管曹怀舜引兵至长城北横水，遇伏念，伏念乘便风击之，大败。行俭军于代州之陉口，多纵反间，由是伏念、温傅浸相猜贰。伏念留妻子辎重于金牙山，以轻骑袭曹怀舜。行俭

名声不好。"于是作罢。裴匪舒又为唐高宗建造了镜殿，唐高宗与刘仁轨去观看，刘仁轨吃惊地急忙下殿。唐高宗问他为什么要这样，刘仁轨回答说："天上没有两个太阳，地上没有两个帝王，刚才看见四周墙壁上有几位天子，还有什么比这更不吉祥的呢！"唐高宗立刻命令把那些镜子拆掉拿走。

秋七月，太平公主下嫁薛绍。

薛绍的母亲是唐太宗的女儿城阳公主。薛绍的哥哥薛顗因为太平公主恩宠太盛，深为忧虑，就问同族的叔祖父户部郎中薛克构，薛克构说："皇帝的外甥娶公主为妻，这是国家的惯例，如果能以恭顺谨慎的态度对待此事，又有什么忧虑的呢！但是谚语说：'娶妻得公主，无事取官府。'也不能不让人惧怕。"

唐高宗任命裴炎为侍中，任命崔知温、薛元超为中书令。
唐高宗征召隐士田游岩，任命他为太子洗马。

田游岩隐居在泰山，唐高宗到泰山封禅时，曾经驾幸他隐居的庐舍，征召他为太子洗马，但他对太子没有什么规劝教导。右卫副率蒋俨写书信责备田游岩说："足下享有古代高士巢父、许由那样卓异的节操，傲视唐尧、虞舜那样圣明的君主。皇上不惜屈万乘之尊，给予您三顾茅庐那样的荣幸，想请您辅导太子，使他能够逐渐培养自己的美德。皇太子正值盛年，智慧道德还没有完全形成，而足下却唯唯诺诺不进一言规劝，悠闲地打发着岁月，怎么来答谢皇上让您教导太子的寄托呢！"田游岩无法回答。

裴行俭率兵讨伐突厥阿史那伏念，阿史那伏念投降了唐朝。

当初，裴行俭率军返回后，突厥阿史那伏念自立为可汗，与阿史德温傅合兵侵犯唐朝。唐高宗下诏重新任命裴行俭为定襄道大总管，率兵讨伐突厥。副总管曹怀舜率兵到达长城北面的横水，与阿史那伏念相遇，阿史那伏念乘顺风攻打唐军，唐军被打得大败。裴行俭率兵驻扎在代州的陉口，多次使用反间计，因此阿史那伏念与阿史德温傅逐渐互相猜疑。阿史那伏念把妻儿和辎重留在金牙山，然后率领轻骑兵袭击曹怀舜。裴行俭

遣裨将程务挺掩金牙,取之。伏念还,失其妻子辎重,士卒多疾疫,乃引兵北走。行俭又使务挺等追蹑之,伏念恃远不设备,军到狼狈,遂执温傅以降。行俭尽平突厥余党,以伏念、温傅归京师,斩于都市。初,行俭许伏念以不死,故降。裴炎疾行俭之功,奏言:"伏念为回纥所逼,穷窘而降耳。"遂诛之。行俭叹曰:"浑、濬争功,古今所耻。但恐杀降,无复来者。"因称疾不出。

冬十月朔,日食。　徙故太子贤于巴州。

壬午(682)　永淳元年
春二月,立皇孙重照为皇太孙。
上欲令开府置僚属,问吏部郎中王方庆,对曰:"未闻太子在东宫而更立太孙者也。"上曰:"自我作古,可乎?"对曰:"三王不相袭礼,何为不可!"乃奏置师傅等官。既而上疑其非法,竟不补授。

夏四月朔,日食。　关中饥,上幸东都。
上以关中饥馑,米斗三百,将幸东都,留太子监国,使刘仁轨、薛元超辅之。时出幸仓猝,扈从之士有饿死者。上虑道路多草窃,命监察御史魏元忠检校。元忠阅赤县狱,得盗一人,神采语言异于众,命释桎梏,袭冠带,乘驿以从,

派遣副将程务挺突然袭击金牙山，攻占了此山。阿史那伏念返回金牙山后，妻儿辎重已被唐兵夺取，士卒中又流行瘟疫，于是领兵向北逃走。裴行俭又命令程务挺等追击阿史那伏念，阿史那伏念自恃离唐军遥远，不加防备，唐兵赶到后，阿史那伏念十分狼狈，于是抓了阿史德温傅来向唐军投降。裴行俭平定了突厥的全部残余部众，押着阿史那伏念和阿史德温傅回到京师，二人被斩于闹市。当初，裴行俭曾经许诺不杀死阿史那伏念，所以他才投降。而裴炎妒忌裴行俭的功劳，就上奏说："阿史那伏念是因为受到回纥的逼迫，走投无路才来投降。"于是诛杀了他。裴行俭感叹说："晋朝的王浑与王濬争功，从古到今受都到人们的耻笑。只是恐怕杀了投降的人，以后不会再有人来投降了。"因此假称生病，闭门不出。

冬十月初一，发生日食。　唐高宗把原来的太子李贤流放到巴州。

壬午（682）　唐高宗永淳元年
春二月，唐高宗立皇孙李重照为皇太孙。

唐高宗想为太孙开设府署，并设置官属，征询吏部郎中王方庆的意见，王方庆回答说："没有听说过太子还在东宫而又立皇太孙的。"唐高宗说："那就从我开始，可以吗？"王方庆回答说："夏、商、周三代之君在礼仪方面都不互相承袭，有什么不可以呢！"于是王方庆上奏请求为皇太孙设置师傅等官。不久唐高宗怀疑这样做不合乎礼法，最终也没有任命。

夏四月初一，发生日食。　关中地区饥荒，唐高宗驾幸东都。

唐高宗因关中地区发生饥荒，每斗米价值三百钱，将要驾幸东都，留下太子监国，命令刘仁轨、薛元超辅佐太子。当时唐高宗因为出行仓促，随从护卫的人有饿死的。唐高宗担忧路上多有盗贼，就命令监察御史魏元忠在车驾前后检查。魏元忠察看长安与万年县的监狱，得到一名盗贼，神色言谈都与其他盗贼不同，魏元忠命令解开他的枷锁，让他穿上官服，乘着驿马跟从，

与共食宿,托以诘盗。比及东都,士马万数,不亡一钱。

闻喜宪公裴行俭卒。

行俭有知人之鉴。初,王勃与杨炯、卢照邻、骆宾王皆以文章有盛名,李敬玄尤重之。行俭曰:"士之致远者,当先器识而后才艺。勃等虽有文华,而浮躁浅露,岂享爵禄之器邪! 杨子稍沉静,应至令长,余得令终幸矣。"既而勃堕水,炯终于盈川令,照邻恶疾,赴水死,宾王反诛。行俭为将帅,所引偏裨如程务挺、张虔勖、王方翼、刘敬同、李多祚、黑齿常之,后多为名将。破阿史那都支,得马脑盘,广二尺余,以示将士,军吏捧以升阶,跌而碎之,惶恐,叩头流血。行俭笑曰:"尔非故为,何至于是!"不复有追惜之色。诏赐都支等资产金器三千,并分给亲故偏裨,数日而尽。

安西都护王方翼破西突厥,平之。

阿史那车薄围弓月,安西都护王方翼引军救之,破虏众于伊丽水,三姓咽面与车薄合兵拒方翼,方翼与战于热海,分遣裨将袭破之,擒其酋长三百人,西突厥遂平。方翼征入议事,竟以废后近属,不得用而归。

以郭待举、岑长倩、郭正一、魏玄同并与中书门下同承受进止平章事。

上欲用待举等,谓中书令崔知温曰:"待举等资任尚浅,且令预闻政事,未可与卿等同名。"自是外司四品以下

与他一起吃饭休息,委托他整治盗贼。等到达东都洛阳,士卒马匹数以万计,连一文钱都没有丢失。

闻喜宪公裴行俭去世。

裴行俭具有识别人才的能力。当初,王勃与杨炯、卢照邻、骆宾王都因文才而享有盛名,李敬玄尤其器重他们。裴行俭说:"读书人有远大前途的,应该首先表现在度量见识方面,而后才是才华。王勃等人虽然有文才,但性格浮躁浅薄,哪里是享受官爵俸禄的材料!杨炯稍微沉稳一些,应该能做到县令、县长,其他几个人能够善终就算幸运了。"不久,王勃落水而死,杨炯死在盈川县令的任上,卢照邻因患恶疾,投水而死,骆宾王因谋反被杀。裴行俭担任将帅,所选拔的副将如程务挺、张虔勖、王方翼、刘敬同、李多祚、黑齿常之等人,后来多数成为名将。当打败阿史那都支后,缴获的玛瑙盘直径二尺有余,裴行俭让将士们观赏,军吏捧着玛瑙盘上台阶时,不慎跌倒而将盘子摔碎,这位军吏十分惶恐,叩头流血。裴行俭笑着说:"你又不是故意的,何至于这样害怕!"说完不再有可惜的神色。唐高宗下诏把缴获的阿史那都支等人财产中的金器三千件赐给裴行俭,他全都分给了亲戚故旧和部下将领,几天内就分发完了。

安西都护王方翼打败并平定了西突厥。

阿史那车薄包围了弓月城,安西都护王方翼领兵去救援,在伊丽水打败了敌人,三姓咽面与阿史那车薄合兵抵御王方翼,王方翼与他们在热海交战,分别派遣副将袭击打败了阿史那车薄与咽面,生擒了他们的首长三百人,于是西突厥被平定。王方翼被唐高宗征召入京商议边防事务,最终因为他是已废掉的王皇后的近亲,没有得到重用而返回边镇。

唐高宗任命郭待举、岑长倩、郭正一、魏玄同一并与中书门下同承受进止平章事。

唐高宗想要重用郭待举等人,于是对中书令崔知温说:"郭待举等人的资历还比较浅,暂且先让他们参与处理国家政事,但是不能和你们有同样的官名。"从此时起,外司官四品以下

知政事者,始以平章事为名。先是,玄同为吏部侍郎,上言曰:"人君之体,当委任而责成功,所委者当,则所用者自精矣。周穆王命伯冏为太仆正,曰:'慎简乃僚。'是使群司各自求其小者,而天子命其大者也。汉氏得人皆自州县补署,五府辟召,然后升于天朝。魏、晋以来,始专委选部。夫以天下之大,士人之众,而委之数人之手,用刀笔以量才,案簿书而察行,借使平如权衡,明如水镜,犹力有所极,照有所穷,况所委非人而有愚暗阿私之弊乎!愿略依周、汉之规,以救魏、晋之失。"疏奏,不纳。

五月,洛水溢。关中旱、蝗。

东都霖雨,洛水溢,溺民居千余家。关中先水后旱、蝗,继以疾疫,米斗四百,两京间死者相枕于路,人相食。

秋七月,作奉天宫。

上既封泰山,欲遍封五岳,作奉天宫于嵩山之南。监察御史里行李善感谏曰:"陛下封泰山,告太平,致群瑞,与三皇、五帝比隆矣。数年不稔,饿殍相望,四夷交侵,兵车岁驾,陛下宜恭默思道以禳灾谴。更广营宫室,劳役不休,天下莫不失望。"上不纳。自褚遂良、韩瑗之死,中外以言为讳,几二十年。及善感始谏,天下皆喜,谓之"凤鸣朝阳"。上遣宦者缘江徙异竹,所在纵暴,荆州长史苏良嗣囚之,上疏切谏,以为:"致远方异物,烦扰道路,恐非圣人

参与主持政事的，开始用平章事的名号。先前，魏玄同担任吏部侍郎，上言说："君主的根本，应该是把事情委任给臣下而督责他们成就功业，委任的人得当，那么被使用的人自然精干。周穆王任命伯同为太仆正，说：'要慎重挑选你的属官。'这是让各部门各自挑选他们属下的小官，而天子任命大的官员。汉朝用人都是先由州县补授，再由太傅、太尉、司徒、司空、大将军等五府征召，然后才提升进入朝廷。魏、晋以来，才开始专门委托吏部。这么广大的天下，如此众多的士人，而把选举官吏的大权交由几个人掌管，看一个人写的文章来衡量他的才能，根据文书案卷来考察他的品行，即使公平如秤，明澈如水如镜，还是会受到能力的限制，会有看不到的地方，何况所委任的人并不适当，并有愚昧无知和营私舞弊的事发生呢！希望能大体按照周朝和汉朝的规制，来补救魏、晋以来选官的失误之处。"疏奏进上，没有被采纳。

五月，洛水漫溢。关中地区发生旱灾、蝗灾。

东都洛阳阴雨连绵，洛水漫溢，淹没了居民一千余家。关中地区先发生水灾后发生旱灾与蝗灾，接着又流行瘟疫，每斗米价值四百钱，两京之间饿死的人枕藉于道路，以至发生人吃人的情况。

秋七月，修建奉天宫。

唐高宗到泰山封禅之后，想要封遍五岳，于是在嵩山南面修建奉天宫。监察御史里行李善感进谏说："陛下到泰山封禅，向上天告说天下太平，得到了众多的吉兆，可与三皇、五帝比兴盛。但几年以来粮食歉收，饿死的人到处都是，周边各族不断地侵犯，军队连年作战，陛下应当静默沉思、探索治国之道以消除上天谴责所降的灾害。反而却大修宫室，劳役不断，天下之人无不感到失望。"唐高宗没有采纳他的建议。自从褚遂良、韩瑗死后，朝廷内外的官员都以多说话为忌讳，这种情况将近二十年了。等到李善感开始进谏，天下之人都感到高兴，称之为"凤鸣朝阳"。唐高宗派遣宦官沿长江运送奇异的竹子，这些宦官所过之处恣行暴虐，荆州长史苏良嗣囚禁了他们，并上疏恳切进谏，认为："为获得远方的奇异之物，骚扰沿途百姓，恐怕有违圣人

爱人之意。"上手诏慰谕,令弃竹江中。

零陵王明自杀。

初,曹王明以太子贤党降封零陵王,黔州安置。至是都督谢祐希天后意,逼使自杀。上深惜之,黔府官属皆坐免官。祐后寝于平阁,夜,失其首。及明子俊为天后所杀,有司籍其家,得祐首,漆为秽器,题云"谢祐",乃知明子使刺客取之也。

召薛元超赴东都。

太子颇事游畋,元超上疏规谏,上闻之,遣使者尉劳,召赴东都。

冬十月,以刘景先同平章事。　突厥骨笃禄寇并州,薛仁贵大破之。

突厥余党阿史那骨笃禄、阿史德元珍等招集亡散,据黑沙城反,寇并州。代州都督薛仁贵将兵击之,虏问唐大将为谁,应之曰:"薛仁贵。"虏曰:"吾闻仁贵流象州,死久矣,何绐我也!"仁贵免胄示之面,虏相顾失色,下马列拜,稍稍引去。仁贵因奋击,大破之。

以娄师德为河源军经略副使。

吐蕃寇河源,师德将兵击之于白水涧,八战八捷。上以师德为比部员外郎、左骁卫郎将,充使,曰:"卿有文武材,勿辞也!"

癸未(683)　**弘道元年**
春二月,突厥寇定州,围单于都护府。　李义琰致仕。

爱民的本意。"唐高宗亲笔下诏抚慰晓谕苏良嗣,命令把竹子抛弃于江中。

零陵王李明自杀。

当初,曹王李明因为是太子李贤的同党,被降封为零陵王,安置在黔州。这时黔州都督谢祐奉迎天后武则天的旨意,逼迫李明自杀。唐高宗深为惋惜,黔州都督府的官属都坐罪被免职。后来谢祐睡在平阁,夜晚脑袋被人割去。等到后来李明的儿子李俊被天后武则天杀死,有关部门抄没他的家产,找到了谢祐的脑袋,已被漆成尿壶,上面题写着"谢祐",这才知道是李明的儿子当年派刺客割走了谢祐的脑袋。

唐高宗召薛元超到东都洛阳。

太子李哲十分喜好游玩打猎,薛元超上疏规劝进谏,唐高宗知道后,派使者去慰劳薛元超,并召他赴东都洛阳。

冬十月,唐高宗任命刘景先为同平章事。　突厥阿史那骨笃禄率兵侵犯并州,薛仁贵把他们打得大败。

突厥的残余势力阿史那骨笃禄、阿史德元珍等聚集逃散的部众,占据黑沙城反叛,并侵犯并州。代州都督薛仁贵率兵攻打他们,敌人询问唐朝领兵的大将是谁,回答说:"是薛仁贵。"敌人说:"我们听说薛仁贵被流放到象州,早就死了,为何要欺骗我们呢!"于是薛仁贵摘下头盔露出脸面,敌人互相看着,大惊失色,并下马列队拜见,然后逐渐退去。薛仁贵乘机率兵猛攻,大败突厥。

唐高宗任命娄师德为河源军经略副使。

吐蕃军队侵犯河源,娄师德率兵在白水涧攻打吐蕃,八战八捷。唐高宗任命娄师德为比部员外郎、左骁卫郎将,充任河源军经略副使,说:"你文武兼备,不要推辞!"

癸未(683)　唐高宗弘道元年

春二月,突厥军队侵犯定州,包围了单于都护府。　宰相李义琰退休。

义琰改葬父母,使其舅氏迁旧墓。上闻之,怒曰:"义琰倚势,陵其舅家,不可复知政事。"义琰不自安,以疾求去,许之。

崔知温卒。　夏四月,绥州步落稽作乱,讨平之。

步落稽白铁余埋铜佛于地中,久之,草生其上,给乡人曰:"吾于此数见佛光。"集众掘地,果得之,因曰:"得见圣佛者,百疾皆愈。"远近赴之。数年,归信者众,遂谋作乱,据城平县,称皇帝,置百官。遣右武卫将军程务挺与王方翼讨之,擒铁余,余党悉平。

五月,突厥寇蔚州。

突厥阿史那骨笃禄等寇蔚州,杀刺史李思俭,丰州都督崔智辩将兵邀之,为虏所擒。朝议欲废丰州,司马唐休璟上言:"丰州阻河为固,居贼冲要,自秦、汉以来,列为郡县,土宜耕牧。贞观之末,募人实之,西北始安。今废之,则河滨之地复为贼有,灵、夏等州人不安业,非国家之利也。"乃止。

秋七月,诏以来年有事于嵩山。冬十一月,诏罢之。

诏罢封嵩山,上疾甚故也。上苦头重,不能视,召侍医秦鸣鹤诊之,请刺头出血,可愈。天后不欲上疾愈,怒曰:"此可斩也,乃欲于天子头刺血!"上曰:"但刺之,未必不佳。"乃刺二穴。上曰:"吾目似明矣。"后举手加额曰:"天赐也!"自负彩百匹以赐鸣鹤。

李义琰改葬自己的父母，让他的舅家迁移坟墓。唐高宗得知后，大为愤怒，说："李义琰依仗自己的权势，欺负他的舅家，不能够再让他主持政事。"李义琰听到后心中不安，称病请求退休，唐高宗同意了他的请求。

崔知温去世。 夏四月，绥州步落稽作乱，被讨伐平定。

绥州步落稽胡人白铁余把铜佛埋在地下，时间久了，上面长了草，他就欺骗同乡人说："我在这里多次看见了佛光。"于是聚集部众挖地，果然挖得铜佛，于是他说："看见圣佛的人，患任何病都会痊愈。"于是远近的人都赶来观看。数年之间，归附他的信徒众多，于是图谋作乱，占据了城平县，自称皇帝，设置百官。唐高宗派遣右武卫将军程务挺与王方翼讨伐他，生擒了白铁余，其余的同党都被平定。

五月，突厥军队侵犯蔚州。

突厥阿史那骨笃禄等人侵犯蔚州，杀死蔚州刺史李思俭，丰州都督崔智辩率兵截击突厥，反被突厥生擒。朝廷商议想要废除丰州，丰州司马唐休璟上言说："丰州依仗黄河作为屏障，地处敌人的要害之处，从秦、汉以来，就设置郡县，土地适宜耕种放牧。贞观末年，招募民众充实丰州，西北地区才获得安定。现在如果废除丰州，那么沿黄河一带的土地就会重新被敌人占领，灵、夏等州的百姓将不能安居乐业，对国家不利。"于是作罢。

秋七月，唐高宗下诏说明年到嵩山封禅。冬十一月，又下诏停止此事。

唐高宗下诏停止明年到嵩山封禅，是因为他病重的缘故。唐高宗患头重的病，不能看东西，召来侍医秦鸣鹤治疗，秦鸣鹤请求用针刺头出血，就可痊愈。天后武则天不希望唐高宗的病被治好，就发怒说："可把此人斩首，竟然想要在天子头上用针刺出血来！"唐高宗说："只管用针刺，未必没有效果。"于是秦鸣鹤用针刺了两个穴位。唐高宗说："我的眼睛似乎可以看见东西了。"天后武则天把手放在额头上说："这真是上天的恩赐！"然后亲自拿着彩绢一百匹赐给秦鸣鹤。

诏太子监国,以裴炎、刘景先、郭正一兼东宫平章事。
十二月,帝崩,太子即位,尊天后为皇太后。

上疾甚,夜召裴炎入,受遗诏而崩。遗诏太子即位,军
国大事有不决者,兼取天后进止。中宗即位,尊天后为皇
太后,政事咸取决焉。

以刘仁轨为左仆射,裴炎为中书令,刘景先为侍中。
故事,宰相于门下省议事,谓之政事堂。及裴炎迁中
书令,始迁政事堂于中书省。
郭正一罢。

甲申(684)　中宗皇帝嗣圣元年二月,睿宗文明元年。九
月,太后光宅元年。
春正月,立妃韦氏为皇后。　以韦弘敏同三品。　二
月,太后废帝为庐陵王,立豫王旦。

中宗欲以后父韦玄贞为侍中,裴炎固争,中宗怒曰:
"我以天下与韦玄贞,何不可!而惜侍中邪!"炎惧,白
太后,密谋废立。太后集百官于乾元殿,勒兵宣令,废中
宗为庐陵王。中宗曰:"我何罪?"太后曰:"汝欲以天下
与韦玄贞,何得无罪!"乃幽于别所。立豫王旦为皇帝,
妃刘氏为皇后,永平王成器为太子。废太孙重照为庶
人。改元文明。旦居别殿,不得有所预,政事皆决于太
后。有飞骑十余人饮于坊曲,一人言:"向知别无勋赏,

唐高宗下诏命令太子监国,并任命裴炎、刘景先、郭正一兼任东宫平章事。　十二月,唐高宗驾崩,太子李哲即皇帝位,尊天后武则天为皇太后。

　　唐高宗病重,夜晚召裴炎入宫,接受遗诏后,唐高宗驾崩。唐高宗的遗诏让太子李哲即皇帝位,军国大事有不能决断的,兼请天后武则天处置。唐中宗即皇帝位,尊天后武则天为皇太后,政事都要由皇太后裁决。

　　唐中宗任命刘仁轨为左仆射,裴炎为中书令,刘景先为侍中。

　　依照旧例,宰相在门下省商议政事,称为政事堂。等到裴炎升任中书令后,才开始把政事堂迁到中书省。

　　郭正一被免职。

唐中宗　武则天

　　甲申(684)　**唐中宗嗣圣元年**二月,唐睿宗文明元年。九月,太后武则天光宅元年。

　　春正月,唐中宗立妃子韦氏为皇后。　任命韦弘敏为同中书门下三品。　二月,太后武则天废中宗皇帝为庐陵王,立豫王李旦为皇帝。

　　唐中宗想要任命韦皇后的父亲韦玄贞为侍中,裴炎坚决不同意,唐中宗发怒说:“我就是把天下交给韦玄贞,又有什么不可以呢!难道还吝惜一个侍中的职务吗!”裴炎惧怕,就报告了太后武则天,于是密谋废立皇帝。太后武则天把朝廷百官召集到乾元殿,命令军队入宫并宣布命令,废中宗皇帝为庐陵王。唐中宗说:“我有什么罪?”太后武则天说:“你想把天下交给韦玄贞,怎么还说无罪呢!”于是把唐中宗囚禁在别的地方。然后立豫王李旦为皇帝,妃子刘氏为皇后,永平王李成器为太子。废皇太孙李重照为庶人。改年号为文明。唐睿宗李旦居住在偏殿,不许干预政事,朝政大事都由太后武则天决定。有飞骑士卒十多人在坊中街巷饮酒,其中一人说:“如果早知道没有什么功劳赏赐,

不若奉庐陵。"一人起告之。座未散,皆捕系羽林狱。言者斩,余皆绞,告者除五品官。告密之端自此兴矣。

太后以刘仁轨为西京留守。

仁轨上疏,辞以衰老不堪居守,因陈吕后祸败之事以申规戒。太后玺书慰谕之。

太后始御紫宸殿。

太后御武成殿,皇帝帅王公以下上尊号。自是太后常御紫宸殿,施缲紫帐以视朝。

太后以王德真为侍中,刘祎之同三品。　三月,太后杀故太子贤。

初,太后命将军丘神勣诣巴州,检校故太子贤宅,以备外虞,风使杀之。至是,神勣逼贤自杀。太后乃归罪于神勣,贬之,而追封贤为雍王。寻复以神勣为金吾将军。

夏四月,太后迁帝于房州,又迁于均州。　闰五月,太后以武承嗣同三品。　秋七月,温州大水。

流四千余家。

八月,葬乾陵。　太后以冯元常为陇州刺史。

初,尚书左丞冯元常为高宗所委,常密言:"中宫威权太重,宜稍抑损。"高宗不能用。及太后称制,四方争言符瑞,嵩阳献瑞石,元常奏言:"状涉谄诈,不可诬罔天下。"太后不悦,出之。

武承嗣罢。　括州大水。

还不如侍奉庐陵王。"其中有一人起身离座告发了此事。饮酒的士卒还没有散去，就全部被逮捕关进羽林军的监狱。那名说话的士卒被斩首，其余的都处以绞刑，告发此事的人授五品官。告密之风从这时开始兴起。

太后武则天任命刘仁轨为西京留守。

刘仁轨上疏，推辞说自己年老体衰，不能够胜任留守的职务，并陈述了汉朝吕后祸败的事实，以此来劝戒太后。太后下玺书安慰劝谕他。

太后武则天开始驾临紫宸殿。

太后武则天驾临武成殿，唐睿宗率领王公以下给太后上尊号。从此太后经常驾临紫宸殿，张挂浅紫色的帷帐处理朝政。

太后武则天任命王德真为侍中，刘祎之为同中书门下三品。 三月，太后武则天杀死原来的太子李贤。

当初，太后武则天命令左金吾将军丘神勣前往巴州，监视原太子李贤的住宅，以防备意外，并暗示丘神勣杀死李贤。这时，丘神勣逼迫李贤自杀。太后于是归罪于丘神勣，把他贬官，而追封李贤为雍王。不久重新任命丘神勣为左金吾将军。

夏四月，太后武则天把唐中宗流放到房州，不久又流放到均州。 闰五月，太后武则天任命武承嗣为同中书门下三品。秋七月，温州发生水灾。

冲走了四千余家居民。

八月，葬唐高宗于乾陵。 太后武则天任命冯元常为陇州刺史。

当初，尚书左丞冯元常深受唐高宗的信任，冯元常曾经秘密上言说："皇后权力太大，应该适当加以抑制。"但唐高宗没有能听从他的意见。及太后武则天临朝称制，各地争着报告祥瑞，嵩阳县令进献上一块吉祥的石头，冯元常上奏说："进献吉祥的石头是一种阿谀奉迎和欺诈的行为，不能够欺骗天下人。"太后武则天不高兴，于是将冯元常外放。

武承嗣被免去宰相职务。 括州发生水灾。

流二千余家。

九月，太后改元及服色、官名。

太后改元光宅，旗帜皆从金色，八品服碧。东都为神都，尚书省为文昌台，仆射为左、右相，六曹为天、地、四时六官，门下省为鸾台，中书省为凤阁，侍中为纳言，中书令为内史，御史台分为左、右肃政台，其余悉以义类改之。

太后立武氏七庙。

武承嗣请追王其祖，立武氏七庙，太后从之。裴炎谏曰："太后母临天下，当示至公，不可私于所亲。独不见吕氏之败乎！"太后曰："吕氏以权委生者，故败。今吾追尊亡者，何伤乎！"对曰："事当防微杜渐，不可长耳！"太后不从，追尊五代祖为公，妣为夫人，高、曾、祖、考为王，妣皆为妃。

英公李敬业起兵扬州，太后遣将军李孝逸击之。

时诸武用事，唐宗室人人自危，众心愤惋。会柳州司马英公李敬业及弟敬猷、唐之奇、骆宾王、杜求仁、魏思温，皆失职怨望，乃谋起兵。遂矫诏杀扬州长史，开府库，赦囚徒，旬日间得胜兵十余万，复称嗣圣元年。敬业自称匡复上将，复求得貌类濮王贤者，置之军中，云贤不死，逃至此，令其举兵。移檄州县，略云："伪临朝武氏者，人非温顺，地实寒微。昔充太宗下陈，尝以更衣入侍，洎乎晚节，秽乱春宫。密隐先帝之私，阴图后庭之嬖，践元后于翚翟，

冲走了两千多家居民。

九月,太后武则天改年号,并改变官员服装的颜色和官名。

太后武则天改年号为光宅,旗帜都用金色,八品官员都穿青绿色服装。改东都洛阳为神都,改尚书省为文昌台,仆射为左、右相,尚书省的吏、户、礼、兵、刑、工六部名为天、地、春、夏、秋、冬六官,门下省为鸾台,中书省为凤阁,侍中为纳言,中书令为内史,分御史台为左、右肃政台,其余的朝廷官府名称都按照实际意思加以更改。

太后武则天建立武氏七代祖庙。

武承嗣请求追封武氏祖先为王,并为武氏七代祖先建庙,太后武则天同意。裴炎进谏说:"太后以皇帝之母的身份临朝统治天下,应当表明最大的公心,不可偏私于自己的亲属。难道不知道汉朝吕氏败灭的事情吗!"太后说:"吕后把大权交给在世的吕氏亲属,所以败灭。现在我是追尊已死去的亲属,有什么损害呢!"裴炎回答说:"凡事都应该防微杜渐,不可助长这种事情!"太后没有听从他的意见,追尊她的五世祖父为公,五世祖母为夫人,追尊高祖、曾祖、祖父、父亲为王,他们的夫人为王妃。

英公李敬业在扬州起兵,太后武则天派遣左玉钤卫大将军李孝逸率兵攻打李敬业。

当时武氏诸人专权用事,李唐宗室人人自危,众人心中愤恨惋惜。适逢柳州司马英公李敬业以及他的弟弟李敬猷、唐之奇、骆宾王、杜求仁、魏思温等,都因被降职而心中怨恨,于是谋划起兵。他们假托有诏书而杀死了扬州长史,打开府库,释放囚犯,十天之内便聚集兵力十多万,重新恢复嗣圣元年的年号。李敬业自称匡复上将,又找到一个相貌与濮王李贤相似的人,安置在军中,说李贤并没有死,逃亡到了这里,命令他们起兵。李敬业传檄文给各州县,大略说:"篡夺政权临朝称制的武氏其人,生性并不温顺,出身十分低贱。往昔是太宗皇帝后宫中的姬妾,曾利用服侍太宗的机会得宠,等年纪稍长,又与太子淫乱。隐瞒了与先帝的私情,暗中图谋在后宫中的宠幸地位,窃据了皇后的名位,

陷吾君于聚麀。杀姊屠兄,弑君鸩母,人神之所同嫉,天地之所不容。包藏祸心,窥窃神器,君之爱子,幽之于别宫;贼之宗盟,委之以重任。一抔之土未干,六尺之孤何在!"太后见之,问:"谁所为?"或对曰:"骆宾王。"太后曰:"宰相之过也。人有如此才,而使之流落不偶乎!"遣左玉钤卫大将军李孝逸将兵三十万以讨敬业,追削其祖、考官爵,发冢斫棺,复姓徐氏。

太后杀侍中裴炎,以骞味道为内史,李景谌同平章事。

武承嗣与从父弟三思以韩王元嘉、鲁王灵夔属尊位重,屡劝太后因事诛之。太后谋于执政,裴炎固争。及李敬业举兵,太后问计于炎,对曰:"皇帝年长,不亲政事,故竖子得以为辞。若太后返政,则不讨自平矣。"承嗣因使监察御史崔詧言炎有异图。太后命左肃政大夫骞味道鞫之,凤阁舍人李景谌证炎必反,刘景先、胡元范明其不反,遂并下狱。以骞味道检校内史,李景谌平章事,斩裴炎于都亭。籍没其家,无甔石之储。景先等流贬有差。炎弟子太仆寺丞伷先,年十七,上封事求见,曰:"陛下为李氏妇,先帝弃天下,遽览朝政,变易嗣子,疏斥李氏,封崇诸武。伯父忠于社稷,反诬以罪,戮及子孙。陛下所为如是,臣实惜之!陛下早宜复子明辟,高枕深居,则宗族可全,不然,天下一变,不可复救矣!"

使我们的君主陷于形同禽兽的乱伦境地。杀害姐姐，屠戮哥哥，杀死皇帝，毒害母亲，受到人与神的共同憎恨，实在是天与地都不能容忍的行为。包藏祸心，阴谋篡夺皇位，君主的爱子，被她囚禁在别宫；而对自己的亲族，却委以重任。先帝坟墓上的一捧黄土还未干燥，年幼的孤君不知现在何处！"太后武则天看到这篇檄文后，问道："是谁写的？"有人回答说："是骆宾王。"太后说："这是宰相的过错。具有如此才华的人，竟然使其埋没漂泊得不到重用！"于是派遣左玉钤卫大将军李孝逸率兵三十万讨伐李敬业，并追夺他祖父和父亲的官爵，挖开他们的坟墓，劈开他们的棺材，恢复本姓徐氏。

太后武则天杀死侍中裴炎，任命骞味道为内史，李景谌为同平章事。

武承嗣与他的堂弟武三思因为韩王李元嘉、鲁王李灵夔是皇帝近亲，地位高，多次劝太后借机杀掉他们。太后与执政大臣商议，裴炎坚持不同意。等到李敬业起兵，太后向裴炎征询计策，裴炎回答说："皇帝已经长大，但不能亲自处理朝政，所以那些小子们以此为借口起兵。如果太后能够把朝政大权交还给皇帝，那么不用派兵讨伐就会自然平定。"武承嗣于是指使监察御史崔詧上言说裴炎有反叛的图谋。太后命令左肃政大夫骞味道审讯裴炎，凤阁舍人李景谌证实说裴炎必定会谋反，而刘景先和胡元范却证明裴炎不会谋反，于是把他们都逮捕关进狱中。任命骞味道为检校内史，李景谌为同平章事，裴炎被斩杀于洛阳都亭。然后抄没裴炎的家产，家中没有一点积蓄。刘景先等人或被流放，或被贬官，处罚轻重不等。裴炎弟弟的儿子太仆寺丞裴仙先，时年十七岁，上密封奏章请求晋见太后，对太后说："陛下是李家的媳妇，先帝去世后，您就迫不急待地独揽朝政，改换皇太子，排斥李氏皇族，培植提拔武氏势力。我的伯父对国家忠心耿耿，反而诬陷他有罪，杀戮株连子孙。陛下如此作为，我实在感到惋惜！陛下应该及早让皇子复位，自己引退安居深宫，这样武氏宗族就可保全，否则，天下一旦有变，就不可挽救了！"

太后怒,命于朝堂杖而流之。炎之下狱也,郎将姜嗣宗使至长安,刘仁轨问以东都事,嗣宗曰:"嗣宗觉裴炎有异于常久矣。"嗣宗还,仁轨附表言:"嗣宗知裴炎反不言。"太后杀之。

李敬业取润州,李孝逸击杀之。

初,魏思温说李敬业曰:"明公以匡复为辞,宜帅大众鼓行而进,直指洛阳,则天下知公志在勤王,四面响应矣。"薛仲璋曰:"金陵有王气,且大江天险,足以为固。不如先取常、润,为定霸之基,然后北向以图中原,进无不利,退有所归,此良策也!"思温曰:"山东豪杰以武氏专制,愤惋不平,闻公举事,皆自蒸麦饭为粮,伸锄为兵,以俟南军之至。不乘此势以立大功,乃更蓄缩,欲自谋巢穴,远近闻之,其谁不解体!"敬业不从,将兵攻润州。思温谓杜求仁曰:"兵势合则强,分则弱,敬业不并力度淮,收山东之众以取洛阳,败在眼中矣!"敬业遂行取润州。闻李孝逸将至,回军拒之,屯下阿溪,使敬猷逼淮阴,韦超屯都梁山。

孝逸军至临淮,战不利。监军御史魏元忠曰:"天下安危,在兹一举。今大军久留不进,万一朝廷更命他将以代将军,将军何辞以逃逗挠之罪乎!"孝逸乃引军而前。元忠请先击敬猷,诸将曰:"不如先攻敬业,敬业败,则敬猷不战自擒矣。若击敬猷,敬业救之,是腹背受敌也。"元忠曰:"不然。贼兵尽在下阿,乌合而来,利在一决。敬猷不习军事,其众单弱,大军临之,驻马可克。我克敬猷,乘胜而进,

太后听后大怒,命令在朝堂杖打裴伷先,然后把他流放。裴炎被逮捕入狱后,郎将姜嗣宗出使来到长安,刘仁轨向他询问有关东都洛阳的情况,姜嗣宗说:"我很久以前就觉得裴炎有些反常。"姜嗣宗返回时,刘仁轨让他携带表书,表书中说:"姜嗣宗知道裴炎谋反而不告发。"太后于是杀死了姜嗣宗。

李敬业攻占润州,李孝逸率兵攻打并杀死了他。

当初,魏思温劝李敬业说:"您是以恢复李唐的天下为口号而起兵的,应该率领大军大张旗鼓地进军,直向东都洛阳,这样天下人就会知道您的志向是救援天子,各地将纷纷响应。"薛仲璋说:"金陵城有帝王之气,而且有长江天险,完全可以坚守。不如先攻占常州、润州,作为成就霸业的基础,然后挥师北上夺取中原,这样进能够取胜,退也有后路,这是最好的计策!"魏思温说:"山东地区的豪杰之士因为武氏专权,心中愤恨不平,听说您起兵,都自发蒸麦饭为干粮,举起锄头作武器,等待您所率领的南方军队的到来。现在不趁这种有利形势建立大功,反而还要退缩,只想为自己谋求安身之地,远近的人听说后,怎能不人心涣散呢!"李敬业不听从他的意见,率兵去攻打润州。魏思温对杜求仁说:"兵力合在一起就强大,分开就弱小,李敬业不能率全军渡过淮河,收罗山东的兵众以夺取洛阳,失败就在眼前了!"李敬业于是进军攻占了润州。听说李孝逸将要来到,就回军抵御,驻扎在下阿溪,派李敬猷进逼淮阴,韦超驻守都梁山。

李孝逸率兵到达临淮,交战失利。监军御史魏元忠说:"天下安危,在此一举。现在大军长期停留不进,万一朝廷另外任命其他的将领来替代您,您用什么理由来逃避停留不进的罪责呢!"李孝逸这才率兵前进。魏元忠请求先攻打李敬猷,诸将说:"不如先攻打李敬业,如果李敬业战败,那么李敬猷就会不战而擒。如果先攻打李敬猷,李敬业率兵来救援,我们就会腹背受敌。"魏元忠说:"不对。敌人的兵力都集中在下阿,他们仓促聚集而来,利在决战。而李敬猷不熟悉军事,兵力又弱小,以大军进击,马上就可打败他。我们如果打败了李敬猷,然后乘胜前进,

虽有韩、白不能当其锋矣!"孝逸从之,引兵击敬猷,敬猷走。

敬业勒兵阻溪拒守。元忠言于孝逸曰:"风顺荻干,此火攻之利。"敬业置陈既久,士卒多疲倦,陈不能整,孝逸进击之,因风纵火,敬业大败,轻骑走将入海,孝逸追之,其将王那相斩敬业等首来降,余党皆捕得,传首神都。

李景谌罢,太后以崔詧同平章事。 郭待举罢,太后以韦方质同平章事。 太后杀单于道安抚大使程务挺。

初,裴炎下狱,务挺密表申理。至是或潜务挺与炎及敬业通谋,太后遣使即军中斩之。突厥宴饮相庆。太后以王方翼与务挺相善,流崖州而死。

乙酉(685) 二年太后垂拱元年。
春正月,帝在均州。 二月,太后以武承嗣、裴居道、韦思谦同三品。 三月,太后迁帝于房州。 沈君谅、崔詧、武承嗣罢。 太后颁《垂拱格》。 太后贬骞道味道为青州刺史。

朝士有左迁诣宰相自诉者,味道曰:"此太后处分。"祎之曰:"由臣下奏请。"太后闻之,谓侍臣曰:"君臣同体,岂得归恶于君,引善自取乎!"故有是命。

夏五月,太后以裴居道为内史,流王德真于象州,以苏良嗣为纳言。 太后制百官及百姓皆得自举。 六月,太后以韦待价同三品。 秋七月,太后以魏玄同同三品。太后以阿史那元庆为兴昔亡可汗。 太后以僧怀义为白马寺主。

就是韩信、白起那样的大将也无法抵挡我们的兵锋!"李孝逸听从了魏元忠的建议,率兵攻打李敬猷,李敬猷败走。

李敬业率兵凭借下阿溪之险来抵抗。魏元忠对李孝逸说:"现在正值顺风,芦荻干燥,是进行火攻的有利时机。"李敬业摆好军阵已久,士卒们大多疲倦,阵形不整,李孝逸率兵进攻,乘风势放火,李敬业大败,轻装骑马逃走,将要逃到海上,李孝逸派兵追击,其部将王那相斩下李敬业等人的首级来投降,其余的同党都被捕获,传送首级到神都洛阳。

李景谌被免去宰相职务,太后武则天任命崔詧为同平章事。

郭待举被免去宰相职务,太后任命韦方质为同平章事。 太后杀死单于道安抚大使程务挺。

当初,裴炎被捕入狱,程务挺秘密上表为他伸冤辩解。这时有人诬陷程务挺与裴炎及李敬业通谋,太后武则天就派使者在军中将他斩首。突厥得知后设宴庆贺。太后因为王方翼与程务挺交好,就把他流放到崖州而死。

乙酉(685) 唐中宗嗣圣二年太后武则天垂拱元年。

春正月,唐中宗在均州。 二月,太后武则天任命武承嗣、裴居道、韦思谦为同凤阁鸾台三品。 三月,太后把唐中宗迁往房州。 沈君谅、崔詧、武承嗣被免去宰相职务。 太后颁布《垂拱格》。 太后贬骞味道为青州刺史。

有被降职的朝廷官员去找宰相申诉,骞味道就对他们说:"这是太后决定的。"刘祎之说:"应由臣下奏请。"太后武则天听说后,对随侍的臣子们说:"君臣同为一体,怎么能够把过恶归于君主,而把美善归于自己呢!"所以将骞味道贬官。

夏五月,太后武则天任命裴居道为内史,把王德真流放到象州,任命苏良嗣为纳言。 太后下制说百官和百姓都可以向朝廷自我荐举。 六月,太后任命韦待价为同凤阁鸾台三品。秋七月,太后任命魏玄同为同凤阁鸾台三品。 太后任命阿史那元庆为突厥兴昔亡可汗。 太后任命僧人怀义为白马寺主持。

怀义得幸于太后,太后以为白马寺主。出入乘御马,朝贵皆匍匐礼谒,武承嗣、三思皆执僮仆之礼以事之。怀义多聚无赖少年,度为僧,纵横犯法,人莫敢言。御史冯思勖屡以法绳之,怀义遇诸涂,令从者殴之,几死。太后托言怀义有巧思,使入宫营造。补阙王求礼表请阉之,庶不乱宫闱,表寝不出。

丙戌（686）　三年太后垂拱二年。
春正月,帝在房州。　太后归政于豫王旦,寻复称制。

太后诏复政事于皇帝,睿宗知太后非诚心,奉表固让,太后复临朝称制。
二月朔,日食。　太后以李孝逸为施州刺史。
孝逸既克李敬业,声望甚重,武承嗣等恶而潛之,故有是命。
三月,太后置铜匦,受密奏。
太后自徐敬业之反,疑天下人多图己,又自以久专国事,内行不正,知宗室大臣怨望不服,欲大诛杀以威之,乃盛开告密,有告密者,给马供食,使诣行在。虽农夫樵人,皆得召见,或不次除官,无实者不问。于是四方告密者蜂起。

有鱼保家者,请铸铜为匦,以受天下密奏。其器一室四隔,上各有窍,可入不可出。太后善之。未几,其怨家投匦告保家尝为徐敬业作兵器,遂伏诛。

胡人索元礼因告密召见,擢为游击将军,令按制狱。元礼性残忍,推一人必令引数十百人,于是周兴、来俊臣

怀义得到太后武则天的宠幸,于是太后任命他为白马寺主持。出入宫禁乘御马,朝廷显贵见到他后都伏地跪拜,武承嗣、武三思都行奴仆之礼侍奉他。怀义还招集了许多无赖少年,剃度为僧人,横行不法,人们都不敢言语。御史冯思勖多次依法惩处他们,怀义在路中遇到冯思勖,便命令随从殴打他,差一点被打死。太后借口怀义有巧思,让他入宫建造宫室。补阙王求礼上表请求阉掉怀义,不至于使他淫乱后宫,表书被扣压不报。

丙戌(686) **唐中宗嗣圣三年**太后武则天垂拱二年。

春正月,唐中宗在房州。 太后武则天把朝政交还给豫王李旦,不久太后又临朝称制。

太后武则天下诏把朝政交还给皇帝,唐睿宗知道太后并不是出于诚心,就上表坚决辞让,于是太后又临朝称制。

二月初一,发生日食。 太后武则天任命李孝逸为施州刺史。

李孝逸平定李敬业的叛乱后,声望很高,武承嗣等人因憎恨而诬陷他,所以太后命他出任施州刺史。

三月,太后武则天设置铜匦,接受告密的奏疏。

太后武则天自从徐敬业起兵造反之后,便怀疑天下的人都在谋害自己,又自认为长期专擅国政,品行不端,知道宗室大臣怨恨不服,就想要大肆诛杀以威服他们,于是广开告密之路,有告密的人,由官府供给驿马和食物,把他们送到太后那里。即使是农夫和砍柴的人,也都得以被召见,有时破格除授官职,告发不实者也不加问罪。于是各地告密的人蜂拥而起。

有一位名叫鱼保家的人,请求铸造铜匦,以便接受天下人的密奏。这种铜匦一室分成四小间,每间上各有孔,只能入不能出。太后很是欣赏。不久,鱼保家的仇人向铜匦中投入密奏,告发说他曾经为徐敬业制造兵器,于是伏罪被诛。

胡人索元礼因为告密被太后召见,被升任为游击将军,并命令他审讯那些被关押在特设监狱中的犯人。索元礼生性残忍,审讯一人一定要让他牵连出数十到上百人,于是周兴、来俊臣

之徒效之。兴累迁至秋官侍郎，俊臣至御史中丞，皆养无赖数百人，意所欲陷，则使数处俱告之，辞状俱同。既下狱，则以威刑胁之，无不诬服。又造《告密罗织经》一卷，网罗无辜，织成反状，构造布置，皆有支节。其讯囚酷法，有"定百脉""突地吼""死猪愁""求破家""反是实"等号，中外畏之，甚于虎狼。

麟台正字陈子昂上疏曰："执事者疾徐敬业首乱唱祸，将息奸源，遂使陛下大开诏狱，重设严刑，有迹涉嫌疑，辞相逮引，莫不穷捕考案。至有奸人荧惑，乘险相诬，纠告疑似，冀图爵赏。及其穷竟，百无一实。陛下仁恕，又屈法容之，遂使奸恶之党快意相仇。天下喁喁，莫知宁所。臣闻隋之末代，天下犹平，杨玄感作乱，不逾月而败。天下之弊，未至土崩。炀帝不悟，专行屠戮，大穷党与，遂至杀人如麻，流血成泽，天下靡然，始思为乱，于是雄杰并起而隋族亡矣。前事之不忘，后事之师也。伏惟陛下念之！"太后不听。

子昂又尝上疏曰："朝廷遣使巡察四方，或不择人，则黜陟不明，刑罚不中，徒使百姓修饰道路，送往迎来，无所益也。"又曰："宰相，陛下之腹心，刺史、县令，陛下之手足，未有无腹心手足而能独理者。皆不可以不择也。"又曰："天下有危机，祸福因之而生，百姓是也。百姓安则乐其生，不安则轻其死，轻其死则天下乱矣！"

之流纷纷仿效他。周兴多次升迁做到秋官侍郎，来俊臣官做到御史中丞，他们都豢养了无赖之徒数百人，如果想要陷害谁，就指使这些人在几处同时告发，告发的状子内容都相同。把要告发的人关进狱中之后，就用严刑迫胁他们，人人都被迫承认自己有罪。又撰写了《告密罗织经》一卷，搜罗无罪之人的言行，编造成谋反的罪状，捏造编排的事实情节似乎都有根据。他们审讯囚犯的严酷刑法，有"定百脉""突地吼""死猪愁""求破家""反是实"等名称，朝廷内外的人都畏惧他们，超过了虎狼。

麟台正字陈子昂上疏给太后说："百官因为憎恨徐敬业首先造反，想要灭除奸邪的根源，于是就鼓动陛下大设诏狱，设置严刑酷罚，对那些行迹稍有嫌疑的人，利用口供，相互牵连，无不尽力逮捕，拷打审讯。以至有奸邪之徒从中蛊惑，乘机进行诬陷，举报似是而非的事情，希图以此得到官爵和赏赐。穷追到底的结果，一百个人中没有一人的罪行属实。陛下仁爱宽宏，又枉法容忍那些诬告的人，因此使奸邪之徒尽情报复他们的仇人。弄得天下人都焦急张望，不知何处是安身之地。我听说隋朝末年，天下还算太平，杨玄感作乱，不到一个月就遭到失败。天下的弊病，还未达到分崩离析的程度。而隋炀帝却没有醒悟，专事杀戮，竭力追究杨玄感的同党，以至杀人如麻，血流成河，天下破败，人们才开始思谋作乱，于是豪杰并起，而隋朝也就灭亡了。前事不忘，后事之师。希望陛下考虑考虑！"太后没有听从他的意见。

陈子昂还曾经上疏说："朝廷派遣使者巡察各地，有时选人不当，致使官吏的升降不公平，刑罚不适当，白白地让百姓出力修整道路，送往迎来，毫无益处。"又说："宰相就好比是陛下的腹心，刺史与县令就好比是陛下的手脚，没有哪位君主不依靠腹心手脚而能独自一人治理天下的。所以对宰相、刺史、县令都不能不加以精心挑选。"又说："天下出现了危机，祸乱便因此而产生，而产生祸乱的根源就是百姓。百姓安定就喜欢活着，不安定就把死亡看得很轻，百姓如果不把死亡当回事，那么天下就要大乱！"

夏四月，太后铸太仪。　六月，太后以岑长倩为内史，苏良嗣、韦待价为左、右相，韦思谦为纳言。

良嗣为相，遇怀义于朝堂，怀义偃蹇不为礼，良嗣大怒，命左右批其颊。怀义诉于太后，太后曰："阿师当于北门出入，南牙宰相所往来，勿犯也。"

秋九月，太后以突厥斛瑟罗为继往绝可汗。　有山出于新丰。

雍州言新丰县东南有山踊出，太后改新丰为庆山县。江陵人俞文俊上书言："天气不和而寒暑并，人气不和而疣赘生，地气不和而堆阜出。今陛下以女主处阳位，反易刚柔，故地气塞隔而山变为灾。陛下谓之'庆山'，臣以为非庆也。伏惟侧身修德以答天谴，不然，祸今至矣！"太后怒，流之岭外。

太后以狄仁杰为冬官侍郎。

仁杰为宁州刺史，御史郭翰巡察陇右，入宁州境，耆老歌刺史美德者盈路，翰表荐之，征为冬官侍郎。

丁亥（687）　四年太后垂拱三年。

春正月，帝在房州。　三月，韦思谦致仕。　夏四月，太后以苏良嗣为西京留守。

时尚方监裴匪躬检校京苑，将鬻苑中蔬果以收其利。良嗣曰："昔公仪休相鲁，犹能拔葵，去织妇，未闻万乘之主鬻蔬果也。"乃止。

太后以裴居道为纳言，张光辅平章事。　太后杀同三品刘祎之。

夏四月,太后武则天铸造大仪。　六月,太后武则天任命岑长倩为内史,苏良嗣、韦待价为左、右相,韦思谦为纳言。

苏良嗣担任宰相,在朝堂与怀义相遇,怀义傲慢不行礼,苏良嗣十分愤怒,命令手下的人打他的耳光。怀义去向太后告状,太后说:"你应当从北门出入,南牙门是宰相往来的地方,不要去触犯。"

秋九月,太后武则天任命突厥斛瑟罗为继往绝可汗。　有山从新丰县的地下冒出。

雍州报告说新丰县东南部有山从地下冒出,太后武则天于是改新丰县为庆山县。江陵人俞文俊上书说:"天气如果不调和就会出现寒暑并行的气候,人气如果不调和就会长出肉瘤,地气如果不调和就会从地下冒出小土山。现在陛下以女君主的身份处于阳位,改变了刚与柔的地位,所以地气受到阻隔而演变成山,是灾难的表现。陛下称它为'庆山',我却认为并不是喜庆。希望陛下能够谨慎修德以回应上天的谴责,否则,灾祸马上就要降临了!"太后大怒,把俞文俊流放到岭南。

太后武则天任命狄仁杰为冬官侍郎。

狄仁杰担任宁州刺史,御史郭翰巡察陇右地区,进入宁州境内,歌颂刺史美德的老人们挤满了道路,郭翰于是向朝廷上表荐举狄仁杰,朝廷征召狄仁杰担任冬官侍郎。

丁亥(687)　**唐中宗嗣圣四年**太后武则天垂拱三年。

春正月,唐中宗在房州。　三月,韦思谦退休。　夏四月,太后武则天任苏良嗣为西京留守。

当时尚方监裴匪躬负责检核西京禁苑,想要卖禁苑中的蔬菜和水果,以此获利。苏良嗣说:"古时公仪休担任鲁国的宰相,还能拔掉园中的葵菜,让家中织帛的妇人离去,没有听说过堂堂天子卖蔬菜水果的。"于是作罢。

太后武则天任命裴居道为纳言,张光辅为同平章事。　太后武则天杀死同凤阁鸾台三品刘祎之。

祎之窃谓凤阁舍人贾大隐曰:"太后废昏立明,安用临朝称制,不如返政以安天下之心。"大隐密奏之,太后不悦。或诬祎之受金,太后命王本立推之。本立宣敕示之,祎之曰:"不经凤阁鸾台,何名为敕!"太后怒,赐死。祎之初下狱,睿宗为之上疏申理,亲友皆贺之,祎之曰:"此乃所以速吾死也。"临刑,沐浴,神色自若,草谢表,立成数纸。

秋七月,太后以魏玄同为纳言。　突厥寇朔州,太后遣黑齿常之击之。

突厥骨笃禄寇朔州,太后遣黑齿常之、李多祚击之,突厥散走碛北。多祚世为靺鞨酋长,以军功得入宿卫。常之每得赏赐,皆分将士,有善马为军士所损,官属请笞之,常之曰:"奈何以私马笞官兵乎!"卒不问。

九月,虢州人杨初成矫制募人迎帝于房州,太后杀之。冬十月,太后流李孝逸于儋州。

武承嗣诬李孝逸自言"当有天分",太后以李孝逸有功,减死除名,流儋州,卒。

太后罢御史监军。

太后欲遣韦待价击吐蕃,韦方质奏请遣御史监军,太后曰:"古者明君遣将,阃外之事,悉以委之。比闻御史监军,军中事皆承禀。以下制上,非令典也,且何以责其有功?"遂罢之。

大饥。

戊子(688)　五年太后垂拱四年。
春正月,帝在房州。　太后立崇先庙。

刘祎之私下对凤阁舍人贾大隐说:"太后既已废昏君而立贤君,哪里用得着再临朝称制,不如把权力交还给皇帝,以安定天下人之心。"贾大隐秘密上奏了这件事,太后很不高兴。有人诬告刘祎之接受别人行贿的钱财,太后命令王本立审讯他。王本立向刘祎之宣布并出示敕书,刘祎之说:"没有经过凤阁鸾台,怎么能称为敕书呢!"太后大怒,赐死刘祎之。刘祎之刚被收捕入狱时,唐睿宗为他上疏伸冤,亲友们都向他祝贺,刘祎之说:"这正是在加速我的死亡。"临刑前,他沐浴身体,神色自若,起草了给太后的谢恩表,一会儿就写满了几张纸。

秋七月,太后武则天任命魏玄同为纳言。 突厥军队侵犯朔州,太后武则天派遣黑齿常之去迎击。

突厥阿史那骨笃禄侵犯朔州,太后派黑齿常之与李多祚率兵反击,突厥溃败逃往漠北。李多祚世代为靺鞨酋长,因军功得以入宫担任警卫。黑齿常之每当得到赏赐,都分发给将士,有一匹好马被军士所伤,官属请求鞭打军士,黑齿常之说:"怎么能因为伤害了我自己的马而鞭打官府的士兵呢!"始终没有追究。

九月,虢州人杨初成假传制书招募人到房州迎接唐中宗,被太后武则天处死。 冬十月,太后武则天把李孝逸流放到儋州。

武承嗣诬告说李孝逸自称"有做天子的名分",太后因为李孝逸有战功,免除他的死罪,剥夺名籍,流放到儋州而去世。

太后武则天罢除御史监军。

太后想要派遣韦待价率兵攻打吐蕃,韦方质上奏请求派御史监军,太后说:"古代贤明的君主派遣将帅出征,把战场上的指挥权全都委任给将帅。近来听说派御史监军,军中的大小事情都要向他报告。以下控制上,不是好的制度,再说这样做如何能要求将帅取得战功呢?"于是罢除。

天下发生大饥荒。

戊子(688) **唐中宗嗣圣五年**太后武则天垂拱四年。

春正月,唐中宗在房州。 太后武则天建立崇先庙。

太后立崇先庙,以享武氏祖考。命有司议室数,博士周悰请为七室,减唐太庙为五室。春官侍郎贾大隐奏:"礼,天子七庙,诸侯五庙,百王不易。崇先庙室应如诸侯之数,国家宗庙不应辄有变移。"太后乃止。

二月,太后毁乾元殿,作明堂。

初,太宗、高宗之世,屡欲立明堂,诸儒议其制度,不决而止。至是,太后独与北门学士议其制。诸儒以为明堂当在国阳丙己之地,三里之外,七里之内。太后以为远。毁乾元殿,以其地为之,以僧怀义为之使,凡役数万人。

夏四月,太后杀太子舍人郝象贤。

象贤,处俊之孙也。初,太后有憾于处俊,会奴诬告象贤反,遂族诛之。象贤临刑,极口骂太后,发扬宫中隐慝。自是法官刑人,先以木丸塞其口。

五月,太后加号圣母神皇。

武承嗣使人作瑞石,文曰:"圣母临人,永昌帝业。"使人献之,曰获之洛水。太后喜,命曰"宝图"。诏当拜洛受"图",告谢于郊。御明堂,朝群臣,命诸州都督、刺史、宗戚并会神都,先加尊号。

六月朔,日食。 江南巡抚大使狄仁杰奏焚淫祠。

仁杰以吴、楚多淫祠,奏焚其一千七百余所,独留夏禹、吴太伯、季札、伍员四祠。

秋八月,琅邪王冲、越王贞举兵匡复,不克而死,太后遂大杀唐宗室。

太后建立崇先庙,以祭祀武氏祖先。命令有关部门商议崇先庙中应设置的室数,博士周悰请求设置七室,并减唐太庙为五室。春官侍郎贾大隐上奏说:"按照礼仪,天子的祖庙为七室,诸侯为五室,这是历代都不变的制度。崇先庙中的室数应该与诸侯相同,国家宗庙的室数不应该随意变更。"太后于是作罢。

二月,太后武则天拆毁乾元殿,在其地建造明堂。

当初,唐太宗、唐高宗在位时,多次想要建造明堂,因为儒生们商议明堂的规制没有取得一致意见而作罢。这时,太后武则天只与北门学士们讨论明堂的规制。儒生们认为明堂应该建在都城南郊丙己之地,三里以外,七里以内。太后认为太远。于是拆毁乾元殿,在原址建造明堂,任命僧人怀义为监造明堂使,共役使数万人。

夏四月,太后武则天杀死太子舍人郝象贤。

郝象贤是郝处俊的孙子。当初,太后武则天对郝处俊有怨恨,适逢有奴仆诬告说郝象贤谋反,于是太后杀了郝象贤全族。郝象贤临刑前满口大骂太后,揭发宫中隐秘的丑事。从此法官处死罪犯时,都先用木丸塞住犯人的口。

五月,太后武则天加尊号圣母神皇。

武承嗣指使部下伪造表现祥瑞的石头,在上面镌刻文字说:"圣母临人,永昌帝业。"并派人进献这块石头,说是从洛水中获得的。太后十分高兴,把这块石头命名为"宝图"。又下诏说要祭拜洛水接受"宝图",并祭告天地。太后驾幸明堂,接受群臣朝见,命令各州都督、刺史与宗亲都到神都洛阳会合,先为自己加尊号圣母神皇。

六月初一,发生日食。　江南巡抚大使狄仁杰上奏请求焚毁滥设的祠庙。

狄仁杰因为吴地和楚地多滥设祠庙,上奏请求焚毁其中的一千七百多所,只留下夏禹、吴太伯、季札、伍员四祠。

秋八月,琅邪王李冲、越王李贞起兵匡复唐朝,没有成功而死,太后武则天于是大肆杀戮唐朝宗室。

太后潜谋革命，稍除宗室。韩王元嘉、霍王元轨、鲁王灵夔、越王贞及元嘉子黄公撰、元轨子江都王绪、虢王凤子东莞公融、灵夔子范阳王蔼、贞子琅邪王冲，在宗室中皆以才行有美名，太后尤忌之。元嘉等内不自安，密有匡复之志。

及太后受"图"，召宗室朝明堂，诸王递相惊曰："神皇欲因此尽收宗室诛之。"撰诈为皇帝玺书，分告诸王，令各起兵。冲募兵得五千余人，起博州，先击武水。莘令马玄素闭门拒守，冲因风纵火，焚其南门，风回军却，众惧而散。冲还走博州，为门者所杀。太后遣将军丘神勣击之，至博州，冲已死，官吏出迎，尽杀之。

越王贞亦举兵于豫州，太后遣将军麴崇裕等讨之，又命张光辅为诸军节度。削贞、冲属籍，更姓虺氏。贞发属县兵得五千人，使汝阳丞裴守德将之，拒战而溃，遂与守德皆自杀。初，诸王往来相约结，未定而冲先发，惟贞狼狈应之，诸王皆不敢发，故败。

贞之将起兵也，遣使告寿州刺史赵瑰，瑰妻常乐长公主谓使者曰："李氏危若朝露。诸王，先帝之子，不舍生取义，欲何须邪！大丈夫当为忠义鬼，无为徒死也。"及贞败，太后欲悉诛诸王，命监察御史苏珦按之，无验，太后召诘之，珦抗论不回。太后曰："卿大雅之士，朕当别有任使，此狱不必卿也。"使周兴等按之，于是收韩王元嘉、鲁王灵夔、黄公撰、常乐公主于东都，迫使自杀，亲党皆诛。

太后武则天暗中图谋革除唐命,逐渐剪除李唐宗族。韩王李元嘉、霍王李元轨、鲁王李灵夔、越王李贞及李元嘉的儿子黄公李譔、李元轨之子江都王李绪、虢王李凤之子东莞公李融、李灵夔之子范阳王李蔼、李贞之子琅邪王李冲,在宗室子弟中,都因有才能品行端正而享有美名,所以太后最忌恨他们。李元嘉等人心中不安,暗中有匡复唐朝的志向。

等到太后将要接受"宝图",征召宗室子弟朝见于明堂,诸王都吃惊地说:"神皇想借此机会把宗室子弟全部逮捕诛杀。"于是李譔伪造皇帝的玺书,分别告诉诸王,命令他们各自起兵。李冲招募到兵力五千余人,在博州起兵,先攻打武水。莘县令马玄素关闭城门抵御,李冲乘风放火,焚烧南门,因风向逆转,李冲的军队退却,部众恐惧而逃散。李冲逃回博州,被守门的人杀死。太后派遣将军丘神勣率兵讨伐,丘神勣到了博州,李冲已死,官吏出来迎接,丘神勣把他们全都杀死。

越王李贞也在豫州起兵,太后派遣将军麹崇裕等率兵讨伐李贞,又任命张光辅为诸军节度。朝廷剥夺了李贞与李冲的族籍,改姓虺氏。李贞征发豫州所属各县兵五千人,派汝阳县丞裴守德率领,抵御而溃败,于是李贞与裴守德都自杀而死。当初,诸王来往互相商议约定起兵的时间,还没有最后确定好,而李冲首先起兵,只有李贞仓促响应,其余诸王都不敢发难,所以遭到失败。

李贞将要起兵时,派遣使者告诉寿州刺史赵瓌,赵瓌的妻子常乐长公主对使者说:"现在李氏危险得已经像早晨的露水一样。诸王是先帝的儿子,不能舍生取义,还要等待什么呢!大丈夫死当做忠义之鬼,不能白白地被杀掉。"等到李贞失败,太后想要把诸王全都诛杀,命令监察御史苏珦去办案,没有证据,太后召来苏珦责问他,苏珦直言争论,不屈不挠。太后说:"你是高雅之士,朕当另有任用,这件案子不用你去办理了。"于是派周兴等审理,收捕了韩王李元嘉、鲁王李灵夔、黄公李譔、常乐公主等送到东都洛阳,逼迫他们自杀,其亲属同党都被诛杀。

时狄仁杰为豫州刺史,贞党与当坐者六七百家,当籍没者五千口。仁杰密奏:"彼皆诖误,臣欲显奏,似为逆人申理;不言,又乖陛下仁恤之旨。"太后特原之,皆流丰州。道过宁州,宁州父老迎劳之曰:"我狄使君活汝邪!"相携哭于德政碑下,三日而后行。

张光辅将士恃功,多所求取,仁杰不之应。光辅怒曰:"州将轻元帅邪!"仁杰曰:"明公纵将士暴掠,杀已降以为功。恨不得尚方斩马剑,加公之颈,虽死如归耳!"光辅归奏之,左迁仁杰复州刺史。霍王元轨、江都王绪、东莞公融、济州刺史薛顗、顗弟绪、绪弟驸马都尉绍皆坐与二王通谋,为太后所杀。

太后以骞味道、王本立同平章事。　太后拜洛受"图"。

太后拜洛受"图",皇帝、皇太子皆从,内外百官、蛮夷酋长各依方叙立,文物卤簿之盛,唐兴以来未之有也。

明堂成,作天堂。

明堂高二百九十四尺,方三百尺。凡三层,下层法四时,各随方色;中层法十二辰,上为圆盖,九龙捧之;上层法二十四气,亦为圆盖。上施铁凤,高一丈,饰以黄金,号曰"万象神宫"。又于明堂北起天堂五级,以贮大像,至三级则俯视明堂矣。以怀义为威卫大将军、梁国公。侍御史王求礼上书曰:"古之明堂,茅茨不剪,采椽不斫。今者饰以珠玉,图以丹青,琼台瑶室,无以加也。"不报。

当时狄仁杰担任豫州刺史,李贞的同党受牵连要判罪的有六七百家,要没入官府的有五千口人。狄仁杰秘密上奏说:"他们都是受了蒙蔽才犯罪的,我想要公开上奏,似乎是在为叛逆的人申辩;如果不上奏,又违背陛下仁爱怜悯的旨意。"太后于是特赦了他们,都流放到丰州。当他们路过宁州时,宁州的父老们迎接慰劳他们说:"是我们的狄使君挽救了你们的性命啊!"然后相互搀扶着到宁州百姓为狄仁杰树立的德政碑下痛哭,三天以后才继续行进。

张光辅部下的将士倚仗有功,多方勒索,狄仁杰都不予答应。张光辅愤怒地说:"州官竟敢轻视元帅吗!"狄仁杰说:"你放纵将士横暴抢掠,杀害已经投降的人作为自己的功劳。我只恨得不到天子的尚方斩马剑,砍下你的头颅,虽死如归!"张光辅回朝上奏了此事,于是狄仁杰被降职为复州刺史。霍王李元轨、江都王李绪、东莞公李融、济州刺史薛颛、薛颛之弟薛绪、薛绪之弟驸马都尉薛绍都因与琅邪王李冲、越王李贞通谋而获罪,被太后杀害。

太后武则天任命骞味道、王本立为同平章事。 太后武则天祭拜洛水,接受"宝图"。

太后武则天祭拜洛水,接受"宝图",唐睿宗皇帝和皇太子都随从,朝廷内外文武百官和蛮夷酋长各自依照方位排列站立,礼乐仪仗的盛大,是唐朝建国以来未曾有过的。

明堂落成,又营建天堂。

明堂高达二百九十四尺,周长三百尺。共有三层,下层依照四季划分,四方各有本方的颜色;中层依照十二时辰划分,上面为圆盖,由九条龙捧起;上层依照二十四个气节划分,也是圆盖。最顶端安放铁凤,高一丈,用黄金装饰,名叫"万象神宫"。又在明堂北面建造天堂,高五层,用来放置大佛像,到第三层就可以俯视明堂。太后任命僧人怀义为左威卫大将军,封梁国公。侍御史王求礼上书说:"古代的明堂,用茅草不加修剪,用柞木作橼不加砍削。现在的明堂用珠宝玉石装饰,绘上图画,就是殷纣王的琼台和夏桀王的瑶室,也无法超过它。"太后没有答复。

太后诏发兵击生羌及吐蕃,不果行。

太后欲发梁、凤、巴蜑,自雅州开山通道,击生羌,袭吐蕃。陈子昂上书曰:"雅州边羌未尝为盗,一旦戮之,必将蜂起,臣愚以为西蜀之祸自此结矣。吐蕃爱蜀富饶,欲盗之久矣,徒以山川阻绝,障隘不通,势不能动。今国家乃乱边羌,开隘道,使其收奔亡之种,为乡导以攻边,是借寇兵而为贼除道,举全蜀以遗之也。蜀者国家之宝库,可以兼济中国。今执事者乃图侥幸之利以事西羌,得其地不足以稼穑,得其财不足以富国。臣恐未见羌戎,已有奸盗生其中矣。今山东饥,关、陇弊,而徇贪夫之议,谋动甲兵,自古国亡家败,鲜不由此,愿陛下熟计之。"既而役不果兴。

己丑(689) **六年**太后永昌元年。

春正月,帝在房州。 太后大飨万象神宫。

太后服衮冕,搢大圭,执镇圭为初献,皇帝为亚献,太子为终献,周国先王亦与飨焉。礼毕,御门大赦,布政于明堂,颁九条以训百官。又尊周忠孝王为太皇,妣为太后,墓曰昊陵、顺陵。

夏四月,太后以武承嗣为纳言,张光辅守内史。 太后杀汝南王炜、鄱阳公谌等十二人及天官侍郎邓玄挺。

谌谋迎中宗于房陵,以问玄挺。炜又尝谓玄挺曰:"欲为急计,何如?"玄挺皆不应。坐知反不告,同诛。

太后武则天下诏发兵攻打生羌与吐蕃，最后没有成行。

太后武则天想要征发梁、凤、巴蜑等地的百姓，从雅州开山通路，攻打生羌，袭击吐蕃。陈子昂上书说："雅州沿边一带的羌人从未侵犯边疆，一旦杀戮他们，他们一定会蜂拥而起作乱，我私下认为西蜀地区的祸患从此就结下了。吐蕃贪图蜀中的富饶，想要占据它已经很久了，只是因为山川阻隔，道路艰难不通，形势使他们无法行动。现在国家却要扰乱边地的羌人，打开艰险的道路，让吐蕃收罗逃亡的边人，为他们做向导来侵犯边疆，这是把兵力借给敌人，又为敌人清除道路，把全部蜀地送给敌人。蜀地是国家的宝库，可以接济中原地区。现在执政大臣却贪图侥幸之利谋取西羌，得到他们的土地不足以耕种庄稼，得到他们的钱财不足以使国家富裕。我恐怕还没有见到羌戎，却已有奸盗出现在蜀中了。现在山东地区闹饥荒，关、陇地区民生凋敝，却要听从贪婪之人的建议，谋划用兵作战，自古以来国亡家败，很少不是由此导致的，希望陛下慎重考虑。"后来这件事没有进行。

己丑（689）　**唐中宗嗣圣六年**太后武则天永昌元年。

春正月，唐中宗在房州。　太后武则天合祭神主于万象神宫。

太后武则天身穿帝王礼服，头戴礼冠，腰带上插着大圭，手持镇圭，为第一个进献祭品的人，唐睿宗皇帝是第二个进献祭品的人，皇太子是最后一个进献祭品的人，武周的先祖也在合祭之列。祭祀礼仪完毕后，太后驾临则天门，大赦天下，在明堂施行政教，颁布九条政令以训诫百官。又追尊周忠孝王武士彟为太皇，夫人杨氏为太后，祖先的陵墓分别叫昊陵、顺陵。

夏四月，太后武则天任命武承嗣为纳言，张光辅署理内史职务。　太后武则天杀死汝南王李炜、鄱阳公李谭等十二人及天官侍郎邓玄挺。

李谭图谋从房陵迎回唐中宗，征询邓玄挺的意见。汝南王李炜又曾经对邓玄挺说："我想要制定紧急计策，怎么样？"邓玄挺都没有回答。邓玄挺犯知道谋反而不告发的罪行，被一同处死。

秋七月,太后徙纪王慎于巴州,道卒。

诸王之起兵也,纪王慎独不预谋,亦坐系狱,徙巴州,行及蒲州而卒。八男相继被诛。女东光县主楚媛适司议郎裴仲将,相敬如宾,姑有疾,亲尝药膳,接遇娣姒,皆得欢心。时宗女又皆以娇奢相尚,诮之曰:"所贵于富贵者,得适志也,今独守勤苦,将何求?"楚媛曰:"幼而好礼,今而行之,非适志欤!富贵傥来之物,何足骄人!"众皆惭服。及闻慎卒,号恸呕血,不御膏沐垂二十年。

太后遣韦待价击吐蕃,大败,除名流绣州。

初,太后命左相韦待价击吐蕃,至寅识迦河,与吐蕃战,大败。会大雪,粮运不继,待价狼狈引军还。太后大怒,除名流绣州,斩其副阎温古。安西副都护唐休璟收其余众,抚安西土,太后以休璟为西州都督。

八月,太后杀内史张光辅。

徐敬业之败也,弟敬真流绣州,将奔突厥,为吏所获,多引海内知识,云有异图,冀以免死。诬内史张光辅私论图谶,阴怀两端,遂皆被诛。秋官尚书张楚金、陕州刺史郭正一、凤阁侍郎元万顷、洛阳令魏元忠,皆当死。临刑,太后使驰骑赦之。当刑者皆喜跃欢呼,元忠独安坐自如。既宣敕,

秋七月,太后武则天把纪王李慎流放到巴州,李慎在半道上去世。

唐朝宗室诸王起兵时,只有纪王李慎没有参与谋划,但也受牵连被关押入狱,流放到巴州,走到蒲州去世。他的八个儿子相继被诛杀。李慎的女儿东光县主李楚媛嫁给司议郎裴仲将为妻,夫妻相敬如宾,婆婆患病,李楚媛亲尝药物食品,对待姒娌,都能得到她们的欢心。当时宗室之女又都以骄横奢侈为风尚,她们讥笑李楚媛说:"人们之所以追求富贵,是为了满足享受的愿望,现在你一个人保持勤劳艰苦的生活,追求的是什么呢?"李楚媛说:"我幼时就喜好礼,现在身体力行,这不就是满足了自己的愿望吗!富贵是无意得来的东西,有什么值得向别人夸耀的呢!"大家听后都惭愧敬服。等得知李慎去世,李楚媛痛哭吐血,从此二十年不使用润发的油脂。

太后派遣韦待价率兵攻打吐蕃,结果大败,韦待价被除去名籍,流放到绣州。

当初,太后武则天命令左相韦待价率兵攻打吐蕃,到了寅识迦河,与吐蕃军队交战,韦待价被打得大败。适逢天下大雪,粮食运输接济不上,韦待价狼狈领兵退回。太后大为愤怒,将韦待价除去名籍,流放到绣州,斩杀了副大总管阎温古。安西副都护唐休璟收罗残余部众,安抚西部边地,太后于是任命唐休璟为西州都督。

八月,太后武则天杀死内史张光辅。

徐敬业起兵失败后,他的弟弟徐敬真被流放到绣州,将要投奔突厥,被官吏抓获,于是诬告牵连了许多海内相识的人,说他们有反叛的企图,希望以此能免除死罪。诬告说内史张光辅私下议论预卜吉凶的图谶,在朝廷和反叛者之间首鼠两端,于是张光辅等都被诛杀。秋官尚书张楚金、陕州刺史郭正一、凤阁侍郎元万顷、洛阳县令魏元忠,都受牵连应该被处死。临刑前,太后派使者驰马赦免了他们。将要被处以死刑的人都高兴地跳跃欢呼,只有魏元忠坐在那里,神色自若。使者宣布赦免敕书之后,

乃徐起拜，竟无忧喜之色，遂流岭南。是日，阴云四塞，既释楚金等，天气晴霁。

九月，太后以僧怀义为新平道大总管，讨突厥。　闰月，太后杀同平章事魏玄同。

魏玄同素与裴炎善，时人以其终始不渝，谓之"耐久朋"。周兴素恶玄同，诬之曰："玄同言：'后老矣，不若奉嗣君为耐久。'"太后怒，赐死于家。或教之告密，冀得召见自陈，玄同叹曰："人杀鬼杀等耳，岂能作告密人邪！"乃就死。自余内外大臣坐死及流贬甚众。彭州长史刘易从为徐敬真所引，就州诛之。易从为人仁孝忠谨，将刑于市，吏民怜其无辜，远近奔走，竞解衣投地曰："为长史求冥福。"有司平准，直十余万。兴等又诬武卫大将军黑齿常之谋反，征下狱，常之缢死。

冬十月，太后杀郑王璥等六人。

初，太后问陈子昂当今为政之要，子昂上疏，以为："宜缓刑崇德，息兵革，省赋役，抚慰宗室，各使自安。"辞婉意切，其论甚美。至是又上疏曰："太平之朝，上下乐化，不宜有乱臣贼子，日犯天诛。比者大狱增多，逆徒滋广，愚臣顽昧，初谓皆实，去月，陛下特察李珍等无罪。又免楚金等死，初有风雨，变为景云。臣乃知亦有无罪之人挂于疏网者。臣闻阴惨者刑也，阳舒者德也，圣人法天，天亦助圣。今又阴雨，臣恐过在狱官，陛下何不悉召狱囚，自诘其罪？

魏元忠才缓慢地起身礼拜，始终没有忧愁和喜悦的表情，于是被流放到岭南。当天，阴云密布，待赦免了张楚金等人之后，天气才转晴。

九月，太后武则天任命僧人怀义为新平道大总管，率兵讨伐突厥。　闰九月，太后武则天杀死同平章事魏玄同。

魏玄同素来与裴炎友好，当时人们因为他对裴炎的友情始终不变，称他们为"耐久的朋友"。周兴一向憎恨魏玄同，就诬告他说："魏玄同曾经说：'太后老了，不如事奉皇帝更长久。'"太后大怒，赐他在家中自尽。有人教他告密，以求得到太后的召见，为自己辩解，魏玄同感叹说："被人杀或被鬼杀都是一样的，怎么能当告密的人呢！"于是自尽。其余朝廷内外的大臣受此案牵连被处死或流放贬官的有很多。彭州长史刘易从也遭到徐敬真的诬陷牵连，在彭州被诛杀。刘易从为人仁义孝顺，忠厚谨慎，将要在闹市被处死时，官吏和百姓怜惜他无罪，远近的人都赶赴刑场，争相脱下衣服扔在地上，说："为刘长史祈求阴间之福。"有关部门对这些衣服进行估价，值十多万钱。周兴等又诬陷武卫大将军黑齿常之谋反，被召回投入狱中，黑齿常之自缢而死。

冬十月，太后武则天杀死郑王李璥等六人。

当初，太后询问陈子昂当前治理国家最重要的事情是什么，陈子昂上疏，认为："应该宽缓刑罚，崇尚德政，停止战争，减轻赋税徭役，安抚宗室子弟，使他们各自安心。"用辞委婉，情真意切，立论甚美。这时陈子昂又上疏说："太平的朝代，上下都乐意接受教化，不应该出现乱臣贼子，整天犯罪被国家处死。近来大的狱案增多，叛逆之人越来越多，我愚昧无知，原来认为他们的罪都属实，上个月，陛下特地查明李珍等人无罪。后来又赦免了张楚金等人的死罪，起初天有风雨，后来出现祥云。我才知道也有无罪之人落入了宽大的法网之中。我听说天气阴暗表示刑罚过重，天气晴朗表示德政贤明，圣人效法上天，上天也帮助圣人。现在又是阴雨天气，我恐怕过失在于执掌狱案的官吏，陛下为何不把关押在狱中的囚犯全都召来，亲自审问他们的罪行？

有实者显示明刑,滥者严惩狱吏,使天下咸服,岂非至德克明哉!"

太后以范履冰、邢文伟同平章事。 十一月,太后享万象神宫,始用周正。

改十一月为正月,十二月为腊月,夏正月为一月。

太后自名曌,改诏曰制。

凤阁侍郎宗秦客改造十二字以献,至是行之。"曌"即"照"字也。

除唐宗室属籍。

从司刑少卿周兴之请也。

庚寅(690) **七年**周武氏天授元年。

春正月,帝在房州。 太后以武承嗣为左相,武攸宁为纳言,邢文伟为内史,王本立罢。 太后流韦方质于儋州。

时武承嗣、三思用事,宰相皆下之。方质有疾,承嗣、三思往问之,方质据床不为礼。或谏之,方质曰:"死生有命,大丈夫安能曲事近戚以求苟免乎!"寻为周兴所构,流儋州,寻赐死。

二月,太后策贡士于洛城殿。

贡士殿试自此始。补阙薛谦光上疏曰:"选举之法,宜得实才,取舍之间,风化所系。今之选人,咸称觅举,奔竞相尚,喧诉无惭。至于才应经邦,惟令试策;武能制敌,止验弯弧。昔汉武帝见司马相如赋,恨不同时,及置之朝廷,终文园令,知其不堪公卿之任故也。吴起将战,左右进剑,起曰:

罪行属实者公开处以刑罚,如果是冤枉的就严惩掌管狱案的官吏,使天下人都心服,那不就是最高尚的道德发扬光大了吗!"

太后武则天任命范履冰、邢文伟为同平章事。 十一月,太后武则天在万象神宫祭祀,开始使用武周的历法。

改十一月为正月,十二月为腊月,夏历正月为一月。

太后武则天自己改名为曌,改诏书叫制书。

凤阁侍郎宗秦客改造了十二个字进献,这时下令推行。"曌"就是"照"字。

废除唐朝宗室子弟的族籍。

这是依照司刑少卿周兴的请求。

庚寅(690) 唐中宗嗣圣七年武周天授元年。

春正月,唐中宗在房州。 太后武则天任命武承嗣为左相,武攸宁为纳言,邢文伟为内史,免去王本立的宰相职务。 太后武则天把韦方质流放到儋州。

当时武承嗣、武三思专权用事,宰相都在他们之下。韦方质患病,武承嗣与武三思前去看望,韦方质坐在床上不行礼。有人规劝韦方质,他说:"生死在于天命,大丈夫怎么能够屈身侍奉太后近亲以求苟且免祸呢!"不久韦方质就受到周兴的诬陷,被流放到儋州,不久被赐死。

二月,太后武则天在洛城殿亲自考试入京参加科举的贡士。

贡士进行殿试从这时开始。补阙薛谦光上疏说:"选举人才的办法,应该使朝廷能够选到有真才实学的人,取舍什么样的人,关系到风俗和教化。如今选拔人才,都赞许找关系以求举用,崇尚奔走竞争名利,公然诉说而不觉得惭愧。至于选拔经邦济世的文臣,只让他们考试策文;选拔克敌制胜的武将,只考他们弯弓射箭。当初汉武帝读了司马相如的《子虚赋》,叹恨不能与此人经常在一起,后来把他安置在朝廷,最终只让他担任了汉文帝的陵园令,这是因为知道他担当不了公卿重任的缘故。战国时代的吴起将要出战,左右的人进上宝剑,吴起说:

'将者，提鼓挥枹，临难决疑，一剑之任，非将事也。'然则虚文岂足以佐时，善射岂足以克敌！要在文吏察其行能，武吏观其勇略，考居官之臧否，行举者之赏罚而已。"

三月，苏良嗣卒。　四月，范履冰下狱死。　秋七月，太后流舒王元名于和州，以侯思止、王弘义为侍御史。

醴泉人侯思止素诡谲无赖，恒州刺史裴贞杖一判司，判司使思止告贞与舒王元名谋反，元名废徙和州，贞亦族灭。思止求为御史，太后曰："卿不识字。"对曰："獬豸何尝识字，但能触邪耳。"太后悦，从之。

衡水人王弘义，素无行，尝从邻舍乞瓜，不与，乃告县官，瓜田中有白兔，县官使人搜捕，蹂践立尽。又见闾里耆老作邑斋，遂告以谋反，杀二百余人。太后擢为殿中侍御史。或告胜州都督王安仁谋反，敕弘义按之。安仁不服，弘义即枷上刿其首。

朝士人人自危，每朝，辄与家人诀曰："未知复相见否？"御史中丞李嗣真上疏曰："古者狱成，公卿参听，王必三宥，然后行刑。比日狱官单车奉使，临时专决，不复闻奏。傥有冤滥，何由可知！况以九品之官，专命推覆，操杀生之柄，窃人主之威，案覆既不在秋官，省审复不由门下，国之利器，轻以假人，恐为社稷之祸。"太后不听。

'作为将帅，应该提起战鼓，挥动鼓槌，在临战时决定疑难的问题，使用一把宝剑的任务，不是将帅应该做的事情。'这样说来，那些只会写辞藻华丽文章的人岂能辅佐时政，那些擅长射箭的人岂能克敌制胜！关键在于对文官要考察他们的品行和才能，对武将要看他们的勇气和谋略，考核他们任官时政绩的优劣，对荐举他们的人进行赏罚而已。"

三月，苏良嗣去世。　四月，范履冰被捕入狱而死。　秋七月，太后武则天把舒王李元名流放到和州，任命侯思止、王弘义为侍御史。

醴泉人侯思止一向诡计多端，品行不正，恒州刺史裴贞杖打一名判司，这名判司就指使侯思止诬告裴贞与舒王李元名谋反，李元名因此被废除王位，流放到和州，裴贞也被灭族。侯思止请求担任御史，太后武则天说："你不识字。"侯思止回答说："獬豸何曾识字，但是能用角顶邪恶之人。"太后很高兴，就答应了他的请求。

衡水人王弘义，素来品行不端，曾经向邻居讨瓜吃，邻居不给他，他就告诉县官，说瓜田中有白兔，县官于是派人去搜捕，结果瓜田全都遭到踩踏。他又曾见到乡里父老在一起做佛事，就诬告他们谋反，杀死二百余人。太后提拔他为殿中侍御史。有人告发说胜州都督王安仁谋反，太后下敕命令王弘义审讯。王安仁不承认有谋反罪，王弘义就在枷锁上砍下了他的脑袋。

朝官们人人自危，每次入朝时，总是要与家人诀别说："不知道是否还会相见？"御史中丞李嗣真上疏说："古代案件调查清楚后，公卿们还要参加听证，君王一定要经过三次宽恕，然后才执行刑罚。近来掌管刑狱的官员一人奉命出使审讯，临时专行判决，不再上奏闻知。如果出现冤案，朝廷怎么能知道呢！何况任用九品小官，专门掌管审讯定案，掌握生杀大权，窃取君主的权威，案件的复审不经过刑部，省审又不经过门下省，把国家刑罚的权力，轻易地给予别人，恐怕会成为国家的祸患。"太后没有采纳他的意见。

时法官竞为深酷，惟司刑丞徐有功、杜景俭独存平恕，被告者皆曰："遇来、侯必死，遇徐、杜必生。"有功，文远之孙，名弘敏，以字行。初为蒲州司法，不施敲朴。吏相约有犯徐司法杖者，众共斥之。迨官满，不杖一人，职事亦修。及为司刑丞，酷吏所诬构者，皆为直之，前后所活数十百家。尝廷争狱事，太后厉色诘之，有功神色不挠，争之弥切。太后虽好杀，知有功正直，甚敬惮之。

司刑丞李日知亦尚平恕。少卿胡元礼欲杀一囚，日知以为不可，往复数四，元礼曰："元礼不离刑曹，此囚终无生理！"日知曰："日知不离刑曹，此囚终无死法！"乃以所状列上，日知果直。

太后颁《大云经》于天下。

僧法明等撰《大云经》上之，言太后乃弥勒佛下生，当代唐为阎浮提主。制颁天下。寻敕两京诸州建寺藏之。

太后杀泽王上金、许王素节。

武承嗣告上金、素节谋反，征诣行在。素节在道，闻遭丧哭者，曰："病死何可得，而更哭耶！"至，皆杀之，并诛其子及支党。

太后杀南安王颍等十二人，及故太子贤二子。

唐之宗室于是殆尽，其幼弱者亦流岭南。

九月，武氏改国号曰周，称皇帝，以豫王旦为皇嗣，改姓武氏。

当时执掌法令的官员竞相施用严刑峻法，只有司刑丞徐有功、杜景俭执法公平宽大，被告发的人都说："遇到来俊臣、侯思止必死，遇到徐有功、杜景俭必生。"徐有功是徐文远的孙子，名叫徐弘敏，人们都叫他的字。起初担任蒲州司法参军，不施用杖刑。属吏都相互约定，如有谁犯法使徐有功动用杖刑的，大家就一致斥责他。直到他任官期满，也没有杖打一人，而职内事务也治理得很好。徐有功担任司刑丞后，对于遭到酷吏诬陷的人，他都要为他们申辩，前后挽救了几十至上百家人的性命。徐有功曾经当廷争辩刑狱之事，太后严厉地责问他，而徐有功神色不屈，争辩得更加坚决。太后虽然好杀，但知道徐有功正直，对他很是敬畏。

司刑丞李日知也崇尚公平宽大。司刑少卿胡元礼想要杀死一名囚犯，李日知认为罪不当杀，多次反复争论，胡元礼说："我胡元礼只要不离开司刑寺，这个囚犯绝没有生还的道理！"李日知说："我李日知只要不离开司刑寺，这个囚犯绝没有被处死的道理！"于是把两人的意见奏上，果然是李日知的意见正确。

太后武则天颁布《大云经》于天下。

僧人法明等撰写《大云经》进上，经中说太后是弥勒佛降生，当取代唐朝做人间的主人。太后下制将《大云经》颁布于天下。不久又下敕命令东西两京和全国各州建寺庙以珍藏此经。

太后武则天杀害泽王李上金和许王李素节。

武承嗣告发说泽王李上金和许王李素节谋反，于是征召他们到太后那里。李素节在半道上，听见有人因家中遇到丧事而痛哭，就说："病死实在难得，还有什么可哭的呢！"二人到后，都被杀害，一并诛杀了他们的儿子和亲党。

太后武则天杀害南安王李颖等十二人，并杀死了原太子李贤的两个儿子。

唐朝宗室此时几乎被杀绝，年幼弱小者也被流放到岭南。

九月，太后武则天改唐国号为周，自称皇帝，以豫王李旦为皇嗣，改姓武氏。

侍御史傅游艺上表,请改国号曰周,赐皇帝姓武氏,太后不许,擢游艺为给事中。于是百官、宗戚、百姓、四夷合六万余人,俱上表如游艺所请,太后可之。御则天楼,赦天下,以唐为周,上尊号曰圣神皇帝,以皇帝为皇嗣,赐姓武氏,以皇太子为皇孙。立武氏七庙,追尊周文王为始祖文皇帝,祖考皆为皇帝,妣皆为皇后。立武承嗣为魏王,三思为梁王,士彟兄孙攸暨等十二人皆为郡王。以史务滋为纳言,宗秦客检校内史,傅游艺为鸾台侍郎、平章事,并赐姓武。秦客潜劝太后革命,故首为内史,寻坐赃贬黜。游艺期年之中,历衣青、绿、朱、紫,时人谓之四时仕宦。太后欲以太平公主妻武攸暨,使人杀其妻而妻之。公主多权略,太后以为类己,常与密议天下事。

冬十月,西突厥入居内地。

西突厥十姓,自垂拱以来为东突厥所侵掠,散亡略尽。继往绝可汗斛瑟罗收其余众六七万人入居内地,太后以为竭忠事主可汗。

周以徐有功为侍御史。

道州刺史李行褒兄弟为酷吏所陷,当族,秋官郎中徐有功固争不能得。周兴奏有功故出反囚,当斩,太后免有功官。然太后雅重有功,寻复起为侍御史。有功伏地流涕固辞曰:“臣闻鹿走山林而命悬庖厨,势使之然也。陛下以臣为法官,臣不敢枉陛下法,必死是官矣。”太后固授之,闻者相贺。

十一月,周易服色,改置社稷、宗庙。

侍御史傅游艺上表，请求改唐国号为周，赐唐睿宗皇帝姓武氏，太后武则天不同意，但提拔傅游艺为给事中。于是朝廷百官、宗室贵戚、天下百姓以及四夷酋长总共六万余人，都上表如傅游艺所请求的那样，太后才答应了他们的请求。太后登上则天楼，大赦天下，改唐国号为周，上尊号为圣神皇帝，以唐睿宗为皇嗣，赐姓武氏，以皇太子为皇孙。建立武氏七代祖庙，追尊周文王为始祖文皇帝，追尊自己的祖父和父亲都为皇帝，他们的夫人都为皇后。封武承嗣为魏王，武三思为梁王，武士彟哥哥的孙子武攸暨等十二人都为郡王。任命史务滋为纳言，宗秦客为检校内史，傅游艺为鸾台侍郎、同平章事，都赐姓武氏。宗秦客暗中劝太后改唐为周，所以首任内史，不久就因贪赃罪被贬官。傅游艺在一年之间，穿遍了青、绿、朱、紫四种颜色的官服，被当时的人们称为四季为官。太后想要把太平公主嫁给武攸暨，就派人杀死了武攸暨的妻子，然后把太平公主嫁给了他。太平公主多有权术谋略，太后认为她很像自己，因此经常与她密议天下大事。

冬十月，西突厥部众入居内地。

西突厥十姓，自从垂拱年间以来遭到东突厥的侵犯，散亡殆尽。继往绝可汗斛瑟罗收罗残余部众六七万人入居内地，太后武则天封他为竭忠事主可汗。

武周任命徐有功为侍御史。

道州刺史李行褒兄弟受到酷吏的陷害，按照罪行应当灭族，秋官郎中徐有功坚决争辩，也未能挽救他们。周兴上奏说徐有功故意释放谋反的囚犯，应当斩首，太后武则天罢免了徐有功的官职。但太后一向器重徐有功，不久又重新起用他担任侍御史。徐有功跪地流泪坚决辞让说："我听说鹿在山林中奔跑，而随时都有被宰杀吃掉的危险，这是情势使然。陛下任命我为法官，我不敢枉屈陛下的法律，必定会死在官任上了。"但太后坚持要拜授他为侍御史，听到的人都相互庆贺。

十一月，武周改变车马旗帜的颜色，改置社稷坛和宗庙。

太后受尊号于万象神宫,旗帜尚赤,改置社稷于神都,纳武氏神主于太庙,以唐太庙为享德庙,改崇先庙为崇尊庙。冬至,祀明堂,以武氏祖配上帝。

辛卯(691) 八年周武氏载初元年。

春正月,帝在房州。 二月,周流其右丞周兴于岭南。

初,金吾大将军丘神勣以罪诛,或告右丞周兴与神勣通谋,太后命来俊臣鞫之。俊臣与兴方推事对食,谓兴曰:"囚多不承,当为何法?"兴曰:"此甚易耳!取大瓮,以炭四周炙之,令囚入中,何事不承!"俊臣索大瓮,如兴法,起谓兴曰:"有内状推兄,请兄入此瓮。"兴皇恐服罪。法当死,原之,流岭南,在道为仇家所杀。兴与索元礼、来俊臣竞为暴刻,所杀各数千人,破千余家。元礼残酷尤甚,寻亦为太后所杀。

夏四月朔,日食。 秋七月,周徙关内户数十万实洛阳。 八月,周杀其将军张虔勖。

来俊臣鞫虔勖,虔勖自讼于徐有功,俊臣怒,命卫士以刀乱斫杀之,枭首于市。又鞫岐州刺史云弘嗣,不问一款,先断其首,乃伪立案奏之。

周改义丰王光顺等姓武氏,幽之宫中。

光顺,太子贤之子也,与弟守礼、守义及睿宗诸子皆幽闭宫中,不出门庭者十余年。

九月,周平章事傅游艺自杀。

游艺梦登湛露殿,所亲告之,下狱自杀。

太后武则天在万象神宫接受尊号，旗帜用赤色，改在神都洛阳设置社稷坛，把武氏祖先的神主安置在太庙，改唐太庙为享德庙，改武氏崇先庙为崇尊庙。冬至日这一天，太后祭祀祖先于明堂，以武氏祖先配享昊天上帝。

辛卯（691）　**唐中宗嗣圣八年**武周载初元年。

春正月，唐中宗在房州。　二月，武周把文昌右丞周兴流放到岭南。

当初，左金吾大将军丘神勣因罪被诛杀，有人告发说文昌右丞周兴与丘神勣通谋，太后武则天命令来俊臣审问周兴。来俊臣与周兴正在商议事情一起吃饭，来俊臣对周兴说："囚犯大多不承认有罪，应当用什么办法呢？"周兴说："这很容易！取一口大瓮，用炭火在四周烧烤，把囚犯放进瓮中，还有什么事情会不承认呢！"来俊臣于是要来大瓮，像周兴说的那样用炭火烧烤，然后站起来对周兴说："有宫内敕书让审问老兄，请老兄入此瓮。"周兴恐惧认罪。依照法律应该处死，太后赦免了他，流放到岭南，在半道上被仇人杀死。周兴与索元礼、来俊臣竞相施行残暴的酷刑，各杀死了数千人，破毁了一千多个家庭。索元礼尤其残酷，不久也被太后杀死。

夏四月初一，发生日食。　秋七月，武周迁移关内百姓数十万户充实洛阳。　八月，武周杀死将军张虔勖。

来俊臣审讯张虔勖，张虔勖自己向徐有功诉冤，来俊臣大怒，命令卫士乱刀砍死了他，然后把他的首级悬挂在闹市示众。来俊臣又审问岐州刺史云弘嗣，不问一句口供，先砍下他的首级，然后伪造案情上奏。

武周改义丰王李光顺等人姓武氏，把他们拘禁在宫中。

义丰王李光顺是原太子李贤的儿子，与弟弟李守礼、李守义以及唐睿宗诸子都被拘禁在宫中，十多年不让出宫门。

九月，武周同平章事傅游艺自杀。

傅游艺梦见登上了湛露殿，被亲近的人告发，下狱自杀。

周以武攸宁为纳言，狄仁杰同平章事。

太后谓仁杰曰："卿在汝南，甚有善政，卿欲知谮卿者名乎？"仁杰谢曰："陛下以臣为过，臣请改之，知臣无过，臣之幸也，不愿知谮者名。"太后深叹美之。

周杀其同平章事格辅元、右相岑长倩、纳言欧阳通。

先是，凤阁舍人张嘉福使洛阳人王庆之等数百人上表，请立武承嗣为皇太子。岑长倩、格辅元以皇嗣在东宫，不宜有此议。由是大忤诸武意，皆坐诛。来俊臣教长倩子引欧阳通，讯之，不服，诈为款，并杀之。太后召庆之曰："皇嗣我子，奈何废之？"对曰："'神不歆非类，民不祀非族。'今谁有天下，而以李氏为嗣乎！"太后不从。庆之屡求见，太后怒，命凤阁侍郎李昭德杖之。昭德引出门，示朝士曰："此贼欲废我皇嗣，立武承嗣。"命扑之，耳目皆血出，然后杖杀之，其党乃散。昭德因言于太后曰："天皇，陛下之夫；皇嗣，陛下之子。陛下身有天下，当传之子孙为万代业，岂得以侄为嗣乎！自古未闻侄为天子而为姑立庙者也。且陛下受天皇顾托，若以天下与承嗣，则天皇不血食矣。"太后亦以为然。

周杀右卫将军李安静。

太后将革命，王公百官皆上表劝进，右卫将军李安静独正色拒之。及下制狱，来俊臣诘其反状，安静曰："以我唐家老臣，须杀即杀！若问谋反，实无可对。"俊臣竟杀之。安静，纲之孙也。

武周任命武攸宁为纳言,狄仁杰为同平章事。

太后武则天对狄仁杰说:"你在汝南时,治理很有政绩,你想知道诬陷你的人的名字吗?"狄仁杰谢恩说:"陛下认为我有过错,就请求让我改正,知道我没有过错,就是我的幸运,我不希望知道诬陷我的人的名字。"太后对他十分赞美。

武周杀死同平章事格辅元、右相岑长倩、纳言欧阳通。

先前,凤阁舍人张嘉福指使洛阳人王庆之等数百人上表,请求立武承嗣为皇太子。岑长倩、格辅元认为皇嗣在东宫,不应该提出这样的建议。因此很是违背了武氏诸人的意愿,都坐罪被诛杀。来俊臣让岑长倩的儿子牵连欧阳通,审讯他,欧阳通不认罪,来俊臣就伪造他的口供,一并被杀害。太后召见王庆之说:"皇嗣是我的儿子,为什么要废黜他呢?"王庆之回答说:"'神灵不享受别族人的祭品,百姓不祭祀别族的祖先。'现在是谁家的天下,却要以李氏为皇位继承人呢!"太后没有听从他的意见。王庆之又多次求见太后,太后大怒,命令凤阁侍郎李昭德杖打王庆之。李昭德把王庆之领出门,向朝官们指示说:"这个贼人想要废黜我们的皇嗣,而立武承嗣为太子。"命令把他摔倒在地,摔得他耳朵眼睛都流出了血,然后杖杀了他,他的党羽这才散去。李昭德于是对太后说:"高宗皇帝是陛下的丈夫,皇嗣是陛下的儿子。陛下拥有天下,应该传给子孙,作为万代家业,怎么能让侄子当继承人呢! 自古以来没有听说过侄子做天子而为姑母立庙的。何况陛下受高宗皇帝的临终托付,如果把天下交给武承嗣,那么高宗皇帝就享受不到祭祀了。"太后也认为他说得有道理。

武周杀死右卫将军李安静。

太后武则天要改唐为周时,王公百官都上表劝进,只有右卫将军李安静义正辞严地拒绝这样做。等到他被关入太后特设的监狱,来俊臣责问他谋反的情况,李安静说:"我是李唐王朝的老臣,要杀就杀! 如果问谋反的事,实在没有什么可说的。"来俊臣最终杀了他。李安静是李纲的孙子。

周遣使存抚诸道。

壬辰（692） **九年**周武氏长寿元年。
春正月,帝在房州。 **周武氏引见存抚使所举人。**

初,太后遣使存抚四方。至是,引见其所举人,无问贤愚,悉加擢用。高者试给、舍,次郎、御史、遗、补、校书郎。试官自此始。时人为之语曰:"补阙连车载,拾遗平斗量。欋推侍御史,碗脱校书郎。"有举人沈全交续之曰:"𪐝心存抚使,眯目圣神皇。"御史劾之,太后笑曰:"但使卿辈不滥,何恤人言!"太后虽滥以禄位收人心,然不称职者,寻亦黜之,或加刑诛。挟刑赏之柄以驾御天下,政由己出,明察善断,故当时英贤亦竞为之用。

周筑神都外城。 **周以郭霸为监察御史。**
郭霸以谄谀拜监察御史。中丞魏元忠病,霸往问之,因尝其粪,喜曰:"粪甘则可忧,今苦无伤也。"元忠大恶之。

周贬狄仁杰、魏元忠为县令。
来俊臣罗告同平章事任知古、狄仁杰、裴行本、司农卿裴宣礼、左丞卢献、中丞魏元忠、潞州刺史李嗣真谋反。先是,俊臣请降敕,一问即承反者得减死。知古等下狱,俊臣以此诱之,仁杰曰:"大周革命,万物惟新,唐室旧臣,甘从诛戮。反是实!"俊臣乃少宽之。判官王德寿教仁杰引平章事杨执柔,仁杰曰:"皇天后土遣狄仁杰为如此事!"以头触柱,

武周派遣使者慰抚全国各道。

壬辰（692）　唐中宗嗣圣九年_{武周长寿元年。}

春正月，唐中宗在房州。　武周皇帝武则天接见存抚使所荐举的人才。

当初，太后武则天派遣存抚使安抚四方。这时，太后接见存抚使所荐举的人才，不管是否贤明，全都加以提拔任用。高才的试官给事中、凤阁舍人，其次的试官员外郎、侍御史、拾遗、补阙、校书郎。试官制度从此开始。当时的人们为此说道："补阙连车载，拾遗平斗量。㩁推侍御史，碗脱校书郎。"有一位参加科举考试名叫沈全交的人接续说道："㕹心存抚使，迷目圣神皇。"御史弹劾他，太后笑着对御史说："只要你们这些人称职，何必怕人议论！"太后虽然滥封官位收买人心，但对于不称职的人，也立刻贬黜，或加以刑罚杀戮。她握有刑罚和赏赐的权柄来统治天下，政令完全由自己发出，明察善断，所以当时杰出贤明的人才也都受到她的重用。

武周修神都洛阳外城。　武周任命郭霸为监察御史。

郭霸因善于阿谀奉承而拜授监察御史。御史中丞魏元忠患病，郭霸前去看望，亲口尝他的粪便，高兴地说："粪便如果是甜的就令人担忧，现在是苦味，没有什么要紧。"魏元忠因此十分厌恶他。

武周贬狄仁杰、魏元忠为县令。

来俊臣罗织罪名诬告同平章事任知古、狄仁杰、裴行本、司礼卿裴宣礼、文昌左丞卢献、御史中丞魏元忠、潞州刺史李嗣真谋反。先前，来俊臣请求太后颁下敕书，对于一经审讯就承认谋反的人，可以免除死刑。任知古等人被捕入狱后，来俊臣以此来引诱他们认罪，狄仁杰说："大周改朝换代，万物更新，作为唐朝旧臣，甘愿被诛杀。我谋反是事实！"来俊臣于是稍加宽恕了他。判官王德寿让狄仁杰牵连同平章事杨执柔，狄仁杰说："皇天后土能让我狄仁杰干这样的事吗！"说着一头撞在柱子上，

血流被面,德寿惧而谢之。仁杰裂衾帛书冤状,置绵衣中,谓德寿曰:"天时方热,请授家人去其绵。"德寿许之。仁杰子得书,持之称变以闻。太后以问俊臣,俊臣乃诈为仁杰等谢死表上之。

初,平章事乐思晦亦为俊臣等所杀,男未十岁,没入司农,至是上变,得召见。太后问状,对曰:"臣父已死,臣家已破,但惜陛下法为俊臣等所弄。陛下不信臣言,乞择朝臣之忠清,陛下素所信任者,为反状以付俊臣,无不承反矣。"太后意稍寤,召见仁杰等,问曰:"卿承反何也?"对曰:"不承则已死于拷掠矣。"太后曰:"何为作谢死表?"对曰:"无之。"出表示之,乃知其诈,于是出此七族,皆贬县令。仁杰彭泽,元忠涪陵,流行本、嗣真于岭南。俊臣称行本罪尤重,请诛之,徐有功驳之曰:"明主有更生之恩,俊臣不能将顺,亏损恩信。"

殿中侍御史霍献可,宣礼之甥也,言于太后曰:"陛下不杀裴宣礼,臣请陨命于前。"以头触殿阶,流血沾地,以示为人臣不私其亲。太后皆不听。

万年主簿徐坚上疏曰:"书有五听之道,令著三覆之奏。比来推按反者,令使者得实,即行斩决。人命至重,死不再生,万一怀枉,吞声赤族,岂不痛哉!又法官之任,宜加简择,有用法宽平,为百姓所称者,愿亲而任之;

血流满面，王德寿害怕得向他道歉。狄仁杰从被子上撕下一块绸布，写上自己遭受冤枉的情况，放置在绵衣中，对王德寿说："现在天气正炎热，请把绵衣交给我的家人，去掉丝绵。"王德寿答应了他的请求。狄仁杰的儿子得到他写的冤状，拿着去上奏说有紧急情况。太后责问来俊臣，来俊臣就伪造了狄仁杰等人的谢死罪表上奏太后。

当初，同平章事乐思晦也被来俊臣等人杀害，他的儿子未满十岁，没入司农寺为奴，这时请求上奏紧急情况，得到太后的召见。太后问他有什么情况，他回答说："我的父亲已死，我的家庭已残破，只是可惜陛下的国法被来俊臣等人践踏。陛下如果不相信我的话，请求挑选朝臣中忠贞清正，而且是陛下素来信任的人，指出他们谋反的罪状交给来俊臣，他们没有不承认谋反的。"太后逐渐醒悟，召见狄仁杰等人，问道："你们为什么要承认谋反呢？"他们回答说："如果不承认谋反，就已经被严刑拷打致死了。"太后说："你们为什么要作谢死罪表呢？"他们回答说："没有此事。"太后拿出谢死罪表给他们看，这才知道是伪造的，于是释放了这七个家族，把他们都贬为县令。狄仁杰贬为彭泽县令，魏元忠贬为涪陵县令，把裴行本、李嗣真流放到岭南。来俊臣说裴行本的罪行尤其严重，请求处死他，徐有功反驳说："贤明的君主有再生之恩，来俊臣不能顺从，有损君主的恩信。"

殿中侍御史霍献可是裴宣礼的外甥，他对太后说："陛下如果不杀死裴宣礼，我就请求死在陛下跟前。"说着一头撞在宫殿的台阶上，血流满地，以此表示做臣下的对自己的亲戚没有私心。太后都不听从。

万年县主簿徐坚上疏说："古书上记载审理案件要实行听词、听色、听气、听耳、听目等'五听'的办法，贞观年间有过死罪要经过三次复奏才能执行的命令。而近来审讯谋反的人，命令使者如果属实，就立刻处决。人命关天，死不复生，万一有冤枉的人，得不到申诉而被灭族，岂不痛心！另外任用法官，应加以挑选，有执法宽大公平，受百姓称赞的人，希望亲近并加以任用；

有处事深酷，不允人望者，愿疏而退之。"坚，齐聃之子也。

夏五月，禁天下屠杀采捕。

时江、淮旱，饥民不得采鱼虾，饿死者甚众。拾遗张德生男，私杀羊会同僚，补阙杜肃怀一饯，上表告之。明日，太后对仗，谓德曰："闻卿生男，甚喜。"德拜谢。太后曰："何从得肉？"德叩头伏罪。太后曰："朕禁屠宰，吉凶不预。卿自今召客，亦须择人。"出肃表示之。肃大惭，举朝欲唾其面。

周左相武承嗣罢，以李昭德同平章事。

先是，昭德密言于太后曰："魏王承嗣权太重。"太后曰："吾侄也，故委以腹心。"昭德曰："姑侄之亲，何如父子？子犹有篡弑其父者，况侄乎！"太后矍然，遂罢承嗣政事。承嗣亦毁昭德于太后，太后曰："吾任昭德，始得安眠，此代吾劳，汝勿言也。"是时酷吏恣横，百官畏之侧足，昭德独廷奏其奸。太后好祥瑞，有献白石者，执政诘其异，对曰："以其赤心。"昭德怒曰："此石赤心，他石尽反邪？"襄州人胡庆以丹漆书龟腹曰："天子万万年。"献之。昭德以刀刮尽，奏请付法。太后曰："此心亦无恶。"命释之。

周流其御史严善思于骧州。

太后自垂拱以来，任用酷吏，先诛唐宗戚数百人，次及大臣数百家，其刺史、郎将以下，不可胜数。每除一官，户婢

对那些处事严酷,不得人心的人,希望疏远并斥退他们。"徐坚是徐齐聃的儿子。

夏五月,武周禁止天下屠杀牲畜和捕捞鱼虾。

当时长江、淮河地区大旱,因为不允许遭受饥荒的百姓捕捞鱼虾,所以饿死了很多人。拾遗张德家生下一个男孩,私自杀羊宴请同事,补阙杜肃从宴席上往怀中揣了一点食物,上表告发张德。第二天,太后上朝,对张德说:"听说你的妻子为你生下一个男孩,十分高兴。"张德拜谢。太后说:"你从哪里得到的肉?"张德叩头认罪。太后说:"朕虽然禁止屠杀牲畜,但红白喜事不在此例。你从今以后宴请客人,也要选择好人。"然后拿出杜肃的表书让他看。杜肃十分惭愧,满朝的官员都想唾他的脸。

武周左相武承嗣被免去宰相职务,任命李昭德为同平章事。

此前,李昭德秘密向太后进言说:"魏王武承嗣权力太大。"太后说:"他是我的侄子,所以作为亲信任用。"李昭德说:"姑母和侄子之间的亲情关系,怎能与父子关系相比? 儿子还有为了篡夺权力而杀死自己父亲的,何况是侄子呢!"太后很震惊,于是罢免了武承嗣的宰相职务。武承嗣也在太后面前诋毁李昭德,太后说:"我任用李昭德,才能够睡得安稳,他这是代我劳心,你不要再说了。"当时酷吏恣意横行,朝廷百官畏惧而不敢正立,只有李昭德敢于在朝廷上奏他们的奸恶。太后喜欢祥瑞,有人献上一块白石,执政大臣责问他这块石头有什么特别之处,回答说:"因为这块石头有一颗赤心。"李昭德大怒说:"这块石头有一颗赤心,那么其它的石头都会造反吗?"襄州人胡庆用红漆在龟的腹部书写道:"天子万万年。"然后进献。李昭德用刀把书写的字刮干净,上奏请求将此人依法治罪。太后说:"这个人的用心也并无恶意。"然后命令释放了他。

武周把监察御史严善思流放到骓州。

太后武则天自从垂拱年间以来,任用酷吏,首先诛杀了唐朝的宗室贵戚数百人,然后诛杀了大臣数百家,杀死刺史、郎将以下的官吏更是数不胜数。每当除授一名官员,宫中守门的奴婢

窃相谓曰:"鬼朴又来矣。"不旬月,辄遭掩捕族诛。监察御史严善思公直敢言,时告密者不可胜数,太后亦厌其烦,命善思按问,引虚伏罪者八百五十余人。罗织之党为之不振,乃相与构善思,坐流骦州。太后知其枉,寻复召之。

补阙朱敬则上疏曰:"李斯相秦,用刻薄变诈以屠诸侯,不知易之以宽和,卒至土崩,此不知变之祸也。汉高祖定天下,陆贾、叔孙通说之以礼义,传世十二,此知变之善也。自文明草昧,天地屯蒙,三叔流言,四凶构难,不设钩距,无以应天顺人,不切刑名,不可摧奸息暴。故开告端以禁异议。然急趋无善迹,促柱少和声,向时之妙策,乃当今之刍狗也。伏愿览秦、汉之得失,考时事之合宜,窒罗织之源,扫朋党之迹,使天下苍生坦然大悦,岂不乐哉!"太后善之,赐帛三百段。

侍御史周矩上疏曰:"推劾之吏皆相矜以虐,泥耳笼头,枷研楔毂,折胁签爪,悬发薰耳。人非木石,苟求赊死。臣窃听舆议,皆称天下太平,何苦须反!岂被告者尽是英雄,欲求帝王邪!但不胜楚毒而自诬耳。周用仁而昌,秦用刑而亡。愿陛下缓刑用仁,天下幸甚!"太后颇采其言,制狱稍衰。

九月,周更以九月为社。　冬十月,周遣兵击吐蕃,取四镇。

便私下相互说道:"做鬼的材料又来了。"不到一个月,这些官员就被突然逮捕灭族。监察御史严善思公正耿直,敢于直言,当时告密的人数不胜数,太后也很厌烦,命令严善思审问,查出因诬告而伏罪的八百五十余人。那些编造他人罪名的党羽因此不振,他们就一起诬陷严善思,结果严善思坐罪被流放到驩州。太后知道他冤枉,不久又把他召回朝廷。

补阙朱敬则上疏说:"李斯做秦国的宰相,用刻薄欺诈的手段屠灭了各诸侯国,不懂得改变为宽容的政策,最终使秦朝土崩瓦解,这是不懂得及时改变政策而招致的祸患。汉高祖平定了天下,陆贾、叔孙通劝说他以礼义治国,皇位传了十二代,这是知道及时改变政策的好处。自从文明年间帝业初创,一切都刚刚开始,韩王、霍王等皇叔散布流言,徐敬业等坏人制造祸乱,这时候如果不严加审讯,就不能应天命顺人心,不用严刑重罚,就不能摧毁奸邪平息暴乱。所以开告密之端以禁止异议。但是脚步太快脚印就不会端正,琴弦太紧就奏不出和谐的声音,在过去认为是好的计策,现在就成了无用之物。希望陛下看看秦朝和汉朝的得失,考察当前应该施行的政策,杜绝罗织罪名的根源,扫除结党营私的痕迹,使天下百姓无忧无虑,岂不快乐!"太后很欣赏他的话,赐帛三百段。

侍御史周矩上疏说:"审讯囚犯的官吏都以暴虐相互炫耀,对犯人使用泥塞耳朵、笼住脑袋、重枷磨脖子、头上加箍打楔子、打折胸骨、指头钉竹签、吊头发、熏耳朵等残酷手段。犯人不是木头石块,只好苟且认罪,以求晚一点死去。我私下听到人们议论,都说现在天下太平,何苦要造反呢!难道被告发的人都是英雄豪杰,想要做帝王吗!他们只是忍受不了严刑拷打,而被迫认罪罢了。周朝行仁义而昌盛,秦朝用严刑而灭亡。希望陛下减缓刑罚,施行仁义,那么天下之人就很幸运了!"太后一定程度上采纳了他的建议,因此朝廷监狱中的犯人逐渐少了。

九月,武周改于九月祭祀土神。　　**冬十月**,武周派兵攻打吐蕃,夺取了四镇。

初,王孝杰从刘审礼击吐蕃,与审礼皆没于吐蕃。后竟得归,由是知吐蕃虚实。会西州都督唐休璟请复取龟兹、于阗、疏勒、碎叶四镇,敕以孝杰及阿史那忠节将兵击破吐蕃,复取四镇。置安西都护于龟兹,发兵戍之。

周武氏杀豫王妃刘氏。

户婢团儿为太后所宠信,有憾于皇嗣,乃谮皇嗣妃刘氏及德妃窦氏为厌咒。太后杀之,瘗于宫中,莫知所在。德妃父孝谌为润州刺史,有奴妄为妖异以恐德妃母庞氏,因请夜祠祷,而发其事。监察御史薛季昶按之,以为当斩,其子希瑊诣侍御史徐有功讼冤。有功论之,以为无罪,季昶奏有功阿党恶逆,罪当绞。令史以白有功,有功叹曰:"岂我独死,诸人永不死邪!"既食,掩扉熟寝。太后召有功,谓曰:"卿比按狱,失出何多?"对曰:"失出,人臣之小过;好生,圣人之大德。"太后默然。由是庞氏得减死,有功亦除名。

周制宰相撰《时政记》,月送史馆。
《时政记》自此始,从姚璹之请也。

癸巳(693) **十年**周武氏如意元年。
春正月,帝在房州。　　**周以娄师德同平章事。**

师德宽厚清慎,犯而不校。与李昭德俱入朝,师德体肥行缓,昭德骂曰:"田舍夫!"师德徐笑曰:"师德不为田舍夫,谁当为之!"其弟除代州刺史,将行,师德谓曰:"吾兄弟荣宠过盛,人所疾也,将何以自免?"弟曰:

当初，王孝杰随从刘审礼攻打吐蕃，与刘审礼都被吐蕃俘获。后来终于返回，因此知悉吐蕃的虚实。适逢西州都督唐休璟请求重新夺取龟兹、于阗、疏勒、碎叶四镇，太后下敕命令王孝杰与阿史那忠节率兵攻打，大败吐蕃，重新夺取四镇。于龟兹设置安西都护府，发兵守卫。

武则天杀死豫王李旦的妃子刘氏。

宫中守门的奴婢团儿受到太后的宠信，她对皇嗣李旦不满，于是就诬陷皇嗣的妃子刘氏和德妃窦氏用邪术诅咒太后。太后因此杀了她们，埋在宫中，人们都不知道掩埋的地方。窦德妃的父亲窦孝谌担任润州刺史，有家奴乱用妖术恐吓窦德妃的母亲庞氏，并请她在夜间祭祀祈祷，然后又告发了此事。监察御史薛季昶审问此案，认为庞氏应当斩首，她的儿子窦希瑊去向侍御史徐有功诉冤。徐有功上奏争论，认为庞氏无罪，薛季昶于是上奏说徐有功结党阿附叛逆的罪犯，论罪应当处以绞刑。令史把此事告诉了徐有功，徐有功叹息说："难道只有我一个人死，其他的人永远不死吗！"吃完饭后，便关上门睡觉。太后召见徐有功，对他说："你近来审理案件，失误怎么那么多？"徐有功回答说："办案有失误，是作为臣下的小过错；而能够挽救人的生命，是圣人的大德行。"太后沉默不语。因此庞氏得以免除死罪，但徐有功也被削除名籍。

武周下制书规定宰相要撰写《时政记》，每月送交史馆。

《时政记》的撰写从这时开始，这是依照姚璹的请求。

癸巳（693） 唐中宗嗣圣十年<small>武周如意元年。</small>

春正月，唐中宗在房州。　武周任命娄师德为同平章事。

娄师德为人宽厚，清正谨慎，别人冒犯他也不计较。一次与李昭德一起入朝，娄师德体胖行走缓慢，李昭德骂道："乡下佬！"娄师德从容地笑着说："我娄师德不是乡下佬，谁是乡下佬呢！"他弟弟被任命为代州刺史，将要赴任，娄师德对他说："我们兄弟得到的恩宠太重，受他人忌恨，将如何使自己免除祸难？"弟弟说：

"自今虽有人唾某面,某拭之而已,庶不为兄忧。"师德愀然曰:"此所以为吾忧也!人唾汝面,怒汝也,而汝拭之,则逆其意而重其怒矣。夫唾,不拭自干,当笑而受之耳。"

周杀其尚方监裴匪躬。

匪躬坐私谒皇嗣,腰斩于市,自是公卿以下皆不得见。又有告皇嗣潜有异谋者,太后命来俊臣鞫其左右,左右不胜楚毒,皆欲自诬。太常工人安金藏大呼曰:"请剖心以明皇嗣不反。"即引佩刀自剖其胸,五脏皆出。太后闻之,令舁入宫,使医内五脏,以桑皮线缝之,傅以药,经宿始苏。太后亲临视之,叹曰:"吾有子不能自明,使汝至此。"即命来俊臣停推。睿宗由是得免。

二月,周杀其侍御史侯思止。

时禁人间锦,思止私畜之,李昭德按之,杖杀于朝堂。

周以万国俊为侍御史。

或告岭南流人谋反,太后遣司刑评事万国俊就按之。国俊至广州,一朝杀三百余人。还奏,因言诸道流人亦疑有如此者。太后喜,擢国俊为侍御史,更遣使诣诸道按杀数千人。既而颇知其滥,制未死者皆释之。国俊等亦相继贬死。

夏五月,棣州河溢。
流二千余家。
秋九月朔,日食。 周武氏自号金轮圣神皇帝。
作七宝金轮,置之殿庭。
突厥可汗骨笃禄卒。

"从今以后就是有人唾在我脸上,我也只是擦掉罢了,这样就不致使哥哥担忧。"娄师德神色忧虑地说:"这正是我所担忧的!有人唾你的脸,是因为对你有怒气,而你擦掉,便是违背了人家的意愿而加重他的怒气。唾液不擦会自动干掉的,应当笑着接受。"

武周杀死尚方监裴匪躬。

裴匪躬因为私下谒见皇嗣,被腰斩于闹市,从此公卿以下官员都不得谒见皇嗣。又有人告发说皇嗣暗中图谋篡权,太后命令来俊臣审讯他身边的人,身边的人忍受不了严刑拷打,都想要违心认罪。太常寺工人安金藏大喊道:"我请求剖出心来以表明皇嗣没有谋反。"随即抽出佩刀自己剖开胸膛,五脏都流了出来。太后听说这件事后,命令把他抬入宫中,让医官把五脏重新放回体内,用桑皮线缝合伤口,再敷上药,过了一个晚上才苏醒。太后亲自去看望他,叹息说:"我的儿子不能为自己伸冤,使你到了这种地步。"马上命令来俊臣停止审讯。唐睿宗因此得以免除祸难。

二月,武周杀死侍御史侯思止。

当时朝廷禁止民间拥有带彩色花纹的丝织品,侯思止私藏这种丝织品,李昭德办理此案,把侯思止杖杀于朝堂。

武周任命万国俊为侍御史。

有人告发说流放到岭南的人谋反,太后武则天派遣司刑评事万国俊去审问。万国俊到达广州后,一天就杀死三百余人。回来上奏,趁机说怀疑流放到其它各道的人也有谋反的。太后很高兴,就升任万国俊为侍御史,又派遣使者往其它各道审问杀死数千人。不久太后知道是滥杀无辜,下制没有杀死的都释放掉。万国俊等人也相继贬官而死。

夏五月,棣州黄河泛滥。

冲走了两千余家居民。

秋九月初一,发生日食。　　武则天自称金轮圣神皇帝。

制作七宝金轮,放置在殿庭。

突厥可汗阿史那骨笃禄去世。

子幼,弟默啜立。

甲午(694) 十一年周武氏延载元年。

春正月,帝在房州。 周以娄师德为河源等军检校营田大使。 三月,周以僧怀义为朔方道大总管,讨默啜。

怀义未行,虏退而止。长史李昭德尝与怀义议事,失其旨,怀义挞之。

夏五月,周武氏加越古之号。 秋八月,周以杜景俭同平章事。

太后出梨花一枝以示宰相,宰相皆以为瑞。杜景俭独曰:"今草木黄落,而此更发荣,阴阳不时,咎在臣等。"因拜谢。太后曰:"卿真宰相也!"

周铸天枢。

武三思请铸铜铁为天枢,刻太后功德,立于端门之外。铜铁不足,赋民间农器以足之。

九月朔,日食。 周贬来俊臣为同州参军,流王弘义于琼州。

弘义诈称追还,至汉北,侍御史胡元礼遇之,按验,杀之。

周贬其内史李昭德为南宾尉。

昭德恃太后委遇,颇专权使气,人多疾之。前鲁王参军丘愔上疏攻之曰:"陛下委任昭德,而昭德扬露专擅,显示于人。归美引愆,义不如此。权重一去,收之极难。"太后由是恶之,贬为南宾尉。

冬十一月,周武氏加慈氏之号。 周明堂火。

因他的儿子年幼，弟弟阿史那默啜立为可汗。

甲午（694） 唐中宗嗣圣十一年_{武周延载元年。}

春正月，唐中宗在房州。　武周任命娄师德为河源等军检校营田大使。　三月，武周任命僧人怀义为朔方道大总管，率兵讨伐突厥可汗阿史那默啜。

怀义还没有出发，因敌人退去而停止出兵。长史李昭德曾经与怀义商议事情，因为违背了怀义的旨意，遭到怀义的鞭打。

夏五月，武则天加尊号为越古金轮圣神皇帝。　秋八月，武周任命杜景俭为同平章事。

太后武则天拿出一枝梨花让宰相们观看，宰相们都认为是吉兆。只有杜景俭说："现在草木枯黄凋落，而这梨树却开花，是阴阳不调的表现，过失在我们做臣子的。"因此拜伏谢罪。太后说："你是真正的宰相啊！"

武周铸造天枢。

武三思请求用铜铁铸造天枢，上面铭刻太后的功德，树立在端门之外。因铜铁不够用，就征收民间的农具补足。

九月初一，发生日食。　武周贬来俊臣为同州参军，流放王弘义于琼州。

王弘义假称太后有令让他回朝，到了汉水以北，侍御史胡元礼遇见他，查验并无此事，于是杀了他。

武周贬内史李昭德为南宾县尉。

李昭德依仗着受到太后武则天的信任和礼遇，颇为专权，意气用事，人们大都憎恨他。前鲁王府功曹参军丘愔上疏攻击他说："陛下委任李昭德，而李昭德显露出独断专行的样子，在人面前表现自己。臣下应该把好事归于君主，过失由自己承担，李昭德那么做并不符合君臣义理。大权一旦旁落，要收回就极为困难了。"太后因此憎恨李昭德，贬他为南宾县尉。

冬十一月，武则天加尊号为慈氏越古金轮圣神皇帝。　武周明堂失火。

太后命怀义作天堂，日役万人，费以亿计，府藏为空。怀义所度力士为僧者满千人，侍御史周矩疑有奸谋，固请按之。太后命流其党，怀义不问。又命杀牛取血，画大像，首高二百尺，云怀义刺膝血为之，张于天津桥南。时御医沈南璆亦得幸于太后，怀义心悒，乃密烧天堂，延及明堂，皆尽，风裂血像为数百段。太后讳之，但云工徒误烧麻主所致。时方酺宴，拾遗刘承庆请辍朝停酺以答天谴，太后将从之。姚璹曰："明堂布政之所，非宗庙也，不应自贬损。"乃止。命更造明堂、天堂，仍以怀义充使。又铸铜为九州鼎及十二神，皆高一丈，各置其方。怀义内不自安，言多不顺，太后阴使人殴杀之。以明堂火，制求直言。刘承庆上疏，请罢所营佛舍。

获嘉主簿刘知几表陈四事，曰："今六合清晏，而赦令不息，近或一年再降，使无赖不仁之辈指期天泽。至罪将断决，窃行货贿，求致稽延，咸果释免。为善者不预恩光，作恶者独承侥幸。一也。海内具僚，每岁逢赦，必赐阶勋，至于绯服众于青衣，象板多于木笏。二也。取士太广，宜加沙汰。三也。牧伯迁代太速，既怀苟且之谋，何暇循良之政！四也。"是时官爵易得而法网严峻，故人竞为趋进而多陷刑戮，知几乃著《思慎赋》以刺时见志焉。

太后武则天命令僧人怀义建造天堂，每天役使一万人，耗费数以亿计，国库为之一空。怀义剃度一千名壮士为僧人，侍御史周矩怀疑他有阴谋，坚决请求审问他。太后下令流放了他的党羽，而对怀义不加罪。怀义又命令杀牛取血，用来画大佛像，佛像头部高二百尺，说是怀义刺破膝盖取血所画，张挂在天津桥南。当时御医沈南璆也得到太后的宠幸，怀义因此心中不满，就偷偷放火烧了天堂，大火蔓延到明堂，全都烧毁了，大风把牛血画的佛像撕裂为数百段。太后隐瞒了真相，只是说服役的工徒因疏忽烧着了夹纻佛像而致使大火蔓延。当时全城百姓正在聚会宴饮，拾遗刘承庆请求停止朝会和宴饮以回应上天的谴责，太后将要采纳他的建议。姚璹说："明堂是发布政令的场所，不是宗庙，不应该自我贬损。"于是作罢。太后命令重建明堂与天堂，仍然任命僧人怀义为营造使。又用铜铸造九州鼎及十二属相神，都高达一丈，各自安置在它们的方位。怀义心中不安，多出言不逊，太后秘密派人打死了他。因为明堂失火，太后下制征求直言。刘承庆上疏，请求停止所建造的佛寺。

获嘉县主簿刘知几上表陈述四件事，说："现在天下安宁，而赦免罪人的诏令不断，近来一年之中有时颁布两次，使那些无赖不仁之徒日夜盼望着陛下颁布赦令。至于有的罪犯将要被判决，却私下贿赂有关官员，以求得延期，结果都得到赦免。做好事的人得不到恩惠，而做恶事的人却独自得到意外的利益。这是其一。朝廷内外的官员，每年遇到赦令，一定要赐予官阶勋级，以至于穿红色衣服的官员多于穿青色衣服的官员，持象牙手板的官员多于持木头手板的官员。这是其二。录取的官吏太多，应该加以淘汰。这是其三。州郡长官升迁替换得太快，他们既已怀有得过且过的思想，哪里还会考虑如何治理好政事！这是其四。"当时官爵容易获得而法网严密，所以人们竞相求取官位，结果很多却受到严罚或被处死，刘知几就写了《思慎赋》，以讽刺时事，表明自己的志向。

乙未（695） 十二年周武氏天册万岁元年。

春正月,帝在房州。 二月朔,日食。 夏四月,周天枢成。

高一百五尺,径十二尺。武三思为文,太后自书其榜曰"大周万国颂德天枢"。

秋七月,吐蕃寇临洮,周遣兵讨之。 九月,周武氏自号天册金轮大圣皇帝。 冬十月,突厥默啜遣使请降。十二月,周武氏封嵩山,禅少室。 周安平王武攸绪弃官隐嵩山。

千牛卫将军安平王武攸绪,少有志行,恬澹寡欲,求弃官,隐于嵩山之阳。太后疑其诈,许之,以观其所为。攸绪遂优游岩壑,冬居茅椒,夏居石室。太后所赐服器,皆置不用。买田使奴耕种,与民无异。

丙申（696） 十三年周武氏万岁通天元年。

春正月,帝在房州。 周遣娄师德等击吐蕃,大败。周新明堂成。

高二百九十四尺,方三百尺,规模率小于旧,号曰通天宫。

夏五月,契丹寇营州,周遣兵击之,大败。

营州契丹松漠都督李尽忠及其妻兄归诚州刺史孙万荣反,破营州,获俘数百,囚之地牢。闻大兵将至,使守牢啬给之曰:"吾辈家属饥寒,不能自存,唯俟官军至即降耳。"既而契丹引出其俘,饲以糠粥,慰劳之曰:"吾养汝则无食,杀汝又不忍,今纵汝去。"遂释之。俘至幽州,具言其状,

乙未（695）　唐中宗嗣圣十二年<small>武周天册万岁元年。</small>

春正月，唐中宗在房州。　二月初一，发生日食。　夏四月，武周建造的天枢落成。

天枢高一百零五尺，直径十二尺。武三思撰写了歌颂太后的功德文，太后亲笔题写匾额为"大周万国颂德天枢"。

秋七月，吐蕃军队侵犯临洮，武周派兵征讨吐蕃。　九月，武则天自称天册金轮大圣皇帝。　冬十月，突厥可汗阿史那默啜派遣使者请求投降。　十二月，武则天在嵩山祭祀天神，在少室山祭祀地神。　武周安平王武攸绪弃官隐居嵩山。

千牛卫将军安平王武攸绪，少年时代就有志向，品行端正，淡泊名利，请求辞去官职，隐居于嵩山之南。太后武则天怀疑他隐居有假，就答应了他的请求，以观察他的行动。武攸绪于是悠然自得于山水之间，冬天居住在茅草为顶、椒泥涂壁的房屋中，夏天居住在石洞中。太后所赏赐的衣服器物，都闲置不用。买田让家奴耕种，与百姓没有不同。

丙申（696）　唐中宗嗣圣十三年<small>武周万岁通天元年。</small>

春正月，唐中宗在房州。　武周派遣娄师德等攻打吐蕃，被吐蕃打得大败。　武周新明堂建成。

新明堂高二百九十四尺，纵横三百尺，规模略小于旧明堂，起名为通天宫。

夏五月，契丹军队侵犯营州，武周派兵攻打，被契丹军打得大败。

营州契丹松漠都督李尽忠与他妻子的哥哥归诚州刺史孙万荣起兵反叛，攻陷了营州，俘虏了数百人，把他们囚禁在地牢中。听说唐朝的大军将要到来，就让看守牢房的霤族人欺骗他们说："我们的家属饥寒交加，无法生存下去，官军一到便立刻投降。"接着契丹人把俘虏带出牢房，给他们喝糠粥，并慰劳他们说："我养着你们却没有粮食，杀掉你们又不忍心，现在放你们走。"然后释放了他们。这些俘虏到达幽州之后，详细述说了情况，

诸军闻之,争欲先入。将军曹仁师、麻仁节等弃步卒,将骑兵轻进,契丹设伏横击之,飞索以缳仁节,生获之。将卒死者填山谷,鲜有脱者。

秋九月,周免囚奴,遣武攸宜将之,以伐契丹。

陈子昂为总管武攸宜府参谋,上疏曰:"制免天下罪人,及募诸色奴充兵讨击契丹,此乃捷急之计,非天子之兵。况当今天下忠臣勇士,万分未用其一,契丹小孽,假命待诛,何劳免罪赎奴,损国大体邪!"

突厥寇凉州,执都督许钦明。

时钦明兄钦寂为讨击副使,与契丹战,亦被擒。虏将围安东,令钦寂说其属城未下者。钦寂谓城中曰:"狂贼天殃,灭在朝夕,公但励兵谨守以全忠节。"虏杀之。其后默啜寇灵州,以钦明自随。钦明至城下大呼,求美酱、粱米及墨,意欲城中选良将,引精兵,夜袭虏营,而城中无谕其意者。

吐蕃遣使请和。

吐蕃遣使请和亲,太后遣武卫参军郭元振往察其宜。吐蕃将论钦陵请罢安西四镇戍兵,并求分十姓突厥之地。元振曰:"所请如此,岂非有兼并之志乎?"钦陵曰:"吐蕃苟贪土地,欲为边患,则东侵甘、凉,岂肯规利于万里之外邪!"乃遣使者随元振入请之。

朝廷疑未决,元振以为:"此乃利害之机,诚不可轻举措也。今若直拒其善意,则为边患必深。宜以计缓之,

唐军听到后,都争着要先行进军。将军曹仁师、麻仁节等留下步兵,率领骑兵冒进,契丹人设下伏兵截击他们,用飞索将麻仁节绊倒,生擒了他。将士的尸体填满了山谷,很少有人逃脱。

秋九月,武周赦免囚犯和奴隶,派遣武攸宜率领他们,以讨伐契丹。

陈子昂担任行军总管武攸宜的军府参谋,上疏说:"陛下下制赦免天下罪人,并招募各类奴隶当兵以讨伐契丹,这是应急的计策,不是天子的兵员。何况当今天下的忠臣勇士,朝廷还没有任用万分之一,契丹一个小小的敌人,一下命令就可消灭,哪里用得着赦免罪人赎出奴隶,损害国家的体统呢!"

突厥军队侵犯凉州,俘虏了凉州都督许钦明。

当时许钦明的哥哥许钦寂担任讨击副使,与契丹交战,也被生擒。契丹军队将要包围安东,命令许钦寂劝说其属下未被攻陷的城池投降。许钦寂对城中的人说:"疯狂的敌人受到上天的惩罚,灭亡就在旦夕之间,您只管鼓励士兵严加防守,以保全忠义的气节。"敌人因此杀了他。后来突厥可汗阿史那默啜率兵侵犯灵州,让许钦明跟随。许钦明到达灵州城下,大声呼喊,要求好酱、精米和墨,意思是让城中挑选良将,率领精兵,在夜晚袭击敌人的营垒,而城中没有人能够理解他的意思。

吐蕃派遣使者请求与唐朝和解。

吐蕃派遣使者请求与唐朝和好,太后武则天派遣武卫参军郭元振前往吐蕃察看情况。吐蕃将领论钦陵请求唐朝撤走安西四镇的守军,并请求分给他们十姓突厥的土地。郭元振说:"你请求唐朝这样做,难道不是有兼并的想法吗?"论钦陵说:"我们吐蕃如果贪图土地,想要成为唐朝边防上的祸患,就向东侵占甘州、凉州,哪里会谋求万里之外的土地呢!"于是派遣使者随从郭元振入朝向唐朝提出上述请求。

朝廷对吐蕃的请求迟疑不决,郭元振认为:"这件事关系重大,确实不可轻易做决定。现在如果直截了当地拒绝他们的善意,那么肯定会招致更大的边防祸患。应该用计策延缓时间,

使其和望未绝，则善矣。彼四镇、十姓，吐蕃之所甚欲也，而青海、吐谷浑，亦中国之要地也。今报之宜曰：'四镇、十姓之地，本无用于中国，所以遣兵戍之，欲以镇抚西域，分吐蕃之势，使不得并力东侵也。今若果无东侵之志，当归我吐谷浑诸部及青海故地，则五俟斤部亦当以归吐蕃。'如此则足以塞钦陵之口，而亦未与之绝也。若钦陵小有乖违，则曲在彼矣。且四镇、十姓款附岁久，今割而弃之，恐伤诸国之心，非所以御四夷也。"太后从之。元振又言："吐蕃百姓疲于徭戍，早愿和亲，钦陵利于统兵，不欲归款。若国家岁发和亲使，而钦陵常不从命，则彼国之人怨钦陵日深，望国恩日甚。斯亦离间之渐，可使其上下猜阻，祸乱内兴矣。"太后深然之。元振名震，以字行。

冬十月，契丹陷冀州，周以狄仁杰为魏州刺史。

契丹李尽忠卒，孙万荣代领其众。突厥默啜乘间袭松漠，虏尽忠、万荣妻子而去。万荣收合余众，攻陷冀州，又攻瀛州，河北震动。制起狄仁杰为魏州刺史。前刺史畏契丹猝至，悉驱百姓入城，缮守备。仁杰至，悉遣还农，百姓大悦。

周以姚元崇为夏官侍郎。

时契丹入寇，军书填委，夏官郎中姚元崇剖析如流，皆有条理，太后奇之，擢为夏官侍郎。

周以徐有功为殿中侍御史。

使他们和好的希望未断绝，这样就会对我们有利。安西四镇和十姓突厥之地是吐蕃十分想得到的，而青海和吐谷浑也是我们的战略要地。现在应该答复他们说：'安西四镇与十姓突厥之地，本来对唐朝没有什么用处，之所以要派兵戍守，是想以此镇抚西域地区，分散吐蕃的兵力，使吐蕃不能全力东侵。现在你们吐蕃如果确实没有东侵的打算，就应当把吐谷浑诸部和青海故地归还给我们，那么我们也会把西突厥五俟斤部归还你们吐蕃。'这样就可使论钦陵完全无话可说，而我们也没有与他断绝关系。如果论钦陵稍微违背了这一协议，那么就是他没有理了。再说安西四镇与十姓突厥归顺我们已久，现在如果割地给吐蕃抛弃了他们，恐怕会使其它归附我们的国家伤心，这不是统御四夷的良策。"太后采纳了他的意见。郭元振又说："吐蕃百姓深受徭役和兵役之苦，早就希望与我们和好，而论钦陵因统兵对自己专权有利，不想归顺。如果我们每年都派去和好的使者，而论钦陵总是不听从，那么吐蕃国人就会日益怨恨论钦陵，更加盼望我们国家的恩泽。这也是逐渐离间他们的办法，可以使他们上下猜疑，祸乱就从内部兴起了。"太后很赞同他的见解。郭元振名叫郭震，人们都称他的字。

冬十月，契丹军队攻陷冀州，武周任命狄仁杰为魏州刺史。

契丹李尽忠死去，孙万荣替代他率领部众。突厥可汗阿史那默啜乘机袭击松漠，俘虏了李尽忠、孙万荣的妻子儿女后退去。孙万荣收集残余部众，攻陷冀州，又攻打瀛州，河北地区震动。太后武则天下制起用狄仁杰担任魏州刺史。前任刺史因为惧怕契丹突然杀来，就把百姓全都驱赶入城，修筑工事加强守备。狄仁杰到任后，把百姓全部放回去务农，百姓十分高兴。

武周任命姚元崇为夏官侍郎。

当时契丹军队入侵，军事文书堆积如山，夏官郎中姚元崇批阅处理文书如流水般快捷，而且都很有条理，太后十分惊奇，于是升任他为夏官侍郎。

武周任命徐有功为殿中侍御史。

太后思徐有功用法平恕,擢拜左台殿中侍御史,远近闻者无不相贺。宗城潘好礼著论,称有功蹈道依仁,固守诚节,不以贵贱死生易其操履。设客问曰:"徐公于今谁与为比?"主人曰:"四海至广,人物至多,或匿迹韬光,仆不敢诬,若所闻见,则一人而已,当于古人中求之。"客曰:"何如张释之?"主人曰:"释之所行者甚易,徐公所行者甚难,难易之间,优劣见矣。张公逢汉文之时,天下无事,守法而已,岂不易哉!徐公逢革命之秋,属惟新之运,人主有疑于上,酷吏恣虐于下,而徐公守死善道,深相明白,几陷囹圄,数挂网罗,岂不难哉!"客曰:"使为司刑卿,乃得展其才矣。"主人曰:"吾子徒见徐公用法平允,谓可置司刑,仆睹其人,方寸之地,何所不容,若其用之,何事不可,岂直司刑而已哉!"

十一月,周杀其箕州刺史刘思礼等三十六家,流其亲属千余人。

明堂尉吉顼以箕州刺史刘思礼谋反告来俊臣,使上变告之。太后使河内王武懿宗推之。懿宗令思礼广引朝士,许免其死。于是思礼引平章事李元素、孙元亨等,凡三十六家,皆海内名士,咸族诛之,亲旧连坐流窜者千余人。俊臣由是复用,而顼亦以此得进。懿宗数鞫狱,喜诬陷人,时人以为周、来之亚。俊臣党人罗告司刑府史樊惎谋反,诛之。惎子讼冤于朝堂,无敢理者,乃援刀刳其腹。秋官侍郎刘如璿

太后武则天思念徐有功执法公平宽大,就升任他为左台殿中侍御史,远近听到这一消息的人无不互相庆贺。宗城人潘好礼撰写文章,称赞徐有功遵守仁义道德,坚守忠诚的气节,不因贵贱生死而改变自己的操行。文章假设有客人问道:"当今谁能够与徐公相比?"主人回答说:"天下极广,人物极多,有人隐迹以藏匿光彩,我不敢妄说,如果就我所闻所见,就只有徐公一人而已,能与他相比的人应该在古人中去寻求。"客人说:"与汉朝的张释之相比怎么样?"主人回答说:"张释之所做的那些事情很容易,而徐公所做的事情却很难,难易之间,二人的优劣就显现出来了。张释之身处汉文帝时期,天下太平无事,他只不过是依法办事而已,难道不是很容易做到吗!而徐公正逢太后改唐为周的时代,适值万物更新之际,在上的君主有猜疑之心,在下的酷吏恣意横行,而徐公死守正义之道,深入调查审清冤案,为此差一点身陷监狱,多次触犯法度,这难道不是很难的吗!"客人说:"任命他为司刑卿,就可以施展他的才华了。"主人说:"您只是看到徐公执法公平,认为可以担任司刑卿,我观察他的为人,胸襟宽阔,什么事情都能够包容,如果重任他,什么事情可以胜任,何止司刑卿而已啊!"

　　十一月,武周杀死箕州刺史刘思礼等三十六家,流放他们的亲戚一千余人。

　　明堂县尉吉顼把箕州刺史刘思礼谋反的事告诉了来俊臣,让他向朝廷告发有紧急事变。太后武则天派遣河内王武懿宗审讯刘思礼。武懿宗命令刘思礼多牵连朝臣,答应免除他的死罪。于是刘思礼牵连出同平章事李元素、孙元亨等,共三十六家,都是海内的知名人士,全都被灭族,他们的亲戚故旧因受株连被流放的有一千余人。来俊臣因此重新被起用,而吉顼也因此事得到进用。武懿宗多次审理案件,喜欢诬陷他人,当时的人们都认为他是周兴、来俊臣第二。来俊臣的党羽罗织罪名告发司刑府史樊惎谋反,樊惎因此被诛杀。樊惎的儿子到朝堂去诉冤,没有人敢受理,他就拿刀剖开了自己的肚子。秋官侍郎刘如璿

见之,窃叹。俊臣奏如璿党恶逆,下狱,处以绞刑,制流瀼州。

周以张昌宗为散骑常侍,张易之为司卫少卿。

昌宗、易之年少,美姿容,太平公主荐之,入侍禁中,皆得幸于太后。常傅朱粉,衣锦绣,赏赐不可胜纪。武承嗣、三思、懿宗、宗楚客、晋卿皆候其门庭,争执鞭辔,谓张易之为五郎,昌宗为六郎。

周以娄师德同平章事。

看见后，私下叹息。来俊臣就上奏说刘如璿党附叛逆之人，把他逮捕入狱，判处绞刑，太后下制把他流放到瀼州。

武周任命张昌宗为散骑常侍，张易之为司卫少卿。

张昌宗、张易之兄弟年纪轻，相貌漂亮，太平公主推荐他们，入宫侍奉太后，都得到太后的宠幸。他们经常涂脂抹粉，穿着锦绣衣服，得到的赏赐不计其数。武承嗣、武三思、武懿宗、宗楚客、宗晋卿都等候在他们的家门口，争着为他们牵马执鞭，称张易之为五郎，张昌宗为六郎。

武周任命娄师德为同平章事。